数字化教材编委会

主　编　杜金蕊　尹　航

副主编　李华斌　李孝亮　齐贵军

编　者（以姓氏笔画为序）

王学爽（天津医学高等专科学校）

王雪莲（天津生物工程职业技术学院）

尹　航（漳州卫生职业学院）

田治国（漳州卫生职业学院）

齐贵军（天津医学高等专科学校）

杜金蕊（天津医学高等专科学校）

李华斌（重庆三峡医药高等专科学校）

李孝亮（漳州卫生职业学院）

余　浩（重庆三峡医药高等专科学校）

张晓鸿（漳州卫生职业学院）

胡晓明（山东中医药高等专科学校）

曹茂军（四川中医药高等专科学校）

出版说明

“全国高职高专公共课程规划教材”是与“全国高职高专护理类专业规划教材”“全国高职高专药学类专业规划教材”同期建设的，自出版以来得到了各院校的广泛好评。为了进一步提升教材质量、优化教材品种，使教材更好地服务于院校教学，同时为了更好地贯彻落实《国务院关于加快发展现代职业教育的决定》及《现代职业教育体系建设规划（2014—2020年）》等文件精神，在教育部、国家药品监督管理局的领导下，在上一版教材的基础上，中国医药科技出版社组织修订编写“全国高职高专公共课程规划教材（第二轮）”。

本套规划教材（6种），其中5种为新修订教材（第2版），适合医药类所有专业教学使用。本轮教材建设对课程体系进行科学设计，整体优化，对上版教材中不合理的内容框架进行适当调整，内容上吐故纳新。在编写过程中，坚持以高职高专人才培养目标和公共课程教学标准为依据，充分体现高职高专教育特色，力求满足教学需要和社会需要，着力提高学生人文素养和身心健康；坚持“三基”“五性”“三特定”的原则，并强调教材内容的针对性、实用性、先进性和条理性；坚持理论知识“必需、够用”为度，强调基本技能的培养；突出医药类专业公共课程的特色，适当吸收行业发展的新知识、新技术、新方法，适当拓展知识面，为学生后续发展奠定必要的基础。

在教材中使用形式活泼的编写模块和小栏目，如“学习目标”“知识链接”“案例”“任务情境”“目标检测”等，以及尽量增加图表如操作步骤的流程图、示例图，从而更好地适应高职高专学生的认知特点，增强教材的可读性。

为适应当前教育信息化发展的需要，加快推进“互联网+医药教育”，本轮教材建设为书网融合教材，即纸质教材与数字教材、配套教学资源、题库系统、数字化教学服务有机融合。通过“一书一码”的强关联，为读者提供全免费增值服务。按教材封底的提示激活教材后，读者可通过PC、手机阅读电子教材和配套课程资源（PPT、微课、视频、动画、图片、文本等），并可在线进行同步练习，实时反馈答案和解析。同时，读者也可以直接扫描书中二维码，阅读与教材内容关联的课程资源（“扫码学一学”，轻松学习PPT课件；“扫码看一看”，即刻浏览微课、视频等教学资源；“扫码练一练”，随时做题检测学习效果），从而丰富学习体验，使学习更便捷。教师可通过PC在线创建课程，与学生互动，开展在线课程内容定制、布置和批改作业、在线组织考试、讨论与答疑等教学活动，学生通过 PC、手机均可实现在线作业、在线考试，提升学习效率，使教与学更轻松。此外，平台尚有数据分析、教学诊断等功能，可为教学研究与管理提供技术和数据支撑。

在编写教材过程中，得到了有关专家的悉心指导，以及全国各有关院校领导和编者的大力支持，在此一并表示衷心感谢。希望本套教材的出版，对促进我国高职高专教育教学改革和人才培养做出积极贡献。希望广大师生在教学中积极使用本套教材，并提出宝贵意见，以便修订完善，共同打造精品教材。

中国医药科技出版社

2019 年 6 月

前　言 / PREFACE

《体育与健康》是“全国高职高专公共课程规划教材（第二轮）”之一。本教材的编写以人为本，以“健康第一，终身体育”的体育锻炼思想为指导，立足于高职高专全面素质教育，目的在于促进高职高专学生的身心健康，为社会建设、国家发展提供高素质的人才，体现了高度的思想性；教材内容围绕着医药类专业学生的教学需求来编排，以职业贯穿始终，对高职学生将来走向社会的职业发展具有重要作用，体现了职业性；在具体内容的编写上，遵循科学性；在理论知识和实践项目的选用上，体现了实用性。

本教材依据高职院校办学特点，立足本位，在设置体育理论与运动技能内容的同时，融入高职职业实用性体育、职业特殊身体素质、职业病防治等内容，构建高职教材的鲜明特色，充分体现了《体育与健康》教材的创新性。

针对高职院校学生的特点，从教育教学和生活、工作实际出发，全书涵盖终身体育理念。教材内容的选取以“应知、应能和够用”为原则，从基本知识、基本技能、基本锻炼方法出发，以“能教、能学、能用”的原则精选实用内容，设置了体育与健康知识、健身方法、运动技能、民族体育、休闲体育、医学职业实用体育等内容，使教材内容具有很强的针对性和实用性。

本教材共三篇：第一篇是职业基础理论篇；第二篇是体育技能篇；第三篇是职业拓展运动篇。此外，还附有《国家学生体质健康标准》实施的相关内容以及评价指标与评分标准。《体育与健康》（第2版）在上一版的基础上对篮球竞赛规则、游泳救生员考核和医疗保健运动等内容进行了更新，教材内容更加完善，更加符合教学需求。本教材既可作为教师的教学用书，也可作为学生自主学习的指导用书。为培养高技能、职业性、应用型人才所需要的体育理论知识储备、身体素质储备、运动技能储备和岗位工作能力储备提供积极服务。

本教材为书网融合教材，即纸质教材有机融合电子教材、教学配套资源（PPT、微课、视频、图片等）、题库系统、数字化教学服务（在线教学、在线作业、在线考试）。

本教材在编写过程中得到全体编者及所在院校的支持，在此表示感谢。由于编者水平有限，疏漏之处恳请广大读者指正，以便进一步修改完善。

编　者

2019 年 3 月

目　录 / CONTENTS

第三篇　职业拓展运动篇

第一篇

职业基础理论篇

第一章

高职体育与健康

学习目标

知识要求

1. 掌握体育与健康的基本含义。
2. 熟悉高职学校学生的身心特点。
3. 了解高职院校体育与健康课程的教育目标。

第一节　体育与健康概述

扫码“学一学”

一、体育概述

什么是体育？专家学者们都有不尽相同的看法。在政治家眼里，体育是政治的，因为体育可以激发起一个国家民众强大的爱国热情和民族自豪感。在经济家眼里，体育是商业的，因为在世界体育大国中，体育产业已成为国民经济的支柱产业。在生物学家眼里，体育是本能的，因为体育是人类作为自然界一种物种的生命力象征。在宗教学家眼里，体育是神圣的，因为在人类宣称“上帝死了”，物欲粉碎人的所有理想、信仰之后，只有体育还存在着崇高，存在着追求。在诗人眼里，体育是一首流动的诗，因为，在体育中到处洋溢着激情、和谐、美。在医学家眼里，体育是健康的，因为，体育是人类预防疾病，保持身心健康、长寿的最积极、最有效手段。千百年来，体育就像一个万花筒，而在每个人的心中总有一个属于自己的体育。

知识链接

“体育”一词，其英文是“physical education”，指的是以身体活动为手段的教育，直译为身体的教育，简称为体育。在古希腊，游戏、角力、体操等曾被列为教育内容。17~18 世纪，在西方的教育中也加进了打猎、游泳、爬山、赛跑、跳跃等项活动。18 世纪末，德国把这些活动分类、综合，统称为“体操”。进入 19 世纪，德国形成了新的体操体系，在学校也逐渐开展了超出原来体操范围的更多的运动项目，建立起“体育是以身体活动为手段的教育”这一新概念。于是，在相当长一段时间里，“体操”和“体育”两词并存，相互混用。

（一）体育的由来与演变

“体育”是一个历史的概念，它的产生与发展已有数千年的历史，在这历史的发展过程中，人类对体育功能的认识和自觉地利用、发挥这些功能的效用，却经历了漫长的演变过程。

最初的人类体育（如果称得上体育的话）是伴随在生产、生活和军事活动过程中，对它的需要仅仅是求食图存而已，因为人类要生存和繁衍必须具备与自然界斗争的体能和技能，诸如攀、爬、跑、跳、投和涉水等身体运动，都属于求生本能。到了奴隶社会和封建社会，尽管社会经济水平得到了提高，但体育仍旧没有完全从其他社会活动中分离出来成为具有影响力的、独立的社会活动。

人类认识体育对人自身改善的特殊作用，是在人类社会进入资本主义社会后才逐渐明朗起来的，首先，是在对人的价值和作用等方面，人们的思想观念发生了根本性的变化。在社会生产力和科学技术高速发展的推动下，体育日渐从生产与生活过程中分离出来，成为一项相对独立的科学体系。生产力的发展，经济的繁荣，给体育的发展创造了物质条件。在此基础上，产生了检测生存能力或生产技能的“成年礼”（逐渐演变成赛会）。在长期的历史演变中，体育的基本作用经历了传授生存技能、训练军事技能和培养全面发展的人的递进发展过程，但万变不离其宗，它总体上始终是在教育的范畴之内，从属于教育，服务于教育，服从于教育学的发展规律。

19 世纪末 20 世纪初，现代奥林匹克运动的兴起，开始使体育溢出了教育的范畴。特别是第二次世界大战后，随着社会经济的巨大发展，参加体育活动日益成为人们日常生活的重要内容，休闲体育、终身体育逐步成为社会潮流，从事体育运动完全出于自身的需要。体育突破了教育学原理，超越了教育范围，成为人类积极、健康、文明的生活方式。体育社会化、生活化的过程，已成为衡量社会进步的一项重要标志。

（二）体育的概念

“体育”一词应该分为狭义和广义两个方面。

1. 狭义的概念 狭义的体育，亦称体育教育，是教育的组成部分，是一个发展身体，增强体质，传授锻炼身体的知识、技能，培养道德和意志品质的教育过程，是通过对人体进行培育和塑造的教育过程。

2. 广义的概念 广义的体育，亦称体育运动，是以身体练习为基本手段，以全面发展身体、增进健康、增强体质、提高运动技术水平、丰富社会文化生活为目的的一种社会活动。

（三）体育的组成

体育是人类的一种社会实践活动，这种社会实践既有它的特殊形态和活动特性，又有它自我发展的基本规律和必然趋势。

1. 按发展演变的历史过程进行分类 从体育发展演变的历史过程来看，有古代体育、近代体育和现代体育三大类。

（1）古代体育 宗教性、民族性、地域性、自发性和工具性较强，而其商业性和自觉性较弱。

（2）近代体育 具有鲜明的以学校体育的崛起为主要特征，其宗教性基本消失，民族性、地域性弱化，商业性、工具性和自觉性都明显增强。

（3）现代体育　具有鲜明的国际性、产业化和人性化特点，内容更加全面，形式日益丰富，影响不断扩大，它已是现代人生活方式的重要组成部分。

2. 按体育的活动主体、活动方式、活动目标进行分类

从体育的不同活动主体、不同活动方式、不同活动目标来分析，体育有学校体育、竞技体育和社会体育。

（1）学校体育　以培养学生的体育意识、体育精神和体育技能为主，以增进学生身心健康和提高学生的体育素养为目标的文化过程，它是学校文化教育的一个组成部分。

（2）竞技体育　在最大限度地挖掘和发挥人在体力、心理、智力等方面潜力的基础上，以提高运动技术水平和创造优异运动成绩为主要目的的一种体育活动。体现的是人类在追求生命价值过程中不断验证自身极限的一种文化过程。

（3）社会体育　以大众自愿参与为主要特征，以强身、健体、娱乐、休闲、社交等为目的，小型多样的社会文化生活过程。社会体育的范围极广，凡城乡各个地域，社会各个阶层、各种职业和各个年龄阶段的人群的体育活动无不囊括其中。

二、健康概述

知识链接

健康是“1”，事业、地位、名利、金钱等都是1后面的无数个“0”，一旦失去了1，则无论多少个0，都无任何意义。

（一）健康的概念

什么是健康？首先我们应该明确的是健康是一个动态概念。健康是我们人类和每一个个体通过自己的努力创造出来的。以往，由于受传统观念和世俗文化的影响，往往将健康单纯理解为“无病、无残、无伤”。早在古希腊时代，医生就相信健康是身体的完全平衡。我国《辞海》中，将健康定义为“人体各器官系统发育良好，功能正常，体质健壮，精力充沛，并且具有劳动效能的状态。通常用人体测量、体格检查和各种生理指标来测量”。在美国也有类似的叙述，健康专家贝克尔认为，健康是“一个有机体或有机体的部分处于安宁状态，它的特征是机体有正常的功能，以及没有疾病”。然而，随着社会的发展和科学技术的进步，人们完全突破了原先的思维模式，对健康的概念有了新的认识。

世界卫生组织（WHO）将健康定义为“健康不仅是免于疾病和虚弱，而且是保持身体上、精神上和社会适应方面的完美状态”。从而明确地将人类的健康与生理的、心理的及社会的因素联系在一起，形成了全新的生物、心理、社会的医学健康模式。

1989年，WHO又进一步深化了健康的概念，认为健康应该包括躯体健康、心理健康、智力健康、社会适应良好与道德健康。WHO曾经对人的健康标准有以下概括。

1. WHO的10条人体健康标准

（1）有充沛的精力，能从容不迫地担负日常生活和繁重的工作，而且不感到过分紧张疲劳。

（2）处事乐观，态度积极，乐于承担责任，事无大小，不挑剔。

(3) 善于休息，睡眠好。

(4) 应变能力强，能适应外界环境中的各种变化。

(5) 能够抵制一般感冒和传染病。

(6) 体重适当，身体匀称，站立时头、肩、臂位置协调。

(7) 眼睛明亮，反应敏捷，眼睑不易发炎。

(8) 牙齿清洁，无龋齿，不疼痛，牙龈颜色正常，无出血现象。

(9) 头发有光泽，无头屑。

(10) 肌肉丰满、皮肤有弹性。

2. WHO 的 7 条人体心理健康标准

(1) 认知过程正常，智力正常。

(2) 善于协调和控制情绪。

(3) 具有较强的意志和品质。

(4) 人际关系和谐。

(5) 能主动地适应并改善现实环境。

(6) 拥有完整和健康的人格。

(7) 心理行为符合年龄特征。

知识链接

健康的生活方式=健康+长寿

不健康的生活方式=疾病+痛苦+过早地衰老

（二）亚健康的概念

“亚健康”的概念是指机体虽无明确的疾病，却呈现生活能力降低、适应能力呈不同程度减退的一种生理状态，是由机体各系统的生理功能和代谢过程功能低下所导致的，介于健康与疾病之间的一种生理功能低下的状态，国外也称“第三状态”或“灰色状态”。

目前认定，亚健康状态的范围很广，躯体上、心理上的不适应感觉，在相当长时期内难以确诊是哪种疾病，均可概括其中。“亚健康”状态是一种动态的，它既可能发展为第二状态——生病，也可通过心理、生活行为方式改变和体育疗法、药物疗法等恢复到第一状态——健康。因此，亚健康状态的人群也是在不断变化的。从预防医学、临床医学，尤其是精神及心理医学的临床实际工作中发现，处于这种状态的人群数量很多。

1.“亚健康”产生的原因　危害健康的行为或生活方式，是构成亚健康状态的主要原因，体现在以下几个方面。

(1) 心理失衡　古人云：“万事劳其形，百忧撼其心。”高度激烈的竞争，错综复杂的各种关系，使人思虑过度，素不宁心，不仅会引起睡眠不良，甚至会影响人体的神经体液调节和内分泌调节，进而影响机体各系统的正常生理功能。

(2) 营养不全　现代人饮食往往热量过高，营养素不全，加之食品中人工添加剂过多，人工饲养动物成熟期短、营养成分偏缺，造成很多人体内重要的营养素缺乏和肥胖症增多，机体的代谢功能紊乱。

（3）环境的干扰　噪声、车辆增多、空气污染以及人口增加等原因，使很多居住在城市的人群生存空间狭小，对人体的心血管系统和神经系统产生很多不良影响，使人烦躁、心情郁闷等。

2.“亚健康”状态的主要表现　主要表现为人体脏器功能下降，身体和精神上感觉不适，症状可以单一出现，也可以合并或交替出现。主要可分为身体亚健康和心理亚健康。

（1）身体亚健康　由于身体“亚健康”的体征表现较容易为个体自身所体验和理解，也容易为他人所识别，所以，首先引起人们注意的便是个体身体的“亚健康”。个体身体“亚健康”的主要表现，就是个体总感到身体有些不舒服。

身体亚健康的表现形式有以下几方面：乏力困倦、肌肉酸痛、失眠憔悴、周身不适、头痛头晕、胸闷心悸气喘、功能下降、功能紊乱、便秘腹泻等。处于“亚健康”状态的人，经常感到体力不支，容易疲乏和困倦，缺乏活力和朝气。他们变得不想多动，严重的连轻松的散步也不太情愿。于是，变得越来越“懒”，不愿多走路，不愿多干活，脚步越来越沉重。没走多少路，没干多少活，就气喘吁吁，大汗淋漓，头昏眼花。整天觉得头脑不够清醒，迷迷糊糊，总有睡意。

（2）心理亚健康　复杂的心理活动是人与动物的显著区别，也是人与人之间相互区别的一个依据。健康的心理是人们健康生存发展的保证，而“亚健康”心理则是人们走向失败甚至犯罪的内在根由。因此，保持健康的心理尤为重要。

心理亚健康的表现形式有以下几方面：总感到烦躁、易怒、恐慌、焦虑、妒忌、抑郁，注意力不集中、记忆力下降、反应迟钝以及神经质等，这些都属于心理“亚健康”。心理“亚健康”是随着个体的身体状况，个体所处时间、地点、条件、境遇的不同而不断变化的。导致心理“亚健康”有多种原因，主要有个性人格不健全、生活事件的打击、周边人际关系不如意等。心理“亚健康”状态的存在和发展，客观上影响着人们的人生态度和人生实践，使人们的生活和实践表现出明显的片面性，对自己、对社会都有损害。

目前，医学专家对“亚健康”的研究尚处于起步阶段，还有待于进一步探索。处于如此的研究现状，最好的办法就是，通过改变自己行为或生活方式摆脱“亚健康”的困扰。譬如，保证合理的膳食和均衡的营养；调整心理状态并保持积极、乐观；及时调整生活规律，劳逸结合，保证充足睡眠；增加户外体育锻炼活动，每天保证一定运动量等，即形成健康的生活方式。

第二节　高职学校体育

扫码“学一学”

一、高职学校体育的地位和功能

学校体育是国民体育的基础，学校体育既是学校教育的重要内容，也是学校教育的重要手段。高职学校体育是发展高职教育的重要组成部分。在高职学校教育中，德育是方向，智育是主体，体育是其他教育因素的基础。高职学校体育是丰富学生课余文化生活、建设校园精神文明的需要。

学校体育在全面发展教育中的地位，是由学校体育的功能与社会发展对学校体育的要求所决定的，并在促进社会物质文明和精神文明中表现出来。主要有以下几方面。

1. 身体教育功能 全面锻炼学生的身体，促进身体形态结构生理功能和心理发展，提高身体素质和人体基本活动能力，提高对自然环境的适应能力；使学生掌握体育的基础知识、技术和技能，学会科学锻炼身体的方法，养成经常锻炼身体的习惯，提高自我锻炼的能力，使之终身受益。

2. 德育教育功能 学校体育是培养集体主义感和团结协作精神等优良品德的教育过程。如：竞技体育中，集体配合不够默契出现失误而最终比赛失利时，是互相鼓励，还是相互抱怨；对裁判的误判是大方宽容，还是斤斤计较；对方犯规时，是毫不计较，还是以牙还牙；比赛胜利时，是骄傲自大，还是认真总结经验，戒骄戒躁等。

3. 爱国主义教育功能 在体育教育中，通过让学生欣赏大型体育比赛，观看我国运动员为国拼搏、为国争光，以及赛场上升国旗、奏国歌的动人场面；讲述优秀运动员刻苦训练、顽强拼搏的感人事迹等，能够激发他们的爱国热情，增强其民族自尊心和自豪感，对学生是很好的爱国主义教育。

4. 心理品质教育功能 体育运动能陶冶人的情操，培养人的勇敢、果断、坚毅、自信心、自制力、进取心和坚韧不拔的意志品质。紧张而刺激的竞赛对人的心理品质既是严峻考验，又是锻炼和培养良好心理素质的机会。

5. 智育教育功能 体育是促进智力发展的积极因素和手段，通过体育教学和身体锻炼，学生可以学习和掌握一定的体育知识、技术和技能，并使思维力、记忆力、观察力、想象力、创造力等各种能力得到发展。因此，作为教育组成部分的体育运动，在传授知识、培养技能技巧、增强人的体质过程中，还包含着培养、开发和提高智能的教育因素。

二、高职学校体育的组织形式

1. 体育教学 按教学的不同任务可分为体育必修课、体育选修课、体育理论课等。

2. 课外体育活动 主要有学生体育社团活动、单项体育协会活动以及课余体育锻炼等。

3. 课余体育训练 利用课余时间，对部分身体素质好并有体育专长的学生进行系统训练的专门教育过程。

第三节 高职体育教育的目的与任务

扫码“学一学”

根据我国的教育方针和高等教育要面向现代化、面向世界、面向未来的要求，根据社会主义建设对现代人才培养的要求和高等职业教育的目的与任务，高职院校的体育教育的目的是：增强学生的体质，促进学生身体健康，培养高职学生的体育意识、能力和终身体育的习惯以及良好的思想道德品质，使其成为德、智、体全面发展的社会主义建设者和接班人。要实现高职院校体育教育的目的，需完成以下几项任务。

1. 增进学生身心健康，增强学生体质。通过体育的各种实践活动增进学生身体健康，增强体质，提高身体素质水平是高职学生体育的首要任务。体育作为促进学生身心健康发展最积极的、最有效的手段，通过体育教学、运动训练、课外体育活动和体育竞赛等一系列体育活动，使学生养成良好的锻炼习惯，不断提高健康水平和对环境的适应能力，增强对疾病的抵抗能力，从而以强健的体魄和充沛的精力保证学业的完成，为走向社会打下坚实的基础。

2. 培养良好的体育意识，使学生掌握体育知识、基本技术和技能，养成终身体育锻炼的习惯。通过体育教学，向学生传授体育知识、技术和技能，使其掌握科学的锻炼方法、手段，提高对体育锻炼的认识和意识。体育基本知识是指科学锻炼身体的原理、原则、方法、体育保健、自我监督和评价等。体育基本技术和技能是指参加运动的实践能力。通过体育教学培养运动能力，并通过课外锻炼和竞赛的反复实践，达到熟练掌握的程度。体育的意识和习惯的培养，一是对体育运动定义和价值的正确认识，二是对运动的兴趣与掌握的程度，三是形成固定的锻炼习惯。

3. 培养良好的思想品德，注重学生个体道德素质提高。体育是对学生品德教育最直接的、最生动的形式。高职院校体育教育是一个有目的、有计划、有组织的教育过程，其特征体现在学生实践内容丰富，体育活动多采用竞赛形式，既有强烈的竞赛氛围，又有严格的规则约束，而规则既是行为的准则，又是品德的规范。

4. 提高学生的运动技术水平，促进学校体育工作的开展。随着我国经济的发展，高校之间的体育交流活动日益增多，促进了校际和学生的友好往来。充分利用高等学校的有力条件和高职学生在体能、智能以及实践能力上的优势，坚持系统和科学锻炼，不断提高运动技术水平。这样既可为高等职业院校培养体育骨干，又能进一步推动职业院校体育活动的开展，丰富校园文化生活。

5. 使学生掌握体育卫生保健基础知识、促进学生职业发展。使高职学生掌握体育卫生基础知识，学会科学锻炼身体的方法，提高自我锻炼的能力，培养高职学生的体育文化素养，养成良好的健康生活习惯，树立终身体育的思想。使学生了解自己未来从事的职业劳动对身体健康的危害因素，进行自我防护、自我调节、自我锻炼，最大限度地维护自身的健康。在体育教学内容安排上，增加相关职业与健康有关联的理论知识，传授不同职业和专业学生所需要的职业养生健身知识和技能，使学生学会由于长期职业习惯导致身体损害的职业病的预防及锻炼方法，以科学合理的体育锻炼方法及保健手段，来有效地预防某些职业疾病的发生。

第四节　高职学生的身心特点和体育教育

扫码“学一学”

一、高职学生的生理特点和体育

高职学生的年龄大体在 17~22 岁，这个阶段学生的身体形态、生理功能、身体素质和心理素质的发展日趋成熟，并且具有明显的年龄阶段的特点。

1. 身体形态　身高和体重是身体纵向和横向发育的基本特征。我国男大学生平均身高为 173 厘米，女大学生平均身高为 159 厘米。一般男生 19 岁、女生 17 岁以后，身高的增长已经十分缓慢，此时下肢骨骨化已基本完成，身高的增长仅仅靠脊柱的缓慢发育而微量增长。身高的发育主要受遗传基因的影响，此外，还受环境因素、生活条件、营养状况和体育活动水平等影响。我国 18~25 岁的男性体重均值为 58.5 千克，女性体重均值为 51.5 千克。一般男生 20 岁、女生 18 岁后，体重的增长趋于稳定。大学生的其他形态指标，包括第二性征、胸围、头围、肩宽、骨盆宽等生长指标也基于稳定。

高职学生年龄段已经处在青春后期，但仍保留青春期的一些特征，即发展的不平衡性和不稳定性，他们的生理可塑性还很强，因此，高职学生必须重视全面的身体锻炼。

2. 生理功能 该年龄阶段，神经系统在生理发育上基本达到成人水平。第二信号系统迅速发展，第一和第三信号系统的活动相互关系更为完善，第二信号系统逐渐占据主导地位。这个时期，学生神经系统的结构和功能均已达到最佳状态，表现为学生观察能力强、分析与综合能力迅速提高。但是，此年龄阶段由于内分泌活动活跃，性腺活动增强，神经系统的功能还不够稳定，表现为兴奋性高、容易疲劳、容易激动，但恢复较快。

高职学生心血管系统发育日趋完善，形态与功能接近成年人水平。心脏收缩能力提高，心血管功能不断增强，具有较强的代偿能力和适应能力，可以承受较大的运动负荷。

随着胸围、胸腔的扩大，肺活量增加，呼吸频率相对减少，高职学生的呼吸系统发育日益完善。一般女生 19 岁、男生 21 岁时肺活量增长趋于稳定。我国男大学生的肺活量一般为 3800~4400 毫升，女生为 2700~3100 毫升，具备了发展耐力的生理基础，可进行有氧耐力的练习，以增强心肺功能。

3. 身体素质 一般来说，到 19 岁以后，无论是男生还是女生，在力量、速度、耐力、灵敏性和柔韧性等方面的素质均已达到或接近人生的顶峰状态。在大学年龄阶段，仍应加强身体素质的全面锻炼，使身体器官的功能在顶峰时期保持较长时间，减缓其因年龄增长而引起的自然下降，使自己拥有强健的体魄和旺盛的精力。

二、高职学生的心理特点和体育

由于年龄因素，高职学生心理以不成熟、不稳定、不平衡为主要特征，其中，自我意识的骤然增强是核心问题。围绕这一核心问题，高职学生的认识、情感、意志、个性等主要心理过程和心理特征处在一个动态的调节过程之中，并且由过去的被动性调节变为主动自我调节，因而其心理变化是一生中最复杂、波动最大的时期。其特点表现在如下几个方面。

1. 自我意识突出 由于开始走向大学生活，摆脱了对家庭、学校的依赖，强烈地要求重塑自我，增强了成人感、理智感和自信心。思维活动已经脱离了直接形象和直接经验的限制。有较强的抽象概括能力并能形成辩证逻辑思维，但发展水平参差不齐，有的表现为自负自尊，有的也易受情绪左右。

2. 情绪激烈复杂 高职学生正处在风华正茂之时，是体验人生感情最激烈的年龄。男生存在好奇、好胜、好表现的心理特征，希望通过体育锻炼表现自己的勇敢精神和力量，使自己的体态更健壮，增加气度。女生的心理变化，从天真、淳朴、直率变得温柔、含蓄、好静、好美，她们不喜欢参加激烈和负重较大的运动。

高职学生已经逐渐学会了控制和调节自己的情绪，外部表现和内心体验不一致，表现出“闭锁性”和“掩饰性”，情感变得日臻丰富、复杂。

3. 意志力增强 高职学生的意志力明显增强，能主动、自觉地克服困难，在行动中清晰地意识到自己行动的目的性和社会意义。但在果断性和自制力发展上比较缓慢，表现出优柔寡断、动摇不定、分不清主次和事情地轻重缓急，或草率、武断，经不起心理挫折。

4. 性格基本形成 由于高职教育阶段学生的个性倾向日趋形成，自我意识不断发展，高职学生的性格基本形成并比较稳定。对待现实所持的一贯态度和较稳定的行为方式，是高职学生性格的主导方向。它突出体现高职学生个体的本质，在性格、意志、理智、情绪等方面，他们也表现得逐渐稳定并自觉地培养良好的性格。但是，高职学生的性格发展尚不成熟，性格结构的四个部分也不协调，所以，渴望成才的他们，还必须自觉地进行良好性格的自我教育和自我锻炼，为成才创造良好的主观条件。

体育教育不仅是发展高职学生体质的需要，也是他们发展心理、实现自我完善的需要。针对高职学生年龄阶段心理不成熟、不稳定和不平衡的主要特征，以及在他们培养自我意识、情感、意志、性格等方面的需要，开展校园体育活动，组织高职学生参与或观赏各种形式的体育活动。在体育活动的人际交往中，在体育课教学、体育训练和比赛中的自我效果评价，在体育锻炼中的磨炼，以及通过各种体育传播媒体，高职学生不仅可以增强体质、增进健康，而且可以锻炼意志，陶冶情操，发展情感，自我完善，并在体育活动中拓宽视野，增长才智，正确处理个人与集体的关系，区分真伪丑美，提高思想境界，树立正确的价值观。因此，应有针对性地采用丰富多样的体育内容、方法和组织形式，吸引高职学生积极参与和观赏体育活动。

应该看到，在实施体育教育的过程中，既应强调高职学生的共性特点，又要十分重视不同专业的特殊性职业要求。例如：对于护理、美容专业学生突出掌握形体、健美操等运动项目，对于中医、针灸推拿、康复专业的学生突出掌握太极拳、武术等运动项目。因此，不同类别的高职院校，应当认真贯彻教育方针，培养身心全面发展人才的前提下，结合各校不同专业人才培养的具体规格和特点，改革体育内容与方法，建立符合本专业特点的学校体育教育体系。

思考题

1. 简述体育的概念。
2. 简述 WHO 的 10 条人体健康标准；WHO 的 7 条心理健康标准。
3. 简述高职学校体育的地位和功能。
4. 简述高职体育教育的任务。

扫码“练一练”

（杜金蕊）

第二章

高职学生体育锻炼

学习目标

知识要求

1. 掌握体育锻炼“自我医务监督”的方法。
2. 熟悉体育锻炼对人体健康的影响。
3. 了解体育锻炼的基本原则。

技能要求

通过学习，掌握常见运动损伤的处理方法；运动中常见不适感的处理方法；科学体育锻炼的方法。

扫码“学一学”

第一节　体育锻炼的基本原则

体育锻炼原则是体育锻炼客观规律的反映，也是参与者安排锻炼计划、选择锻炼内容、运用锻炼方法必须遵循的基本准则。以下五项原则，是人们在体育锻炼实践中总结出来的经验，为锻炼者达到理想效果而提供科学指导。

一、自觉积极性原则

自觉积极性原则指体育锻炼者有明确的健身目标，充分认识体育锻炼的价值，自觉积极地从事体育锻炼活动。体育锻炼是一个自我锻炼、自我完善，并需要克服自身的惰性，战胜各种困难的过程。同时，还要有一定的作息制度作保证，把体育锻炼当作生活中不可缺少的一部分，才能奏效。

如何提高体育锻炼的自觉积极性，有以下几种方法。

1. 明确“生命在于运动”的科学道理，树立正确的锻炼目的，把体育锻炼当作日常学习和生活的需要，激发锻炼的主动性，从而调动锻炼的积极性。

2. 培养兴趣，兴趣是人们认识事物和从事活动的倾向。当一个人对一项体育活动产生兴趣时，就会对这项体育活动表现出极大的主动性和自觉性，做到身心融为一体。

二、讲求实效原则

讲求实效原则是指选择锻炼内容、方法和安排运动负荷时，应根据个人的性别、年龄、职业、健康状况，对锻炼的爱好、要求和原有的基础，以及生活条件等实际情况来确定，按科学方法进行锻炼，以取得最佳的锻炼效果。

如何在体育锻炼中讲求实效，有以下几种方法。

1. 根据个人实际情况，制订一套适用可行的锻炼计划或运动处方，执行时应当严格，并注意阶段性的调整。

2. 选择锻炼内容时，要注意它的健身价值，不要追求动作的形式，以及在力所不及的情况下去从事高难度技术动作的训练，而应选择简便易行、锻炼价值大、效果好的身体练习，作为身体锻炼的主要内容。

3. 安排运动负荷时，以锻炼者能承受和克服的难度，一般自我感觉舒适和不影响正常学习、工作和生活为准。

三、持之以恒原则

持之以恒原则是指体育锻炼必须经常性进行，使之成为日常生活中的重要内容。体育锻炼对机体给予刺激，每次刺激都产生一定的作用痕迹，连续不断地刺激作用则产生痕迹的积累。这种积累使机体结构和功能产生新的适应，体质就会不断增强，动作技能形成的条件反射也会不断得到强化。因此，体育锻炼贵在坚持，不能设想在短时间内取得显著效果，必须要长久的积累。

如何才能使体育锻炼持之以恒，有以下几种方法。

1. 根据个人能力，确立一个能够实现的体育锻炼目标（不宜太高），制订一个切实可行的锻炼计划（能长期性）。

2. 强化锻炼意识，把体育锻炼列为日常生活内容，定期保证有一定的体育锻炼时间，逐步养成习惯，使体育锻炼成为生活的重要组成部分。

3. 体育锻炼的效果并非一劳永逸，如果锻炼间隔时间过长，效果就会不明显。因此，每次锻炼要坚持安排合理的锻炼间隔。

四、循序渐进原则

循序渐进原则是指体育锻炼必须遵循人体自然发展、机体适应的基本规律，从实际出发，合理安排运动负荷，在渐进的基础上提高锻炼水平。在体育锻炼过程中，运动负荷的大小直接影响人体功能的变化，负荷是否适宜，对锻炼效果的好差起很大的作用。运动负荷的大小因人、因时而异。即便是同一个人，在不同的功能状态、不同的时间，人体对负荷的承受能力也不尽相同。因此，进行体育锻炼时应循序渐进，随时调整运动负荷，逐步提高锻炼水平。

如何贯彻循序渐进的原则，有以下几种方法。

1. 体育锻炼力戒急于求成，必须根据锻炼者自身的实际情况确定运动负荷的大小，做到量力而行，尤其要注意锻炼后疲劳感的适度。

2. 运动负荷应由小到大，逐步提高。开始从事体育锻炼或中断体育锻炼后恢复锻炼时，强度宜小，时间宜短，密度适宜。

3. 注意提高人体已经适应的运动负荷，使体能保持不断增强的趋势。一般应在逐步提高“量”的基础上，再逐渐增大运动强度，使之适应感到胜任的愉快，然后做相应地调整。

随时加强自我监督，密切注意身体功能的不良反应。

4. 锻炼开始时，重视准备活动，锻炼结束后，做好放松整理活动。

5. 缺乏一定体育锻炼基础的人，或中断体育锻炼过久的人，不宜参加紧张激烈的比赛活动。

五、全面性原则

全面性原则是指体育锻炼必须追求身心全面和谐发展，使身体形态、功能、身体素质及心理素质等方面得到全面协调的发展。体育锻炼能促进新陈代谢，使身体各系统、组织、器官和谐发展，达到身体相对的完善和完美。

怎样才能做到全面锻炼，有以下几种方法。

1. 身心的全面发展，要从适应环境、抵御疾病的能力、改善机体形态、提高机体功能、陶冶心情、丰富文化生活等方面着眼。

2. 体育锻炼的内容、方法要尽可能考虑身体的全面发展，一般以一些功效大、兴趣较浓的运动项目为主，以其他项目为辅进行全面锻炼。

3. 注意全身的活动，不要限于局部。

4. 在全面锻炼的基础上，有目的、有意识地加强专业实用性的体育锻炼。

第二节　体育锻炼对健康的影响

扫码“学一学”

一、体育锻炼对新陈代谢的影响

体育锻炼可以提高脂质代谢过程，使血液中胆固醇的含量降低，有利于预防动脉硬化症的发生。体重超重、脂肪超量是心脏疾病、高血压、糖尿病和某些癌症的隐患。节食可以降低脂肪，但这样做有很多弊端，节食破坏了肌肉组织，而肌肉是机体唯一有能力消耗大量脂肪的组织。锻炼能消耗脂肪并避免失去肌肉组织，还能使机体形成更多肌肉，并帮助保持理想的体重和脂肪百分比，有利于保持更健美、更健康的体态。体育锻炼能降低低密度脂蛋白胆固醇 LDL（LDL 是导致冠状动脉阻塞的最危险的胆固醇形式），使高密度脂蛋白胆固醇 HDL 上升，从而可延缓动脉粥样硬化的发生与发展。

体育锻炼是降低三酰甘油水平的有效方法，在锻炼后几小时内体内三酰甘油水平就会降低，定期、适度的锻炼会使机体三酰甘油水平明显下降。

体育锻炼可增强输送葡萄糖的能力，这种作用是通过减少体重和脂肪水平，增加胰岛素和葡萄糖的输送而实现的，所有这些都能降低患糖尿病的危险。

二、体育锻炼对运动系统的影响

骨密度是与健康素质有关的指标之一，健康的骨骼密实而坚韧。当骨骼缺钙时，骨密度会下降，孔隙增多，容易出现骨折。体育锻炼时，骨的血液供给得到改善，骨的形态结构和性能都发生良好的变化，骨密质增厚使骨变粗，骨小梁的排列更加整齐而有规律，骨骼表面肌肉附着的突起更加明显，这些变化使骨变得更加粗壮和坚固，从而提高了骨的抗折、抗弯、抗压缩和抗扭转等方面的能力。

体育锻炼既可增强关节的稳固性，又可提高关节的灵活性。关节稳固性的加大，主要是增强了关节周围肌肉力量的结果，同时与关节和韧带的增厚也有密切的关系。关节灵活性的提高，主要是关节囊韧带和关节周围肌肉伸展性加大的结果。人体的柔韧性提高了，肌肉活动的协调性加强了，就有助于适应各种复杂劳动动作的要求。

体育锻炼可使肌肉组织的化学成分发生变化，如肌肉中的肌糖原、肌球蛋白、肌动蛋白和肌红蛋白等含量都有所增加。不仅能提高肌肉收缩的能力，而且还使三磷腺苷酶的活性增强，供给肌肉的能量增多。肌红蛋白具有与氧结合的作用，肌红蛋白含量增加，则肌肉内的氧储备量也增加，有利于肌肉在氧供应不足的情况下继续工作。

体育锻炼有助于增强肌肉的耐力。因此，长期坚持锻炼，可使肌肉的毛细血管形态结构发生变化，出现囊泡状，增加肌肉的血液供应量。

体育锻炼能保持肌肉张力，减小肌萎缩和肌肉退行性变化，保持韧带的弹性和关节的灵活性，使脊柱的外形保持正常，从而能够减少和防止骨骼、肌肉、韧带、关节等器官的损伤和退化。

三、体育锻炼对心血管系统的影响

适宜的体育锻炼对心血管的形态结构和功能都会产生不同程度的积极影响，对预防和治疗心血管疾病有重要作用。经过长期的体育锻炼，在完成定量工作时，心血管功能变化呈现以下特点。

1. 动员快 完成一定工作劳动时，能迅速动员心血管的功能活动，以适应机体承受负荷的需要。

2. 潜力大 在极度紧张的劳作中，心血管系统可发挥最大的功能潜力，充分调动人体的储血力量。

3. 恢复快 在体力活动之后，虽然心血管功能变化很大，但能很快恢复到安静状态的水平。

四、体育锻炼对呼吸系统的影响

运动时要消耗能量，体力活动愈剧烈，氧的消耗就愈多，于是呼吸活动就会通过各种调节方式明显得到加强。运动对呼吸功能的作用是复杂的，除能最大限度地改善人体的吸氧能力，降低呼吸中枢对乳酸与二氧化碳的兴奋性，并增强人体对缺氧的耐受力外，还能促使呼吸功能出现“节省化”。体育锻炼对提高呼吸功能的作用，主要表现为有效地增加毛细血管的数量和密度，改善生理无效腔，使呼吸肌发达，收缩力增强，最大通气量和肺活量增大，呼吸差加大。

此外，由于长期坚持锻炼，负氧债量大，对缺氧耐受力强，氧的吸收利用率也较高，调节呼吸的节奏和形式的能力也较强。

五、体育锻炼对消化系统的影响

体育锻炼会增强体内营养物质的消耗，这就需要更多能量来补充，长此以往使整个机体的代谢增强。另外体育锻炼对消化器官的功能有良好的作用，它能使胃肠的蠕动加强，消化液的分泌增多，改善肝脏、胰腺的功能，因而使消化和吸收的能力提高，为人的健康提供了良好的物质保证。

六、体育锻炼对中枢神经系统的影响

长期体育锻炼可以改善和提高中枢神经系统的工作能力，使中枢神经及大脑皮层的兴奋性增强，抑制加深，使得兴奋和抑制更加集中，从而改善神经系统的均衡性和灵活性，提高大脑分析和综合的能力，增强机体适应变化能力和工作能力。经常从事体育锻炼的人灵活性高、反应速度快、反应时间短、耳聪目明、精力充沛，这正是神经系统功能提高的表现。有氧代谢运动对促进心理健康有一定作用，锻炼时体内分泌的一种激素——内啡呔具有强烈的镇痛作用，因此经常参加跑步锻炼，可以提高神经系统的兴奋性，抑制低落情绪，减少痛苦感，使人在运动之后精神状态良好，周身轻松、精力充沛。

七、体育锻炼对免疫力的影响

从预防医学的角度出发，可把体育锻炼看作一种增强人体非特异性免疫的手段。免疫系统对运动的应答反应受多种因素的影响，适宜负荷的运动会增强免疫功能。人体研究发现，中度肥胖的妇女进行 6 周的步行运动锻炼后，呼吸道感染的发病率明显下降。

免疫系统是人体的一套防御体系。适度运动能对机体免疫功能产生良好的作用，这是由于运动直接刺激机体的免疫系统，免疫系统通过其复杂的识别系统感受运动时机体内环境的变化，从而激发一系列免疫反应。长期反复适宜的运动负荷刺激，可使机体的免疫状态始终维持在一个较高的水平。研究发现一次适宜的有氧运动后，体内的白细胞数量有显著性增加，免疫球蛋白水平也都有显著性增加，这应与体育锻炼增加机体的抗病能力有关。一般来讲，一次运动对免疫系统功能的影响作用是暂时的，只有经常参加体育活动才能对免疫系统产生持久的作用，从而增强机体免疫功能，预防疾病的发生。可延缓衰老、延年益寿 。

第三节　体育锻炼的医务监督

扫码“学一学”

医务监督是指通过医学和生物学手段，对从事运动训练的人的身体进行全面的检查和观察，评价其水平和状态，为科学训练提供依据，是保证训练正常进行并取得好成绩的一种重要手段。

自我监督又称自我检查，是指在体育锻炼过程中，锻炼者采用简单的医学方法和运动后自己的主观感觉，并把观察结果记录下来，进行综合分析与评价的一种方法。

一、体育锻炼中自我监督的作用

自我监督在体育锻炼中有如下作用。

1. 通过自我监督，能使锻炼者及时了解自己在锻炼过程中的生理功能的变化。

2. 通过自我监督，能够客观地评价所选择的锻炼方法是否正确，运动量是否合适。

3. 能够较早发现运动性疲劳，有助于预防过度疲劳，避免发生身体过度疲劳时还参加大运动量的练习，或凭兴趣出发而乱练猛练等盲目行动。

4. 为科学、合理安排锻炼内容和方法，调整锻炼计划提供依据。

二、体育锻炼中自我监督的主要内容

自我监督的内容包括主观感觉和客观感觉。

（一）主观感觉

主观感觉主要是通过锻炼后的身体反应来观察身体功能的正常现象和异常现象，在以后的锻炼中根据这些现象采取相应措施或进行针对性的调整。一般包括以下内容：自我感觉、运动情绪、睡眠、食欲、排汗量等。

1. 自我感觉　正常时，锻炼后身体无不适感，心情愉快。如果训练或比赛后，有疲劳的感觉，但稍加休息就会恢复，说明锻炼适度，效果良好；如果运动后出现异常疲劳、全身酸困无力、胸闷等，可能是由于负荷过大所引起，但短时间休息就能恢复属正常；如果锻炼中出现头痛、头晕和上腹部疼痛，应引起注意。

2. 运动情绪　经常进行体育锻炼的人，运动前心情愉快，有参加运动的欲望，这是正常表现。反之，在运动前对运动态度冷淡，缺乏兴趣，甚至厌烦运动，这是运动心情不佳的表现。其原因可能是身体仍处于疲劳状态，或发生了过度疲劳，可适当调整运动量和运动强度。

3. 睡眠　通常情况下，锻炼后入睡快，睡得香甜，第二天精神饱满，体力充沛，说明锻炼效果良好。反之，白天锻炼后，晚上不易入睡、睡不熟、多梦或易醒，可能是运动量过大引起过度疲劳所致，应考虑调整运动负荷和运动时间，以提高锻炼的效果。

4. 食欲　锻炼效果良好时，消化能力比较强，食欲较好；但运动疲劳过度时，食欲往往减退，说明锻炼效果不佳。应该说明的是，刚开始参加锻炼时，食欲稍有所下降，是正常现象，过几天食欲大增，再过一段时间又保持稳定。

5. 排汗量　与天气冷热、运动量大小、衣服薄厚等有关。身体疲劳、技能状况不良以及患病时参加运动，排汗量会增加。在进行同样内容运动时，训练差者比训练有素者排汗量多。

（二）客观感觉

客观检查是指身体的观察的测定，并运用测定的指标来指导体育锻炼实践。在锻炼前把自己的脉搏、血压、体重、肌力、胸围及呼吸差、肺活量等进行一次检测，并记录下来。锻炼一个阶段后，在同样的条件下再检测同样的项目，进行对比，看其各项指标变化情况。这里介绍脉搏、血压、胸围及呼吸差、肺活量的生理功能状况，经常参加体育锻炼的人应当了解和掌握，并运用这些指标来指导锻炼实践，达到增强体质的目的。

1. 脉搏　动脉的搏动。脉搏频率简称心率。心率可作为检查心脏功能的指标之一。在进行身体锻炼时，脉搏能及时地反映出人体出力时生理负荷的状态，尤其是对运动强度的反应比较灵敏。安静状态下，成年人心率一般每分钟 70~80 次，经常运动的人脉搏较为缓慢，一般为每分钟 44~66 次。自我检测脉搏最好是早晨起床时，在安静状态下进行。早晨脉搏下降或不变，说明经常锻炼后身体反应良好，若脉搏增加，应找出原因，及时调整和治疗。

2. 血压　心脏收缩时血液流经动脉管腔对血管壁产生的侧压力，是心室射血和外周阻力共同作用的结果。心室收缩时称收缩压或高压，心室舒张时称舒张压或低压。一般情况下，正常成年人安静时动脉收缩压为 90~140mmHg，舒张压为 60~90mmHg。如果持续三次超过收缩压 140mmHg 和（或）舒张压 90mmHg，即可认为有高血压；血压低于 90/60mmHg 时称低血压。血压随年龄的增长而有所增长。血压是评价心血管系统功能的重要指标。

3. 胸围及呼吸差 胸围反映胸廓的大小及胸部肌肉发育情况。呼吸差是深吸气与深呼气时胸围大小之差，它可以反映呼吸器官的功能。经常参加体育锻炼可以使呼吸差增加，一般成年人呼吸差为 6~8 厘米，经常锻炼可达到 8~10 厘米。特别是经常从事游泳、中长跑的人，呼吸器官的功能和胸部肌肉较发达，呼吸差可达到 16 厘米。

4. 肺活量 尽全力吸气后，再尽全力呼出的气体总称。肺活量的大小与肺的容量和呼吸肌发达程度有关，能在一定程度上反映出呼吸功能与体质强弱，是在体格检查时常用的一项指标。我国成年男子肺活量为 3500~4000 毫升，女子的肺活量为 2500~3000 毫升。体育锻炼，尤其是耐力性项目，可以明显地提高肺活量。

5. 体重 人体的总重量，是一种简单的身体检查方式，是作为评定身体发育、健康情况和营养状况的一项重要指标，也是评定锻炼效果的基本指标之一。经常合理地参加体育锻炼，能使身体保持在合理的水平上。如果锻炼时没有按照自己身体的实际情况合理安排运动量，如长期运动量过大，超过自身的负荷，造成过度疲劳，体重会减少，所以要加强自我监督。每周测量体重一次，应在固定的时间进行（最好在早上）。对体重的评定可根据体重指数 BMI，即体重（千克）除以身高（米）的平方值。通常情况下，BMI<18. 5 为轻体重，18. 5≤BMI<24 为健康体重，24≤BMI<28 超重，BMI≥28 为肥胖。

三、体育锻炼中自我监督的操作

每天或每周填写“自我监督表”（表 2-1），将主观感觉和客观检查记录下来。根据自我监督表中各项记录的检测数据，进行综合分析和判断。如果主观感觉中各栏目数值均正常，客观检查也都在正常值之内，运动成绩稳定或呈上升趋势，又无伤病，表明前一段体育锻炼的内容、方法和运动负荷是合理的；如果发现异常现象，应及时检查和分析原因，并及时调整锻炼的内容和运动负荷，必要时暂停锻炼或做进一步检查。

表 2-1 体育锻炼自我监督表

内 容	结 果				
主观感觉	自我感觉	良好	一般	不好	
	运动情绪	想锻炼	不想锻炼	厌锻炼	
	睡眠	良好	一般	不佳	
	食欲	良好	一般	减退	厌食
	排汗量	汗多	汗少	无汗	
客观检查	脉搏（次/分）				
	体重	正常	增加	减少	
	运动成绩	增长	稳定	下降	
	伤病情况	有	无		
	其他				
医生意见					

单位： 姓名： 年 月 日

扫码“学一学”

第四节 科学锻炼与运动卫生

知识链接

科学锻炼是科学健身的基础，运动处方是新型的运动指导纲要。

“生命在于运动”，而运动必须有一定的规律性，只有掌握体育锻炼的一般生理卫生知识，科学地进行体育锻炼，才能起到健身强体、防病治病的作用。

一、体育锻炼前的准备活动

体育锻炼前进行充分的准备活动对于体育锻炼者来说是非常重要的，有些体育运动爱好者就是由于不重视锻炼前的准备活动而导致各种运动损伤的，不仅影响锻炼效果，而且影响锻炼兴趣，对体育活动产生畏惧感。因此，每个体育运动爱好者在每次锻炼前都必须做好充分的准备活动。

（一）准备活动的主要作用

1. 提高肌肉温度，预防运动损伤 体育锻炼前进行一定强度的准备活动，可使肌肉内的代谢过程加强，肌肉温度增高。肌肉温度的升高，一方面可使肌肉的黏滞性下降，提高肌肉的收缩和舒张速度，增强肌力；另一方面还可以增加肌肉、韧带的弹性和伸展性，减少由于肌肉剧烈收缩造成的运动损伤。

2. 提高内脏器官的功能水平 内脏器官的功能特点之一为生理惰性较大，即当活动开始，肌肉发挥最大功能水平时，内脏器官并不能立即进入“最佳”活动状态。在正式开始体育锻炼前进行适当的准备活动，可以在一定程度上预先动员内脏器官的功能，使内脏器官的活动一开始就达到较高水平。另外，进行适当的准备活动还可以减轻开始运动时由于内脏器官的不适应所造成的不舒服感。

3. 调节心理状态 体育锻炼不仅是身体活动，而且也是心理活动，现在越来越多的研究认为心理活动在体育锻炼中起着非常重要的作用。体育锻炼前的准备活动就可以起到这种心理调节作用，接通各运动中枢间的神经联系，使大脑皮层处于最佳的兴奋状态投身于体育锻炼之中。

（二）如何进行准备活动

一般来说，准备活动时主要应考虑准备活动的内容、时间和量、时间间隔。

1. 内容 准备活动可分为一般准备活动和专项准备活动。一般准备活动主要是一些全身性身体练习，主要包括跑步、踢腿、弯腰等。一般性准备活动的作用是提高整体的代谢水平和大脑皮层的兴奋状态，减少运动损伤的发生。专门性准备活动是指与所从事的体育锻炼内容相适应的运动练习，如打篮球前先投篮、运球，跑步前先慢跑等。除非进行一些专门性运动和比赛，一般人体育锻炼时只需进行一般性准备活动，即可进行正式的体育活动内容。

2. 时间和量 准备活动的量和时间随体育锻炼的内容和量而定，例如以健身为目的的体育锻炼量较小，所以准备活动的量也相对较小，时间不宜过长，否则，还未进行体育锻炼身体就疲劳了。半小时的体育锻炼，其准备活动的时间一般为 10 分钟左右。气温较低时，准备活动的时间也适当长一些，量可大一些。气温较高时，时间可短一些，量可小一些。

3. 时间间隔 与运动员正式参加比赛不同，一般人进行准备活动后就可马上从事体育锻炼，运动员准备活动后适当的休息是为了使身体功能有所恢复，以便在比赛中创造优异成绩。而一般人参加体育活动是为了增强体质，不是创造成绩，所以准备活动后接着进行体育锻炼即可。

二、体育锻炼时间的选择

参加体育锻炼的时间主要根据个人的生活习惯、身体状况或工作性质而定，一般很难统一。但就多数体育锻炼者来说，体育锻炼的时间多安排在清晨、下午和傍晚。不同的锻炼时间有不同的特点，练习者可根据自己的实际情况选择。

（一）清晨锻炼

许多人喜欢在清晨进行体育锻炼，这首先是由于清晨的空气新鲜，早锻炼有助于体内的二氧化碳排出，吸入较多的氧气，有利于体内的新陈代谢加强，提高锻炼的效果；其次，清晨起床后大脑皮层处于抑制状态，通过一定时间的体育锻炼，可适度提高大脑皮层的兴奋性，从而有利于一天的学习与工作。经常参加体育锻炼的人多有这样的体会，如果清晨不进行体育锻炼，一天都觉得无精打采，提不起精神；再者，早锻炼时，凉爽的空气刺激呼吸道黏膜可增强机体的抵抗力，以适应外界环境的变化，不易发生感冒等病症。但是，由于清晨锻炼多在空腹情况下进行，所以运动量不要太大，时间也不宜太长。否则，长时间的运动会造成低血糖，不仅影响锻炼效果，而且会使身体产生不适感。

（二）下午锻炼

主要适合有一定空余时间的人进行体育锻炼，特别适合大、中、小学的师生，经过一天紧张的工作后，下午进行一定强度的体育锻炼，不仅可以增强体质，而且可使身心得到调整。下午进行体育锻炼时，运动强度可大一些，青年学生可打球、做游戏、跑步等。

（三）傍晚锻炼

晚饭后也是体育锻炼的大好时光，特别是对那些清晨和白天工作、学习十分繁忙的人来说尤为如此。傍晚进行适当的体育锻炼，即可以健身强体，又可以帮助机体消化吸收。傍晚运动的主要形式为散步，北方一些地区在傍晚集体跳广场舞，也适合于中老年人的活动特点。傍晚进行体育活动的时间可长可短，但一般不要超过 1 小时，运动强度也不可大，心率应控制在 120 次/分。强度过大的运动会影响胃肠道的消化吸收，同时，傍晚锻炼结束与睡觉的间隔时间要在 1 小时以上，否则，会影响夜间的休息。

三、体育锻炼的呼吸方法

（一）采用口鼻呼吸法，减小呼吸道阻力

人体在进行体育锻炼时，氧气的需要量明显增加，所以仅靠鼻实现通气已不能满足机体的需要。因此，人们常常采用口鼻同用的呼吸方法，即用鼻吸气，用口呼气。活动量较大时，可同时用口鼻吸气，口鼻呼气，这样一方面可以减小肺通气阻力，增加通气，另一

方面，通过口腔增加体内散热。有研究证实，采用口鼻呼吸方式可使人体的肺通气量较单纯用鼻呼吸增加一倍以上。在严冬进行体育锻炼时，开口不要过大，以免冷空气直接刺激口腔黏膜和呼吸道而产生各种疾病。

（二）加大呼吸深度，提高换气效率

人体在刚开始进行体育活动时往往有这种体会，即运动中虽然呼吸频率很快，但仍有一种呼不出、吸不足、胸闷、呼吸困难的感觉。这主要是由于呼吸频率过快，造成呼吸深度明显下降，使肺实际进行气体交换的量减少，肺换气效率下降。所以，体育锻炼时要有意识地控制呼吸频率，呼吸频率最好不要超过每分钟 25~30 次，加大呼吸深度，使进入肺内进行有效气体交换的量增加。过快的呼吸频率还会由于呼吸肌的疲劳造成全身性的疲劳反应，影响锻炼效果。

（三）呼吸方式与特殊运动形式相结合

不同的体育锻炼方式对人体的呼吸形式有不同的要求，人体的呼吸形式可分为胸式呼吸、腹式呼吸和混合呼吸。在运动中呼吸的形式、速率、深度以及节奏等，必须随运动技术进行自如的调整，这不仅能保证动作质量，同时还能推迟疲劳的出现。在进行跑步运动时，易采用富有节奏性的、混合型的呼吸，每跑 2~3 个单步一吸、2~3 个单步一呼；在进行其他的运动中，应根据关节的运动学特征调节呼吸，在完成前臂前屈、外展等运动时，进行吸气比较有利，而在进行屈体等运动时，呼气效果更好。因此，在体育锻炼时，切勿忽视呼吸的作用，掌握合理的呼吸方法，可以有效地提高锻炼效果。

四、常见不适感的处理与预防

（一）运动性腹痛

在进行体育运动（多见于长跑、竞走、自行车运动）中发生腹痛，停下来休息一会自然就会好转。这种疼痛程度又与运动量大小和强度成正比，活动量小、强度低腹痛不明显，随着负荷加大时疼痛才逐渐加剧。这种现象在运动医学上称为“运动性腹痛”。运动性腹痛是由于激烈运动引起的暂时性功能紊乱，随着运动的停止，症状可以逐渐缓解。

1. 产生原因

（1）由于内脏器官一时不能适应剧烈运动的需要而引起，其疼痛部位在右肋部（肝区）和左肋部（脾），表现为胀痛或牵扯痛。

（2）肠胃牵扯神经而引起的疼痛。起疼痛部位多在上腹部、下腹部及脐周部，表现为钝痛、胀痛，重者阵发绞痛。

（3）腹直肌痉挛性疼痛，其疼痛部位在腹直肌部位，位置表浅，用手可触及腹直肌痉挛情况。

（4）因腹部炎症引起疼痛。疼痛部位与疾病部位一致，多为牵涉性痛。

2. 处理方法 运动中出现腹痛，可适当减小运动强度，按压疼痛部位并结合做深呼吸运动，大多可以得到缓解。如果经处理后不见效果，仍然疼痛，甚至越来越厉害，就应停止运动，请医生诊治。

要注意在运动时如果腹痛十分剧烈，并伴有发烧、恶心等现象时，应停止运动，立即去医院进行治疗，以免发生其他危险。对于不明显原因的运动腹痛，不能自己盲目治疗，要及时就医。

(二)“极点”(呼吸困难、胸闷)现象

在进行体育运动(特别是进行中长跑)时,往往在跑后不久,就会出现胸部发闷、呼吸急促、呼吸困难、两腿发软、全身乏力甚至呕吐等现象,同时还会产生不想跑的想法。这种现象在运动生理学上称为“极点”。

1. 产生原因

(1)人体到相对安静状态到剧烈运动时,骨骼、肌肉能迅速转入工作状态,而内脏器官如呼吸、循环系统的惰性较大,不能很快发挥其最高的功能水平,造成体内缺氧,大量的乳酸和二氧化碳积聚,使自主神经中枢和躯体性神经中枢之间的协调性遭到破坏,出现极点。

(2)极点现象的产生与训练水平、运动强度、准备活动有关。不经常参加体育锻炼、不做准备活动就进行剧烈运动的人,极点出现得早,持续时间长,表现的特征也严重。

2. 减轻和克服方法 在进行剧烈运动前做好充分的准备活动,就能使极点现象推迟或减轻,有时甚至不出现;运动中要根据自己的运动能力,合理安排运动强度,注意调整呼吸节奏;要积极、经常地参加体育锻炼,提高自身的体质和运动的适应能力。

极点出现后,可稍微降低跑的速度,并有意识地加深呼吸,坚持跑下去,内脏器官和运动器官的功能会取得一致,各种不良感觉就会消失。随之而来的是人会感到呼吸自如,动作变得轻松、协调、有力,运动能力又会重新提高,这种现象在运动生理学上称“第二次呼吸”。

(三)肌肉酸痛

不经常参加体育锻炼的人偶尔进行一次较大运动后,或间隔较长时间未运动,或经常参加体育运动但某次运动量过大时,往往会在运动后有肌肉酸痛的感觉。

1. 产生原因 肌肉酸痛产生的机制比较复杂,主要包括以下几方面。

(1)乳酸堆积。

(2)肌肉痉挛。

(3)肌纤维或结缔组织损伤。

(4)其他原因,如组织间渗透压产生变化或急性发炎等,也可造成肌肉酸痛。

2. 缓解方法

(1)按摩 对酸痛部位进行按摩,使肌肉放松,促进肌肉血液循环,使酸痛得到缓解。

(2)静力拉伸 对酸痛局部进行静力拉伸练习,保持伸展状态 2 分钟,然后休息 1 分钟,重复进行,每天做几次这样伸展练习有助于缓解疼痛。

(3)热敷 是最有效的一种方式,对酸痛的部位肌肉进行热敷,可促进血液循环及代谢过程,加速肌肉酸痛的缓解和恢复,尤其是配合轻微的伸展运动或按摩,更能加速消除肌肉酸痛,促进恢复正常。

(四)腿部抽筋

肌肉痉挛即肌肉抽筋,是指肌肉突然、不自主的强直收缩的现象,会造成肌肉僵硬、疼痛难忍。大多数的研究认为,肌肉抽筋是起因于神经或神经肌应激阈值降低,使得肌肉的神经行动频率突然增加,造成肌肉强直收缩。

1. 产生原因

(1)寒冷刺激 如冬天在寒冷的环境中锻炼,准备活动不充分;夏天游泳水温较低,都容易引起腿抽筋；晚上睡觉没盖好被子，小腿肌肉受寒冷刺激，会痉挛得让人疼醒。

(2) 肌肉连续收缩过快　剧烈运动时，全身处于紧张状态，腿部肌肉收缩过快，放松的时间太短，局部代谢产物乳酸增多，肌肉的收缩与放松难以协调，从而引起小腿肌肉痉挛。

(3) 出汗过多　运动时间长，运动量大，出汗多，又没有及时补充盐分，体内液体和电解质大量丢失，代谢废物堆积，肌肉局部的血液循环不好，也容易发生痉挛。

(4) 疲劳过度　当长途旅行、登山、登高时，小腿肌肉最容易发生疲劳。因为每一次登高，都是一只脚支持全身重量，这条腿的肌肉提起脚所需的力量将是人体重的六倍，当它疲劳到一定程度时，就会发生痉挛。

(5) 缺钙　在肌肉收缩过程中，钙离子起着重要作用。当血液中钙离子浓度太低时，肌肉容易兴奋而痉挛。青少年生长发育迅速，很容易缺钙，因此就常发生腿部抽筋。

2. 应急处理　平时一旦发生腿抽筋，可以马上用手抓住抽筋一侧的大脚拇趾，再慢慢伸直脚，然后用力伸腿，小腿肌肉就不抽筋了；或用双手使劲按摩小腿肚子，也能见效。如腿抽筋的情况多次频繁发生，则应就医治疗。

五、体育锻炼时应注意的问题

1. 忌在强光下锻炼　夏季阳光中紫外线特别强烈，人体皮肤长时间照射，可以发生Ⅰ~Ⅱ度灼伤。紫外线还可以透过皮肤、骨骼，辐射到脑膜、视网膜，使大脑和眼球受损伤。

2. 忌锻炼时间过长　一次锻炼时间不宜过长，以20~30分钟为宜，以免出汗过多，体温上升过高而引起中暑。

3. 忌锻炼后大量饮水　大量饮水会出汗更多，使盐分进一步丧失，从而引起痉挛、抽筋等症状。

4. 忌锻炼后立即洗冷水澡　锻炼后如果遇到冷刺激，会使体表已开放的毛孔突然关闭，造成身体内脏器官功能紊乱，大脑体温调节失常，以致生病。

5. 忌锻炼后大量喝冷饮　大量的冷饮不仅降低了胃的温度，而且也冲淡了胃液，使胃的生理功能受损。轻则引起消化不良，重则导致急性胃炎。

6. 忌锻炼后以体温烘衣　有些年轻人自认为体格健壮，常懒于更换湿衣服。这样极易引起风湿或关节炎等疾病。

7. 忌大雾或雾霾天在户外进行体育锻炼　雾天或雾霾天不要在户外运动，因为雾珠中含有大量的尘埃、病原微生物等有害物质。当人们在雾天或雾霾天锻炼时体内会吸进更多的有害物质，引起胸闷、呼吸困难等症状，严重者会引起鼻炎、肺炎、气管炎、结膜炎以及其他病症。雾天或雾霾天湿度大，使人体皮肤散热受到影响，也损害身体健康。

8. 忌锻炼后立即吃饭　运动后短时间内，血液仍然比较集中于肌肉、皮肤等部位，胃肠道也处于相对缺血的状态。如运动后未经适当休息就吃饭，会影响食物的消化和吸收。久之，就会引起消化不良和慢性胃炎。体育锻炼后一般间隔半小时左右进餐。

9. 忌饭后做剧烈运动　如果饭后马上参加剧烈运动，可使正在参与胃肠部消化的血液又重新分配，流向肌肉和骨骼，从而会影响胃肠的消化和吸收，饭后即刻参加剧烈运动，还可能因为胃肠的震动和肠系膜的牵扯而引起腹痛及不适感，这会影响人体的健康。因此，至少在饭后 1 小时以后才可以进行运动。饭后进行不太剧烈的活动，例如散步及比较和缓的文体活动，不仅可以帮助消化，对健康也是有利的。

10. 生病时不要进行体育锻炼 有些人得了感冒还坚持参加体育锻炼，认为感冒发烧，打打球或跑跑步，运动一下出点汗，烧就退了，病也就好了，这种看法是不对的。感冒时进行体育锻炼，会使体内产热增加，代谢更加旺盛，这样势必造成体温过高，进而加重心、肺等系统的负担，甚至引起急性心、肺功能不全等症状。

扫码“学一学”

第五节　常见运动损伤的预防与处理

参加体育锻炼的目的是为了增强体能，促进身体健康，而运动损伤的发生往往会使锻炼者的身心都受到一定的损害，因此，应防患于未然。锻炼者应采取一些运动损伤的预防措施，使体育锻炼健康安全而富有成效。常见运动损伤如下。

一、软组织损伤

这类损伤可分为开放性损伤和闭合性损伤两类。前者包括擦伤、刺伤、撕裂伤等，后者包括挫伤、肌肉拉伤、肌腱腱鞘炎等。

1. 擦伤 运动时身体表面与粗糙物相互摩擦造成皮肤组织损伤。最常见的是手掌、肘部、膝部擦伤后皮肤出血或组织液渗出。

擦伤的处理如下。

(1) 轻度擦伤　对于创面小、浅层次、伤口处没有异物，用红汞或紫药水涂抹伤口即可。如创面上有泥污，尤其是脸部擦伤，应用生理盐水或凉开水冲干净，然后涂上消炎药水。

(2) 重度擦伤　大面积擦伤，创伤面先用生理盐水洗净或双氧水（过氧化氢）冲洗，伤口处如有异物可用干净毛刷将异物清除，伤口周围可用 75% 的酒精棉球消毒。清理后，可洒上消炎药粉或消毒纱布覆盖，最后再用纱布包扎。伤口较深者，应送医院进行缝合、包扎等治疗。对有可能受污染的伤口，应注射破伤风针。

2. 鼻出血 运动时互相冲撞，鼻部受外力撞击而出血。

鼻出血的处理：应使受伤者坐下，头后仰，暂时用口呼吸，鼻孔用纱布塞住，用冷毛巾敷在前额和鼻梁上，一般情况下即可止血。

3. 撕裂伤 由于剧烈、紧张运动中突然受到强烈撞击，造成骨肉撕裂。大都发生在头皮、额部、眉际和下颌等头、面部。如篮球运动中，眉弓被对方肘部碰撞而引起眉弓皮肤撕裂。

撕裂伤的处理如下。

(1) 创伤口较小　经消炎处理后，用创可贴黏合即可。

(2) 创口较大　则必须止血，并缝合创口。

(3) 伤口深且污染严重　应注射破伤风抗毒血清并给予抗生素治疗。

(4) 肌腱断裂　需手术缝合。

4. 挫伤 运动时互相冲撞，或被踢打，或身体某部位碰在器械上，皆可能发生局部和深层组织的挫伤。轻者仅皮下组织（如肌肉、韧带）挫伤，重者某些器官（如头、胸、腹部和睾丸）挫伤。挫伤的部位大多在大腿、小腿前面、各关节部位和鼻子，其次是胸、腹等处。

挫伤的处理：在 24 小时内进行冷敷（可用冰袋敷患处）、加压包扎、抬高患肢或外敷中药。24~48 小时以后，可热敷、按摩或理疗，以活血、消肿和止痛。进入恢复期可进行功能性锻炼。如出现头晕、脸色苍白、心慌气短、出虚汗、四肢发凉、烦躁不安，甚至休克等内脏损伤的症状时，应做临时性处理后，送医院检查或治疗。

5. 肌肉拉伤　在运动过程中，由于突然猛烈的或不协调动作使肌肉收缩时超过了肌肉本身的承担能力或本身的伸展度使肌肉拉伤。肌肉拉伤易发生在大腿后群肌、腓肠肌、股四头肌、大腿内收肌。肌肉拉伤后伤处肿胀、压痛、肌肉痉挛，可摸到硬块。较轻的肌肉拉伤只是细微的肌纤维断裂，严重的肌肉拉伤是肌肉撕裂。

肌肉拉伤的处理：发生肌肉拉伤后，24 小时内轻者可采用局部冷敷，加压包扎，抬高患肢。24 小时后可施行按摩或理疗。如果肌肉大部分或完全断裂，在加压包扎急救后，立即送医院手术缝合治疗。

二、关节韧带扭伤

1. 肩关节扭伤　一般因肩关节用力过猛以及反复劳损所致，也有因技术错误、违反解剖学原理而造成损伤。如投掷、排球扣球和大力发球时常出现这类损伤。其症状有压痛、疼痛，急性期有肿胀，慢性期三角肌可能出现萎缩，肩关节活动受限。

肩关节扭伤的处理：单纯韧带扭伤，可冷敷、加压包扎。24 小时后可采用理疗、按摩和针灸治疗。出现韧带断裂时，应立即医院缝合和固定处理。当肩关节肿胀和疼痛减轻时，可适当施行功能性锻炼，但不宜早活动，以防转入慢性。

2. 踝关节扭伤　运动中跳起或落地时失去平衡，使踝关节过度内翻或外翻致伤。在准备活动不充分、场地不平坦的情况下，更易造成这类损伤。主要症状为伤处疼痛、肿胀，韧带损伤处有明显的压痛，皮下淤血。

踝关节扭伤的处理：受伤后，应立即冷敷，用绷带固定包扎，并抬高伤肢。24 小时后，根据伤情采取综合治疗，如外敷上药、理疗、按摩等，必要时做封闭治疗。待伤情好转后，实施功能性练习。对严重者，可用石膏固定。

3. 急性腰扭伤　运动时，身体重心不稳定或肌肉收缩不协调，引起腰部扭伤。多数因腰部受力过度，或脊柱运动时超过了正常生理范围。例如：挺身式跳远中，展体过大；举重上挺时，过分挺胸塌腰；跳水时，下肢后摆过大，都有可能造成腰部扭伤。

急性腰扭伤的处理：腰部急性扭伤后，让患者平卧，一般不应立即搬动。如剧烈疼痛，则用担架抬送医院诊治。处理后，应卧硬床或腰下垫一个软枕头，以减轻疼痛，使肌肉韧带处于放松状态。也可采用针灸、外敷伤药或按摩等。

三、关节脱位

因受外力作用，使关节面失去正常的连接关系，称为关节脱位（或称脱臼）。严重的关节脱位，伴有关节囊撕裂。关节脱位后，常出现畸形，与健肢对比不对称，因软组织损伤而出现严重反应，局部疼痛、压痛和关节肿胀，并失去正常活动功能，甚至发生肌肉痉挛等现象。

关节脱位的处理：用长度和宽度相对称的夹板固定伤肢。如果没有加板，用三角巾将伤肢固定在躯干上，防止震动，然后尽快送医院进行复位。必须指出，如果不会复位技术，不要随意做复位动作，以免加重伤情。

四、骨折

运动时，因身体某部位受到直接或间接的暴力时，致使骨的完整性或连接性被破坏成为骨折。例如踢足球时小腿被踢发生胫骨骨折；从高处摔下时手掌撑地发生肱骨骨折等。骨折分为开放性和闭合性骨折两种。发生骨折时，往往有骨断裂和骨擦声，肢体形态也发生改变。骨折部位均感疼痛。严重骨折（如股骨骨折）产生剧烈、持久的疼痛会引起休克。骨折肢体肿胀，功能障碍或丧失活动功能。

骨折的处理：骨折发生后应立即进行急救处理，将伤者下肢抬高，头部略放低，以增加头部供血量。如伤者昏迷不醒，即用手指压人中、合谷穴使其苏醒。若伴有伤口出血，应同时实施止血和包扎。骨折后暂勿移动患肢，应用夹板或其他替代用品固定伤肢，及时送医院检查治疗。

五、脑震荡

头部受到外力打击或跌倒时所引起的大脑神经细胞和神经纤维过度震动成为脑震荡，往往是在体育锻炼中由于身体互相碰撞、撞击重物、从高处跌下时头部撞地所产生的冲力而引起的。受伤后立即发生暂时性意识障碍（若昏迷时间过长，则考虑是否是颅脑损伤）、呼吸较浅、脉搏缓慢、肌肉松弛、瞳孔放大但对称。清醒后，患者不能回忆起受伤时的情况，伴有头痛、头晕、恶心、呕吐、耳鸣、心悸、多汗、失眠等症状。

脑震荡的处理：立即让伤者平卧，安静休息，身上保暖，头部冷敷。若昏迷不醒，立即指压人中、内关、合谷穴使其苏醒；若呼吸发生障碍，立即进行人工呼吸。在上述处理后，出现反复昏迷或眼、耳、口有出血，瞳孔放大又不对称时，表明病情严重，应立即送到医院治疗。在运送途中，要让患者平卧，头部固定，避免颠簸。脑震荡无论轻或重，都需送医院做进一步检查。

思考题

扫码“练一练”

1. 体育锻炼的基本原则是什么？
2. “自我医务监督”在体育锻炼中的作用是什么？
3. 体育运动中“运动性腹痛”产生的原因？处理方法是什么？
4. 体育运动中“极点”产生的原因？处理方法是什么？
5. 体育运动中“擦伤”的处理方法。
6. 体育运动中“踝关节扭伤”产生的原因？处理方法？

（杜金蕊）

第三章

卫生职业实用性体育

学习目标

知识要求

1. 掌握医护人员常见的职业损伤产生原因。
2. 熟悉卫生职业实用性体育的基本原则。
3. 了解预防职业损伤的运动项目。

技能要求

掌握预防职业病的锻炼方法；针对自己未来职业，掌握1~2种预防职业损伤的运动项目。

扫码“学一学”

第一节　医护工作者常见职业损伤

职业防护越来越引起人们的关注，置身于多种危害因素之中的医护人员，应关注、爱护自己的健康。医护人员由于自身职业的特殊性，也存在一些比较常见的职业病。

一、颈椎病、腰椎间盘突出

1. 产生原因　医护人员由于经常做手术，一连几个小时甚至十几个小时保持低头、弯腰的姿势，医护人员很容易出现肌肉劳损，继而加重为颈椎、腰椎疾病。护理人员弯腰动作多、劳动强度大、站立时间长、低头工作多，且工作中不能正确运用力学原理等。另外，长期低头进行穿针引线、传递器械的活动，也极易导致不同程度的颈椎病出现。

2. 预防锻炼方法　坚持做颈椎保健操，用中指、无名指按摩风池穴、风府穴1~3分钟，头部上下左右轻轻转动10~30次，以缓解颈部肌肉的紧张。加强腰背肌锻炼，对于防止腰椎疾病有效果。

二、静脉曲张

1. 产生原因　静脉曲张，指小腿的血管突起，像蚯蚓一样爬在腿上。因其站立时间长极易患下肢静脉曲张。例如导诊、手术人员一直是站着工作；手术室护士是以特定的姿势配合手术顺利进行的；病房护士要不断巡视病房、量体温、测血压、打点滴……因长期站立工作，双下肢负重等工作特点，就成了下肢静脉曲张的高发人群。

2. 预防锻炼方法 经常抬高双腿，高于心脏水平，以促进腿部血液循环。按摩小腿10~15分钟，可以减轻下肢肌肉的酸疼，促进局部血液循环。久站时，自我调节站立姿势，适当活动左右脚，轮换承担身体重量或以脚尖为中心，做踝部旋转运动。经常做踮起脚跟动作，保持2~3秒，重复2~3次，通过双侧小腿后部肌肉收缩、挤压，促进血液回流。积极主动参与文体活动。加强体育锻炼，瑜伽、游泳等较缓和的运动，不仅能刺激小腿肌肉群，促进静脉血液回流，还能降低新的静脉曲张发生的概率。每天睡前在床上将双腿抬高超过心脏的高度，10~15分钟，或是睡觉时用枕头垫高下肢。

三、泌尿系统疾病

产生原因：由于综合性医院门诊量大，医护人员根本没有时间去厕所，而这在急诊尤为突出。久而久之，许多医生练就出过硬的“憋尿功”和“耐旱功”。例如，肾结石是与饮水量有着密切关系的疾病。医护人员由于工作性质饮水量少，肾结石的发病率很高。不仅在门诊，在手术室、ICU（重症监护室）的医护人员也面临同样的难题。在这些需要无菌操作的空间里，医务人员每去一次洗手间都意味着要脱衣、穿衣、消毒等一系列程序。

四、精神紧张

产生原因：医护工作中不敢出任何差错，发药不能出差错，打针不能出差错，输液要求一次搞定，出一点纰漏就会引起患者不满，尤其是儿科，婴幼儿血管细，扎针难度高，一针扎不进去，有可能会遭到投诉。医护人员除了工作本身的压力外，医患矛盾紧张这一特殊的社会环境，给医护人员增加了额外的精神压力，对他们健康最大的威胁是精神的困扰。急诊科接诊情况最为复杂，凶杀现场、严重外伤，常常是惨不忍睹，一线的医护人员经常面对这些场面。

五、消化系统疾病

产生原因：手术需要高度集中的注意力，一台手术下来，十几个小时是常事，其间不能吃饭，不能喝水是常事。这些因素削弱了胃黏膜的屏障，易诱发溃疡病和胃炎。由于饮食无规律，许多医护人员患有胃炎、胃溃疡、十二指肠溃疡等疾病。

六、肌肉或韧带损伤

产生原因：护士在护理照顾卧床患者时需要定时帮助患者翻身、按摩、移动、运送病人等，很多护士往往为了患者而不顾自身的安全，一些错误的用力动作会伤害护士的腰部肌肉及肩、肘、腕等关节，造成肌肉或韧带损伤。

七、失眠、早衰

产生原因：医护人员由于长期轮流值夜班，生活非常不规律。很多医护人员导致失眠，自主神经功能紊乱。女性的更年期提前，男性性功能下降，而精神方面的问题都是早衰的表现。

扫码“学一学”

第二节 医学职业实用性体育

知识链接

苏联专家马特维也夫曾明确提出：“职业实用性身体训练是缩短掌握职业期限的因素之一，同时也是对掌握职业工作质量的一种保证。”

一、职业性体育的概念

职业性体育是指适应和发展用于各种职业生产劳动与之相关体能、心理与道德所需要的一种针对性较强的体育活动。它是适应现代企业对人才的需求，依据高职院校的自身特点而产生的。在注重学生身体素质全面发展的基础上，加强与其职业特点相关的局部身体素质、实用体育技能、健身理论知识的教学，使学生树立正确的职业性体育意识。培养学生适应就业所需的体育能力、自我保健能力和终身体育锻炼的能力。

二、医学职业院校开展“职业实用性体育”的必要性

医学职业院校开展“职业实用性体育”最突出的是服务性作用。医学类院校通过开展专业化教学研究发现，由于专业不同必须教授学生不同的技术技能，然而学习各种专业技能均需较好的体能奠定基础，比如门诊医生经常低头含胸，长时间静坐，胸部和心血管功能受不良影响，需选择长跑、健美训练，弥补运动不足，增强心肺功能。外科大夫手术长时间站立，容易使下肢淤血，导致静脉曲张，可以选择慢跑、瑜伽和倒立等运动，预防职业病。此外医生做手术时精神高度集中，神经能源消耗较大，易导致心理疲劳，除了加强全身性运动外，还可以选择太极拳、气功等练习，从而消除神经疲劳。体育教学应开展针对学生专业的实用性运动与技能练习，有利于巩固学生专业的运动素质与体能，对提高体育教学效果具有极其重要的作用。

三、实施职业实用性体育教学的具体措施

1. 更新体育观念，确立终身体育、健康教育的指导思想 根据高职的发展形势，更新体育教育观念，突出高职教育特点，开展职业实用性体育教学。提高学生职业岗位所需的身体关键部位的体能和素质，提升其综合职业能力，体现实用性、技能性、职业性特点。在高职院校强调“以就业为导向、以社会需求设专业、以岗位核心能力设课程”的课程教学改革目标的主导下，要自主地、有针对性地选择教学内容，以体现时代特征，从而有效地发展职业实用性体育课程的职业功能和健身、健心功能。开展适应未来社会职业岗位需要的特殊身体素质、心理素质和社会素质的实用性体育教育。

2. 根据专业的职业特点合理进行课程设置 要从高职学生未来职业需要出发，改革高职院校现有体育教材内容，教材的内容要有针对性，要有特点，要遵循高职教学规律，注重实用性，以健身为目的，降低竞技项目的难度。要以完善自身体系为原则，要自主地、

有针对性地选择教学内容，以体现时代特征，从而有效地发展职业实用性体育课程的职业功能和健身、健心功能。针对不同专业学生的职业需要，进行教材内容的改革，增加适应不同专业需要的专项教材。高职体育教育必须把握高职课程设置特点，密切与专业培养目标相联系，开设更能适应学生未来职业发展需要的职业实用性体育教学新模式。

3. 根据职业劳动的变化，调整教学安排 随着现代科技、生产的发展和现代化企业的要求，职业劳动正向着复杂化、节奏快、强度大、高效率的方向发展，对人的身心素质要求更高。以参加工作后的各专业学生在工作岗位上所需的身心素质状况、工作及其条件环境对身心不良反应影响情况、职业病等信息为依据，适当改进调整体育教学安排，突出实用性。制订教学计划时，要根据学生专业特点及不同体育运动项目的特性，选择实用性强的体育内容开展教学，可使学生感到上体育课对自己的专业学习和未来的工作有帮助。另外，职业实用性体育教学还要教会学生学会积极地休息，及时消除身心疲劳。进入高职院校的学生身体可塑性很大，如果能在体育教育中有目的地开展与职业特点相适应的体育锻炼，则会有效地增强学生职业体能，预防职业病的发生。

4. 提出职业实用性体育教育对教师的要求 高职教育的快速发展对体育教师也提出了更高的要求。要加强对学生专业岗位职业特点的研究，与专业课教师沟通，开发选择教材。体育教师的专业素质与体育课程的改革创新休戚相关。必须要求高职体育教师进一步拓宽知识结构，掌握体育动态与发展趋势，更新教学理念、方法和知识结构，因此，高职院校体育教师必须根据学生专业岗位的职业特点，选择实用性强的体育教学内容；根据职业劳动对身体产生的不良影响选择具有康复、医疗保健作用的体育教学内容。

四、医学职业实用性体育教学的基本原则

医学职业院校开展传统体育教育和进行“职业实用性体育”时，坚持以健康第一指导思想，贯彻终身体育锻炼的观念，应该执行如下原则。

1. “健康第一”的原则 现代健康已不仅仅是生理意义上的健康，而是健康的心理和行为兼备。身体健康、心理健康、道德健康和社会适应良好四个方面构成新的健康理念。职业性体育项目的选择要注重健康理念，既要育体，又要育心，更要育德。

2. 科学性原则 选择职业性体育项目时必须充分考虑是否与大学生的生理及心理发展规律相符；是否与人体功能运动的变化特性相符；是否与未来工作操作的技能技巧形成的规律相符，是否与人体功能的互相弥补、协调发展的生理规律相符。

3. 针对性原则 根据学生具体专业的实际情况和未来职业对身体素质的要求选定体育教学项目，增强准职业工作者职业技能所需的身体素质。除此之外，还需将体育保健教学与工作中身体某部位循环运动的负荷量结合起来，增强对应部位的按摩保健，保证机体正常协调发展。目前全球所有工种都向着快节奏、高效率的目标迈进，相应的人体的运动形式也随之改变，很大程度上都是身体某些部位肌肉紧张并且重复的运动形式，持续某动作不变且时间不断加长。正如恩格斯所说：“劳动的分工使一切受它影响的人变成残疾，使一部分肌肉发达而使其他部分肌肉萎缩。”由此可见，根据容易产生不舒适的关节与组织，发展其局部功能，从而实现对生理性功能的补偿或对职业病的防治功能。

4. 终身体育锻炼原则 终身体育的本质特征是游戏性、技能性、社交性、自然性、健康性和文化性。职业性体育要与学校体育相结合，与全民健身运动相结合，与提高劳动者

职业素质相结合，与职业性保健体育相结合，与现代休闲体育相结合，全面培养学生的终身体育意识。要教会学生懂得运用锻炼的技术、方法和手段，能在未来的职业生涯中自主坚持职业性体能锻炼，预防职业疾病。

扫码“学一学”

第三节 医学职业实用性体育教学

职业性体育是高职院校体育教学实质和特色的具体体现。从学生的职业特点出发，进行体育基本技能教学的同时，加强对学生进行职业性体育教学。开发和选择职业性体育教材、教法，优化体育教学内容与资源已成为高职院校体育教学改革的重要内容。

一、教学形式

1. “2+1”型教学 在进行一学年选项式教学或“基础课融入选项课”式教学的前提下，以相同及类似专业为出发点，完成半学年必选课形式的职业实用性体育理论与技能课的讲授。

2. “1+1”型教学 在完成新生前半学年体育基础课或者选项课授课任务的前提下,在下半学年开展职业实用性体育理论与技能课的讲授。这适合那些安排体育授课时数极度短缺的院校所选用。

3. “渗入”型教学 体育教师在实现促进健康、提高体质的前提下，进一步巩固学生体育技术技能期间，参照学生的未来职业活动特征，有目标、循序渐进地提高与其未来工作相关的特殊身体素质与实用性体育理论知识的讲授。

4. “短期实训”型教学 采取教学实习、短时间培训、深入社会实践等多种方法对学生开展实用性体育教学。

二、教学内容设计

体育教学内容的选材关系到其教学目标及教学任务的完成。

三、专业设置种类

确定体育授课内容时，必须结合学生未来从事职业的特点、日常生活及生长发育等多种因素，从而满足学生的运动技能储备和体育知识储备，完善学生未来职业工作所需的身体素质及相应能力，控制机体锻炼水平的稳定性，加强机体对较差操作条件的承受力和适应性，降低职业病的出现。根据医学职业院校的专业设置种类将医学生分为六大类：办公型、直立型、运动型、流动交往型、研究型、伏案型。根据各类学生未来从事职业特点安排设计医学生体育课教学内容，让学生积极参与体育学习和锻炼，提高身体素质，保证每位学生掌握1~2种科学锻炼身体的方法，以满足其生活、学习和未来工作的需要。

1. 办公型

（1）职业特点 长期伏案，脑力劳动为主，身体活动范围小，常处于静止状态。

（2）对人体的影响 屈颈含胸，驼背，眼肌疲劳，坐骨神经受压，下肢易麻木，肩臂负担较重，腕、指腱鞘劳损，心血管功能减退。

（3）适合项目 篮球、排球、乒乓球、健美操、瑜伽。

2. 直立型

（1）职业特点　长时间站立或躬身操作，手眼不停操作。

（2）对人体的影响　下肢肿胀淤血，易患下肢静脉曲张及心血管疾病，腰腿肌肉僵直，易患胃下垂，人体协调功能下降。

（3）适合项目　篮球、排球、足球、网球、游泳、瑜伽。

3. 运动型

（1）职业特点　全身运动型体力运动，劳动强度大，动作复杂，蹲、弓、立姿兼有。

（2）对人体的影响　运动器官和心肺系统负担重，有害气体影响心肺功能，大关节肌肉易损伤。

（3）适合项目　篮球、排球、健美操、武术、网球。

4. 流动交往型

（1）职业特点　接待、记录、记忆、谈话、书写、内勤、社会交往等。

（2）对人体的影响　精神过度紧张，生活不规律，交际多，易患胃病、心血管病较多。

（3）适合项目　形体、健美操、武术、太极拳。

5. 研究型

（1）职业特点　脑力劳动为主，身体活动范围小，常处于静止状态。

（2）对人体的影响　大脑易疲劳，屈颈含胸，驼背，弱视，下肢易麻木。

（3）适合项目　篮球、排球、乒乓球、羽毛球、网球。

6. 伏案型

（1）职业特点　长期伏案，脑力劳动为主，身体活动范围小，常处于静止状态。

（2）对人体的影响　精神高度集中，大脑易疲劳，屈颈含胸，驼背，眼肌疲劳，弱视，坐骨神经受压，下肢易麻木。

（3）适合项目　篮球、排球、乒乓球、羽毛球、武术。

扫码“练一练”

思考题

1. 医护人员静脉曲张发生的原因？预防方法。
2. 实施职业实用性体育教学的具体措施。
3. 职业实用性体育的基本原则是什么？

（杜金蕊）

第四章

高职学生健康测定

学习目标

知识要求

1. 掌握《国家学生体质健康标准》的测试项目。
2. 熟悉一般锻炼计划的制订原则。
3. 了解职业体能与健康的自我评价方法。

技能要求

通过学习提高身体职业体能；掌握体能自我锻炼方法以及体质达标测试项目。

第一节　职业体能与健康的自我评价

扫码“学一学”

一、职业体能

职业体能是指与职业（劳动）有关的身体素质和心理素质，以及在不良劳动环境条件下的耐受力和适应能力。职业体能分为两大类：与健康有关的体能和与动作技能有关的体能。

（一）与健康有关的体能

1. 心肺耐力　一个人持续身体活动的能力。心肺和血管的功能对于氧和营养物的分配，清除体内垃圾具有重要的作用，尤其是在进行有一定强度的活动时，良好的心肺功能则显得更加重要。

2. 柔韧性　身体各关节的活动幅度以及胯关节的肌肉、肌腱、韧带、皮肤和其他组织的弹性和伸展能力，可以通过经常性的身体练习而得到提高。

3. 肌肉力量　一块肌肉或肌肉群一次竭尽全力从事抵抗阻力的活动能力，所有的身体活动均需要肌肉力量。肌肉强壮有助于预防关节的扭伤、肌肉的疼痛和身体的疲劳。

4. 肌肉耐力　一块肌肉或肌肉群在一段时间内重复进行肌肉收缩的能力，与肌肉力量密切相关。

5. 身体成分　包括肌肉、骨骼、脂肪和其他等。

（二）与动作技能有关的体能

1. 速度　快速移动的能力，即在最短的时间内移动一定的距离。在许多竞技运动项目中，速度对于个体取得优异成绩至关重要。

2. 力量　短时间内克服阻力的能力。举重、投铅球、掷标枪等项目均能显示一个人的力量大小。

3. 灵敏性　在活动过程中，既快速又准确地变化身体移动方向的能力。灵敏性在很大程度上依赖于神经肌肉的协调性和反应时间，可以通过提高这两方面的能力来改善人的灵敏性。

4. 神经肌肉协调性　主要反映一个人的视觉、听觉和平衡感与熟练的动作技能相结合的能力。在球类运动中，这种体能成分显得尤为重要。

5. 平衡　当运动时或静止时保持身体稳定性的能力。滑冰、滑雪、体操、舞蹈等项目对于提高平衡能力是很好的运动，闭目单足站立练习也有相当好的效果。

6. 反应时　对某些外部刺激做出生理反应的时间。反应速度是许多优秀运动员的特征，特别是在短跑的起跑阶段，反应时的作用更大。

二、体能与健康的自我评价

（一）心肺功能评价

12 分钟跑测试是目前国内外最简单评价心肺功能适应能力的方法之一。

测试方法：最好是在 400 米的跑道上进行。测试前要充分做好准备活动，在跑的过程中尽量快跑，如感到呼吸困难，应减慢速度，及时调整呼吸。但在开始和结束时，应避免全速跑和冲刺跑。

（二）肌肉力量评价

1RM 测试旨在测验选定肌肉群的力量。

测试方法：先做 5~10 分钟有关肌肉群的准备活动，然后，你选择毫不费力举起的重量进行练习，并逐步增加重量直到只能举起一次。真正的 1RM 测试是测一次能够举起的最大量。

计算公式：你的 1RM = 举起重量 ÷ 体重 × 100，即为你的肌肉力量。

（三）肌肉耐力评价

1. 一分钟俯卧撑测试　男生测量肌肉耐力的简单方法。

测试方法：身体呈俯卧姿势，两手撑地，手指向前，两手间距与肩同宽，两腿向后伸直，用脚尖撑地。然后屈臂使身体平直下降，使肩与肘接近同一平面，躯干、臂部与下肢要挺直。当胸部离地 2.5~5 厘米，撑起恢复到预备姿势为完成一次。

2. 仰卧起身测试　主要测试腹部肌肉力量。

测试方法：仰卧于垫上，两腿稍分开，屈膝成 90°，两臂伸直，在指尖处贴一胶带，靠近脚的方向再贴一条平行于第一条的胶带（间距为 8 厘米）。仰卧起身就是抬起你的上体，使指尖触到第二条胶带，再返回原来的位置。

仰卧起身没有时间限制，但要在一个较慢的、每分钟 20 个动作的节奏下完成，这个节奏由每分钟 40 次敲击的节拍器引导（身体起身时一次敲击，下落时紧接着一次敲击）。请尽量达到 75 次的目标。

3. 一分钟仰卧起坐测试　主要考察女生腹肌耐力素质。

测试方法：要求一分钟内连续做。平躺在垫子上，双手五指交叉贴于头后，双脚放置垫上，两腿屈膝稍分开，大小腿略呈直角，两肘关节自然放松接近平行，低头含胸，眼睛盯在肘关节处。利用大腿股四头肌和腹肌用力起坐发力，腹直肌用力屈，用肘关节触碰膝盖，之后全身放松迅速的躺在垫子上，依此类推。仰卧起坐规则可以分成以下三个部分。

（1）仰卧　手交叉放头后，手背接触到垫子。

（2）起　臀部不能离开垫子。

（3）坐　肘关节接触到膝关节。

（四）柔韧性评价

1. 肩部柔韧性测试　评价的是肩关节的活动范围。

测试方法：站直后，举起右手，前臂向体后下方弯曲，并尽量向下伸直，同时，用你的左手在体后去触及右手，尽可能地使两手手指重复。完成右手在上的测试后，以相反的方向进行测试（取左手在上）。一般总是一侧的柔韧性要好于另一侧。

两手手指所重叠的距离就是肩部柔韧性测试的得分（单位为厘米）。

2. 坐位体前屈测试　测试方法：受试者两腿伸直，两脚平蹬测试纵板坐在平地上，两脚分开10~15厘米，上体前屈，两臂伸直，用两手中指尖逐渐向前推动游标，直到不能前推为止。测试计的脚蹬纵板内沿平面为0点，向内为负值，向前为正值。记录以厘米为单位，保留一位小数。

（五）身体成分评价

1. 腰围-臀围比例测试　该测试的步骤如下。

（1）测量工具为无弹性的卷尺。站立，不要穿宽大的衣服，否则，会使测量结果产生偏差。测量时，卷尺紧紧地贴在皮肤上，但不能陷入皮肤，测量数值应精确到毫米。

（2）测量腰围时，把卷尺放置在肚脐水平处，并在呼气结束时测量。

（3）测量臀围时，把卷尺放在臀部的最大周长处。

（4）完成测量后，用腰围除以臀围，得出腰围-臀围比例。

2. 体重指数（BMI）测试　这是近年来一种国际流行的标准体重测定法。体重指数也叫凯特莱指数，不受性别和身材的影响，可作为衡量人体肥胖的标准。

计算公式：体重指数=实际体重（千克）/身高（米）^{2}。

评定标准：世界卫生组织发布的亚太地区BMI评价标准：18.5以下为偏瘦；18.5~22.9为正常体重；23~24.9为超重；25~29.9为一度肥胖；大于或等于30为二度肥胖。

第二节　锻炼计划的制订与锻炼方法的选择

扫码"学一学"

一、锻炼计划的制订

锻炼计划应适合个人的需要。锻炼计划一般应包括：健康状况、体能现状、锻炼目标、锻炼模式等四部分。

1. 确定健康状况　通过医学检测确定自身的健康状况，是否有不能参加体育运动的疾病等。

2. 确定体能现状 体能现状包括：心肺功能、肌肉力量、肌肉耐力、柔韧性和身体成分评价。

3. 确定锻炼目标

（1）设置目标要有针对性，必须是现实的，包括短期目标和长期目标。

（2）制定总的锻炼目标还要有起始阶段目标、渐进阶段目标、维持阶段目标。

4. 选择锻炼模式 锻炼模式包括锻炼方式、频率、强度、持续时间等。

（1）锻炼方式 个体从事某种专门性的身体练习活动，每一位参加体育锻炼的人要选择适合于自己的运动项目作为锻炼的方式。如为了提高心肺功能，你可以选择健身跑、健身操、游泳等。

（2）锻炼频率 每周锻炼次数，为提高健康和体能水平，每周应保持一定的锻炼次数，一般来讲每周应锻炼 3~5 次。

（3）运动强度 锻炼时人体承受的生理负荷量。

（4）运动强度 应根据锻炼者自身健康和体能状况以及所进行的不同运动类型来确定，同时随着锻炼水平的提高运动强度应当有所变化。

（5）锻炼持续时间 每次锻炼用在主要锻炼内容的总时间。锻炼持续时间不包括准备活动和整理活动时间。研究表明，如果要有效地提高健康与体能水平，每次锻炼时间至少需要 20~30 分钟以上（每周至少锻炼 3 次）。

将锻炼过程划分 3 个阶段，即起始阶段、渐进阶段、保持阶段。各个阶段应合理安排锻炼的强度、频率、持续时间。

二、心肺功能的练习方法

心血管循环系统的功能可以说是身体健康素质中最重要的组成要素，直接影响人们的工作或学习效率、生活质量。有氧运动有效提高心血管功能适应水平，降低患心血管疾病的危险性。

（一）有氧运动的有效方法

1. 综合练习 由几种不同的锻炼内容组成的锻炼方法。如第一天跑步，第二天骑自行车，第三天游泳。其优点就是避免日复一日进行同一种练习的枯燥感。

2. 持续练习 长时间、长距离、中等强度（约 70% 最大心率）的锻炼方法，也是一种最受欢迎的有氧运动锻炼方法，锻炼者一次锻炼时间可持续 30~60 分钟。

3. 间歇练习 重复进行强度、时间、距离和间隔时间都较固定的锻炼方法。练习持续时间各不相同，但一般为 3~5 分钟，每次练习有一定休息时间，休息时间一般稍长于练习时间。

（二）有氧运动的锻炼模式

1. 锻炼方式 常见的有氧运动锻炼方式有步行、慢跑、游泳、骑自行车、跳绳、有氧健身操等，凡是有大肌群参与的运动都可以作为有氧运动的锻炼方式。

2. 锻炼频率 一周进行 3 次有氧锻炼就可增加心肺功能适应能力，一周有氧锻炼 4~5 次，可使心肺功能取得最佳效果。

3. 运动强度 有氧运动强度接近 50% 的最大吸氧量时即可增强心肺功能适应能力。目前推荐的有氧运动强度范围为 50%~80% 最大吸氧量，50%~80% 最大吸氧量对应的心率值分别为 60% ~85% 最大心率。因此，有氧运动目标心率是 60% ~85% 最大心率。学生目标心率计算如下。

最大心率 = 220 − 年龄

目标心率 = 最大心率 × 60% − 最大心率 × 85%

4. 持续时间　一次有氧锻炼时间，一般应为 20~60 分钟（不包括准备活动和整理活动）。对水平较低的锻炼者而言，开始锻炼时 30 分钟的锻炼就可以提高心肺功能水平，水平较高者可能需要 40~60 分钟。低强度的锻炼时间要长于大强度锻炼时间，如以 50% 的最大吸氧量强度进行锻炼，需要 40~50 分钟才能有效提高心肺功能适应水平，而以 70% 最大吸氧量强度进行锻炼，需要 20~30 分钟锻炼时间。

5. 锻炼过程安排

（1）起始阶段　最重要的是让机体慢慢适应运动，锻炼强度不应超过 70% 最大心率，根据不同适应水平起始阶段可持续 2~6 周。

（2）渐进阶段　时间较长，持续 10~20 周，在这一阶段，锻炼强度、频率和持续时间应逐渐增加。锻炼频率应达到每周 3~4 次，每次锻炼持续时间不少于 30 分钟，锻炼强度应达到 70% ~90% 最大心率。

（3）维持阶段　锻炼者经过 16~28 周的锻炼即进入维持阶段。如果锻炼者已达到自己锻炼目标，没有必要增加运动量。但怎样才能维持已获得的锻炼效果呢？一般来说，若运动强度和锻炼持续时间都维持在渐进阶段最后一周水平时，锻炼频率即使降至每周 2 次，心肺功能适应水平也无明显降低；若保持渐进阶段的锻炼频率和强度，锻炼持续时间可减至 20~25 分钟。相反，在锻炼频率和持续锻炼时间不变的情况下，强度减少 1/3 就可使心肺适应水平明显降低。

（三）有氧运动的安全告诫

1. 每次锻炼前应做好准备活动。

2. 每次锻炼后应做好整理活动，整理活动至少应包括 5 分钟的小强度练习（如步行、放松、柔韧性练习等）。

3. 在运动中感觉不适或有疼痛感时，应停止运动或减小运动量。

4. 每次运动时都要注意监控心率。

（四）有氧运动的锻炼计划

有氧锻炼计划是指有目的、有计划地进行科学锻炼的一种方法。例如：对于肥胖、超重和体质健康水平较差的同学，可以选择从健身走开始锻炼；体质健康水平较好的同学则应从健身跑开始锻炼；在有条件的学校还可以选择从游泳开始锻炼。锻炼指导如下。

1. 每次锻炼前做准备活动。

2. 感觉不适时不要增加运动量。

3. 每次锻炼都监控心率。

4. 锻炼后要做整理活动。

5. 为预防受伤，开始锻炼时最好选择冲击力小的锻炼方式，每次锻炼时间为 20~30 分钟，以后可适当延长。

三、肌肉力量、耐力的练习方法

增强肌肉力量和耐力不仅可以增加肌肉体积和提高运动成绩，而且对健康有相当重要的价值，即减少脂肪和改善身体成分及塑造强壮健美的身材，有利于心血管功能的发展和提高，改善骨骼状况和推迟骨质疏松症的发生，加强关节周围肌肉的力量，防止肌肉、肌腱和韧带损伤，提高工作效率和生活质量，同时可以较好地应付日常生活中所出现的不可预测的突发事件。

（一）发展肌肉力量、耐力的原则

1. 渐增阻力原则 肌肉力量、耐力练习的负荷应随着力量、耐力增长而增长。

2. 专门性原则 提高肌肉的力量和耐力应采用不同的运动强度。大强度、重复次数少的练习（举起重物时仅能重复 4~6 次）能增加肌肉力量和体积，但不能增加肌肉耐力。采用低强度、重复次数多的练习（举起重物时能重复 15 次或者更多）可提高肌肉耐力，但肌肉力量增加不明显。

3. 系统性原则 根据用进废退的原理，力量练习应全年系统进行。每周进行 3~4 次的力量练习，可使肌肉力量、耐力明显增长。对于大学生来讲力量练习隔天为好，这样可以使疲劳的肌肉在 48 小时内得到完全的恢复，力量练习才能获得最佳效果。

（二）发展肌肉力量、耐力的锻炼模式

1. 最高重复次数（RM）、组数（SET）

（1）RM 表示能重复某一重量的最高次数，在力量练习中常用 RM 来表示运动强度。如果练习者对某一重量只能连续举起 6 次，则该重量对练习者来说是 6RM。

（2）SET 表示练习的组数。

不同的 RM 和 SET 对发展肌肉力量、耐力的效果是不同的。经过一段时间的训练后力量增加，原重量的重复次数已超过规定的次数，可考虑增加练习重量，一般按原练习重量的 10% 左右增加，但也考虑练习者的具体情况。

2. 每组练习的间隔时间 力量练习各组间的间隔时间一般以肌肉能完全恢复为准。肌肉在练习后 3~5 秒时已恢复 50%，2 分钟时完全恢复。如果练习是为了增强肌肉力量，练习的间隔时间不太重要，一般在 1~2 分钟，如果是为了增加肌肉耐力，练习间隔时间应从 2 分钟逐渐减少到 30 秒。

3. 每次练习的间隔时间 如果进行全身肌肉力量练习，每隔一天进行练习会获得最佳锻炼效果，这样可以使疲劳的肌肉在 48 小时内得到充分的恢复。如果每天都坚持力量练习，应训练不同的肌群。

4. 合理安排不同肌群的练习顺序 为了保证大肌群承受适当的超量负荷及练习的安全，大肌群必须在小肌群疲劳前进行练习。

典型的力量练习顺序模式：大腿肌肉（股四头肌）→肩部和胸部肌肉（三角肌、胸大肌）→背肌和大腿后肌群→小腿肌→肱三头肌→腹肌→肱二头肌。

5. 注意控制力量练习时的动作速度 在进行力量练习时，动作还原阶段的速度应为主动用力阶段的动作速度的一半，这样做可以通过一次负重练习使肌肉得到二次的锻炼。

6. 力量练习过程安排 一般来说，力量练习的过程分三个阶段：开始阶段、慢速增长阶段和保持阶段。下面介绍的力量练习过程安排仅供参考。

在力量练习开始阶段应避免举最大重量，应采用较轻的重量，如最高重复次数为 12~15 次的负荷，如果选定的重量能轻松自如完成确定的重复次数，则可以增加重量。经过开始阶段的力量练习，如果肌肉已经适应练习动作，就可以增加重量。当肌肉力量得到增强时，可再增加重量，直到达到练习者制定的目标为止。达到目标后，每周 1~2 次练习即可保持原增长水平。若不训练，30 周后原增长水平完全消退。

（三）发展肌肉力量耐力的安全告诫

1. 当用杠铃练习时，必须有同伴帮助、保护你完成练习。

2. 进行负重练习时，应仔细检查设备。

3. 在进行负重练习前应充分做好准备活动，练习后应做好放松活动。

4. 在进行负重练习时，如感到不适，应立即停止练习。

5. 在采取快速还是慢速举起重量问题上仍存在着争议，建议学生在练习时不宜采用快速举起重量的方式。研究表明，慢速举起重量也可增加力量和肌肉体积。

6. 锻炼结束后，肌肉有酸痛僵硬感，直到下次锻炼前这种感觉仍未消失，就应停止练习，让肌肉充分恢复。

四、柔韧性的练习方法

柔韧性是身体健康素质的重要组成部分，它是指身体各个关节的活动幅度以及跨过关节的韧带、肌腱、肌肉、皮肤等其他组织的弹性伸展能力。经常做伸展练习可以保持肌腱、肌肉及韧带等软组织的弹性。柔韧性得到充分发展后，人体关节的活动范围将明显加大，关节灵活性也将增强。这样做动作更加协调、准确、优美，同时在体育活动和日常生活中可以减少由于动作幅度加大、扭转过猛而产生的关节、肌肉等软组织的损伤。

（一）发展柔韧性的有效方法

1. 主动或被动的静力性伸展法　主动或被动的静力性伸展练习是一种行之有效且比较流行的伸展方法，它是缓慢地将肌肉、肌腱、韧带拉伸到有一定酸、胀和痛的感觉位置，并维持此姿势一段时间，一般认为停留 10~30 秒应该是理想时间，每种练习应连续重复 4~6 次为最好，尤其适合于活动少和未经训练的人，它由于拉伸缓慢可避免拉伤。

2. 主动或被动的动力性伸展法　主动或被动的弹性伸展练习是指有节奏的、速度较快的、幅度逐渐加大的多次重复一个动作的拉伸方法。主动的弹性伸展是靠自己的力量拉伸；被动的弹性伸展是靠同伴的帮助或负重借助外力的拉伸。利用主动或被动的动力性伸展法进行练习时，所用的力量应与被拉伸的关节的可能伸展力相适应，如果大于肌肉组织的可伸展能力，肌肉或韧带就会拉伤。在运用该方法时用力不宜过猛，幅度一定要由小到大，先做几次小幅度的预备拉伸，再逐渐加大幅度，从而避免拉伤。

（二）发展柔韧性的锻炼模式

1. 柔韧性练习的强度　柔韧性练习应采用缓慢、放松、有节制和无疼痛的练习，做到“酸加”“痛停”“麻停”。只有通过适当的努力，柔韧性才会提高。随着柔韧性在锻炼过程中的提高，练习强度应逐渐加大。

2. 柔韧性练习的时间和次数　柔韧性每种姿势练习的时间和次数是逐渐增加，应从最初的 10 秒练习时间，逐渐增加至 30 秒，每种姿势应重复次数在 3 次以上。如果是平时体育锻炼时的柔韧性练习，5~10 分钟的时间就足够了，如果是专门为了提高柔韧性练习或运动员的训练，则练习时间必须要达到 15~30 分钟。

3. 循序渐进、持之以恒　初次练习易产生不适感，甚至酸痛感，经过一个时期的练习，疼痛感和不适应感才能消除。如果柔韧性练习停止一段时期，已获得的效果就会有所消退。因此，柔韧性练习要持之以恒才能见效。

4. 柔韧性练习要全面 不论是准备活动中的伸展练习，还是专门发展某些关节柔韧性练习，都要兼顾到身体各关节柔韧性全面发展。因为在身体活动中，完成动作要涉及几个相互关联的部位甚至全身。

5. 柔韧性练习之后应结合放松练习 每次伸展练习之后，应做些相反方向的练习，使供血供能功能加强，这有助于伸展肌群的放松和恢复。如压腿后做几次屈膝下蹲动作。

（三）发展柔韧性的安全告诫

1. 在进行较大强度肌肉伸展练习前，必须做热身活动，使身体微微出汗。

2. 肌肉伸展产生了紧绷感或感到疼痛时就应该停止练习，防止拉伤。

附　国家学生体质健康标准

一、说明

（一）《国家学生体质健康标准》（以下简称《标准》，2014 年修订）是国家学校教育工作的基础性指导文件和教育质量基本标准，是评价学生综合素质、评估学校工作和衡量各地教育发展的重要依据，是《国家体育锻炼标准》在学校的具体实施，适用于全日制普通小学、初中、普通高中、中等职业学校、普通高等学校的学生。

（二）本标准的修订坚持健康第一，落实《国家中长期教育改革和发展规划纲要（2010—2020 年）》《国务院办公厅转发教育部等部门关于进一步加强学校体育工作若干意见的通知》（国办发〔2012〕53 号）和《教育部关于印发〈学生体质健康监测评价办法〉等三个文件的通知》（教体艺〔2014〕3 号）有关要求，着重提高《标准》应用的信度、效度和区分度，着重强化其教育激励、反馈调整和引导锻炼的功能，着重提高其教育监测和绩效评价的支撑能力。

（三）本标准从身体形态、身体功能和身体素质等方面综合评定学生的体质健康水平，是促进学生体质健康发展、激励学生积极进行身体锻炼的教育手段，是国家学生发展核心素养体系和学业质量标准的重要组成部分，是学生体质健康的个体评价标准。

（四）本标准将适用对象划分为以下组别：小学、初中、高中按每个年级为一组，其中小学为 6 组、初中为 3 组、高中为 3 组。大学一、二年级为一组，三、四年级为一组。

（五）小学、初中、高中、大学各组别的测试指标均为必测指标。其中，身体形态类中的身高、体重，身体功能类中的肺活量，以及身体素质类中的 50 米跑、坐位体前屈为各年级学生共性指标。

（六）本标准的学年总分由标准分与附加分之和构成，满分为 120 分。标准分由各单项指标得分与权重乘积之和组成，满分为 100 分。附加分根据实测成绩确定，即对成绩超过 100 分的加分指标进行加分，满分为 20 分；小学的加分指标为 1 分钟跳绳，加分幅度为 20 分；初中、高中和大学的加分指标为男生引体向上和 1000 米跑，女生 1 分钟仰卧起坐和 800 米跑，各指标加分幅度均为 10 分。

（七）根据学生学年总分评定等级：90.0 分及以上为优秀，80.0～89.9 分为良好，

60.0~79.9 分为及格，59.9 分及以下为不及格。

（八）每个学生每学年评定一次，记入《〈国家学生体质健康标准〉登记卡》（附表 1）。特殊学制的学校，在填写登记卡时可以按规定和需求相应地增减栏目。学生毕业时的成绩和等级，按毕业当年学年总分的 50% 与其他学年总分平均得分的 50% 之和进行评定。

（九）学生测试成绩评定达到良好及以上者，方可参加评优与评奖；成绩达到优秀者，方可获体育奖学分。测试成绩评定不及格者，在本学年度准予补测一次，补测仍不及格，则学年成绩评定为不及格。普通高中、中等职业学校和普通高等学校学生毕业时，《标准》测试的成绩达不到 50 分者按结业或肄业处理。

（十）学生因病或残疾可向学校提交暂缓或免予执行《标准》的申请，经医疗单位证明，体育教学部门核准，可暂缓或免予执行《标准》，并填写《免予执行〈国家学生体质健康标准〉申请表》（附表 2），存入学生档案。确实丧失运动能力、被免予执行《标准》的残疾学生，仍可参加评优与评奖，毕业时《标准》成绩需注明免测。

（十一）各学校每学年开展覆盖本校各年级学生的《标准》测试工作，《标准》测试数据经当地教育行政部门按要求审核后，通过“中国学生体质健康网”上传至“国家学生体质健康标准数据管理系统”。测试和数据上传时间由教育行政部门确定。

（十二）本标准由教育部负责解释。

二、单项指标与权重

大学生必测项目的指标及其权重见表 4-1。

表 4-1　大学生必测项目

测试对象	单项指标	权重（%）
大学各年级	体重指数（BMI）	15
	肺活量	15
	50 米跑	20
	坐位体前屈	10
	立定跳远	10
	引体向上（男）/1 分钟仰卧起坐（女）	10
	1000 米跑（男）/800 米跑（女）	20

注：体重指数（BMI）= 体重（千克）/身高^2（米^2）。

三、评分表

（一）单项指标评分表（表 4-2，表 4-3，表 4-4）

表 4-2　大学生体重指数（BMI）单项评分表　（单位：千克/米^2）

等级	单项得分	大学男生	大学女生
正常	100	17.9~23.9	17.2~23.9
低体重	80	≤17.8	≤17.1
超重		24.0~27.9	24.0~27.9
肥胖	60	≥28.0	≥28.0

表 4-3　大学男生体质评分标准

等级	单项得分	肺活量（毫升）		50 米（秒）		坐位体前屈（厘米）		立定跳远（厘米）		引体向上（次）		1000 米	
		大一大二	大三大四	大一大二	大三大四	大一大二	大三大四	大一大二	大三大四	大一大二	大三大四	大一大二	大三大四
优秀	100	5040	5140	6.7	6.6	24.9	25.1	273	275	19	20	3′17″	3′15″
	95	4920	5020	6.8	6.7	23.1	23.3	268	270	18	19	3′22″	3′20″
	90	4800	4900	6.9	6.8	21.3	21.5	263	265	17	18	3′27″	3′25″
良好	85	4550	4650	7.0	6.9	19.5	19.9	256	258	16	17	3′34″	3′32″
	80	4300	4400	7.1	7.0	17.7	18.2	248	250	15	16	3′42″	3′40″
及格	78	4180	4280	7.3	7.2	16.3	16.8	244	246			3′47″	3′45″
	76	4060	4160	7.5	7.4	14.9	15.4	240	242	14	15	3′52″	3′50″
	74	3940	4040	7.7	7.6	13.5	14.0	236	238			3′57″	3′55″
	72	3820	3920	7.9	7.8	12.1	12.6	232	234	13	14	4′02″	4′00″
	70	3700	3800	8.1	8.0	10.7	11.2	228	230			4′07″	4′05″
	68	3580	3680	8.3	8.2	9.3	9.8	224	226	12	13	4′12″	4′10″
	66	3460	3560	8.5	8.4	7.9	8.4	220	222			4′17″	4′15″
	64	3340	3440	8.7	8.6	6.5	7.0	216	218	11	12	4′22″	4′20″
	62	3220	3320	8.9	8.8	5.1	5.6	212	214			4′27″	4′25″
	60	3100	3200	9.1	9.0	3.7	4.2	208	210	10	11	4′32″	4′30″
不及格	50	2940	3030	9.3	9.2	2.7	3.2	203	205	9	10	4′52″	4′50″
	40	2780	2860	9.5	9.4	1.7	2.2	198	200	8	9	5′12″	5′10″
	30	2620	2690	9.7	9.6	0.7	1.2	193	195	7	8	5′32″	5′30″
	20	2460	2520	9.9	9.8	-0.3	0.2	188	190	6	7	5′52″	5′50″
	10	2300	2350	10.1	10.0	-1.3	-0.8	183	185	5	6	6′12″	6′10″

表 4-4　大学女生体质评分标准

等级	单项得分	肺活量（毫升）		50 米（秒）		坐位体前屈（厘米）		立定跳远（厘米）		仰卧起坐（次）		800 米	
		大一大二	大三大四	大一大二	大三大四	大一大二	大三大四	大一大二	大三大四	大一大二	大三大四	大一大二	大三大四
优秀	100	3400	3450	7.5	7.4	25.8	26.3	207	208	56	57	3′18″	3′16″
	95	3350	3400	7.6	7.5	24.0	24.4	201	202	54	55	3′24″	3′22″
	90	3300	3350	7.7	7.6	22.2	22.4	195	196	52	53	3′30″	3′28″
良好	85	3150	3200	8.0	7.9	20.6	21.0	188	189	49	50	3′37″	3′35″
	80	3000	3050	8.3	8.2	19.0	19.5	181	182	46	47	3′44″	3′42″

续表

等级	单项得分	肺活量（毫升）		50米（秒）		坐位体前屈（厘米）		立定跳远（厘米）		仰卧起坐（次）		800米	
		大一大二	大三大四	大一大二	大三大四	大一大二	大三大四	大一大二	大三大四	大一大二	大三大四	大一大二	大三大四
及格	78	2900	2950	8.5	8.4	17.7	18.2	178	179	44	45	3′49″	3′47″
	76	2800	2850	8.7	8.6	16.4	16.9	175	176	42	43	3′54″	3′52″
	74	2700	2750	8.9	8.8	15.1	15.6	172	173	40	41	3′59″	3′57″
	72	2600	2650	9.1	9.0	13.8	14.3	169	170	38	39	4′04″	4′02″
	70	2500	2550	9.3	9.2	12.5	13.0	166	167	36	37	4′09″	4′07″
	68	2400	2450	9.5	9.4	11.2	11.7	163	164	34	35	4′14″	4′12″
	66	2300	2350	9.7	9.6	9.9	10.4	160	161	32	33	4′19″	4′17″
	64	2200	2250	9.9	9.8	8.6	9.1	157	158	30	31	4′24″	4′22″
	62	2100	2150	10.1	10.0	7.3	7.8	154	155	28	29	4′29″	4′27″
	60	2000	2050	10.3	10.2	6.0	6.5	151	152	26	27	4′34″	4′32″
不及格	50	1960	2010	10.5	10.4	5.2	5.7	146	147	24	25	4′44″	4′42″
	40	1920	1970	10.7	10.6	4.4	4.9	141	142	22	23	4′54″	4′52″
	30	1880	1930	10.9	10.8	3.6	4.1	136	137	20	21	5′04″	5′02″
	20	1840	1890	11.1	11.0	2.8	3.3	131	132	18	19	5′14″	5′12″
	10	1800	1850	11.3	11.2	2.0	2.5	126	127	16	17	5′24″	5′22″

（二）加分指标评分表（表4-5，表4-6，表4-7，表4-8）

表4-5 男生引体向上评分表 （单位：次）

加分	大一、大二	大三、大四
10	10	10
9	9	9
8	8	8
7	7	7
6	6	6
5	5	5
4	4	4
3	3	3
2	2	2
1	1	1

表4-6 女生1分钟仰卧起坐评分表 （单位：次）

加分	大一、大二	大三、大四
10	13	13
9	12	12
8	11	11
7	10	10
6	9	9
5	8	8

续表

加分	大一、大二	大三、大四
4	7	7
3	6	6
2	4	4
1	2	2

注：引体向上、一分钟仰卧起坐均为高优指标，学生成绩超过单项评分 100 分后，以超过的次数所对应的分数进行加分。

表 4-7　男生 1000 米跑评分表　（单位：秒）

加分	大一、大二	大三、大四
10	-35″	-35″
9	-32″	-32″
8	-29″	-29″
7	-26″	-26″
6	-23″	-23″
5	-20″	-20″
4	-16″	-16″
3	-12″	-12″
2	-8″	-8″
1	-4″	-4″

表 4-8　女生 800 米跑评分表　（单位：秒）

加分	大一、大二	大三、大四
10	-50″	-50″
9	-45″	-45″
8	-40″	-40″
7	-35″	-35″
6	-30″	-30″
5	-25″	-25″
4	-20″	-20″
3	-15″	-15″
2	-10″	-10″
1	-5″	-5″

注：1000 米跑、800 米跑均为低优指标，学生成绩低于单项评分 100 分后，以减少的秒数所对应的分数进行加分。

附表：

1. 《国家学生体质健康标准》登记卡（大学样表）
2. 免予执行《国家学生体质健康标准》申请表（样表）

附表 1 《国家学生体质健康标准》登记卡（大学样表）

学校___________

<table>
<tr><td>姓 名</td><td colspan="2"></td><td colspan="2">性 别</td><td colspan="4"></td><td colspan="2">学 号</td><td colspan="4"></td></tr>
<tr><td>院（系）</td><td colspan="2"></td><td colspan="2">民 族</td><td colspan="4"></td><td colspan="2">出生日期</td><td colspan="4"></td></tr>
<tr><td rowspan="2">单项指标</td><td colspan="3">大一</td><td colspan="3">大二</td><td colspan="3">大三</td><td colspan="3">大四</td><td colspan="2">毕业成绩</td></tr>
<tr><td>成绩</td><td>得分</td><td>等级</td><td>成绩</td><td>得分</td><td>等级</td><td>成绩</td><td>得分</td><td>等级</td><td>成绩</td><td>得分</td><td>等级</td><td>得分</td><td>等级</td></tr>
<tr><td>体重指数（BMI）
（千克/米^2）</td><td></td><td></td><td></td><td></td><td></td><td></td><td></td><td></td><td></td><td></td><td></td><td></td><td rowspan="13"></td><td rowspan="13"></td></tr>
<tr><td>肺活量（毫升）</td><td></td><td></td><td></td><td></td><td></td><td></td><td></td><td></td><td></td><td></td><td></td><td></td></tr>
<tr><td>50 米跑（秒）</td><td></td><td></td><td></td><td></td><td></td><td></td><td></td><td></td><td></td><td></td><td></td><td></td></tr>
<tr><td>坐位体前屈（厘米）</td><td></td><td></td><td></td><td></td><td></td><td></td><td></td><td></td><td></td><td></td><td></td><td></td></tr>
<tr><td>立定跳远（厘米）</td><td></td><td></td><td></td><td></td><td></td><td></td><td></td><td></td><td></td><td></td><td></td><td></td></tr>
<tr><td>引体向上（男）/
1 分钟仰卧起坐
（女）（次）</td><td></td><td></td><td></td><td></td><td></td><td></td><td></td><td></td><td></td><td></td><td></td><td></td></tr>
<tr><td>1000 米跑（男）/
800 米跑（女）
（分·秒）</td><td></td><td></td><td></td><td></td><td></td><td></td><td></td><td></td><td></td><td></td><td></td><td></td></tr>
<tr><td>标准分</td><td colspan="3"></td><td colspan="3"></td><td colspan="3"></td><td colspan="3"></td></tr>
<tr><td>加分指标</td><td colspan="2">成绩</td><td>附加分</td><td>成绩</td><td colspan="2">附加分</td><td colspan="2">成绩</td><td>附加分</td><td>成绩</td><td colspan="2">附加分</td></tr>
<tr><td>引体向上（男）/
1 分钟仰卧起坐
（女）（次）</td><td colspan="2"></td><td></td><td></td><td colspan="2"></td><td colspan="2"></td><td></td><td></td><td colspan="2"></td></tr>
<tr><td>1000 米跑（男）/
800 米跑（女）
（分·秒）</td><td colspan="2"></td><td></td><td></td><td colspan="2"></td><td colspan="2"></td><td></td><td></td><td colspan="2"></td></tr>
<tr><td>学年总分</td><td colspan="3"></td><td colspan="3"></td><td colspan="3"></td><td colspan="3"></td></tr>
<tr><td>等级评定</td><td colspan="3"></td><td colspan="3"></td><td colspan="3"></td><td colspan="3"></td></tr>
<tr><td>体育教师签字</td><td colspan="3"></td><td colspan="3"></td><td colspan="3"></td><td colspan="3"></td><td colspan="2"></td></tr>
<tr><td>辅导员签字</td><td colspan="3"></td><td colspan="3"></td><td colspan="3"></td><td colspan="3"></td><td colspan="2"></td></tr>
</table>

注：高等职业学校、高等专科学校参照本样表执行。

学校签章：　　　　　　年　月　日

附表2　免予执行《国家学生体质健康标准》申请表（样表）

姓　名		性　别		学　号	
班级/院（系）		民　族		出生日期	
原因	申请人： 年　月　日				
体育教师签字		家长签字			
学校体育部门意见	学校签章： 年　月　日				

注：中等职业学校及普通高等学校的学生，“家长签字”由学生本人签字。

扫码“练一练”

思考题

1. 简述与健康有关的体能。
2. 简述与动作技能有关的体能。
3. 根据《国家学生体质健康标准》，大学生（男/女）的必测项目有哪些？

（杜金蕊　齐贵军　胡晓明）

第二篇

体育技能篇

第五章

篮球运动

学习目标

知识要求

1. 掌握篮球的基本技术和基本战术，能够根据攻防转换的实际情况选择合适的进攻或者防守技战术，从而达到攻防的技战术目的。
2. 熟悉篮球竞赛规则，能够利用竞赛规则达成攻防目标。
3. 了解篮球运动的起源与发展历程以及价值功能。

技能要求

通过篮球教学过程的学习提高基本身体素质，掌握基本篮球技术和战术；能够参加篮球比赛并配合队友完成战术进攻或战术防守。

第一节　篮球运动概述

扫码“学一学”

一、篮球运动的起源和发展

（一）篮球运动的起源

篮球运动是1891年由美国马萨诸塞州斯普林菲尔德（Spring Frield）市基督教青年会训练学校（后来的春田学院）体育教师詹姆士·奈史密斯（James Naismith）博士发明的。当时的社会活动较少，在寒冷的冬天人们缺乏进行体育锻炼的室内球类竞赛活动。奈史密斯从工人和儿童向“桃子筐”投准的游戏中得到启发，设计将两只桃篮分别钉在健身房内两端看台的栏杆上，桃篮口水平向上，距地面10英尺（3.05米），以足球作为比赛工具向篮内投掷，每投入桃篮一球得1分，按得分多少决定胜负。到1893年以铁质球篮取代了桃篮并挂上了线网。1895年开始把篮筐固定在（4×6）英尺的篮板上并逐渐深入场内。到1913年，人们嫌每次投篮命中后都要把球从篮筐内捞出来太麻烦，于是将篮网底部剪开，形成了近似现代的篮板和球篮。因为这项游戏最初使用是桃篮和球，遂取名为篮球。奈史密斯博士于1939年去世，终年78岁。他未曾料到，由他创建的篮球项目竟然在二百多个国家流传着，而且至今美国篮球还誉满全球。为了纪念奈史密斯博士发明篮球的功绩，在春田学院校园内修建了美国篮球名人馆——詹姆斯·奈史密斯纪念馆（图5-1、图5-2、图5-3）。

图 5-1　詹姆士 · 奈史密斯

图 5-2　詹姆士 · 奈史密斯展示最初的篮球筐

图 5-3　詹姆士 · 奈史密斯展示投篮

（二）篮球运动的国际化发展

篮球运动诞生后，传播得很快。1892 年传入加拿大和墨西哥，1893 年传入法国，1895 年传入中国，1901 年传入日本和波斯（今天的伊朗），1905 年传入俄国。1904 年美国青年会男子篮球队在第 3 届奥运会上进行了表演，此后，篮球运动逐步在全世界开展起来。1932 年 6 月 18 日在瑞士日内瓦成立了国际业余篮球联合会（简称国际篮联）。1936 年第 11 届奥运会上，男子篮球被列为正式比赛项目。1950 年和 1953 年分别举行了第一届世界男篮和女篮锦标赛。1948 年起，在许多国家的少年儿童中开始出现小篮球活动，受到国际篮联的重视，于 1968 年成立了“国际小篮球委员会”。1976 年第 21 届奥运会女子篮球被列为正式比赛项目。

篮球运动发展至今已有 100 多年的历史，在这段发展历程中，篮球规则在不断地更新，技战术也逐步得到提高。20 世纪 30 年代以前的篮球运动处于传播和推广时期，技术和战术尚处于初级阶段。20 世纪 30 年代以后，篮球运动登上了国际体育竞技舞台，世界性的比赛推动着篮球技术、战术的迅速发展，技术动作、战术组织和训练方法逐渐提高。1932 年，刚诞生的国际篮联以美国大学使用的篮球规则为基础，制定了第一份世界统一的竞赛规则。此后，到 1948 年的 10 多年间，规则曾多次修改，促进了篮球攻防战术的变化运用，提高了攻防的速度。进入 20 世纪 50 年代，世界各强队普遍重视和发展高度，高大队员在高空争夺中占有明显的优势，但灵活性差，技术单调，篮下死打硬攻，因而战术呆板，使比赛速度受到影响。针对这种情况，1956 年国际篮联对规则进行了修改，扩大了限制区，增加了 30 秒和干扰球规则。20 世纪 60 年代是高度、技术和速度同步发展时期，世界各国开始重视进攻和防守的均衡发展，在发展高度的同时，加强了高大队员技术和灵活性的训练。20 世纪 70 年代是高度、技术、速度相结合、相统一并持续发展的阶段，投篮技术中出现了空中换手投篮，各种单、双手扣篮。20世纪80年代以后篮球运动是在高水平上的全面攻守对抗，同时，技术全面、特长突出的明星队员在队内的作用举足轻重。

如今，篮球运动在全世界开展得极为广泛。奥运会篮球比赛、世界篮球锦标赛、NBA等一系列重要赛事，吸引了数以亿计的观众。大家关注的不仅仅是比赛的胜负，更为重要的是欣赏运动员精彩的表演，并享受这项运动带来的快乐。

（三）篮球运动在中国的发展

篮球运动在1895年9月传入中国天津，这与基督教青年会在天津的发展有密切的关系。1895年9月，美国人来会理博士（大卫·威拉德·里昂，中文名字叫李昂），受北美青年会的派遣来中国天津筹建城市青年会，同年12月8日天津中华基督教青年会在医学堂成立，会前与会后都表演了篮球游戏。1896年1月11日下午4时，天津中华基督教青年会举行了中国篮球运动史上较为正式的篮球表演。在考证近代篮球传入中国起始的问题上，据1948年赴美的吴志钢博士提供，1896年天津基督教青年会曾公布以下三次英文布告，布告的原件收藏在纽约市百老汇街291号基督教青年会历史图书馆内。吴志钢博士特地将3次英文布告抄后寄回国内。这三次英文布告的内容如下。

［第一次布告］1896年1月11日

一场篮球赛将于今日下午举行，所有爱好运动的青年，请于四时踊跃参加（A game of basketball will be played this afternoon all young men interested in are athleties are invited to be at the room promptly at 4 o'clock in order to join the game）。

［第二次布告］1896年1月18日

如果天气好的话，今天下午四时举行篮球赛，来参加这项运动吧（A game of basketball will be played this afternoon at 4 o'clock if the weather permits. Come and join the game）。

［第三次布告］1896年4月4日

上星期六下午举行了一场热烈的篮球赛，另一场将于今日下午四时举行，来学学这项运动吧（An enthusiastic game of basketball was played on last Saturday afternoon. Another game will be played today at 4 o'clock. Come and learn the game）。

这是迄今为止我国有关篮球活动最早的文字记载，它说明天津中华基督教青年会于1895年12月举行了中国近代篮球运动史上最早的一次篮球表演活动。

篮球运动传入天津后，随后在北京、上海基督教青年会里也有了此项活动。在1910年的全运会上举行了男子篮球表演赛之后，在全国各大城市的大、中学校的篮球活动逐渐开展起来，其中以天津、北京、上海开展得较好，水平也较高，当时的比赛规则很简单，在球场中间画一个约有1米直径的中圈，中锋队员跳球时一只手必须置于背后腰部，任何一足不得踏出圈外。技术也简单，中圈跳球后，谁接到球就自己运球，超过防守人就投篮。当时只会直线运球前进，传球方法是单、双手胸前传球，跑动投篮是用单手低手上篮，立定投篮无论远近都是用双手腹前低手投篮。1925年前后，进攻和防守的5名运动员，有了较明确的分工，中锋对中锋，后卫对前锋，有人盯人，各自盯住自己的对手。但前锋的职责是只管进攻投篮，不管退守；后卫的职责是只管防守抢截球，不管投篮。前锋和后卫很少全场跑动，只有中锋要攻守兼顾。以后又逐渐改为两后卫1人助攻（活动后卫），1人留守后场（固定后卫），两前锋也变为1人留在前场专管偷袭、快攻，1人退守后场助防。技术动作也有所发展，跑动投篮出现了单手、高手投篮，立定投篮出现了双手胸前投篮，传球出现了单、双手击地传球，运球出现了两手交替运球躲闪防守和超越防守向前推进的技术。规则中增加了罚球区和罚球线，队员犯规4次即被取消比赛资格，犯规罚球可由队长指定任何1个队员主罚。比赛时间分为上、下半时各20分钟，中间休息10分钟。每次投中或罚中后，都在中圈跳球，重新开始比赛。中国篮球运动水平在1926年以后有了较大提高。

近年来，我国的篮球运动也有了长足的进步，不仅成功举办了CBA、CUBA、大学生篮球超级联赛、全国高中篮球联赛，而且国家队已经“冲出亚洲、走向世界”，在世界大赛中取得了可喜的成绩。此外，诞生于美国街头的“三对三”篮球，在我国也受到社会各界群众尤其是青少年学生的喜爱，吸引了众多人员的参与。

知识链接

有关近代篮球运动传入中国确切时间的探讨

关于近代篮球运动传入中国的确切时间，曾有多种说法。

一说是1894年，由美国人鲍勃·盖利把篮球带来中国，国际篮联为纪念国际篮联成立50周年出版的《世界篮球》也有同样的说法。

二说是1896年，美国人蔡乐尔把篮球传到中国，有些体育史书也是这样记载的。蔡乐尔曾在北京、天津基督教青年会工作，他热心倡导篮球运动，曾任中国参加第一、二、三届远东运动会篮球比赛的中国队指导。

还有其他一些传说，如清末民初、1901~1910年等。

天津是中国近代篮球运动的摇篮，华北是中国开展篮球运动最早的地区，这是肯定无疑的。

二、篮球运动的价值

篮球运动自问世起就以其独特的娱乐性、可观赏性、竞争性、健身性等价值功能获得了人们的认同。篮球运动传播迅速，经过了百年的风雨沧桑，篮球运动已经成为世界三大球之一，为世界人民所喜爱，特别是在青少年当中更为普及。篮球运动在高校体育中占重要地位，通过篮球运动可以促进大学生身心的全面发展，培养其运动能力和良好的社会适应能力，增进学生的身心健康。

（一）教育方面的价值

篮球运动在培养大学生各方面素质的人文教育方面有其独特的功能。通过篮球学习过程，大学生集体协作的团队精神得以培养；通过艰苦的训练和激烈的比赛，大学生吃苦耐劳的精神和顽强独立的意志品质得以培养；通过篮球学习以及比赛的过程，大学生热情开朗、积极向上的精神风貌得以养成。总之，篮球运动可以帮助学生改善待人接物的行为方式、促使人格特质的养成、促进综合素质的发展。

（二）健身价值

篮球运动持续时间可长可短，但需要参与者快速奔跑、突然与连续起跳、敏捷反应与力量抗衡。经常参加篮球运动，可使身体各部分肌肉坚实、发展匀称、体格健壮。篮球运动可以促进力量、速度、耐力、弹跳、灵敏等运动素质的发展。篮球运动也是一项高强度的对抗性运动，要求机体的代谢能力旺盛，体内能源物质的转换快速，因而能使心脏、血管、呼吸、消化等器官的功能增强，促进机体内各系统的工作能力提高。篮球比赛的综合环境复杂，要求参与者具有良好的分配与集中注意力能力，以及对空间、时间和定向能力，要有高度精细的立体感觉能力。经常参加篮球运动，在篮球运动过程中需要经常变换技术动作，对提高神经中枢的灵活性、提高神经中枢协调支配各器官的能力，具有很好的作用。

（三）促进大学生心理健康发展的价值

篮球运动不仅是技术与身体的对抗，也是意志与智慧的较量。运动员的智慧、胆略、意志、活力与创造力，决定着比赛的成败和观赏水平。篮球运动是一项把变换、结合、转移、持续融为一体的集体攻守对抗项目，要求运动员反应快速、判断正确、随机应变、有勇有谋、机智善断，从而能够促进大脑功能与智力的发展。在篮球运动中，通过多种感知觉的参与可以发展学生的运动记忆，经过长期的学习可形成运动技能的动力定型和高度的自动化，这有利于学生在快速、复杂的情况下做出迅速、正确的判断。通过篮球比赛，学生的个性、自信心、情绪控制、意志力、进取心、自我束缚能力都有很好的发展。

（四）促进大学生社会适应能力发展的价值

大学是一个浓缩的社会，在其中拥有与真实社会相似的人际关系、学习和工作压力。篮球运动对培养大学生集体主义精神有积极作用。学生之间团结合作、相互协同、默契配合，一切为集体，一切为大局，才能保证比赛的胜利。学生通过和同伴的相互合作，共同完成篮球的技、战术配合过程，共同体验比赛胜利的喜悦以及失败的痛苦，有助于拉近学生与学生之间的人际关系，建立良好的群体交往环境。良好的人际关系有助于学生建立良好的学习、生活和工作环境，减少学习和工作上的压力。

（五）文化娱乐方面的价值

篮球运动具有极高的观赏性，人们在观看篮球比赛的过程中身心愉悦，能够从比赛多变的攻防转换节奏、队员眼花缭乱的技术展示，以及灵活自如的战术配合方面感受篮球运动的独特魅力。篮球运动充分体现了人个性的全面发展和集体协作的配合统一。篮球比赛过程中复杂多变的比赛环境要求参赛运动员必须在很短的时间内做出正确的观察判断，选择合适的技术和战术配合进行有效的进攻或者防守，从而为比赛的最终胜利做出贡献。观众在观赏过程中能够充分体会篮球运动激烈多变的风格魅力，从而达到愉悦身心的观赛目的。

（六）经济价值

在西方发达的市场经济国家，特别是在美国，篮球运动已经发展成了一个独立的经济产业，其产业经济价值日益高涨。篮球运动在某些国家已经成为支柱产业，美国的 NBA 就是一个典型的例证。

NBA 是美国国家篮球联盟（National Basketball Association）的缩写，是美国四大体育职业组织（棒球联盟、冰球联盟、橄榄球联盟、篮球联盟）之一，有着巨大的国际影响力。NBA 不是北美地区观众最多的联赛，却是世界上最具影响力的全球化职业体育组织。NBA 的商业运作模式值得学习。值得一提的是已经卸任的 NBA 总裁大卫·斯特恩。在斯特恩任职 NBA 总裁期间，NBA 的资产翻了五番，俱乐部从原来的 22 家增加到 30 家，全国电视转播产值从 1984 年的近 2300 万美元增加到每年 4 亿美元。2014 年 2 月 1 日 NBA 官方通过推特宣布，已执掌联盟 30 年的总裁大卫·斯特恩与新任总裁亚当·席尔瓦正式完成了交接。

截至斯特恩卸任，NBA 拥有 30 支球队，尼克斯、湖人和公牛的价值均在 10 亿美元以上，NBA 每年的转播权可以卖到 9.3 亿美元。

扫码“学一学”

第二节　篮球运动的基本技术

一、篮球技术的概念和分类

篮球技术是在比赛中为达到一定攻防目的而采用的专门动作方法的总称，是篮球比赛中常见的动作体系和组合变化形式的总和，是进行篮球活动和参加篮球比赛的基础。它的内涵就是以手脚运动为基础，以控制球和支配球为主要争夺手段，以一对一为基本攻守对抗形式，以投篮得分为最终目的的攻守对抗性技术系统。

篮球技术依据攻守转换的特征可以分为进攻技术和防守技术。

进攻技术有传接球、投篮、运球、持球突破；防守技术有防守对手、抢、打、断球等。进攻技术和防守技术都有移动、抢篮板球。

扫码“看一看”

二、篮球技术分类介绍

（一）移动

队员为了改变位置、方向、速度和争取高度、空间所采用的各种脚步动作方法的总称。

篮球比赛是在长 28 米、宽 15 米的场地进行的，双方队员攻守交替、互相争夺，力争更多地把球投入对方球篮，而不让对方投中本方球篮。为了达到这一目的，双方队员必须在球场上不停顿地移动，来寻找投篮机会或阻止对方投篮，争取进攻和防守的主动权。因此，移动技术是完成各项技术动作的基础，也是实现篮球战术目的的重要因素。

篮球场上的移动在进攻或者防守时有着不同的目的。进攻时运用移动的目的是为了选择位置、摆脱防守，去完成切入或是接球、传球、投篮、运球、突破等技术；防守时运用移动的目的是为了保持或抢占有利位置、堵截对手，防止摆脱、追防、协防，或是及时而果断地进行抢、打、断球及抢篮板球。

1. 移动的基本技术

（1）基本站立姿势　两脚前后或左右开立，距离约与肩同宽，两腿微屈，身体重心落在两脚之间，略收腹含胸，屈肘，两手放于体侧前方。防守时站立姿势稍有不同，两脚开立略比肩宽，屈膝降低重心，含胸，两臂张开，抬头，收腹，两眼注视场上情况，随时准备向各个方向启动，如图 5-4 所示。

（2）起动　队员在球场上由静止状态变为运动状态的一种动作，是获得位移初速度的方法。进攻时，突然快速的起动，是摆脱防守的有效手段之一。防守时，突然的起动，可以抢占有利位置，看住对手。起动分向前起动和向侧起动。

1）向前起动是用后脚的前脚掌短促有力地蹬地，重心前移，上体前倾，迅速向前迈步，起动后的前两三步要短促而迅速，如图 5-5 所示。

2）向侧起动是用异侧脚的前脚掌用力蹬地，同时上体迅速向起动方向侧转并前倾，重心跟随移动，迅速向跑动方面迈步，步法同向前起动，如图 5-6 所示。

图 5-4 基本站立姿势

图 5-5 向前起动

图 5-6 向侧起动

（3）变向跑 篮球比赛当中跑动动作特别多，跑是为了完成攻守任务而争取时间的脚步动作。篮球比赛的跑步动作基本全是变速跑，变速跑是队员在跑动中利用速度变化来摆脱防守者的一种跑动方法，分为变向跑和侧身跑。变向跑是队员在跑动中突然改变方向的一种脚步动作。以左向右变向跑为例，队员跑动中最后一步用左脚前脚掌制动，同时脚内侧蹬地、屈膝、脚尖稍向内扣、腰部随之右转、重心右移，上体稍前倾，同时右脚向右前方跨出一小步，左脚再迅速向右腿的侧前方跨出一大步，如图 5-7 所示。

图 5-7 变向跑

（4）侧身跑 队员在跑动中为了抢位，摆脱防守接侧向或侧后方传来的球，而采用的一种跑动方法。侧身跑时脚尖和膝盖对着跑动方向，头和腰部向球的方向扭转，侧肩，上体和两臂放松，随时观察场上情况，如图 5-8 所示。

图 5-8 侧身跑

（5）急停 队员在跑动中突然制动速度的一种动作方法，是衔接其他技术动作和摆脱对手的有效方法。急停包括跨步急停和跳步急停。

1）跨步急停 在快速移动中需要急停时规则规定只能跨两步以进行合法急停，这被称为两步节拍。当你在快速移动中接球或在快速运球结束时，可以使用跨步急停的方法。

动作要领：急停时的第一步跨出稍大，脚跟先着地滚动到前脚掌撑地，脚尖由向前方转为向侧前方，同时重心下降，并先落在后脚上，身体稍向后坐，以减缓向前的冲力。第二步着地时，前脚掌内侧用力蹬地，脚尖稍向内转，两膝弯曲并内收，上体稍前倾，重心落在两脚之间，两臂屈肘张开，帮助控制身体平衡，如图 5-9 所示。

图 5-9　跨步急停

2）跳步急停　在篮球技术中，一步急停技术也被叫作跳步急停技术。跳步急停是队员在中速和慢速移动时，用单脚或双脚紧贴地面跳突然制动速度的一种方法。

动作要领：队员在跑动时用单脚起跳，两脚同时落地（略比肩宽），前脚掌用力蹬地，两膝迅速弯曲，重心下降，两臂屈肘张开，保持身体平衡，如图 5-10 所示。

图 5-10　跳步急停

（6）转身　队员以一脚做中枢脚进行旋转，另一脚蹬地向前后跨出，改变原来身体方向的一种动作方法，分为前转身和后转身。它可与急停、跨步、持球突破结合运用，有效摆脱防守创造传球、投篮的机会。

1）前转身　转身时移动脚向自己身前（中枢脚前的方向）跨出的同时，中枢脚碾地旋转使身体改变方向，动作要点是屈膝提踵，重心平稳，如图 5-11 所示。

图 5-11　前转身

2）后转身　移动脚蹬地向自己身后（中枢脚后的方向），跨出的同时，中枢脚碾地旋转使身体改变方向。

动作要领：两脚用力蹬碾地，重心平稳不起伏，如图 5-12 所示。

（7）滑步　队员防守时移动的主要步法，它易于保持身体平衡，可向任何方向移动。滑步一般分为侧滑步和前、后滑步。

图 5-12 后转身

1）侧滑步　两脚左右开立，两臂张开。向左侧滑步时，右脚前脚掌内侧用力蹬地的同时，左脚向左跨出一步，右脚在左脚落地的同时紧随滑动，重心保持在两脚之间。向右侧滑步时动作相反。

动作要领：蹬、跨、滑，如图 5-13 所示。

图 5-13 侧滑步

2）前、后滑步　动作方法和要领与侧滑步相仿，只是方向不同。

2. 移动技术的练习方法

（1）听信号或看信号向不同方向起动。

（2）原地运球，听、看信号做运球起动。

（3）在球场上规定路线练习变速跑、变向跑、侧身跑、各种滑步等。

（4）两人行进间传接球中练习侧身跑。

（5）徒手或运球跑动中听、看信号做急停。

（6）原地练习转身或结合其他技术做练习。

（二）传接球

篮球比赛中队员之间有目的地转移球的方法。它是进攻队员在场上相互联系和组织进攻的纽带，是实现战术配合的具体手段。传接球是实现战术组织配合的关键，它能把 5 名队员连成一个整体，充分发挥集体力量，体现篮球运动特点。巧妙准确的传球，能打乱对方的防御部署，创造更多、更好的投篮机会；稳定牢靠合理的接球，能弥补传球的不足，从而协调连贯地完成传球、突破、投篮等动作。

1. 传接球的基本技术

（1）双手胸前传球　动作要领：两手五指自然张开，两大拇指成“八”字形，用指根以上部位持球，掌心空出。两肘自然弯曲于体侧，置球于胸腹部位，身体成基本姿势站立，脚分前后。传球时，目视传球方向，两臂前伸，手腕由下向上转动，再由内外翻，急促抖腕，同时拇指用力下压，示、中指用力弹拨，将球传出。出球后手心和拇指向下，其余四指向前。远距离传球，则需加大蹬地和腰腹的协调用力，如图 5-14、图 5-15 所示。

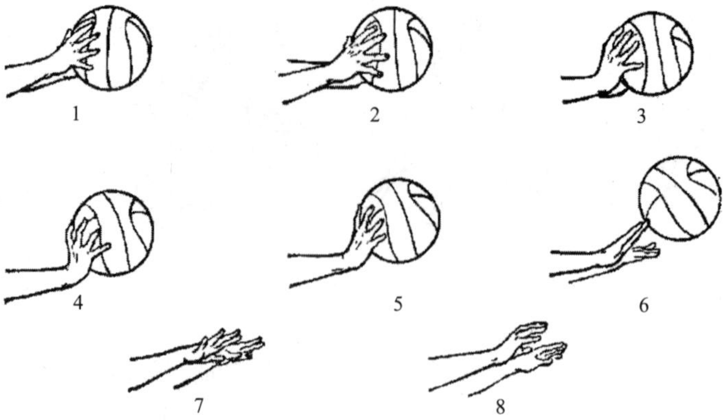

图 5-14　双手胸前传球

图 5-15　双手胸前传球示意

（2）单手肩上传球　动作要领：（以右手为例）双手胸前握球，两脚前后站立，左脚在前，左肩对传球方向，将球引至右肩，右手执球，肘关节外展，右手腕后仰，指根以上托球，掌心空出，重心落在右脚上。传球时，右脚蹬地，转体，前臂迅速向前挥摆，手腕前屈，通过拇指、示指、中指拨球，将球传出，球出手后身体重心随之移到左脚上，如图 5-16、图 5-17 所示。

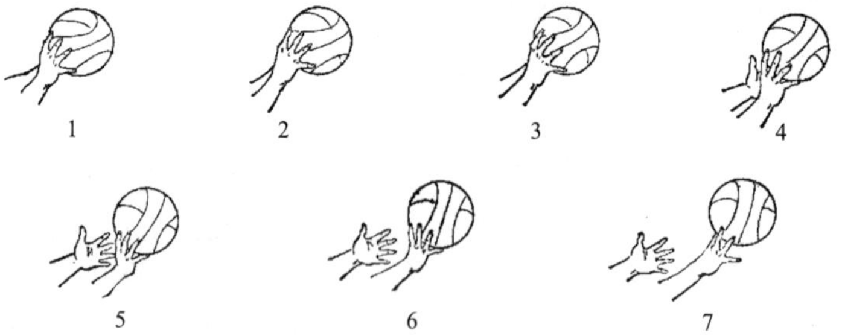

图 5-16　单手肩上传球

图 5-17　单手肩上传球示意

（3）单手胸前传球　动作要领：持球手法与单手肩上传球同（以右手为例），将球由胸前引到体前右侧，传球时振动前臂、手腕急速前扣，并向内翻，同时示指、中指、无名指用力拨球，将球传出。

（4）双手头上传球　动作要领：双手持球举于头上，两肘稍屈，持球手法与双手胸前传球相同，传球时小臂前挥，手腕前扣外翻的同时，拇指、示指、中指用力拨球。传球距离较远时，加脚蹬地，腰腹用力，全身协调发力，将球传出。

知识链接

传球的一些注意事项

- 传球之前要观察好场上情况，传球要快速，不要将球停留在手上时间太长。
- 传球动作要隐蔽，要掌握几种隐蔽传球技术，并做到把传球与投篮、突破、假动作等结合起来运用。
- 传球的出球点要多，动作幅度不要太大，多运用指腕力量传球。
- 要根据同伴的意图和行动，掌握传球的方向、高度和落点。
- 当同伴未摆脱对手，或没有良好的接球进攻机会，而且又有可能遭到围、夹时不要传球。
- 传球要及时、准确，做到人到球到，以球领人。每传一次球都要使同伴接球后便于做下一个动作。
- 不要盯着接球队员传球，要声东击西，真真假假。
- 传球时要沉着冷静，从容不迫，及时果断。

（5）接球　主要目的是为了获得球。在激烈对抗的比赛中，采用正确的动作牢牢地接住球，是迅速顺利地进行下一动作的前提。正确和主动的接球动作，可减少传球失误，弥补传球的不足，具体运用取决于来球的力量、方向和落点。接球好坏对进行下一动作有直接影响。接球分双手接球和单手接球两种。不论哪一种接球，眼睛都要注视球，肩臂放松，手臂要半屈迎向球，手指自然分开、放松。当手指触球时手臂立即随球后引缓冲来球力量，将球握于胸前，保持身体平衡，并做好投篮、传球、突破的准备，如图 5-18 所示。

图 5-18　接球

知识链接

接球的一些注意事项

- 要抢占有利位置、积极、主动迎球，不要站在原地等球。
- 接球时要向传球队员传递信息，可以通过语言暗号、手、眼或身体动作示意接球的意图和来球的方向及落点。
- 接球前要了解场上情况，进行处理球的预测，接球后当不能投篮和突破时，要及时快速将球传出，以利用同伴和球不停地移动中创造更好的进攻机会。
- 接球动作要快速，要刚柔结合，球触及手指后，手腕后引，缓冲来球的力量。
- 要用手臂和身体保护来球，以防对方抢、断球。队员无球时，除空切、摆脱对手接球进攻外，还可以通过移动给同伴创造进攻机会，如拉开、弱侧助攻等。

2. 传接球技术的练习方法

（1）二人一组，相对站立，做各种传接球练习。

（2）三人一组成等边三角形站立，相距 3~5 米，采用各种方法传球。

（3）二人一组，一人原地向另一人前、后、左、右方向传球，另一人移动接球。

（4）全场二人行进间传接球练习。

（5）二人传球，一人防守进行练习。

（三）投篮

投篮是进攻队员为将球投入对方球篮而采用的各种专门动作方法的总称。投篮是篮球比赛中得分的唯一手段，一切技、战术运用的最终目的，都是为了创造更多更好的投篮机会，因此，投篮是整个篮球技术体系的核心。

1. 投篮的基本技术

（1）原地双手胸前投篮　双手握球在胸部以上（高度在肩部附近），握球手法与双手胸前传球相同，肘关节自然下垂，上体稍前倾，两脚前后或左右站立，两膝微屈，重心落在两脚之间，目视投篮目标。投篮时，两脚前脚掌蹬地，腰腹伸展，同时两臂向前上方伸出，两臂即将伸直时两手腕同时外翻，拇指向前压送，指端拨球，以拇指、示指、中指的力量将球投出，最后腿、腰、臂自然伸直。双手胸前投篮的关键是持球手法正确，全身用力协调，手指、手腕外翻并用力拨球，如图 5-19 所示。

图 5-19　原地双手胸前投篮

（2）原地单手肩上投篮　（以右手为例）右手五指自然分开（手心空出），指根以上部位触球，向后屈腕、屈肘持球于肩上耳部左右，肘内收，前臂与地面接近垂直，左手扶球的左侧，右脚稍前，左脚稍后，重心放在两脚之间，两膝微屈，目视投篮目标。投篮时，两脚前脚掌用力蹬地，伸展腰腹，抬肘，手臂上伸，即将伸直时，手腕用力前屈，中指和示指用力拨球，使得篮球从指端投出，球体向后旋转。球出手后，腿、腰、臂自然伸直。单手肩上投篮的关键是持球手法正确，全身用力协调，用手指手腕的力量拨球。

动作要领：翻腕持球于肩上，抬肘要领切莫忘，蹬伸屈拨要柔和，中指、示指控方向，如图 5-20 所示。

图 5-20 原地单手肩上投篮

（3）行进间投篮

1）行进间单手高手投篮 （以右手为例）右脚跨出一大步，在没落地前接球，右脚落地后左脚向前跨一小步（缓冲向前的水平冲力），并用力蹬地向上起跳，同时举球于肩上（或头部以上）。当身体至最高点时，前臂向前上方伸展，右臂即将伸直时手腕前屈，示指、中指用力拨球，通过指端将球拨出，出手要柔和，如图 5-21 所示。

图 5-21 行进间单手高手投篮

2）行进间单手低手投篮 （以右手为例）右脚跨出一大步，在落地前按球，左脚紧接跨出，步幅稍小，不要减速，用力蹬地向前上方起跳，同时双手持球移至体右侧上举，左手离球，右手掌心向上托球，向球篮方向伸出，接着向上屈腕，示指、中指、无名指向上拨球投出，如图 5-22 所示。

（4）原地跳起单手肩上投篮 简称跳投，是跳起在空中完成投篮动作，具有突然性强、出手快、出手点高、不易防守的特点。

两手持球于胸前，两脚前后或左右自然站立，两腿微屈，重心在两脚之间。起跳时两腿迅速屈膝，前脚掌用力蹬地向上起跳，同时迅速举球于头侧上方（起跳和举球动作要协调一致），用右手托球，手腕后屈，左手扶球。当身体接近最高点滴时，左手离球，右臂伸向前上方，前臂即将伸直时，手腕用力前屈，示指、中指拨球，通过指端将球投出，手臂向出球方向自然伸直。落地时屈膝缓冲，保持身体重心稳定，如图 5-23 所示（以右手为例）。

图 5-22　行进间单手低手投篮

图 5-23　原地跳起单手肩上投篮

（5）运球、接球急停跳起投篮　可采用跳步或跨步急停动作方法，停步同时双手随起跳持球上举，当身体至最高点时辅助手离球投篮臂向前上方伸直，手腕前屈，示指、中指用力拨球将球投出。

动作要领：急停突然重心稳，起跳举球紧相随，最高点出手要记准，如图 5-24、图 5-25 所示。

图 5-24　运球急停跳起投篮

图 5-25 接球急停跳起投篮

2. 投篮技术的练习方法

（1）徒手做各种投篮动作的模仿练习。

（2）二人相互对投，练习原地单手肩上投篮。

（3）原地单手肩上投篮，距离由近到远。

（4）半场运球行进间单手肩上投篮和低手投篮。

（5）行进间接传球单手肩上投篮和低手投篮。

（6）原地跳起单手肩上投篮，距离由近到远。

知识链接

当前投篮技术发展和提高的主要表现

- 难、新投篮技术不断出现。如各种方式的扣篮、高空补篮、半勾手投篮、跳起空中变化投篮等，丰富和发展了投篮技术，使投篮技术多样化，提高了投篮的实用性。
- 善于利用“时、空、差”投篮。投篮前的动作明显加快，动作的突然性提高，经常在移动中突然跳起投篮。同时善于利用假动作、快出手及空间变换手及身体动作等，避开防守的封盖进行投篮。
- 投篮与传球、突破等技术巧妙结合，融为一体。
- 提高了投篮时的对抗能力，经常在失去身体平衡和严密防守情况下，强行投篮。
- 各位置队员得分能力普遍提高，尤其是三分线外的投篮，普遍引起重视和运用。

（四）运球

持球队员在原地或移动中，用单手连续拍击球，并借助地面反弹起来的球继续原地或移动中连续拍球推进的技术叫运球。运球的关键是手对球的控制能力、脚步移动的熟练程度以及手、脚的协调配合。

运球是控制球、支配球，组织战术配合和突破对手的重要手段，也是大家喜爱练习的技术之一。要想熟练掌握运球技术，必须注意身体姿势、手形、手按拍球的动作和球的运行轨迹之间的协调，这样才能控制好球的反弹角度、高度和速度，做到得心应手。运球时，要减低重心，保持膝关节弯曲，上体稍前倾，抬头，五指自然分开，用手指和手根部按拍球和控制球，并随时用另一侧的手臂、肩、躯干和腿保护球。在快速运球或离防守队员较远时，可以以肘关节为轴，前臂上下摆动，用手指、手腕来按拍球，运球高度在腰、膝之间。如离防守队员较近，则以肩关节为轴，上臂发力，手指、手腕和前臂迎送球，使球落点在身体后侧方，远离对手。

1. 运球的基本技术

（1）高运球　多用于快速运球，提高运球高度加大反弹距离，与快速奔跑相结合。

动作要领：膝微屈，上体稍前倾，目视前方，手按球的后半部，球落点在人的侧前方（根据速度快慢、决定运球距离远近），球的反弹高度在腰胸之间，手脚要协调配合，这种运球身体重心较高、便于观察场上情况。

图 5-26　高运球

动作关键：在手形正确的基础上，主动迎球，随球上引，前臂屈伸，控制球的落点；手按拍和脚步移动协调配合，如图 5-26 所示。

（2）低运球　如果运球接近防守队员或防守队员来抢球时，运球队员应改用低运球突破对手，用身体保护球，并善于运用假动作摆脱防守。

动作要领：两脚前后开立，两膝弯曲，上体稍前倾，抬头看前方，重心落在前脚掌上，手腕放松，手掌与地面平行，五指自然分开，用手指和指根按、拍球。手心空出，以肘关节为轴，前臂做上下伸压动作，结合手指、手腕缓冲球向上反弹力量，以控制球的高度和落点，一般运球落点应为运球手同侧脚的外侧稍前。运球高度在膝关节以下，为了保护球，运球者应该使球、自己和防守者三者保持一条线，不运球的手臂要抬起。行进间低运球，向前时要拍球的后半部，向左变向时拍球的右半部，向右侧则反之。

动作关键：突然改变运球高度，并且要控制好按拍球的反弹力量；上下肢配合协调，如图 5-27 所示。

图 5-27　低运球

（3）运球急停急起　当对方防守盯得很紧，不能用快速运球超越对手时，运用运球速度上的突然变化，急停、急起，摆脱对手；或原地静止状态运球，突然运球急起超越对手。

动作要领：运球急停要领与不持球急停相同。运球急停时，手拍按球的上方稍靠前，使球与地面成垂直反弹，用异侧臂和身体保护球。起动时，后脚下前脚掌偏内侧用力蹬地，上体前倾，重心前移，同时拍按球的后上方，利用起动速度，超越对手。

动作关键：急停稳、起动猛，人和球速一致，上体前倾和脚的蹬地协调配合，如图 5-28 所示。

图 5-28 运球急停急起

(4) 体前变向运球 队员在行进间快速运球，不与对手接近或对手迎上堵截，可选用改变运球方向来突破对手。

动作要领：(以从对手左侧突破为例) 当快速直线运球即将接近对手时，先向对方右侧运球，使对手误认为向其右侧突破，当对手堵截右方或重心稍有移位，运球队员立即向右侧变向，左手按球的左后上方，将球由自己的左侧运至右侧前方，同时左脚迅速向右前方跨出，脚落点在对手左脚侧面，脚尖向前，左脚跨步的同时上体向右转，用肩背挡住对手，然后换右手按球后上方，同时右脚用力蹬地、加速，超越对手。

动作关键：变向时突然按拍球的左后上方，转腰探肩保护球。换手后按拍球的后上方加速突破，如图 5-29 所示。

图 5-29 体前变向运球

(5) 后转身运球 (以右手为例) 当对手逼近自己的右侧时，左脚上步置于对手两腿之间，左脚为轴脚，左脚脚内侧蹬地，同时，后转身将球拉引向自己身体左侧，用身体背部挡住对手，左脚迅速上步加速。依据场上情况左手与右手均可运球以从对手右侧突破。

动作要领：上不快，转体稳，转引变向球近身，如图 5-30 所示。

2. 运球技术的练习方法

(1) 一人一球，原地做高、低运球，侧身做体前换手变向运球、运球转身等练习。

(2) 一人一球，沿球场边线、端线做运球急停、急起，侧身体前换手变向运球、运球转身等练习。

(3) 一人一球，做侧身体前换手变向运球、运球转身突破障碍物等练习。

(4) 圆圈运球。

（5）后转身运球或背后换手变向运球。

（6）结合传球、投篮、突破的运球。

图 5-30　后转身运球

知识链接

怎样提高运球技术水平

- 要侧向对方。敢于贴近对手。在贴近时可以用转身、背后运球摆脱对方。
- 尽量由中路运球推进，以扩大攻击面和免遭对方夹击。
- 要有速度和方向变化，在变速变向中使对方身体失去平衡。
- 要左右手都能熟练地掌握运球技术，以增加球的攻击能力。
- 把视野从运球中解放出来，尽量不看运球，随时注意同伴的进攻机会及身体后面和附近的防守队员。
- 运球要和突破、传球、紧密结合。
- 运球时要合理地配合身体动作及脚步动作。

（五）持球突破

持球突破是持球队员运用脚步动作与运球技术相结合，达到超越对手的一种进攻技术。持球突破是以运球和脚步动作为基础，由蹬、跨、侧身、探肩、推放球和加速等动作组成。运用时应结合投篮、传球、跨步等假动作，使之更具备攻击性和灵活性。持球突破是控制球队员快速超越对手直接切入篮下得分的重要手段，也是现代篮球进攻技、战术发展的一个发展标志。

1. 持球突破的基本技术

（1）交叉步持球突破　（以左脚做中枢脚为例）两脚左右开立，两膝弯曲，两手持球于胸腹间。突破时，右脚前脚掌内侧用力蹬地，上体向左转移，右肩向前下压，右脚向左侧前方跨出，在左脚离地前，运球在右脚的左侧前方，左脚迅速蹬地跨步超越对手。

动作要领：第一步要快，蹬跨，转腰，探肩，推放球及加速运球必需协调、连贯、快速完成，如图 5-31 所示。

（2）同侧步（顺步）持球突破　（以左脚做中枢脚为例）两脚左右开立，两膝弯曲，两手持球于胸腹间。突破时右脚向右前方跨出一步，同时向右转体侧肩，重心前移，右手运球，左脚前脚掌用力蹬地向右前方跨出。

动作要领：转体、侧肩、加速如图 5-32、图 5-33、图 5-34 所示。

图 5-31　交叉步持球突破

图 5-32　同侧步持球突破（转体）

图 5-33　同侧步持球突破（侧肩）

图 5-34　同侧步持球突破（加速）

（3）转身突破　对手紧逼或背对篮接球时可以用转身突破对手，可分前转身持球突破和后转身持球突破两种。

1）前转身持球突破　转身时移动脚向自己身前（中枢脚前的方向）跨出的同时，中枢脚碾地旋转使身体改变方向。

动作要领：屈膝提踵，重心平稳，如图 5-35 所示。

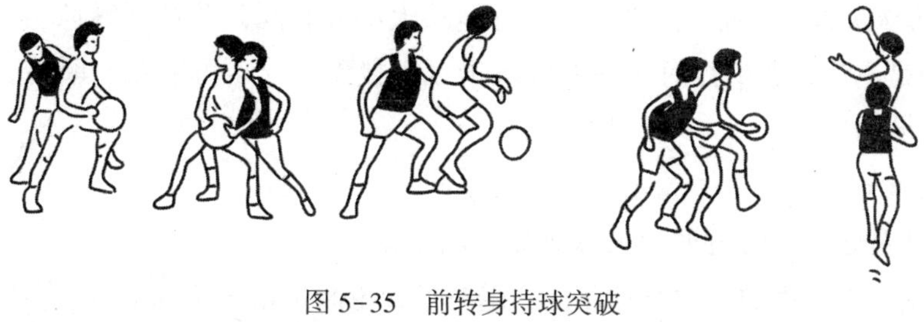

图 5-35　前转身持球突破

2）后转身持球突破　移动脚蹬地向自己身后（中枢脚后的方向）跨出的同时，中枢脚碾地旋转使身体改变方向。

动作要领：两脚用力蹬碾地，重心平稳不起伏，如图 5-36 所示。

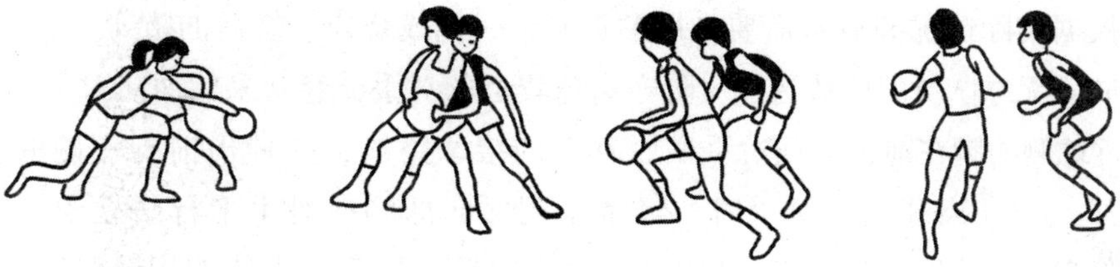

图 5-36　后转身持球突破

2. 持球突破技术的练习方法

（1）一人一球，原地模仿练习。

(2) 二人一球，一攻一守做持球突破练习。

(3) 接正面或侧面的传球做急停接持球突破。

(4) 原地持球突破练习，掌握交叉步突破和同侧步突破的动作方法。

(5) 向前、侧方抛球，然后做跳步接球突破练习。

(6) 突破与加速运球投篮结合练习。

知识链接

怎样提高持球突破技术水平

- 比赛中，当队员得球之后，要根据临场情况和进攻战术要求，把投、传、突有机地结合起来。
- 突破前要及时分析防守队员和同伴的情况，有针对性地选择突破方向。
- 要掌握好突破时机，篮下没有空当时不要盲目向篮下突破。
- 加强突破的速度和突然性。
- 要和投篮、传球及假动作等紧密结合。
- 中枢脚离地以前，球必须离手，否则带球跑违例。

(六) 防守

队员在防守时，为了阻挠和破坏对手的进攻，达到夺球反攻的目的所采取各种专门动作方法的总称。

防守技术分防守无球队员、防守持球（运球）队员两种。

1. 防守无球队员 在篮球比赛中，防守队员大部分时间是防守无球队员，防守无球队员的主要任务是不让或者少让对手在有效攻击区内接到球，尽可能抢、断传自己对手或穿越自己防守区域的球。

(1) 防守无球队员的基本要求

1) 防守队员必须随时占据“人球兼顾”的位置。

2) 及时堵、卡对手的传球移动路线；随时做好抢断传给对手球的准备。

3) 必要时大胆放弃自己的对手，协助同伴完成集体配合防守任务。

(2) 防守无球队员的基本位置选择 防守队员要根据对手、球篮、球的位置和距离，以及对手的身高、速度、进攻特点、战术需要和自己的防守能力来确定防守位置和距离。防守外围无球队员时，应站在对手与球篮之间偏向有球一侧的位置上。防守篮下高大中锋时，应根据实际情况和战术需要采用贴近对手一侧或绕前、绕后的防守。

(3) 防守无球队员的姿势选择 防守离球较近的对手，经常采用面向对手侧向球的站立姿势，近球侧的脚在前，堵截对手摆脱移动的接球路线，并伸出前脚一侧的手臂，封锁接球路线。防守离球远的对手时，经常采用面向球侧向对手平行站立姿势。防守篮下高大中锋时，采用绕前防守，经常采用高举双臂，以阻断中锋的接球路线。

(4) 防守无球队员的移动 比赛中，无球队员不断向各个方向移动，静止站立是极短暂的，因此，对无球队员的防守大部分时间是在移动中进行防守的。在移动防守过程中，经常采取的移动步法有各种滑步、撤步、上步、转身、侧身跑等，并且都是在随时变化中运用，其目的为积极抢占有利位置，不让对手在有威胁的位置上接到球。

2. 防守持球（运球）队员 进攻队员一旦接到球，防守者要及时调整与对手的位置和距离。根据对手不同的进攻位置和特点，采用有所侧重的防守方法。

（1）防投篮 一只手轻贴对手身体，一只手抬起，扰乱对手的投球注意力，必要时跳起盖帽，但不要轻易就起跳，容易被对方假动作欺骗。

（2）防突破 身体保持好重心，稍微与对手拉开距离，一手向前平伸，全力注意对手的移动及时封住对手的突破路线。

（3）防运球 与防守突破一样，当防守时多前后移动，做抢球的动作，给对手压力。

3. 防守技术的练习方法

（1）半场四攻四守。

（2）半场一对一攻防练习。

（3）一攻一守，练习防投篮、防突破技术。

（4）全场一攻一守，练习防运球技术。

（5）半场二攻二、三攻三。

（七）抢球、打球、断球

抢球、打球、断球是攻击性很强的防守技术，是积极防守战术的基础。

1. 抢球、打球、断球的基本技术

（1）抢球 带有攻击性防守的重要技术之一，在对方动作迟缓、精神不集中或球保护不好的情况下，防守者都可以大胆地抢球。

动作要领：抢球时要突然上步，靠近对手，同时伸出右臂右手迅速按在球上方（对方的两手之间），左手立即握住球的下方，右手下按球并将球向对方怀内旋转，左手用力协助转动。当球在对方手中转动时，右手加向回拉球动作，球即脱开对方双手，将球抢到手。

（2）打球 当队员持球、运球、投篮时，防守队员都可以出其不意地突然打球，也可以在集体防守的配合过程中，通过堵截、夹击、关门等方法打掉持球队员手中球。

1）自上而下打球 首先观察和判断好持球队员的情况（以右手打球为例）。打胸前持球队员的球时，右脚稍上步同时右手迅速前伸接近球时手腕全力向下挥动，带动手指、手掌外侧的短速弹击力量将球击落，动作需小，出击突然。

2）自下而上打球 当对方注意力不集中或接高球正要下落时，用这种打球方法（以左手为例）。左脚稍向前移，同时左手前臂向前伸，掌心向上，接近球时，手腕向上振动，带动手指、指根用短促振动力量将球打掉，手指打球时要有向回带的动作，以便打球后脱开对方持球部位打到自己面前。

（3）断球

1）横断球 动作要领：要准确判断对方传球意图和球的飞行路线，要与对手有一定距离，使其同伴感到可以传球。准备断球时要降低重心，要与传球人、接球人保持一定角度，位置要靠近传球一侧。注意观察持球队员的动作，当持球者传球出手时，迅速向来球方向起跳，充分伸展腰腹和手臂，当截获来球，立即收腹双脚落地保持平衡及时与运球、传球相接。

2）纵断球 动作要领：以从对手右侧断球为例。纵断球时，右脚应向右前方（从对手侧后绕出断球时）或右侧前方（从对手身后绕出断球时）跨出，左腿从侧面绕过对手，同时右脚用力蹬地（或两脚蹬地）侧身向来球方向迅速跃出，两臂伸直将球断获，其他动作要领同横断球。

2. 抢球、打球、断球技术的练习方法

（1）两人一组，相距1.5米，面对站立，一人双手持球于腹前，另一人按抢球要求，突然上步将球抢夺回来，攻守交换。

（2）三人一组，二人相距1米，中间一人持球向两侧摆动，两侧队员根据球的部位，伺机抢球，持球队员做转身跨步和摆脱护球动作，攻守轮换练习。

（3）二人一组，相距1.5米，面对站立，持球人把球传给另一队员后，上步打球，二人轮流练习。

（4）二人传球，二人做前面或侧面断球练习。

（5）半场一攻一、二攻二、三攻三，提高防守队员的抢、打、断球能力。

（八）抢篮板球

比赛中双方队员争抢投篮未中的球所采用的技术统称为“抢篮板球技术”。

抢篮板球都是由判断与抢占位置、起跳动作、空中抢球动作和获得球后动作组成，根据动作结构可分为抢进攻篮板球和抢防守篮板球。

抢篮板球是进攻和防守都要掌握的技术，攻守抢篮板球的动作方法是相同的，仅是运用时的要求、抢位方法，以及与下一动作结合上有所区别。当进攻队投篮未投中，自己或本方队员争抢在空间的球，称为抢进攻篮板球或前场篮板球；对方投篮未中，防守队员争抢空间的球，称为抢防守篮板球或后场篮板球。

1. 抢篮板球的基本技术

（1）抢进攻篮板球

1）动作方法　进攻队员一般位于防守队员外侧，处于不利于抢篮板球位置，因此，进攻队员抢篮板球要突出一个“冲”字。当同伴或自己投篮时，近篮的进攻队员首先要准确判断球的落点，运用身体虚晃的假动作，摆脱防守队员的阻挡，绕、跨、挤到对手的前面或侧前方，抢占有利位置，借助跨步或助跑起跳补篮或抢篮板球。

2）动作关键　准确判断球的反弹方向和落点，绕步或跨步冲抢，及时起跳。

（2）抢防守篮板球

1）动作方法　防守队员处于抢篮板球的有利位置，位于进攻队员内侧，一般多采用“挡抢”。首先应保持正确的站位姿势，两膝微屈，上体稍前倾、重心落在两脚之间，两臂屈肘侧张占据较大的面积。当对手投篮出手后，首先应注意对手的动向，并根据与对手的位置，运用上步、撤步和转身抢占有利位置，把对手挡在身后，与此同时，观察判断球的落点准备起跳。起跳时前脚掌用力蹬地，向上摆臂并提腰，手向球的落点方向伸展，跳于最高点触到球时，用双手、单手抢球或将球点拨给同伴，如在空中抢到球未能传出，落地时应保持身体平衡和保护球，及时运用传或运转守为攻。

2）动作关键　准确判断球的反弹方向和落点，抢位挡人，及时起跳，迅速一传。

2. 抢篮板球技术的练习方法

（1）采用自抛自抢，体会抢球动作、抢球时机和得球后落地的动作。

（2）两人一组，一人向篮板或篮圈抛球，另一队员开始面向持球人，然后转身跨步（上步）起跳用单或双手抢球，数次后交换练习。

（3）攻守双方按罚球时的位置站好，罚球队员投篮后，双方抢位争抢篮板球，练习数次后轮换。

（4）两人一组，站在距离球篮 3 米处，一人进攻一人防守。一人在罚球线投篮，防守人练习转身挡人抢篮板球。

（5）在半场二攻二守、三攻三守的比赛中，进行争抢篮板球练习。

知识链接

篮板球在现代篮球比赛中的重要地位

- 篮板球的争夺是获得控制球权的重要手段，是攻守转化的关键。
- 现代篮球比赛速度的提高增加了投篮次数。一场快速激烈的比赛，一个队的投篮有 80~100 次之多，双方合计有 160~200 次。如果投篮命中率为 50%，双方要争夺篮板球 80~100 次，因此，比赛中哪一个队篮板球占优势，就能增加控制球的次数，获得主动权。进攻篮板球占优势，可以增加进攻次数，取得二次进攻的机会，防守篮板球占优势可以保证进攻次数，增加发动快速反击的机会。
- 争夺篮板球占优势还可以提高本方士气给对方心理上压力。进攻时抢篮板球的能力强，可以造成得分的机会，提高外围队员投篮信心，相反，防守时篮板球占优势，就可使对方投篮忧虑。因此，篮板球的争夺能力，在很大程度上反映一个球队的实力，对取得比赛主动和争夺胜利，具有重大作用。

第三节 篮球运动的基本战术

扫码“学一学”

一、篮球战术的概念和分类

篮球战术是篮球比赛中队员所运用的攻守方法的总称，是队员个人技术的合理运用和队员之间相互协同配合的组织形式。篮球战术是篮球比赛中队员之间相互协同行动的方法，其目的是为了更好地发挥本方队员的技术与特长，制约对方，力争掌握比赛的主动权。

根据篮球运动的对抗特征，通常将篮球战术分为进攻与防守两大系统。

二、篮球战术分类介绍

（一）篮球战术基础配合

篮球战术基础配合是指在篮球比赛中两人之间有目的、有组织、协调行动的简单攻守配合方法。战术基础配合包括进攻战术基础配合和防守战术基础配合两个部分。

1. 进攻战术基础配合 在篮球比赛中，进攻队员两三人之间有目的、有组织、相互协同行动的配合方法。进攻战术基础配合包括传切配合、突分配合、掩护配合和策应配合。

（1）传切配合 进攻队员之间利用传球和切入技术所组成的简单配合。

1）一传一切配合 持球队员传球后摆脱防守，向球篮方向切入接回传球投篮的配合，如图 5-37 所示。

2）空切配合 无球队员掌握时机，摆脱对手，切入篮下接球投篮或做其他战术配合，如图 5-38 所示。

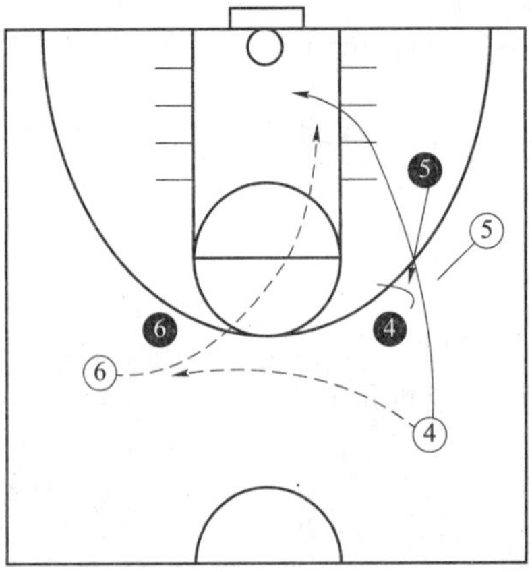

图 5-37　一传一切配合

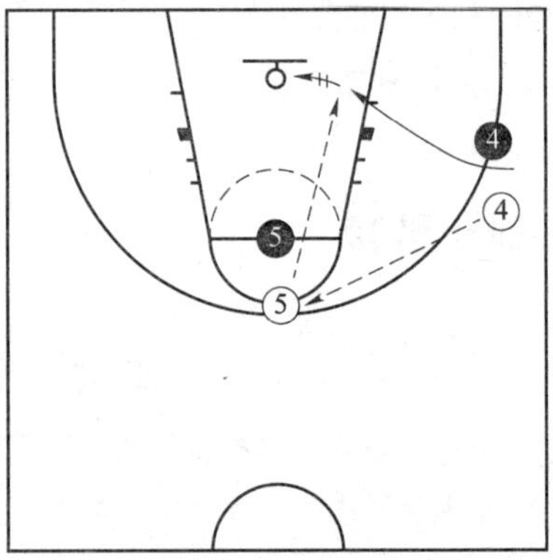

图 5-38　空切配合

（2）突分配合　进攻队员持球突破后，主动地或应变地利用传球与同伴配合的方法如图 5-39、图 5-40 所示。

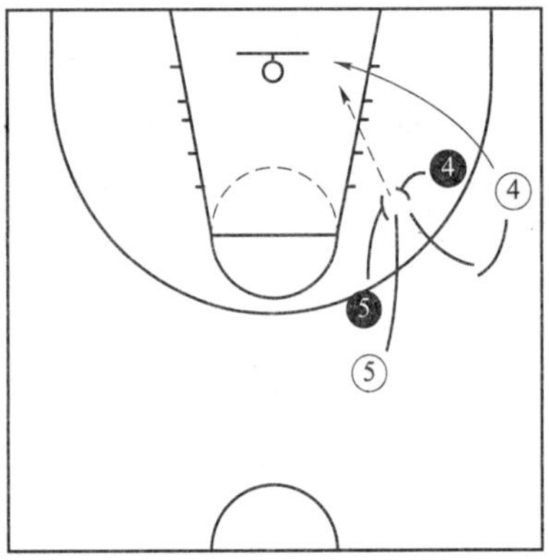

图 5-39　突分配合

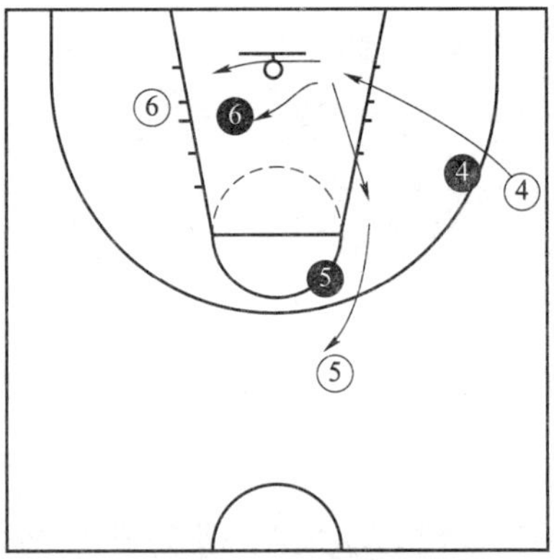

图 5-40　突分配合示意

（3）掩护配合　采用合理的行动，用自己的身体挡住同伴的防守者的移动路线，使同伴借以摆脱防守，或利用同伴的身体和位置使自己摆脱防守的一种配合方法。掩护配合有前掩护、侧掩护和后掩护 3 种形式。

1）前掩护　掩护者站立在同伴的防守者身前所进行的掩护叫前掩护。如图 5-41 所示：白④传球给白⑤后先向下压，然后突然绕到白⑤的身前，白⑤转身传球给白④并给白④做掩护，白④可根据防守者的情况及时投篮或突破。

2）侧掩护　掩护者站在同伴的防守者侧面（稍偏后一些）进行掩护叫侧掩护。如图 5-42 所示：白⑤传球给白④后跑到黑④的侧后方做掩护，白④接球后先向左做突破假动作，然后突然从右侧贴着白⑤的身体运球突破上篮。白⑤掩护后转身切入篮下。当白④借助白⑤的掩护运球切入时，如遇到对方交换防守，白⑤就转身拉开，白④则及时传球给白⑤投篮。

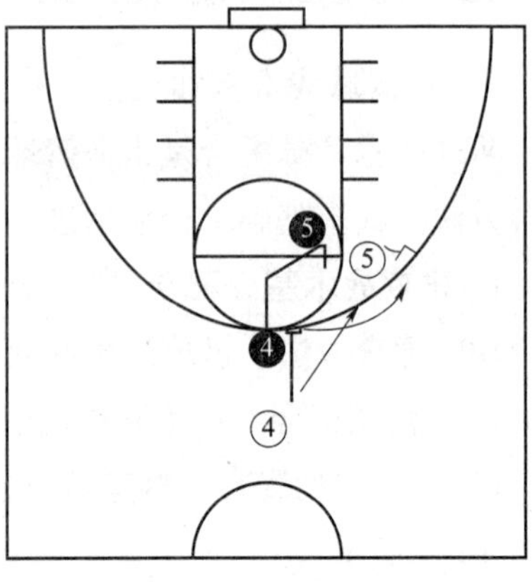

图 5-41　前掩护

3）后掩护　掩护者跑到同伴防守的身后做掩护的一种配合。如图 5-43 所示：白④传球给白⑥时，白⑤跑到罚球线右侧示意接球，实际是给白④去做后掩护，白④传球给白⑥后，先向左跨步移动，然后突然向右变向，利用白⑤的掩护切入篮下，接白⑥的球投篮。

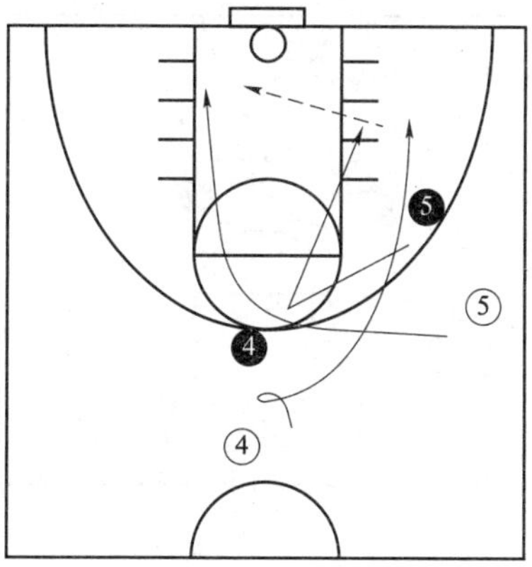

图 5-42　侧掩护

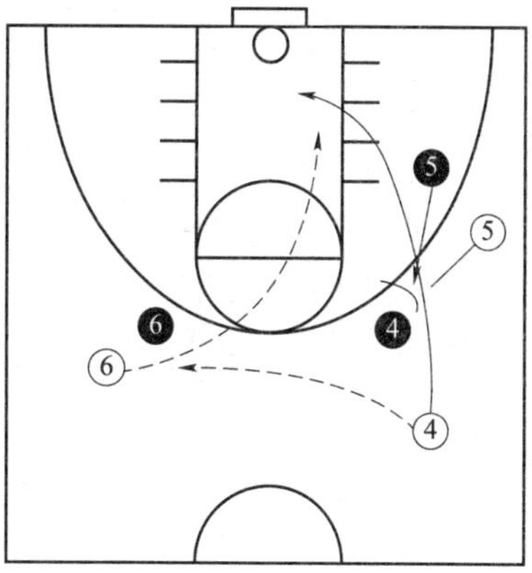

图 5-43　后掩护

（4）策应配合　处于内线的队员背对或侧对球篮接球，由他做枢纽，与外线队员的空切相配合而形成的一种里应外合的方法。

2. 防守战术基础配合　两三名防守队员为破坏对方的进攻进行配合，或当同伴防守出现困难时，及时互相协作行动的方法。

（1）关门配合　两个防守队员协同防守突破的配合方法。当进攻队员运球突破时，防守突破的队员向侧后方移动挡住其移动路线，临近突破一侧的防守队员，应及时快速向突破队员的前进方向移动，与突破的队员靠拢，像两扇门一样关起来，堵住进攻者的前进路线，如图 5-44 所示。

（2）夹击配合　两个防守队员积极防守一个进攻队员的配合。它是一种积极主动、具有强烈攻击性的防守配合。如图 5-45 所示：在黑④诱使白④向沿边线向中场运球过程中，黑⑤大胆地放弃白⑤，待白④停球时立即与黑④夹击白④，其他队员迅速补黑⑤的位置，准备断球。

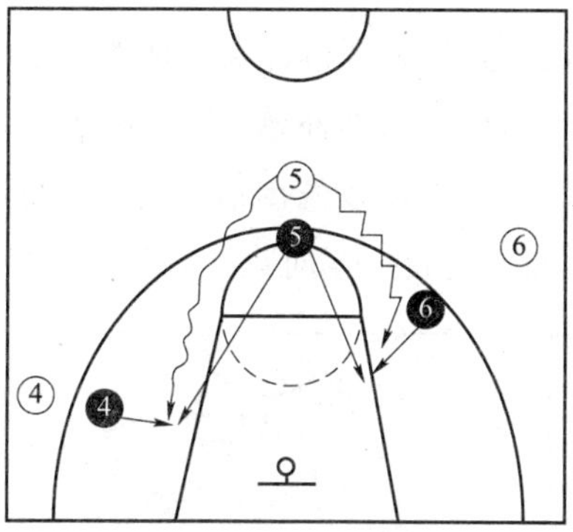

图 5-44　关门配合

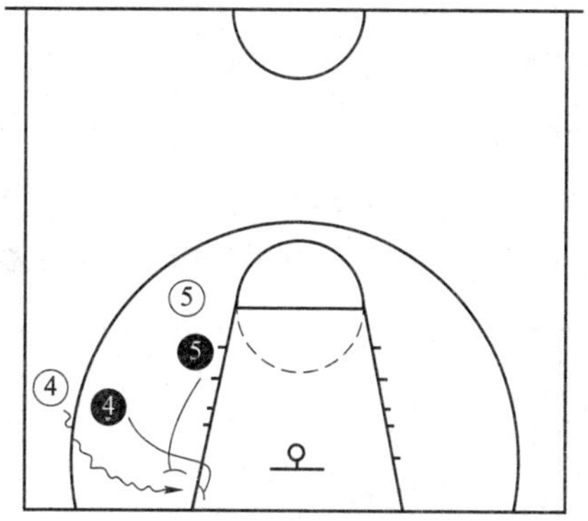

图 5-45　夹击配合

（3）补防配合　防守队员当同伴出现漏防时立即放弃自己的对手，去补防那个威胁最大的进攻队员，而漏人的防守队员及时换防的一种协同防守配合方法，如图 5-46 所示。

（4）挤过配合　破坏对方掩护配合及时防守自己对手的一种配合。防守者在掩护队员临近自己时，要积极地向前跨出一步，贴近自己的防守对手，从掩护着前面挤过去，继续防住自己的对手。如图 5-47 所示：白④传球给白⑤后，去给白⑥掩护，黑④要及时提醒黑⑥，黑⑥在掩护队员接近自己时，迅速向前跨一步，靠近白⑥，并从白⑥与白④之间侧身挤过，继续防住白⑥，此时，黑④应向后撤一步，以备补防。

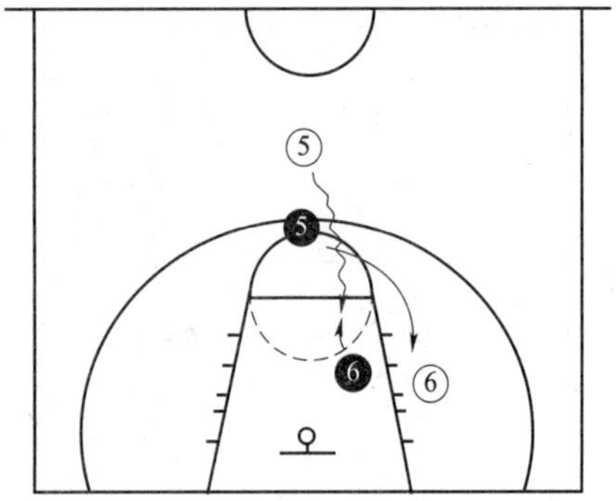

图 5-46　补防配合

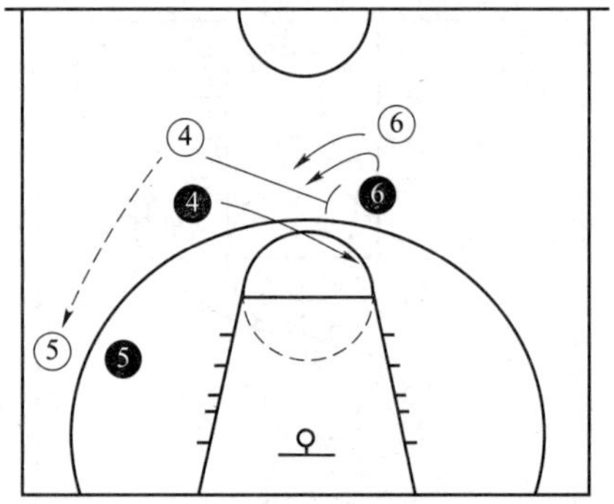

图 5-47　挤过配合

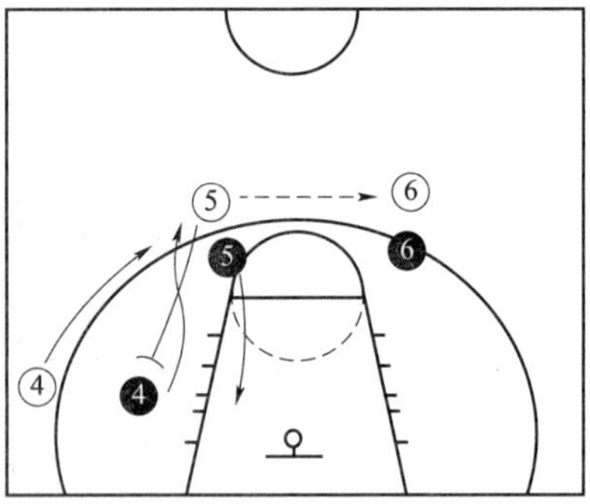

图 5-48　穿过配合

（5）穿过配合　破坏对方掩护配合及时防守自己对手的一种配合。当进攻队员进行掩护时，防止做掩护的队员要及时提醒同伴并主动后撤一步，让同伴及时从自己和掩护队员之间穿过，以便继续防住各自的对手。如图 5-48 所示：白⑤传球给白⑥后去给白④做掩护，黑⑤要提醒同伴，并离白⑤远一点，当白⑤掩护到位前一刹那，黑④主动后撤一步，从白⑤和黑⑤中间穿过，继续防守白④。

（6）绕过配合　破坏对方掩护配合及时防守自己对手的一种配合。当进攻队员进行掩护时，防止做掩护的队员主动贴近对手，让同伴从自己的身旁绕道，继续防住各自的对手。如图 5-49 所示：白⑥传球给白⑤后，去给白⑤掩护，白⑤切入，黑⑤发现不便于挤过或穿过时，从黑⑥身后绕过，黑⑥要配合默契，主动贴近自己的对手，以便同伴顺利通过。

（7）交换配合　为了破坏进攻队员的掩护配合，防守队员之间彼此及时地相互呼应交换自己所防守的对手的一种方法，也称“轮防”战术，是一种可以弥补单纯盯人战术的不足的灵活战术手段。如图 5-50 所示：白⑤去给白④做掩护，黑⑤要主动发出信号，及时封堵白④向篮下突破的路线，此时黑④应及时调整自己的防守位置，防止白⑤向篮下空切。

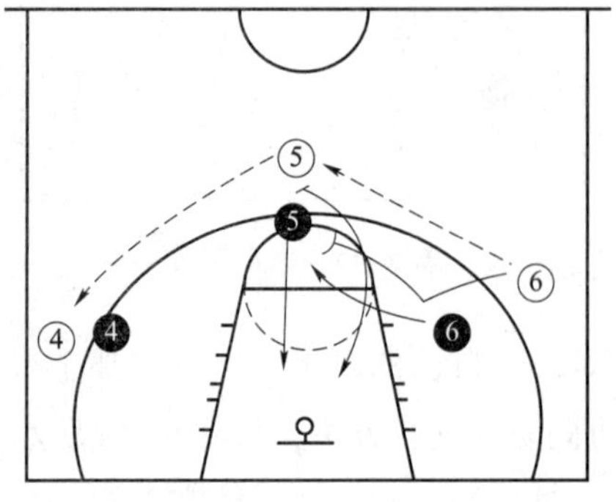

图 5-49　绕过配合

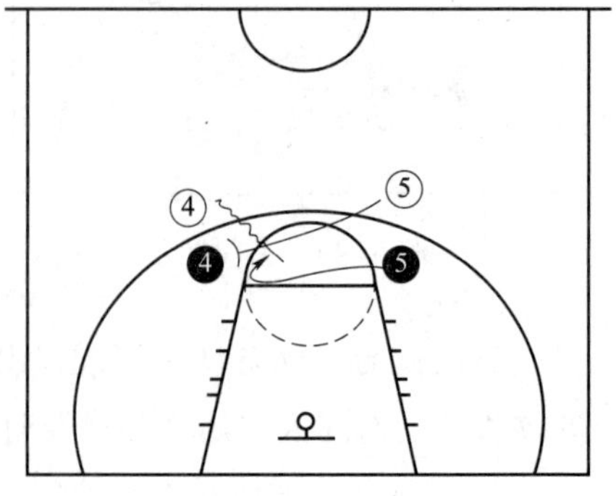

图 5-50　交换配合

（二）快攻与防守快攻

1. 快攻战术　由防守转入进攻时，全队以最快的速度、最短的时间，乘对方防守立足未稳，力争造成人数上或位置上的优势，或创造以多打少或无人防守或人数相等的有利攻击时机，果断而合理地进行快速攻击的一种进攻战术。快攻在组织形式上分为长传快攻、短传结合运球快攻、运球突破快攻三种。

（1）长传快攻　队员在后场获球后，立即把球传给迅速摆脱对方进行偷袭的同伴的一种配合，是由一两个进攻队员利用自己奔跑的速度和同伴长传球的速度超越防守来完成的。

（2）短传结合运球快攻　队员在防守中获球后，立即以快速的奔跑和短促的传接球迫近对方篮下进行攻篮的一种配合。短传快攻虽然在速度上比长传快攻慢，参加的人数多，但比长传快攻配合灵活而且变化多。

（3）运球突破快攻　在防守中获球后，在不便于传球的情况下，应快速运球推进，创造或寻找配合机会，以提高快攻的速度和威力。这是一种个人攻击在快攻中的积极行动，在推进时，运球和传球要密切配合。注意防止盲目地个人运球，以免影响快攻战术的质量。

组织快攻的基本要求如下。

1）全队要有强烈的整体快速度反击意识，不放过任何一次发动快攻的机会。

2）获球队员要迅速有组织、有阵形、有层次地合理分散。

3）发动、接应、阵形分散快下和跟进的整体行动要始终保持纵深队形，扩大攻击范围，增加攻击点。

4）在整个快攻过程中，个人和整体行动都要避免误时机，尽量缩短推进的时间。

5）快攻结束时，动作要果断、快速、隐蔽，不要降低速度，要果断投篮和抢进攻篮板，减少限制区内的不必要传球。

6）树立勇猛顽强、敢打敢拼的作风。

7）在快攻反击过程中，要善于把握和调整进攻的节奏，避免盲目性，同时要重视由攻转守的部署。

知识链接

快攻的练习方法

- 在假设防守的条件下，掌握快攻配合的方法。练习时可运用标志物或假设的对方，按照快攻配合的方法有序地进行练习，建立队员之间的协调行动，初步掌握局部的战术方法。
- 在消极防守的条件下，掌握快攻配合的时机。在练习时要注意观察同伴和对方的行动，根据攻、守的制约情况，能够及时、准确地采取合理的配合行动。
- 在积极攻守对抗的条件下，提高运用快攻战术配合的能力。练习时，攻守队员积极地相互制约，通过反复练习，熟练地运用攻守配合的方法，提高运用快攻战术的配合能力。

2. 防守快攻战术　由攻转守的刹那间，快速度抢占有利的防守位置，利用强有力的个人防守行动和配合，达到限制对手的速度、破坏对方攻击，使对方转入阵地进攻的一种防守战术。最根本的方法是提高本队进攻的成功率，减少对方发动进攻的机会，减少不必要的失误，组织拼抢篮板球，以利于本队部署防守。

防守快攻战术是一个有机的整体，必须根据快攻攻势的展开，有针对性地去防守，力求延缓对方进攻的速度，打乱进攻的节奏，推迟进攻攻击时间，以利迅速组织阵地防守。

（1）防守快攻常用的方法和手段

1）提高进攻成功率　防守快攻首先应提高进攻成功率，要特别注意减少进攻中的失误和违例，这是控制对手进攻速度，减少其发动快攻机会的重要手段。

2）积极拼抢前场篮板球　比赛实践证明，当进攻投篮不中时，有组织地积极拼抢前场篮板球，是控制对手抢篮板球发动快速反击的最有效的方法。即使防守队获得篮板球，由于近篮区攻守人员密集，攻守争夺激烈，所以不容易发动快攻。

3）封堵一传和截断接应　有组织地堵截快攻的第一传和接应，是制止对方发动快攻的关键。破坏对方发动快攻的路线也取决于封堵一传和接应。当对手获球转攻时，邻近的防守队员，要迅速紧逼积极封堵一传，与此同时，其他防守队员要主动迫使接应队员改变预定的接应区，截断其联系，从而延缓其发动快攻的时间，使同伴迅速抢占有利位置，以便更好地按照规定的防守战术要求进行防守。

4）退守时要“堵中卡边”，防止长传快攻　防守快攻除积极拼抢篮板球，堵截一传和接应外，在退守过程中要防止对方从中路突破，并要防守快下队员。

5）提高以少防多的能力　在比赛中，由于攻防变换频繁，情况复杂多变，等对方快攻推进时，往往形成以少防多的局面，出现以少防多的情况时，防守队员应积极移动，选择和占据有利的防守位置，保护篮下，并运用假动作来干扰，给进攻队员制造错觉和困难，迫使对手在传球中出现失误。在此基础上延缓其进攻速度，为同伴争取退防的时间，以便重新组织起阵地防守战术。

（2）防守快攻的基本要求

1）全队要保持攻守平衡，进攻投篮后既要有人积极拼抢篮板球，又要有人迅速退守。

2）积极封堵和破坏一传接应，抢占对方的习惯接应点，并堵截接应队员，堵截、干扰、延误对方的推进速度。

3）要具有积极拼抢的意识，当对方形成快攻时，应快速退守，及时迅速地在以少防多的情况下，大胆出击，赢得时间和力量上的平衡。

4）要随机变换防守战术，在失去球后，立即采取前场紧逼防守，退回后场，采用半场人盯人防守，使对方不适应，破坏其快攻。

5）全队整体布防，各队员要各司其职、行动一致、积极主动，从不同位置上全面追截，制止对方发动快攻，延缓快攻速度。封堵对方第一传；或阻截接应队员，或干扰其向接应区移动；或抢占其习惯接应点；或积极追防快下队员并在中场堵截、干扰；或阻挠对方顺利传球、运球；力争防守人数上与对手均等。

6）若在以少防多的情况下，则要沉着冷静、机智果断、大胆出击，赢得时间上和力量上的均衡。在任何位置上对方进行投篮，都要积极进行干扰和封防，影响其命中率，并要拼抢篮板球。

知识链接

防守快攻的练习方法

- 三对三，抢得篮板球一方迅速发动快攻，另一方马上组织封一传，堵接应。
- 半场一守二攻，二守三攻，练习以少防多能力。
- 全场三守三攻，守方一人抢篮板球，一人接应，一人快下，三人成三角（中间稍后）向前推进。
- 全场五攻五守，守方利用抢篮板球、断球等手段，积极发动快攻，要求场上队员全部参加快攻，失去控制球的一方要全力防守，破坏对方的快攻。

扫码“学一学”

第四节　篮球竞赛规则简介

一、比赛的定义

1. 篮球比赛　由两个队参加，每队出场 5 名队员。每队的目标是在对方球篮中得分，并阻止对方队得分。比赛由裁判员、记录台人员和技术代表（如果到场）管理。

2. 球篮：对方/本方　被某队进攻的球篮是对方的球篮，由某队防守的球篮是本方的球篮。

3. 比赛的胜者　在比赛时间结束时，得分较多的队是比赛的胜者。

二、球队

（一）定义

1. 当一名球队成员按照竞赛组织部门的规程规定（包括年龄限制）已被批准为某队参赛时，他是合格参赛的球队成员。

2. 当一名球队成员的姓名在比赛开始前已被登记在记录表上，并且只要他既没有被取消比赛资格又没有发生 5 次犯规，他是有资格参赛的球队成员。

3. 在比赛时间内，当一名球队成员：①在比赛场地上，并且有资格参赛时，是一名队员；②不在比赛场地上，但是有资格参赛时，是一名替补队员；③已发生了 5 次犯规并且不再有资格参赛时，是一名出局的队员；④在比赛休息期间，所有有资格参赛的球队成员均被看作队员。

（二）规定

1. 每支球队的组成：①不超过 12 名有资格参赛的球队成员，其中包括一名队长；②一名教练员，如果球队需要，可有一名助理教练员；③最多有 7 名可以坐在球队席上的随队人员，他们有专门的职责，例如：球队管理、医生、理疗师、统计员、翻译等。

2. 在比赛时间内，每队应有 5 名队员在比赛场地上并且能够被替换。

3. 下面两种情况替补队员成为队员，被替换的队员成为替补队员：①裁判员招呼一名替补队员进入比赛场地时；②在一次暂停或一次比赛休息期间内，一名替补队员向记录员请求替换时。

（三）服装

1. 球队成员的着装：①背心前后的主色相同。如果上衣带有袖子，袖子长度不能超肘，不允许穿着长袖上衣；②所有队员必须将他们的背心塞入他们的比赛短裤内；允许穿着连体的服装；③短裤前后的主色相同，但没必要和背心的颜色相同，同时短裤必须高于膝盖；④球队所有队员穿着主色相同的短袜，袜子必须是可见的。

2. 每一名球队成员应穿前后有号码的背心，清楚的单色号码和背心的颜色有明显的区别。号码必须清晰可见，并且达到以下标准：①后背号码的高度应至少 20 厘米；②前面号码的高度应至少 10 厘米；③号码宽度应至少 2 厘米；④球队使用的号码应从 1~99 以及 0，00 中选取；⑤同一个球队的队员不得出现相同的号码；⑥任何广告或标识离号码应至少 5 厘米。

3. 球队必须至少备有两套背心，并且：①秩序册中队名列前的队（主队/A 队）应穿浅色背心（最好白色）；②秩序册中队名列后的队（客队/B 队）应穿深色背心；③然而，如果两队同意，他们可以互换背心的颜色。

（四）其他装备

1. 队员使用的所有装备必须合乎比赛要求。任何被设计成增加队员高度的或延伸范围的，或用任何其他方法得到不正当利益的装备是不允许的。

2. 队员不应佩戴可能使其他队员受伤的装备（物品）。

下述物品是不允许的：①用皮革、塑料、软塑料、金属或任何其他坚硬材料制作的为保护手指、手、手腕、肘或前臂部位的护具模压件或保护套，即使在其表面有软的包裹；②能割破或引起擦伤的物品（指甲必须剪短）；③头饰、头发饰品和珠宝饰物。

下述物品是允许的：①肩、上臂、大腿或小腿部位的保护装备，而且其制作材料是被充分地包裹了；②和短裤主色相同的（长于短裤的）紧身内裤；③和背心主色相同的弹力护肘；④和短裤主色相同的弹力长筒袜。如果它为了护大腿，它应该到膝盖的上方；如果它为了护小腿，它应该到膝盖的下方；⑤被适当包裹的膝部保护架；⑥伤鼻保护器，即使是用硬质材料制成的；⑦无色透明的口腔护具（如牙套）；⑧不会对其他队员造成危险的眼镜；⑨用不会擦伤的单色棉布、软塑料或橡胶制成的头带，最宽是 5 厘米；⑩手臂、肩、腿等部位的无色透明的缠绕绷带（如胶带、贴片）。

3. 比赛中，任何商业广告、促销产品或慈善团体的名称、标记、徽标或其他标识，包括上面提到的但是还不限于这些，都不允许显示在队员的肢体上、头发中或其他部位上。

4. 球鞋可以由任何颜色组成，但左右两只鞋必须一致。闪烁的光源、反光材料或其他装饰都是不允许的。

5. 本条款中没有明确提到的任何其他装备，必须得到国际篮联技术委员会的批准。

（五）队员受伤

1. 如果队员受伤，裁判员可以停止比赛。

2. 如果球是活球时发生了受伤情况，裁判员应等到控制球队投篮、失去对球的控制、持球停止进攻或球成死球时才能鸣哨。如果有必要去保护受伤的队员，裁判员可以立即停止比赛。

3. 如果受伤队员不能立即（大约 15 秒内）继续比赛，或者他接受了治疗，他必须被替换，除非该队可以上场的队员不足 5 名。

4. 教练员、助理教练员、替补队员、出局的队员和随队人员经裁判员允许后可以进入比赛场地，在受伤队员被替换前去照料他。

5. 根据医生判断，如果该受伤队员需要立即治疗，他可以不经裁判员的允许进入比赛场地。

6. 在比赛期间，任一名正在流血或有伤口的队员必须被替换。他只有在流血停止后并且受伤部位或伤口已被全面安全地包扎覆盖后才可返回比赛场地。

如果在记录员的替换信号发出之前，任一队获得了暂停；在此期间，该受伤队员或任一名正在流血或有伤口的队员恢复了，该队员可以继续比赛。

7. 已被教练员指定在比赛开始时上场的队员如果受伤了，他可以被替换。在这种情况下，如果对方队也希望替换，他们有权替换相同数量的队员。

（六）队长的职责和权利

1. 队长（CAP）是一名由他的教练员指定的队员，在比赛场地上代表他的球队。在比赛期间，他可以与裁判员有礼貌地交流，以获取信息。然而，这只能在球成死球并且比赛计时钟停止时进行。

2. 如果球队对比赛的结果要提出抗议，该队队长应在比赛结束后15分钟内立即通知主裁判员，并在记录表上标有“球队申诉队长签名”栏内签名。

（七）教练员的职责和权利

1. 至少在预定的比赛开始之前40分钟，每一位教练员或他的代表应交给记录员一份包括：在比赛中合格参赛的球队成员姓名和相应号码，以及球队队长、教练员和助理教练员姓名的名单。所有姓名被登记在记录表上的球队成员都有资格参加比赛，即使他们是在比赛开始后才到达的。

2. 至少在预定的比赛开始之前10分钟，每一位教练员必须确认被登记在记录表上他所递交的名单，包括球队成员的姓名、相应的号码和教练员们的姓名，并在记录表上签字。同时，他们应指明5名在比赛开始时上场的队员。A队教练员应首先提供这个资料。

3. 只允许教练员、助理教练员、球队成员和随队人员坐在球队席上，并允许这些人员逗留在他们的球队席区域内。

4. 在比赛期间，教练员和助理教练员只有在球成死球并且比赛计时钟停止时才可以到记录台去获取统计资料。

5. 在比赛期间，教练或助理教练只允许其中一人在比赛中站立指挥球员。在比赛期间，他可以口头上指挥队员们，只要他停留在他的球队席区域内。助理教练不得询问裁判。

6. 如果有助理教练员，他的名字必须在比赛开始前登记在记录表上（不需要他的签名）。如果教练员由于任何原因不能继续工作了，助理教练员应承担起教练员所有的职责和权力。

7. 当队长离开比赛场地时，教练员应通知裁判员将在比赛场地上担任队长的队员号码。

8. 如果没有教练员，或教练员不能继续工作了，并且助理教练员也没有登记在记录表上（或他也不能继续工作了），队长应担任教练员。如果队长必须离开比赛场地，他可以继续担任教练员。如果他在一次取消比赛资格的犯规后必须离开，或由于受伤不能继续担任教练员，替换他的队员替代他当教练员。

9. 在规则没有限定罚球队员的所有情况中，教练员应指定该球队的罚球队员。

三、比赛时间

每场比赛分为4小节，第1、2节和第3、4节分别为上、下两半时。每节比赛为10分钟。在预定的比赛开始前，应有 20 分钟的休息时间。第 1、2 节和第 3、4 节之间休息时间为 2 分钟。两个半时中间正常的休息时间为 15 分钟。在头 3 节的每节中，每队可准予 1 次要登记的暂停，第 4 节中准予 2 次要登记的暂停，每一决胜期准予 1 次要登记的暂停，每次 1 分钟。决胜期比赛时间为 5 分钟。

四、跳球（争球）

比赛开始，由双方各 1 名队员在中圈跳球。比赛中，双方队员抢球相持不下，或球由双方队员同时拍出界外，或球卡在篮圈与篮板之间，则执行交替拥有。

五、违例

比赛场上队员出现以下情况时判违例，判由对方在违例地点附近边线外发界外球。

1. 带球走 带球队员移动，必须以一脚为中枢脚方能转身、跨步等。中枢脚不可离地，若要离地，必须在未离地前将球掷出，否则为带球走。

2. 两次运球 下面情况均为两次运球：①两手同时运球；②运球时手掌向下时有明显的翻腕动作或球在手中有明显的停留现象；③运球结束后，球自行离手而又重新将球拿住（视有意无意）；④运球后将球接住又继续运球。

3. 球出界 球或持球队员触及界线或界线以外的区域则为出界。在场外发球，触及界线及场内地面亦为违例。

4. 有关时间的违例

（1）3 秒违例 控制球队队员在对方限制区内停留超过 3 秒。

（2）5 秒违例 在罚球、掷界外球和持球队员被夹击时 5 秒内未将球掷出。

（3）8 秒违例 进攻队从后场控制球开始，未能在 8 秒内使球进入前场。

（4）24 秒违例 控制球队队员在 24 秒内未能投篮出手。

六、犯规

1. 侵人犯规 与对方队员发生不合理的身体接触。

罚则：对投篮队员犯规判给两次罚球（3 分线外的投篮判罚 3 次）；若投篮命中有效，则追加罚球 1 次。对非投篮队员犯规，则判罚发界外球。

2. 故意犯规 队员不是为了抢球，而是故意和对方队员发生身体接触。

罚则：对不持球或持球没有投篮动作的队员犯规，判罚两次罚球后由罚球一方队员在中场边线外发界外球；对投篮队员故意犯规，则投中有效，判罚球 1 次后，无论中与否，均由罚球一方在中场发界外球。

3. 双方犯规 双方队员同时相互犯规。

罚则：应给每一犯规队员登记一次侵人犯规；如犯规时有一方投篮命中，则投中有效，由对方在端线发界外球；如果某队控制了球或拥有球权，应将球判给该队在最靠近犯规的地点掷球入；如果任一队都没有控制球或拥有球权，则执行交替拥有。

4. 五次犯规 某队员全场各种犯规累计达 5 次。

罚则：自动退出比赛，不得再参加本场比赛，由其他队员替换。

5. 每节全队 4 次犯规 比赛的每节（决胜期作为下半时的继续）犯规达 4 次以后，每一次犯规均判罚球。

罚则：对不投篮的队员犯规，判 2 次罚球。对投篮队员犯规，则投中有效，并追加 1 次罚球。

6. 控制球队队员犯规 失去球权，由对方在就近的边线外发界外球。

7. 技术犯规 场上队员、场外教练员、替补队员等违反规则，不服从裁判，影响比赛顺利进行的犯规。

罚则：视情节轻重，可判罚为劝告、提醒、警告；判罚球两次后在中场边线外由对方发界外球，直至取消比赛资格。

8. 取消比赛资格的犯规 情节十分恶劣的侵人犯规（含教练员、替补队员严重技术犯规）。

罚则：令其退出比赛，并按故意犯规的罚则进行判罚。

七、得分相等和决胜期

下半时结束如比分相等，应延长 5 分钟作为决胜期继续比赛。必要时可用几个决胜期，直至分出胜负为止。在所有的决胜期中，球队应朝向第 4 节中相同的球篮继续比赛。每次决胜期前，有两分钟休息时间。决胜期允许有 1 次暂停。另外，决胜期应被看作下半时比赛的继续，或者是下半时的延时。所有决胜期间发生的犯规，都应累加在第 4 节全队犯规栏内和个人犯规栏内。

八、3 人篮球赛

3 人篮球赛是近年来新兴起来的一种休闲运动和比赛方式。由于它具有参加人数少、场地小、时间短等特点，易于在基层开展，现在已经成为深受青少年喜爱的运动形式。

1. 场地 标准的半个篮球场地（14 米×5 米），或按半场比例适当缩小（长度减 2 米，宽度减 1 米），地面坚实，场地界线外有 1.5~2 米的安全地带。距地面 3.05 米的球篮提供给男女成年及女子高中以上、男子初中（含初中）以上青年组，距地面 2.08 米的球篮提供给女子初中及男女小学组。

2. 工作人员及职责

（1）设 1~2 名裁判员和 1 名记录员。

（2）裁判员与记录员着装一致，但其颜色、款式应区别于运动员。

（3）裁判员是比赛中唯一的宣判和终决的人员，负责在记录表上签字，兼管计 20 秒违例。

（4）记录员兼管计时、记分。记录两队累计的分数（包括投篮和罚球的得分）、全队及个人犯规次数以及比赛时间，并按规则要求宣布比赛进行的时间、比分。

3. 规则 除下列特殊规则外，比赛均按照最新国际篮球规则执行。

（1）比赛双方报名为 4 人，上场队员为 3 人。

（2）比赛时间。初赛、复赛不分上、下半时，全场比赛 10 分钟，组织者可根据参赛队多少修订时间为 12 分钟或 15 分钟。比赛进行到 5 分钟和 9 分钟时计时员各宣布一次时间。10 分钟内双方都不得暂停（遇有球员受伤，裁判员有权暂停比赛 1 分钟）。决赛分上、下两个半时，每半时 8 分钟。上半时之后休息 2 分钟再进行下半时。

（3）比赛开始，双方以掷硬币的形式选发球权。

（4）比赛开始和投篮命中后。均在发球区（中圈弧线后）掷球入场算作发球。

（5）每次投篮命中后，由对方发球。所有犯规、违例及界外球均在发球区发球，发球队员必须将球传给队友，不能直接投篮或运球，否则处以违例。

（6）守方队员断球或抢到篮板球后，必须迅速将球运（传）出 3 分线外，方可组织反攻，否则判违例；24 秒违例的规则改为 20 秒。

（7）双方争球时，争球队员分别站在罚球线上跳球。

（8）比赛中，每个队员允许 3 次犯规，第 4 次犯规罚出场。任何队员被判夺权犯规，则取消该队比赛资格。

（9）每个队累计犯规达 5 次后，该队出现第 6 次以后的侵人犯规由对方执行两次罚球。前 5 次犯规中，凡对正在做投篮动作的队员犯规：如投中，记录得分，记对方个人及全队犯规次数，不追加罚球，由对方发球；如投篮不中，则判给攻方 1 次罚球，罚中得 1 分，并由攻方继续发球，如罚不中，仍由攻方继续发球。

（10）只能在死球的情况下进行替换，被换下场的队员不能重新替换上场（场上队员不足 3 人时除外）。

（11）比赛中，队长是场上唯一发言人。

（12）比赛时间终了，以得分多者为胜方。如出现平局，初赛及复赛阶段执行一对一的依次罚球，只要出现某队领先 1 分时即为胜方，比赛结束。如果在决赛阶段，比赛时间终了，双方打成平局，则加赛 3 分钟，发球权仍以掷硬币的形式决定。如果加时赛仍打成平局，则以一对一依次罚球的形式决胜，某队领先 1 分即为胜方，比赛结束。

（13）在使用小篮架的比赛中，不允许队员出现扣篮动作，绝不允许队员将身体任何部位悬挂于篮圈（或篮架）上，否则，可被判罚离场并不能再替换进场。

（14）比赛中应绝对服从裁判，以裁判员的判罚为最终决定。

附　篮球竞赛相关裁判手势图解

图例引用自：《2018 FIBA Official Basketball Rules》（2018 FIBA 官方篮球规则）。

（一）比赛时钟信号

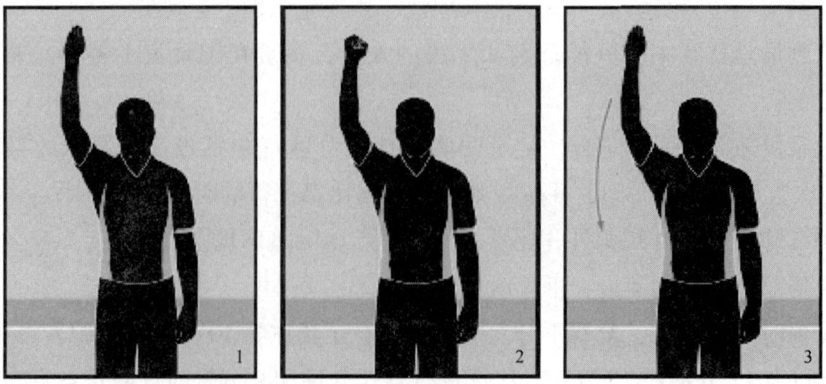

1. 停止计时钟　伸开手掌。
2. 犯规停止计时钟　一拳紧握。
3. 计时开始　用手做砍劈动作。

（二）得分

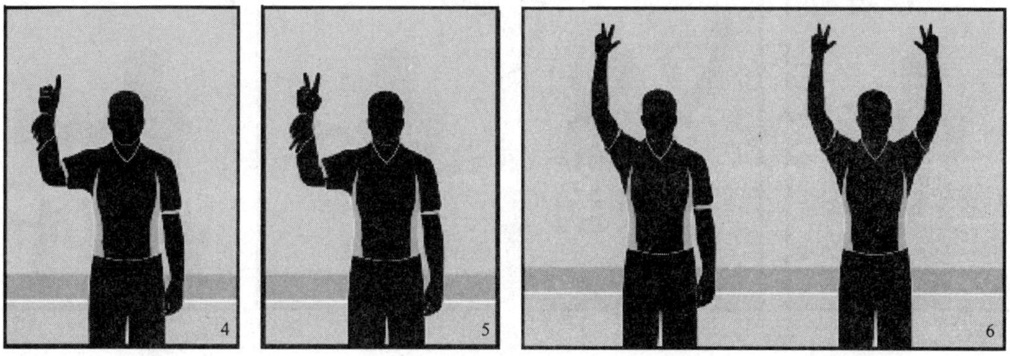

4. 1分　1指，从腕部下屈。
5. 2分　2指，从腕部下屈。
6. 3分　伸展3指；一只胳膊：3分试投；两只胳膊：3分投篮成功。

（三）管理手势

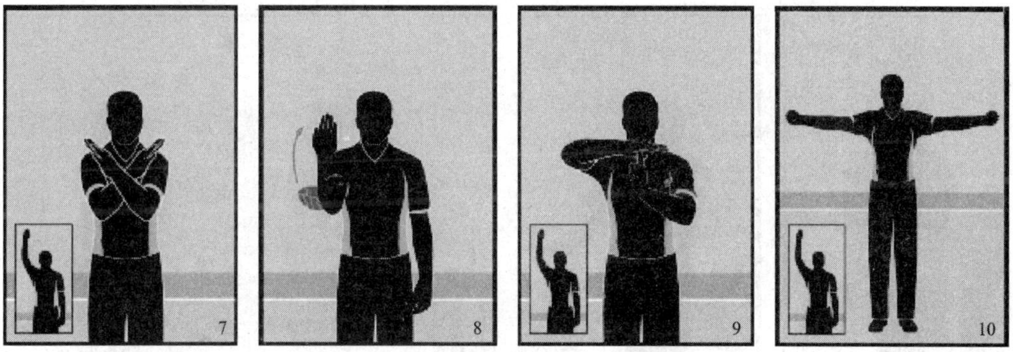

7. 替换　前臂交叉。
8. 招呼入场　伸开手掌摆向自己的身体。
9. 暂停　用示指示成“T”形。
10. 媒体暂停　张开双臂，紧握拳头。

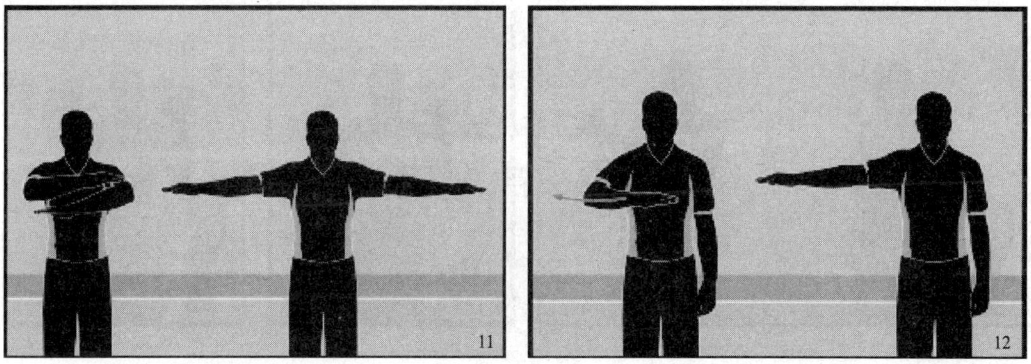

11. 取消得分或取消比赛　双臂胸前交叉一次。
12. 可见的计算　移动手掌计数。

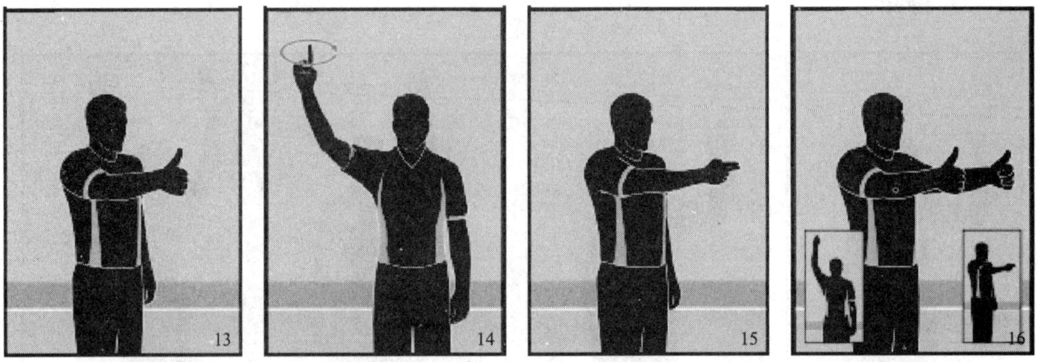

13. 交流　拇指向上。

14. 计时钟复位　伸出示指并转动手。

15. 比赛方向和（或）出界　指向比赛方向，手臂与边线平行。

16. 争球/跳球情况　两拇指朝上，然后指向交替拥有箭头所指的比赛方向。

（四）违例手势

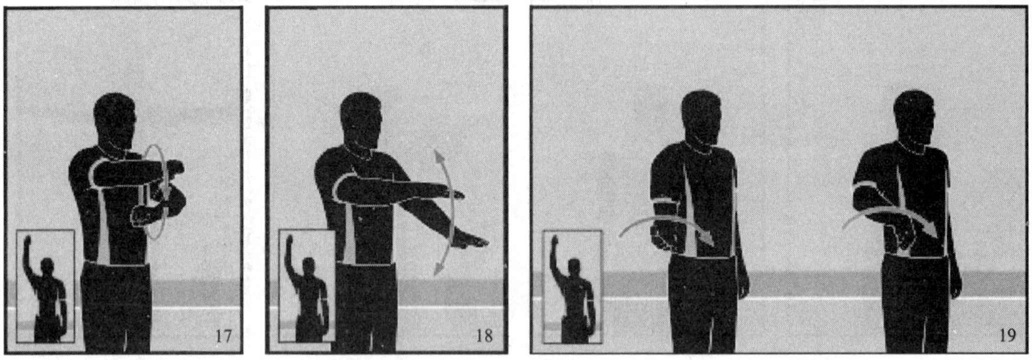

17. 带球走　转动双拳。

18. 非法运球（两次运球）　双手拍击动作。

19. 非法运球（携带球）　伸掌朝前转半周。

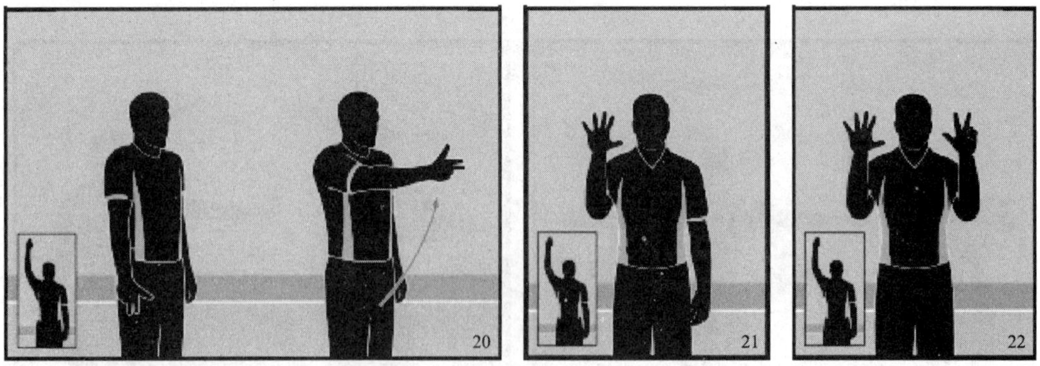

20. 3 秒钟　伸出手臂示 3 指。

21. 5 秒钟　示 5 指。

22. 8 秒钟　示 8 指。

23. 24 秒钟　手指触肩。
24. 球回后场　摆动手臂用示指指点。
25. 故意脚踢或拦阻球　手指指脚。

（五）队员的号码

26. 00 号和 0 号　双手示 00 号和右手示 0 号。

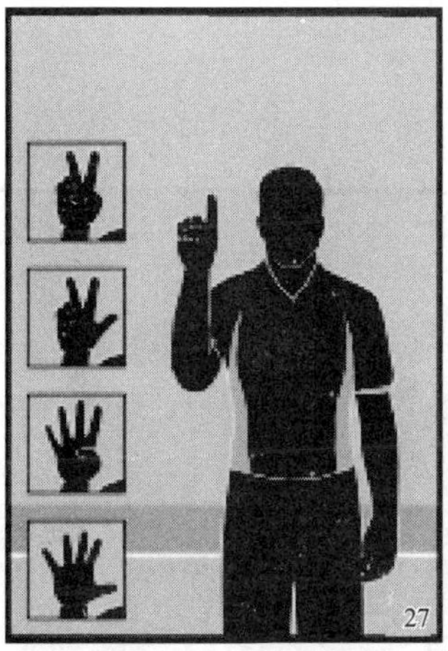
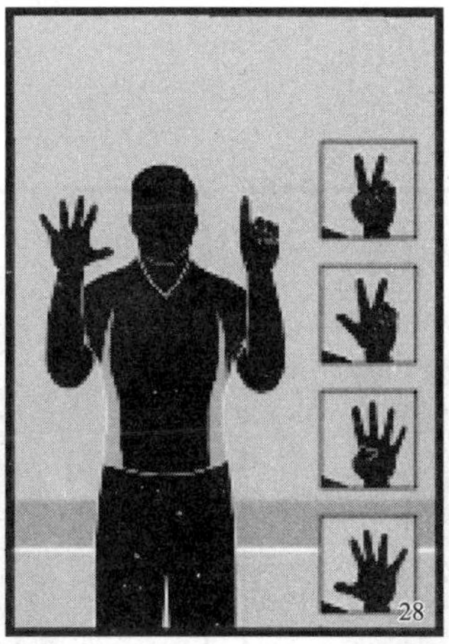
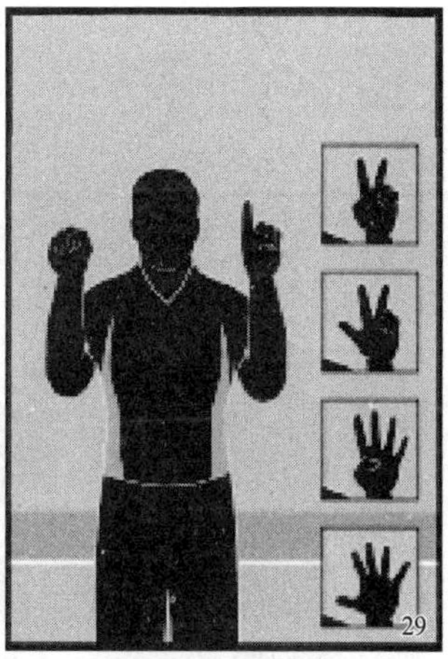

27. 1-5 号　右手示号码 1-5。
28. 6-10 号　右手示 5 号，左手示号码 1-5。
29. 11-15 号　右手示握紧的拳头，左手示号码 1-5。

30. 16 号　首先手背朝外示 1 号代表十位数，然后手掌朝外示 6 号代表个位数。
31. 24 号　首先手背朝外示 2 号代表十位数，然后手掌朝外示 4 号代表个位数。

32. 40 号　首先手背朝外示 4 号代表十位数，然后手掌朝外示 0 号代表个位数。
33. 62 号　首先手背朝外示 6 号代表十位数，然后手掌朝外示 2 号代表个位数。

34. 78 号　首先手背朝外示 7 号代表十位数，然后手掌朝外示 8 号代表个位数。
35. 99 号　首先手背朝外示 9 号代表十位数，然后手掌朝外示 9 号代表个位数。

（六）犯规的类型

36. 拉人　向下抓住手腕。
37. 阻挡（进攻中／防守中）　双手放置髋部。
38. 推人或不持球时的撞人　模仿推的动作。
39. 用手推挡　抓住手掌向前移动。

40. 非法用手　击腕。
41. 带球撞人　握拳击伸开的掌。
42. 手部的非法接触　掌击另一只前臂。
43. 钩人犯规　向后移动前臂。

44. 过分挥肘　向后摆肘。
45. 击头　模仿拍击头部。
46. 控制球队的犯规　握拳指向犯规队的球篮。

47. 对投篮动作的犯规　单臂握拳举起，随后指示罚球次数。

48. 对非投篮动作的犯规　单臂握拳举起，随后指向地面。

（七）特殊的犯规

49. 双方犯规　挥动握紧的双拳。

50. 技术犯规　成“T”字形手掌示之。

51. 违反体育运动精神的犯规　向上抓住手腕。

52. 取消比赛资格的犯规　紧握双拳。

53. 骗取犯规　前臂上抬两次（从高处做起）。

54. 非法越过界限　平行于边线挥动手臂（第四节和每一个决胜期比赛计时钟显示为2分钟或少于2分钟时）。

55. 调用即时回放系统　水平伸直示指转动手。

（八）向记录台报告罚则

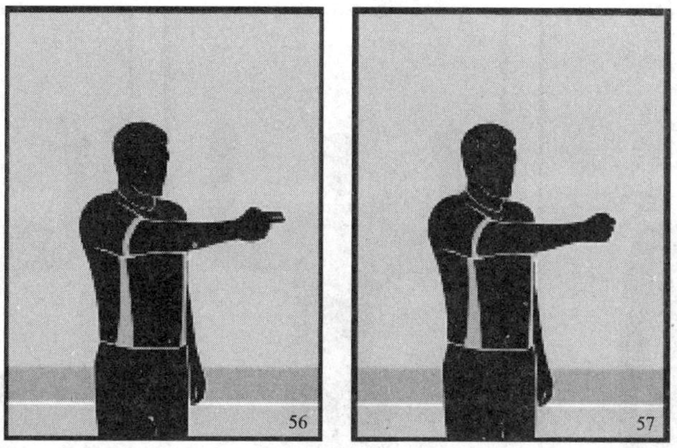

56. 没有罚球的犯规后　指向比赛方向，手臂与边线平行。
57. 控制球队犯规后　握拳指向比赛方向，手臂与边线平行。

58. 一次罚球　举起 1 指。
59. 二次罚球　举起 2 指。
60. 三次罚球　举起 3 指。

（九）罚球管理——执行裁判（前导裁判）

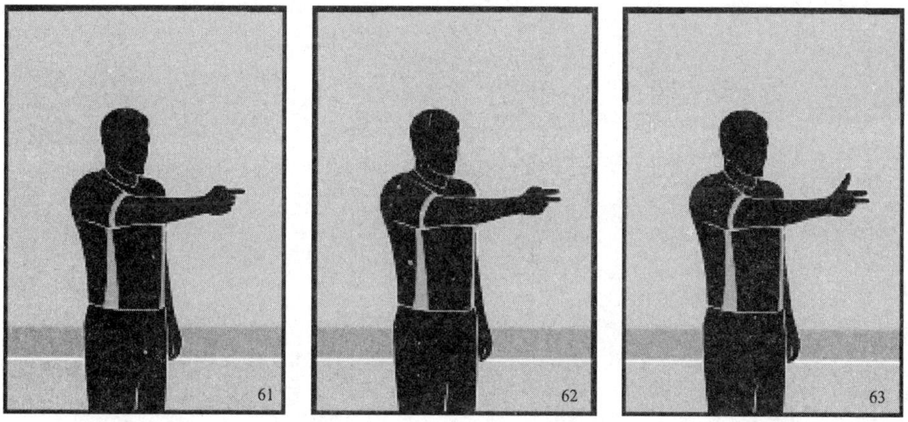

61. 一次罚球　手臂水平伸 1 指。
62. 二次罚球　手臂水平伸 2 指。
63. 三次罚球　手臂水平伸 3 指。

（十）罚球管理——非执行裁判（追踪裁判 & 中央裁判）

64. 一次罚球　举示指。

65. 二次罚球　举双手手指并拢。

66. 三次罚球　举双手各伸展 3 指。

思考题

扫码“练一练”

1. 简述篮球运动的发展历程。

2. 简述篮球运动的价值功能。

3. 篮球移动技术和传接球技术各有哪些？如何练习才能更快地提高？

4. 投篮技术以及运球技术各有哪些分类？如何练习才能更快地提高？

5. 持球突破技术和防守技术各有哪些分类？如何练习才能更快地提高？

6. 设计一个 3 人进攻配合战术，包括传切配合、突分配合以及掩护配合当中的一种或一种以上战术配合。

7. 熟悉篮球基本竞赛规则和裁判手势并进行实战演练。

（田治国）

第六章

排球运动

学习目标

知识要求

1. 掌握排球运动的基本技术、战术动作概念和要领。
2. 熟悉排球运动的基本竞赛规则。
3. 了解排球运动的起源与发展历程。

技能要求

通过教学过程提高基本身体素质，掌握排球基本技术、重难点，排球基本战术的运用；能够运用排球基本竞赛规则进行比赛。

第一节　排球运动概述

扫码“学一学”

一、排球运动的起源和发展

（一）排球运动的起源

排球运动诞生于1895年，创始人是威廉·G·摩根，美国马萨诸塞州霍利沃克城基督教青年会干事。

身为热衷于推广体育运动的基督教青年会干事，摩根在辅导人们进行各种体育锻炼的实践中逐渐意识到，不同的对象应该采用不同的锻炼方法。当时逐渐流行起来的是由奈史密斯发明的篮球运动，但摩根认为它比较适合年轻人，对于年纪稍大的人来说则过于剧烈。1895年，摩根辅导一个由商人组成的班级，渐渐萌生了一个大胆的想法：创造一种结合了篮球、棒球、网球以及手球的游戏，而这种游戏又必须避免像篮球那样的肢体接触。

为此，摩根在青年会的体育馆中进行了试验。他在篮球场上架起了网球网（高约1.98米），以篮球胆为球，让人们像打网球一样用手隔网来回托传球，与网球的不同之处是球不能落地，球在哪一方落地一次就算哪一方失败一次。

知识链接

由于篮球胆太轻，在空中飘忽不定，玩起来很不方便，摩根尝试将篮球胆换成了篮球。但篮球又过于沉重，飞行速度太慢且很难用手将其隔网击打。最后，该市的司堡尔丁体育用品公司（Spaulding Company）试做了圆周 63.5~68.8 厘米，重量 9~12 盎司（255~346 克），外表为皮制，内装橡皮球胆的球。经试验，此球效果非常理想，于是就决定采用这种球——这就是第一代排球，其规格与现代国际比赛用球已经非常接近，而排球这项运动也正式诞生了。很快，它就在基督教青年会中广泛传播开来。摩根和春田市（Spring field）体育干事弗兰克·德博士及消防署长林奇共同将这项游戏命名为“Mitontte”（意为“小网子”）。

1896 年，摩根制定了世界上第一个排球竞赛规则，发表在当年 7 月出版的美国《体育》杂志上。同年，春田专科学校举行了首次排球表演赛，这也是世界上最早的排球赛。赛后，春田市立学院的霍尔斯特德教授根据球要在空中飞行、不能落地的特点，将其改名为“Volleyball”（意为“空中连续击球”）。这一名称一直沿用至今。

最初的排球运动只是一种消遣游戏，比赛人数的多少、比分的多少都由比赛双方临时协商决定。

（二）排球运动的传播

排球问世后，由美国的教会、传教士和驻外军官、士兵传播到了世界各地。由于排球在问世之初就没有严格的上场人数限制，加之传入的时间不同，世界各地排球运动的形式也不尽相同。

由于地理位置的原因，排球最先传入美洲，1900 年首先传入加拿大，1905 年传入古巴，1912 年传入乌拉圭，1914 年传入墨西哥。传入美洲的大多是六人制排球形式。

排球传入亚洲也比较早，1900 年首先传入印度，1905 年起先后传入中国、日本、菲律宾等国。因为所采用的规则不同，亚洲排球经历了 16 人制→12 人制→9 人制→6 人制的演变过程。

（三）排球运动的发展

世界排球运动的发展主要可分为三个阶段：娱乐排球、竞技排球和现代排球。

1. 娱乐排球（1895~1936 年） 排球本就是为娱乐休闲而创造的，因此排球从诞生之初就被大众认可为一项娱乐性较强的游戏。人们进行排球运动，是以休闲、健身为主要目的。

但游戏也需要有规范，因此，从 1896 年摩根制定第一个排球规则开始，排球的各项规则开始逐步建立：1900 年，采用 21 分制；1912 年采用运动员轮换制和三局两胜制；1915 年，采用 15 分制。尤其是 1921~1938 年间，因排球技术水平的提高和技术手段的多样化，规则进行了一系列的修改和完善，除划定了比赛场地外，技术动作被归类为发球、传球、扣球和拦网，场上队员也有了明确的位置分工。此外，1924 年，单独制定了为妇女参赛的女子比赛规则。

1936 年柏林奥运会期间，第一个国际排球组织——排球技术委员会成立，旨在促进国际排球比赛和交流。但由于第二次世界大战的爆发，委员会还未正式开展工作就宣布解散。

2. 竞技排球（1947～1980 年） 第二次世界大战期间，世界排球运动一度停滞不前。直到 1947 年 7 月，在法国、前捷克斯洛伐克和波兰三国的倡议下，国际排球联合会（FIVB）在巴黎召开成立大会，制定了国际排联宪章，成立了技术委员会、竞赛委员会和裁判委员会，正式出版了通用国际排球竞赛规则，并选举法国人保尔·黎伯为第一任主席。从此，排球运动从娱乐阶段进入了竞技阶段。

1964 年，排球成为奥运会正式比赛项目，出现在了第 18 届东京奥运会的赛场上。

竞技时代的全面到来，也掀起了世界排坛诸强争霸和各大技术流派竞相绽放的潮流。

20 世纪 60 年代中期到 70 年代末，世界排坛出现了“百花齐放，百家争鸣”的局面，日本女排学习了中国的“近体快”“平拉开”等快攻技术，创造了“短平快”“时间差”“位置差”等打法，成为“速度派”；苏联队保持了“力量派”的特点并加以了改进；前捷克斯洛伐克队仍是“技巧派”的先锋；前民主德国队则以高大队员的“超手扣球”和高成功率著称，被称为“高度派”。

3. 现代排球（1980 年至今） 20 世纪 80 年代开始，世界排球进入了现代排球阶段。它包括全攻全守排球，社会化、商业化、职业化排球和“大排球”三个内涵。

进入 20 世纪 80 年代，各种技战术流派间的交流融合频繁，打法创新的步伐也在加快，凭一技之长就能一统排坛的时光已全然不在。于是，一场新的排球革命——全攻全守排球悄然开始。全攻全守排球以中国女排和美国男排为标志，强调技战术的高快结合、前后结合，形成全面型进攻的打法。

20 世纪 80 年代初，中国女排在主教练袁伟民的带领下，形成了攻防全面、战术多变，以高制亚洲、以快制欧洲的技战术打法，1981～1986 年，创造了举世瞩目的“五连冠”伟业。美国男排则大胆运动跳发球技术和后攻技术，设计了立体进攻战术，也获得了“四连霸”的傲人战绩。

1984 年，墨西哥人阿科斯塔当选为国际排联主席。上任伊始他就郑重宣布：他的目标是把排球发展成世界上最受欢迎的运动项目之一。

如今，国际排联已拥有 200 多个会员国，是世界上最大的单项体育协会之一。为了更好地在全世界范围内扩大排球运动的影响，国际排联已开始有计划、有目的地开展和推广各种形式的排球运动，如沙滩排球、软式排球、学校排球、迷你排球、雪地排球等，其中沙滩排球的发展已经具有相当的规模，不仅拥有自己的管理机构——国际排联沙滩排球委员会，又创办了规范的世界沙滩排球锦标赛和职业巡回赛，还自 1996 年亚特兰大奥运会开始，成功成为奥运会正式比赛项目。

竞技排球与娱乐排球并存，高水平职业排球与群众排球共举，这就是“大排球”的概念。

二、排球运动的健身价值

排球运动作为健身强体的游戏项目和挑战人体极限的竞技运动项目，给人的身心带来全方位的锻炼价值。经常参加排球运动，可改善人体中枢神经系统和内脏器官功能，提高速度、弹跳力、耐力、灵敏性等身体素质和运动能力，有利于促进身体生长发育，强身健体，是一项适合全民开展的健身运动。

扫码“学一学”

第二节　排球运动的基本技术

排球的基本技术，是指在排球规则允许的条件下，运动员采用的各种合理的击球动作和为完成击球动作所必不可少的与其他配合动作的总称。合理的击球动作指各种直接接触球的动作，如发球、垫球、传球、扣球、拦网等技术，这5项基本击球动作又称有球技术；而各种准备姿势、移动、助跑、起跳、倒地等没有直接接触球的配合动作，又称无球技术。

一、准备姿势和移动技术

准备姿势和移动是排球基本技术之一，是完成发球、垫球、扣球和拦网等各项击球技术的前提和基础。

在起动、移动和击球前所采用的合理的身体动作或姿势，成为准备姿势，其目的既是为了迅速起动和快速移动，同时也是为了及时助跑、起跳、倒地等完成各种击球动作，保证各项技术动作的规范化，提高技术动作的质量。

从起动到制动之间的位移动作称为移动，完整的移动过程包括起动、移动和制动三个环节。移动的目的是为了及时接近球，保持好人与球的位置关系以便击球，同时也是为了迅速占据场上的有利位置。

（一）准备姿势的种类、动作要领和运用方法

a　　b　　c

图6-1　准备姿势

1. 稍蹲　动作要领（图6-1a）：两脚左右开立与肩同宽，一脚在前，两膝微曲，身体重心位于两脚之间，并稍靠近前脚，后脚跟稍提起，上体稍前倾，两臂放松，自然弯曲置于腹前。两眼注视球并兼顾场上各种情况，两脚保持微动状态。

运用：一般用于对方正在组织进攻，或球虽在本方但离自己较远不需要及时移动击球时，以及在进行二传、扣球和接速度较慢弧度较高的发球、处理球时。

2. 半蹲　动作要领（图6-1b）：两脚开立略比肩宽，两膝弯曲，脚跟自然提起，上体前倾，重心靠前，膝部的垂直线应在脚尖前面，两臂放松，自然弯曲置于腹前，两眼平视，注意来球，两脚始终保持微动。

运用：半蹲准备姿势是排球比赛中最基本的准备姿势，在接发球时运用最多，在传球、拦网时也常用。同时也是为短距离移动和防守较低来球做准备。

3. 低蹲　动作要领（图6-1c）：身体重心比半蹲姿势更低更靠前，两脚左右、前后的距离更宽一些，膝部弯曲的程度大于半蹲准备姿势，身体重心要更靠前，肩部垂直线过膝，膝部垂直线超过脚尖，两手臂置于胸腹之间。

运用：主要运用于后排防守（接扣球）与前场保护（接拦回球）以及接低远的球和衔接各种倒地动作的接球，以扩大防守范围。

（二）移动的种类、动作要领和运用方法

1. 并步 动作要领：两脚前后站立与肩同宽，两膝微屈，上体稍前倾，两手自然放松置于腰腹，并步时，前脚向来球方向跨出一步，后脚迅速蹬地跟上，并做好击球前的姿势。并步的特点是容易保持身体平衡，便于做击球动作。并步可向前、后、左、右各方向移动。

运用：主要用于近距离的移动，如传球、垫球、拦网等技术。同时，经常与跨步或其他倒地击球技术结合使用。

2. 滑步 动作要领：两脚平行站立，向左滑步时左脚先向左侧迈出一步，右脚同时迅速跟上做滑步动作，连续做并步即为滑步。

运用：宜在短距离移动中运用，通常在来球距离体侧稍远，并步不能接近球时可采用滑步移动接球。

3. 交叉步 动作要领：两脚左右开立。向右侧交叉步移动时上体稍向右转，左脚从右脚前向右交叉迈出一步，然后右脚再向右侧方向跨出一大步，同时重心移动至右脚，身体转向来球方向，保持击球前的姿势。

运用：交叉步主要用于体侧 2~3 米的来球，或二传手和拦网者在网前移动及防守两侧来球时运用。

4. 跨步 动作要领：跨步前膝部弯曲，上体前倾，身体重心移至跨出脚上。跨步时，一脚用力蹬地，另一脚向来球方向跨出一大步，后退随重心前移自然跟上，两臂做好迎球动作。

运用：跨步移动可以单独使用，也可与滑步、交叉步、跑步的最后一步结合运用。当来球低、速度快、距离身体 1 米左右时运用较多。

5. 跑步 动作要领：跑步时一脚蹬地起动，另一脚迅速向前跟上，二脚交替进行，两臂配合摆动，不要过早做击球动作的准备，以免影响跑步速度。球在侧方或后方时，应边转身观察球边跑。

运用：跑步时移动经常与交叉步、跨步等结合起来运用。例如，向侧跑步时，常采用交叉步转身的方法来起动；在接近球时，又常用跨步、倒地和各种跳跃动作来制动使之完成击球动作。

6. 综合步 动作要领：两种移动步法综合运用称为综合移动步伐。例如跑步移动后接侧滑步，滑步移动后接交叉或跨步移动等。综合步移动法可根据实际需要和具体情况恰当运用。

运用：主要用于身体离球较远，用一种步法不便于完成击球动作时常用综合步。

二、垫球

排球垫球主要用于接发球、扣球、拦回球和其他球，是比赛中争取少失分多得分，由被动转为主动的主要技术。正面双手垫球是指运动员用双手在腹前将球垫起的动作方法，它是最基本的垫球方法，是各项垫球技术的基础，适合于接各种发球、扣球和拦回球，有时也用于垫二传。

扫码“看一看”

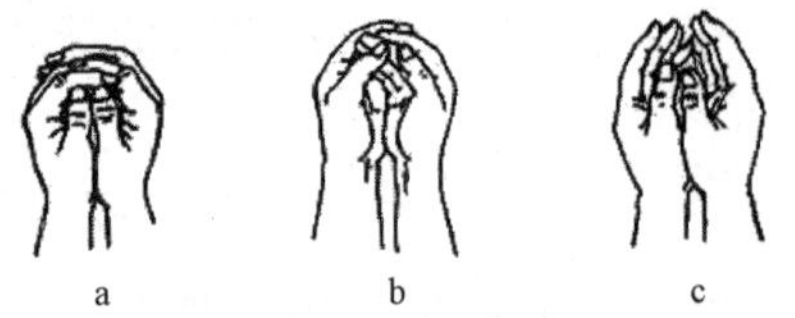

图 6-2　垫球手形

正面双手垫球在垫轻球、垫中等力量球和垫重球时，起动作方法是有区别的。

常用的垫球手形有三种：抱拳式、叠掌式、互靠式。

抱拳式（图 6-2a）：两手抱拳互握，两拇指平行向前，两掌跟和小臂外旋紧靠，手腕下压，使前臂形成一个垫击平面。

叠掌式（图 6-2b）：两手掌掌跟相靠，两手手指重叠，手掌交握，两拇指平行向前，手腕下压，两手前部外翻成一个平面。

互靠式（图 6-2c）：两手腕紧靠，两手自然放松，手腕下压，两臂外翻，前臂形成一个垫击平面。

上述三种垫球手形中，普遍常用的是叠掌式和抱拳式。它们适用范围广，便于初学者掌握，在接发球、接扣球以及接一般球时都可采用。

（一）动作要领（以正面双手垫球为例）

1. 准备姿势（图 6-3）　两脚左右开立略比肩宽，脚尖内扣稍屈膝，拇指抠地脚跟提起，身体重心着力点在前脚掌指跟部，上体前倾，肩部放松，两臂自然弯曲置于腹前，手心相对，手指自然张开，两眼注视来球，两脚保持“静中待动”的状态。

图 6-3　正面双手垫球

2. 击球手形　抱拳式、叠掌式或互靠式。

3. 击球和击球点（图 6-4）　当球飞至腹前一臂距离时，两臂夹紧前伸，插到球下，用前臂腕关节以上 10 厘米左右桡骨内侧平面触球为宜。

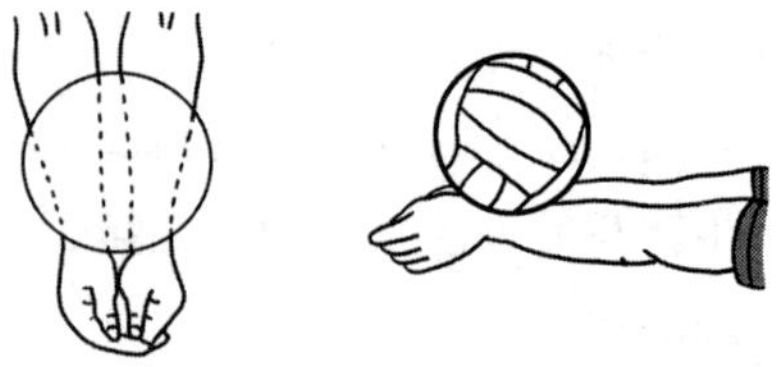

图 6-4　垫击部位

4. 击球用力

（1）来球力量小，速度慢，击球主要靠手臂上抬力量，以增加球的反弹速度，同时配合蹬地，使重心向前上方移动。

（2）来球有一定力量，手臂迎击球动作的速度要慢，手臂要适当放松，主要靠来球本身的反弹力将球垫起。击球时，要运用蹬地、跟腰、提肩压腕、向前抬臂的动作击球的后下部。

（3）垫重球，采用半蹲或低蹲的准备姿势，两臂放松置于腹前。击球用力时，由于来球速度快，力量大，触球后球体自身的反弹力也大。因此不但不能主动用力迎击来球，还应采用收腹含胸的动作，帮助手臂随球后撤并适当放松肌肉，来缓冲来球力量。同时，用手臂和手腕动作来控制垫球的方向和角度。击球的手形和部位，应根据来球的情况而做变动。当击球点稍高并靠近身体时，仍可用前臂垫球；但击球点低而距离身体较远时，就要用屈肘翘腕的动作把球垫在手腕部位的虎口处。

（二）练习方法

1. 徒手模仿垫球练习。根据教师的口令或手势集体练习。两人一组，一人双手持球于对方的正确击球点，另一人用垫球动作击球（不把球击出）；持球者将球自上向下运动，垫球者用正确动作击球的后中下部，持球者可稍加力。

2. 每人一球，自己抛球后，连续向上自垫。

3. 两人一组，相距3~5米，一抛一垫。

4. 每人一球或两人一球，对墙垫球（人与墙的距离可逐步拉长，并逐步增加高度）。

5. 两人一组，一人向另一人的两侧1.5米处抛球，另一人移动后正面垫球。

6. 三人一组，两人抛球，一人左右移动后正面垫球。

7. 教师在2号位向5号位抛球，学生依次轮流垫球。

8. 两人一组隔网站立，一人持球站在端线后，另一人站在场内，端线后的队员用下手或上手发球，发至对方场区，站在场区内的队员将球垫至2或3号位，一定数量后两人交换。

（三）易犯错误和纠正方法

1. 垫击部位不正确，垫在手腕、拇指或肘关节部位 纠正方法：多练习由准备姿势到两臂组成垫击面插入球下对准球的徒手动作，强调两前臂伸直靠紧，养成正确的垫击面去找球的习惯。

2. 屈肘翘腕两臂靠不拢，不会用力 纠正方法：多做徒手动作，垫固定球练习。

3. 垫球时抬臂动作过大，没有运用身体的协调力量来垫球 纠正方法：多做徒手练习和垫击固定球练习，体会身体协调及用力的方法，可结合一抛一垫来纠正动作。

4. 两臂用力不等，动作不协调 纠正方法：垫固定球，体会用力和协调发力。

三、传球

利用全身协调力量并通过手指手腕的弹力，将球传至移动目标的击球动作称为传球。传球是组织战术基础，主要用于衔接防守和进攻，它也常常被用来接住对方的推攻球、被拦回的高球和接轻发球及轻扣球，还可用于二传的吊球和处理球。

（一）动作要领（以正面传球为例，图6-5）

1. 准备姿势与迎球 采用稍蹲姿势，上体稍抬起，但身体重心不后移，仰头看球，双手自然抬起，屈肘，放松置于脸前。来球接近额头时，开始蹬地、伸膝、伸臂，两手微张从脸前向前上方迎球，全身各部位动作应协调一致。

2. 传球手形（图6-6） 两手张开斜相对，手指微屈成半球状，拇指相对成“八”字形，根据传球的具体要求从两肘向内、外收展来调整手形。

3. 击球点 向前传球，在额前上方约一球距离处；向后传球，手臂比向前传球时偏后。

4. 手形 手触球时，十指应自然张开使两手成半球状，手腕稍后仰，以拇指内侧，示指全部，中指的二、三指节触球的后下部，无名指和小指在球两侧辅助控制球的方向。两拇指相对近“一”字形。

图 6-5　正面传球

图 6-6　传球手形

5. 传球用力

（1）向前传球时，是用蹬地伸膝向上展体和伸臂的顺序来协调手臂传球动作，迎球伸臂由拇指、示指、中指负担球下落的力量，无名指和小指帮助控制球。手触球的一刹那，手指和手腕应保持一定的紧张程度，用手指的弹力和手腕、手臂与身体伸展的协调力量将球传出。

（2）向后传球时，靠蹬腿、展腹、抬臂、伸时动作，通过指腕弹力把球向后上方传出，手腕要始终保持后仰，大拇指应多发力。

（二）练习方法

1. 徒手模仿传球的蹬地、伸膝、伸臂，在额前上方用正确手形做推送动作。

2. 轻轻向额前上方抛球，在额前上方用正确的手形将球接住，然后将球体放掉，自己检查手形和击球点正确与否。

3. 在额前上方轻轻向上连续自传。

4. 将球轻抛至额前上方后，用蹬地、伸膝、伸臂的动作，将球传出。

5. 两人一组，一人持球保持正确击球点和手形，向前上方做推送动作，另一人用单手压住球，给球以一定的力量。

6. 两人一球，一抛一传。

7. 一人抛球，另一人向前移动两步传球或向左右移动两步传球。

8. 两人对传。

9. 单、双人传球练习方法

（1）一人对墙连续传球，由近距离到远距离，自抛自传。

（2）一人向墙上固定目标连续自传，自传一次再传向墙上固定目标。

（3）在排球场内移动自传。

（4）每向上自传一次，两手击掌一次，依传球高度增高，击掌次数可增加。

（5）两人隔网对传，由近及远。

（三）易犯错误和纠正方法

1. 手指手腕缺乏弹力　纠正方法：①原地自传或对墙传球；②纠正错误手形，调整触球时手臂与身体的距离，大拇指后收；③发展手指和手腕力量，多做传固定球练习。

2. 传球时上体后仰　纠正方法：①向前移动中传球；②传后跟进保护垫球；③传球出手后，手触地板一次。

3. 击球点过高或过低　纠正方法：①击球点偏低多练习自传、近网对传等；②击球点高多做平传、自抛传远球等。

四、发球

队员在发球区用一只手将自己抛起的球直接击入对区的技术动作称为发球。发球是进攻的开始，准确而有攻击性的发球不仅可以直接得分，还可以破坏对方的战术组成，减轻本方防守压力，起到先发制人的作用；反之如果发球攻击性不强或失误较多，不但会失分和失去发球权，还容易让对方轻松地组织成进攻战术，大大增加本方防守的难度。因此发球要强调攻击性和准确性，但首先要保证稳定性。常见的初学者较容易掌握的发球技术有侧面下手发球、正面下手发球和正面上手发球。

（一）侧面下手发球

侧面下手发球（以右手为例，图6-7）动作较简单，容易掌握，可借助转体力量来击球，便于用力，适合女子初学者。发球失误少，但攻击性不强。

图6-7　侧面下手发球

1. 准备姿势　左肩对网，两脚左右开立，约与肩同宽，两膝微屈，上体稍前倾，重心落在两脚之间，左手持球置于腹前。

2. 抛球　左手将球平稳上抛于胸前，距身体约一臂远，球离手高度约一个半球。抛球同时，右臂摆至右侧后下方。

3. 挥臂　利用右脚蹬地向左转体的力量，带动右臂向前上方摆动。

4. 击球　在腹前用全掌、虎口或掌跟击球后下方。击球后，身体转向球网，并顺势进场。

5. 技术要领

（1）利用蹬地转体动作带动手臂挥摆，可增加发球的力量，击球手臂应由体侧右下方向斜前上方会动。

（2）击球点不应超过肩的高度，并注意控制击球出手的角度和路线，球出手时仰角大，球飞行就高，仰角太小，则不易过网。

（二）正面下手发球

正面下手发球（以右手为例，图6-8）的特点是动作简单，容易掌握，准确性大，适合初学者。初学者学下这种技术后，有利于进行接发球练习和教学比赛时使用。

1. 准备姿势　面对球网，两脚自然开立，左脚在前，两膝微屈上体稍前倾，重心在两腿之间，左手持球于腹前。

图 6-8　正面下手发球

2. 抛球　左手将球在体前右侧轻轻抛起，离手约一球距离，在抛球前右臂伸直以肩为轴向后摆动。

3. 挥臂　右脚蹬地身体重心随后臂以肩为轴向前摆动而移至前脚。

4. 击球　右脚蹬地，身体重心随着右臂由后向前摆动而前移，在腹前以全手掌击球后下部。击球后，随击球动作重心前移，迅速进场比赛。

5. 技术要领

（1）击球手臂应以肩为轴向后摆起，再以肩为轴直臂向前摆动，在击球前手臂不应有屈肘动作，这样有利于加快挥臂速度和控制击球出手角度和路线并加强准确性和攻击性。

（2）手触球时，手指、手腕要紧张，手成勺形，以掌跟部位击球。

（三）正面上手发球

1. 准备姿势　面对球网，两脚自然开立。左脚在前，左手托球于身前。

2. 抛球与引臂　（以右手为例，图 6-9）左手将球平稳地抛于右肩的前上方，高度适中，同时右臂抬起，屈肘后引，肘与肩平，上体稍向右侧转动，抬头、挺胸、展腹、手掌自然张开。

3. 挥臂　（以右手为例，图 6-9）在左手抛球的同时，右臂抬起曲肘后引，与肩平，手掌自然张开，同时抬头、挺胸、展腹，身体重心移向左脚，然后蹬地，上体向左转动，同时收腹带动手臂挥动做鞭甩动作，以腰带肩，肩带动前臂，前臂带动手腕。

4. 击球　右肩上方手臂伸直的最高点以全手掌击球，各手指自然张开吻合球，手腕有迅速主动的推压动作使球上旋飞行（图 6-10）。击球部位在球的后中下部，击球后人体随重心前移，迅速进场。

图 6-9　发球

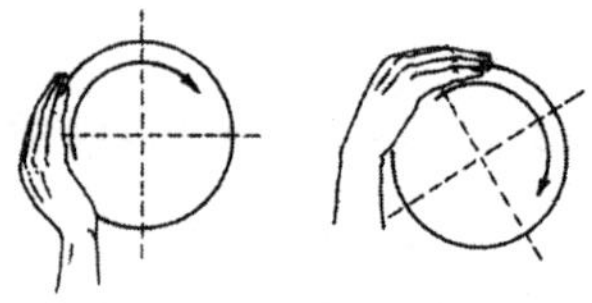

图 6-10　发球击球部位

5. 技术要领　准备姿势应左脚在前，这样便于引臂和身体自然右转。发球的取位应根据对方接发球布阵情况和攻击目标及发球队员自身的特点选定。

抛球应以手臂上抬、手掌平托上送的动作将球抛在身前 30 厘米处，球离手约 1 米左右高度为宜。球一定要平稳上抛，不要屈腕，以免球体旋转和偏离上抛垂直线，造成击球不准。右臂后引时，应有屈肘上抬的动作，要充分拉长胸腹和肩关节前侧的肌肉，便于增加工作距离和击球力量。

击球时，前臂和手腕动作要稳定，不要左右旋转。手腕推压动作的大小，应根据击球点的位置进行调整，击球点高或离身体近时，手腕向前推压的动作要稍大；击球偏前或较低时，手腕向前推压动作要稍小，以免击球出界或入网。

（四）易犯错误和纠正方法

1. 抛球过高或过低、时前时后或忽左忽右，影响发球的质量 纠正方法：观察其抛球动作的错误原因，要求进行专门性练习，固定抛球的位置与高度，使抛球动作正确、熟练。

2. 击球时手掌控制不住球，击不准球 纠正方法：多击固定球，提高击球时手掌的感觉，从而不断改进击球动作。

3. 身体动作不协调或发力方法不对，用不上力 纠正方法：多做徒手练习，注意抛球和挥臂动作的配合。

五、扣球

扣球（以正面右手扣球为例，图 6-11）是排球的基本技术之一，也是排球比赛中最积极、最有效的得分手段，是完成全队战术配合的最后一击。扣球的攻击性主要是由于它具有击球点高、速度快、力量大、变化多的特点，可以扣出各种不同特点、不同时间、不同角度、不同弱点的变化球，使扣球更具进攻威力。

正面扣球是扣球技术中最基本的一种方法。由于面对球网，便于观察，准确性较高。加之正面扣球挥臂动作灵活，能更具对方防守情况，随时改变扣球的路线和力量，控制落点，因而进攻效果较好。初学者必须掌握好正面扣一般球后，再学习其他扣球技术。

图 6-11 扣球

（一）助跑起跳

根据人与球网的距离不同，可用两步、三步或多步助跑，但最后要选择好起跳点和起跳时机，起跳一般采用两步或三步助跑。第一步是决定助跑方向，第二步是起到调节的作用，以选择良好的起跳和击球点，所以当右脚跨出一大步时，左脚应迅速跟上，两脚着地时两膝弯曲，两臂由体后向前上方挥摆，两脚用力蹬地起跳。

（二）空中击球

起跳后挺胸展腹，上体稍向右转，左臂向后上方抬起，身体成反弓形。挥臂时以迅速转体收腹动作发力，依次带动肩、肘、腕各关节成上肢鞭打向前上方挥动，击球时五指微

图 6-12 空中击球

张成勺形，并保持紧张，以全手掌包满球，击球的后中部。以掌心为击球中心同时主动屈手腕和手指，做推压动作，使扣出的球加速上旋（图 6-12）。

（三）落地

落地时前脚掌先着地再过渡到全脚掌着地，同时顺势屈膝，收腹以缓冲下落力量，并立即做好下一个动作的准备。

（四）练习方法

1. 助跑起跳练习

（1）原地起跳，由站立开始，屈膝下蹲同时两臂摆动，按教师口令迅速蹬地起跳。

（2）一步助跑起跳，方法基本同上，右脚跨出一大步，左脚迅速跟上起跳。

（3）两步助跑起跳，方法基本同上，左脚先出方向步，右脚跨出一大步并制动，左脚再迅速跟上起跳，同时两臂协调配合，助跑速度由慢到快，步幅由小到大，两步之间衔接紧密，动作连贯。

（4）从进攻线附近做两步助跑起跳。

（5）一步、两步或多步助跑起跳扣固定球。

2. 挥臂击球手法练习

（1）徒手做扣球挥臂击球动作练习。

（2）对墙掷小皮球，羽毛球，沙包均可。

（3）扣吊球或一人双手持球于头上，另一人扣球。

（4）原地对墙自抛自扣或原地起跳自抛自扣。

（5）降低球网或拉一根长绳做原地自抛自扣过网练习。

（6）快速挥臂打一定高度的树叶。

（7）手握一垒球或羽毛球、沙包，原地做挥臂甩腕掷球动作或跳起掷球过网。

（8）对墙连续扣球练习。

（9）两人原地对扣反弹球。

（10）网前原地起跳扣对方抛过来的“探头球”。

3. 扣球完整练习

（1）助跑起跳扣网前固定吊球。

（2）教师或学生站在网前高台上，手托球（球在网上高度根据学生身高，弹跳高度而定），学生助跑起跳扣球，在学生击球的一刹那教师及时撤手。

（3）4 号位扣抛二传，抛二传高度为网上 1.5~2 米。

（4）结合二传扣一般高球。

（5）结合一传练习扣球方法。

（6）6 号位（或 5 号位）队员接从对方场地抛或发过来的球垫给网前 2 号位队员作二传，4 号位队员助跑起跳扣球。

（7）两人或三人接从对方场地抛或发过来的球后传调整二传，扣调整球。

（五）易犯错误和纠正方法

1. 击球臂不是弧形挥摆，而是直接伸向球直臂压球　纠正方法：利用固定吊球重复进行正确的手臂挥摆的练习。

2. 击球时肘关节没有挥直，肩、肘关节过分紧张僵硬　纠正方法：让学生持小沙包或羽毛球等做挥臂鞭打练习。

3. 击球时肘关节下拖，影响击球点和击球的力量 纠正方法：击打固定吊球练习，吊球的高度与击球臂伸直的高度相同。

4. 起跳时机把握不准确 纠正方法：教师讲解如何判断二传出手后球的情况，并进行示范；学生练习室教师给予口令提示。

六、拦网

靠近球网的球员，将手伸向高于球网处阻挡对方来球，并触及球，称为拦网（图 6-13）。拦网是防守的第一道防线，是得分的重要手段，拦网水平的高低直接影响着比赛的胜负。

图 6-13 拦网

（一）动作要领（单人拦网）

1. 准备姿势 队员面对球网站立，两脚左右分开与肩宽，两膝微屈，两臂自然弯曲置于胸前。密切注视对方进攻队员和球的方位，随时准备移动和起跳。

2. 移动与起跳 根据对方传球和扣球的方向迅速跟随用并步或交叉步沿网平行移动，常用的步法有并步、交叉步、跑步等。无论采用哪种移动步法，都要做好制动动作，以保证向上起跳，避免触网和冲撞同队队员。拦网起跳时时间一般比扣球者稍晚一点，移动后的起跳，要注意制动并使移动与起跳动作紧密衔接。

3. 空中动作 起跳时两手从额前贴近并平行球网向网上沿的前上方伸出，两臂伸直，两肩尽量上提，前臂靠近网，两臂保持平行。拦网时，在空中含胸稍收腹，双眼密切注意对方扣球的位置和动作。两臂尽量过网伸向对方上空，两手接近球，两手自然张开，稍屈指、腕成勺形。在击球瞬间，两手要突然紧张，手腕用力下压拦击来球。

4. 落地 落地时应含胸收腹。如已将球拦回，则可面对对方，以双脚前脚掌着地屈膝缓冲；如未拦回球，则下落时要随球转头转体，立即准备做好下一动作。

（二）练习方法

1. 徒手模仿练习

（1）原地做拦网的徒手动作。

（2）教师站在高台上双手持球，学生轮流起跳拦网。

（3）两人隔网相对站立，向左（或右）移动一步起跳拦网。

（4）低网扣拦练习。扣球人对准拦网人自抛自扣，当扣球人击球时，拦网人伸手拦网但不起跳。

（5）由 4 号位向 2、3 号位做并步、交叉步或跑步移动起跳拦网，也可从 2 号位向 4 号位方向移动。

（6）两队员隔网相对，对称移动起跳拦网，空中两人双手互击掌。

2. 空中拦网练习

（1）一扣（自抛自扣）一拦，可用低网不起跳做扣拦，也可跳起扣拦。

（2）教练员在高台上扣球，队员轮流练习（先原地，后移动）。

（3）三人一组，一抛、一扣、一拦，轮流做，定数交换。

（4）教练员抛球，前排三个位置轮流扣球，另一方三人固定位置拦网，定数轮换位置。

（5）二对一扣拦对杭，一方 2 和 4 号轮流扣抛球，另一方一人两边跑动拦网，定数交换。

3. 结合扣球的拦网练习

（1）对方 4 号位扣固定方向的球，本方 2 号位拦网，定数交换。

（2）对方 2 号位扣固定方向的球，本方 4 号位拦网，定数交换。

（三）易犯错误和纠正方法

1. 拦网起跳时机过早或过晚　纠正方法：教师讲解各种球的起跳时间，强调对来球的预判。

2. 脚过中线或身体触网　纠正方法：原地含胸收腹起跳练习。

3. 拦网时，手臂有扑打动作，触网犯规　纠正方法：强调拦网的正确动作，学生模仿练习并巩固正确动作的身体概念。

扫码“学一学”

第三节　排球运动的基本战术

排球战术是指运动员在比赛中，根据排球竞赛规则和排球运动规律、比赛双方的具体情况和临场变化，合理运用个人技术及集体配合所采用的有意识、有组织的行动。排球比赛中攻防矛盾的不断转化，反映了排球比赛的基本规律，即进攻一方为突破对方的防守，运用一切进攻手段，造成对方的失误；防守一方则运用一切防守手段，防起对方进攻过来的球，并在防守的基础上转为进攻。无论在运用进攻或者防守战术时，为了掌握比赛的主动权，要善于根据双方技术、战术的优劣及临场情况的变化，采取灵活多变的行动，通过技术的抗衡和战术的对垒，达到战胜对方的目的。

一、阵容配备

阵容配备是参赛队根据比赛的任务、本队战术组织的特点及队员的具体情况，有针对性地、合理地安排出场队员及位置分工，充分调配力量，科学地组合人员的筹划过程。其目的在于把全队的力量有效地组织起来，扬长避短，最大限度地发挥每一个队员的特长和作用。

1.“三三”配备 由三名进攻队员和三名二传队员组成。站位时，一名进攻队员间隔一名二传队员。一般适用于初学者和水平较低的球队（图 6-14）。

2.“四二”配备 由 4 个进攻队员和 2 个二传队员组成。4 个进攻队员中有 2 个是主攻队员，2 个是副攻队员。他们都站在对角位置上。这种配备方法主要在初学和一般水平队中采用较多（图 6-15）。

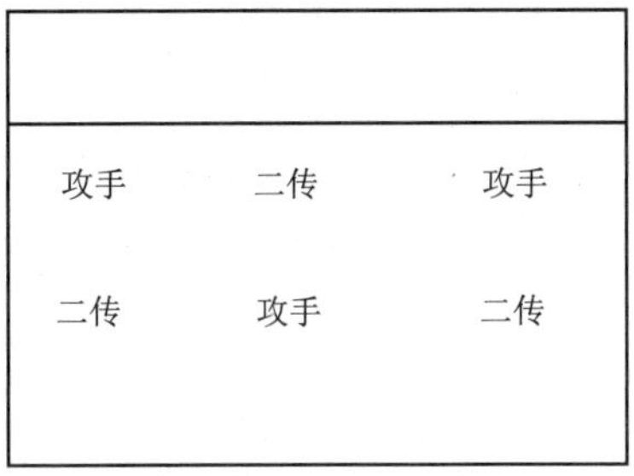

图 6-14 “三三”配备

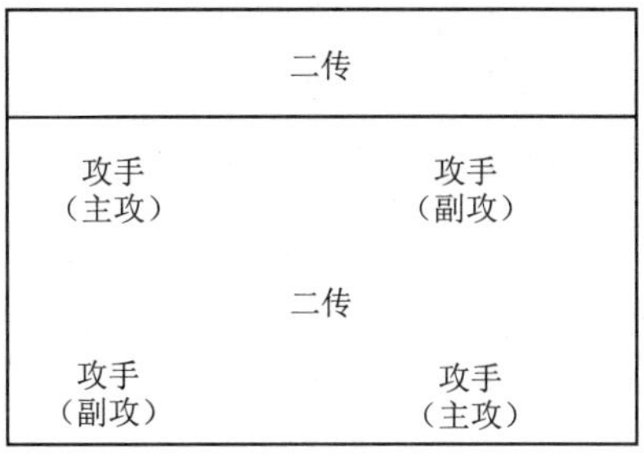

图 6-15 “四二”配备

（1）“四二”配备的优点

1）每一个轮次前后排都能保持有一个二传队员和两个进攻队员，便于组织和发挥本队的进攻力量。

2）如果两名二传队员都具有进攻力量的话，每一个轮次都可以插上，组成三点进攻，大大加强了进攻威力。

（2）“四二”配备的缺点

1）每一个进攻队员必须熟悉两个二传队员的传球特点，配合比较困难。

2）一个队要培养出两名高水平的二传队员比较困难，而且又要求他们具有进攻能力就更不容易。

3.“五一”配备 由 5 个进攻队员和一个二传队员组成。其目的是为了加强进攻的拦网的力量。为了弥补在主要二传队员来不及传球时所出现的被动局面，可以在二传队员的位置上，配备一名有进攻能力的接应二传队员。这种配备方法目前在水平较高的队中被普遍采用（图 6-16）。

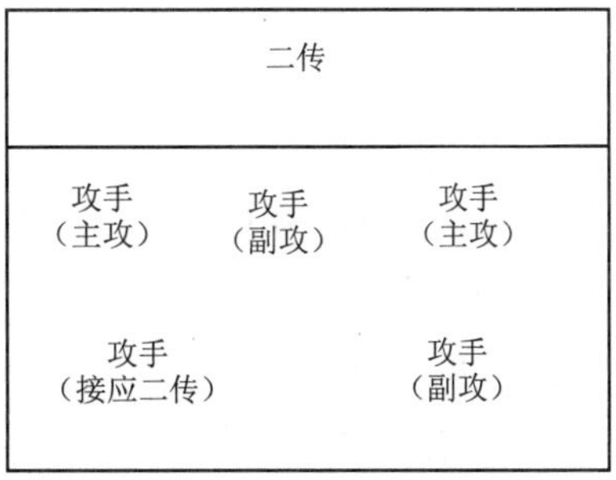

图 6-16 “五一”配备

（1）“五一”配备的优点

1）一个二传队员容易培养。

2）当二传队员轮转到后地，前排有三个进攻队员，可以加强进攻和拦网的力量。

3）全队进攻队员只需适应一名二传队员传球的特点、习惯，在相互配合上较容易建立默契。

（2）“五一”配备的缺点

1）当二传队员轮到前排时，有 3 个轮次只有两点进攻。

2）防反时，二传队员轮到后排要插上传球难度较大。

二、进攻阵形与进攻战术

进攻战术是指接对方来球后，全队所组成的有目的、有组织的配合。进攻战术是由一传、二传、扣球三个环节所组成的。主要分为进攻阵形和进攻打法两个方面。

（一）“中一二”进攻战术

1. 基本打法 3号位队员作二传，将球传给4、2号位队员进攻的组织形式（图6-17）。

2. 阵形的优、缺点 “中一二”进攻阵形是进攻战术中最简单、最基本的战术形式。优点是一传向网中间3号位垫球比较容易，二传向2、4号位传球的距离较短，容易传准，有利于组成进攻，适合初学者采用。其缺点是战术变化少，只能两点进攻，战术意图容易被对方识破。

（二）“边一二”进攻战术

1. 基本打法 2号位队员作二传，将球传给3、4号位队员进攻的组织形式（图6-18）。

2. 阵形的优、缺点 “边一二”进攻阵形的优点是始终能保持前排三点进攻，战术配合变化多，并能充分利用网的全长组织进攻。其缺点是对插上二传队员水平的要求较高。

图6-17 “中一二”阵形

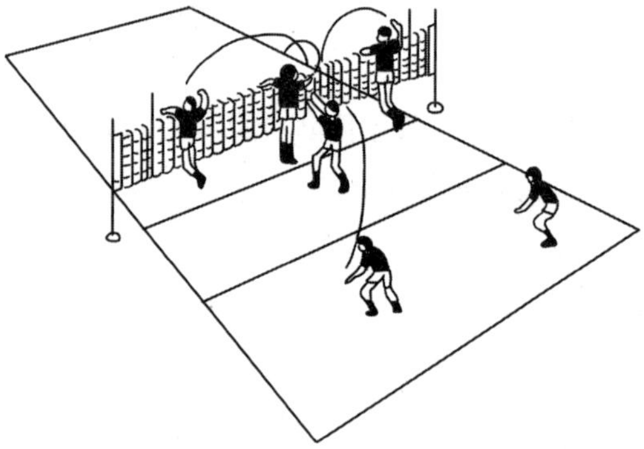

图6-18 “边一二”阵形

（三）练习方法

1. 讲解示范。明确各个位置的作用。
2. 徒手轮转位置，转6轮。
3. 接抛球组织进攻。
4. 接发球组织进攻。
5. 根据队员的技术水平排列阵形，进行分组比赛。

（四）练习注意事项

1. 可以运用小黑板讲解战术名称，场上队员位置、职责、跑动路线及配合特点等，使学生建立完整的战术概念。
2. 按战术要求，进行各轮次的徒手模仿战术跑动，进一步加深对所学战术的理解。
3. 发、垫、二传、扣球的全队整体配合练习。
4. 树立集体主义观念，加强队员之间的协同配合，不能各自为战。
5. 要先进行小组的战术配合，然后再进行全队的战术配合练习。

三、防守阵形和防守战术

防守战术包括“无人拦网的防守战术”“单人拦网的防守战术”“双人拦网的防守战术”“集体拦网的防守战术”四种，以下主要介绍“单人拦网的防守战术”和“双人拦网的防守战术”。

（一）单人拦网的防守战术

单人拦网下的防守阵形一般在对方进攻威力不大，路线变化不多，或因受对方战术迷惑，来不及组织集体拦网时采用。其优点是增加了后防人数，便于组织反攻。但当对方攻击力较强时，单人拦网就显得第一道防线力量薄弱。单人拦网的防守阵形有以下几种。

1. 4 号位单人拦网　3 号位队员撤下防心，2 号位队员防小斜线，1 号位队员放大斜线，6 号位队员防中线及打手出界球，5 号位队员防直线（图 6-19）。

2. 3 号位单人拦网　2、4 号位队员撤下防心，其他三位队员成“马蹄形”防守（图 6-20）。

3. 2 号位单人拦网　3 号位队员撤下防心，4 号位队员防小斜线，5 号位队员防大斜线，6 号位队员防中线及打手出界球，1 号位队员防直线（图 6-21）。

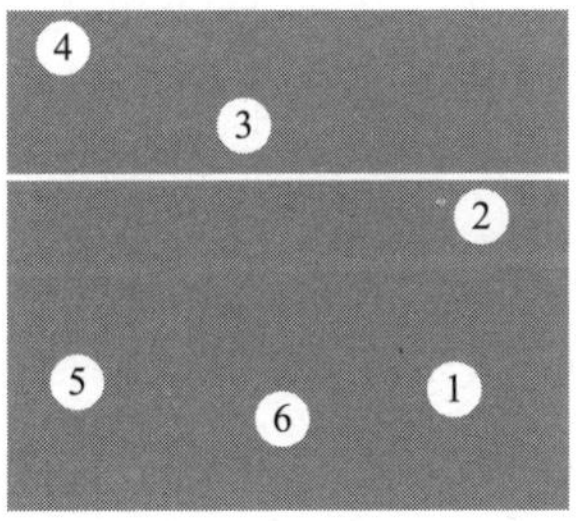

图 6-19　4 号位单人拦网

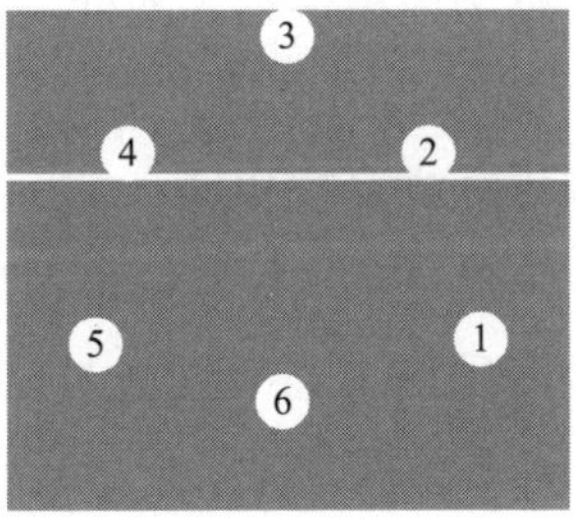

图 6-20　3 号位单人拦网

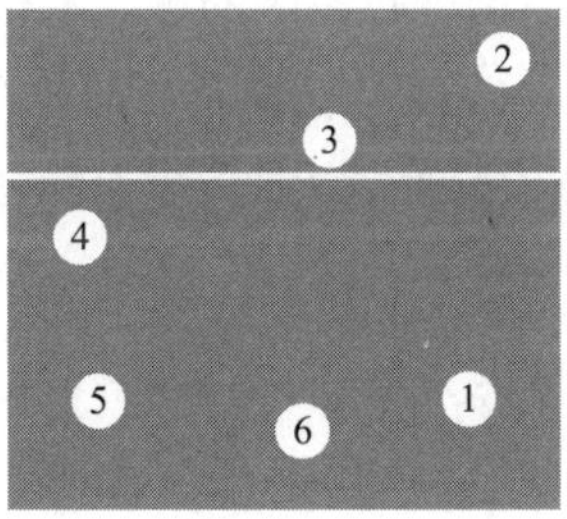

图 6-21　2 号位单人拦网

4. 练习方法

（1）用挂图进行演示，讲解个人拦网防守阵形及变化。

（2）徒手模仿跑动，明确位置分工，转六轮。

（3）结合对方 2、4 或者 3 号位扣球，本方固定队员单人拦网的防守阵形。

（4）三人一组，单人拦网，两人防守，要求拦、防相互配合。

（5）四人一组，单人拦网，其他队员防守。

（6）根据队员的技术水平排列阵形，进行分组比赛。

（二）双人拦网的防守战术

但对方进攻威力较大，路线变化较多，单人拦网不足以阻挡对方进攻时，应采用双人拦网防守阵形。它是接扣球防守中最主要的战术阵形。根据不同后排队员跟进防守的情况和前排不拦网队员的不同取位，双人拦网防守阵形有以下两种。

1.“边跟进”防守　这种防守阵形也称“马蹄形”或“1、5 号位跟进”防守阵形。目前国内外强队广泛采用这种防守阵形。一般在对方进攻力量比较强、战术变化较多、吊球较少时采用。这种防守阵形对防对方重扣球较为有利，同时也便于组织反攻。其弱点是球场中间空隙较大，容易形成“心空”。对方如扣直线结合轻扣或吊球，防守保护较为困难。尤其是边上的队员又要防直线，又要跟进防前区，比较困难（以拦对方 4 号位进攻为例，

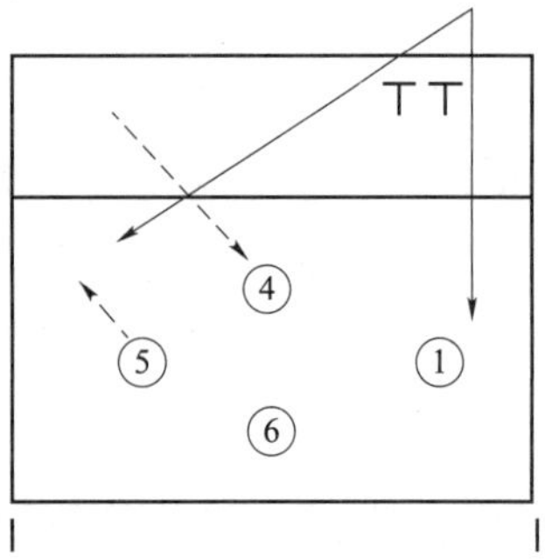

图 6-22 “边跟进”阵形

图 6-22）。

（1）防守的区域和范围　在对方进攻之前，本方前排队员就要在网前做好准备，后排队员相应站好位置，随时准备组成防守阵形。当对方 4 号位进攻时，由本方 2 和 3 号位队员组成双人网，不拦网的前排队员后撤与后排队员组成半弧形防守，如对方吊球到前区，则由 1 号位队员跟进防守。

（2）防守的分工与运用

1）号位队员　主要任务是防重扣、吊球和弥补“心空”，同时还要接应组织反攻。1 号位队员要防守对方 4 号位的直线扣球，离落在拦网队员身后的吊球，同时还要注意防守打手出界的球。

2）6 号位队员　6 号位地处后场中央，防守区域较大，取位要在后场中央靠端线 1 米处，面向扣球方向。主要任务是要防起对方的重扣球，还要保护拦网反弹到后排的球，接应同伴防起距离球场较远的球。如 1 号位队员上前跟进时，应稍向 1 号位靠拢，弥补 1 号位后区的空隙。

3）5 号位队员　主要任务是防守对方 4 号位的斜线扣球，还要保护对方吊到 4 号位区和中场空心地区的球。取位一般在离场地角端约 3 米处。

4）4 号位队员　4 号位队员后撤至进攻线后，主要任务是防守对方 4 号位的小斜线扣球和吊球。防守后要立即转入接应传球或反攻扣球。

2.“心跟进”防守　这种防守阵形也称“6 号位跟进”防守阵形。“心跟进”多在对方扣球能力较强，对方采取打吊结合时采用。当对方 4 号位进攻时，本方 2、3 号队员拦网，6 号位队员在本方拦网时跟在拦网队员之后进行保护，其余 3 名队员组成弧形防守。其优点是加强了前区的防守能力，缺点是后排防守队员之间的空间较大。当对方扣球队员经常采用打吊结合，本方拦网能力强，能封住后场中区，6 号位或某个队员又善于防吊球时，就可采用“心跟进”防守阵。采用“心跟进”防守阵形，有利于防吊球和拦网弹起的球，也便于接应和组织进攻。但后场只有两人防守，空隙较大，后场中央和两腰容易造成空当（以拦对方四号位进攻为例，图 6-23）。

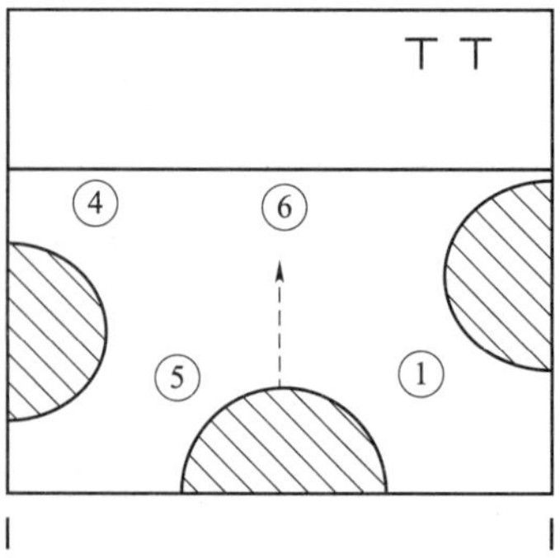

图 6-23 “心跟进”阵形

（1）防守的区域和范围（以对方 4 号位进攻为例）在对方进攻之前，本方前排队员就要在网前做好布防准备，随时准备组成防守阵形。当对方 4 号位进攻时，由本方 2 和 3 号位队员拦网，不拦网的 4 号位队员后撤至 4 号位队员后撤至 4 米左右防守，6 号位队员跟至进攻线附近，1、5 号位队员在后场防守，每个位置负责一定的区域。

（2）防守的分工与运用

1）6 号位队员　在对方进攻之前，跟进至进攻线附近，采用低姿势准备，不要影响后排队员的防守视线。主要任务是防拦网弹起的球和接应后排防起的球。跟进队员不宜离拦网队员太近，以免影响其向两侧移动。一般由二传队员跟进保护较好，对反攻时的插上和组织反攻有利。有时也可将后排防守技术差的队员作为 6 号位跟进队员。

2）1 号位队员　主要任务是防守对方直线扣球和拦网反弹到后场的球，接应 5 号位和

4 号位队员防起的球。由于防守区域大，要特别注意判断和移动取位，善于在对方 2 号位或 4 号位进攻时卡住场地的"腰"，随时弥补 6 号位空当。

3）5 号位队员　主要任务是防守对方的斜线扣球。取位宜靠后，做好向前向侧移动的准备，不宜冲得太前，以免后排形成较大的空当。

4）4 号位队员　迅速后撤至 4 米左右的位置，面向对方扣球队员，主要任务是防对方斜线扣球。

3. 接扣球进攻的练习方法

（1）用挂图进行演示，讲解双人拦网防守阵形及变化。

（2）徒手站位，轮转六轮，明确轮转到各个位置的防守站位方法。

（3）在对方进攻点（2、4 号位）抛球，本方练习防反。

（4）在对方进攻点（2、4 号位）扣球，本方练习防反。

（5）攻防结合练习防反。

4. 防守战术的练习要领

（1）防守技术要结合判断、移动来练习，由易到难，由简到繁，打消队员练防守时的害怕心理，培养队员练防守的兴趣。

（2）防守练习要结合拦网、调整二传、反攻扣球一起进行，以使防守有明确的目的性，符合实战的需要。

（3）明确防守分工，后排防守与前排拦网相互配合，后排防守相互弥补。

（4）多进行扣、拦、防、调的串联练习。

（5）结合对方进攻战术进行防守反攻配合练习。

（6）通过对抗和竞赛，提高防守反攻战术配合能力。

第四节　排球竞赛规则简介

扫码"学一学"

一、比赛场地

排球比赛的场地长 18 米、宽 9 米（图 6-24）。男子比赛网高 2.43 米，女子比赛网高 2.24 米，场地的所有界线均宽 5 厘米，场地的长和宽包括边界线，压线球为界内球。

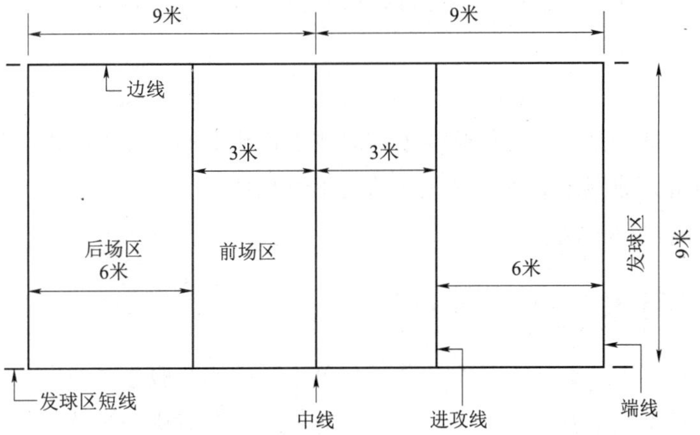

图 6-24　排球比赛场地

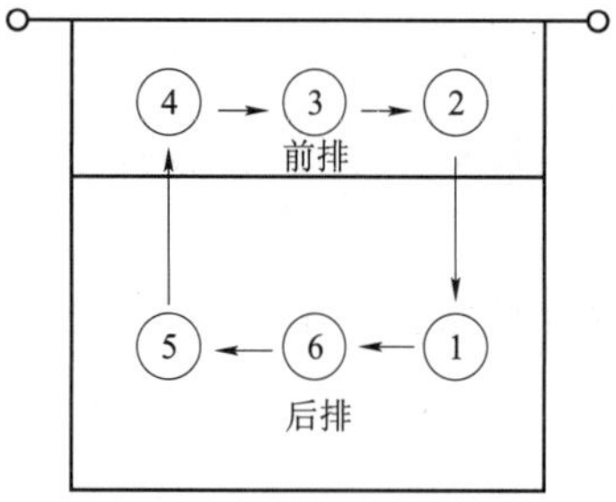

图 6-25　轮转顺序

二、比赛位置的轮转

凡是取得发球权的队按照顺时针方向轮转（图 6-25）。

三、比赛的胜负

正式比赛采取五局三胜制和每球得分制，即攻防任何一方失误均由对方得分并发球。每局比赛队满 25 分并比对方至少多得 2 分为胜一局。当双方比分 24 平时，应继续比赛至某队多领先 2 分为止，某队先胜三局即取得该比赛胜利。如双方前四局出现 2∶2 平局时，第五局为决胜局。在该局比赛中，只要一方先得 8 分应交换场地，位置不变继续比赛。当比分 14∶14 时，此时无最高分限制，先超过对手 2 分的获胜。比赛一至四局中，每局另有两次 60 秒的技术暂停，每当领先队达到 8 分和 16 分时自动执行，决胜局（第五局），没有技术暂停，比赛成死球时教练或队长可请求暂停两次，每次 30 秒钟。每局比赛只准换人 6 次，开赛队员只能退出比赛 1 次，再上场时只准换替换他的队员。

四、暂停和换人

在每局比赛中，每队可请求暂停两次，每次 30 秒。暂停必须是比赛成死球时，由场上队长或场外教练提出。每局比赛只准换人 6 人次，再上场时只准换替换他的队员。

五、进攻型击球

1. 吊球是被允许的，但击球必须清晰并无接住或抛出动作。
2. 不准许拦对方发球。
3. 不准许后排自由防守员试图进行个人拦网或参加集体拦网。

六、网下穿越

1. 队员一只（两只）脚或一只（两只）手部分穿越中线触及对方场区的同时，其余部分接触中线或置于中线上空是允许的，不判为犯规。
2. 队员身体的任何其他部位都不允许接触对方场区。

七、触网

1. 触网或触标杆不是犯规，但队员击球时或干扰比赛的情况下触网除外。
2. 由于球被击人球网而造成球网触及队员不算犯规。
3. 球通过网时可以触网。

八、自由防守人

1. 自由人在比赛中，必须穿与本队队员颜色不同的比赛服。
2. 成死球时可不经裁判同意，不记换人次数任意替换后排一名队员。
3. 在替换发球队员时，必须完成发球后成死球才能替换。

4. 不得在前排参加扣球及拦网。
5. 在进攻区内自由人传、垫出的球，其他队员不得高于网直接击入对方场区。

九、后排队员犯规

1. 后排队员不得在进攻区内参加拦网或有拦网试图。
2. 后排队员不得在进攻区内把高于球网上沿的球直接击入对方场区。

思考题

1. 简述排球运动的起源与发展。
2. 排球垫球的动作要领是什么？列举三种练习方法。
3. 排球的两种进攻战术都是什么？选择其中一种简要说明。
4. 简述“网下穿越”简要规则。

（尹 航）

扫码“练一练”

第七章

足球运动

学习目标

知识要求

1. 掌握足球运动的基本技术、战术动作概念和要领。
2. 熟悉足球运动的基本竞赛规则。
3. 了解足球运动的起源与发展历程。

技能要求

通过教学过程提高基本身体素质，掌握足球基本技术、重难点，足球基本战术的运用；能够运用足球基本竞赛规则进行比赛。

扫码“学一学”

第一节　足球运动概述

一、足球运动的起源

据目前可靠文字记载，足球起源于战国时代（前 475～前 221），《战国策》中记载，当时民间有种游戏活动叫“蹴鞠”，蹴（音 cù）就是踢的意思，里面充填毛发，用革做外皮做成的球。

知识链接

现代足球始于英国的剑桥大学，剑桥大学于 1848 年制定出了世界上第一项足球规则，称为剑桥规则。1863 年成立了英格兰足球协会，统一了足球竞赛规则，并不断修改、补充、完善，使比赛逐渐规范，足球进而成为受世人瞩目和喜爱的运动项目之一。1900 年，足球被确立为奥运会比赛项目；1930 年开始在乌拉圭举办第 1 届世界足球锦标赛（后更名为世界杯赛），以后每四年举行一届，并规定与奥运会相间进行。

1840 年以后，现代足球传入我国，在东南沿海及教会学校首先开展起来。中华人民共和国成立后，国家十分重视足球运动的发展，1955 年成立了中国足协，1956 年我国开始了全国足球甲、乙级联赛，1993 年实行俱乐部制，足球逐渐走向职业化，2001 年中国国家男子足球队第一次历史性地进入了世界杯的决赛圈。

二、足球组织

1. 国际足联 1904 年 5 月 21 日，国际足球协会（简称国际足联，英文缩写为 FIFA）在法国巴黎法国体育运动协会联盟驻地的后楼正式成立，法国等 7 个国家的代表在有关文件上签了字。国际足联的创建，标志着足球作为一项世界性的体育运动项目登上了世界体坛，这使足球运动在更广泛的范围内开展起来了，影响愈来愈大。国际足联现有会员协会近 200 个，总部设在瑞士苏黎世国际足联大厦。

2. 中国足球协会 中国足球协会（CFA）1955 年 1 月 3 日成立于北京，总部现设于北京市。中国足球协会是中华全国体育总会所辖的单项运动协会之一，是唯一的全国性足球专项体育社会团体法人，是由各省、自治区、直辖市足球协会、各行业足球协会及解放军相应的运动组织为团体会员组成的全国性、非营利性联合组织，是中国奥委会承认的奥运会项目组织和代表中国参加国际足球联合会及亚洲足球联合会的唯一合法组织。

三、足球运动的健身价值

1. 有助于精神文明建设，思想品德教育，经常参加足球运动，可以培养人勇敢顽强、机智果断、坚忍不拔、勇于克服困难的优良品质。

2. 有助于体育教育，促进健康，增强体质，经常从事足球运动，可以增进人们的健康，提高人们的力量、速度、灵敏、弹跳、耐力等身体素质。

3. 有助于振奋民族精神，扩大国际交往，现代足球运动的价值和影响，已经远远超出了足球运动自身的范围，它已成为一个国家的政治、经济和文化的一种交流工具，它已涉及和渗透到国家和社会的诸多领域，对振奋民族精神，弘扬民族文化和反映国家的整个实力具有重要意义。

4. 有助于促进经济发展，创造社会财富，在职业化足球已风靡世界的今天，特别是在市场经济极为活跃的形势下，职业化足球同商业化是密不可分的。因此，现代足球运动具有较大的商业价值，人们可以利用足球运动本身的魅力，大力发展足球产业。

第二节 足球运动的基本技术

扫码“学一学”

一、颠球

颠球是运动员用身体的各个有效部位连续地触击球，并加以控制尽量使球不落地的技术动作。颠球是运动员熟悉球性的一种练习手段，以增强对球的弹性、重量、旋转及触球部位、击球时用力大小的感觉。

（一）动作要领

脚向前上方摆动，用脚背击球，击球时踝关节固定，击球的下部。两脚可交替击球，也可一只脚支撑，另一只脚连续击球。击球时用力均匀，使球始终控制在身体周围。

（二）练习方法

1. 一人一球颠球 体会触球的时间、触球的部位、触球的力量和整个动作的协调。

2. 两人一球颠球 用脚背、大腿、头部以及身体各部位颠球，掌握好触球的力量，尽量不让球落地。每人可触球一次颠给对方，也可触球多次互颠。

3. 四、五人围圈用两球颠球 可规定每人触球的次数与部位，也可自由掌握触球的次数与部位。

二、运球及运球过人

运球技术从狭义上讲，仅是指运球的方法，即指用身体的某一部分触球，使球能随运球者一起运动；从广义上看，则不仅让球随人运动，还必须越过对方的防守，也就是说如何使用这些运球方法达到越过对方防守的目的。这里就包含了运球方法的运用问题。

（一）动作要领

常用的运球技术有脚内侧、脚背正面、脚背外侧、脚背内侧运球。

1. 脚内侧运球 在运球前进时支撑脚始终领先于球，位于球的侧前方，肩部指向运球方向，支撑腿膝关节微屈，重心放在支撑腿上，另一条腿提起、屈膝，用脚内侧推球前进，然后运球脚着地（图 7-1）。由于肩部指向运球方向，身体侧转，虽然移动速度较慢，但身体前倾有利于将对方与球隔开，因而这种技术多用在运球寻找配合传球时，或有对方阻拦需用身体做掩护时。

图 7-1　脚内侧运球

易犯错误：支撑脚选位不当，挡住球路或影响运球脚做动作；运球腿膝、踝关节僵硬，支腿推拨球，动作紧张。

纠正方法：支撑脚的脚趾方向要与运球方向保持一致；强调运球腿自然屈膝提起，膝踝外转，推拨球后自然落步，交替进行。

2. 脚背正面运球 运球时身体保持正常跑动姿势，上体稍前倾，步幅不宜过大，运球腿提起，膝关节稍屈，髋关节前送，提踵，脚尖下指，在着地前用脚背正面部位触球后中部将球推送前进。由于脚背正面运球时身体持正常跑动姿势，故可以发挥出较快的速度，因而这种技术多用在运球前方一定距离内无对手阻拦时。

易犯错误：运球脚推拨球部位及方法不当，难以控制运球的力量和方向；膝、踝关节僵硬，变推拨为捅击动作，控制不住球；支撑脚偏后，推拨球后重心滞后，导致人球分离。

纠正方法：强调运球脚脚跟提起，脚尖下指，以脚背正面推拨球；运球腿膝、踝关节要张弛交替、放松协调，要以推拨方式控制运球的力量和方向；要求支撑脚尽可能地接近球，使球始终处于身体的有效控制范围。

3. 脚背外侧运球 运球时身体持正常跑动姿势，上体稍前倾，步幅不宜过大，运球腿提起，膝关节稍屈，髋关节前送，提踵，脚尖绕矢状轴向内旋转，使脚背外侧正对运球方向，在运球脚落地前用脚背外侧推拨球的后中部（图 7-2）。脚背外侧运球时，身体姿势与正常跑动时相同，因而可以发挥出较快的速度，故与脚背正面运球有相同的用途。另外，利用脚腕的动作可以很快地改变脚背外侧面所正对的方向，故在运球脚一侧改变方向时也多采用这种运球方法。这种方法能用身体将对手与球隔开，故掩护时也常使用。

易犯错误：运球脚直腿前摆，难以控制推拨力量；膝、踝关节僵硬，影响控球效果；身体重心偏高或坐后，影响重心跟进。

图 7-2 脚背外侧运球

纠正方法：强调运球脚屈膝提起后自然放下推拨球，反复交替进行；要求膝、踝关节的适度紧张和自然放松有机结合；运球过程中要保持躯体稍前倾，重心略下沉的状态。

4. 脚背内侧运球 身体稍侧转并自然协调放松，步幅小，上体前倾，运球腿提起外展。膝微屈外展，提踵，脚尖外转，使脚背内侧正对运球方向，在运球脚落地前用脚背内侧推拨球，使球随身体前进。脚背内侧运球由于身体稍侧转，不能采用正常跑动姿势，因而不适用于高速运球。但由于接触部位和支撑位置的特点易于完成向支撑脚一侧的转动，故多用于向支撑脚一侧的转动变向运球。

易犯错误：身体重心过高或侧倾不够，影响运球变向；推拨球动作不稳定，影响控球效果。

纠正方法：运球过程中，要保持重心稍下沉、躯体略侧倾的状态；推拨球动作的相对稳定，才能有效地控制推拨球力量与方向。

5. 拨球 利用脚踝关节侧向的转动，以达到用脚背内侧或脚背外侧触球，将球拨向身体的侧前方、侧方、侧后方（图 7-3）。

图 7-3 拨球

易犯错误：拨球部位或动作不合理，难以控制和支配球；拨球时重心跟进慢、动作的连贯性差。

纠正方法：要用脚的内、外侧部位触及球的两侧部位，要采用推拨球的方式控制球。重心要跟随脚的推拨动作进行相应移动。

6. 拉球 将前脚掌放在球的上部或侧上部，另一脚在球的侧后方支持，然后触球脚向后下方用力将球回拉。回拉球一般都是躲开或引诱对方出脚抢球的瞬间将球拉回造成对方抢球落空，使其重心随抢球脚前移，趁对手难以返回的瞬间将球迅速推送出去越过防守者（图 7-4）。

图 7-4 拉球

易犯错误：脚掌部位不正确或压球太紧，拉动不灵活；髋关节带动转动不够，影响拉球变向。

纠正方法：要求用前脚掌以触压而非踩压的方式拉动球；通过髋关节的转动可加大拉动距离和角度，同时保证身体的同步转动。

7. 扣球 这种方法与拨球相同，不同的是它的用力是突然的，并伴随着突然的转身或急停使对手在来不及调整重心的瞬间，突然从反方向推送球越过对手的防守（图 7-5）。

图 7-5 扣球

易犯错误："里扣"时，支撑脚选位不合理，挡住球路或影响扣球变向的角度；扣球脚不能"包"住球，控制不好扣球方向；扣球腿膝、踝关节扣压不紧，变为拨球动作。

纠正方法："里扣"时，支撑脚要在转体的同时做同侧转动，脚趾要指向扣球方向；扣球脚的急转扣压要能够"包"住球；扣球脚膝、踝关节的反向扣压要快而紧，确保扣球效果。

（二）运球过人的方法

前面所述仅是运球的基本方法，掌握了这些基本方法后，在无对手阻拦时可以将球控制在自己的周围。但若遇对手阻挡时要想越过对手，必须恰当地综合运用这些方法，抓住对手瞬间出现的漏洞，达到越过对手的目的。

1. 利用速度强行过人 持球者以突然地快速推拨球并与快速地奔跑相结合越过对手的阻拦。使用这种方法必须具备以下几个条件：①对手身后的较大纵深内无其他的防守者，或其他防守者难以补位，或持球者高速运球；②对手跑上来准备抢球，或持球者与防守者僵持时持球者突然推拨球起动。这种方法主要是利用自己的起动速度或抓住对手突停或突然起动时所耽误的时间。

2. 利用身体的掩护强行过人 当持球者接近对手时双方速度减慢，持球者侧身用身体靠住对手以另一侧脚将球拨出，同时转身将对手倚在身后并随球越过对手。这种方法要求：①持球队员有能力倚住对手而不被对方挤开；②将球控制在远离对手一侧，对手伸脚时不能触及球；③在抵住对手时不可将重心偏离支撑面，否则一旦对手闪开时自己也失去了平衡。

3. 利用变速运球过人 对手在持球者侧面，运球者用另一侧脚运球，利用运球速度的变化达到甩掉对手或越过对手的目的。这种方法主要针对防守者是被动的，容易被运球者甩掉达到过人的目的。有时则采用突停或突起甩掉对手，运球者必须能很好地控制球与自己的身体，做到球随人来，人随球走，才能达到过人的目的。

4. 恰当地组合推、拨、挑、扣、拉、颠等动作过人 以单脚或双脚轮流选用上述动作，使组合起来的动作适时地变化运球的方向与速度，使对手难于判断过人的方向与时机，或造成对手重心出现错误的移动，运球者抓住其漏洞而越过对手。

5. 利用穿裆球过人 当运球者遇到对手从正面阻拦时，发现对手两脚开立较大，而且重心在两脚之间，运球者应侧身运球接近对手，抓住时机将球从对手两脚之间推（拨）过，身体也随着从防守者侧面越过并控制球。这种过人的方法有时可以收到奇效。因为一般防守运球队员时，多把注意力放在防止运球者从身体侧面越过，加之防守者使用左右开立的站法，脚下站得较死，转身比较困难，妨碍了转身、起动的速度。当防守者两腿左右开立并不大时，可以用假动作引诱防守者使其两腿分开较大，然后再使球穿裆而过。

6. 人球分路过人 这种方法主要是利用防守者注意力集中在球上，并认为可以触到球的心理，达到过人的目的。因此当防守者出脚抢球时，运球者抢先将球推（拔）到前方，而防守者的抢球脚未触到球着地时，身体重心也移过来了，这时运球者迅速从防守的另一侧越过去控制球，防守者再转身起动很难追上。若在推球时使用“蹭”的方法，蹭出弧线球来，就更有利于运球者越过防守者后控制球。

7. 运球假动作过人 这种方法是运球者利用腿部、上体的晃动使对手产生错觉，在对手做枪球动作时，使其重心产生错误的移动，运球者则抓住时机从另一方向越过对手。比赛中运球过人的方法很多，只有熟练地掌握上述各种运球方法和动作，并注意掌握下列诸因素，才能在比赛中较有把握地完成运球过人。

（1）注意观察对手所处的位置，然后再决定自己所采取的过人方法。运球者应根据临场防守者所处的位置及状态来决定自己应采取的过人方法。例如：当运球者高速运球接近对手时，若对手快速迎上来抢球，就可以利用速度强行过人。

（2）掌握好过人时机。过人的时机要根据现场防守者的情况而定。如运球行进速度很快时，则应离对手距离移近些再实施过人动作，否则对手将有时间转身起动将球追上。用假动作过人时，应善于利用对手因判断错误而造成重心移动的时机实施过人动作，这样，对手再调整重心时已为时过晚。

（3）掌握好过人时的距离。除利用速度强行过人外，其他方法都应是在距离对手一大步的地方并应大于运球者与球的距离，对手勉强可以触到球，但不会先于运球者触及球。另外，这样的距离也便于运球者在做出动作使防守者重心发生错误移动时越过对手，而对手难于再进行成功的回追抢截。

（三）练习方法

1. 在慢跑中分别用单脚脚内侧运球，脚背正面运球，脚背外侧运球，运球方向沿直线进行。

2. 在慢跑中沿弧线运球，用脚内侧、脚背内侧、脚背外侧沿中圈线做顺时针、逆时针运球。

3. 慢跑中一只脚交替用脚背内侧和脚背外侧运球沿折线运行。

4. 在慢跑中双脚交替用脚背内侧运球沿折线运行。

5. 拨球练习。在一定范围内自由运球，按手势用一只脚作支撑脚，另一只脚用脚背内侧或外侧拨球绕支撑脚做圆周运球，两脚轮流练习。

6. 拉球练习。在一定范围内自由运球，听哨音后用一只脚作支撑脚，另一只脚用脚前掌触球顶部，拉球绕支撑脚做圆圈运动。一步一步拉球。

7. 拉球转身 180°运球练习。在一定范围内自由运球，听哨音后用一只脚支撑，另一只脚拉球至身后，沿拉球脚一方转体 180°继续运球。

8. 扣球转身变向运球练习。在一定范围内自由运球，听哨音后用一只脚支撑，一脚步用脚背内侧做扣球，使球改变方向应在90°以上，身体随其转动沿改变后的方向继续运球。

9. 运球绕杆练习。队员成一路纵队，第一人依次过杆后传球给后人，后人重复第一人的动作，依次进行。若每人一球则可在前一个运球后，下一人即开始，依次运球绕杆。

三、踢球

踢球是指运动员有目的地用脚把球击向预定目标的动作方法。踢球是足球技术中最重要的技术手段，它在比赛中主要用于传球和射门。

（一）动作要领

踢球的方法很多，其完整的动作过程包括助跑、支撑、摆腿、击球和随前动作五个技术环节，主要动作方法有脚内侧踢球、脚背正面踢球、脚背内侧踢球、脚背外侧踢球。

1. 脚内侧踢球（图7-6） 又称脚弓踢球，是脚内侧部位踢球的一种方法。其特点是脚与球接触面积大，出球准确平稳且易于掌握。但由于踢球时要求大腿前摆到一定的程度时需要外展且屈膝，故大腿与小腿的摆动都受到限制，因此出球的力量相对较小。这里重点介绍脚内侧踢定位球：直线助跑，支撑脚的最后一步稍大些，支撑脚在球的侧面约15厘米处，脚尖正对出球方向，支撑腿膝关节微屈。在支撑脚着地时，踢球腿大腿带动小腿由后向前摆动，在前摆过程中大腿外展，当膝关节的摆动接近球的正上方时小腿做爆发式摆动，在触球前将脚跟送出使得脚内侧部位所形成的平面（图7-7）与出球方向垂直，踢球脚脚底与地面平行，脚尖微微翘起，踝关节功能性紧张使脚形固定，触球后身体跟随移动，髋关节向前送。

图7-6　脚内侧踢球

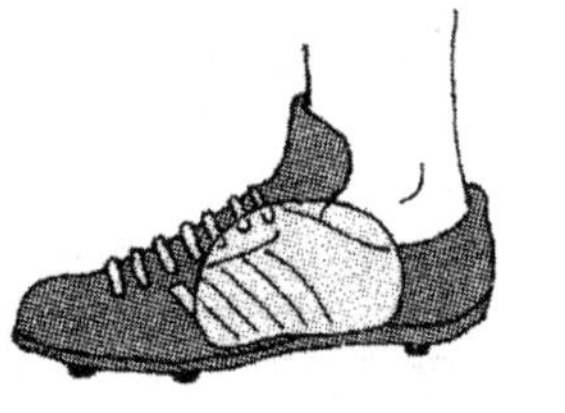

图7-7　脚内侧踢球触球部位

易犯错误：踢球腿膝、踝关节外展不充分，脚趾没勾翘，击球脚形不正确，影响击球效果；踢球腿直腿摆击球，出球乏力；击球的一刹那，脚形不固定，出球不顺畅。

纠正方法：膝、踝关节充分外展保证脚内侧部位正对来球，脚趾勾翘保证脚掌与地面平行；要求踢球腿屈膝外转前摆击球，确保摆击的速度和力量；要在整个击球过程始终保持前摆结束时的正确脚形。

2. 脚背正面踢球 由于其解剖特点，摆幅相对较大加之用脚背正面踢球接触面相对较大，因而踢球力量也较大，准确性也较强，适合远距离的传球和大力射门。但受以上动作因素的影响，出球的方向及性质相对变化也较小。在比赛中经常使用脚背正面踢定位球、地滚球、空中球、反弹球及倒勾球。球的性质多为不旋转的直线球，但也可用来抽击前旋球。

以脚背正面踢定位球为例（图7-8），直线助跑，最后一步稍大些，支撑脚积极着地支撑，在球的侧面10~15厘米处，脚尖正对出球方向，膝关节微屈，踢球腿随跑动以髋关节为轴，大腿带动小腿由后向前摆动。当膝关节摆至接近球的正上方时，小腿做爆发式的摆动，脚趾屈，以脚背正面部位（图7-9）击球后中部，击球后，身体及踢球腿随球前移。

图7-8　脚背正面踢定位球

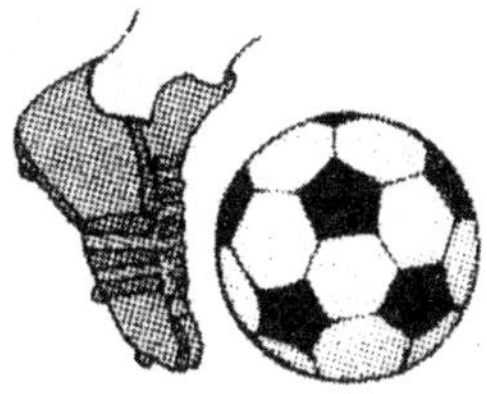

图7-9　脚背正面踢球触球部位

易犯错误：支撑脚选位不当，影响摆踢发力和击球效果；击球瞬间，脚形不稳，趾尖上挑，影响出球力量和方向；踢球腿摆踢路线不直，出球方向不正。

纠正方法：要根据来球的情况和出球的目的，合理确定支撑脚的位置；整个击球过程要保持脚背绷紧，脚跟提起，脚尖下指的脚形；前摆击球时，要求膝关节向目标方向顶送，以保证作用力的目标方向。

3. 脚背内侧踢球　一种用第一跖骨及趾关节部位（图7-10）触击球的踢球方法，其动作的特点是踢摆动作顺畅，幅度大，脚触球面积大，出球平稳有力，且性能和路线富于变化，是中远距离射门和传球的重要方法。

其技术结构与前两类踢球方法相同，但技术细节则有所区别。以脚背内侧踢定位球为例：

斜线助跑，助跑方向与出球方向约成45°，最后一步稍大，以支撑脚积极着地，脚尖指向出球方向，距球侧后方20~25厘米，膝关节微屈。在支撑脚着地的同时，踢球腿已完成后摆，并开始以髋关节为轴大腿带动小腿由后向前摆动，当大腿摆至与支撑腿近同一平面时，小腿做爆发式摆动，此时脚尖外转、脚背绷直，以脚背内侧部位触击球。击球后踢球腿及身体继续随球向前（图7-11）。

图7-10　脚背内侧踢球触球部位

图7-11　脚背内侧踢球

易犯错误：支撑脚选位不当，脚趾没对准出球方向，影响摆踢动作的完成；击球的一刹那，膝不向前顶送，而是顺势内拐，导致出球侧内旋；踢球腿后摆动作紧张，影响前摆速度，击球发力不足；支撑脚落位偏后，上体放松后仰，出球偏高乏力。

纠正方法：要求助跑的最后一步支撑脚脚趾要转对出球方向；踢球前摆时，膝关节要向出球方向自然顶送，以保证用力的目标方向；要求后摆动作自然放松，确保前摆动作能加速加力；上体保持适度的向前倾压，可防止出球偏高和加大击球的作用力。

4. 脚背外侧踢球 用第三、四、五跖骨部位（图 7-12）接触球的一种踢球方法，由于踢这种球的脚踝灵活性较大，摆腿方向变化较多，且助跑时又是正常的跑动姿势，故其出球隐蔽性较强，适用于足球比赛中各种距离的弧线球及非弧线球。

以脚背外侧踢定位球为例：助跑、支撑脚站位及踢球腿摆动均与脚背正面踢球技术的三个环节相同，脚触球部位是脚背外侧。此时要求膝关节和脚尖内转，脚背绷紧，脚趾紧屈并提膝，触球后身体随踢球腿的摆动前移（图 7-13）。

图 7-12 脚背外侧踢球触球部位

图 7-13 脚背外侧踢定位球

易犯错误：支撑脚选位不合理，影响摆踢发力；摆腿时髋关节内转或直腿击球，击球发力不足；膝、踝内旋不够，影响击球的准确性；击球的一刹那，脚形不稳，脚尖上撩，出球不稳。

纠正方法：要根据来球的方向及状态合理确定支撑脚的位置，保证踢摆发力；后摆与前摆都须屈膝摆动，方可保证踢摆速度；摆腿时要依靠膝、踝关节旋内保证脚外侧部位触击球；击球的一刹那，脚形要保持相对稳固。

（二）练习方法

1. 各种踢球技术动作的模仿练习 在地面设想有一目标，跨步上前做踢球动作，然后发展到几步慢速助跑踢球的模仿动作练习，最后可做快速助跑踢球的模仿练习。

2. 一人用脚底挡球，另一人踢球练习 此方法应注意踢球摆动与触球部位的正确与否，同时还要检查其支撑阶段的状况。

3. 距足球墙 5 米左右进行踢球技术练习 此种方法主要强调小腿的摆动，大腿带动小腿进行摆、脚与球接触面、支撑环节是否正确。练习一段时间后，可将距离加到 25 米左右。

4. 利用足球墙和标杆做踢旋转球练习 可将标杆插在踢球者与墙之间，标杆与人及墙的距离视需要而定，开始可大些，当技术掌握后再逐步缩小。

5. 各种脚法的两人练习 不论是传球还是射门练习，都可以两人进行，若两人练习踢定位球，则辅以停球练习；若进行踢活动球练习，则可相隔一定的距离进行不停顿的连续传球练习。

四、接球（或停球）

接球，又叫停球，是指运动员运用身体的有效部位，将运行中的球有目的地接控在所需要的范围内，以便更好地衔接下一个技术动作。它是运动员获得球的主要手段，是为下一个动作服务的，停球质量的好坏直接影响下一个动作的顺利完成。良好的接控球能力能为球队创造更多的进攻机会，比赛中来球的性质、状态不同，所以停球应根据不同情况，采用不同的动作方法。

（一）动作要领

接球（或停球）是将运动状态的球控制住的一个过程，一个完整的接球动作应该包括判断选位、支撑、触球动作、接球后跟进四个环节。接球（或停球）的方法有多种，常用的有脚内侧、脚背正面、脚背外侧、脚底、大腿、腹部、胸部、头部等部位。这里重点介绍以下几种。

1. 脚内侧接球　这是用脚内侧部位停球的一种技术。由于动作简单，较易掌握，比赛中经常使用这种技术停各种地滚球、平球、反弹球、空中球。

（1）脚内侧停地滚球　支撑脚脚尖正对来球，膝关节微屈，同侧肩正对来球；接球腿提膝大腿外展，脚尖微翘，脚底基本与地面平行，脚内侧正对来球并前迎，当脚内侧与球接触的一刹那迅速后撤，把球停在脚下（图 7-14）。

图 7-14　脚内侧停地滚球

（2）脚内侧停反弹球　根据来球的落点及时移动到位，支撑脚的位置在球落地点的侧前方，支撑腿膝关节微屈，身体向停球后运行的方向偏移；停球腿提起小腿且放松，脚尖微翘，脚内侧对着停球后，球运行的方向并与地面成锐角，当球落地反弹刚离地面时，大腿向停球运行的方向摆动，用脚内侧部位轻推球的中上部（图 7-15）。

（3）脚内侧停空中球　根据来球的速度与运行轨迹及时移动到位。若为抛物线较小的平高球则应根据现场的实际情况选择适当高度的停球点，将停球腿抬起，使脚内侧部位对准来球的方向并前迎，脚在接触球的一瞬间后撤，并将球停在所需的位置上（图 7-16）。

图 7-15　脚内侧停反弹球

图 7-16　脚内侧停空中球

易犯错误：接球腿膝、踝关节外展不够，影响触球角度，控球不稳；接球引撤的时机和速度控制不好，缓冲效果差；压推或拨转接球后，重心跟进慢，接、控动作脱节；接球腿动作僵硬，直腿接球，难以接控。

纠正方法：接球腿膝、踝关节要充分外展，保证脚内侧部位能正对来球；引撤时机和速度要与来球速度相对应，保证引撤过程中脚内侧与球有较长的接触时间；在改变接球的方向时，既要控制加力动作的力量和角度，又要保证身体重心的及时跟进；接球腿要做到屈膝提起，方可避免直腿接球。

2. 脚底停球 由于脚底停球技术便于掌握，易于将球停到所需位置，故常被用来停各种地滚球和反弹球。

（1）脚底停地滚球 身体正对来球方向，移动前迎，支撑脚站立在球的侧面，脚尖正对来球方向，膝关节微屈，同时停球腿提起，膝关节微屈，脚略背屈，使脚底与地面成小于45°，一般以前脚掌接触的上部为宜；在触球瞬间停球脚可轻微屈将球停住，也可以根据需要在停球同时将球推向前方或拉向身后。

（2）脚底停反弹球 根据来球落点及时前移迎球，支撑脚站在落点侧后方，脚尖正对来球方向，球落地瞬间，用前脚掌去触球的中上部，微伸膝，用脚掌将球停在体前（图7-17）。

图7-17 脚底停反弹球

易犯错误：抬脚的高度和角度控制不好，使球漏掉；对球的落点判断不准或支撑脚站位不当，影响接球动作的完成；接反弹球时，踏压时机掌握不好，使球漏掉。

纠正方法：抬脚时脚面要前高后低，脚掌与地面形成适宜的夹角，脚后跟的抬起高度不得超过球；要在准确判断落点的基础上，选好支撑脚的位置，距球太近或太远都会影响接球动作的顺利完成；球落地的一刹那是踏压球的最佳时机。

3. 胸部停球 由于胸部停球部位较高，加之胸部面积大、肌肉较丰满等特点，易于掌握，故是停高球的一种好方法。胸部停球包括挺胸式、收胸式两种方法。

图7-18 胸部停球

以挺胸式停球：面对来球站立，两膝微屈，重心置于支撑面内，上体后仰，下颌微收，两臂自然张开，维持身体平衡，触球瞬间，两脚蹬地，膝关节伸直用于胸部轻托球的下部使球微微弹起于胸前上方（图7-18）。

易犯错误：触球瞬间，躲闪转体，接球动不稳定；收挺时机掌握不好，缓冲效果差；挺胸接球时，上体仰角不合理，球的反弹角度不理想。

纠正方法：接球瞬间，胸部应正对来球，以保证稳定和合理的接球部位；收挺动作应与来球的速度相适应；上体挺胸的后仰角度要与来球的速度和幅度相适应。

（二）练习方法

1. 个人停球技术练习

（1）利用足球墙进行练习。采用足球墙练习各种方法停地滚球。由开始原地停逐渐过渡到迎上去停，提高反弹球速，增加停球难度。另外，也可以练习停反弹球与空中球，但利用足球墙进行停旋转球的练习效果不佳。

（2）个人将球踢高，然后进行停反弹球的各种练习。

2. 多人停球技术练习

（1）正面停地滚球。两人对面站立，相距10米左右，一人踢地滚球，另一人迎上去停球。

（2）两人在跑动中进行传接球练习。两人一组使用一球，在一定范围内跑动练习，要求停球时尽量使用多种方法，传球时可传出各种性质的球，距离近时以地滚球为主，距离远时以空中球为主，以提高停球能力。

（3）两人一组对面站立，相距 5 米左右，一人用手抛球，一人停各种空中球的练习，可逐渐加大距离、加大力量以适应各种变化的来球。

（4）三人一组进行停球转身的练习。每人相距 10 米站成一条直线，甲传球给中间的乙，乙迎上来停球转身，传给另一端的丙，丙迎上来停球然后再回传给乙，乙停球转身传给甲，如此循环往复。中间位置的人可轮流交换。也可采用这种方法练习停反弹球与空中球，并要适当地加大距离。

五、头顶球

头顶球是运动员有目的地用前额将球击向预定目标的动作方法。足球比赛中不仅要处理各种各样不同形式和不同性质的地滚球，同时也要处理各种空中球。当遇到胸以下部位不能触及或规则不允许触及的一些球时就需要用头部来处理，因为头是人体最高的一个部位，额骨的前面较为平坦，只有掌握顶球技术，顶出的球就会有力。头顶球技术分前额正面头顶球与前额侧面头顶球，这里主要介绍前额正面头顶球。

（一）动作要领

前额正面头顶球是由额肌覆盖着的额骨正面部分去击球的一种动作方法，触球部位（图 7–19）为前额的阴影部分。

图 7–19　头顶球触球部位

1. 原地头顶球　身体正对来球方向，眼睛注视运动中的球，两脚左右开立，膝关节微屈，重心置于两脚间的支撑面上，两臂自然张开。当球运行到身体垂直面时，两腿用力蹬地，迅速向前摆体，微收下颌，在触球瞬间颈部做爆发式振摆，用前额正面击球中部，上体随球前摆（图 7–20）。

2. 原地跳起头顶球　这种技术用在本方或对方传来高球时运用。两膝屈，重心下降，然后两脚用力蹬地起跳，同时两臂屈肘上摆，在身体上升阶段展腹挺胸，两臂自然张开，眼睛注视来球，身体自然成背弓。当球运行至身体额状面时，迅速收腹，上体前摆，触球瞬间颈部做爆发性振摆，用前额正面将球顶出，同时两腿向前做振摆，球顶出后两腿屈膝屈踝落地（图 7–21）。

图 7–20　原地头顶球

图 7–21　原地跳起头顶球

易犯错误：上体与下肢发力动作脱节，不协调，影响发力效果；击球时机掌握不好，使头在被动位顶球，影响顶球的效果；击球瞬间闭眼缩颈，影响顶球力量和准确性；跳起顶球时，起跳点、起跳时机和击球掌握不好，影响顶球动作质量和出球效果。

纠正方法：要求身体整体性地自下而上发力顶击；前额要在身体重心的垂直部位顶击球；眼睛要睁大，迎来送往球；可通过助跑路线、起跳速度和摆击动作的调整，控制起跳点、起跳时机和击球效果。

（二）练习方法

1. 个人进行头顶球练习

（1）做各种头顶球的模仿动作练习。

（2）自己双手举球在头前，用前额正面或侧面去触击球，体会触球部位，培养顶球过程中注视来球的习惯。

（3）利用吊球架进行练习。改变吊球架上足球的高度进行各种顶球的练习。

（4）利用足球墙进行练习。自抛球由墙弹回进行各种顶球练习，这样就更进一步接近场上实际情况，也能提高自己对来球的判断能力。

2. 多人头顶球练习

（1）两人或两人以上在一起进行抛球的头顶球练习。这样可以培养对运行中球的速度、轨迹的判断能力，身体摆动协调及击球的准确性等。

（2）顶球射门练习。顶球队员站在罚球弧附近，掷球队员站在球门内或球门侧面将球抛至罚球点附近，顶球队员跑上顶球入门。

（3）两人一球，相距 20 米左右，甲传过顶球给乙，乙顶回给甲。数次后轮换传、顶球。

六、抢、断球

抢、断球是指防守队员有目的地运用身体的某一部位，将对手控制下或传递中的球夺过来、踢出去、破坏掉的技术动作方法。抢、断球包含抢球和断球两种技术成分，但从其动作过程分析，都是由判断选位、上步抢断、衔接动作等环节所构成。

（一）动作要领

1. 正面跨步堵抢 抢球者两脚前后开立，迎着运球者而站，两膝微屈，身体重心下降并置于两脚间，当运球者与抢球者间的距离缩小到一定的范围，运球者脚触球后即将落地或刚刚落地时，抢球者后脚用力蹬并跨步向前，以脚内侧去堵截球，当已堵住球时，另一只脚应迅速上步。若抢球脚堵住球，同时对手也堵住球时，则抢球者应将另一只脚步迅速前移做支撑脚，抢球脚在不脱离情况下迅速向上提拉，使球从对手脚面滚过，身体重心也迅速跟上并将球控制好（图 7-22）。

图 7-22　正面跨步堵抢

易犯错误：抢球时机把握不好，不能抢先触球；抢球动作缺乏力度，提拉速度慢，影响抢球效果；触球后重心跟进不及时，不能及时控球。

纠正方法：通常情况下，对手触球的一刹那是抢球的最佳时机；要求抢球发动要突然，动作要做到快、准、狠；抢球后要求身体重心快速随球移动。

2. 正面铲球 移动接近控球者，膝关节微屈，重心下降，当控球者触球后尚未落地时，抢球者双脚沿地面向球滑铲，随即用手扶地做向一侧的翻滚，并尽快起身。

易犯错误：蹬跨发力不足，滑降速度慢，铲不住球；着地支撑缓冲动作不合理，造成损伤；铲球后起身动作慢，影响动作的连贯性。

纠正方法：蹬跨发力要快、准、狠，铲球腿与地面的水平夹角要小；手臂支撑要保持手指向前，避免反关节支撑导致损伤；铲球后要利用顺势下滑或翻转的惯性快速起身。

（二）练习方法

1. 两人一球，将球放在队员甲的脚前，队员乙与其相距 2~3 米，队员乙上步做正面脚内侧堵抢练习，当队员乙触球瞬间队员甲也用脚内侧触球。让抢球队员乙体会上步动作及触球部位，两人可轮换做抢球。

2. 两人一球练习，甲、乙两队员相对站立，队员甲运球跑向乙，队员乙选择好时机实施正面脚内侧堵抢技术。

3. 两人同方向慢跑，在跑的过程中两人可做适当的合理冲撞，体会冲撞的时机和冲撞的部位以及冲撞时如何用力等。

4. 在两队员前 5 米处放一球，听哨音后两人同时向球跑去。要求两人同时跑动选择适当的位置和时机合理冲撞将球控制。经过一段练习后，可将静止球变为活动球，即教练员持球站立，两队员站立在其两侧，当球沿地面抛出后，两队员同时起动追赶球。利用合理冲撞将球控制住。

5. 一人直线运球前进，另一队员由后赶上成并肩时伺机实施合理冲撞控制球。练习时要求运球者能给予抢球者配合，让抢球者得到练习，速度可以由慢到快循序进行。

6. 铲球练习。一人一球将球放在前面某一位置，练习者选择适当位置站立，原地蹬地做铲球动作练习。当基本掌握铲球动作后，练习者可将球沿地面缓慢抛出，自己追球将球铲掉，以体会如何对滚动的球实施铲球动作。待较熟练地掌握铲球动作后，再用以上方法进行铲控、铲传的练习。

7. 一人直线运球前进，另一人由后追赶至适当位置抓住时机进行铲球练习。要求运球者给予适当的配合，使铲球者能在对手运球过程中体会实施铲球动作。

8. 将抢截球的练习与射门或传球等练习结合起来进行，根据练习任务，对攻守双方分别提出不同的要求。

七、掷界外球

由于掷界外球时接球人不受越位规则的约束，因此不仅用于恢复比赛，而且可以为进攻创造有利条件。尤其是在前场 30 米内掷界外球，将球直接掷入门前，尤其是在前场 30 米内掷界外球，可以给对方造成很大的威胁。

（一）动作要领

1. 原地掷界外球 面对出球方向，两脚前后或左右开立，每只脚均应有一部分站立在边线上或边线外。膝关节弯曲，上体后仰成背弓，重心后移，两手自然张开，拇指相对，持球的侧后部，屈肘将球置于头后。掷球时，脚用力蹬地，两腿迅速伸直，身体重心前移，收腹屈体，同时两臂急速前摆，后脚可沿地面向前滑动，两脚均不得离地（图 7-23）。

2. 助跑掷界外球 两手持球放在胸前，在助跑迈出最后一步时，上体后仰成背弓，同

图 7-23 原地掷界外球

时将球上举至头后，掷球时的动作与原地掷界外球动作相同。将球掷出后，后脚可在地面上向前滑行，但不得离地。

（二）练习方法

1. 两人一球，相距 15 米，原地对掷界外球。

2. 两人一球，相距 25 米，两端设两条平行线，助跑对掷界外球。

3. 前场界外球战术练习。选择掷球力量较大的队员，将球直接掷入罚球区内攻门；将球掷向近门柱的罚球区线附近，由身体高大的前锋将球增顶给罚球点附近的同伴攻击球门；通过队员跑动，调动对方的防守，将球掷入空当，继续组织进攻。

八、守门员技术

接球是守门员最主要的技术，它包括接地滚球、平空球和高空球等。

1. 接地滚球

（1）直腿式 两腿自然并立，脚尖正对来球，上体前屈，两臂并肘前迎，两手小指靠近，手掌对球。手触球的一刹那随球后引屈肘、屈腕，两臂靠近将球抱于胸前（图 7-24）。

（2）跪撑式 多用于向侧移步接球。接左侧球时，左腿屈，右腿跪撑于左脚附近，距离不得超过球的直径，其余动作与直腿式接球相同（图 7-25）。接右侧球时，动作相同，方向相反。

图 7-24 直腿式

图 7-25 跪撑式

易犯错误：屈臂收球不夹肘，使球从臂间漏掉；引撤缓冲时机不好，缓冲效果差；接平球时，手臂没有前伸引撤，球直接触击胸部；接球时手指过分弯曲，手形太小，接球不稳。

纠正方法：接球时要求双肘靠紧不外张；要求在手指触球的一刹那开始引撤，引撤速度要与球速相适应；接平球时要求手臂充分前伸，球需通过手臂引撤缓冲收至胸前；接球手在保持“簸箕状”的同时，应尽可能伸展张大，以保证球路的通畅和接球的稳定。

2. 平空球 指膝以上、胸以下的空中球。接球时面对来球，两手掌心向上，两手小指相靠，前迎接球。上体前屈，当手触球时两臂向后撤引缓冲，将球抱于胸前（图 7-26）。

3. 高空球 面对来球，两臂上伸，两手拇指相对呈“八”字形，其余四指微屈，手掌对球（图 7-27）。在最高点手触球瞬间，手指、手腕适当用力，缓冲来球并将球接住，顺

图 7-26 接平空球

图 7-27 高空球触球手形

势转腕屈肘、下引将球抱于胸前（图 7-28）。

易犯错误：接球时肘外张，影响接球手形；接球手形后仰，拇指间距过大，接球脱手或漏球；跳起接球时，时机掌握不好，影响接球效果。

纠正方法：接球时要求两臂平行伸出，可避免肘关节外张；接球时腕关节适度紧张不后仰，拇指靠拢不张开。

图 7-28 接高空球

4. 击、托球 守门员接扑球在应急情况下的应变运用。常和出击高球与跃起扑球动作联系在一起。

（1）拳击球准确判断来球运行路线，及时移动到位，握紧拳，在接近球的一刹那迅速出拳击球。拳击球有单、双拳击球，单拳击球动作灵活，摆动幅度大，击球力量大（图 7-29）。双拳击球接触球面积大，准确性高。

（2）托球判断来球运行路线后，向后跃起托球。托球时手指微张，手掌向外翻转，用手掌前部触球的下部，使球改变运行轨迹，呈弧线越过球门横梁（图 7-30）。

图 7-29 击球

图 7-30 托球

易犯错误：用手掌前部托球，力度不够；伸臂和顶托动作脱节，影响动作发力；起跳时机把握不好，不能准确击球；冲击拳面不正或出球点没掌握好，影响击球的力量和方向。

纠正方法：托球时注意腕部后仰，用掌跟部位顶出托球；伸臂和顶托动作要一致，保证托球力量；通过调整起跳的早晚控制起跳时机，保证准确击球；拳面需正对来球迎击，在接近最高点时击球的相应部位。

5. 扑球 守门员技术的难点，是在守门员重心无法移动到位情况下，利用倒地加速重心向球侧移动的一种动作方法，大致分为倒地侧扑和跃起侧扑（鱼跃扑球）两种。

（1）倒地侧扑　异侧脚用力蹬地，双手快速向侧伸出，一手置于球后，另一侧手置于球的侧后上方。同时身体向同侧脚方向倒地，落地时以小腿、大腿、臀、肘外侧依次着地，落地后抱球团身（图 7-31）。

图 7-31　倒地侧扑

（2）跃起侧扑　近侧脚用力蹬地使身体跃起，身体在空中伸展，手指用力抓住球，接球后以球、肘、肩、上体、臀、腿外侧依次着地并迅速团身（图 7-32）。

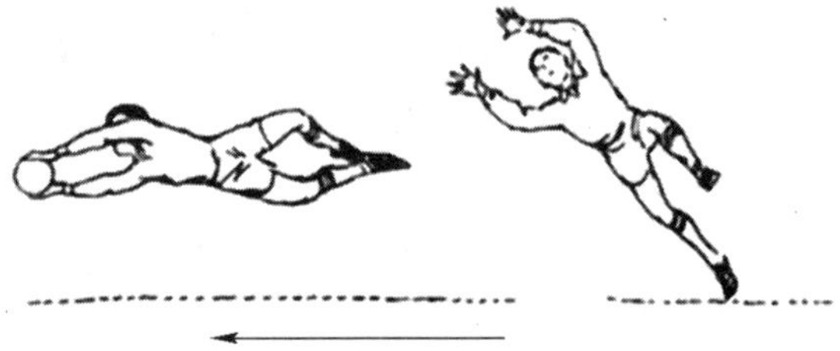

图 7-32　跃起侧扑

易犯错误：侧蹬发力时，身体重心倾移速度慢，影响蹬离速度，腾起效果差；腾空后团身，落降速度快，影响腾空接球动作的完成；接球手形不正确，接球不稳或脱手。

纠正方法：蹬地脚侧跨上步要小而快，使身体重心能快速倾移；蹬地腾空后身体要充分伸展，延长身体的滞空时间；接球时，手指要伸展分开增大接球面积，掌心要空保证接球缓冲。

6. 发球技术

（1）手掷球

1）单手肩上掷球　两脚前后开立，两膝弯曲，单手持球，屈臂于肩上。掷球时，持球手臂后引，同时身体随之侧转，重心移到后脚上。掷球时，后脚向后蹬地，用转体和挥臂、甩腕的力量将球掷向预定的目标（图 7-33）。

2）侧身勾手掷球　两脚前后开立，身体侧对出球方向，单手持球后引，臂微屈，同时重心移到后脚上。掷球时，后脚用力向后蹬地，同时转体，重心由后脚移向前脚。当持球手臂由后经体侧沿弧线摆至肩上说，手指和手腕用力将球掷向预定的目标（图 7-34）。

图 7-33　单手肩上掷球

图 7-34　侧身勾手掷球

（2）脚踢球

1）踢空中球　将球置于体前，在球自由下落过程中踢球。它多用于远距离或雨天场地泥泞时。

2）踢反弹球　体前抛球，球落地后反弹起来的瞬间将球踢出。它比踢空中球准确性要高，速度较快，出球弧度低，隐蔽性强。这两种踢球的动作与脚背正面踢球基本相同，但由于要求踢得远，所以守门员都是向前上方踢。

第三节　足球运动的基本战术

足球战术是指在足球比赛中，为了战胜对方，根据主客观情况所采取的个人行动和集体配合的方法。比赛实践证明，合理而巧妙地运用战术是夺取比赛胜利的重要因素。

足球比赛由进攻与防守组成，攻守的转换，构成比赛过程，足球战术可分为进攻战术和防守战术两大系统。各系统又都包括个人战术、局部战术和整体战术。

扫码“学一学”

一、比赛阵形

比赛阵形是比赛场上队员的位置排列、攻守力量搭配和职责分工的形式。阵形的人数排列，一般是从后卫排向前锋，根据队员排列的层次分成后卫线、前卫线和前锋线。阵形可使每个场上队员明确基本位置和主要职责。足球比赛中采用的阵形主要有以下几种。

1. “四三三”阵形　由“四二四”阵形变化而来，是把一名前锋回撤到中场而形成的，这加强了中场控制，使防守更加稳固，进攻更加灵活（图 7-35）。

2. “四四二”阵形　由“四三三”阵形变化而来，它是将一名前锋回撤到中场，以两名前锋突前而形成的。主要特点是全队防守更加稳固，有利于快速反击，场上队员更加机动，中、后场队员可随机插上进攻（图 7-36）。

3. “五三二”阵形　由“四四二”阵形变化而来，它是把一名前卫回撤到后卫线，成为盯人中卫而形成的，主要特点是能组成稳固的防线，有利于快速反击，中、后场队员可随机插上进攻，增加了进攻的突然性（图 7-37）。

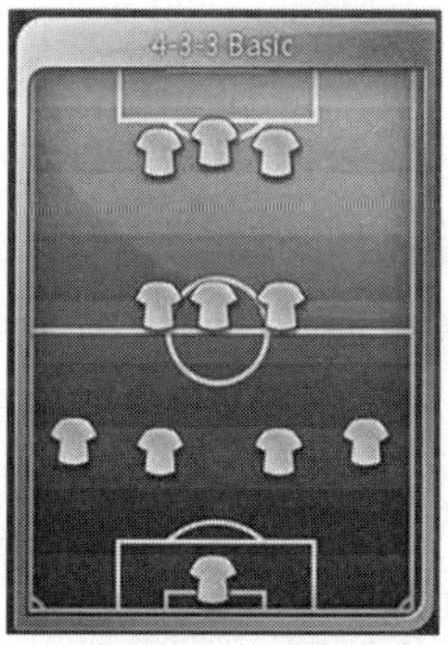

图 7-35　“四三三”阵形

图 7-36　“四四二”阵形

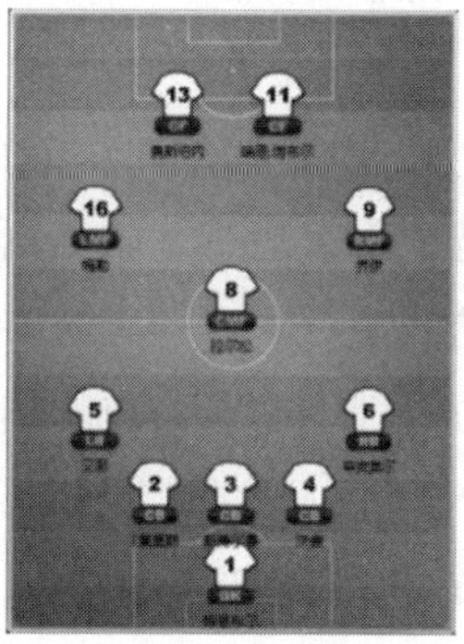

图 7-37　“五三二”阵形

二、进攻战术

进攻战术是指在比赛中，为了战胜对方所采取的个人进攻行动和集体配合的方法。

（一）个人进攻战术

个人进攻战术是队员在比赛中，为了战胜对手，完成整体进攻任务而采取的个人行动。

1. 传球 队员在比赛中有目的地把球踢（顶）给同伴或踢（顶）向预定的方向的方法。传球是整体战术配合的基础，是组织进攻、变换战术和创造射门机会的重要手段，也是迅速逼近对方球门最有效的方法。

2. 跑位 在比赛中队员在无球情况下，通过有意识的跑动，为自己或同伴创造进攻机会的行动。跑位是整体进攻战术的基础，是进攻队员为获得球的准备行动，也是拉开对方防线、创造传球空当的重要手段。根据跑位目的和开始跑位状态可分为：摆脱跑位或接应跑位；切入或插上；扯动牵制或制造空当。

（二）局部进攻战术

局部进攻战术是指进攻中两个或几个队员之间的配合方法。它是集体配合的基础。

1. 交叉掩护配合 在局部地区两名进攻队员在运球交叉换位时，以自己身体掩护同伴越过一名防守队员的配合方法。

2. 传切配合 控球队员将球传给切入的进攻队员的配合方法。传切配合的形式有：局部一传一切和长传切入。

3. 二过一配合 在局部地区两名进攻队员通过两次连续传球配合越过一名防守队员的配合方法。二过一配合的形式根据传球和跑位的路线有：斜传直插传二过一、直传斜插直传二过一、踢墙式二过一和回传反切直传二过一等。

（三）整体进攻战术

为了完成进攻战术任务所采用的全局性的进攻配合方法。整体进攻战术涉及的人员比较多，是全队协同一致的行动，体现一个队的进攻实力和配合能力。依据进攻发展的场区可分为边路进攻和中路进攻。一次完整的进攻由发动、发展和结束三个阶段组成。

三、防守战术

防守战术是在比赛中，为了阻止对方的进攻和重新获得球权所采取的个人防守行动和集体配合的方法。

（一）个人防守战术

1. 选位 防守队员在防守时选择占据合理防守位置的行动。选位是防守的基础，合理的选位不仅能控制防守面和有效地运用防守动作，而且也决定整体防守布局的合理程度，对防线的稳固性具有重要作用。选位的基本原则是本方失球权后快速回位，并处在对手与本方球门中心所构成的连线上，与对手的距离要根据场区以及球所处的位置决定。

2. 盯人 防守队员限制进攻队员所采取的行动。盯人是现代足球比赛中广泛采用的防守方法，有效的盯人防守是遏制与瓦解对方进攻，重新获得球的重要手段。

盯人分为紧逼盯人和松动盯人两种。紧逼盯人是贴近对手（也叫贴身紧逼），不给对手从容活动的机会，一般运用于罚球区附近地区和有球的局部地区以及对对方进攻的核心队员的防守。松动盯人是与对手保持一定距离，既能盯住对手，又能保护同伴，一般运用于防守离球远的进攻队员。

（二）局部防守战术

局部防守战术是指两个或几个防守队员之间的配合方法。它是集体配合的基础。基本配合形式有保护和补位。

1. 保护 同伴紧逼控球对手时，自己选择有利位置来保护同伴，防止对手突破的配合。在防守中，积极主动地逼抢控球队员是十分重要的，但是一对一拼抢一旦失败，很容易被对方突破。因此，防守队员之间必须进行互相保护，当距离较近的同伴逼抢控球的对手时，离球较远的队员应撤到同伴身后进行保护，控球队员一旦越过同伴，可以及时补位，防止突破。

2. 补位 防守队员弥补同伴在防守中出现漏洞所采取的互相协助的战术配合。比赛中，通过同伴间的相互补位，可以有效地遏制和破坏对方的进攻行动，变被动为主动。

补位分为补空位和相互补位。补空位用于当卫线队员插上进攻退守不及时，其他同伴暂时补他的位置，以防对方利用这一空当进行快速反击。相互补位用于当同伴被对手运球突破或对手突然快速插入同伴背后接球，同伴来不及盯抢时，邻近队员进行补位防守。

（三）整体防守战术

整体防守战术是指全队所采取的防守战术方法。整体防守战术主要有区域防守、盯人防守和综合防守三种。

（四）定位球战术

定位球战术是指比赛开始或比赛成死球后恢复比赛时所采用的战术配合方法。

1. 任意球进攻战术 在中、后场的任意球，一般要求传球队员快速准确的传球，以便迅速将攻势推进至前场。在前场，尤其在罚球区附近的任意球，能直接威胁对方球门，是得分的重要手段。因此，一定要珍惜和组织好罚球区附近的任意球。采取的方法如下。

（1）直接射门 当守方尚未组织好人墙，或人墙有漏洞，或守门员的位置不当，或攻方某队员又善于踢弧线球时，可直接射门。如果守方已组织好人墙，可采用穿插跑位，阻挡守门员的视线等行动干扰守方队员并进行直接射门。

（2）配合射门 不能或不适合直接射门时可采用配合射门。

2. 任意球防守战术 防守中、后场任意球时，防守队员要迅速回防。罚球区附近的任意球，直接威胁本方球门，因此全队一定要迅速回防，严密防守。采用的战术方法如下。

（1）干扰对方罚球，以争取时间回防和组成人墙，避免攻方队员突然袭击。

（2）迅速组织好人墙，封堵对方射门角度。

（3）为了防止对方配合射门，除组墙人员外，还要有人防守人墙两侧的空当。

3. 角球进攻战术

（1）直接长传至门前同伴包抄射门或配合射门 主要形式有传后点同伴包抄射门、传前点配合射门。

（2）短传配合射门 一般在对方身材高大、争顶头球能力强，本方队员身材较矮、头球较差或碰到较大逆风时运用这种方法。

4. 角球防守战术 当对方发角球时，前锋、前卫要快速回防（前锋可留一人在中圈附近，准备反击）迅速组织防守。一般以头球好的队员守住门前危险区，其他队员进行人盯人防守，守门员站在稍靠远端门柱处，其他队员要抢占近端门柱内侧、远端门柱内侧、球门区前沿、禁区前沿等重要位置。

（五）足球基本战术的学习

足球基本战术的学习与运用应该在掌握了一定足球技术的基础上，按照从个人到局部、从局部到整体、从非对抗到对抗、从防守到进攻的步骤进行。在学习具体的战术时要了解战术的名称、方法、战术环节的具体要求。在演练时首先要熟悉跑动的路线，然后在非对抗的条件下进行战术练习，要掌握跑动的时机、线路，传球的时机、速度、线路、性质和力量的大小。在进行对抗练习时，要先进行消极防守，待配合比较熟练后，再逐渐加大对抗的强度。在进行攻守对抗时，一般先练习进攻战术，后练习防守战术。随着进攻战术配合熟练程度的提高，再相应提高防守的要求。

扫码“学一学”

第四节　足球竞赛规则简介

一、比赛场地

1. 场地面积　比赛场地（图 7-38）应为长方形，其长度不得多于 120 米或少于 90 米，宽度不得多于 90 米或少于 45 米（国际比赛的场地长度不得多于 110 米或少于 100 米，宽度不得多于 75 米或少于 64 米）。在任何情况下，长度必须超过宽度。

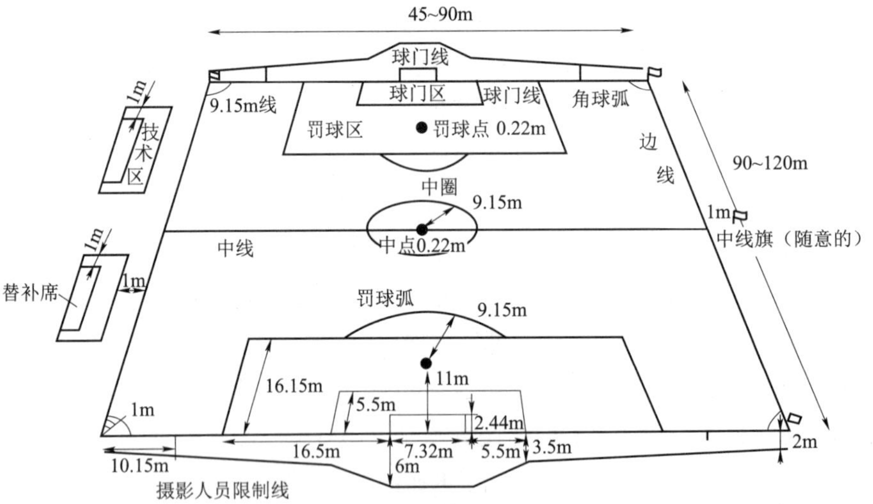

图 7-38　足球比赛场地

2. 画线　比赛场地应按照平面图画出清晰的线条，线宽不得超过 12 厘米，不得做成“V”形凹槽。较长的两条线叫边线，较短的叫球门线。场地中间画一条横穿球场的线，叫中线。场地中央应当作一个明显的标记，并以此点为圆心，以 9. 15 米为半径，画一个圆圈叫中圈。场地每个角上应各竖一面不低于 1. 50 米高的平顶旗杆，上系小旗一面；相似的旗和旗杆可以各竖一面在场地两侧正对中线的边线外至少 1 米处。

3. 球门区　在比赛场地两端距球门柱内侧 5. 50 米处的球门线上，向场内各画一条长 5. 50 米与球门线垂直的线，一端与球门线相接，另一端画一条连接线与球门线平行，这三条线与球门线范围内的地区叫球门区。

4. 罚球区　在比赛场地两端距球门柱内侧 16. 50 米处的球门线上，向场内各画一条长

16.50米与球门线垂直的线，一端与球门线相接，另一端画一条连接线与球门线平行，这三条线与球门线范围内的地区叫罚球区，在两球门线中点垂直向场内量11米处各做一个清晰的标记，叫罚球点。以罚球点为圆心，以9.15米为半径，在罚球区外画一段弧线，叫罚球弧。

5. 角球区 以边线和球门线交叉点为圆心，以1米为半径，向场内各画一段1/4的圆弧，这个弧内地区叫角球区。

6. 球门 应设在每条球门线的中央，由两根相距7.32米、与西面角旗点相等距离、直立门柱与一根下沿离地面2.44米的水平横木连接组成，为确保安全，无论是固定球门或可移动球门都必须稳定地固定在场地上。门柱及横木的宽度与厚度，均应对称相等，不得超过12厘米。球网附加在球门后面的门柱及横木和地上。球网应适当撑起，使守门员有充分活动的空间。球网允许用大麻、黄麻或尼龙制成。尼龙绳可以用，但不得比大麻或黄麻绳细。

二、球

比赛用球应为圆形，它的外壳应用皮革或其他许可的材料制成，在它的结构中不得使用可能伤害运动员的材料。球的圆周不得大于71厘米或小于68厘米。球的重量，在比赛开始时不得多于453克或少于396克。充气后其压力应相等于0.61个大气压力（海平面上），即相等于600~1100克/厘米。在比赛进行中，未经裁判员许可，不得更换比赛用球。

三、队员人数

上场比赛的两个队每队队员人数不得超过11人。每队必须有一名守门员。每队在比赛时可有1~2名替补队员，如果是“友谊比赛”，可以有5名以下的替补队员。在经裁判员同意后，在比赛暂停时，替补队员可替换队员。只有在被替补队员下场后，替补队员才能上场。未经裁判员同意，任何队员不得上场或下场。

四、队员装备

1. 队员不得使用或佩戴可能危及自己及其他队员的装备或任何物件。
2. 队员必需的基本装备是运动上衣、短裤、护袜、护腿板、足球鞋。
3. 同队队员的服装颜色必须一致，并与对方队员有明显区别。
4. 守门员的服装颜色必须有别于其他队员、裁判员和助理裁判员。
5. 队员的上衣和短裤应印有号码，同队队员的号码不得重复，每个队员号码应该固定，队长须佩戴袖标。

五、裁判员

1. 每场比赛由一名裁判员控制，他具有全部权利去执行与比赛有关的竞赛规则。
2. 与助理裁判员及第四官员一起控制比赛。
3. 裁判员根据与比赛相关的事宜做出的最终决定，更改自己的判罚只有在比赛重新开始前。

六、助理裁判员

1. 每场比赛应委派两名助理裁判员，他们的职责（由裁判员决定）应为协助裁判员控制比赛。

2. 当球的整体越出比赛场地，示意应由哪一队踢角球、球门球或掷界外球。

3. 示意队员处于越位位置。

4. 示意比裁判员更接近犯规地点的犯规或发生裁判员视线外的任何事件。

5. 示意替换队员。

七、比赛时间

比赛时间应分为两个相等的半场，每半场45分钟。特殊情况双方同意另定除外，并按下列规定执行。

1. 在每半场中由于替补、处理伤员、延误时间及其他原因损失的时间均应补足，这段时间的多少由裁判员决定。

2. 在每半场时间终了时或全场比赛结束后，如执行罚球点球，则应延长时间至罚完为止。除经裁判员同意外，上下半场之间的休息时间不得超过5分钟。

八、场地选择

通过掷币，猜中的队决定上半场比赛的进攻方向。另一队开球开始比赛。猜中的队在下半场开球开始比赛。下半场比赛两队交换比赛场地。

九、比赛进行及死球

下列情况比赛成死球：①当球不论从地面或空中全部越过球门线或边线时；②当比赛已被裁判员停止时。

其他所有时间均为比赛进行中，包括球从球门柱、横梁、角旗杆或从比赛场地上的裁判员、助理裁判员身上弹回场内。

十、计胜方法

除规则另有规定外，凡球的整体从门柱间及横木下越过球门线，而并非攻方队员用手掷入、带入，故意用手或臂推入球门（守门员在本方罚球区内除外），均为攻方胜一球。

在比赛中，胜球较多的一队为得胜队，如双方均未胜球或胜球数目相等，则这场比赛应为“平局”。

1. 金球制胜法 规定时间内未分出胜负而又必须分出胜负，采取的上下半场各15分的比赛。上下半场间没休息时间，交换场地后继续比赛。在该加时比赛中，任何一方先进球就为胜方。

2. 点球制胜法 在规定时间和加时赛后仍未分出胜负后采取的互罚点球，先由每队各派5人依次罚完点球，如还未分出胜负，每队各派一人罚，依次进行，直至分出胜负的方法（任何场上队员不得在本方队员未罚点球前连续罚第二次）。

十一、越位

凡进攻队员较球更接近于对方球门线者，即为处于越位位置。

不存在越位的三种情况：球门球（当球的整体不论从地面或空中越过球门柱以外的球门线，而最后触球者为攻方队员）；掷界外球；角球。

十二、犯规与不正当行为

判罚直接任意球的九种情况：①踢或企图踢对方队员；②绊摔对方队员，即在对方身后或身前，伸腿或屈体绊摔或企图绊摔对方；③跳向对方球员；④猛烈地或带有危险性地冲撞对方队员；⑤除对方正在阻挡外，从背后冲撞对方队员；⑥打或企图打对方队员，或向对方吐唾沫；⑦拉扯对方队员；⑧推对方队员；⑨用手触球，例如：用手或臂部携带、推击球（守门员在本方罚球区内除外）。

判罚间接任意球的八种情况：①守门员用手控制球后，在发出球之前持球超过 6 秒；②守门员在发出球之后未经其他队员触及，再次用手触及球；③守门员用手触及同队队员故意踢给他的球；④守门员用手触及同队队员直接掷入的界外球；⑤队员动作具有危险性；⑥队员阻挡对方球员；⑦队员阻挡对方守门员从其手中发球；⑧违反以前未提及的任何其他犯规，而停止比赛被警告或罚令出场。

被警告并出示黄牌的七种情况：①持续违反规则；②延误比赛重新开始；③以语言或行动表示异议；④犯有非体育首先行为；⑤未得到裁判员许可进入或重新进入比赛场地；⑥未得到裁判员许可故意离开比赛场地；⑦当以角球或任意球重新开始比赛时，不退出规定的距离。

被罚令出场并出示红牌的七种情况：①向对方或其他任何人吐唾沫；②使用无礼的、侮辱的或辱骂的语言及动作；③用故意手球破坏对方的进球或明显的进球机会（不包括守门员在本方罚球区内）；④用可判为任意球或点球的犯规破坏对方向本方球门移动着的明显的进球得分机会；⑤在同一场比赛中得到第二张黄牌；⑥暴力行为；⑦严重犯规。

十三、任意球

任意球分两种：直接任意球（这个球可以直接射入犯规队球门得分）及间接任意球（踢球队员不得直接射门得分，除非球在进入球门以前曾被其他队员踢或触及）。

队员在本方罚球区内踢直接或间接任意球时，在球被踢出罚球区前，所有对方队员都应站在该罚球区外，并须至少距球 9. 15 米。当球滚至球的圆周距离，并出罚球区后比赛即为恢复。守门员不得将球接入手中后再踢出进入比赛，如球未被直接踢出罚球区，则应令重踢。

队员在本方罚球区外踢直接或间接任意球时，所有对方队员在球被踢出前应至少距球 9. 15 米，除非他们已站在自己的球门线上，当球滚动至球的圆周距离时，比赛即为恢复。如果对方队员在任意球踢出前，进入罚球区或距球少于 9. 15 米，裁判员应令其退到规定的位置后，方可执行罚球。

十四、罚点球

罚点球应从罚球点上踢出，必须明确主罚队员。踢球时除主罚队员和对方守门员外，其他队员均应在该罚球区外及比赛场内，并至少距罚球点 9.15 米处。对方守门员在球被踢出前，必须站在两门柱间的球门线上（两脚不得移动）。主罚队员必须将球向前踢出；在其他队员踢或触及前不得再次触球。当球滚动至球的圆周距离时，比赛即为恢复。罚球点球可直接射门得分。当比赛进行中执行罚球点球，以及在上半场准全场比赛终了而延长时间执行或重踢罚球点球时，如踢出的球触及任何一个门柱或两个门柱，或触及横木，或触及守门员，或连续触及门柱、横木或守门员而进入球门，只要没有犯规现象发生，均应判为胜一球。

十五、掷界外球

当球的整体不论在地面或空中越出边线时，应由出界前最后触球队员的对方队员，在球出界处掷向场内任何方向。掷球时，掷球队员必须面向球场，两脚均应有一部分站立在边线上或边线外，不得全部离地，用双手将球从头后经头顶掷入场内。球一进场内比赛立即恢复。掷球队员在球被其他队员踢或触及前，不得再次触球。掷界外球不得直接掷入球门得分。

十六、球门球

当球的整体不论在空中或地面从球门外越出球门线，而最后踢或触球者为攻方队员时，由守方队员在球门区内任何地点直接踢出罚球区恢复比赛。守门员不得将球接入手中后再踢出进入比赛。如球未被直接踢出罚球区，即未进入比赛，应令重踢。踢球门球的队员在球被其他队员踢或触及前，不得再次触球。踢球门球不得直接射门得分，踢球门球时，对方队员在球被踢出罚球区前都应站在罚球区外。

十七、角球

当球的整体不论在空中或地面从球门外越出球门线，而最后踢或触球者为守方队员时，由攻方队员将球的整体放走。在离球出界处较近的角球区内踢角球。

踢角球时，不得移动角旗杆。角球可直接胜一球。踢角球队员的对方队员在球未进入比赛时，即球未滚动至球的圆周距离时，不得进入距球 9.15 米以内。踢角球队员在球被其他队员踢或触及前，不得再次触球。

思考题

1. 足球运动的锻炼价值和特点是什么？
2. 试述脚内侧踢球的技术要领。
3. 常用的停球方法有哪些？
4. 常用的运球技术有哪些？
5. 足球比赛中通常采用的阵形主要有哪几种？

扫码“练一练”

（尹　航）

第八章

健美操运动

学习目标

知识要求

1. 掌握健美操运动基本技术、基本动作的特点。
2. 熟悉健美操运动的起源与发展、健身价值。
3. 了解健美操运动的基本竞赛规则。

技能要求

通过学习提高基本身体素质，掌握健美操运动基本技术、基本动作及练习方法；熟练掌握《全国健美操大众锻炼标准》技术动作。

第一节　健美操运动概述

扫码“学一学”

知识链接

1968 年美国太空总署医生库帕（Coper）博士根据宇航员所处的特殊环境和对宇航员身体功能的特殊要求，为太空人的体能训练设计了 Aerobics Exercise，这种有氧操出现不久，便因其对身体功能，尤其对心血管和体型的作用引起人们的注意。

1969 年杰姬·索伦森综合了这种有氧操的特点，并结合当时流行于美国黑人的各种爵士舞和非洲民间舞，创编了一种操舞结合的健身舞，这种舞带有娱乐性，形式新颖，把较强的节奏性和自然而大幅度的动作融为一体，对现代健美操的形成产生了深远的影响。

人们逐渐减弱了较为枯燥单调的长跑热，开始热衷于既能增进健康又能健美身材，也可作为娱乐消遣方式的健美操之中。健美操根据有氧运动的原理，吸收了体操中的徒手动作和当代流行舞蹈动作，形成一个具有很多类似运动项目“遗传基因”的独立的新兴项目。

一、健美操运动的起源和发展

健美操作为一项独立的体育运动项目兴起于 20 世纪 60 年代末 70 年代初。源于人们对健康健美的追求，是体操、音乐、舞蹈逐步结合与发展的产物。从服务于大众健身需要的现代健身健美操的诞生到高水平竞技健美操的出现，经历了一个飞速发展的过程。

20世纪60年代末70年代初，信息产业和电子技术的快速发展，使人们脑力工作增加，体力活动减少，工作环境更加舒适，生活水平明显提高，营养过多摄入，因而带来了一系列的健康危机，如：肥胖、心血管疾病，以及各种压力的增加而引起的心理问题等，从而使人们认识到了“健康”和“健美”的重要性和迫切性。尤其在发达国家，为了抵御这种健康危机，人们发明了各种各样的健身方法，如：慢跑步、骑自行车、打球等，通过一系列的有氧运动来达到减肥、健身、保健的目的。

简·方达是20世纪70年代崛起的好莱坞电影明星，两次获得奥斯卡金像奖和金球奖，并评为第30届戛纳国际电影节最佳女主角。简·方达从小并没有天赋的好身材，为了苗条，她采用节食、呕吐、服用可卡因和利尿剂等方法进行减肥，但她发现，随着服药时间的增长，体重减轻了，体力也下降了。1976年英国伦敦的一位医生向她指出，长期服用利尿剂会造成身体缺钾，引起严重的肌肉和肾脏功能衰竭。简·方达在经历了一系列失败后，认识到“健康的美才是真正的美、持久的美”，从此，她走上了体育锻炼的道路。简·方达终于成功了，为了向人们介绍健康减肥的方法，她撰写了《简·方达健身术》一书，该书自1981年首次在美国出版以来，一直畅销不衰，并被译成20多种文字，在世界30多个国家发行。她在书中写道：“健美操可以改变你的形体，烧掉身体各处积存的多余脂肪，并且在你从未想到的部位增强肌肉张力，它使你在身体上和心理上感觉更加良好。”她用健美操来保持身体健康和体态苗条的成功经验进行现身说法，对世界健美操运动的发展产生了巨大的影响。

现代健美操传入中国是在20世纪70年代末80年代初。开始是引入了扭动全身各关节的非洲民间舞蹈与基本体操相结合的迪斯科健美操，后来把中国古老文化的武术、民间舞蹈等与欧美健美操融为一体，创造了具有中国特色的徒手健美操和持轻器械的健美操。

1981年1月4日在《中国青年报》上发表了陆保钟、牛乾元的特约稿“人体美的追求”。1982年2月中国青年出版社出版了《美·怎样才算美》一书，选登了陈德易创编的“女青年健美操”和牛乾元创编的“男青年哑铃操”。从此“健美操”一词迅速被广大体育工作者采用。1984年后，各大、中、小学根据原国家教委对学校体育教学的要求，逐步开设了健美操的必修或选修课。目前，健美操已成为我国各级各类学校体育课和课外体育活动中一项深受师生欢迎的教学内容和锻炼手段。1992年，国务院颁布了《全民健身计划实施纲要》，健美操成为全民健身的重要项目之一。1998年10月，国家体育总局制定并颁布了《健美操运动员技术等级标准》，对国际运动健将、国家运动健将和一级、二级、三级运动员都有明确的达标要求。1999年，国家体育总局颁布了《大众健美操锻炼标准》六套等级动作，并设立了国家级和一、二、三级健美操等级指导员制度，从而大大地促进了我国全民健身运动的深入开展和健美操等级运动技术水平的提高。

二、健美操运动的概念和分类

（一）健美操的概念

健美操是集音乐、舞蹈、体操、美学于一体的体育运动项目。是在节奏鲜明、韵律感强的音乐伴奏下，以有氧练习为基础，以健、力、美为特征，健身性、表演性和观赏性很强的一项体育运动。经常参加健美操锻炼，有利于提高心肺耐力、协调性、柔韧性等体能，对塑造健美的身姿十分有益。同时，健美操大多是集体活动，还能陶冶情操、愉悦身心，加强人与人间的交流，所以深受青少年的喜爱。

健美操不仅有体育的属性，而且有艺术的属性，更具有与时俱进的社会开放性和人文性，它是大学生掌握终身体育锻炼的有效方法之一。目前，健美操已列入我国学校体育教学大纲，成为学校体育教学的主要内容。

（二）健美操的分类

健美操内容丰富，形式多样，种类繁多，按照不同的目的和任务，可将健美操分成健身健美操和竞技健美操两大类。

1. 健身健美操 一种有氧运动，也称有氧健身操。它以健身为目的，通过在有氧供能的条件下按照一定的顺序全面锻炼身体的各个部位，来提高有氧代谢能力，增进健康，健美体形，焕发精神，娱乐身心。为了保证一定的运动负荷和锻炼的全面性，其动作多有重复，并均以对称的形式出现，也可使用器械增加锻炼效果。健身健美操因主要是面对大众，故也称大众健美操。动作比较简单，讲究针对性和实效性，节奏感强，难度和强度相对较低，而且练习时间可长可短，所以为社会不同的年龄、性别、职业、基础的人所喜爱和选用。近年随着人们对健身娱乐的需求越来越强，出现了多种时尚的徒手健美操与健身舞，进一步丰富了健身健美操的练习形式。

2. 竞技健美操 在健身健美操的基础上发展起来，其主要目的是“竞赛”。竞技健美操是有特定的竞赛规则和评分方法。其成套动作必须展示连续的动作组合，柔韧性和力量，并在综合运用七种步伐的同时，高质量地完成各类难度动作。竞技健美操是对人的身体素质、技术能力和艺术表现力有较高的要求，是展示人体的健力美的竞赛项目。竞技健美操在参赛人数，比赛场地和成套动作的时间等方面有严格的规定，在动作的设计上也要求更加多样化，并严格避免重复动作和对称性的动作。

三、健美操运动的特点

（一）高度的艺术性

健美操是一项追求健与美的运动项目，属健美体育的范畴，强调艺术性。与同样具有艺术性的体育项目相比，健美操比健美运动更具动感和弹性（非静止造型），比艺术体操更强调健美和力度（非柔美和连绵不断），比基本体操更讲究多变与活力（非完全对称和“横平竖直”）。参加健美操锻炼，不仅使练习者锻炼了身体，增强了体质，而且从中得到了美的享受，提高审美意识和艺术修养。

（二）强烈的时代感与动律性

健美操把基本体操、现代舞蹈和有节奏感的音乐巧妙地融为一体，是具有鲜明特色的强烈时代感的新型体育项目。其动作素材多为富有动感的时代舞蹈、花样游泳、时尚体操等。其音乐多取材于迪斯科、爵士等现代摇滚音乐。与艺术体操、花样游泳、自由体操等具有音乐伴奏的体育项目比，健美操的配乐更强调旋律的激昂振奋，节奏的鲜明强劲，使健美操体现出一种鲜明的动律感，充满青春活力。由于健美操的特点符合当代青年身心发展的需要，所以深受青年学生的喜爱。

（三）广泛的适应性

健美操能够健身美体，符合现代人追求健美身心的需要。在激昂振奋的音乐中，舒活筋骨，自娱自乐，能给人们带来欢快奔放的情感体验。健身的动作套路形式多样，节奏有快有慢，套路有长有短，动作有难有易，运动负荷和运动强度的大小可任意调节，适合于不同行业、不同年龄、不同性别、不同体质的人锻炼，各种人群都能从健美操练习中找到适合自己的方式，并得到乐趣。此外，健美操锻炼对场地、器材条件要求不高，练习起来简便安全，适合不同地区，不同条件的人群开展，健美操具有广泛的适用性。

（四）独特的创新性

由于人体结构复杂，动作多变，人的情绪丰富，性格迥异，因此决定了健美操动作的丰富性。健美操不仅保留了徒手体操中各种基本动作，而且从相关的运动项目和艺术门类中吸收了诸多动作，加工、提炼、操化，使之成为具有健美操风格的动作。健美操每节动作很少是单关节的局部运动，大多为多关节的同步运动。它不仅可以活动身体各关节，而且可以变换运动组合形式，形成丰富多彩的动作。总之，人体运动是创编健美操取之不尽的源泉，不断创编出独特新颖的健美操动作，是健美操长盛不衰的显著特点。

四、健美操运动的健身价值

（一）促进健康，增强体质

经过长期健美操锻炼，使身体的各器官系统在一定的强度和量的刺激下，在形态结构、生理功能和生物化学等方面发生一系列适应性反应，对机体产生积极性影响，有利于促进健康和增强体质。

健美操是一项具有锻炼实效的运动项目，长期地、经常地参加健美操锻炼，可以使心肌纤维增粗，心肌收缩增强，心输出量增加；可以提高供血能力，有助于脑细胞的供氧、供能，提高大脑的思维能力；可以改善新陈代谢，减少脂肪堆积，延缓血管硬化，有益于健康。健美操对人体呼吸系统的功能有良好的作用，经常参加健美操锻炼能提高呼吸肌的能力，加强呼吸深度，使机体具有较强的有氧代谢能力。由于健美操的髋部活动多，刺激了肠胃蠕动，既可消耗大量能量，又可增强消化功能，有助于消化吸收作用，提高机体对疾病的抵抗能力。

（二）健美形体，塑造优美体态

形体美是人们追求的一个重要的方面，也是人们参加各种健身锻炼所追求的一个重要指标。健美操动作以“健、力、美”为特征，锻炼过程具有全面性和针对性等特点。通过健美操练习，可使身体肌肉发达、脂肪减少、线条清晰，产生塑造形体美的效应。健美操运动可使学生形成正确的身体姿势，使学生动作更加优美、体态更加矫健、肌肉更富有弹性。在健美操的运动过程中，无论动作怎样复杂多变，整个身体要求保持一种端庄、挺拔的标准姿态，同时要求练习者精神饱满，动作协调优美，将外形美与内在美融为一体，体现出一个人的高雅的气质风度。

（三）调节心理，陶冶情操

随着时代的发展，社会上的竞争日趋激烈，这使得人们在享受科技带来的各种便利的同时，也承担着来自方方面面的精神压力。长期承受精神压力不仅会引发躯体上的疾病，同时还会造成心理上的疾病。健美操是在音乐伴奏下的一种充满青春活力的体育活动，它可使人们在轻松愉快的气氛中进行锻炼，使人陶醉在美的韵律之中，从而忘却自己心理上的紧张与烦恼，使心情变得愉快，精神压力得到缓解，进而使自己拥有年轻的心态，更具青春活力。

（四）增强社会交往能力

健美操锻炼一方面可使肌体各方面的功能都得到提高，使人保持旺盛的活力，以对抗外部环境的恶性变化。另一方面，健美操锻炼增强了人们的社会交往。目前人们参加健美操锻炼的主要方式是去健身俱乐部和一些公益性的娱乐广场（生活小区的广场等），在健美操指导员的带领下参加集体练习，而参加健美操锻炼的人来自社会的各阶层，这种集体形式扩大了人们的社会交往面，把人们从工作和家庭的单一环境中解脱出来，接触和认识更多的人。很多人通过参加健美操锻炼成了朋友和伙伴。大家一起锻炼，互相鼓励，共同享受健美操所带来的无穷乐趣。可见，健美操锻炼不仅能够强身健体，同时还具有娱乐功能。可使人在锻炼中得到一种精神享受，满足人们的心理需要，促进人与社会的和谐发展。

（五）医疗保健作用

健美操是一项有氧运动，它的强度和运动量都可自行控制。所以，它除了对健康的人有健身效果外，对一些患有疾病的人和老年人，也有保健的功能。例如对下肢瘫痪的病人来说，可做垫上健美操和水中健美操，以保持上体的功能，促进下肢功能的恢复。总之，只要控制好运动范围和运动量，健美操练习就能在预防损伤的基础上，达到医疗保健的目的。

第二节 健美操运动的基本动作

基本动作是健美操练习和一般性健身锻炼的基础。通过基本动作练习，可以掌握正确的动作技术，培养良好的身体形态。基本动作练习是按人体生理解剖结构分部位进行的，是一项专门性的练习，练习者可根据需要加以选择。

扫码“学一学”

一、基本手形

健美操中的手形有多种，多是从芭蕾舞、现代舞、迪斯科、武术中吸收和发展的。手形是手臂动作的延伸和表现，运用得好，会使健美操动作更加丰富多彩，生动活泼，更具有感染力（图 8-1）。

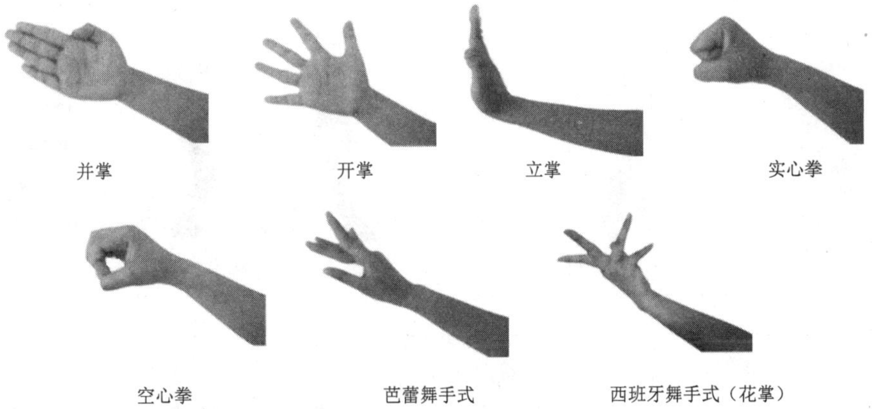

图 8-1 健美操基本手形

1. 并掌 五指伸直，相互并拢。

2. 开掌 五指伸直，充分张开。

3. 立掌 五指并拢，手掌用力上翘。

4. 实心拳 四指卷曲，大拇指末关节压住示指、中指的第二关节。

5. 空心拳 四指卷曲，大拇指末关节压住示指、中指的末关节，拳成空心状。

6. 芭蕾舞手势 五指微曲，后三指并拢、稍内收，拇指内扣。

7. 西班牙舞手势（花掌） 五指用力，小指、无名指、中指自掌指关节处依次屈，拇指稍内扣。

二、基本步伐

基本步伐是健美操动作的最小单位，是组成组合动作、成套动作的基础。通过基本步伐的练习，可以提高练习者的协调性、节奏感和韵律感。

健美操基本步伐可分为无冲击、低冲击和高冲击三类动作。基本动作如下。

（一）无冲力类动作

两腿始终接触地面的动作。例如：弹动、半蹲、弓步、提踵等（图 8-2）。

图 8-2　无冲力动作

（二）低冲击类动作

有一只脚始终接触地面的动作。

1. 交替类动作 踏步、走步、“一字步”、“V”字步、漫步等（图 8-3）。

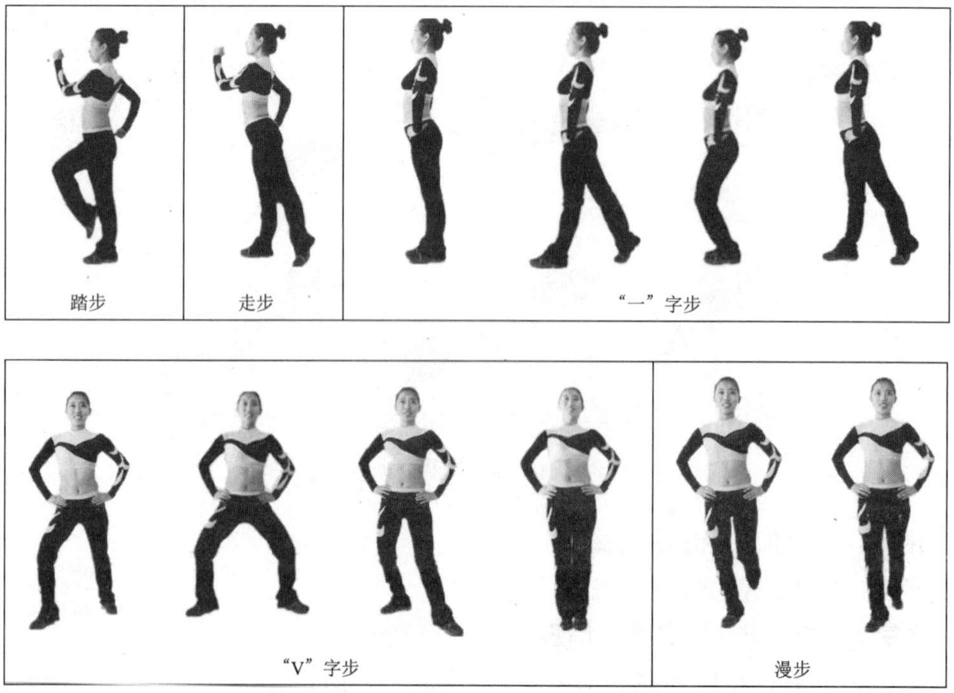

图 8-3　低冲击-交替类动作

2. 迈步类动作 并步、迈步点地、迈步吸腿、迈步后屈腿、侧交叉步等（图 8-4）。

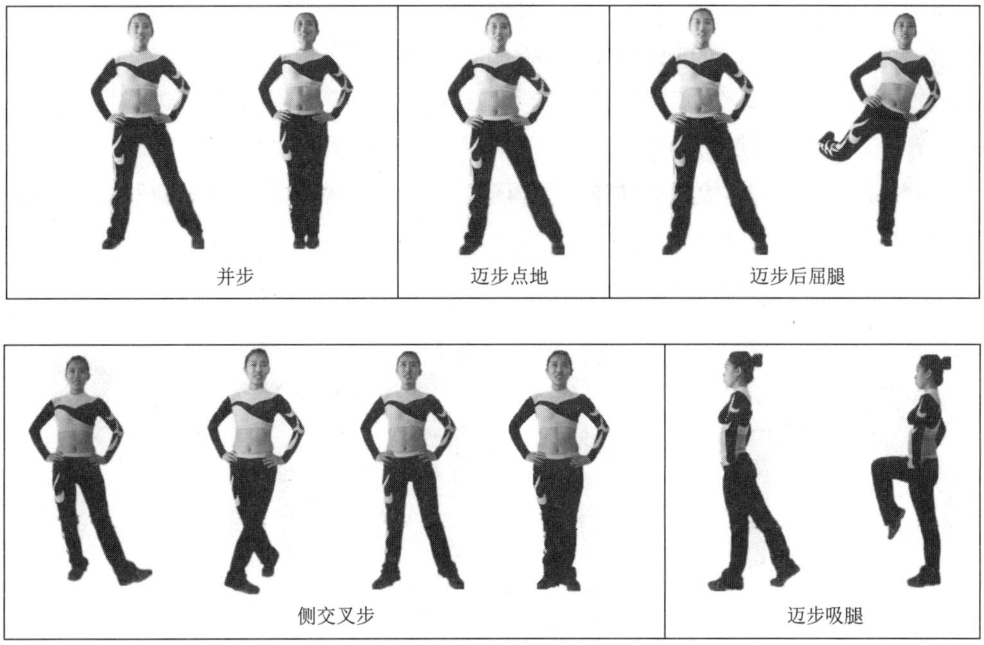

图 8-4 低冲击-迈步类动作

3. 点地类动作 脚尖点地、脚跟点地、脚尖侧点地、脚尖后点地等（图 8-5）。

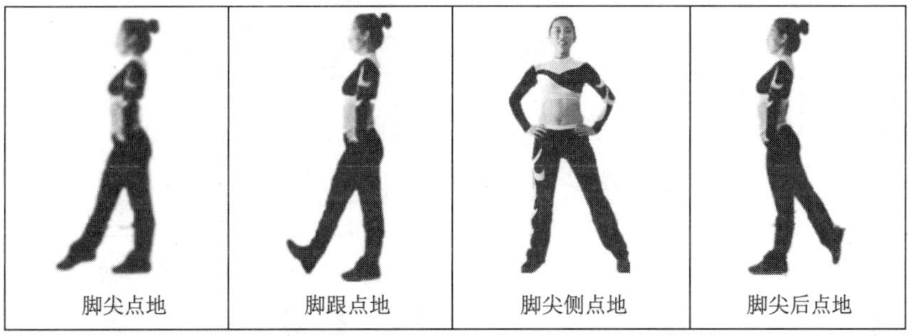

图 8-5 低冲击-点地类动作

4. 抬腿类动作 吸腿、摆腿、踢腿、后屈腿等（图 8-6）。

图 8-6 低冲击-抬腿类动作

图 8-7　后踢腿跑

（三）高冲击类动作

指双脚同时离地，有腾空的动作。

1. 交替类动作　后踢腿跑（图 8-7）。

2. 迈步类动作　并步跳、小马跳、迈步吸腿跳、迈步后屈腿跳、侧交叉跳等（图 8-8）。

3. 抬腿类动作　吸腿跳、摆腿跳、踢腿跳、后屈腿跳、弹踢腿跳等（图 8-9）。

图 8-8　高冲击-迈步类动作

图 8-9　高冲击-抬腿类动作

4. 双腿类动作　并步跳、分腿跳、开合跳等（图 8-10）。

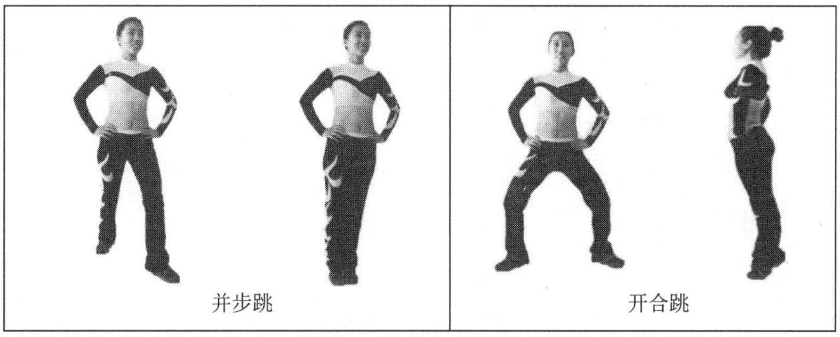

图 8-10　高冲击-双腿类动作

三、上肢动作

上肢动作是由手臂的自然摆动、力量练习以及基本体操的徒手动作和舞蹈动作组成，多种多样，正确的上肢姿态对整个身体姿态的完善及动作的艺术风格起着重要的作用。上肢动作以手臂动作为主，主要由屈伸、举、摆、绕、振、绕环等动作组成（图 8-11）。

图 8-11　健美操上肢动作

1. 举 臂伸直向某方向抬起。

2. 屈臂 前臂与上臂角度不断减小。

3. 伸臂 前臂与上臂角度逐渐增大。

4. 上提 直臂或屈臂由下至上抬起，如屈臂前提、直臂侧提。

5. 下拉 臂由上举或侧上举拉至身体两侧。

6. 胸前推 立掌，臂由肩部向前推。

7. 冲拳 屈臂握拳，由腰间猛力向前冲拳。

8. 肩上推 立掌，屈臂由肩部向前推。

9. 摆动 以肩为轴，手臂在180°以内的运动。

10. 绕和绕环 以肩为轴，手臂在180°～360°之间的运动为绕，大于360°以上的圆周运动为绕环。

11. 交叉 两臂重叠成“X”形。

四、基本动作练习时的注意事项

1. 动作的规范性 动作的规范建立在动作的标准性上，因此，练习时肢体的位置、方向及运动的路线一定要准确。此外，注意动作速度、肌肉力度和动作幅度，使肌肉充分拉长与收缩，只有这样才能达到动作的整体效果。

2. 动作的弹性 动作富有弹性是健美操特点之一，动作的弹性所涉及的身体部位有踝关节、膝关节、髋关节、肘关节、肩关节以及脊柱。在练习时应注意肌肉的收缩与放松要有控制，使动作富有弹性，节奏均匀，避免动作过分僵硬和关节的过度伸展。

3. 动作的节奏感 掌握好动作节奏对健美操运动非常重要。练习者要想表演出较好的动作节奏感，必须具有一定的肌肉控制能力、音乐节奏感及动作的完成能力。因此，在开始练习时，要重视训练动作的节奏感，在听懂音乐节奏的基础上慢慢掌握动作的节奏感。

五、锻炼安排

进行科学的健美操锻炼，达到增强体质、增进健康、预防疾病的目的，是参与健美操锻炼者首先要解决的问题。

运动负荷与强度、运动时间与次数是影响健美操运动的两个主要因素。一般情况下，练习的时间越长，重复次数就越多，负荷量就越大。

著名健美操专家简·方达提出：“要达到真正的有氧锻炼效果，必须使心率加快到一定训练水平，并使之在此水平上至少保持20分钟，每周最少练习3次。”这一观点不但能提高健美操锻炼者的有氧运动水平，而且对于改变人体的体形具有重要的价值。

六、锻炼时的注意事项

1. 服装 参加健美操锻炼，最好穿专门的健美操服装或者有足够弹性、纯棉质地、柔软的服装。服装要美观，色泽鲜艳，整齐干净。每次锻炼后，应及时清洗衣服，使其保持干爽、柔软。

2. 运动鞋袜 进行健美操练习时应穿大小合适、轻松柔软、具有一定弹性及通透性能好的运动鞋，切忌穿高跟鞋、厚底鞋或体操鞋。运动时鞋带的松紧度要适宜。要保持鞋内的清洁干爽，如果来不及清洗，可放到通风、阳光充足的地方进行晾晒。袜子的穿着应以纯棉为好，大小应合适。如果出汗较多、出汗时间较长、发硬就不要穿了，以免造成脚的疾患。不要穿尼龙类袜子跳健美操。

3. 清洁皮肤 健美操锻炼前，应将面部进行清洁，保持皮肤的通透性，便于排汗。健美操锻炼后应及时清洁皮肤，将汗水擦干，以免受凉感冒。条件允许的情况下最好能洗个热水澡，既能清洁皮肤，又能减轻和消除疲劳，但不宜时间过长，以免身体消耗过多。

4. 发型与装饰 在健美操锻炼时，头发最好不要披散，以免蓬乱遮挡视线，分散注意力。最好是系上发带，可防止前额上的汗水流到眼睛里，还可以给人以美感。在锻炼时，不要戴手表、手镯、项链、戒指、假发等，以免损伤皮肤或丢失等。

七、动作组合的创编

在健身健美操教学中，无论是徒手还是轻器械动作，主要以动作组合的形式进行教学。健美操动作组合是指在音乐伴奏下，将多个不同类型的基本步法及其不同变化形式，按照一定的规律和顺序，通过方向、节奏、体位和上肢动作的改变，经过合理有序的衔接，编排成一组完整的联合动作。组合中单个动作的多少、时间长短均无具体的要求，由教师根据教学需要而定。在健美操教学中，教师可根据教学实际进行选择，或根据教学目标、学生实际和教学条件创编不同目的和风格的动作组合进行教学。创编一个动作组合应考虑到四个基本要素：即动作要素、音乐要素、空间要素和衔接要素，并按一定的顺序和规律在基本动作的基础上进行拓展和联合。

1. 动作要素 根据锻炼目的、学生实际和教学条件确定基本动作。所选的基本动作应体现出一定的风格和特点，符合学生的年龄和兴趣特征。现代健身健美操组合的基本动作主要以基本步法为主，而上肢和头部基本动作可作为配合性动作加以设计和创编。

2. 音乐要素 在基本动作确定的基础上，合理选择音乐。根据动作特点，选择不同风格和节奏的音乐，所选择的音乐应起到体现动作组合特点、突出学生个性、激发练习情绪的作用。

3. 空间和时间要素 一般是在某一个基本动作的基础上，通过以下几种形式的变化来拓展或创编新动作，并通过合理的衔接形成动作组合。以踢腿跳动作为例。

（1）改变动作的方位　向前、向侧踢腿跳。

（2）改变身体的方向　踢腿跳同时身体转动 1 周。

（3）改变移动的路线　踢腿跳同时向前移动或沿正方形路线移动。

（4）改变上肢动作　踢腿跳时配合手臂的摆动或屈伸动作。

(5) 改变动作的节奏　慢速地由 2 拍完成 1 次前踢腿动作，转换为 1 拍完成 1 次前踢腿跳的动作。

(6) 改变动作组合的时间　一般通过增加或减少组合动作中单个动作的数量，或每一个单个动作的重复次数来调整组合的时间。

4. 衔接要素　组合动作中“上一个动作的结束姿势就是下一个动作的开始姿势”，该方面在动作编排和教学中均容易被忽略。因此，在编排每一个动作组合时，除了考虑到上述几方面要素，还应注意衔接要素，清楚地设计好每一个动作的结束姿势，规范动作之间的转换与衔接。这是组合动作之间过渡自然、流畅的保证，也是学好动作组合的一个重要方面。

扫码“学一学”

第三节　健美操竞赛规则简介

健身健美操是在音乐伴奏下，以身体练习为基本手段、以有氧运动为基础，达到增进健康、塑造形体、改善气质、娱乐休闲目的的一项运动。制定比赛规则的目标是保证比赛评分的客观性、规范性和公正性。健身健美操分为规定动作比赛与自选动作比赛。

一、总则

1. 年龄与分组

(1) 儿童组（小学生）　12 岁以下。

(2) 少年组（中学生）　13~17 岁。

(3) 青年组　18~34 岁。

(4) 中年组　35~49 岁。

(5) 老年组　50 岁以上。

2. 比赛场地与设备　赛台高 80~100 厘米，比赛场地为 12 米×12 米的地板或地毯，有背景遮挡。有专业的放音设备和舞台灯光。裁判席设在比赛场地的正前方。

3. 成套动作时间

(1) 规定动作　成套动作时间按《全国健美操大众锻炼标准》规定时间执行。

(2) 自选动作　成套动作时间一般为 2 分~2 分 15 秒，计时从动作开始到动作结束。

4. 音乐伴奏　规定动作音乐由主办单位提供并统一播放。自选动作音乐由参赛队自备，音乐必须录在磁带 A 面或光盘的开头，须备 2 份，其中 1 份报到后交大会放音组。自选动作音乐允许有 2×8 拍的前奏，音乐的速度不限，比赛音乐必须是高质量的。

5. 比赛服装　着健身服或运动式休闲服和运动鞋（不可穿球鞋、体操鞋等）。服装上可有亮片等装饰物，女选手可化淡妆；比赛时选手不得佩戴首饰。

6. 裁判组组成　裁判组由 1 名裁判长、5~7 名裁判员、1 名总记录长、2~3 名记录员、1 名计时员（自选动作比赛）、1~2 名放音员、2~3 名检录员、1 名宣告员组成，也可根据比赛规模的大小适当增减裁判人员。

7. 评分方法　采取公开示分的方法，成套动作满分为 10 分制，裁判员的评分精确到 0. 1 分。裁判员的评分去掉 1 个最高分和 1 个最低分，中间几个分数的平均分即为得分，再减去裁判长减分即为最后得分。

二、成套动作评分

1. 规定动作评分（10 分制）

评分因素与分值：表演和团队精神 4 分，动作的完成 6 分（表 8-1）。

表 8-1　健身健美操规定动作扣分表

扣分表				
评分因素	内　容	一般	较差	不可接受
表演、团队精神 4 分	表现力与热情	0. 1~0. 2	0. 3~0. 4	0. 5 或更多
	队形	0. 1~0. 2	0. 3~0. 4	0. 5 或更多
	一致性（每次）	0. 1	0. 2	0. 3
动作完成 6 分	动作的正确性	0. 1~0. 2	0. 3~0. 4	0. 5 或更多
	动作不熟练、漏做动作	0. 1~0. 2	0. 3~0. 4	0. 5 或更多
	身体的协调性	0. 1~0. 2	0. 3~0. 4	0. 5 或更多
	动作连接	0. 1~0. 2	0. 3~0. 4	0. 5 或更多
	改变动作或附加动作	0. 1~0. 2	0. 3~0. 4	0. 5 或更多
	动作充分表现音乐的情绪	0. 1~0. 2	0. 3~0. 4	0. 5 或更多
	动作和音乐节奏配合准确	0. 1~0. 2	0. 3~0. 4	0. 5 或更多

（1）表演和团队精神

1）表现力与热情　动作要展示内心的激情，体现一种健康和向上的情绪。

2）队形　变化清晰、流畅，体现集体配合的意识。

3）一致性　集体动作整齐，每个人在完成动作的时间、空间、能力和表现力上一致。

（2）动作的完成

1）动作的正确性　身体姿态舒展，动作技术正确，动作范围适当。

2）动作的熟练性　动作熟练，无漏做动作。漏做个别动作扣 0. 1~0. 2 分；漏做 1×8 拍以上动作扣 0. 3~0. 4 分；漏做 2×8 拍以上动作扣 0. 5 分或更多。

3）身体的协调性　全身协调运动，动作轻松、有弹性，动作清晰、无多余动作。避免过分松弛或过分紧张。

4）连接动作的流畅性　动作之间的连接自然、流畅；动作的转换及方向的变化要干净、无多余动作。

5）动作与音乐　动作要充分表现音乐的情绪。动作和音乐节奏配合要准确，若干动作不吻合扣 0. 1~0. 2 分；半套动作不吻合扣 0. 3~0. 4 分；整套动作不吻合扣 0. 5 分或更多。

2. 自选动作评分（10 分制）　评分因素与分值（表 8-2）：①集体：动作设计 3 分；

动作完成 4 分；表演和团队精神 3 分。②个人：动作设计 4 分；动作完成 4 分；表演 2 分。

表 8-2　健身健美操自选动作扣分表

扣分表				
评分因素	内　容	一般	较差	不可接受
动作设计集体 3 分/个人 4 分	主题健康、充满活力	0.1~0.2	0.3~0.4	0.5 或更多
	风格突出、富有创意	0.1~0.2	0.3~0.4	0.5 或更多
	动作类型丰富，动作的转换自然流畅	0.1~0.2	0.3~0.4	0.5 或更多
	服饰选择美观协调	0.1~0.2	0.3~0.4	0.5 或更多
	音乐的选择与动作风格相一致并配合协调，录音质量高、清晰	0.1~0.2	0.3~0.4	0.5 或更多
	充分利用场地和空间	0.1~0.2	0.3~0.4	0.5 或更多
	安全性	0.1~0.2	0.3~0.4	0.5 或更多
	每出现一个不安全动作	扣 0.2		
动作完成集体 4 分/个人 4 分	动作完成轻松、准确、流畅	0.1~0.2	0.3~0.4	0.5 或更多
	动作完成能体现所选择主题的风格和特点	0.1~0.2	0.3~0.4	0.5 或更多
	动作与音乐须协调一致	0.1~0.2	0.3~0.4	0.5 或更多
	基本姿态和技术正确，动作优美	0.1~0.2	0.3~0.4	0.5 或更多
集体　表演和团队精神 3 分	表现力与热情	0.1~0.2	0.3~0.4	0.5 或更多
	队形	0.1~0.2	0.3~0.4	0.5 或更多
	一致性（每次）	0.1	0.2	0.3
个人/表演 2 分	表现力与热情	扣至 0.3	0.4~0.5	0.6 或更多

（1）动作设计　①艺术性：主题应健康、充满活力、富有激情，表演风格和形式不限，可是健身街舞、拉丁操、搏击操和啦啦队操等不同风格的健身操或舞，也可使用轻器械如：扇子、纱巾、健身球、哑铃、橡皮筋等。风格突出，富有创意。动作类型丰富，动作的转换自然流畅。音乐的选择与动作风格相一致并配合协调，录音质量高、清晰。充分利用场地和空间；服饰选择美观协调。②安全性：成套中无可能对身体造成伤害的动作（不安全动作），动作的难度适合参赛者的身体能力和运动水平，适合参赛者的年龄特点。

（2）动作的完成　动作完成轻松、准确、流畅。动作完成能体现所选择主题的风格和特点。动作与音乐须协调一致，包括风格、结构、动效等方面。基本姿态和技术正确，动作优美。

（3）表演和团队精神　①表现力与热情：动作要展示内心的激情，体现一种健康和向上的情绪。②队形：变化清晰、流畅，体现集体配合的意识。③ 一致性：集体动作整齐，每个人在完成动作的时间、空间、能力和表现力上一致。

（4）裁判长减分　裁判长对比赛的过程进行组织和监控，并对下列情况进行减分，每项均减 0.2 分：①被叫到后 20 秒内未出场；②参赛人数不符合规定；③比赛时掉物或装束散落。

三、不安全动作

1. 危险动作　各种竞技体操和技巧运动的翻转和抛接动作，过度背弓、无支撑体前屈、仰卧翻臀、头绕环和过度头后仰、膝转、足尖起、仰卧直腿起坐、仰卧直腿举腿、仰卧两头起、臀部低于膝关节的深蹲、高难度的托举动作。

2. 关于难度动作　在健身健美操成套动作中不鼓励出现竞技健美操中的难度动作，如出现类似的动作，将不予加分，并对出现的错误动作进行减分。

四、纪律与处罚

裁判员纪律与处罚：严格按照国家体育总局关于全国体育竞赛裁判纪律有关规定执行。

1. 裁判示意后 1 分钟未出场者，取消比赛资格。

2. 拒绝领奖者取消所有成绩与名次。

3. 检录三次未到者取消该项比赛资格。

4. 对不遵守大会纪律、不尊重裁判员和大会工作人员、有意干扰比赛者将视情况给予以下处罚：警告；取消比赛资格；取消健美操等级指导员资格；终生取消比赛资格。

五、特殊情况处理

运动员在遇到以下特殊情况时，应立即停止做动作并向裁判长反映，在问题解决后重做，在成套动作结束后提出的要求将不被接受。播放错音乐，由于设备问题而出现的干扰—灯光、舞台、会场。

附　《全国健美操大众锻炼标准》（第三套）

第三套《全国健美操大众锻炼标准》（三级规定动作）图解和说明如下。

组合一

动作			
节拍		下肢步伐	上肢动作
预备姿势		站立	
一	1–4	右脚开始向侧迈步后屈腿两次，2 时右转 90°	1–2 右臂摆至侧上举，左臂摆至胸前平屈，3–4 同 1–2，但方向相反
	5–8	向右迈步后屈腿两次，6 时右转 180°	双手叉腰

动作			
节拍		下肢步伐	上肢动作
二	1–2	1/2“V”字步	1 右臂侧上举，2 左臂侧上举
	3–8	6 拍漫步，8 右转 90°	随脚的动作自然前后摆动

动作		 1　2　3　4 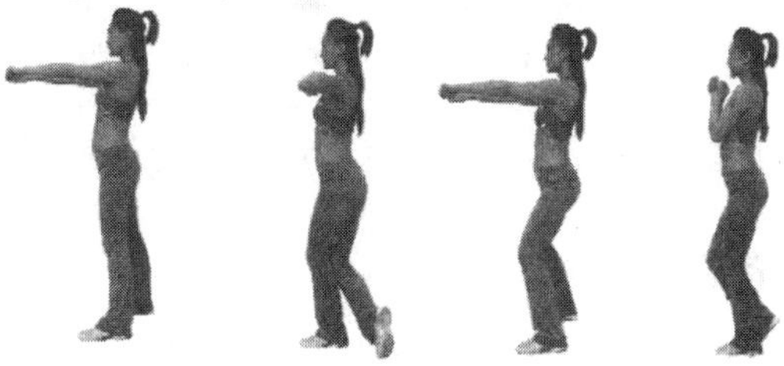 5　6　7　8	
节拍		下肢步伐	上肢动作
三	1–8	右脚开始交叉步两次，左转 90°呈“L”形	1 双臂前举，2 胸前平屈，3 同 1，4 击掌。5–8 同 1–4

动作		 1　–　2  3–4　5–6　7–8	
节拍		下肢步伐	上肢动作
四	1–4	右脚侧并步跳，1/2 后漫步	1–2 双臂侧上举，3–4 右臂摆至体后，左臂摆至体前
	5–8	左转 90°左脚开始小马跳 2 次	5–6 右臂上举，7–8 左臂上举

组合二

动作		 1 2 3 4 5  – 6 7 8	
节拍		下肢步伐	上肢动作
一	1–4	右臂向右前上步吸腿 2 次	双臂自然摆动
	5–6	左脚向后交换步	双臂随下肢动做自然摆动
	7–8	右脚上步吸腿	双臂自然摆动

动作		 1 2 3  4 5–6 7–8	
节拍		下肢步伐	上肢动作
二	1–4	左脚开始向右侧交叉步	双臂随步代向反方向臂屈伸
	5–8	右转 45°，左脚做漫步	5–6 双臂肩侧屈外展，7–8 经体前交叉摆至侧下举

动作			
节拍		下肢步伐	上肢动作
三	1–4	左脚开始十字步，同时左转 90°	双臂自然摆动
	5–8	左脚开始向侧并步跳 2 次	双臂自然摆动

动作			
节拍		下肢步伐	上肢动作
四	1–8	左脚漫步两次，左转 90°	双臂自然摆动
第五至第八个八拍，动作相同，但方向相反			

组合三

节拍		下肢步伐	上肢动作
动作		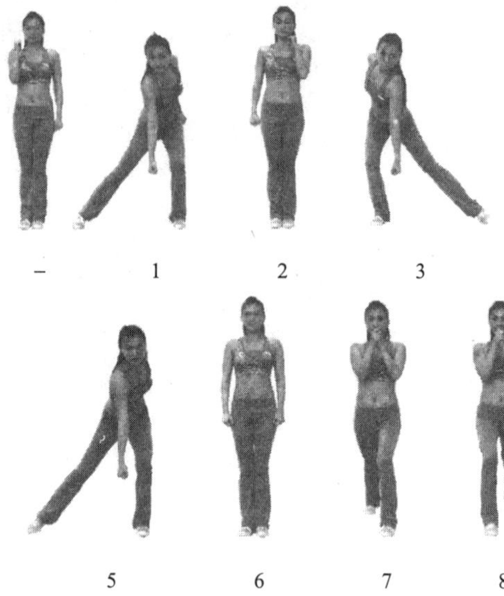	
一	1–6	右脚开始做侧点地 3 次	1–2 右臂向下臂屈伸，3–4 左臂向下臂屈伸，5–6 同 1–2 动作
	7–8	左脚开始向前走 2 步	击掌 2 次

节拍		下肢步伐	上肢动作
动作		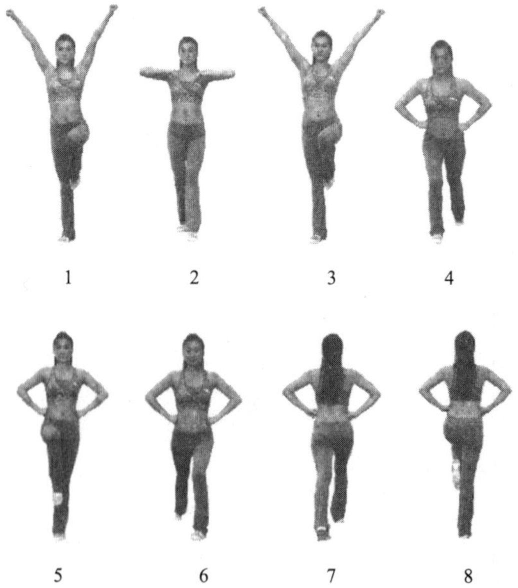	
二	1–4	左脚开始吸腿跳两次	1 侧上举，2 双臂胸前平屈，3 同 1，4 叉腰
	5–8	吸右腿跳，向后落地，转体 180°，吸右腿	双手叉腰

动作		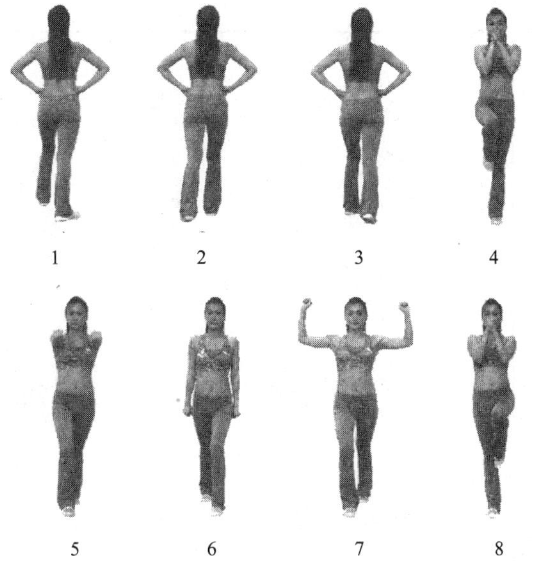	
节拍		下肢步伐	上肢动作
三	1–4	左脚开始向前走 3 步吸腿跳，同时左转体 180°	1–3 叉腰，4 击掌
	5–8	右脚开始向前走 3 步吸腿	5–6 手臂同时经前向下摆，7–8 经肩屈外展至体前击掌

动作			
节拍		下肢步伐	上肢动作
四	1–8	左脚开始侧并步 4 次，呈“L”形	双臂做屈臂提拉 4 次
第五至第八个八拍，动作相同，但方向相反			

组合四

<table>
<tr><td colspan="2">动作</td><td colspan="2">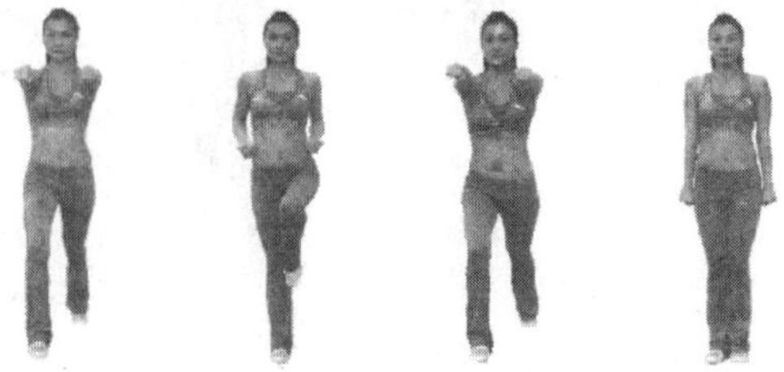
1 2 3 4

5 6 7 8</td></tr>
<tr><td colspan="2">节拍</td><td>下肢步伐</td><td>上肢动作</td></tr>
<tr><td rowspan="2">一</td><td>1–4</td><td>右腿上步吸腿</td><td>双臂做向前冲拳、后拉 2 次</td></tr>
<tr><td>5–8</td><td>左脚向前走 3 步吸腿</td><td>手臂同时经前向下摆，8 击掌</td></tr>
</table>

<table>
<tr><td colspan="2">动作</td><td colspan="2">
1 2–3 4

5–6 7–8</td></tr>
<tr><td colspan="2">节拍</td><td>下肢步伐</td><td>上肢动作</td></tr>
<tr><td rowspan="2">二</td><td>1–4</td><td>1 右脚向侧迈步，2–3 向右前 1/2 前漫步，4 左脚向侧迈步</td><td>1 侧上举，2–3 随脚的动作自然摆动，4 同 1 动作</td></tr>
<tr><td>5–8</td><td>右脚向左前方做漫步</td><td>双臂自然摆动</td></tr>
</table>

节拍		下肢步伐	上肢动作
动作			
节拍		下肢步伐	上肢动作
三	1–6	右脚开始上步吸腿 3 次	1 肩侧屈外展，2 击掌，3–6 同 1–2 动作
	7–8	左脚前 1/2 漫步	双臂自然摆动

节拍		下肢步伐	上肢动作
动作		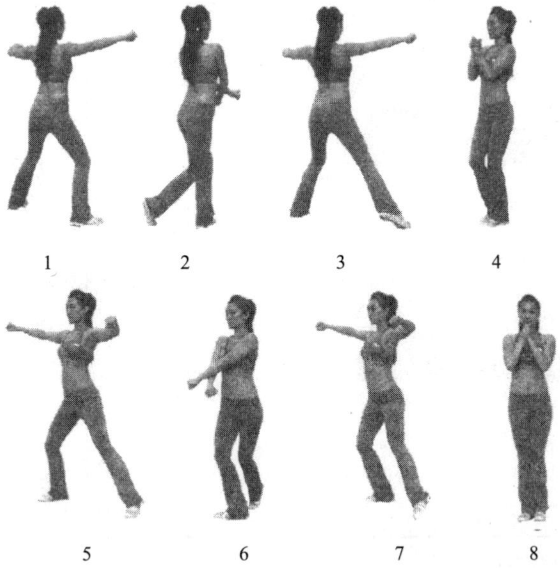	
节拍		下肢步伐	上肢动作
四	1–8	左转 90°向左做侧交叉步转体 180°接侧交叉步	1–4 双臂做外展、内收、外展、击掌，5–8 同 1–4 动作
第五至第八个八拍，动作相同，但方向相反			

力量练习部分

开始动作 1×4

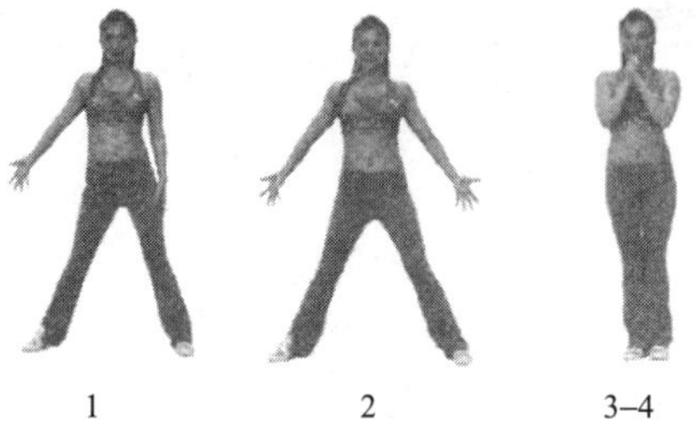

过渡动作 一 1×8

节拍分段			动作描述
开始动作	4 拍	1–2	右腿向右一步成开立，右臂侧下举，左臂侧下举，掌心向前
		3–4	击掌 2 次
过渡动作	一	1–2	向右转体 90°，右腿后伸成大弓步，右手撑地，左臂侧举向上
		3–8	3–4 左转 180°成屈膝坐，5–6 双手前上举，后倒成仰卧，7–8 双臂经体侧至头后

腹肌练习 二 1×8

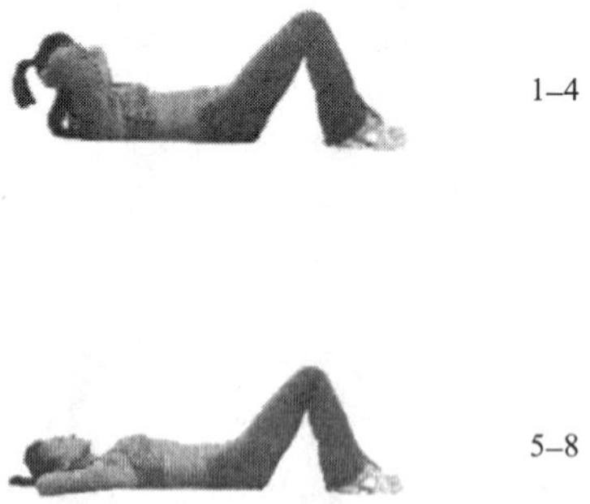

腹肌练习 三 1×8

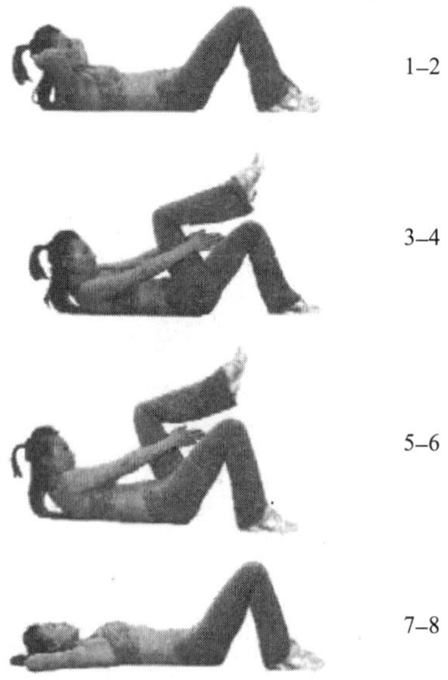

节拍分段			动作描述
腹肌练习	二	1–8	1–4 收腹抬起上体，5–8 还原
	三	1–8	1–2 抬起上体，3–4 双手右腿后击掌，5–6 双手左腿后击掌，7–8 还原
	四至五	1–8	动作同第二至第三个八拍

过渡动作 六 1×8	 1–2 3–4 5–8	过渡动作 七 1×8	 1–4 5–8

节拍分段			动作描述
过渡动作	六	1–2	抬起上体，双手抱右腿膝
		3–4	同 1–2 动作，抱左膝
		5–8	右转 90°成侧卧右腿后屈，左小臂撑地
	七	1–8	1–4 搬左侧腿，5–8 左转 90°成屈腿坐，双手体后撑地，指尖向前

腹背练习 八 1×4	 1–2 3–4 5–6 7–8	过渡动作 九 1×8	 1–4 5–8	腹背练习 十 1×8	 1–2 3–4 5–6 7–8

节拍分段			动作描述
腹背练习	八	1–8	1–2 抬起髋部，右腿水平伸直，3–4 还原，5–8 换另一腿
过渡动作	九	1–8	1–4 左转 90°成左腿后屈侧卧，小臂撑地，搬右侧腿，5–8 还原成屈腿坐
腹背练习	十	1–8	动作同八，但方向相反

过渡动作 十一 1×8

1–2 3–4 5–6 7–8

俯卧撑练习 十二至十五 1×8

1–4 5–8

节拍分段			动作描述
过渡动作	十一	1–8	1–2 双腿伸直，3–4 右转 180°成俯撑，双手体侧撑地，5–6 屈腿，7–8 双手伸直撑起成跪撑
俯卧撑练习	十二～十五	1–8	1–4 屈臂，身体保持稳定，5–8 还原，4 同 3 相反，5–8 还原

过渡动作 十六 1×8

1 2–4

5–8

过渡动作 十七 1×8

1–2 3–4

5–6 7–8

结束动作

节拍分段			动作描述
过渡动作	十六	1–8	左转 180°，左脚向前迈步左手撑膝站起
	十七	1–8	右脚向侧迈步成开立，1–2 左臂经肩侧屈至侧平举，3–4 右臂经肩侧屈至侧平举，5–6 双臂上举，双手互握，7–8 双手握拳至胸前
结束动作	一拍	1	右脚向左前方迈步，屈膝，上体右转，双臂侧下举

扫码“练一练”

思考题

1. 简述健美操基本动作练习时应注意的问题。
2. 简述健美操运动的特点。
3. 简述健美操的锻炼功能。
4. 简述健美操的分类。

（杜金蕊）

第九章

羽毛球运动

学习目标

知识要求

1. 掌握羽毛球运动的技术动作要领、单（双）打战术，并能在实践中运用。
2. 熟悉羽毛球运动的基本竞赛规则。
3. 了解羽毛球运动的起源、特点和意义、发展历程、赛项等知识。

技能要求

掌握握拍、发球、击球、步法等基本技术动作要领；熟悉羽毛球核心技术、战术术语；能胜任一般羽毛球比赛裁判工作。

第一节　羽毛球运动概述

扫码“学一学”

知识链接

羽毛球运动具有良好的健身价值，对提高国民身体素质能够起到积极的促进作用；并且各种级别的高水平赛事极具观赏性。

羽毛球运动是一项深受人们喜爱的体育运动。它是全面锻炼身体、增强身体功能的良好的锻炼方式，也是培养良好道德风尚、陶冶情操的有效方法，通过锻炼和比赛，还能培养顽强的拼搏精神和优良的意志品质，从而提高身体素质和心理素质。

一、羽毛球运动的起源和发展

（一）羽毛球运动的起源

据传，在14世纪末，日本出现了把樱桃插上美丽的羽毛当球，两人用木板来回对打的运动，这便是羽毛球运动的雏形。

19世纪中叶，印度浦那城里，有一种类似羽毛球的游戏开展得十分普遍，它用圆形硬纸板或以绒线编织成球形插上羽毛，练习者手持木拍，将球在空中轮流击出，这项活动在英国驻印度军队里开展得尤其活跃。据考证，类似羽毛球活动的板羽球游戏在中国古代早就有了。

现代羽毛球运动起源于1873年在英国伯明顿镇，有一位鲍费特公爵，在他的庄园组织了一次游艺活动。由于天公不作美，户外活动只能改在室内进行。应邀来宾中有好几位是英国驻印度退役军人，他们建议进行浦那游戏。当时室内场地呈葫芦状，他们在场地中间拉了一根绳子代替网，每局比赛只能有两人参加，有一定的分数限制，大家打得非常热闹。于是，羽毛球作为一种高雅的娱乐性活动迅速传遍英国，为了纪念此项运动的诞生地，“伯明顿”成为羽毛球的英文名字而流传于世界。

（二）羽毛球运动的发展

1875年第一个军人羽毛球俱乐部在英国成立，1893年英国已有14个羽毛球俱乐部。他们举行会议，正式成立了英国羽毛球协会，当时，英国羽毛球协会对羽毛球运动的开展、提高和传播起了积极的推动作用。这项运动首先在欧洲传播，然后发展到美洲、亚洲和大洋洲。

20世纪20~30年代，加拿大、丹麦、马来西亚等国也相继成立了羽毛球协会。为了推动世界羽毛球运动的发展，1934年，由英格兰、法国、爱尔兰、苏格兰、荷兰、加拿大、丹麦新西兰和威尔士九个羽毛球协会共协商成立了国际羽毛球联合会（简称“国际羽联”），第一任主席是汤姆斯，总部设在伦敦。

国际羽联的成立对羽毛球技术、战术的发展起了促进作用，除了传统的“全英羽毛球锦标赛”照常举行外，在1948年增设了汤姆斯杯赛（世界男子团体锦标赛），1956年增设了尤伯杯赛（世界女子团体锦标赛），并相继举办了世界羽毛球锦标赛世界杯赛等，使世界羽毛球运动又向前前进了一大步。1981年，国际羽联和世界羽联正式合并，又组成了国际羽毛球联合会（简称“国际羽联”），使世界羽毛球运动产生了新的飞跃，出现了欣欣向荣、生机勃勃的景象。

在1988年汉城奥运会上，羽毛球被列为表演项目，在1992年巴塞罗那奥运会上被列为正式比赛项目。1996年亚特兰大奥运会混双列为比赛项目。从此，羽毛球进入了一个新的发展时期。

（三）羽毛球运动在中国的发展

现代羽毛球运动大约于1920年传入我国，最初在上海、广州、天津、北京等城市的教会组织的青年会和大学举办。1956年，中国羽毛球协会成立，标志着我国羽毛球运动新纪元的到来，在1959年第1届全运会上，羽毛球作为正式比赛项目，共有21个省、市派选手参加了比赛。这对羽毛球运动的普及和羽毛球技术水平的提高起到了促进作用。20世纪60年代初期，第二批印度尼西亚华侨青年相继回国，如汤仙虎、侯加昌、陈玉娘等。1963年，连获第4届、第5届汤姆斯杯冠军的印度尼西亚队来我国访问比赛，我国羽毛球队取得了六胜四负的战绩。1965年和1966年我国在与世界亚军、欧洲冠军丹麦队和欧洲劲旅瑞典队进行互访比赛时，我国再获全胜。当时中国羽毛球队的战绩使世界羽坛为之震惊，外国舆论界称中国队是世界羽坛的“无冕之王”“真正的世界冠军”。

由于受到影响，我国正处于上升时期的羽毛球运动受到了严重挫伤，水平直线下降。进入20世纪80年代后期，我国羽毛球运动进入第二个鼎盛时期，我国羽坛选手参加各种世界比赛，都取得了好成绩。

20 世纪 80 年代是我国羽毛球运动最辉煌的时期，是世界羽毛球运动的“中国时代”，中国羽毛球队为祖国争了荣誉，振了国威。进入 20 世纪 90 年代，中国羽毛球一方面是处于世界羽坛众目睽睽之下，各国都在研究、寻找击败中国选手的方法，另一方面我国羽坛也受到经济大潮的冲击，训练体制和人才体制都相应受到影响，训练质量下降，人才外流，导致中国羽毛球队成绩严重滑坡的现象。1994 年在日本广岛举行的亚运会上，我国羽毛球男女选手无一人进入决赛。这表明，中国羽毛球运动水平已经跌落到自 20 世纪 60 年代以来的最低谷。中国选于葛菲和顾俊在 1991 年第 26 届夏季奥林匹克运动会上，奋力拼搏，夺得羽毛球女双金牌，实现了我国羽毛球项目在奥运会上零的突破，这表明中国羽毛球正走出低谷。1997 年，我国运动员再次夺得“苏迪曼杯”，同时在世界锦标赛上获得了女单、女双和混双三块金牌，开始步入再铸辉煌的历程。

二、羽毛球赛事

目前，由国际羽联主办的世界重大羽毛球赛如下。

（一）汤姆斯杯

世界男子团体羽毛球锦标赛 1948 年举行第一届比赛，现为两年一届，在偶数年举行。比赛由三场单打，两场双打组成。当前历史上夺得汤姆斯杯冠军最多的国家是印度尼西亚队，共 13 次。

（二）尤伯杯

世界女子团体羽毛球锦标赛 1956 年举行第一届比赛，现为两年一届，在偶数年举行。比赛由三场单打，两场双打组成。历史上夺得尤伯杯冠军最多的国家是中国队，共 11 次。

（三）世界羽毛球锦标赛

世界羽毛球单项锦标赛。设有男女单打，男女双打和混合双打五个比赛项目。1977 年起开始为三年一届，1983 年改为两年一届，在奇数年进行。2005 年改为每年一届，但奥运年不举办。

（四）苏迪曼杯

世界羽毛球混合团体比赛。1989 年开始举办，两年一届，在奇数年举行，比赛由男女单打、男女双打组成。

（五）世界杯羽毛球赛

属于邀请性比赛，由国际羽联邀请当年成绩优异的选手参加，创办于 1981 年。1997 年国际羽联决定从 1998 年起改为主办由世界各国选手参加的明星赛，并准备尝试奖金丰厚的羽毛球大满贯赛事。

（六）全英羽毛球锦标赛

由英格兰羽毛球协会于 1899 年创办。它是世界历史上最悠久的羽毛球赛事。最初有英国和英联邦国家选手参加，现在已成为全球性的羽坛大会战。

（七）国际系列大奖赛

由国际羽联参照世界网球大奖赛办法组织。始于 1983 年。比赛分成若干区，由许多比赛组成系列，根据运动员在各次比赛中的成绩积分，进行排名，前 16 名进行总决赛。

三、羽毛球运动的特点和意义

（一）羽毛球运动的特点

1. 场地选择灵活 作为全民健身的羽毛球运动对场地、设备的要求不高，只要一块不大的平地就可以，当然如果有标准场地可供使用，也是一种不错的选择。

2. 运动量因人而异 若作为保健康复的方法锻炼，运动量宜较小，活动 20～30 分钟即可，心率为 100～130 次/分。若作为促进生长发育、提高身体功能进行锻炼，运动量为中强度，活动时间在 40～50 分钟，心率为 140～150 次/分；若要大强度活动，可使心率达到 160～180 次/分。

3. 全身性运动项目 羽毛球运动在场上必须不停地移动、跳跃、转体和挥臂，从而增大了上、下肢及腰腹肌肉的力量，加快了血液循环，增强了心血管和呼吸系统的功能。同时，在短时间内要对瞬息万变的球路做出判断，这对提高人体神经系统的灵敏性、协调性也有重要作用。

4. 球路随意 在进行羽毛球运动时，从击球时的某一单个的击球手法和移动步法来看，是有一定规律的。但受对方击球后来球的方向有左有右、来球角度和弧度有大有小、来球的距离有长有短和来球的力量有强有弱等不定因素的影响，球的落点变化无常。因此运动中技术动作没有固定不变的模式。一切技战术都是在“动态”的状况下完成的。

5. 竞技比赛体能消耗大 羽毛球比赛通常采用三局二胜制，先得到的规定分数的一方为胜方，不受时间限制。大型比赛中，无论是单打还是双打比赛，双方选手实力相当、久攻不下的情况比比皆是，有时一个球的竞争就要打 100 多拍，拿 1 分都非常不容易，一场比赛可能持续一个多小时，甚至两个多小时，双方体力消耗巨大。这种发展趋势，使比赛变得更加艰苦，对选手的耐力素质的要求也就更高了。

6. 动作更具爆发力 从羽毛球选手在场上身体运动的动作来观察，选手的上肢运动是通过手臂肌肉运动产生爆发力，并挥动羽毛球拍将球击出；下肢运动是下肢肌肉在力的作用下，产生快速移动，使人体在短时间内到达合适的位置，协调上肢完成击球动作。因此，羽毛球运动员需要的力量素质必须与速度素质紧密联系在一起，是一种动力性的速度力量，即爆发力。这种力量素质要求在短时间内产生强大的爆发性力量。下肢爆发性的启动蹬力，会加速身体的移动；上肢爆发性的手指与腕部力量，能使击球动作更加有力。

7. 运动中急停急起 羽毛球飞行的速度可达每小时 400 多千米，对选手的灵活性素质提出了很高的要求。选手在运动中动作转换的快慢，对来球的判断是否准确，都会直接影响对抗中的主动权。每一项技战术的运用与实施，都离不开选手的判断快、反应快、启动快、移动快、蹬跳快、击球动作快和回动快，既要在变化莫测的瞬间判断来球的方向、迅速向来球方向移动击球，又要根据对手的位置迅速决定回击的球的线路。因此，羽毛球选手只有具备了这种快速灵敏和思维决断能力，才能在高速度的激烈竞争中立于不败之地。

（二）羽毛球运动的意义

1. 有助于培养竞争意识和进取精神 公平竞争是促进社会进步与发展的动力，竞争精神是现代人的重要素质。羽毛球运动特有的对抗性、强负荷的锻炼方式，有助于培养充满自信、不畏困难、顽强拼搏、积极进取的现代人才。

2. 有助于强身健体，提高免疫力，缓解疲劳 羽毛球是一项技能性运动，要求脑、眼、手、脚密切协作，全身心地投入。羽毛球运动量大、速度快，能有效消耗多余的脂肪，调节肌肉密度，塑造优美形体，还有助于缓解眼睛、大脑和颈椎的疲劳状况。经常参加羽毛球运动，可提高机体的灵敏性、协调性，改善人体代谢功能，提高吸氧能力，提高免疫力。

3. 有助于加强文化修养 参与羽毛球运动，了解羽毛球运动的发展历史和文化背景，学习并遵守运动规则，形成尊重对手和尊重裁判的赛场作风，对培养协作、忍让、谦虚、豁达等优良品质大有益处，有利于树立正确的人生观和世界观。

4. 有助于陶冶情操增添生活乐趣 参与羽毛球运动能够保持优美潇洒的姿态和朝气蓬勃的精神状态。无论是参加羽毛球运动，还是观看羽毛球比赛，都能从中体会到灵动变化之美，感受到这项运动的魅力。可以说，打羽毛球就是一个发现美和创造美的过程，其中乐趣无穷。

四、羽毛球运动的健身价值

1. 有助于提高大学生呼吸系统功能 呼吸系统功能的强弱取决于人体活动时氧气和二氧化碳进行交换的能力。羽毛球运动时人体对氧气的需求量增加，呼吸频率加快，为了适应这一需求，呼吸系统的各个器官必须改善自身的工作能力。因此，长期进行羽毛球锻炼能提高人体的摄氧能力和各呼吸器官的功能，从而改善呼吸系统的功能。

2. 有助于提高大学生血液循环系统功能 良好的血液循环系统是强健体魄所必须具备的条件。经常进行羽毛球锻炼可提高心血管系统的功能，减少各种“文明病”的产生。羽毛球锻炼对人体各器官、系统都有良好的作用，对心血管系统更是如此。进行羽毛球锻炼时，体内能量消耗的增加和代谢产物的增多，需要提高心血管系统的功能和加快血液循环。经常从事羽毛球锻炼能使心血管系统的功能得到明显增强，使心肌肥厚、心动徐缓和血压降低，使血液循环系统的结构和功能得到改善。

3. 有助于大学生防止和治疗肥胖 肥胖依照发生原因，可分为单纯性肥胖和继发性肥胖。我国患有肥胖症的青少年基本属于单纯性肥胖，这与生活方式密切相关，表现为以过度营养、运动不足、心理行为偏差为特征的慢性疾病。而单纯性肥胖是可以通过科学的方法进行治疗的。适宜运动被广泛认为是一种合理的有效的减肥手段。通过运动来增加能量消耗、适度降低食欲、减少食物摄入量、提高新陈代谢率和抑制脂肪的生成来减少脂肪积累，达到减肥的目的。这需要耐力性运动来实现，由于耐力性运动消耗大量的能量，脂肪氧化供能是主要的供能形式。但一般耐力性运动项目由于枯燥，缺乏趣味性，大多数人都是半途而废，而羽毛球运动是一项集耐力性和力量性为一体的运动项目，具有很强的趣味性和锻炼的全面性。因此学生从事羽毛球运动不仅可以强身健体，而且可以起到治疗和防止肥胖病的效果。

4. 有助于防止和矫正大学生近视眼 近视眼的发生原因及影响因素包括遗传和环境两方面。关于环境和遗传因素与近视的关系，曾有学者作如下阐述：遗传因素对学生近视眼的作用有限，只是近视眼发生、发展过程中的生物学前提，它提供近视发展的可能性，而环境条件则是决定近视眼发生的现实性。随着电子游戏盛行、计算机普及、网络信息的发展，青少年长时间玩游戏、上网、看电视等都是导致近视发生的重要因素。而从事羽毛球运动需要眼睛不断地随着球飞行的远近、高低变化，同时还要观察对方的移动，这样就可以有效地调节眼部周围的肌肉，使之具有弹性、缓解疲劳从而达到防止和矫正近视眼的作用，而且可以让运动的时间代替上网、玩游戏的时间。

5. 有助于防止和矫正大学生脊柱变形　脊柱异常是青少年中常见的一种姿势缺陷。它不仅影响人的姿势，妨碍内脏器官的正常生长，而且由于脊柱的弹性降低，在学习时易出现疲劳。脊柱弯曲异常包括脊柱侧弯、脊柱后凸（即驼背）、脊柱前凸及直背等。学生的脊柱弯曲异常大部分是习惯性的，可以通过体育活动纠正不良姿势恢复正常。如果任其发展脊柱肌肉的紧张度明显不同，造成一侧肌肉萎缩，另一侧肌肉弯缩隆起，这就是固定性侧弯。而羽毛球运动中后场击球时需要拉背弓、抬头观察来球，这和学生伏案学习成反向运动，可有效地防止脊柱后凸发生；在进攻状态时，特别是起跳击球时需要身体向上拔伸，对脊柱也是一种有益牵拉。

6. 有助于大学生抵御心理障碍　在羽毛球运动中，人们会遇到各种各样的困难和障碍。其中，有来自内心的，如紧张、害怕、失落、犹豫等心理，也有来自外界的，如来自大自然的地理、气候环境和运动场景的复杂多变等。为实现目标，就必须承受来自内心和外界的各种压力，努力克服各种困难，消除障碍。因此，经常参加羽毛球运动能逐渐增大练习者的心理负荷，提高他们的心理承受能力，减少心理疾病的发生与发展。

第二节　羽毛球运动的基本技术

扫码“学一学”

知识链接

掌握准确的羽毛球技术动作，了解羽毛球技术的评价方法不仅能促进学生在练习中自查或相互纠错，提高技术水平；还能让练习者在场上从容面对、运用自如，提高练习者的兴趣，更能使练习者从中体会到胜似“闲庭信步”的愉悦。

一、握拍法

（一）正手握拍

正确的握拍方法（图 9-1）是先用左手拿住球拍杆，使拍面与地面垂直，然后张开右手，使手掌下部（小鱼际）靠在球拍柄底托上，虎口对着球拍柄窄的一面，小指、无名指、中指自然地并拢，示指与中指稍稍分开，自然地弯曲并贴在球拍柄上。在击球之前，握拍一定要放松、自然，在击球的一刹那才紧握球拍。

（二）反手握拍

一般来说，反手握拍（图 9-2）有两种：一种是在正手握拍的基础上把球拍柄往外转，拇指伸直贴在球拍柄的宽面上，示指、中指、无名指、小指并拢；另一种是正手握拍，把球拍柄外转，拇指贴在球拍柄的棱上，示指、中指、无名指小指并拢。反手握拍时，手心与球拍柄之间要留有空隙，这样握拍有利于手腕力量和手指力量的灵活运用。

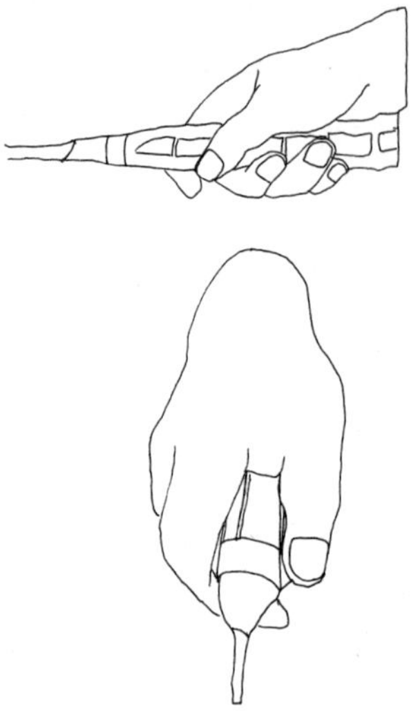

图 9-1　正手握拍

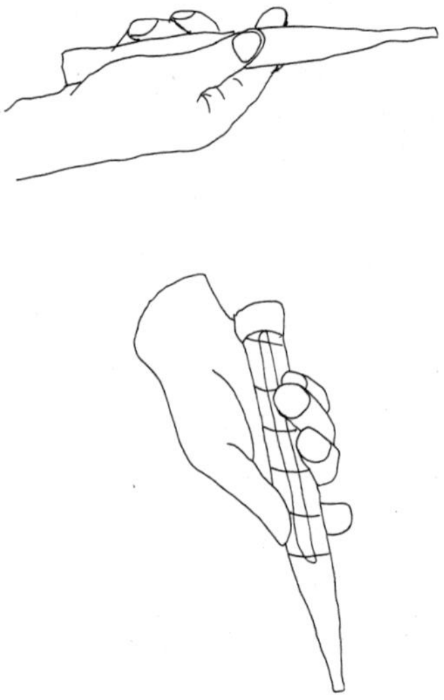

图 9-2　反手握拍

二、发球

发球可分为正手发球和反手发球。一般来说，发网前球、平快球、平高球均可以用正手发球或反手发球的技术来完成，而发高远球，则必须采用正手发球。

（一）正手发球

发球站位：单打发球在中线附近，站在离前发球线约 1 米。双打发球站位可靠近前发球线。

准备姿势：身体左肩侧对球网，左脚在前，右脚在后，重心在右脚上，右手持拍向右后侧举起，肘部放松微屈，左手拇指、示指和中指夹住球，举在胸腹间，发球时，身体重心由右脚移至左脚。

用正手发球，不论是发何种弧线的球，其发球前的姿势都应该一致，这样就会给对方的接发球造成判断上的困难。

1. 高远球　球的运行轨迹又高又远，下落时与地面垂直，落点在对方场区底线附近的球叫高远球（图 9-3）。

图 9-3　高远球

动作要领：发球时，左手把球举在身体的右前方并自然放下，使球下落，右手同时持拍由大臂带动小臂，从右后方沿着身体向前并向左上方挥动，当球落到右手臂向前下方伸直能触到球的一刹那，握紧球拍，并利用手腕的力量向前上方发力击球。击球之后，球拍顺势向左上方挥动缓冲。

2. 平高球 一种比高远球低，速度较高远球快，具有一定攻击性的球（图 9-4）。

图 9-4 平高球

动作要领：发球的动作过程大致同发高远球，只是在击球的一刹那小臂加速带动手腕向前上方挥动，拍面要向前上方倾斜，以向前用力为主。发平高球时要注意发出球的弧线以对方接球时伸拍打不着球的高度为宜，并应发到对方场区底线。

3. 平快球 这种球比平高球的弧线还要低、速度还要快。在应付对方反应较慢、站位较前、动作幅度较大的对手或是初学者时，效果往往很好。

动作要领：准备姿势亦同发高远球。站位比发平高球稍后些，充分利用前臂带动手腕爆发力向前方用力，球直接从对方的肩稍上高度越过，直攻对方后场。发平快球关键是出手的动作要小而快但前期动作应和发高远球一致。发平快球时还应注意不要过手、过腰犯规。

4. 网前球 发网前球（图 9-5）是在双打中主要采用的发球技术。单打比赛时如发高球怕遭到对方球速较快的直接攻击时；或为了主动改变发球方式借以调动对方时采用。

图 9-5 网前球

动作要领：准备姿势同发高远球。击球时，握拍要放松，大臂动作要小，主要靠小臂带动手腕向前切送，用力要轻。发网前球时应注意手腕不能有上挑动作，另外，落点要在前发球线附近，发出的球要贴网而过，这可免遭对方扑杀。

（二）反手发球

反手发球的特点是动作小、出球快、对方不易判断。在双打比赛中多采用此发球技术。

发球站位：站在前发球线后 10~50 厘米及发球区中线的附近，也可以站在前发球线及场地边线附近的地方。

准备姿势：面向球网，两脚前后站立，上体稍前倾，身体重心在前脚上。右手反手握拍，左手拇指、示指和中指捏住球的两三根羽毛，球托明显朝下，球体与拍面平行或球托对准拍面放在拍面前方（图 9-6）。

图 9-6　反手发球

动作要领：击球时，小臂带动手腕朝前横切推送。发网前球时，用力要轻，主要靠“切”送；发平快球时，发力要迅速，击球时拍面要有“反压”动作。

三、接发球

发球方想方设法发出各种不同弧线的球，以此来控制对方，接发球方则后发制人，来达到反控制的目的羽毛球比赛就是在这种控制与反控制的争夺中给人以刺激、乐趣和启示。

接发球站位：不论是单打还是双打，都应选择一个合理的接发球站位。一般情况下，单打的接发球站位离前发球线约 1.5 米处；在右球区应站在靠中线的位置，在左发球区则站在中间稍偏边线的位置，主要防备对方发球攻击反手部位。双打接发球时站位可靠近前发球线，因双打的后发球线距前发球线比单打短 0.76 米，发高远球易被扣杀。所以，双打接发球主要精力应对付发网前球上。

准备姿势：单打接发球应左侧在前，右脚在后，侧身对网，重心在前脚，后脚跟稍提起，收腹含胸，持拍手在身前，两眼注视对方。双打接发球准备姿势基本同单打，但重心可随意放在任何一只脚上，球拍高举在肩上，注意力要高度集中。

四、击球

（一）高远球

以较高的弧线将来球击到对方场区底线附近称击高远球。击高远球是一切上手击球动作的基础。高远球的特点是球的弧线高、滞空时间长，它的作用是逼迫对方远离中心位置退到底线去接球，一方面可减弱对方进攻的威力，为我方进攻寻找机会；另一方面在己方被动情况下，有较多的时间来调整站位，摆脱被动局面。

上手击高远球分为正手击高远球、反手击高远球和头顶击高远球。

1. 正手击高远球　动作要领：首先判断来球的方向和落点。侧身后退使球在自己右肩稍前上方的位置。左肩对网，左脚在前，右脚在后，重心在右脚上，左臂曲肘，左手自然高举，右手持拍，大小臂自然弯曲，将球拍举在右肩上方，两眼注视来球，击球时，由准备动作开始，大臂后引，随之肘关节上提明显高于肩部，将球拍后引至头后，自然伸腕（拳心朝上），然后在后脚蹬地、转体和腰腹的协调用力下，以肩为轴，大臂带动小臂快速向前上方甩动手腕，在手臂伸直的最高点击球后，持拍手臂顺惯性往前下方挥动并收拍至体前。与此同时，左脚后撤，右脚向前迈出，身体重心由后脚移到前脚。正手击高远球可以用不起跳或起跳进行击球（图 9–7）。

图 9–7　正手击高远球

2. 反手击高远球　动作要领：首先判断对方来球的方向和落点，迅速将身体转向左后方，步法到位后，右脚前交叉跨到左侧底线，背对网，身体重心在右脚上，使球在身体的右肩上方。击球前，由正手握拍迅速换为反手握拍，并持拍于胸前，拍面朝上。击球时，以大臂带动小臂，通过手腕的闪动、自上而下地甩臂将球击出。在最后用力时，要注意拇指的侧压力与甩腕的配合，同时还要利用两腿的蹬地、转体等动作协调全身用力（图 9–8）。

图 9–8　反手击高远球

3. 头顶击高远球　动作要领：击球前的准备姿势以及击球动作同正手击高远球基本一致。不同的是头顶击高远球的击球点在左肩上方（因为球是飞向左后角的）。准备击球时，侧身（左肩对网）稍向后仰。击球时，大臂带动小臂使球绕过头顶，从左上方向前加速挥动，在用力击球时，注意发挥手腕的爆发力和充分利用蹬地以及收腹的力量。击球后，左脚在身后着地并立即回蹬，同时右脚前移，重心移至右脚（图 9–9）。

（二）吊球

把对方击来的后场高球还击到对方的网前区的击球法谓之吊球。它的作用是调动对方站位，以利用步法组织进攻。在后场若将吊球与高球或杀球结合起来运用就能给对方以很大的威胁。吊球可以用正手、反手或头顶击球技术来完成。

图 9-9　头顶击高远球

1. 正手吊球

（1）快吊击球前期动作同正手击高远球。击球时，拍面正面向内倾斜，手腕做快速切削下压动作（图 9-10）。若劈吊斜线球，则球拍切削球托的右侧，并向左下方发力；若劈吊直线球，则拍面正对前方，向前下方切削。

（2）拦截吊击球前期动作同正手击高远球。击球时，一种轻吊时的拍面变化同劈吊基本一致，但用力要更轻些；另一种是击球时，拍面正击球托或借助于来球的反弹力用球拍轻捎，使球过网后贴网而下。后者多用于拦截对方击来的平高球和半场高球。

2. 反手吊球　击球前的动作同反手击高远球，不同处在于触球时拍面的掌握和力量运用。吊直线球时，用球拍反面切削球托的后中部，向对方右网前发力，吊斜线球时，用球拍反面切削球托的左侧，朝对方左网前发力（图 9-11）。

图 9-10　正手吊球

图 9-11　反手吊球

3. 头顶吊球　击球前的动作同头顶击高远球一样。不同的是球拍触球时拍面变化和力量的运用。吊直线球的动作同正手吊直线球基本一致，只是击球点不同；吊直线球时，球拍正面向外转，切削球托的左侧，朝右前下方发力（图 9-12）。

（三）杀球

把对方击来的高球全力向下扣压叫杀球。杀球的特点是力量大、速度快。它是主动进攻的重要技术。杀球分正手杀球、反手杀球和头顶杀球。

1. 正手杀球　其击球前的准备姿势和击球动作与正手击高远球基本一致。不同的是最后用力的方向朝下，而且要利用蹬地转体、收腹以及手臂和手腕的爆发力全力地将球击下，击球的一刹那要紧握球拍。

图 9-12 头顶吊球

2. 反手杀球 其准备姿势和击球动作与反手击高球一致。但是最后用力的方向朝下，而且要加快手臂和手腕朝下的闪动。击球点应尽可能高些、前些，这样便于力量的发挥。

3. 头顶杀球 准备姿势和击球动作与头顶击高球一致。不同的是击球要充分利用腰腹力量，以大小臂带动手腕快速下扣。头顶杀球是一种重要的进攻性技术，也是我国运动员在左后场区进攻的主要手段。它弥补反手击球力量不足的弱点。

不管用哪种动作杀球均可做重杀、轻杀、长杀、深杀、直线扣杀、斜线扣杀。重杀时要全力扣压，轻杀时用力介于重杀和劈吊之间；长杀是将球杀向对方场区底线附近，深杀落点在中场附近。总之，杀球时只要通过手腕和手指控制拍面、倾斜角度、用力方向和大小，就可扣杀出不同的球来，这些不同形式的杀球主要是为了战术的需要和根据对方站位的情况灵活加以运用。

（四）下手击球

一般是在防守时所采用的击球技术。

1. 抽球 主要是为了对付长杀球、平推球或对方突然回击的平高球使自己较被动地退到底线击接球时采用的一种击球技术。

（1）正手抽球 移动时，右脚先向右后场区退一小步，身体也随之转向右后方，左脚用并步或交叉步向右后场移动一步，右脚再向右后场跨一大步并呈弓箭步，重心在右脚上。在移动的同时，持拍臂往右后方拉，拍面稍后仰，击球时，躯干为竖轴，做半圆式挥拍击球。

（2）反手抽球 移动时，右脚先向左脚靠一小步，然后左脚向左后场跨一步，右脚向左后场跨一大步，身体重心在右脚上，击球前背朝网，大臂往左后方拉，击球时利用大臂带动小臂及手腕左前上方发力，并利用蹬地、转腰的力量将球击出。底线反手抽球多在单打被动时或双打比赛中运用。

2. 挑球 把对方来的吊球或网前球还击到对方后场去叫挑球。它是在被动情况下为了争取回场时间而采取的一种过渡性质的击球。

动作要领：不论是正手挑球还是反手挑球，最后一步应是右脚在前。正手挑球时，以肘关节为轴，伸拍向前以前臂带动手腕由下向上挥动。反手挑球时，以反手握拍法握拍，击球时，肘关节稍抬高，并以肘关节为轴，前臂带动手腕由下向上挥动。

3. 接杀球 把对方杀过来的球还击到对方场区去叫接杀球。接杀球看起来很被动，但当对方杀球质量不高时，接杀球如处理得当，就会为本方创造转守为攻的机会或直接还击得分。

（1）接杀近身球　对方杀球的落点离身体不远，不需移动脚步而在原地即可进行还击。击球时，主要依靠前臂、手腕的发力。用力大小和拍面变化要根据对方杀球的力量大小和己方回击的不同落点而变化。一般来说，回击网前球时，用力要轻，主要依靠对方来球的反弹力，拍面正对网稍后仰。球拍触球时可做“切削”或“提拉”缓冲来球力量；回击后场时，前臂和手腕用力要大些，要有抽击动作；当对方杀球质量较差时，可用推后场还击，其用力手腕为向前稍上方甩腕。

（2）接杀远身球　对方杀球的落点离身体较远，需移动脚步进行还击。击球时，两脚急速蹬伸同时转髋，采用两侧移动步法至击球位置，上体侧向击球点，同时右手侧伸，以前臂、手腕的闪动发力击球。接杀远身球回击前或后场球时的用力及拍面变化相似接杀近身球。

（五）网上击球

网上击球是调动对方、寻找战机的重要手段，并可直接得分。

准备姿势：侧身对网，右脚跨步呈弓箭步，左脚在后自然托开，上体略向前倾，右手持拍前伸约与肩平，肘关节微屈。注意握拍要放松。网上击球有搓球、放网前球、钩对角球、推球、扑球。

1. 搓球　击球前准备姿势同上。击球时，拍面稍前倾，利用手腕和手指的力量向前“切削”球托底部或向后“提拉”，使球击出后旋转或滚动过网。搓球一般在对方来球较靠近网上时运用。正反手搓球除握拍（图 9-13）不同外，其他要领相同。

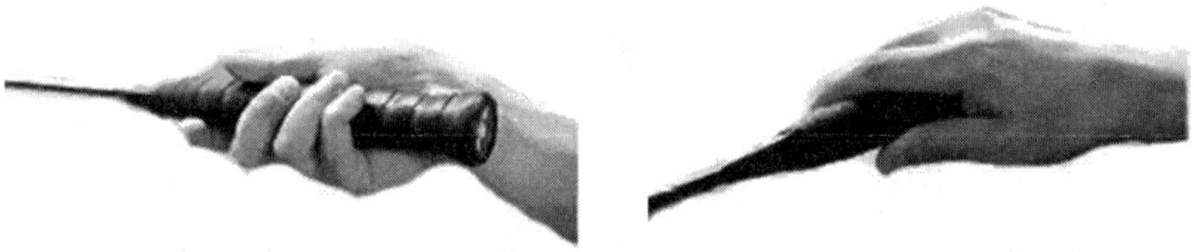

反手搓球　　正手搓球

图 9-13　搓球

2. 放网前球　准备姿势同上。击球时，拍面稍朝前下方倾斜，前臂带动手腕和手指用球拍轻轻切（托）球托底部，正反手搓球除握拍不同外，其他要领相同。

3. 钩对角球　在网前把来球回击到对角线网前叫钩对角球。准备姿势同上。击球时，拍面斜向对方右（左）网前。正手钩对角线时，击球托的右侧，手腕和手指带动球拍向左内钩动；反手钩对角时，击球托的左侧，同时向右内钩动。

4. 推球　在网上将来球用较平的弧线快速推到对方场区底线叫推球。准备姿势同上。击球时拍面前倾几乎与网平行，利用前臂带动手腕和手指的快速“闪动”将球击出，正手推球多用示指的力量，反手推球多用拇指的力量。

5. 扑球　在网上把高于网的来球迅速扑压下去叫扑球。击球时，拍面前倾，前臂带动手腕和手指的快速闪动发力，击球后立即收拍，以免触网犯规。扑球时要求判断准、上步快、抢点高、动作小，正反手均可。

五、步法

（一）上网步法

准备姿势：站位取中心位置，两脚左右开立（稍有前后），约同肩宽，两膝微屈，两脚前脚掌着地，后脚跟稍提起并左右微动；上体稍前倾，右手持拍于体前，两眼注视对方的来球。

1. 跨步上网 判断准对方来球后，左脚掌内侧用力蹬地并侧身向来球方向迈出，接着右脚也向前进一大步，以脚掌外侧和脚跟先落地，再过渡到前脚掌，右膝关节弯曲并呈弓箭步。紧接左脚自然地向前脚着地方向靠上小半步。击球后，右脚蹬地用小步、交叉步或并步回到中心位置。

2. 垫步或交叉步上网 判断准对方来球后，右脚先迈出一小步，左脚立即向右脚垫一小步（或从右脚后交叉迈出一小步），左脚着地后，脚内侧用力蹬地，右脚再向网前跨一大步呈弓箭步，身体重心在前脚（图 9–14）。击球后，前脚朝后蹬地，小步、交叉步或并步退回到中心位置。

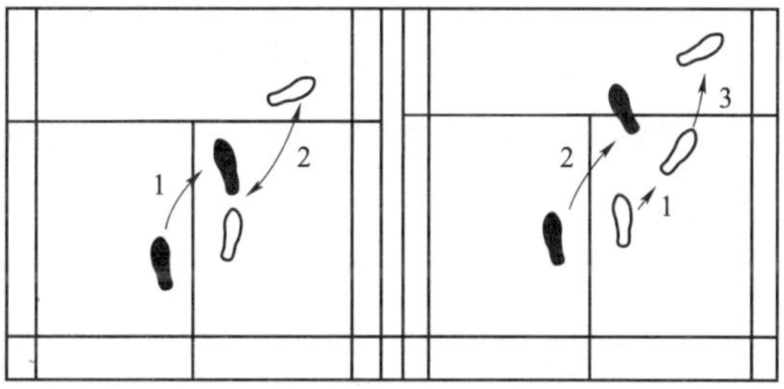

图 9–14 垫步或交叉步上网

3. 蹬跳上网 在预先判断来球的基础上，利用脚的蹬地，迅速扑向球网，以争取在球刚越过同时立即进行还击，单打或双打中常用此步法上网扑球。其步法是站位稍靠前，对方一有打网前球的意向后，右脚稍向前一点便起蹬侧身扑向网前，击球后应立即退回中心位置。

（二）后退步法

后退步法有右后场区后退步法和左后场区后退步法。右后场区后退步法主要是正手的后退步法，左后场区后退步法包括头顶后退步法和反手后退步法。不论是哪种后退步法，其移动前的准备动作和站位都相同。

1. 正手后退步法 有并步和交叉步两种，实战中可根据场上情况和个人特点灵使用。判断准来球后，先调整重心至右脚，然后右脚蹬地迅速向右后撤一小步，同时上体右转，左肩对网，接着，左脚用并步靠近右脚（或从右脚交叉后撤一步），右脚再向后移至来球位置。在移动的同时，必须完成挥拍击球前预备动作，待球在右肩上方下落时，做正手原地或起跳击球。击球后，身体重心随右脚前移迅速用小步跑或并步回到中心位置（图 9–15）。

2. 头顶后退步法 对方来球向左后场区，用头顶击球技术还击时所采用的后退步法。头顶后退步法也可用并步或交叉步移动后退，判断准来球后，右脚蹬地撤向左后方，同时，髋关节及上体向右后方转动（转动的幅度比正手后退要大些），且稍有后仰，接着，左脚用并步或交叉步后撤，右脚再退至来球位置用头顶击球技术击球。击球后，迅速回到中心位置。

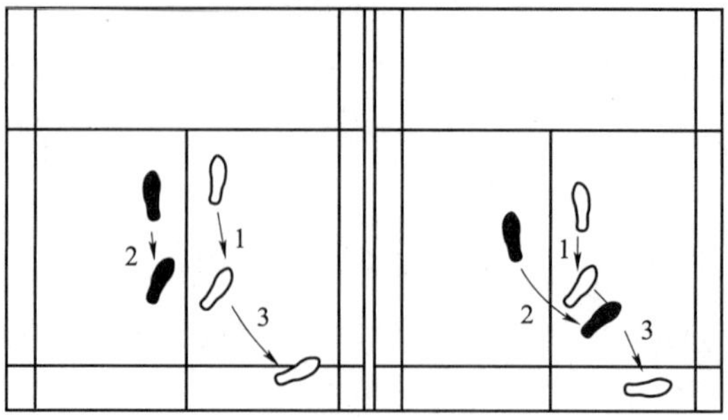

图 9-15　正手后退步法

3. 反手后退步法　反手后退时，应根据离球距离的远近来调整移动步子。如离球较近，可采用两步后退步法：一种是左脚先向左后方撤一步，接着，上体左转，右脚向左后方跨一步，背对网；另一种是右脚先向左脚并一步，然后，左脚向左后方跨一步，同时上体左转，右肩对网做反手击球。如离球较远，则要采取三步或五步后退步法。三步后退时，右脚先向左脚并一步，左脚再向左后方撤一步，同时上体左转，右脚再向左后方跨一步至来球位置，背对球网，做反手击球。如三步移动还未到来球位置，则左脚、右脚再向后移动一步即成五步移动步法（图 9-16）。

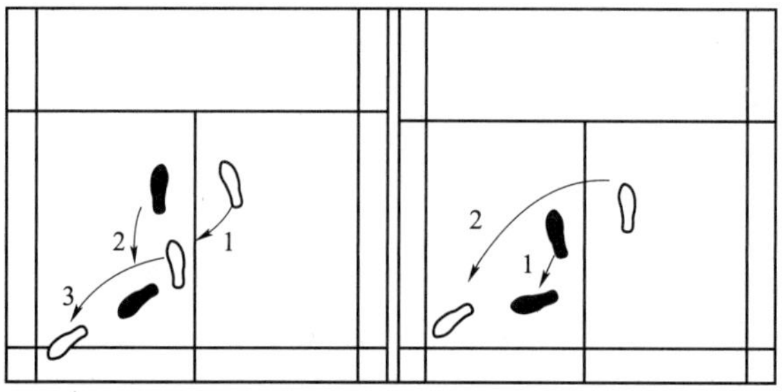

图 9-16　反手后退步法

（三）两侧移动步法

两侧移动步法多用于接对方的扣杀球和打来的半场低平球。其移动前的准备姿势及站位同上网步法。

1. 向右移动步法　判断准来球后，上体稍倾倒向左侧，用左脚掌内侧用力蹬地，右脚同时向右侧跨大步，髋关节随之右转、上体稍倾倒向右侧，重心在右脚上。若距来球较近，可采用上述动作，若距来球较远，则需左脚先向右脚垫一小步再起蹬，右脚同时向右侧跨一大步。

2. 向左移动步法　判断准来球后，上体稍倾倒向右侧，用右脚掌内侧用力蹬地，左脚随髋关节的转动同时向左侧跨一大步。若来球较远，左脚先向左侧移一小步，紧接着右脚往左侧方向起磴并转身，向左跨一大步（图 9-17）。

（四）起跳腾空突击步法

起跳腾空突击步法主要运用于向左、右两侧稍后的位置移动，突然起跳拦截对方来的弧线较低的平高球。它的特点是起动快、动作迅速，常在对方尚未站稳之际，突袭对方，使对方防不胜防。

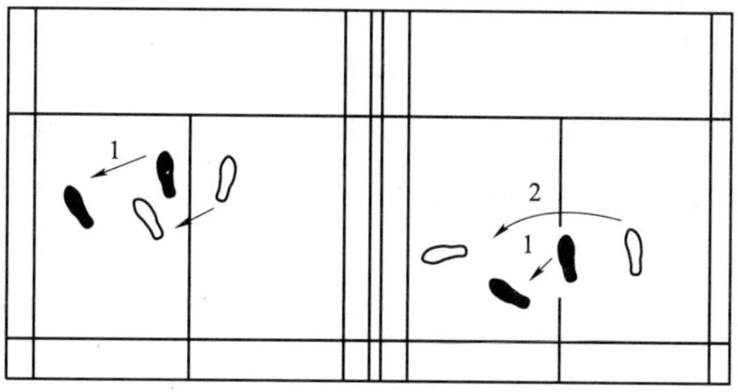

图 9-17　向左移动步法

当判断准来球飞向右侧底线且弧线较低时，右脚先向右后跨一步，接着左脚向右侧后蹬地，右脚起跳，身体向右侧后方跃起，接住来球，用正手击球技术扣杀或劈吊对方空当。当来球飞向左侧底线时，用右脚掌蹬地，左脚起跳，用头顶击球技术突击对方。在运用起跳腾空突击步法时应注意击球后落地时，要控制好身体平衡，并立即回到中心位置。

六、核心技术、战术术语

1. 步法技术术语

（1）步法　脚步移动的动作方法。

（2）判断启动　由接球前的准备动作开始，在对方出手击球的瞬间，判断来球方向，同时双脚前脚掌迅速蹬地向来球方向启动。判断启动快是迅速移动到位、争取有利击球位置的前提和保证。

（3）蹬步　由支撑腿向前后左右等方向用力蹬地获得力量所产生的脚步位移。

（4）跨步　任意脚向前后左右跨步，伴随手臂完成击球。步法间的调整多用跨小步，跨大步用于最后击球。

（5）跳步　争取击球时间和获得击球高度而腾空跃起的击球步法，可利用跳步配合完成各种击球动作。

（6）垫步　幅度小、速度快的一种移动步法，用于步法间的衔接。

（7）并步　一脚先移动，另一脚立即向先行脚并拢完成位移。

（8）回位　由跨步或跳步完成击球动作后立即向中心位置回动。击球后保持身体平衡是快速回位的关键。

（9）步法慢　场上脚步移动跟不上对方击球的速度。

2. 手法技术术语

（1）手法　手臂击球的动作方法。

（2）手臂内旋　握拍手向身体内侧方向转动。

（3）手臂外旋　持拍手向身体外侧方向转动。

（4）手腕外展　拇指向桡骨侧靠拢。

（5）手腕内收　小指向尺骨侧靠拢。

（6）手腕后伸　手腕由矢状面位置开始向后移动。

（7）手腕前屈　手腕由矢状面位置开始向前移动。

(8) 击球点　球拍与球接触时身体、球拍与球之间的距离位置。

(9) 击球点偏前　身体、球拍与来球间距离位置相距太远，身体位置在后，击球点在前，形成“够”球之势，击球位置偏前，出球容易下网。

(10) 击球点偏后　击球点位置在身体平行面之后。击球位置偏后，不利于发力。

(11) 击球点偏低　击球点位置距离身体太近，曲臂击球，不利于发力。

(12) 持拍手　握持球拍的手。

(13) 非持拍手　没有握持球拍的手，发球时用于持球、抛球。击球过程中，协助持拍手保持身体平衡，完成击球。

(14) 握拍　持拍手与球拍柄的接触方式。

(15) 引拍　击球的前期准备。如同射箭引弓一般，通过向击球反方向引拍产生力臂距离，为发力击球做必要准备。

(16) 正手击球　采用与持拍手手心同向的正拍面击球。

(17) 反手击球　采用与持拍手手背同向的反拍面击球。

(18) 头顶击球　右手持拍，采用正拍面回击左肩前上方（即反手上手区域）位置的球。

(19) 出手慢　挥臂速度迟于球体行进速度。

3. 战术术语

(1) 单打中心位置　球网至端线半场的中心稍后半步的位置。

(2) 双打前场选手中心位置　在前发球线与场地中线交叉点附近。双打后场选手中心位置，即在双打发球线与场地中线交叉点向前一步的位置；双打防守中心位置，即取半场场地的中部中心位置是场地“大本营”，每次出动完成一次击球后，都要回到中心位置。

(3) 站位　根据战术及对方的技术特点需要，在对方击球前采取的有利准备位置。

(4) 竞赛节奏　双方一来一往击球所需的时间，其快慢受击球速度和球飞行弧线的限制。

(5) 球路　根据战术需要，有选择地将各种击球路线进行的组合。

(6) 击球力量　持拍手挥拍作用于球托上的力量。

(7) 正拍面击球　球拍面与球托正面接触。

(8) 斜拍面击球　球拍面与球托斜面接触。

(9) 发球者　行使发球权的选手。

(10) 接发球者　接对方发球的选手。

七、提高技术水平的基本训练方法

提高技术水平除在室内正规场地上持球练习外，在没有场地和对手条件的情况下，还可以在场外进行各种练习。场外练习简单，可操作性强，能帮助你熟悉球性，增强球感，巩固技术动作。

（一）提高技术的辅助练习方法

1. 镜面挥拍练习　面对镜子做挥拍动作：面对镜子站立，进行发球、高远球、杀球、平抽球、挑球、推球、扑球等的各种挥拍动作练习。练习时应有意识地根据正确动作要领完成挥拍动作并通过镜子自我观察。

2. 击吊线球练习　具体有以下两种方法。

（1）用细绳拴住羽毛球并将其固定在高处，球托高度以练习者后场击球动作挥拍至肩上方最高点为准，原地用后场正手、头顶和反手击球动作，挥拍击打悬挂在空中的球托，从中体会击球拍面角度、发力时间和发力位置。

（2）用绳线将羽毛球拴住并固定在腰部前方位置的高度，用前场正反手挑球或推球动作，挥拍击打球托，体会前场运用挑球、推球技术击球拍面的角度和发力。

3. 向墙壁杀抽击球练习 选择一块平滑墙壁，立于墙壁正前方 2 米处，用接杀抽球动作向墙壁连续快速抽球。此练习可提高判断反应速度，熟练正、反手握拍和接杀抽球击球姿势的转换。在练习中需注意发力不宜过大，否则会因为反弹球速度太快而来不及进行下次击球的准备，影响抽球连续性。同时脚步应积极，随球快速移动，适时根据来球方向调整脚步，配合手臂完成击球动作。

4. 原地抬球练习 开始练习时，用正或反拍面轻轻向上抬击球，尝试连续抬击并控球。练习熟练后，可以用跳球动作全力向上方抬击球，将球击得越高越好，体会发力动作方法，同时熟识控制球性。

5. 徒手步法练习 将前场上网、中场接杀和后场后退步法分开，反复练习。

6. 多球练习 进行多球练习可集中持续使用旧球，节约训练成本。这种练习，可减少拣球时间，在单位时间内提高练习次数，增加练习强度；也可使练习者通过多球练习，不断重复同一击球动作，加强对击球动作要领的掌握，巩固正确击球姿势。多球练习运用较普遍，形式多样。

7. 正、反拍转换接球练习 陪练者站前场“T”字的位置上，从网上将球击向练习者腰部位置附近的正、反拍区域。练习者站立于中后场，放松握拍，根据来球方向迅速调整握拍位置，用正或反拍面将来球以齐网高度平行回击过去。注意体会在手指控制下，正、反拍面的转换。

（二）提高击球路线的练习方法

1. 一对一直线击高远球、吊（劈）球、杀球和平抽平档球，左、右场区各点交替进行。从固定点上沿边线对击高远球、吊（劈）球、杀球和平抽平挡球。

2. 一对一搓球、勾对角、推球等直、斜线前场击球技术练习。具体方法同上。练习过程中要注意寻找最佳击球点，练习开始时注意体会击球要领，击球力量可以适当小一些，熟练掌握击球动作后可加大击球力量。

3. 一点打两点练习。练习的一方固定一点，不固定直、斜线击高远球、吊（劈）球、杀球、平抽平挡、挑球和推球，另一方侧加强判断，将对方击来的高远球、吊（劈）球、杀球、平抽平挡、挑球和推球回击到固定的点上。左右场区各点交替进行。

4. 两点打两点练习。练习双方均以直、对角线不固定的两点击高远球、吊（劈）球、杀球、平抽平挡球、挑球和推球进行练习，这项练习随意性加强，难度加大，更接近实战。

5. 多球边线接杀练习。在中场放一高凳，发球者站在高凳上，用力将球扣杀到左、右中场边线附近，练习者由中心位置准备，判断启动后向左或向右移动，用各种接杀球技术进行接杀球练习。

6. 平抽平挡练习。按规定只能采用平球进行全力快速平抽挡球练习。要求迎球快打、近打和平打。可以做直线定点平抽平挡练习，也可做不固定的平抽平挡练习。

八、技术评价与考核

羽毛球基本技术评价与考核主要分为两部分：①技术动作的评价与考核，主要包括技术动作的规范性、标准性、一致性、隐蔽性、流畅性、协调性等；②实操成绩的评价与考核，主要包括击球的力量，落点的远近和准确性等。

羽毛球基本技术评价和考核的主要内容有羽毛球掷远、正手发高远球、正（反）手发小球、正手高远球、正（反）手放网前小球、正（反）手挑球、四点步法移动技术、杀上网战术、攻中路战术等。各学校可根据实际情况选取考核内容进行测试。

（一）羽毛球掷远

1. 测试方法 考生左脚在前、右脚在后（左手持拍者相反），站在规定的起始位置上，用持拍手握持羽毛球，屈膝伸臂，以近似鞭打的动作全力向前方抛掷羽毛球。抛掷距离越远，成绩越好。选手可掷三次或是五次，取其中成绩最远次，测量起始线至球托着地点后沿之间的垂直距离

2. 技评点 动作的流杨性、协调性，发力动作的合理性，球飞行的弧线和距离。

3. 参考标准

（1）优秀 女子为 8. 10~8. 35 米；男子为 8. 96~9. 20 米。

（2）良好 女子为 7. 59~8. 09 米；男子为 8. 48~8. 95 米。

（3）合格 女子为 7. 34~7. 58 米；男子为 8. 24~8. 47 米。

（二）发后场高远球

1. 测试方法 考生按照单打正手发后场高远球技术动作要领，将球发到球场另一端相应场区的单、双打后发球线之间的区域内，每人发 10 次，计成功次数。

2. 技评点 技评点是发球站位的选取，发球技术的规范性、协调性，球飞行的高度，技术动作的一致性。

3. 参考标准

（1）优秀 女子为 8~10 球；男子为 9~10 球。

（2）良好 女子为 5~7 球；男子为 6~8 球。

（3）合格 女子为 4 球；男子为 5 球。

（三）正手发网前小球

1. 测试方法 考生按照正手发网前小球技术动作将球发到对方前发球线以后 30 厘米以内的区域内，并要让球从离网高 30 厘米以内的标志下通过方为发球成功。每人 10 次，计成功次数。

2. 技评点 发球站位的选取，发球技术的规范性、协调性，发球成功的次数，球过网的高度，击球技术动作的一致性。

3. 参考标准

（1）优秀 女子为 8~10 球；男子为 9~10 球。

（2）良好 女子为 5~7 球；男子为 6~8 球。

（3）合格 女子为 4 球；男子为 5 球。

（四）反手发网前小球

1. 测试方法 考生按照反手发网前小球技术动作将球发到对方前发球线以后 30 厘米以

内的区域内，并要让球从离网高 30 厘米以内的标志线下通过方为发球成功。每人 10 次，计成功次数。

2. 技评点　发球站位的选取，发球技术的规范性、协调性，发球成功的次数，球过网的高度，击球技术动作的一致性。

3. 参考标准

（1）优秀　女子为 8~10 球；男子为 9~10 球。

（2）良好　女子为 5~7 球；男子为 6~8 球。

（3）合格　女子为 4 球；男子为 5 球。

（五）正手放网前小球

1. 测试方法　由考评员站在场地一侧左侧网前位置向对方抛球，考生站在前发球线外运用正手一步上网放球技术，把球从网顶上 20 厘米内放到对方网前，边长为 50 厘米的正方形内，每人 10 次，计成功次数。

2. 技评点　技术运用的准确性、协调性、标准性，击球点选取的合理性，手法运用的灵活性，球过网高度。

3. 参考标准

（1）优秀　女子为 9~10 球；男子为 9~10 球。

（2）良好　女子为 6~8 球；男子为 6~8 球。

（3）合格　女子为 5 球；男子为 5 球。

（六）反手放网前小球

1. 测试方法　由考评员站在场地一侧右侧网前位置向对方抛球，考生站在前发球线外运用正手一步上网放球技术，把球从网顶上 20 厘米内放到对方网前，边长为 50 厘米的正方形内，每人 10 次，计成功次数。

2. 技评点　技术运用的准确性、协调性、标准性，击球点选取的合理性，手法运用的灵活性，球过网高度。

3. 参考标准

（1）优秀　女子为 9~10 球；男子为 9~10 球。

（2）良好　女子为 6~8 球；男子为 6~8 球。

（3）合格　女子为 5 球；男子为 5 球。

（七）正手挑球

1. 测试方法　由考评员站在场地一侧左侧网前位置向对方抛球，考生站在前发球线外运用正手一步上网挑球技术，沿直线将球击到对方单双打后接发球线之间的区域内，每人 10 次，计成功次数。

2. 技评点　技术动作的规范性、协调性、一致性，击球点选取的合理性，手法运用的灵活性，球飞行的弧度。

3. 参考标准

（1）优秀　女子为 8~10 球；男子为 9~10 球。

（2）良好　女子为 4~7 球；男子为 5~8 球。

（3）合格　女子为 3 球；男子为 4 球。

（八）反手挑球

1. 测试方法 由考评员站在场地一侧右侧网前位置向对方抛球，考生站在前发球线外运用反手一步上网挑球技术，沿直线将球击到对方单双打后接发球线之间的区域内，每人10次，计成功次数。

2. 技评点 技术动作的规范性、协调性、一致性，击球点选取的合理性，手法运用的灵活性，球飞行的弧度。

3. 参考标准

（1）优秀 女子为8～10球；男子为9～10球。

（2）良好 女子为4～7球；男子为5～8球。

（3）合格 女子为3球；男子为4球。

（九）正手高远球

1. 测试方法 由考评员站在场地一侧中心位置，考生站在场地另一侧底线位置，考评员发正手高远球，考生运用正手高远球击球技术沿直线将球击到对方单双打后接发球线之间的区域内，每人10次，计成功次数。

2. 技评点 技术动作的规范性、协调性、一致性，击球点选取的合理性，击球拍面的角度，手法运用的灵活性，球飞行的弧度。

3. 参考标准

（1）优秀 女子为8～10球；男子为9～10球。

（2）良好 女子为5～7球；男子为6～8球。

（3）合格 女子为4球；男子为5球。

（十）四点步法移动

1. 测试方法 考生站在羽毛球场地中心位置，听到口令后（同时开表），用低重心上网步法向左右前场方向快速移动，当手触摸边线与前发球线交接点后，迅速后退回场地中心位置再从中心位置用低重心上网步法向左右后场方向快速移动，用手触摸边线与双打后发球交接点后，又再次退回中心位置。以此方法连续进行10次低重心场地四角跑，当最后一次（第10次）手触摸交接点后停表序，计算时间。

2. 技评点 步法移动的熟练性、标准性，重心的稳定性，回位的速度，步法连接的合理性与熟练性。

3. 参考标准（秒）

（1）优秀 女子为25″4～23″5；男子为22″4～20″5。

（2）良好 女子为28″6～25″5；男子为24″6～22″5。

（3）合格 女子为30″～28″7；男子为26″～24″7。

（十一）杀上网战术

1. 测试方法 考评员站在场地一侧中心位置，考生站于场地另一侧中心位置。考评员分别送出直线平高球和网前小球，考生直线后退完成杀球后迅速上网运用扑球或推球击球技术完成击球，每完成一组得1分，共10组，计算分数。

2. 技评点 技术动作的规范性、协调性、一致性，击球点选取的合理性，击球拍面的角度，手法运用的灵活性，球飞行的弧度与速度，步法衔接的流畅性、节奏感，重心移动的合理性。

3. 参考标准

（1）优秀　女子为 7~10 分；男子为 8~10 分。

（2）良好　女子为 4~6 分；男子为 5~7 分。

（3）合格　女子为 3 分；男子为 4 分。

（十二）攻中路战术

1. 测试方法　考评员站在场地一侧右侧（或左）场区中心位置，考生站于场地另一侧中心位置，在考评员半场中心位置放一面积为 1 平方米的标志物。考评员向对方送出底线中路平高球，考生直线后退运用杀球或劈球技术将球回击到标志物上，每人 10 个球，计算成功次数

2. 技评点　技术动作的规范性、协调性、一致性，击球点选取的合理性，手法运用的灵活性，球飞行的弧度与速度，步法衔接的流畅性，重心移动的合理性。

3. 参考标准

（1）优秀　女子为 7~10 球；男子为 8~10 球。

（2）良好　女子为 4~6 球；男子为 5~7 球。

（3）合格　女子为 3 球；男子为 4 球。

第三节　羽毛球运动的基本战术

扫码“学一学”

知识链接

“凡事有预则立，不预则废”在羽毛球运动中同样适用，想要调动对手为自己争取到有利的进攻机会，就必须要把羽毛球战术“谋略”熟练掌握，方能百战不殆。

一、单打战术

（一）发球抢攻战术

从发球的第一拍起，争取控制对方，以攻杀得分。这种战术，一般为发网前低球结合平快球、平高球，争取第三拍的主动进攻。用这种战术对付应变能力较差的对手，或实施于比赛的关键时刻效果往往很好。实施战术时，应有高质量的发球予以保证，否则很难成功。

（二）攻后场战术

此战术是通过击高球、重复压对方的底线两角，造成对方的被动，然后寻找机会进攻。用它来对付初学者，或后场还击能力较差，或后退步子较慢以及急于上网的对手是很有效的。

（三）攻前场战术

对网前技术较差的对手，可运用此战术先将其吸引到网前，然后再攻击其后场采用此战术，自己首先要有较好的网前击球技术。

（四）打四方球战术

若对于步子较慢、体力较差、技术不全面，可以快速准确的落点攻击对方场区的四个角落，寻找机会向空当进攻。此战术的主要目的是通过打落点，逼迫对方前后奔跑、被动应付，并在其回球质量下降或露出破绽时乘虚而入而攻之。

（五）杀、吊上网战术

对对手打来的后场高球，本方先以杀球配合吊球把球下压，落点选在场区的两条边线附近，致使对手被动回球。若对手回网前球时，本方迅速上网搓球、钩对角球或平推球，创造在中场大力扣杀的机会。这种战术必须能很好地控制杀、吊球的落点，在使对方被动回球时，才能主动迅速上网。

（六）打对角线战术

对付身体灵活性差、转体较慢的对手，不论是进攻还是防守，均应以打对角线球为主。这样，对方会因移动困难而被动，为我方创造进攻机会。

（七）防守反击战术

在对方主动进攻、我方被动防守时，我方可高质量地接杀挡网，或抓住对方攻杀力量减弱，或落点不好之机会，以平抽底线球还击对方后场，扭转被动局面，并进行反击。

二、双打战术

双打比赛不仅仅是竞赛双方在技术战术体力上的较量，同时也是双打同伴相互配合程度的较量。因此，在学习双打战术之前，首先要了解两人之间站位形式上的配合。

一般情况下，有两人一前一后站位和两人分边（左、右）站位两种形式。一前一后站位即在后场的人分管后半场的球，站在前场的人则负责前半场的球。这种站位形式有利于进攻，而不利于防守。所以，一般在本方进攻时多采用此站法。分边站位多在防守时采用，这样，各人分管半边场地，在防守时就没有什么空当了。

（一）攻人战术

集中攻击对方中有明显弱点的人，并伺机攻击，另一人因疏忽而露出的空当，或对此人偷袭。双打比赛中的配对选手的技术，一般总有一人好，另一人稍差些。即便两人水平相差不多，但若能集中力量攻击其中一人，也可给对手造成很大的心理压力，从而使其出现失误。

（二）攻中路战术

当对方分边站位防守时，将球攻击到两人的中间，当对方前后站位时，可将球下压或平推两边半场。这样可使对方防守时互相争抢或互让而出现失误。

（三）攻后场战术

对方扣杀能力差，本方可采用平高球、推平球、接杀球挑底线，把对方一人紧逼在底线两角移动当对方被动还击时，则抓住机会大力扣杀。如另一对手后退支援时，即可攻网前空当。

（四）后攻前封战术

当本方处于主动进攻前后站位时，站在后场的队员见高球就杀或吊网前球，迫使对方接球挡网前，这为本方前场队员创造了封网扑杀机会。前场队员要积极封锁网前，迫使对方被动挑高球，一旦对手挑高球达不到后场，就为本方创造了再进攻的机会。

（五）防守反攻战术

在防守中寻找反攻的机会，以便摆脱困境转被动为主动。例如，挑底线高球即不论对方从哪里进攻，本方都应设法把球挑到进攻者的另一边底线。如对方正手后场攻直线，就挑对角线，如对方攻对角就挑直线。这是一种较容易争得主动的防守战术，在女子双打中运用更为有效。时机有利，即可运用反抽或挡网前回击对方的杀球，从守中反攻，争得主动权。运用此战术时，要注意挑高球一定要挑到底线，否则将会出现对方连续攻杀而本方无力反击的局面。

扫码“学一学”

第四节　羽毛球竞赛规则简介

知识链接

掌握正确的羽毛球竞赛规则，是参加羽毛球比赛和欣赏羽毛球赛事的根本保证。

一、比赛场地

羽毛球场呈长方形，各条线宽均为4厘米，场地上空12米以内和四周4米以内不应有障碍物。球场中央网高1.524米，双打边线处网高1.55米。

羽毛球场地标准：羽毛球场为一长方形，长度为13.40米，双打场地宽为6.10米，单打场地宽为5.18米（图9-18）。球场上各条线宽均为4厘米，丈量时要从线的外沿算起。球场界线最好用白色、黄色或其他易于识别的颜色画出。按国际比赛规定，整个球场上空空间最低为9米，在这个高度以内，不得有任何横梁或其他障碍物，球场四周2米以内不得有任何障碍物。任何并列的两个球场之间，最少应有2米的距离。

从球场地面起网柱高1.55米。网柱必须稳固地同地面垂直，并使球网保持紧拉状态。在双打球场上，不论进行的是双打还是单打比赛，网柱或代表网柱的条状物，均应置于双打边线上。

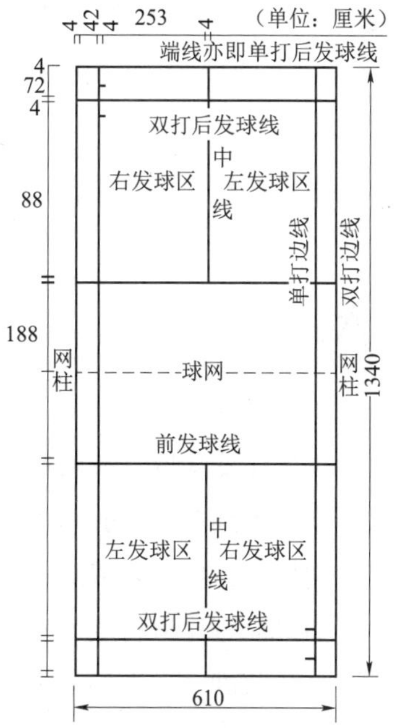

图9-18　羽毛球比赛场地

二、球网

1. 球网应是深色、优质的细绳织成，网孔方形，各边长均在15~20毫米。

2. 网上下宽760毫米。

3. 网的顶端用75毫米的白布对折而成，用绳索或钢丝从夹层穿过。白布边的上沿必须紧贴绳索或钢丝。

4. 球场中央网高 1.524 米，双打边线处网高 1.55 米。

5. 球网的两端必须与网柱系紧，它们之间不应有空隙。

三、羽毛球

1. 羽毛球应有 16 根羽毛固定在球托部。
2. 羽毛长 64~70 毫米，但每一个球的羽毛从托面到羽毛尖的长度应一致。
3. 羽毛顶端围成圆形，直径 58~68 毫米。
4. 羽毛应用线或其他适宜材料扎牢。
5. 球托直径 25~28 毫米，底部为圆形。
6. 羽毛球重 474~550 克。

四、球拍

1. 球拍由拍柄、拍弦面、拍头、拍杆、连接喉组成整个框架。
2. 拍框总长度不超过 680 毫米，宽不超过 230 毫米。
3. 拍弦面长不超过 280 毫米，宽不超过 220 毫米。
4. 球拍不允许有附加物和突出部，除非是为了防止磨损、断裂、振动或调整重心的附加物，或预防球拍脱手而将拍柄系在手上的绳索，但尺寸和位置应合理。

五、挑选场地与发球权

比赛时，双方应掷挑边器。赢的一方将在规则 1 或 2 中做出选择，输方在余下的一项中做出选择。

1. 先发球或先接发球。
2. 一个场区或另一个场区。

六、计分

（一）单打比赛

1. 每场比赛采取三局两胜制。
2. 率先得到 21 分的一方赢得当局比赛。
3. 如果双方比分打成 20：20，获胜一方需超过对于 2 分才算取胜。
4. 如果双方比分打成 29：29，则率先得到第 30 分的一方取胜。
5. 首局获胜一方在接下来的一局比赛中率先发球。
6. 当一方在比赛中得到 11 分后，双方队员将休息 1 分钟。
7. 两局比赛之间休息时间为 2 分钟。

（二）双打比赛

1. 改双发球权为单发球权。
2. 后发球线保留，现行规则适用。
3. 比赛开始前，双打选手通过投掷硬币方式确定由哪一方来选择是先发球或后发球。

七、发球

1. 发球时任何一方都不允许非法延误发球。

2. 发球员和接发球员都必须站在斜对角线发球区发球和接发球，脚不能触及发球区的界限；两脚必须都有一部分与地面接触，不得移动，直至将球发出。

3. 发球员的球拍必须先击中球托，与此同时整个球必须低于发球员的腰部。

4. 击球瞬间球杆应指向下方。从而使整个拍框明显低于发球员的整个握拍手部。

5. 发球开始后，发球员的球拍必须连续向前挥动，直至将球发出。

6. 发出的球必须向上飞行过网，如果不受拦截，应落入接发球员的发球区。

八、重发球

1. 遇不能预见或意外的情况，应重发球。

2. 除发球外，球挂在网上或停在网顶，应重发球。

3. 发球时，发球员和接发球员同时违例，应重发球。

4. 发球员在接发球员未做好准备时发球，应重发球。

5. 比赛进行中，球托与球的其他部分完全分离，应重发球。

6. 视线员未看清球的落点，裁判员也不能做出决定时，应重发球。

7. 重发球时，最后一次发球无效，原发球员重发球。

九、违例

1. 发球不合法违例。

2. 发球员发球时未击中球。

3. 发球时，球过网后挂在网上或停在网顶。

4. 比赛时：①球落在球场边线外；②球从网孔或从网下穿过；③球不过网；④球碰屋顶、天花板或四周墙壁；⑤球碰到运动员的身体或衣服；⑥球碰到场地外其他人或物体（由于建筑物的结构问题，必要时地方羽毛球组织可以制定羽毛球触及建筑物的临时规定，但其国际组织有否决权）。

5. 比赛时，球拍或球的最初接触点不在击球者网的这一方（击球者击球后，球拍可以随球过网）。

6. 比赛进行中：①运动员球拍、身体或衣服触及网或网的支持物；②运动员的球拍或身体，以任何程度侵入对方场区；③妨碍对手，如阻挡对方紧靠球网的合法击球。

7. 比赛时，运动员故意分散对方注意力的任何举动，如喊叫、故作姿态等。

8. 比赛时：①击球时，球夹在或停滞在拍上紧接着又被拖带；②同一运动员两次挥拍连续击中球两次；③同一方两名运动员连续各击中球一次；④球碰球拍继续向后场飞行。

9. 运动员违反比赛连续性的规定。

10. 运动员行为不端。

扫码“练一练”

思考题

1. 简述羽毛球运动的发展概况。
2. 羽毛球运动的特点有哪些?
3. 结合自身实际谈谈羽毛球运动的意义。
4. 握拍的种类有哪些?详细阐述握拍方法。
5. 试述正手击后场高远球技术的过程。
6. 简述前场正手位击球技术的种类及技术要领。

(李华斌)

第十章

网球运动

学习目标

知识要求

1. 掌握网球运动的基本技术、战术动作概念和内容。
2. 熟悉网球运动的基本竞赛规则。
3. 了解网球运动的起源与发展历程。

技能要求

通过教学过程提高基本身体素质，掌握网球基本技术、重难点和基本战术的运用；能够运用网球基本竞赛规则进行比赛。

扫码“学一学”

第一节　网球运动概述

一、网球运动的起源和发展

（一）古代网球的起源

据考证，古代网球起源于12世纪法国传教士间流行的一种游戏。他们在寺院中击打一种用布层层包裹类似小球的物体，使其在墙上来回反弹，以此调节单调的生活。后来这种类似网球的运动因王室成员的参与，变成了宫廷网球，也逐渐成为贵族运动。而当时未形成统一的规则，场地既有室内场地，也有室外场地，其大小与形状各不相同。

随着皇室的参与，这种运动得到了快速的发展，王室成员击球佩戴的手套逐渐演变为板拍，进而演变为球拍；随着手套、板拍、球拍的变化，球的质地也随之变化，从布制改变成更为柔软的麻和羊毛制作，再到结实耐用的皮革制作，直至1845年，发展成橡胶网球；场地形状也逐渐演变为长方形，至19世纪70年代，场地与现在基本无异。

（二）现代网球的起源和发展

现代网球运动起源于英国。19世纪70年代，温菲尔德少校把这项运动介绍到英国，并把它从古老的贵族宫廷游戏搬到的室外，使网球运动平民化。网球运动因其充满活力且男女皆宜而得到推广，其名声广泛而迅速传播开来。

随后，网球运动传到美国，并得到迅速普及。第二次世界大战期间，其他国家赛事停止，唯独在美国继续蓬勃发展并进入鼎盛时期，巡回赛在全国各地展开，先后有4000万人参加网球运动，普及率非常高，这为网球运动的发展做出了极大的贡献。

1896年，网球单打及双打项目正式被列为希腊雅典奥运会比赛项目，后因国际奥委会与网球联合会对业余选手身份有争议，网球运动退出奥运会项目，直至1988年汉城奥运会，网球重列入正式奥运比赛项目，网球发展再次进入黄金时期。在世界体坛所有比赛项目中，网球运动的影响力较大，是世界各项球类运动中比较受欢迎的项目。在全球范围内，几乎每周都有大型的国际网球赛。

因为网球运动富于挑战，能强身健体，技术动作优雅，而且广泛流行，从20世纪20年代开始，网球已经不再是贵族专属运动，而是开始面向大众，成为大众健身的一个运动项目。至21世纪初，网球运动已经成为男女老少皆宜、风靡全球的一项运动，观看比赛也成为越来越多人的选择，利用网球明星的人气效应推销产品的现象也越来越普遍，网球运动已经深入人心，并得到了空前的发展。

（三）网球赛事

目前，世界上每年举行的国际性网球赛中，影响最大、水平最高的重大比赛有温布尔顿网球锦标赛、美国网球公开赛、法国网球公开赛、澳大利亚网球公开赛和戴维斯杯赛、联合会杯赛。其中，前四个是单项比赛，号称“世界四大网球公开赛”，并均为“大满贯”比赛项目，各设男单、女单、男双、女双、混双5个冠军。如果有人（组合）能一年内连获上述四个冠军，即为“大满贯”锦标得主，它被视为网坛最高荣誉。戴维斯杯赛及联合会杯赛分别是男女团体比赛，比赛场次规定为4场单打和1场双打，先胜3场者为胜，这两个比赛被公认为最重大的国际团体锦标赛。“四大网球公开赛”以个人名义参加，设高额奖金，戴斯杯赛和联合会杯赛以国家或地区为单位参加。为确保参加这两个比赛的选手必须是世界最高水平的，比赛之前，各赛区都进行相应的选拔赛，如欧洲的男子团体杯赛、亚洲的加法尔杯网球赛等。

二、现代网球运动的特点及发展趋势

（一）现代网球运动的特点

1. 比赛的商业化、职业化促进网球运动高速发展 自1968年国际网联修改规则，允许职业球员参加重大赛事以来，世界各大赛事便充满了商业气息，如今世界四大网球公开赛，不同级别的大奖赛、巡回赛、大满贯赛等比赛的奖金额度都很高，动辄数十万至数千万美元的明星商业广告代言费，都极大地刺激了优秀选手职业化、早期专项训练、早期参赛，而这些都促进了技术水平的大大提高，也带动了网球运动的高速发展。

2. 对健康的需要推动大众网球快速发展 随着社会国民经济的发展，民众的健身意识越来越强烈，而网球运动因其优雅、时髦、富于挑战，男女老幼皆宜等独有的内涵，吸引了众多爱好者参与，这也直接推动了大众网球运动的快速发展。

（二）现代网球运动的发展趋势

1. 底线型打法成为主导 随着网球比赛规则的修改，以及使网球运动更具观赏性，网球的体积已经加大，很多比赛场地也选择速度较慢的球场，致使球速大大降低。因此，单靠大力发球、大力击球、随球上网的战术得分的难度越来越大。同时，运动员整体技、战术水平的提升，也强化了其处理被动局面的能力，一球定胜负的难度加大。目前，众多网球名将选择底线型打法，这种打法也已成为网球运动的发展趋势。

2. 技术向全面、精细方向发展 现代网球运动，因赛事频繁，对抗激烈，优秀选手百花争鸣，仍旧依靠“一招鲜，吃遍天”的技术模式，已经难以在频繁的对抗中凸显。因此，选手必须力求技术全面发展，令对手难以找到弱点。此外，因球体增大，球速下降，运动员必须通过更多的调整与变化，通过上旋球、平击球、切削球、放小球、穿越球等精细、全面的技术，掌握制胜主动权。

3. 更快的步法和更充沛的体力为获胜的保障 快速灵活的步法不仅使运动员可快速移动到最佳击球点，击出高质量的回球，还能救起对方认为的制胜分，打击对手信心；此外，球速的下降，意味着更长的比赛时间，以及频繁的赛事，这对体力的要求比以往更高。因此，拥有更快步法和更充沛体力选手，将成为发展趋势。

4. 超强的心理素质和意志品质是获胜的关键 随着网球运动职业化发展，运动员整体训练水平的提升，高水平运动员的身体素质、技战术等方面都不会出现较大差距，因此比赛的胜负往往取决于谁具有更强的心理素质和意志品质。

知识链接

世界女子网球的发展趋势：目前世界女子网球的发展趋势与上述发展趋势一致。另外，女子网球的另一个明显的趋势为力量型选手占据主导，技术动作男性化，这主要是由于女子选手的身体素质间的差异较大造成。迪娜拉·萨芬娜、大小威廉姆斯均为典型代表。

三、网球运动的分类和价值

（一）网球运动的分类

根据人们参加网球运动的目的，可将其分为竞技网球和大众网球两类。

1. 竞技网球运动 职业网球运动员，按网球比赛规则参加比赛的运动项目。20 世纪 20 年代，网球参赛者通过巡回表演赛，获得报酬，且报酬额度超过个人实际花费，网球的职业化就此产生。20 世纪 60 年代，网球选手通过赢得比赛获得比赛奖金，并获得个人更好的世界网球成绩积分，从而获得更高的比赛出场费。而世界排名靠前的优秀选手，往往还能通过个人良好的网球赛事影响力，通过广告代理宣传获得丰厚的受益。

目前，每年重要的网球赛事有温布尔顿网球锦标赛、美国四大网球公开赛、法国网球公开赛、澳大利亚网球公开赛、戴维斯杯赛、联合会杯赛、年终大师杯总决赛，以及一系列 WTA 记分赛和大师杯系列赛。参赛选手的每次比赛成绩均将获得相应积分，每年全球积分最高的 8 名男子选手可参加上述的年终大师杯总决赛，也是网球运动员最高的荣誉。同时，国际公认的网球比赛竞技项目设有男单、女单、男双、女双、男女混双 5 个。

2. 大众网球运动 以网球运动为基本手段，以丰富业余生活、增进身心健康为直接目的的各种网球活动。随着社会经济生活水平的提高，人民群众对文化生活、体育锻炼的要求增强，网球运动优雅时髦的特点正适合人们的追求，全球性的“大众网球热”正在蓬勃兴起。大众网球注重锻炼的价值，不受年龄、性别、力量和速度限制，深得各种人群的喜爱。国外一些经济发达国家大众网球运动开展非常好，网球俱乐部、网球协会很多，水平也较高；国内由于受经济条件所限，场地较少，专门从事网球教练、网球培训的人员也严重不足，参加人员主要是高校学生，以及发达地区部分经济能力较强的人士。

（二）网球运动的价值

1. 健身价值 网球作为一种重要的健身手段，它对增进人体的身心健康，发展智力，培养人的意志品质，具有独特的作用。

（1）增强综合身体素质 经常从事网球运动锻炼，可以提高人体多项身体素质，可以增强身体力量、速度、耐力、柔韧、灵敏等多项素质，大大提升人体运动能力，从而改善身体发育状况和生理功能。由于网球运动对人体功能的良好影响，使优秀网球选手往往比乒乓球、羽毛球运动员更为强壮。

（2）提高呼吸系统功能 网球运动是以有氧运动为主，有氧运动与无氧运动相结合的体育健身项目，其比赛时间长、耗氧量大的运动特点，需要参与运动的人员拥有更大的肺活量。因此，经常参与网球运动的运动员肺活量远远大于常人。

（3）促进体格均匀发展 网球运动是一项全身运动，如正手击球时，需要快速奔跑、调整重心及身体姿态、下肢蹬地、躯干转体、正手拉拍击球等，在这个动作中，脚、腿、腰、背、胸、肩、颈、臂、手各个部位的大小肌群均需参与。因此，经常性的网球锻炼，不仅使全身关节和肌肉得到锻炼，还有利于矫正和改善身体姿态，使机体协调发展，形成健美的体形。

（4）锻炼智力及心理品质 在对抗中，如何保发、如何破发，如何打穿越、如何破对方穿越……这些在比赛中的对抗，都需要参与者运用自己的智慧独立解决，经受各种突发因素考验，也需要参与者保持精神的高度集中，处理各种不利局面或比分，每球必争。因此，长期的网球锻炼，不仅可以提升参与者的心智水平，而且有助于锻炼坚强的意志，培养自信、坦然应对和临危不惧的心理品质。

2. 社会价值 随着社会的进步，人们的观念也得以改观，“请人吃饭”不如“请人流汗”，实践也证明，在球场上结交朋友是一个有效、快捷的方法，在球场的沟通，不仅可以提升球技，还可以快速增进友谊。与此同时，现代人生活节奏快，工作压力大，情绪烦躁易怒，需要疏导渠道，而大家通过网球运动，在比赛中快速奔跑，大力击球，高声怒吼，不仅可以消解自己的压力，施放内心的烦闷，以充沛的体力和精神投入工作，还可以缓解社会矛盾，改善人际关系，提升全民健康水平，促进和谐社会构建。

四、网球运动的准备活动和体力恢复

（一）网球运动的准备活动

准备活动是人们为完成正式运动所做的各种身体练习，如人体各部位的伸展、关节活动等，这也是所有健身活动的第一步，不可省略。准备活动时间一般为5~10分钟，若气温较低、身体状况较差、所进行的运动负荷强度较大时，应适当延长准备活动时间。通常准备活动以微微出汗，心跳一般在每分钟80~100次之间，以自我感觉已经活动开了为宜。

运动前的准备活动可以使体温升高，从而使肌肉黏滞性下降，提高肌肉收缩、舒张的力量与速度；还可提高神经系统兴奋性，改善韧带、肌肉伸展性，防止运动拉伤；同时，准备活动还能提高呼吸系统、血液系统等内脏器官的功能水平，释放更多氧气，减少运动缺氧现象发生。

网球运动常见的准备活动有头部运动、扩胸运动、振臂运动、体侧运动、体转运动、体前屈运动、正（侧）压腿运动、膝关节运动、踝腕关节运动等。

（二）网球运动的体力恢复

网球运动后体力恢复情况，将直接影响健身及运动能力提升的效果，需要参与者引起足够重视。若运动强度过低，则不能对机体进行有效刺激，运动后就无疲劳感，也就难以产生良好的健身效果和运动能力提升。另一方面，若运动后疲劳感强烈，且无有效的恢复过程，就继续参与运动，随着运动负荷的积累，不但不能提升健康水平与运动能力，相反，还会致使过度疲劳，从而引发各种伤病。

研究发现，运动后越早采取有效恢复措施，那么机体恢复的时间就越短。因此，我们应该在运动后尽早采取有效恢复措施。常见的运动恢复措施有肌肉拉伸练习，对疲劳部位的肌肉进行拍打、按压、快速抖动，或逐渐降低运动强度等，都可以使肌肉充分放松，有助于消除疲劳。此外，运动后适量补糖、熏蒸、针灸、按摩等都是有效消除疲劳的方法。

扫码“学一学”

第二节　网球运动的基本技术

一、常用握拍方法

学习网球，首先要掌握正确的握拍方法，而握拍方法则是网球运动最基本的技术。握拍方式直接影响击球时的拍面角度、击球点、控制深度和击球力量等。常用握拍方法一般分为以下五种：东方式、大陆式、西方式、半西方式、双手反手握拍等。上述握拍方法各有优缺点，因此选择何种握拍方法，关键是看哪种握拍更适合自己，更利于发挥个人身体特点。为便于学习，现将球拍的拍柄（图 10-1）上画几条线（拍面平行于地面）。

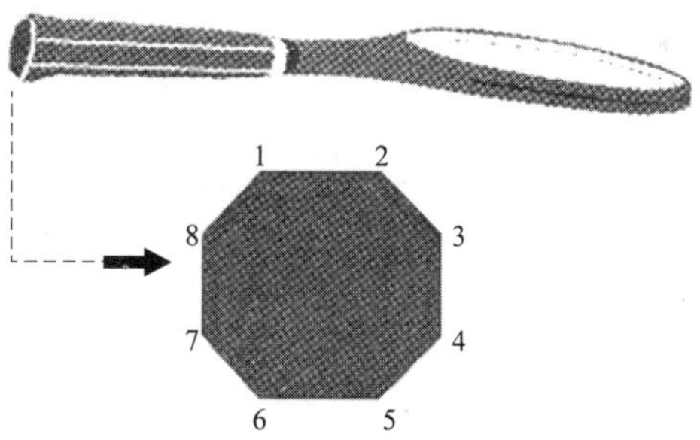

图 10-1　拍柄

（一）东方式握拍法

东方式握拍法最先在美国东海岸一带流行，因而取名为东方式。东方式握拍法分为正手与反手握拍两种。

1. 东方式正手握拍法　以右手球员为例：“V”字形虎口对准拍柄第 4、5 条棱线之间斜面，中指绕环球拍柄，拇指与中指接触，手掌与示指下关节压住拍柄右垂直面，示指与中指稍有距离，拍柄底部与手掌根部齐平。初学者可采用一种简单的方式进行此种握拍：左手扶住拍颈，右手自然张开，用掌心贴住拍面，并顺势下滑至拍柄的底部对准大鱼际，就像是和拍子握手，因此通常也叫“握手式”握拍法（图 10-2）。

2. 东方式反手握拍法　右手虎口的“V”字形对准拍柄的第 2、3 条棱线之间斜面的握拍方法（图 10-3）。

（二）西方式握拍法

西方式握拍法曾在美国西部海岸广泛流行，因此称为西方式。由于它的掌握难度较大，

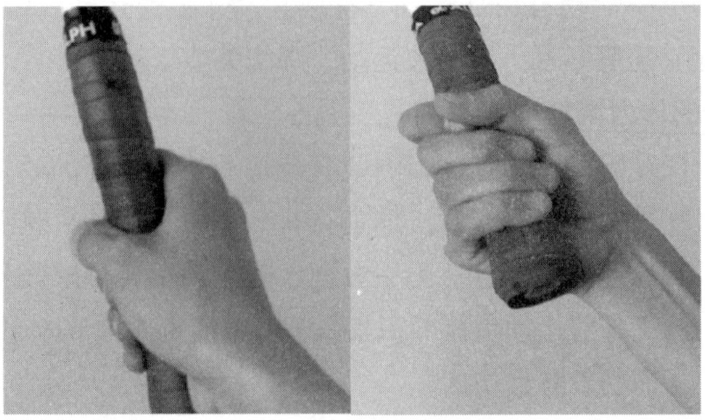

图 10-2 “握手式”握拍法

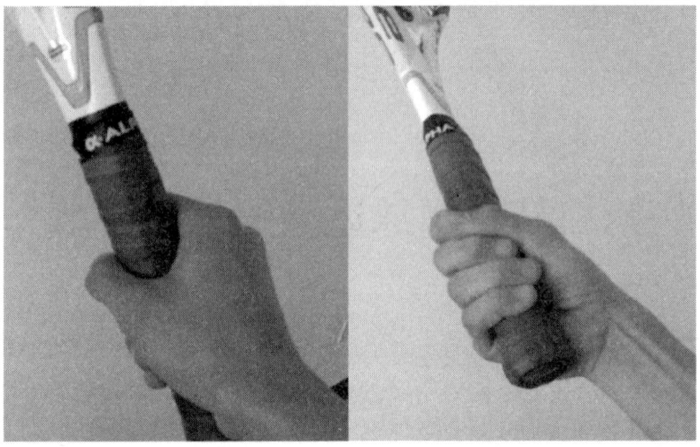

图 10-3 东方式反手握拍法

故很少被业余运动员所采用。它最显著的特点是正、反手击球使用了同一个拍面，击球正手旋转较强，“破网”威力较大。目前，世界顶级球员大多采用西方式（或半西方式）握拍法。

西方式握拍法是指右手虎口的“V”字形对准拍柄的第 5、6 条棱线之间。有一种最简单的西方式握拍法方式，就是把拍子放在地面上，用手自然地把拍子抓起来就是西方式握拍法（图 10-4）。

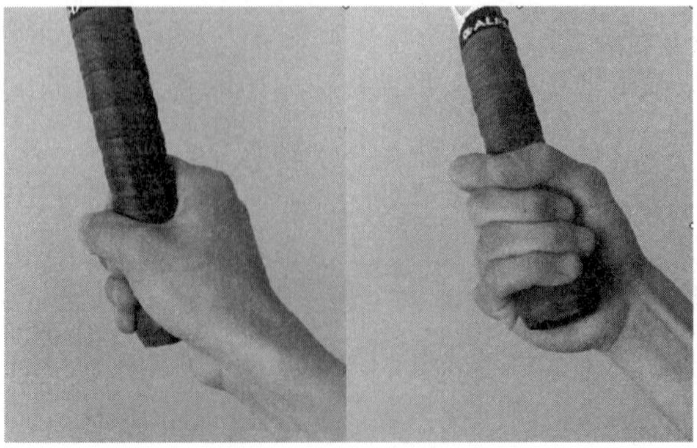

图 10-4 西方式握拍法

（三）半西方式握拍法

半西方式握拍法是指右手虎口的“V”字形对准拍柄的第 5 条棱线的握拍方法（图 10-5）。

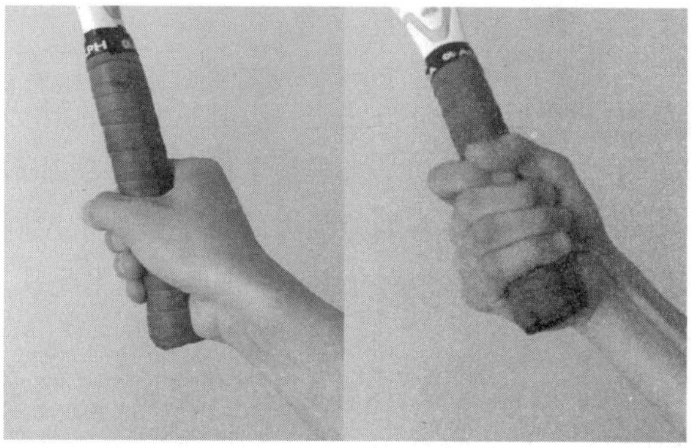

图 10-5　半西方式握拍法

（四）大陆式握拍法

大陆式握拍法曾在欧洲大陆流行，故称为大陆式，现多用于上网截击和发球。大陆式握拍法是右手虎口的“V”字形对准拍柄的第 3、4 条棱线之间的握拍方法（图 10-6）。其最形象表述是“手拿菜刀柄”，故也称“握刀式”握拍法。大陆式握拍正、反手击球的握法是相同的。

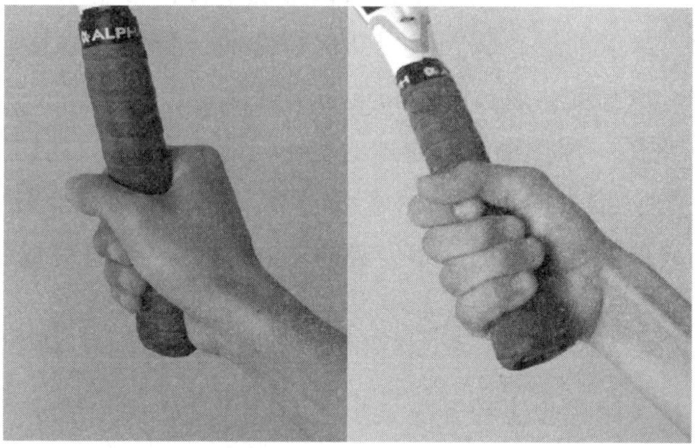

图 10-6　大陆式握拍法

（五）双手反手握拍法

握拍方式相对较多，最常见的双手反手握拍是右手用东方式反手（或大陆式）握拍，左手采用东方式正手（或半西方式）握拍（图 10-7）。

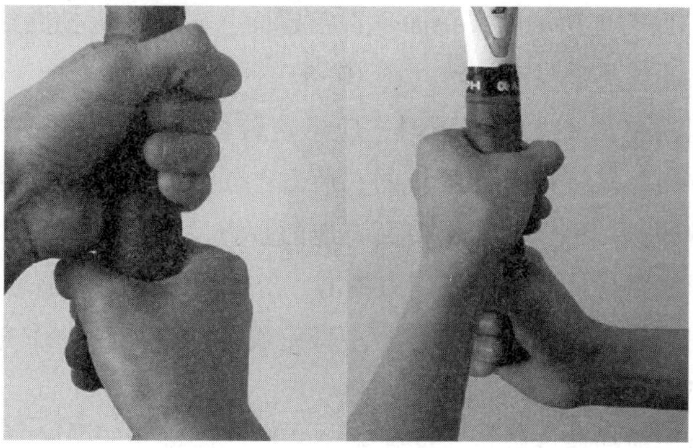

图 10-7　双手反手握拍法

二、正手击球

正手击球是网球运动中最常用的击球方法之一，其特点是击球力量大，球速快，旋转强烈，线路灵活。所以正手击球是网球初学者必须掌握好的一项基本技术，有了稳定的正手击球才能打好网球，比赛中运动员常常通过强大的正手击球来控制对手，夺得场上的主动权，达到得分目的。下面以右手正拍为例介绍正手击球的技术要领。

（一）基本技术

1. 准备姿势 面对球网，两脚开立略比肩宽，双膝微屈，上体微前倾，重心落在两腿间，右手握拍，左手轻扶拍颈，拍头略高于手腕，拍面垂直于地面并指向前方，眼睛注意来球。

2. 后摆引拍 预判来球方向，并根据来球向右转体，右臂带动球拍向后上方向快速引拍，拍头指向球场后端，拍柄指向球网，拍头高于拍柄；同时，右脚转动基本与底线平行，左脚向右前方45°迈步，身体重心移动至右脚，两肩膀的连线垂直于球网，左臂指向来球方向，两眼紧盯来球。

3. 挥拍击球 看准来球，找准击球位置，击球点在左脚的右侧前方，击球时用力蹬腿，以肩关节为轴转动身体，手腕及拍面固定，大臂带动小臂，带动球拍，由后向前沿来球轨迹挥出。球拍触球时，继续前送，膝关节仍然保持弯曲，身体重心移至左脚。一般击球高度应与腰齐高，根据来球高度，通过脚步和重心调整合适的击球点。

4. 随挥动作 击球后，球拍继续沿着球的轨迹向前上挥动，右肘向身体前上方向送出，直至球拍于左肩膀上方，拍头向上，拍柄底部向下，左手扶拍颈，右脚随惯性上步缓冲，身体亦随惯性转动面向球网（或面向准备姿势的左方边线），随挥完成后，随即恢复到准备姿势。

（二）基本步法

击球基本步法包括关闭式步法和开放式步法两种。关闭式步法是在球拍做后摆动作的同时右脚向右转，约与底线平行，左脚向右斜前方45°迈步。开放式步法是在球拍向后引做后摆动作的同时，双脚基本与球网平行，只是需要较多的转体动作相配合。这两种击球步法，其击球前的重心都在右脚上，随着击球和动作的随挥完成，重心移向左脚。

（三）击球种类

正手击球可根据击球后球的旋转方式不同分为平击球、上旋球和下旋球三种。

1. 平击球 当拍面与球接触时，拍面垂直于地面，击球的挥拍路线及球的飞行路线也相对比较平稳，击出的球几乎没有旋转（图10-8）。

经过对来球预判需要用正手平击球时，应迅速转体并引拍，同时左脚向右前方迈步，左臂展开指向来球方向，并将拍拉向身体的右后方，屈膝降低重心并移向右脚，左肩或左背对着球网，球拍触球时，手腕固定，拍面与地面垂直，击球点在左脚右前方，击球高度与腰齐高，挥拍击球线路是从后向前方用力挥击，击球后，球拍应随着惯性挥至左肩上方，右肘关节向前上，左手扶拍颈，重心前移至左脚完成缓冲，随挥动作充分。做完完整动作后，恢复成准备姿势。

击球特点：球落地前冲速度较快，反弹弧线较低。传统正手（东方式握拍）因其握拍方式的特点，比较容易打出平击球。

图 10-8　正手平击球

2. 上旋球　球拍触球时，闭合拍面击球（即在拍面垂直于地面的基础上，逆时针倾斜一定角度后，由斜下部拍面击球），击打球的后上部，挥拍路线自后下向前上方向擦击球，使球产生了向上的旋转（图 10-9）。

经过对来球预判需要用正手上旋球时，应迅速转体并引拍，同时左脚向右前方迈步，左臂展开指向来球方向，并将拍拉向身体的右后方，屈膝降低重心并移向右脚，左肩或左背对着球网，球拍触球时，手腕固定，拍面闭合，击球点在左脚右前方，击球高度在膝与腰之间，挥拍击球线路是从后下向前上方用力挥击，击球后，球拍应随着惯性挥至左肩上方，有肘关节向前上，左手扶拍颈，重心前移至左脚完成缓冲，随挥动作充分。做完完整动作后，恢复成准备姿势。

击球特点：球飞行的弧度较大，弧线高，下降快，落地后前冲力强，反弹弧线高且远，同时击球的安全性高，不易失误。当今世界网坛，许多优秀选手在比赛中常用上旋球的这些特点制造机会，争夺主动权。

图 10-9　正手上旋球

3. 下旋球　也统称为切削球，指球拍与球接触时，打开拍面击球（即在拍面垂直于地面的基础上，顺时针倾斜一定角度后，由斜上部拍面击球），挥拍路线是由后上方向向前下方向挥拍，使球产生向下的旋转（图 10-10）。

图 10-10　正手下旋球

正手下旋球的击球动作要领与正手平击球类似，不同点在于握拍一般采用大陆式，后摆引拍高度高于平击球引拍，亦高于击球点，挥拍路线是由后上方向向前下方向挥拍，使球产生向下的旋转，击球后拍头应随球挥至身体左侧。

击球特点：球飞行的时间较长，球速较慢，球落地后弹起很低，根据击球不同可能伴有回弹现象，其落点容易控制，击球较为省力；缺点主要为攻击力量较小，一旦对方把握机会后反而容易使自己陷入被动。

三、反手击球

反手击球技术是网球运动技术中和正手击球同样重要的击球方法，初学者一般是先学正手击球，后学反手击球，当正手有了一定基础后，再学反手相对比较容易，反手击球动作技术与正手有相似之处。

（一）基本技术

1. 准备姿势　反手击球的准备姿势与正手击球的准备姿势相同。

2. 后摆引拍　当球离开对方的球拍，预判来球方向要用反拍击球时，左手扶拍颈，帮助右手转动拍柄变换为反手握拍，向左转体，左臂带动球拍向后上方向快速引拍，后摆时肘关节自然弯曲，拍柄指向球网下部，拍头高于拍柄；同时，左脚转动基本与底线平行，右脚向左前方迈步，身体重心移动至左脚，右肩或右背对着球网，左手始终扶住拍颈，眼视来球方向。

3. 挥拍击球　看准来球，找准击球位置，击球点与右脚应在一条直线上，击球时有力蹬腿，以肩关节为轴转动身体，手腕及拍面固定，大臂带动小臂，带动球拍，前挥时手臂仍保持弯曲，由后向前沿来球轨迹挥出，随挥后手臂才能伸直。球拍触球时，拍面与地面保持垂直，继续前送，身体重心移至右脚。一般击球高度应在腰与膝之间，根据来球高度，通过脚步和重心调整合适的击球点。

4. 随挥动作　击球后，球拍继续沿着球的轨迹向前上挥动，身体重心移至右脚，挥拍结束在右肩上方，拍头指向前上方，身体面对球网，随即恢复到准备姿势。

（二）击球种类

反手击球的种类与正手相同，但握拍方式可分单手反拍和双手反拍，下面以单手反拍为例进行介绍。

1. 平击球　经过对来球预判需要用反手平击球时，应迅速转体并引拍，同时右脚向左前方迈步，左手扶住拍颈帮右手转换成反手握拍，并将拍拉向身体的左后方，重心移向左脚，右肩或右背对着球网，拍面与地面垂直，球拍触球时，挥拍击球线路是从后向前上方比较平缓的挥击，左臂自然张开，保持身体平缓，击球后，球拍应随着惯性挥至右肩上方，做完完整动作后，恢复成准备姿势（图 10-11）。

击球特点：球速快，飞行路线平直，落地后前冲力量大，但稳定性不高，容易下网或出界。

图 10-11　反手平击球

2. 上旋球　经过对来球预判需要用反手上旋击球时，应迅速转体并引拍，同时右脚向左前方迈步，左手扶住拍颈帮右手转换成反手握拍，并将拍拉向身体的左后方，屈膝降低重心并移向左脚，右肩或右背对着球网，拍面向后倾斜，球拍触球时，挥拍击球线路是从后向前上方用力挥击，左臂自然张开，让球产生强烈的向上前方旋转，击球后，球拍应随着惯性挥至右肩上方，做完完整动作后，恢复成准备姿势（图 10-12）。

击球特点：与正手上旋球一致，请参照正手上旋球。

3. 下旋球　经过对来球预判需要用反手下旋击球时，应迅速转体并向左后上方引拍，同时右脚向左前方迈步，左手扶住拍颈帮右手转换成反手握拍（东方式反拍或大陆式），重心移向左脚，右肩或右背对着球网，拍面向后倾斜，球拍触球时，挥拍击球线路是从后上向前下送出，让球产生强烈的向下前方旋转，击球后，球拍应随着惯性挥出，做完完整动作后，恢复成准备姿势（图 10-13）。

击求特点：与正手下旋球一致，请参照正手下旋球。

1　2　3　4　5　6

图 10-12　反手上旋球

1　2　3　4　5　6　7　8

图 10-13　反手下旋球

知识链接

双手反拍击球，因双手握拍提供了足够的力量，可有效固定手腕及拍面，击球稳定性好，力量大，在现代网坛上也广泛流行。其握拍方法多为右手用东方式反手（或大陆式）握拍，左手用东方式正手（或半西方式）握拍。其击球技术要领与单手反拍击球类似，不同之处在于，双手持拍进行后摆引拍，击球时更强调全身协调发力，击球点与腰齐高，击球后双手握拍完成随挥动作，球拍挥至脑后。

四、发球

网球比赛均始于发球（图 10-14），发球是网球技术中最重要的技术之一，也是唯一由自己掌握而不受对方干扰的击球技术。发球在现代网球运动中是评价技术水平标准的最重要的指标之一，是取得比赛胜利的主要得分手段。因此，具有良好的发球技术是取胜的前提。

发球质量的好坏，一般取决于以下 3 个指标：①速度，就是以较快的速度压制对方的有力还击，使对方的回球质量下降，甚至使对方没有还击的机会，比赛中经常出现的“ACE”球的重要因素就是发球的速度；②落点，落点之所以重要，是因为它专门打在对方的最弱处（如反手或追身球等），而避开其长处，使对方陷入被动局面，竭尽全力也打不出理想的攻击性，甚至造成对方直接失误；③旋转球，这种球速度不够快，落点的稳定性不定，但由于它落地弹起后改变方向（如下旋球落地后弹跳又低又短），直接增加对手击球的难度，给对手在接发球上制造麻烦，给发球者提供了主动进攻的机会。在发球的这三项指标中，能掌握好一项者，就不至于经常处于被动位置，如能掌握两项者，就可称为具备良好的发球技术。但要掌握好发球的这三个要素，首先要掌握正确的发球技术动作要领。

（一）握拍方法

采用东方式反手或大陆式握拍法。

（二）准备姿势与站位

两脚开立与肩同宽或略比肩宽，全身处于自然放松状态，侧对球网，立于底线后适合的位置，左脚与底线约成 45°，脚尖指向右侧网柱，右脚基本与底线平行，重心落在左脚上。左手持球，右手握拍在体前腰部，拍头指向前方，保持适度的紧张感。

单打发球的站位，右区站在底线后中点的右侧，这里距发球区最近，发球攻击力也最大，并且发球后便于保护全场，左（前）脚距底线约 5 厘米，左脚与底线成 45°，两脚距离约同肩宽，右脚几乎与底线平行，两脚的连线对着发球区，左手持球并轻托拍颈在腰部，侧身对网，拍面垂直于地面，拍头自然指向前方，身体重心在前脚掌上，身体放松、呼吸均匀、精神集中。左区发球的站位，在底线后中点左侧约 50 厘米处，左脚与底线的夹角略小于 45°，两脚的连线对着发球区，因为是从底线的左后方向右前方发球，整个身体和站位的角度都需要向右转动。

双打发球站位与单打不同，一般都站在中点与边线的中间，这样使发球后迅速移动到有利的击球位置的路线最近，便于保护自己的半场。

（三）抛球引拍

抛球是发球的关键，正确的抛球高度与位置将决定发球的质量好坏。抛球时整个手臂应直臂向上抛，利用手臂向上的惯性使球平稳上升，尽可能让球垂直上升，球的位置应在右肩的前上方，抛球高度要高于抬臂举拍的高度。右手持拍，与持球手同时下落，挥拍由前方开始从下向后上方摆起，同时做屈膝、转体、展肩的动作。后摆结束时，拍头在头后部朝上方，身体重心随着挥拍向后移，后摆完成后重心再次移至左脚。

（四）挥拍击球

当球即将达到击球点位置时，拍头迅速而连贯的自然下落到背后，右肘关节抬高，并靠身体的整体旋转和反弓的腰腹力量，由躯干带动大臂、小臂及球拍向前上方挥出，在最高点击球的后上方，动作放松、协调，像甩鞭子一样鞭打充分，双眼盯球，身体面对球网。

（五）随挥缓冲

击球完毕后，根据动作惯性，应继续保持动作向前下挥出，结束在身体的左侧，身体重心继续前移，右脚向前上步缓冲，进入场内，并为对方回球做好迎击准备。

图 10-14　发球

五、截击球

截击球是在近网区域进行的一种攻击性击球，在球落地之前将来球打回对方场地，也可在场地的任何位置采用。其特点是球的飞行时间和距离缩短，击球角度和空间更大，回球往返速度相对较快，是网球的一种重要打法和得分手段。

（一）握拍方法

正手截击最理想的握拍方式是大陆式握拍，这样可以保证在网前击球时，无论是正手截击，还是反手截击，都不用变换握拍，从而节省了变换握拍的准备时间。另外，大陆式握拍使示指和中指形成扣扳机状，便于球员对拍头有更多的控制。

（二）准备姿势与站位

两腿开立略比肩宽，双膝弯曲，上体保持前倾，双手持拍与身体体前，拍头较高，肘关节前伸，身体重心较低且置于双脚前脚掌上，注意观察并且预先判断对方来球方向。

截击前应首先确定好位置，其基本位置应该站在对手可能回球范围内的正中间。另外，站位尽量靠网，因为离网越近，控制的角度就越大，对方就越被动。

（三）击球动作

1. 正手截击球　根据预判，来球需用正手截击时，身体立即右转，拍头自然向右后转，左脚向右前方跨步，左肩对网，拍头高于握拍手，手腕及拍面均保持固定绷紧，在身体右侧前方击球，多选择平击或下旋击球，击球后球拍微微有向前下的随球动作，击球保持拍头后翘，拍面后仰（图 10-15）。

1　2　3　4

图 10-15　正手截击球

2. 反手截击球　根据预判，来球需用反手截击时，身体立即左转，左手扶拍，拍头自然向左后转，右脚向左前方跨步，右肩对网，拍头高于握拍手，手腕及拍面均保持固定绷紧，在身体左侧前方击球，亦多选择平击或下旋击球，击球后微微有向下的随球动作，击球保持拍头后翘，拍面后仰（图 10-16）。

1　2　3　4

图 10-16　反手截击球

第三节　网球运动的基本战术

扫码“学一学”

一、发球战术

1. 攻击对手的反手侧　一般的球员都存在着反手球技术较差，普遍存在容易造成失误的弱点。如果将球发向对手的反手位，对手接回来的球一般攻击性较弱，从而能为下一拍进攻创造有利条件，争取主动，最终取得分数。发球时如果把球发向对手的正手侧，遭受对手反攻的概率就会大大增加。

2. 球发向对方的边角处　球飞向对方的边角处，对方在接这种球时，必须向边线方向快速移动且可能跑出场外，此时对方场区就会出现很大的空当，从而为进攻创造了有利的条件。

3. 发深球　会迫使对手移动到端线以外去接发球，导致回球的攻击性大大减弱。

4. 发追身球　接发球中，追身球是很难回击的一种球。因为球是直冲人的身体而来，回球时一时难以决定用正手还是反手接，容易造成失误。

5. 发上旋球　发旋转球是发球上网型选手惯用的手段。这种球落地反弹较高，经常超过人肩膀的高度，给接发球带来了很多麻烦，使其很难击出特具攻击性的球，甚至会接发球失误。

6. 其他战术 网球比赛的发球有两次，要充分利用好每次的发球机会。一般来说，一发时采用速度快、威力大的平击发球，迫使对方出现低质量的回球；而二发多采用稳定性更好的切削或上旋发球，保证自己发球的成功率；另外，发球应灵活运用，增加变化，长短球、内外侧球、快慢球、旋转球相结合，打乱对手节奏，迫使其失误或降低回球质量。

二、接发球战术

接发球与发球同等重要，现代网球比赛中，发球、接发球的得分总和普遍超过比赛总得分的 40%。高质量的接发球可有效遏制对手进攻，打破对手发球战术计划，打击对手信心。接好发球必须掌握以下几点技巧：准确的预判，合理的步法，迅速到位，正确的击球手法。当然，对于初学者要求做到这几点并不现实，但初学者必须清楚接发球战术的总体原则。

接发球战术首先要保证把球安全地击到对方的场地内，不要期望一拍置对方于死地；力求将球回击到对方的弱侧；主动变换接发球的方式；根据自己的能力，尽可能改变接发球的速度和旋转；根据发球方的站位及时更换自己的接发球位置；如果发球方采用强度较大的平击发球，应对措施最好采用挡球式接发球；球落地后主动向前迎击来球，而非撞击；用一个正确的转髋和转肩动作向后引拍，动作要小；接力量小、速度慢的发球，可以用快速击球或削球后上网进攻；接有角度的发球时要做好准备，朝球的飞行方向提前斜线移动，并回击斜线球，留在后场，及时回位。

三、截击战术

运用截击球战术时，预判对手来球的可能区域，应取位于对手可能回球的范围中间，利用速度、角度、落点调动对手移动接球，第一次截击尽量打攻击力较强的低深球至对手一角，第二次截击尽量打浅斜球到另一边，迫使对方失误或降低回球质量。此外，在对方移动中，也可打对方回头球或追身球，使对方丧失主动。

截击战术成功与否的关键，首先是截击前的一拍球是否具有杀伤力，能否让对手丧失主动；其次是是否能迅速贴网，缩小防守范围，有效扩大攻击角度；再者是能否通过自己节奏调整，不给对方喘息机会。

四、底线战术

底线战术指以底线正、反手击球为基础组织的战术。其特点是利用速度、旋转、落点的变化调动对手，迫使对方失误或降低回球质量，从而直接得分或创造进攻机会。底线型打法的基本战术有：对攻、拉攻、侧身攻、紧逼攻和防反攻。

（一）对攻战术

底线对攻战术是利用底线正、反拍抽击球所具有的强大的连续进攻能力，配合速度和落点变化，与对方展开阵地战，争取调动对手丧失进攻主动，达到攻击对手和控制对手的目的。

常用的战术：以正、反拍抽击球的速度、力量攻击对手的弱点，用速度压制对手；用强有力的正、反拍抽击球连续打向对方的弱点，以压制对方，从而掌握主动权；用正、反拍的有力击球充分调动对方使其大角度跑动，从而寻找机会，进攻得分；先以底线两个角度调动对手，接着突然连续打重复落点或回头球，让对方在快速跑动中降低回球质量。

（二）拉攻战术

底线拉攻战术是使用较广泛的一种战术。其利用底线正、反手拉上旋球，或正手拉上旋，反手切削球，迫使对方左右移动，寻找空当，给予致命一击的一种战术。

常用的战术：正、反手拉强力上旋至对方底线两边大角深处，将对方控制在底线外远端，不给对方上网及底线起拍反击的机会，寻找时机进行突击；正、反手拉上旋球时，加拉正、反手小斜线，使对方增加跑动距离，从而降低对手回球质量，然后伺机进攻；逼近对方反手深区，伺机突然正手快速深区或小斜线进攻。

（三）侧身攻战术

底线侧身攻战术是网球比赛一项重要进攻手段。其利用强有力的正拍抽击球，配合准确的判断和步法移动，在2/3以上的场地上用正拍给对方施加有力的攻击。

常用的战术：连续用正拍对对手进攻，创造得分机会；用正拍进攻，调动对方移动，反手控制落点，伺机用正手突击进攻；全场逼攻对手的反手位，压制住对手，再突击边线正拍；用正拍进行攻击时，连续打出重复落点。

（四）紧逼战术

底线紧逼战术是以其快节奏对对方进行攻击的一种重要手段。这种进攻战术深受世界上一流运动员的青睐。可连续逼攻对手的反手位，也可紧逼对手底线两个角，或从接发球时就向前紧逼进攻，使对手产生心理压力，造成对手被动或回球失误为自己创造得分机会或直接得分。

常用的战术：从接发球开始就向前紧逼进攻，给对手发球造成一定的心理压力，被迫防守；连续逼攻对手的反手位，突击正拍，伺机上网；紧逼对手底线两个角，使其被动或回球失误，并伺机上网。

五、防守反击战术

防守反击战术在网球运动中占有举足轻重的地位。在执行该战术时，自己常处于被动局面，应利用快速的步法、稳定的击球，尽量将对方控制在更深的位置，不给对方更好的得分机会，当对方出现失误，或自己打出高质量的回球时，迅速转守为攻，控制对方。

利用良好的底线控制球的能力，发挥判断准、反应快、步法灵、体力好、击球准确的综合性特点来调动对方，在防守中充分寻找机会进行有力反击。

常用的战术：当对手采用底线紧逼进攻战术时，可采用底线正、反手上旋球至对方两个底角深处，在对手调动自己移动击球的同时，也调动对手移动击球，然后伺机反攻；当对手用发球上网战术时，接发球可迎上借力击球，把球打到对方脚下或两边小角度，伺机下一拍反击得分；当对方用随球上网战术时，应加快击球的速度与节奏，首选对方空当，使对手无法回击质量高的球，为下一拍穿越创造机会，伺机反击得分。

六、综合性打法战术

综合性打法以基本功扎实、技术全面精细为基础，可根据对手不同的身体条件、技战术水平，以及场地特点与战术需要，灵活地采用的各种战术打法。综合性打法攻守平衡，也符合积极、主动、灵活的网球战术原则。常用的战术如下。

1. 对付接发球上网型选手，要提高一发命中率，变换发球落点，以控制场上的主动权。

2. 对付底线上旋球的打法者，可采用发球上网或随球上网的战术，用正、反手对拉，以及反手的切削来控制落点的战术，寻求进攻机会。

3. 对付发球上网型的选手，应采用接发球抢攻；或接发球打上网队员的脚下，再准备第二拍破网。

4. 对付随球上网型的选手，采用底线打深球战术，不给对手上网的机会，把其压制在底线。如果对方随球上网了，就采用两边不同节奏的击球破网或拉上旋过顶高球破网。

5. 对付底线较稳健的打法者，采用发球上网或随球上网及底线紧逼战术，以打乱对方的节奏。

扫码“学一学”

第四节　网球竞赛规则简介

一、比赛场地

网球场地应该是长方形，长度为23.77米（78英尺），单打比赛的场地宽度为8.23米（27英尺），双打比赛场地的宽度为10.97米（36英尺）。在端线、边线后应分别留有不小于6.4米、3.66米的空余地。网柱顶端距地平面是1.07米，球网中心上沿据地平面是0.914米（图10-17）。

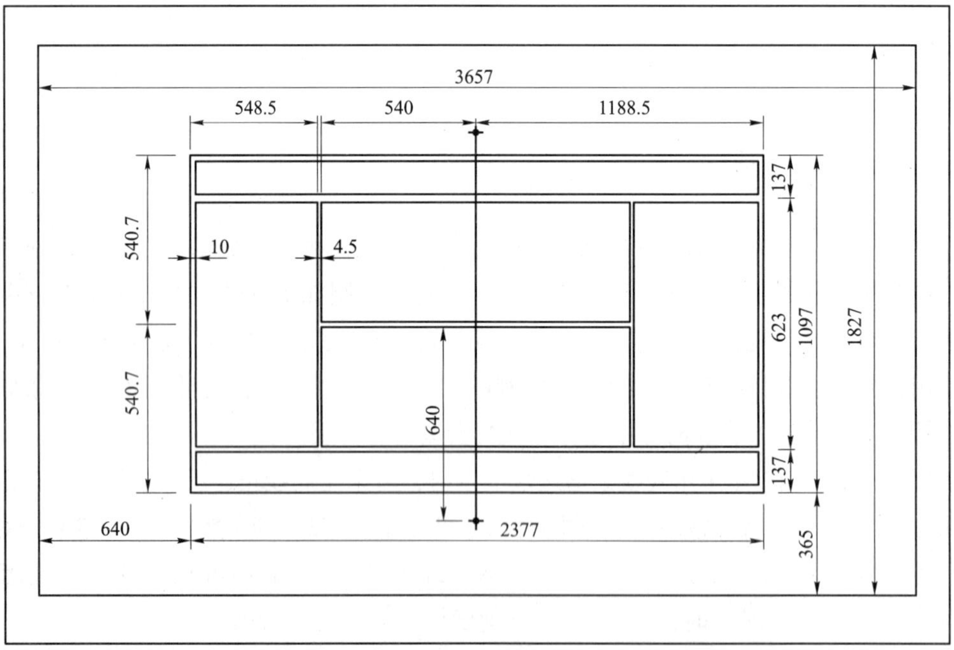

图10-17　网球比赛场地

二、比赛规则

（一）场地和发球的选择

在准备活动开始前，通过掷币的方式决定获得挑选场地和在比赛的第一局作为发球员或接发球员的权利。掷币获胜方可以进行以下方式的选择。

1. 在比赛的第一局中选择发球员或接发球员，在这种情况下，对手应选择在比赛的第一局处于哪一边的场地。

2. 选择在比赛的第一局处于哪一边的场地，在这种情况下，对手应选择在比赛的第一局作为发球员或接发球员。

3. 要求对手对以上两种方法做出任何一种的选择。

（二）发球和接发球

比赛开始，选手应分别相对站于球网两侧。

1. 发球　在发球动作前，发球员需双脚站在底线外，即中心标志的假定延长线和边线的假定延长线以内区域。然后，发球员用手将球抛出，并在触地前用球拍将球击出，在球拍击到球或未击到球的那一刻，整个发球动作即被认为已经完成。并且，发出的球应当越过球网，在接球员回击发球之前落到对角方向的发球区内。

2. 发球的程序　在常规发球局中，发球员都应从场地右半区开始，交替站在同侧场地的两个半区发球；在平局决胜局中，第一分发球应从场地右半区开始，然后，交替从场地的两个半区发球。

3. 脚误　在发球过程中，发球员通过走动或跑动来改变位置；或脚触及底线、场地内、边线假定延长线外的地面、中心标志的假定延长线，均被认为是"脚误"。

4. 发球失误　下列情况均为发球失误：发球员未击中球；出现脚误；违反发球程序；球触地前碰到了球网、中心带、网带以外的任何东西。

5. 第二次发球　如第一次发球失误，发球员可在同一半区再发一次。

6. 重发　下列情况应重新发球：发出的球触到了球网、中心带或网带后落在有效发球区内；或球发出后，接发球员还没有做好准备。

7. 发球次序　每个常规局结束后，再下局中接发球员与发球员对换。

双打比赛中，每一盘第一局开始前，先发球方首先决定哪一名运动员先在该局发球，同盘在第二局开始前，对方球队也应当做出由谁在该局先发球的决定。第一局先发球方运动员的同伴在第三局首先发球，第二局先发球方运动员的同伴在第四局先发球。这个轮换次序一直延续，直到该盘结束。接球员接完发球后，该队中的任何一名运动员都可以回击球。

（三）失分

如果出现下列情况，选手将失分。

1. 发球员连续两次发球失误。

2. 在活球状态下，运动员在球连续两次触地前不能将球回击过网。

3. 在活球状态下，运动员回击的球在落地前触到有效击球区外的地面或其他物体。

4. 在活球状态下，运动员回击的球在落地前触到永久固定物。

5. 接发球员在球没有落地前回击发球员发出的球。

6. 运动员故意用他的球拍托带或接住处于活球状态中的球，或故意用球拍触球超过一次。

7. 在活球状态下的任何时候，运动员或他的球拍（无论球拍是否在他手中），或他穿戴的或携带的任何物品触到球网、网柱、单打支柱、网绳、钢丝绳、中心带、网带，或他对手场地的地面。

8. 运动员在球过网前击球；在活球状态下，除了运动员手中的球拍以外，球触及运动员的身体或他穿戴的或携带的任何物品。

9. 在活球状态下，球触到了运动员的球拍，但球拍不在他的手中。

10. 在活球状态下，运动员故意并实质性地改变了球拍的形状。

11. 双打比赛中，在一次回击球时，同队的两名运动员都触到了球。

（四）有效回击

下列情况，属于有效回击，球触到了球网、网柱、单打支柱、网绳、钢丝绳、中心带、网带并且越过球网上面后落到有效场地内；在活球状态下球落在有效场地内后由于旋转或被风吹回过网，该轮到击球的运动员越过网击球，将球击到有效场地内；回击的球从网柱外侧，无论该球是高于还是低于球网的上部高度，即使触到网柱，只要落在有效场地内；球从单打支柱及其附属网柱之间的网绳下面穿过而又没有触及球网、网绳或网柱，并且球落在有效场地内；运动员的球拍在回击自己球网一侧内的球后随球过网，球落入有效场地内；在活球状态下，运动员击出的球碰到了停在正确场地内的另一个球。

（五）交换场地

运动员应在每一盘的第一局、第三局和随后的每一个单数局结束后交换场地。运动员还应在每一盘结束后交换场地，除非在这盘结束后双方所得局数之和为偶数时，在这种情况下运动员则在下一盘第一局结束后交换场地。

在平局决胜局中，运动员应在每 6 分后交换场地。

（六）计分

1. 每一局中的计分 常规局：在一个常规局的比赛中，报分时应首先报发球运动员的比分，计分方法如下：无得分计“0”；第一分计“15”；第二分计“30”；第三分计“40”；第四分计“该常规局比赛结束”，或者“先取得第四分者比分占先”。

知识链接

若两名运动员/队中，一方已取得第四分，而另一方仅取得第二分（或未取得第二分），则先取得第四分者获得该常规局比赛胜利。

若两名运动员/队都已获得了三分，则比分为“平分”。“平分”后如果一名运动员/队获得了下一分，则比分为“占先”，如果“占先”的这名运动员/队又获得了下一分，即赢得了这一局；如果“占先”后是另一名运动员/队获得了一分，则比分仍为“平分”。一名运动员/队需要在“平分”后连续获得两分，该运动员/队才能赢得这一局。

平局决胜局：在平局决胜局中，使用 0、1、2、3 分等来计分。首先赢得 7 分并净胜对手 2 分的运动员/队赢得这一局及这一盘。在需要时决胜局必须继续进行，直到一方运动员/队净胜对手 2 分为止。

轮及应该发球的运动员在平局决胜局中首先发第一分球，随后的两分由他的对手发球（在双打比赛中，对方队中轮及应该发球的运动员进行发球）。此后，每一名运动员/队轮流连续地发两分球直到平局决胜局结束（在双打比赛中，两队应按照与该盘中相同的发球顺序轮流连续发球）。

在平局决胜局中首先发球的运动员/队应当在下一盘的第一局开始时首先接发球。

知识链接

原始的计分器为宫廷时钟，每得一次分就将时钟转动 1/4，也就是 15 分（a quarter，一刻）；同理，得两次分就将时钟拨至 30 分，这就是 15 分、30 分的由来。至于 40 分的由来比较怪异，它不是 15 的倍数，这是因为在英文中，15 分读为“fifteen”，而 30 分读为“thirty”，但是 45 分，英文读为“forty-five”，当时英国人觉得有点拗口，不符合“方便”的原则，于是就把它改成同为双音节的 40 分（forty），这就是看来不合逻辑的 40 分的由来。这样的计分方法虽然有些奇怪，但还是依循传统沿用至今。

2. 每一盘中的计分 一盘中的计分有不同的方法。主要的计分方法是“长盘制”和“平局决胜局制”两种。比赛中两种计分方法中的任何一种都可以使用，但必须在赛前事先宣布。如果使用的是“平局决胜局制”的计分方法，还必须声明决胜盘将采用的是“平局决胜局制”还是“长盘制”。

（1）“长盘制” 先赢得 6 局并净胜对手两局的运动员/队才赢得这一盘。如果需要的话，这一盘必须持续到一方运动员/队净胜两局为止。

（2）“平局决胜制” 先赢得 6 局并净胜对手两局的运动员/队才赢得这一盘。如果局数比分达到 6∶6 时，则需进行“平局决胜局”。

3. 每一场比赛的计分 一场比赛可以采用三盘两胜制，先赢得两盘的运动员/队赢得这场比赛；或采用五盘三胜制，先赢得三盘的运动员/队赢得这场比赛。

（七）活球期

除了做出发球失误或重发的呼报之外，球从发球员击出的那一时刻开始直到该分结束都为活球。

（八）压线球

如果球接触到线，则这个球被认为是落在由该线作为界线的场地之内。

（九）干扰

如果运动员在某一分球的比赛中受到对手故意举动的干扰，那么这名运动员应当赢得该分。

然而，如果运动员在某一分的比赛中受到对手非故意举动的干扰，或者某些运动员自身无法控制（除场地上的永久固定物外）的妨碍时，这一分应当重赛。

（十）重赛

除了在第二次发球时呼报重赛是指重发该次发球外，在所有其他情况下，当呼报重赛时，这一分必须重赛。

扫码“练一练”

思考题

1. 简述网球运动的起源与发展。
2. 网球正手击球的种类有哪些?
3. 网球的底线战术都有哪些?选择其中一种简要说明。
4. 简述网球比赛的计分方法。

（余　浩）

第十一章

武术运动

学习目标

知识要求

1. 掌握武术的基本动作、基本技术和健身价值。
2. 熟悉武术的运动特点和武术运动与其他运动项目的共同点和区别。
3. 了解武术的起源与发展历程。

技能要求

通过学习提高基本身体素质，掌握武术基本动作、基本技术、基本实战技法。

第一节　武术运动概述

扫码“学一学”

一、武术运动的起源和发展

武术的形成与发展是与整个中华民族文明的历程同步的，它始终受不同时期的政治、经济、军事和文化的影响，得到完善，并沿着自身的规律不断向前发展。

“武术”这一概念的使用是近现代的事，古代记载中如商代有“拳勇”、春秋有“技击”、汉代有“武艺”等提法，而近代中国武术又被誉为“国术”。中华人民共和国成立之后，正式确立为一项体育运动项目，才正式采用“武术”这一概念。

武术源于古代狩猎和战争，是搏斗技术与经验的总结。人类早期在与大自然的生存斗争中自觉或不自觉地掌握了一些防卫和攻击技能，为武术的形成奠定了基础。

武术的发展与古代的军事斗争有着千丝万缕的联系。西周学校教育中，教授“礼、乐、射、御、书、数”六艺。射、御和乐中武舞的教育内容都一定程度上推动了武艺的普及。春秋战国时期，是我国封建制度逐渐形成发展的时期，频繁的战争增加了短兵相接的机会，对技击格斗的要求逐渐增高，并从春秋开始以个人技艺为主的徒手搏技——手搏、角力，在民间有广泛的市场。在文化的交融中，武术与养生也逐渐地相结合，春秋战国时期就出现了以动健身的养生思想，提出了“静养”养形练气，“动养”注重形体锻炼的不同主张。宋元时期，对抗性的“手搏”“角力”得到进一步发展。还出现了“露台争交”，类似于后期出现的擂台比武，是一种古老的武术竞赛形式。

明清时期是武术发展的重要时期，在全国范围内已经形成了诸多风格不同的武术流派，十八般武艺有了具体的名称和内容。少林武术也在明代弘扬显名。明清时期随着商业的发展，保镖行业兴起，以武术为职业的保镖、镖师为武术的发展与传承起到了一定的推动作用。在民间武术表演更为兴旺，这也推动着武术的发展。

近代中国，是中西文化碰撞与交融的时期，在这种背景下，1911 年由十多位武术名家编辑的《中华新武术》形成了，它借鉴了兵式体操的教练方式，以传统武术拳技和摔跤术等为素材，采取中西融合的方法，成为新式武术教本。1928 年“中央国术馆”成立，它是隶属于国民党南京政府的武术机构，中央国术馆成立后，各地纷纷建立国术馆、国术社，形成自上而下的国术馆系统。

1949 年中华人民共和国成立，百废俱兴的历史潮流也为武术注入了新的活力。为增强人民体质，国家提倡进行各种有益于人体健康的运动项目，太极拳因其独特的健身价值，得到了广泛的喜爱。1979 年国家体委在全国范围内掀起挖掘整理的高潮，使很多鲜见的拳种得以传播，濒危的拳种得以抢救，并编纂成册，留下了宝贵的文字、录像资料。

二、武术运动的概念

武术是以攻防技击为主要技术内容、以套路演练和搏斗对抗为运动形式、注重内外兼修的民族传统体育项目。

三、武术运动的文化内涵

武术在民族文化的摇篮中，不断汲取传统哲学、伦理学、养生学、兵法学、中医学、美学等多种传统文化思想和观念，使之理论内涵丰富、寓意深刻、注重内外兼修、德艺兼备。诸如武术的整体运动观、阴阳变化观、形神观、气论、动静说、刚柔说、体用说、尚武崇德说等，都从不同侧面反射出民族文化光彩。

从武术文化中，还能看出它所反映的中国文化的基本精神。比如强调“武以德立”“德为艺先”，反映出民族的以“仁”为核心注重人际关系和谐的伦理观念；行侠仗义、除暴安良反映了刚健有为、入世进取、匡扶正义、不畏强权的爱国主义传统；追求个人技艺的熟练、神韵和意境，正是成就内在人格完美的传统审美情趣；主张“轻力”“尚巧”、以智取胜、顺势借力的技击原理，反映中国人礼让为先、刚强而不好胜、功力扎实而内敛的竞争特点；以及顺应自然、天人合一思想，重视血缘关系等，都体现了我国农耕文明饮水思源的感恩之心。

四、武术运动礼仪——抱拳礼

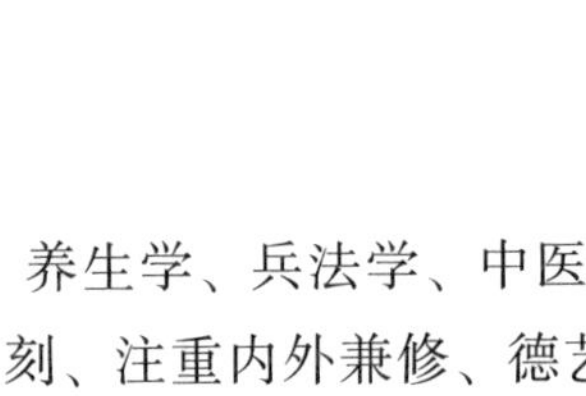
图 11-1

中国武术讲究“未曾学艺先学礼，未曾习武先习德”，武术第一课并非学习武术动作，而是要学习抱拳礼。“左掌右拳”是武协规范的抱拳礼（图 11-1），右手握拳，五根手指代表“五湖”，左手为掌，大拇指内扣，代表“四海”。行抱拳礼代表五湖四海皆兄弟，天下武林是一家，是以武会友、相互尊重的表现。左掌大拇指收回弯曲，意味着不自大、不骄傲。左掌掩右拳，表示“勇不滋乱”“武不犯禁”，以此来约束、节制勇武的意思。左掌为文，右拳为武，表示文武兼修，恭候师友、前辈的指点。

中国武术抱拳礼的行礼方法：并立步，身体自然直立，右手握拳，左手拇指屈拢，四指并拢伸直成掌。

双手从体侧向胸前合抱，两小臂微内旋，两臂撑圆，平举于胸前，左掌心贴于右拳面，双肘不可扬起，目视受礼者。

现代武术运动员在比赛前，需要向裁判长行抱拳礼，在公布分数时，也要上前一步，立正行礼，另外在一些正式场合，介绍来宾时，习武之人也会行抱拳礼示意。

扫码“学一学”

第二节　初级长拳（第三路）

一、长拳概述

长拳是武术主要拳种之一，武术中有“逼近用短打，远开用长拳”的说法。武术中将具有广泛群众基础的查、华、炮、红、少林等具有舒展大方、快速有力、节奏鲜明等共同特点的拳术统称为长拳。以这些拳种的动作素材和基本技法为基础创编的现代长拳。

现代长拳的内容包括基本功、基本动作、单练套路和对练套路。单练套路又分为规定套路和自选套路。初级长拳（第三路）就属于规定套路。

长拳的技法要求：手要快捷、眼要明锐、身要灵活、步要稳固、精要充沛、气要下沉、力要顺达、功要纯青、四击合法，以形喻势。

二、长拳基本功和动作

（一）手形

1. 拳　四指并拢卷握，拇指扣在示指和中指的第二指关节上，拳要紧，拳面平，手腕直（图 11-2）。

2. 掌　四指并拢伸直，拇指弯曲紧扣于虎口处（图 11-3）。

3. 勾　五指第一指关节捏拢在一起，屈腕（图 11-4）。

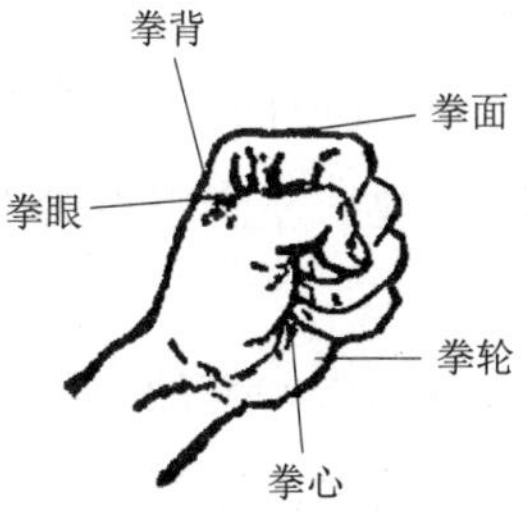

图 11-2　拳

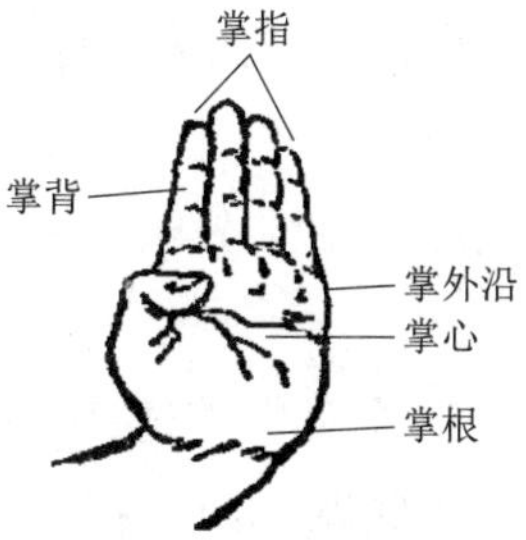

图 11-3　掌

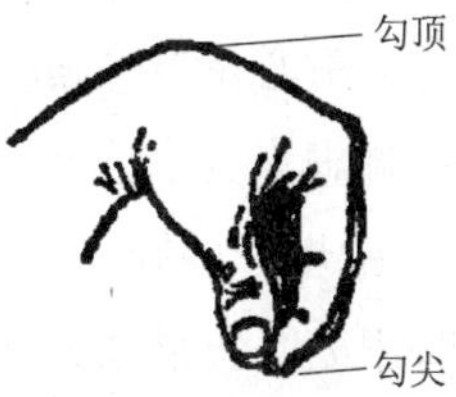

图 11-4　勾

（二）手法

1. 冲拳　分平拳和立拳两种，平拳拳心向下，立拳拳眼向上。

冲平拳时两脚开步站立，与肩同宽，两拳抱于腰间，拳心朝上，肘尖向后，挺胸、收腹、直腰，一拳猛力向前冲出，转腰、顺肩，在肘关节过腰后，前臂内旋，力达拳面，臂要伸直，高与肩平。同时另一侧肘向后牵拉（图 11-5）。

冲立拳时两脚开步站立，与肩同宽，两拳抱于腰间，拳眼朝上，肘尖向后，挺胸、收腹、直腰，一拳猛力向前冲出，转腰、顺肩，力达拳面，臂要伸直，高与肩平。同时另一侧肘向后牵拉。

2. 推掌 两脚开步站立，与肩同宽，两拳置于腰侧，掌心朝上，一掌沿肋侧，前臂内旋，向前推出，力在掌根，出掌要快速有力，做好拧腰、顺肩、坐腕、翘掌。同时另一侧肘关节向后牵拉（图 11-6）。

图 11-5 冲拳

图 11-6 推掌

（三）步形

1. 弓步 左脚向前大跨一步（约本人三脚距离），脚尖微内扣，左腿屈膝，大腿近似水平，小腿近似垂直。右腿挺膝伸直，脚尖斜向前 45°，两脚全脚掌着地。挺胸、塌腰、沉髋，上体正对前方，目前视。两拳抱于两腰侧，拳心朝上。弓左腿为左弓步，弓右腿为右弓步（图 11-7）。

2. 马步 两脚平行开立，约本人三脚距离，脚尖朝前，屈膝半蹲，膝部不超过脚尖，大腿接近水平，全脚掌着地，身体重心落在两腿之间。挺胸、塌腰、脚跟外蹬。两拳抱于腰间，拳心朝上（图 11-8）。

3. 仆步 两脚左右开立，右腿屈膝全蹲，大腿和小腿紧靠，全脚掌着地脚尖和膝关节外展。左腿挺直平仆，脚尖内扣，全脚掌着地。挺胸、塌腰、沉髋。两拳抱拳于腰间，拳心朝上。眼向左平视。仆左腿为左仆步，仆右腿为右仆步（图 11-9）。

4. 虚步 两脚前后开立，右脚外展 45°，屈膝半蹲。左脚脚尖虚点地面，脚面绷直，稍内旋。重心落在右腿上，挺胸、塌腰、虚实分明。两手叉腰，眼平视。左脚虚点为左虚步，右脚虚点为右虚步（图 11-10）。

5. 歇步 两腿交叉靠拢全蹲，左脚全脚掌着地，脚尖外展。右脚前脚掌着地，膝部贴近左脚跟处。挺胸、塌腰，两腿靠拢并紧贴。两手抱拳于腰间，拳心朝上。左脚在前为左歇步，右脚在前为右歇步（图 11-11）。

图 11-7 弓步

图 11-8 马步

图 11-9 仆步

图 11-10 虚步

图 11-11 歇步

（四）腿法

1. 正踢腿 两脚并步站立，两手立掌，两臂侧平举；左脚向前上半步，左腿支撑，右脚脚尖勾起向前额处猛踢，两眼向前平视。练习时左右交替进行（图 11-12、图 11-13）。

2. 侧踢腿 并步站立，两手立掌，两臂侧平举；右脚上步，脚尖外展；左脚跟稍提起，身体略右转，两臂后举。随着，左腿勾脚向左耳际踢起，右臂上举亮掌，左臂立于右肩前；目向前平视（图 11-14、图 11-15）。

图 11-12

图 11-13

图 11-14

图 11-15

3. 里和腿 两脚并步站立，两手立掌，两臂侧平举；左脚向左前方上半步，右脚脚尖勾起里扣并向左上方踢起，经面前向右侧上方直腿摆动，落于左脚外侧。右手掌可在左侧上方迎击右脚掌，也可不做击响动作。眼向前平视，练习时，左右腿交替进行（图 11-16、图 11-17）。

4. 外摆腿 左脚向左前方上半步，右脚脚尖勾紧向左侧上方踢起，经面前向右侧上方摆动，直腿落在左腿旁。右掌可在右侧上方击响，也可不做，眼向前平视，练习时左右腿交替进行（图 11-18、图 11-19）。

图 11-16

图 11-17

图 11-18

图 11-19

5. 弹腿 两脚并立，两拳抱于腰侧；左腿屈膝提起，大腿与腰平，左脚绷直。提膝接近水平时，要迅速猛力挺膝，向前平踢，力达脚尖。大腿与小腿成一直线，高与腰平，右腿微屈或伸直支撑，两眼平视（图 11-20、图 11-21）。

6. 蹬腿 两脚并立，两拳抱于腰侧；左腿屈膝提起，大腿与腰平，左脚脚尖勾起。提膝接近水平时，要迅速猛力挺膝，向前蹬出，力达脚跟。大腿与小腿成一直线，高与腰平，右腿微屈或伸直支撑，两眼平视（图 11-22）。

7. 侧踹腿 预备姿势，成叉步（图 11–23）；右腿伸直支撑；左腿由屈到伸，脚尖里扣，用脚掌猛力踹出，高与腰平，上体倾斜；目视左侧方（图 11–24）。

图 11–20

图 11–21

图 11–22

图 11–23

图 11–24

三、初级长拳（第三路）动作说明

【预备式】

两脚并步站立，两臂垂于身体两侧，五指并拢贴靠腿外侧，眼向前平视（图 11–25）。

要点：头要正，颌微收，挺胸、抬头、塌腰、收腹。

1. 虚步亮掌 右脚向右后方撤步成左弓步。右掌向右、向前画弧，掌心向上；左臂屈肘，左掌提至腰侧，掌心向上，目视右掌（图 11–26）。

右腿微屈，重心后移。左掌向前穿出伸直，右臂屈肘，右掌收至腰侧，掌心向上，目视左掌（图 11–27）。

重心继续后移，左脚稍向右移，脚尖点地，成左虚步。左臂内旋向左、向后划弧成勾手，勾尖向上；右手继续向后、向右、向前上划弧，屈肘抖腕，在头前上方成亮掌，掌心向前，掌指向左，目视左方（图 11–28）。

要点：三个动作要连贯、有节奏，眼神与动作的配合要充分。动作中的弓步与虚步的转换要明确。

图 11–25

图 11–26

图 11–27

图 11–28

2. 并步对拳 右腿蹬直，左腿提膝，脚尖内扣（图 11–29）。

左脚向前落步，重心前移；两臂收于体侧经两肋前穿，掌心朝上（图 11–30）。

两臂下垂后摆，同时右脚向前迈步（图 11–31）。

两臂向外向上经胸前屈肘，左脚向右脚并步，两掌下按变拳，拳心向下，拳面相对，停于小腹前，目视左侧（图 11–32）。

要点：两臂运行路线要清晰，并步后挺胸、塌腰，对拳、转头与并步同时完成。

图 11-29

图 11-30

图 11-31

图 11-32

【第一段】

1. 左弓步冲拳　左脚向左上一步，脚尖向斜前方；右腿微屈成半马步。左臂向上、向左格挡，拳眼向后，拳与肩同高（图 11-33）。

右拳收至腰侧，拳心向上，目视左拳；右腿蹬直成左弓步。左拳收至腰侧，拳心向上，右拳向前冲出，高与肩平，拳眼向上，目视右拳（图 11-34）。

要点：格挡与冲拳要连贯进行，冲拳要蹬地转胯、转腰、送肩，力达拳面。

2. 弹腿冲拳　重心前移至左腿，右腿屈膝提起，脚面绷直猛力向前弹出伸直，高与腰平。右拳收至腰侧；左拳向前冲出，目视前方（图 11-35）。

要点：支撑腿可微屈，弹腿时先提膝再弹腿，脚背绷直。

图 11-33

图 11-34

图 11-35

3. 马步冲拳　右脚向前落步，脚尖内扣，上体左转。左拳收至腰侧，两腿下蹲成马步；右拳向前冲出，目视右拳（图 11-36）。

要点：落步转体成马步时要蹬地转身。

4. 右弓步冲拳　上体右转 90°，右脚尖外撇向斜前方成半马步。右臂屈肘向右格挡，拳眼向后，目视右拳（图 11-37）。

左腿蹬直成右弓步，右拳收至腰侧，左拳向前冲出，拳眼朝上，目视左拳（图 11-38）。

要点：同左弓步冲拳，唯左右相反。

5. 弹腿冲拳　重心前移至右脚，左腿屈膝提起，脚面绷直猛力向前弹出伸直，高与腰平，左拳收至腰侧，右拳向前冲出，目视前方（图 11-39）。

要点：同本段的弹腿冲拳，唯左右相反。

图 11-36

图 11-37

图 11-38

图 11-39

6. 大跃步前穿　提膝盖掌：左腿屈膝，右拳变掌内旋，以手背向上，挂至左膝前下方，上体前倾，目视右手（图 11-40）。

（1）落步后挂　左腿向前落步两腿微屈，右掌继续向后挂，左掌变掌向后、向下伸直，目视左掌（图 11-41）。

（2）大跃步摆掌　右腿屈膝向前提起，左腿立即猛力蹬地向前跃出，两掌向前、向上划弧摆起，目视左掌（图 11-42）。

（3）仆步下势　右腿落地全蹲，左腿随即落地向前铲出成仆步，右掌变拳抱于腰侧，左掌由上向右、向下划弧成立掌，停于右胸前，目视左脚（图 11-43）。

要点：跃步要远，落地要轻，动作连贯。

图 11-40

图 11-41

图 11-42

图 11-43

7. 弓步推掌　右腿猛力蹬直成左弓步，左掌经左脚面向后划弧至身后成勾手，左臂伸直，勾尖向上，右拳由腰侧变掌向前推出，掌指向上，掌外侧向前，目视右掌（图 11-44）。

要点：仆步向弓步转换要蹬地转胯。

8. 马步上架　重心移至两腿之间，左脚尖内扣成马步，上体右转，右臂向左侧平摆，稍屈肘；同时左勾手变掌由后经左腰侧从右臂内向前上穿出，掌心均朝上，目视左手（图 11-45）；右掌立于胸前，左臂向左上屈肘抖腕亮掌于头部上方，掌心向上，目右转视（图 11-46）。

要点：翻掌转头同时进行。

图 11-44

图 11-45

图 11-46

【第二段】

1. 虚步栽拳

（1）撤步后挂　右脚蹬地，屈膝提起，左腿伸直，以前脚掌为轴向右后方转体 180°，右脚向右落地，右掌由左胸前向下经由右腿外侧向后划弧，左臂随体转动并外旋，使掌心朝右，目视右手（图 11–47）。

（2）虚步截拳　重心移至右脚上，下蹲成左虚步。左掌变拳下落于左膝上，拳眼向里，拳心向后，右勾手变拳，屈肘上架于头上方，拳心向前，目视左方（图 11–48）。

要点：两臂成弧形外撑，右拳上架，拳心向外，左拳下截，拳心向内。

2. 提膝穿掌

（1）轮臂盖掌　右腿稍伸直，向右转腰，右拳变掌收至腰侧，掌心向上左拳变掌由下向左、向上划弧压于头上方，掌心向前（图 11–49）。

（2）提膝穿掌　右腿伸直，左腿屈膝提起，脚尖内扣。右掌从腰侧经左臂内向右前上方穿出，掌心向上，左掌顺势收至右胸前成立掌，目视右掌（图 11–50）。

要点：充分转腰切胯带动左臂下压，提膝与穿掌同时进行。

3. 仆步穿掌　右腿全蹲，左腿向左后方铲出成左仆步，右臂不动，左掌由右胸前向下经左腿内侧向左脚面穿出，目随左掌转视（图 11–51）。

要点：身体前倾，左手尽量伸到左足面上。

图 11–47

图 11–48

图 11–49

图 11–50

图 11–51

4. 虚步挑掌

（1）左弓步前穿　右腿蹬直，重心前移至左腿成左弓步，右掌稍下降，左掌随重心前移向前挑起，使左右臂均与肩同高（图 11–52）。

（2）虚步挑掌　右脚向左前方上步，左腿半蹲成右虚步，身体随上步左转 180°，在右脚上步的同时，左掌向上、向后划弧成立掌，右掌由后向下、向前上挑起成立掌，指尖与眼平，目视右掌（图 11–53）。

要点：充分转体，使两臂一前一后在一条直线上。

5. 马步击掌　右脚落实，脚尖外撇，重心稍升高并右移，左掌变拳收至腰侧（图 11–54），右掌俯掌向外捞手，左脚向前一步，以右脚为轴向右后转体 180°，两腿下蹲成马步，左掌从右臂上成立掌向左侧击出，右掌变拳收至腰侧，目视左掌（图 11–55）。

要点：右掌外捞，先使臂稍内旋，腕伸直，手掌向下、向外转，接着手臂外旋，掌心经下向上翻转，同时成拳。推掌与蹬地转体同时进行。

图 11-52

图 11-53

图 11-54

图 11-55

6. 叉步双摆掌　重心稍右移，同时两掌向下、向右摆，掌指均向上，目视右掌（图 11-56）。右脚向左腿后叉步，前脚掌着地，两臂继续由右向上、向左摆，停于身体左侧，均成立掌，右掌停于左腋窝处，目随双掌转视（图 11-57）。

要点：两臂要划立圆，幅度要大，摆掌与后插步配合一致。

7. 弓步推掌　两脚不动，重心移向右腿，左掌收至腰侧，掌心向上，右掌向上、向右划弧，掌心向下（图 11-58）；左腿后撤一步成右弓步，右掌向下、向后伸直摆动成勾手，勾尖向上，左掌成立掌向前推出，目视左掌（图 11-59）。

要点：左脚撤步和推掌同时进行。

图 11-56

图 11-57

图 11-58

图 11-59

8. 转身踢腿马步盘肘　转体划弧：两脚以前脚掌为轴向左后转体 180°，在转体同时，左臂向上、向前划半立圆（图 11-60）；上动不停，两脚不动，右臂由后向上、向前划半立圆，左臂由前向下、向后画半立圆（图 11-61）。

（1）正踢腿　上动不停，右臂向下成反臂勾手，勾尖向上，左臂向上成亮掌，掌心向前上方，右腿伸直脚尖勾起向额前踢（图 11-62）。

（2）马步盘肘　右脚向前落地，脚尖内扣，右手不动，左臂屈肘下落至胸前，左掌心向下，目视左掌（图 11-63）；上体左转 90°，两腿下蹲成马步，同时左掌向前、向左平掳变拳收至腰侧，右勾手变拳，右臂伸直，由体后向右、向前平摆，至体前时屈肘，肘尖向前，高与肩平。拳心向下，目视肘尖（图 11-64）。

图 11-60

图 11-61

图 11-62

图 11-63

图 11-64

要点：两臂抡动时要划立圆，动作连贯，盘肘要有力，右肩前送。

【第三段】

1. 歇步抡砸拳 重心稍升高，右脚尖外撇。右臂由胸前向上向右抡直；左拳向下向左，使臂抡直。目视右拳（图 11-65）。

上动不停，两脚以前脚掌为轴，向右后转体 180°。右臂向下向后抡摆，左臂向上向前随身体转动（图 11-66）。

紧接上动，两腿全蹲成歇步。左臂随身体下蹲向下平砸，拳心向上，臂部微屈；右臂伸直向上举起。目视左拳（图 11-67）。

要点：抡臂动作要连贯完成，划成立圆。歇步要两腿交叉全蹲，左腿大、小腿靠紧，臀部贴于左小腿外侧，膝关节在右小腿外侧，脚跟提起，右脚尖外撇，全脚着地。

图 11-65

图 11-66

图 11-67

2. 仆步亮掌 左脚由右腿后抽出前上一步，左腿蹬直，右腿半蹲，成右弓步。上体微向右转。左拳收至腰侧，右拳变掌向下经胸前向右横击掌。目视右掌（图 11-68）。

右脚蹬地屈膝提起，上体右转。左拳变掌从右掌上向前穿出，掌心向上，右掌平收至左肘下（图 11-69）。

右脚向右落步，屈膝全蹲，左腿伸直，成仆步。左掌向下向后划弧成勾手，勾尖向上，右掌向右向上划弧微屈，抖腕成亮掌，掌心向前。头随右手转动，至亮掌时，目视左方（图 11-70）。

要点：仆步时，左腿充分伸直，脚尖里扣，右腿全蹲，两脚脚掌全部着地。上体挺胸塌腰，稍左转。

图 11-68

图 11-69

图 11-70

3. 弓步劈拳 右腿蹬地立起；左腿收回并向左前方上步。右掌变拳收至腰侧，左勾手变掌由下向前上经胸前向左做掳手（图 11-71）。

右腿经左腿前方向左绕上一步，左腿蹬直成右弓步。左手向左平掳后再向前挥摆，虎口朝前（图 11-72）。

在左手平掳的同时，右拳向后平摆，然后再向前向上做抡劈拳，拳高与耳平，拳心向上，左掌外旋接扶右前臂。目视右拳（图 11-73）。

要点：左右脚上步稍带弧形。

图 11-71

图 11-72

图 11-73

4. 换跳步弓步冲拳 重心后移，右脚稍向后移动。右拳变掌臂内旋以掌背向下划弧挂至右膝内侧；左掌背贴靠右肘外侧，掌指向前。目视右掌（图 11-74）。

右腿自然上抬，上体稍向左扭转。右掌挂至体左侧，左掌伸向右腋下。目随右掌转视（图 11-75）。

右脚以全脚掌用力向下震跺，与此同时，左脚急速离地抬起。右手由左向上向前掳盖而后变拳收至腰侧，左掌伸直向下、向上、向前屈肘下按，掌心向下。上体右转，目视左掌（图 11-76）。

左脚向前落步，右腿蹬直成左弓步。右拳向前冲出，拳高与肩平；左掌藏于右腋下，掌背贴靠腋窝。目视右拳（图 11-77）。

要点：换跳步动作要连贯、协调。震脚时腿要弯曲，全脚掌着地，左脚离地不要高。

图 11-74

图 11-75

图 11-76

图 11-77

5. 马步冲拳 上体右转 90°，重心移至两腿中间，成马步。右拳收至腰侧，左掌变拳向左冲出，拳眼向上。目视左拳（图 11-78）。

6. 弓步下冲拳 右脚蹬直，左腿弯曲，上体稍向左转，成左弓步。左拳变掌向下经体前向上架于头左上方，掌心向上，右拳自腰侧向左前斜下方冲出。目视右拳（图 11-79）。

7. 叉步亮掌侧踹腿 上体稍右转。左掌由头上下落于右手碗上，右拳变掌，两手交叉成十字。目视双手（图 11-80）。

右脚蹬地并向左腿后插步，以前脚掌着地。左掌由体前向下向后划弧成勾手，勾尖向上，右掌由前向右向上划弧抖腕亮掌，掌心向前。目视左侧（图 11-81）。

重心移至右腿，左腿屈膝提起，向左上方猛力蹬出。上肢姿势不变，目视左侧（图 11-82）。

要点：插步时上体稍向右倾斜，腿、臂的动作要一致。侧踹高度不能低于腰，大腿内旋，着力点在脚跟。

图 11-78

图 11-79

图 11-80

图 11-81

图 11-82

8. 虚步挑拳 左脚在左侧落地。右掌变拳稍后移，左勾手变拳由体后向左上挑，拳背向上（图 11-83）。

上体左转 180°，微含胸前俯。左拳继续向前向上划弧上挑，右拳向下向前划孤挂至右膝外侧，同时右膝提起。目视右拳（图 11-84）。

右脚向左前方上步，脚尖点地，重心落于左脚，左腿下蹲成右虚步。左拳向后划弧收至腰侧，拳心向上，右拳向前屈臂挑出，拳眼斜向上，拳与肩同高。目视右拳（图 11-85）。

图 11-83

图 11-84

图 11-85

【第四段】

1. 弓步顶肘 重心升高，右脚踏实。右臂内旋向下直臂划弧以拳背下挂至右膝内侧，左拳不变。目视前下方（图 11-86）。

左腿蹬直，右腿屈膝上抬。左拳变掌，右拳不变，两臂向前向上划弧摆起。目随右拳转视（图 11-87）。

左脚蹲地起跳，身体腾空，两臂继续划弧至头上方（图 11-88）。

右脚先落地，右腿屈膝，左脚向前落步，以前脚掌着地。同时两臂向右向下屈肘停于右胸前，右拳变掌，左掌变拳。右掌心贴靠左拳面（图 11-89）。

左脚向左上一步，左腿屈膝，右腿蹬直成左弓步。右掌推左拳，以左肘尖向左顶出，高与肩平。目视前方（图 11-90）。

图 11-86

图 11-87

图 11-88

图 11-89

图 11-90

要点：交换步时不要过高，但要快。两臂抡摆时要成圆弧。

2. 转身左拍脚　以两脚前脚掌为轴向右后转体 180°。随着转体，右臂向上、向右向下划弧抡摆，同时左拳变掌向下向后向前上抡摆（图 11-91）。

左腿伸直向前上踢起，脚面绷平。左掌变拳收至腰侧，右掌由体后向上向前拍击左脚面（图 11-92）。

要点：右掌拍脚时手掌稍横过来，拍脚要准而响亮。

3. 右拍脚　左脚向前落地，左拳变掌向下向后摆，右掌变拳收至腰侧（图 11-93）。

右腿伸直向前上踢起，脚面绷平。左拳变掌由后向上向前拍击右脚面（图 11-94）。

要点：与本节的转身左拍脚相同。

图 11-91

图 11-92

图 11-93

图 11-94

4. 腾空飞脚　右脚落地（图 11-95）。

左脚向前摆起，右脚猛力蹬地跳起，左腿屈膝继续前上摆。同时右拳变掌向前向上摆起，左掌先上摆而后下降拍击右掌背（图 11-96）。

右腿继续上摆，脚面绷平。右手拍击右脚面，左掌由体前向后上举（图 11-97）。

要点：蹬地要向上，不要太向前冲，左膝尽量上提。击响要在腾空时完成，右臂伸直成水平。

5. 歇步下冲拳　左、右脚先后相继落地。左掌变拳收至腰侧（图 11-98）。

身体右转 90°，两腿全蹲成歇步。右掌抓握、外旋变拳收至腰侧；左拳由腰侧向前下方冲出，拳心向下。目视左拳（图 11-99）。

6. 仆步抡劈拳　重心升高，右臂由腰侧向体后伸直，左臂随身体重心升高向上摆起（图 11-100）。

以右脚前脚掌为轴，左腿屈膝提起，上体左转 270°。左拳由前向后下划立圆一周；右拳由后向下向前上划立圆一周（图 11-101）。

左腿向后落一步，屈膝全蹲，右腿伸直，脚尖里扣成右仆步。右拳由上向下抡劈，拳眼向上；左拳后上举，拳眼向上。目视右拳（图 11-102）。

要点：抡臂时一定要划立圆。

图 11-95

图 11-96

图 11-97

图 11-98

图 11-99

7. 提膝挑掌 重心前移成右弓步。同时右拳变掌由下向上抡摆，左拳变掌稍下落，右掌心向左，左掌心向右（图 11-103）。

左、右臂在垂直面上由前向后各划立圆一周。右臂伸直停于头上，掌心向左，掌指向上，左臂伸直停于身后成反勾手。同时右腿屈膝提起，左腿挺膝伸直独立。目视前方（图 11-104）。

要点：抡臂时要划立圆。

图 11-100

图 11-101

图 11-102

图 11-103

图 11-104

8. 提膝劈掌弓步冲拳 下肢不动。右掌由上向下猛劈伸直，停于右小腿内侧，用力点在小指一侧；左勾手变掌，屈臂向前停于右上臂内侧，掌心向右。目视右掌（图 11-105）。

右脚向右后落地；身体右转 90°。同时左掌变拳收至腰侧，右臂内旋向右划弧做劈掌（图 11-106）。

上动不停，左腿蹬直成右弓步。右手抓握变拳收至腰侧，左拳由腰侧向左前方冲出。目视左拳（图 11-107）。

【结束动作】

1. 虚步亮掌 右脚扣于左膝后，两拳变掌，两臂右上左下屈肘交叉于体左前。目视右掌（图 11-108）。

右脚向右后落步，重心后移，右腿半蹲，上体稍右转。同时右掌向上、向右、向下划弧停于左腋下；左掌向左、向上划弧停于右臂上与左胸前，两掌心左下右上。目视左掌（图 11-109）。

图 11-105

图 11-106

图 11-107

图 11-108

图 11-109

左脚尖稍向右移，右腿下蹲成左虚步。左臂伸直向左、向后划弧成反勾手；右臂伸直向下、向右、向上划弧抖腕亮掌，掌心向前。目视左方（图 11-110）。

2. 并步对拳 左腿后撤一步，同时两掌从两腰侧向前穿出伸直，掌心向上（图 11-111）。

右腿后撤一步，同时两臂分别向体后下摆（图 11-112）。

左脚后退半步向右脚并拢。两臂由后向上经体前屈臂下按，两掌变拳，停于腹前，拳心向下，拳面相对。目视左方（图 11-113）。

【还原】

两臂自然下垂，目视前方（图 11-114）。

图 11-110

图 11-111

图 11-112

图 11-113

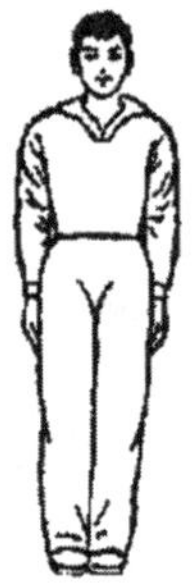

图 11-114

扫码“学一学”

第三节　二十四式简化太极拳

一、太极拳概述

太极拳是武术的主要拳种。“太极”一词源出《周易·系辞》中“易有太极，是生两仪”，含有至高、至极、无穷大之意。太极拳这个名称的取义是因为太极拳拳法变幻无穷，含义丰富，而用中国古代的“太极”“阴阳”这一哲学理论来解释和说明。

关于太极拳的起源与创始人，民间有几种不同的说法，本书就不做具体的介绍了。

太极拳的拳理是运用中医经络学。要求以腰为轴，内气发源于丹田，通过缠绕运动，到达任督二脉和布于周身，从而达到“以意用气，以气运身”的境地。

太极拳在长期演变过程中形成了不同风格和特点的流派，至今影响较大的有陈氏、杨氏、孙氏、吴氏、武氏五个流派。陈氏太极拳以刚柔相济，手法螺旋缠绕且多变，呼吸要求“丹田内转”，套路架势宽大低沉，且有发劲、震脚和跳跃动作；杨氏太极拳动作舒展和顺，速度平衡均匀，架势中正圆满，结构严谨庄重，具有套路演练气派大方的风格；孙氏太极拳进退相随，动作敏捷，舒展圆活，每转方向时以开合动作连接；吴氏太极拳架势紧凑而开展，斜中寓直，动作轻松自然，以柔化著称；武式太极拳架势紧凑，动作小巧，步法虚实分明，出手不过足尖，左右手各管半个身体，胸腹部在进退旋转中始终保持中心位置。

练习太极拳时要做到虚灵顶劲，坠肘沉肩坐腕，含胸拔背实腹，松腰敛臀圆裆，心静体松意注，呼吸深长自然，势势意连形随，轻沉虚实兼备。

二、太极拳基本功和动作

（一）手形

1. 拳　握拳方法与长拳相同，但拳要虚握，手心略含空（图 11–115）。

2. 掌　五指自然分开并微屈，虎口成圆形，掌心微含（图 11–116）。

3. 勾　与长拳相同，唯需自然，不用力（图 11–117）。

图 11–115　拳

图 11–116　掌

图 11–117　勾

（二）手法

1. 掤　手臂呈弧形，前臂由下向上、向外张架，劲力圆满有张力、有弹性。

2. 捋　两手一前一后、掌心一下一上相辅助，有随腰旋转向后下方回捋之势。

3. 挤　前手手背向外，另一手辅助，手臂呈弧形，向前方挤出，同时腰身有前进中寓后坐之意。

4. 按　两手心向前、向下按，有迎截外力并引为向下之意。

（三）步形

太极拳的基本步形也是弓、马、仆、虚、歇五种，和长拳的动作基本相同，唯有重心的高低根据练习者的条件和需要因人而异。

（四）步法

1. 进步　由开立步起，两腿微屈，右脚外撇，两手背于身后。左脚经右脚内侧向前迈出，脚跟先着地，重心前移，左脚踏实，成左弓步。重心后移，左脚尖外撇，重心前移，右脚经左脚内侧向前迈出，脚跟先着地，重心前移，成右弓步。重心后移，右脚尖外撇，重心再前移，准备左脚再向前迈。可重复数次。

2. 退步　开步站立，两手相叠加放于丹田处，男子左手在内，女子右手在内。两膝微屈，重心移到左腿，右腿提起经左脚内侧向右后退。由前脚掌先落地，随重心慢慢后移过渡到全脚掌着地，成左虚步。然后左脚提起经右脚内侧向左后退。由前脚掌先落地，随重心慢慢后移过渡到全脚掌着地，成右虚步。可重复若干次。

3. 横移步　开步站立，两腿微屈，左脚向左横移一步。重心左移，右脚向左脚内侧跟进一步，前脚掌先着地，然后过渡到全脚掌着地；重心换至右脚，左脚向左横移一步。重心再左移，右脚向左脚内侧跟进一步。

（五）腿法

屈伸性腿法。支撑腿微屈，站稳；另一腿屈膝提起，然后小腿上摆，脚尖勾起，脚跟向前蹬出，腿伸直，脚高不过肩。

三、二十四式简化太极拳动作说明

【第一组】

1. 起势

（1）身体自然直立，两脚开立，与肩同宽，脚尖向前；两臂自然下垂，两手放在大腿外侧；眼向前平视（图 11-118）。

要点：头颈挺直，下颌微收，不要故意挺胸或收腹，精神要集中。

（2）两臂内旋，缓慢向前平举，至与肩平，与肩同宽，手心向下（图 11-119）。

（3）上体保持挺直，两腿屈膝下蹲；同时带动两臂下落，两掌轻轻下按，两肘下垂与两膝相对；眼平视前方（图 11-120）。

要点：下按要沉肩、坠肘、坐腕，舒指。屈膝松腰，臀部不可凸出，身体重心落于两腿中间。身体下蹲带动两臂下落，动作要协调一致。

图 11-118

图 11-119

图 11-120

2. 左右野马分鬃

（1）上体微向右转，身体重心移至右腿上；同时右臂收在胸前平屈，手心向下，左手经体前向右下划弧放在右手下，手心向上，两手心相对成抱球状（图 11-121）；左脚随即收到右脚内侧，脚尖点地；眼看右手（图 11-122）。

（2）上体微向左转，左脚向前方迈出，右脚跟后蹬，右腿自然伸直，成左弓步；同时上体继续向左转，左、右手随转体慢慢分别向左上、右下分开，左手高与眼平（手心斜向上），肘微屈；右手落在右胯旁，肘也微屈，手心向下，指尖向前；眼看左手（图 11-123、图 11-124）。

（3）上体慢慢后坐，身体重心移至右腿，左脚尖翘起，微向外撇（45°~60°），随后脚掌慢慢踏实，左腿慢慢前弓，身体左转，身体重心再移至左腿；同时左手翻转向下，左臂收在胸前平屈，右手向左上划弧放在左手下，两手心相对成抱球状；右脚随即收到左脚内侧，脚尖点地；眼看左手（图 11-125、图 11-126）。

图 11-121

图 11-122

图 11-123

图 11-124

图 11-125

图 11-126

（4）右腿向右前方迈出，左腿自然伸直，成右弓步；同时上体右转，左、右手随转体分别慢慢向左下、右上分开，右手高与眼平（手心斜向上），肘微屈；左手落在左胯旁，肘也微屈，手心向下，指尖向前；眼看右手（图 11-127）。

（5）与（3）动同，只是左右相反（图 11-128）。

（6）与（4）动同，只是左右相反（图 11-129）。

要点：上体正直，不可前俯后仰，胸部宽松舒展。两臂分开时要保持弧形。身体转动时要以腰为轴。弓步动作与分手的速度要均匀一致。做弓步时，迈出的脚先是脚跟着地，然后脚掌慢慢踏实，脚尖向前，膝盖不要超过脚尖；后腿自然伸直；前后脚夹角成 45°~60°（需要时后脚跟可以后蹬调整）。野马分鬃式的弓步，前后脚的脚跟要分在中轴线两侧，它们之间的横向距离（以动作行进的中线为纵轴，其两侧的垂直距离为横向）应该保持在 10~30 厘米之间。

3. 白鹤亮翅

（1）重心前移，上体微左转，左手翻掌向下，左臂平屈胸前，右手向左下划弧，转手心向上，与左手成抱球状；眼看左手（图 11-130）。

（2）右脚跟进半步，上体后坐，身体重心移至右腿，上体先向右转，面向右前方，眼看右手；然后左脚稍向前移，脚尖点地，成左虚步；同时上体再微向左转，面向前方，两手随转体慢慢向右上、左下分开，右手上提停于头右上侧，手心向左后方，左手落于左胯前，手心向下，指尖向前（图 11-131）。

要点：胸部不要挺出，两臂上下都要保持半圆形，左膝微屈。身体重心后移和右手上提、左手下按要协调一致。

图 11-127

图 11-128

图 11-129

图 11-130

图 11-131

4. 左右搂膝拗步

（1）右手从体前下落，由下向斜后上方划弧至右肩外侧，肘微屈，手与耳同高，手心斜向上；左手向左下下按，转掌心向上，向上向右画弧，再向右下方划弧至右胸前，手心斜向下；同时上体先微向左再向右转；左脚收至右脚内侧，脚尖点地，眼看右手（图 11-132）。

（2）上体左转，左脚向前（偏左）迈出成左弓步；同时右手屈回由耳侧向前推出，高与鼻尖平，左手向下由左膝前搂过落于左胯旁，指尖向前；眼看右手手指（图 11-133）。

（3）右腿慢慢屈膝，上体后坐，身体重心移至右腿，左脚尖翘起微向外撇，随后，脚掌慢慢踏实，左腿前弓，身体左转，身体重心移至左腿，右脚收到左脚内侧，脚尖点地；同时左手向外翻掌由左后向上划弧至左肩外侧，肘微屈，手与耳同高，手心斜向上；右手随转体向上、向左下划弧落于左胸前，手心斜向下；眼看左手（图 11-134）。

（4）与（2）动同，只是左右相反（图 11-135）。

（5）与（3）动同，只是左右相反（图 11-136）。

（6）与（2）动同（图 11-137）。

要点：前手推出时，身体不可前俯后仰，要松腰松胯。推掌时要沉肩垂肘，坐腕舒掌，同时必须与上步、转腰协调一致。搂膝拗步成弓步时，两脚跟的横向距离保持约 30 厘米。

图 11-132

图 11-133

图 11-134

图 11-135

图 11-136

图 11-137

5. 手挥琵琶

右脚跟进半步，上体后坐，身体重心转至右腿，上体半面向右转，左脚略提起稍向前移，变成左虚步，脚跟着地，脚尖翘起，膝部微屈；同时左手由左下向上挑举，高与鼻尖平，掌心向右，臂微屈；右手收回放在左臂肘部内侧，掌心向左；眼看左手示指（图 11-138、图 11-139）。

要点：身体要平稳自然，沉肩垂肘，胸部放松。左手上举时不要直向上挑，要由左向上、向前，微带弧形。右脚跟进时，脚掌先着地，再全脚踏实。身体重心后移和左手上举、右手回收要协调一致。

6. 左右倒卷肱

（1）上体右转，右手翻掌（手心向上）经腹前由下向后上方划弧平举，臂微屈，左手随即翻掌向上，眼的视线随着向右转体先向右看，再转向前方看左手（图 11-140、图 11-141）。

（2）右臂屈肘折向前，右手由耳侧向前推出，手心向斜下方，左臂屈肘后撤，手心向上，撤至左肋外侧；同时左腿轻轻提起向后（偏左）退一步，脚掌先着地，然后全脚慢慢踏实身体重心移至左腿上，成右虚步，右脚随转体以脚掌为轴扭正；眼看右手（图 11-142、图 11-143）。

图 11-138

图 11-139

图 11-140

图 11-141

图 11-142

图 11-143

（3）上体微向左转，同时左手随转体向后上方划弧平举，手心向上，右手随即翻掌，掌心向上；眼随转体先向左看，再转向前方看右手（图 11-144，图 11-145）。

（4）与（2）动同，只是左右相反（图 11-146，图 11-147）。

（5）与（3）解同，只是左右相反（图 11-148，图 11-149）。

（6）与（2）解同（图 11-150，图 11-151）。

（7）与（3）解同（图 11-152）。

（8）与（2）解同，只是左右相反（图 11-153，图 11-154）。

要点：前推的手不要伸直，后撤手也不可直向回抽，随转体仍走弧线。前推时，要转腰松胯，两手的速度要一致，避免僵硬。退步时，脚掌先着地，再慢慢全脚踏实，同时前脚随转体以脚掌为轴扭正。退左脚略向左后斜，避免使两脚落在一条直线上。后退时，眼神随转体动作先向后看，然后再转看前手。最后退右脚时，脚尖外撇的角度略大些，便于接着做“左揽雀尾”的动作。

图 11-144

图 11-145

图 11-146

图 11-147

图 11-148

图 11-149

图 11-150

图 11-151

图 11-152

图 11-153

图 11-154

【第三组】

7. 左揽雀尾

（1）右脚外撇，上体向右转，同时右手随转体屈收于胸前，掌心向下，掌指向左；同时，左脚收回到右脚内侧，脚尖点地。左手放松，向下托于腹前，掌心向上。使下肢成丁字步，上肢掌心相对成抱球状；眼看右手（图 11-155、图 11-156）。

(2) 上体微向左转，左脚向前方迈出，上体继续向左转，右腿自然蹬直，左腿屈膝，成左弓步；同时左臂向左出（左臂平屈成弓形，用前臂外侧和手背向前方推出），高与肩平，手心向内；右手向右下落放于右胯旁，手心向下，指尖向前；眼看前臂（图 11-157、图 11-158）。

要点：分手两臂前后均保持弧形。分手、松腰、弓腿三者必须协调一致。揽雀尾弓步时，两脚跟横向距离不超过 10 厘米。

(3) 上体微向左转，左手随即前伸翻掌向下，右手翻掌向上，经腹前向上、向前伸至左前臂下方；然后两手下捋，即上体向右转。两手经腹前向右后上方划弧，直至右手手心向上，高与肩齐，左臂平屈于胸前，手心向后；同时身体重心移至右腿；眼看右手（图 11-159、图 11-160）。

要点：下捋时，上体不可前倾，臀部不要凸出。两臂下捋必须随腰旋转，仍走弧线。左脚全掌着地。

图 11-155

图 11-156

图 11-157

图 11-158

图 11-159

图 11-160

(4) 上体微向左转，右臂屈肘折回，右手附于左手腕里侧（相距约 5 厘米），上体继续向左转，双手同时向前挤出，左前臂要保持半圆；同时身体重心逐渐转移变成左弓步；眼看左手腕部（图 11-161、图 11-162）。

要点：向前挤时，上体要挺直。挤的动作要与松腰、弓腿相一致。

(5) 左手翻掌，手心向下，右手经左腕上方向前，向右伸出，高与左手齐，手心向下，两手左右分开，宽与肩同；然后右腿屈膝，上体慢慢后坐，身体重心移至右腿上，左脚尖翘起；同时两手屈肘回收至腹前，手心均向前下方；眼向前平视（图 11-163、图 11-164、图 11-165）。

(6) 上式不停，身体重心慢慢前移，同时两手向前、向上按出，掌心向前；左腿成左弓步；眼平视前方（图 11-166）。

要点：向前按时，两手必须走曲线，手腕部高与肩平，两肘微屈。

图 11-161

图 11-162

图 11-163

图 11-164

图 11-165

图 11-166

8. 右揽雀尾

(1) 上体后坐并向右转，身体重心移至右腿，左脚尖内扣；右手向右平行划弧至右侧，然后由右下经腹前向左上划弧至左肋前，手心向上；左臂平屈胸前，左手掌向下与右手成抱球状；同时身体重心再移至左腿上，右脚收至左脚内侧，脚尖点地；眼看左手（图 11-167、图 11-168、图 11-169）。

（2）同“左揽雀尾”（2）动，只是左右相反（图 11-170）。

（3）同“左揽雀尾”（3）动，只是左右相反（图 11-171）。

（4）同“左揽雀尾”（4）动，只是左右相反（图 11-172）。

（5）同“左揽雀尾”（5）动，只是左右相反。

（6）同“左揽雀尾”（6）动，只是左右相反（图 11-173）。

要点：均与“左揽雀尾”相同，只是左右相反。

图 11-167

图 11-168

图 11-169

图 11-170

图 11-171

图 11-172

图 11-173

【第四组】

9. 单鞭

（1）上体后坐，身体重心逐渐移至左腿上，右脚尖内扣；同时上体左转，两手（左高右低）向左弧形运转，直至左臂平举伸于身体左侧，手心向左，右手经腹前运至左肋前，手心向后上方；眼看左手（图 11-174）。

（2）身体重心再渐渐移至右腿上，上体右转，左脚向右脚靠拢，脚尖点地；同时右手向右上方划弧（手心由里转向外），至右侧方时变勾手，臂与肩平；左手向下经腹前向右上划弧停于右肩前，手心向里；眼看左手（图 11-175、图 11-176）。

（3）上体微向左转，左脚向左前侧方迈出，右脚跟后蹬，成左弓步；在身体重心移向左腿的同时，左掌随上体的继续左转慢慢翻转向前推出，手心向前，手指与眼齐平，臂微屈；眼看左手（图 11-177、图 11-178）。

要点：上体保持挺直、松腰。完成时，右臂肘部稍下垂，左肘与左膝上下相对，两肩下沉。左手向外翻掌前推时，要随转体边翻边推出，不要翻掌太快或最后突然翻掌。全部过渡动作要上下协调一致。如面向南起势，单鞭的方向（左脚尖）应向东偏北（约 15°）。

图 11-174

图 11-175

图 11-176

图 11-177

图 11-178

图 11-179

图 11-180

10. 云手

（1）身体重心移至右腿上，身体渐向右转，左脚尖内扣；左手经腹前向右上划弧至右肩前，手心斜向后，同时右手变掌，手心向右前；眼看左手（图 11-179、图 11-180）。

（2）上体慢慢左转，身体重心随之逐渐左移；左手由脸前向左侧运转，手心渐渐向左方；右手由右下经腹前向左上划弧，至左肩前，手心斜向后；同时右脚靠近左脚，成小开立步（两脚距离 10~20 厘米）；眼看右手（图 11-181、图 11-182）

（3）上体再向右转，同时左手经腹前向右上划弧至右肩前，手心斜向后；右手向右侧运转。手心翻转向右；随之左腿向左横跨一步；眼看左手（图 11-183）。

（4）同（2）动（图 11-184、图 11-185）。

（5）同（3）动（图 11-186）。

图 11-181

图 11-182

图 11-183

图 11-184

图 11-185

图 11-186

（6）同（2）动（图 11-187，图 11-188）

要点：身体转动要以腰为轴，松腰、松胯，不可忽高忽低。两臂随腰的转动而转动，要自然圆活，速度要缓慢、均匀。下肢移动时，身体重心稳定，两脚掌先着地再踏实，脚尖向前。眼的视线随左右手而移动。第三个“云手”，右脚最后跟步时，脚尖微向内扣，便于接“单鞭”动作。

11. 单鞭

（1）上体右转，右手随之向右运转，至右侧方时变成勾手；左手经腹前向右上划弧至右肩前，手心向内；身体重心落在右腿上，左脚尖点地；眼看左手（图 11-189）。

（2）上体微向左转，左脚向左前侧方迈出，右脚跟后蹬，成左弓步；在身体重心移向左腿的同时，上体继续左转，左掌慢慢翻转向前推出，成“单鞭”式（图 11-190、图 11-191）。

要点：与前“单鞭”式相同。

【第五组】

12. 高探马

（1）右脚跟进半步，身体重心逐渐后移至右腿上；右勾手变成掌，两手心翻掌向上，两肘微屈；同时身体微向右转，左脚跟渐渐离地；眼看左前方（图 11-192）。

（2）上体微向左转，面向前方；右掌经右耳旁向前推出，手心向前，手指与眼同高；左手收至左侧腰前，手心向上；同时左脚微向前移，脚尖点地，成左虚步；眼看右手（图 11-193）。

要点：上体自然挺直，双肩要下沉，右肘微下垂。跟步移换重心时，身体不要有起伏。

图 11-187

图 11-188

图 11-189

图 11-190

图 11-191

图 11-192

图 11-193

13. 右蹬脚

（1）左手手心向上，前伸至右手腕背面，两手相互交叉，随即反转掌心上架；同时左脚提起向左前侧方进步（脚尖略外撇）；身体重心前移，右腿自然蹬直，成左弓步；眼看前方（图 11-194、图 11-195）。

（2）两手向两侧分开，并向下划弧，手心斜向下，重心前移到左脚；两掌再由外圈向里圈划弧，两手交叉合抱于胸前，右手在外，手心均向内；同时右腿屈膝提起；眼平视右前方（图 11-196、图 11-197）。

（3）两臂左右划弧分开平举，肘部微屈，手心均向外；同时，右脚向右前方慢慢蹬出，眼看右手（图 11-198）。

要点：身体要稳定，不可前俯后仰。两手分开时，腕部与肩齐平。蹬脚时，左腿微屈，右脚尖回勾，劲使在脚跟。分手和蹬脚必须协调一致。右臂和右腿上下相对。如面向南起势，蹬脚方向应为正东偏南（约 30°）。

图 11-194

图 11-195

图 11-196

图 11-197

图 11-198

14. 双峰贯耳

（1）右腿收回，屈膝平举，左手由后向上，向前下落至体前，两手心均翻转向上，眼看前方（图 11-199）。

（2）右脚向右前方落步，脚跟点地，两手同时向下划弧分落于髋关节两外侧；身体重心渐渐前移，成右弓步，面向右前方；同时两手慢慢变拳，分别从两侧向上、向前划弧至面部前方，成钳形状，两拳相对，高与耳齐，拳眼都斜向内下（两拳中间距离 10～20 厘米）；眼看右拳（图 11-200、图 11-201）。

要点：完成时，头颈挺直、松腰松胯、两拳松握、沉肩垂肘，两臂均保持弧形。双峰贯耳式的弓步和身体方向与右蹬脚方向相同。弓步的两脚跟横向距离同“揽雀尾”式。

15. 转身左蹬脚

（1）左腿屈膝后坐，身体重心移至左腿，上体左转，右脚尖内扣；同时两拳变掌，由上向左右划弧分开平举，手心向前；身体重心再移至右腿眼看左手，左脚脚尖点地（图 11-202）。

（2）两手由外圈划弧合抱于胸前，左手在外，手心均向后；同时左腿屈膝提起，眼平看左方（图 11-203）。

（3）两臂左右划弧分开平举，肘部微屈，手心均向外；左脚向前方慢慢蹬出；眼看左手（图 11-204）。

要点：与右蹬脚式相同，只是左右相反。左蹬脚方向与右蹬脚成 180°（正西偏北，约 30°）。

图 11-199

图 11-200

图 11-201

图 11-202

图 11-203

图 11-204

【第六组】

16. 左下势独立

（1）左腿收回平屈，上体右转；右掌变成勾手，左掌向上、向右划弧下落，立于右肩前，掌心斜向右（图 11-205）。

（2）右腿慢慢屈膝下蹲，左腿由内向左侧（偏后）伸出，成左仆步；左手下落（掌心向外）向左下顺左腿内侧向前穿出；眼看左手（图 11-206、图 11-207）。

要点：右腿全蹲时，上体不可过于前倾。左腿伸直，左脚尖必须向内扣，两脚脚掌全部着地。左脚尖与右脚跟踏在中轴线上。

（3）身体重心前移，左脚跟为轴，脚尖尽量向外撇，左腿前弓，右腿后蹬，右脚尖内扣，上体微向左转并向前起身；同时左臂继续向前伸出（立掌），掌心向右，右勾手下落，勾尖向后；眼看左手（图 11-208）。

（4）右腿慢慢提起平屈，成左独立式；同时右勾手变掌，并由后下方顺右腿外侧向前弧形摆出，屈臂立于右腿上方，肘与膝相对，手心向左；左手落于左胯旁，手心向下，指尖向前；眼看右手（图 11-209）。

要点：上体要挺直，独立的腿要微屈，右腿提起时脚尖自然下垂。

图 11-205

图 11-206

图 11-207

图 11-208

图 11-209

17. 右下势独立

（1）右脚下落于左脚前，脚掌着地，然后以左脚前掌为轴脚跟转动，身体随之左转；同时左手向后平举变成勾手，右掌随着转体向左侧划弧，立于左肩前，掌心斜向后；眼看左手（图 11-210、图 11-211）。

（2）同“左下势独立”（2）动，只是左右相反（图 11-212、图 11-213）。

（3）同“左下势独立”（3）动，只是左右相反（图 11-214）。

（4）同“左下势独立”（4）动，只是左右相反（图 11-215）。

要点：左脚尖触地后必须稍微提起，然后再向下仆腿。其他均与“左下势独立”相同，只是左右相反。

图 11-210

图 11-211

图 11-212

图 11-213

图 11-214

图 11-215

【第七组】

18. 左右穿梭

（1）身体微向左转，左脚向前落地，脚尖外撇，右脚跟离地，两腿屈膝成半坐盘式；同时两手在左胸前成抱球状（左上右下）；然后右脚收到左脚的内侧，脚尖点地；眼看前臂（图 11-216、图 11-217）。

（2）身体右转，右脚向右前方迈出，屈膝弓腿，成右弓步；同时右手由脸前向上举并翻掌停在右额前，手心斜向上；左手先向左下再经体前向前推出，高与鼻尖平，手心向前；眼看左手（图 11-218、图 11-219）。

（3）身体重心略向后移，右脚尖稍向外撇，随即身体重心再移至右腿，左脚跟进，停于右脚内侧，脚尖点地；同时两手在右胸前成抱球状（右上左下）；眼看右前臂（图 11-220）。

（4）同（2）动，只是左右相反（图 11-221、图 11-222）。

要点：完成姿势面向斜前方（如面向南起势，左右穿梭方向分别为正西偏北和正西偏南，均约 30°）。手推出后，上体不可前俯。手向上举时，防止引肩上耸。一手上举一手前推，要与弓腿松腰上下协调一致。做弓步时，两脚跟的横向距离同搂膝拗步式，保持在 30 厘米左右。

图 11-216

图 11-217

图 11-218

图 11-219

图 11-220

图 11-221

图 11-222

19. 海底针

右脚向前跟进半步，身体重心移至右腿，左脚稍向前移，脚尖点地，成右虚步；同时身体稍向右转，右手从右耳旁斜向下方插出，掌心向左，指尖斜向下；与此同时，左手向前，向下划弧落于左胯旁，手心向下，指尖向前；眼看前下方（图 11-223、图 11-224）。

要点：身体要先向右转，再向左转。完成姿势后，面向正西。上体不可太前倾。避免低头和臀部外凸。左腿要微屈。

20. 闪通臂

上体稍向右转，左脚向前迈出，屈膝弓腿成左弓步；同时右手由体前上提，屈臂上举，停于右额前上方，掌心翻转斜向上，拇指朝下；左手上起经胸前推出，高与鼻尖平，手心向前；眼看左手（图 11-225、图 11-226）。

要点：完成姿势上体自然挺直、松腰、松胯；左臂不要完全伸直，背部肌肉要伸展开。推掌、举掌和弓腿动作要协调一致。弓步时，两脚跟横向距离同“揽雀尾”式（不超过10厘米）。

图 11-223

图 11-224

图 11-225

图 11-226

21. 转身搬拦捶

（1）上体后坐，身体重心移至右腿上，左脚尖内扣，身体向右后转，然后身体重心再移至左腿上；与此同时，右手随着转体向右、向下（变拳）经腹前划弧至左肋旁，拳心向下；左掌上举于头前，掌心斜向上；眼看前方（图 11-227、图 11-228）。

（2）向右转体，右拳经胸前向前翻转撇出，拳心向上；左掌落于左胯旁，掌心向下，指尖向前；同时右脚收回后（不要停顿或脚尖点地）即向前迈出，脚尖外撇；眼看右拳（图 11-229、图 11-230）。

（3）身体重心移至右腿上，左脚跟步，脚尖点地；左手上起经左侧向前上划弧拦出，掌心向前下方；同时右拳向右划弧收到右腰旁，拳心向上；眼看左手（图 11-231）。

（4）左腿前弓成左弓步，同时右拳向前打出，拳眼向上，高与胸平，左手附于右前臂里侧；眼看右拳（图 11-232）。

要点：右拳不要握得太紧。右拳回收时，前臂要慢慢内旋划弧，然后再外旋停于右腰旁，拳心向上。向前打拳时，右肩随拳略向前引申，沉肩垂肘，右臂要微屈。弓步时，两脚横向距离同“揽雀尾”式。

图 11-227

图 11-228

图 11-229

图 11-230

图 11-231

图 11-232

22. 如封似闭

（1）左手由右腕下向前伸出，右拳变掌，两手手心逐渐翻转向上慢慢分开回收；同时身体后坐，左脚尖翘起，身体重心移至右腿；眼看前方（图 11-233、图 11-234）。

（2）两手在胸前翻掌，向下经腹前再向上、向前推出，腕部与肩平，手心向前；同时左腿前弓成左弓步；眼看前方（图 11-235、图 11-236）。

要点：身体后坐时，避免后仰，臀部不可凸出。两臂随身体回收时，肩、肘部略向外松开，不要直着抽回。两手推出宽度不要超过两肩。

23. 十字手

（1）屈膝后坐，身体重心移向右腿，左脚尖内扣，向右转体；右手随着转体动作向右平摆划弧，与左手成两臂侧平举，掌心向前，肘部微屈；同时右脚尖随着转体稍向外撇，成右侧弓步；眼看右手（图 11-237、图 11-238）。

图 11-233

图 11-234

图 11-235

图 11-236

图 11-237

图 11-238

（2）身体重心慢慢移至左腿，右脚尖内扣，随即向左收回，两脚距离与肩同宽，两腿逐渐蹬直，成开立步；同时两手向下经腹前向上划弧交叉合抱于胸前，两臂撑圆，腕略高，右手在外，成十字手，手心均向后；眼看前方（图 11-239、图 11-240）。

要点：两手分开和合抱时，上体不要前俯。站起后，身体自然挺直，头要微微上顶，下颌稍向后收。两臂环抱时必须圆满舒适，沉肩垂肘。

24. 收势

两手向外翻掌，手心向下，两臂慢慢下落，左脚收回，并步站立，两臂停于身体两侧；眼看前方（图 11-241、图 11-242、图 11-243）。

要点：两手左右分开下落时，要注意全身放松，同时气也徐徐下沉（呼气略加长）。呼吸平稳后，把左脚收到右脚旁再走动休息。

图 11-239

图 11-240

图 11-241

图 11-242

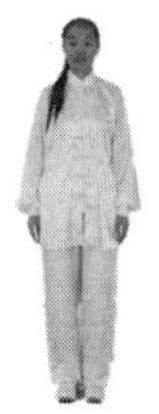
图 11-243

第四节　防身术

扫码“学一学”

武术不仅能修身养性，促进人体健康，还能作为日常防身自卫的技术方法。本节着重介绍武术的攻防技击原理与方法，来防止伤害事故的发生。

自我防卫的技能，是指利用踢、打、摔、拿等各种有效方法战胜对手的能力。其表现形式是多样的，根据其运用特点和功能性质分类，可分为：主动攻击型、防守反击型、被动状态的解脱与反击、面对器械的攻击与防守。

一、防身术的素质练习

（一）安全防卫心理和防卫意识养成

武术有谚语“一胆、二力、三功夫”“艺高人胆大”。这里的胆指的是自卫者遇到问题不慌乱，镇定的认识问题、分析问题，并想办法解决问题的心理素质，即防卫心理。所以练就一身防身技能，也是提高防卫心理素质的有效手段。有效的防卫心理是紧急防卫战胜歹徒必不可少的精神力量。因此，在日常的生活中，要培养自己勇于面对困难，勇敢迎接挑战的性格，培养自信心和自强不息的人格魅力。思想上保持警惕，特别是在不利的环境中，比如夜间单独外出、搭乘陌生人汽车等，保持"害人之心不可有，防人之心不可无"的思想状态。

（二）安全防卫身体素质练习

安全防卫能有效进行需要有较强的身体素质，包括力量、速度和灵敏等。一般女士身体素质相对较差，所以在日常生活中要加强相应身体素质的练习。其中重点对手臂、手指、腹肌、背肌、腿部等进行力量练习；重点进行横向移动、出拳、踢腿和反应等速度进行练习；一般危险会在不经意间出现，这就要求安全防卫要迅速地做出反应，要针对问题灵敏的做出反应，所以在日常锻炼中要增强人体灵敏素质的锻炼。

二、安全防卫基本技术练习

（一）基本格斗姿势

1. 动作要领 两脚微呈八字平行开立，距离略比肩宽，两膝微屈；

左脚不动，右脚以前脚掌为轴向左旋转，身体随之转动25°左右，重心在两脚的脚前掌上，右脚跟需踮起。

松胸、溜臀、收下颌，两手轻握拳，两臂屈臂抬起，前拳与下颏等高，前臂小臂与大臂成90°~110°。后拳自然置于下颌外侧处，小臂与大臂夹角小于60°，肘部下垂轻贴在右肋部（图11-244）。

2. 基本要求 基本格斗姿势要便于移动，要求预备姿势时，重心在两腿之间，两腿保持微屈，使身体处于一种欲动的"弹性"状态；便于进攻，两手所在位置是随时可以进攻的，无多余动作，并且线路最短、方法最巧；便于防守，身体侧向站立，两臂一上一下紧护头部和躯干，低头梗脖，下颌内收，闭口含齿，缩小暴露面。

（二）拳法练习

拳法是进攻技术的主要方法，包括直拳、摆拳、勾拳和转身鞭拳。

1. 动作要领

（1）直拳 属于直线型进攻方法，分为左、右直拳两种，在拳法中是中远距离进攻对方的主要方法。

1）左直拳 从预备式开始，后脚蹬地，重心前移，同时以髋带动肩向内旋转10°左右。由肩带动前手臂的前臂快速直线出击，力达拳面，手臂自然伸直，后手置于原来位置（图11-245）。

要点：出拳时要以肩催臂动，不得有回拉和翻肘现象。收拳路线同出拳，并迅速恢复到原来的预备姿势。

2）右直拳 后脚蹬地，以脚前掌为轴向内扣转。随之合髋转腰压肩，向正前方直线出拳，力达拳面；同时前手拳直线回收至前额前方，肘部自然弯曲贴于肋部（图11-246）。

要点：发力顺序应起于后脚，传送到腰、肩、肘，达于拳面；上体要随动。还原时则以腰带肘，主动回收。

图 11-244

图 11-245

图 11-246

（2）摆拳 弧线形进攻方法，分为左、右摆拳两种，在相互的连续击打中使用率较高，且击打力量较大。

1）左摆拳 后脚蹬地，身体由髋带动腰向内旋转 15°~20°，同时重心前移；两手臂抬肘略高于肩，肩微张，前手拳向内侧前方伸出，大臂和小臂的角度相对固定，当髋部完成旋转角度后迅速制动，由制动的惯性使张开的肩回收而产生合力。此时的出拳臂仍按从侧前方向正前方的路线划动，最终又因髋部制动的合力牵制而制动，产生摆拳的力量（图 11-247）。

要点：力从腰发，腰绕纵轴向右转动。臂微屈，肘尖抬至与肩平，动作完成 后迅速放松，基本按原路线恢复到预备姿势。

2）右摆拳 以后脚的脚前掌为轴内旋，带动转髋，重心前移。右手臂抬起与肩平，拳向前外侧伸展，大臂与小臂形成一定夹角并相对固定；同时前手臂自然弯曲收回贴于肋间，拳置于下颏处。上动不停，继续向内转髋，出拳臂微微张肩，由于惯性带动拳向前水平横摆。转动的髋部随之制动，其惯性带出拳臂产生制动，最终形成摆拳的合力（图 11-248）。

要点：转髋转腰与摆拳发力要协调一致。发力时，肘尖微抬，使肩、肘、腕基本成水平。

（3）勾拳 近距离攻击的拳法，它分为左、右勾拳两种，主要是在相互对抗时使用，或是在与其他拳法的配合使用。

1）左勾拳 上体微向外、向下转动，前腿微屈，扣膝合胯，左手臂收回轻贴于左肋部，拳置于左面颊外侧，重心偏于前体。上动不停，右脚蹬地，左胯向上、向内挺出，左手拳随挺胯动作向前上方出击，出拳臂夹角根据所击距离调整，拳心向上，微内扣（图 11-249）。

要点：勾拳动作要连贯、顺达，用力要由下至上。出拳时肩要放松，发力短促，拳呈螺旋形运行。

2）右勾拳 上体微向后、向下转动，重心略降低并合胯。右脚蹬地转胯，微向前上转体，后手臂随之根据所击打距离加大角度向前、向上出拳，拳心向内，重心前移。随着挺胯到位后的制动，产生的惯性使出拳制动，力达拳面（图 11-250）。

要点：借助右脚蹬地、扣膝、合胯、转腰的力量，发力由下向上，协调顺达。

（4）转身鞭拳 弧线型攻击方法之一，使用率低。鞭拳分为原地右后转身右手鞭拳、上步左转身左手鞭拳、盖步右转身右手鞭拳。

以原地右后转身右手鞭拳为例：身体以前脚掌为轴，右脚蹬地向后旋转，同时左臂收回贴于脚前，上动不停，身体继续旋转、右臂抬肘与肩平，向后侧横向甩打（图 11-251、

图 11-252、图 11-253）。

要点：转体要快，以头领先，动作连贯。鞭拳带臂，前臂鞭打甩拳。

图 11-247

图 11-248

图 11-249

图 11-250

图 11-251

图 11-252

图 11-253

2. 练习提示 原地单一拳法练习时，在预备式的基础上进行单一拳法反复练习，体会和掌握每一种拳法的方向、路线、发力顺序及着力点。

配合步法练习时，重点体会拳与步的协调配合，掌握移动中的发拳技术。

打靶练习时，分打固定靶和打活动靶。打固定靶主要是纠正动作，体会发力；打活动靶主要是提高反应速度和灵活、准确运用拳法的能力。

（三）肘法练习

肘法技术是近距离进攻的方法，在对抗运用中威慑力很大，具有近而险，难以招架等特点。包括横击肘、斜击肘、上挑肘、下砸肘等。

1. 动作要领

（1）横击肘 以右肘为例，在格斗式的基础上，右前脚掌蹬地转腰扣膝，重心前移，同时右臂屈肘抬起与肩同高，拳眼向内，腰、肩、肘尖猛力向前横击，左手收回护于下颌（图 11-254、图 11-255）。

要点：蹬地转胯、扣膝、击肘发力顺达、协调一致。

（2）斜击肘 在格斗式的基础上，前脚掌蹬地、转腰扣膝，重心前移，同时右臂屈肘抬高至肩部，拳眼向内，腰、肩、肘尖由上向前方斜下击打，左手收回护于下颌，目视前方（图 11-256、图 11-257）。

要点：蹬地转胯、扣膝、击肘发力顺达、协调一致。

（3）上挑肘 在格斗式的基础上，右脚蹬地，向前送胯，重心移至左脚，同时左臂与小臂屈肘夹紧，肘尖由下向上击打，力达肘尖，右手收回护于下颌，击出后自然恢复格斗势（图 11-258、图 11-259）。

要点：肘由下至上垂直发力击打，发力要短促。

（4）下砸肘　在格斗式的基础上，肘由上至下垂直向下猛击，力达肘尖，发力短促，沉肩、坠肘、微弓腰，以增加击打力度（图 11-260、图 11-261）。

要点：肘由上至下垂直发力击打，发力要短促。

图 11-254

图 11-255

图 11-256

图 11-257

图 11-258

图 11-259

图 11-260

图 11-261

2. 基本要求　动作干脆，有力；肘法多由送胯、动腰完成，所以要求练习腰部和髋关节的灵活性和腰腹力量。

（四）腿法练习

腿法是攻防对抗中远距离攻击的主要方法，力度大，攻击力强，应用比重很大，实战中主要有蹬、踹等。

1. 动作要领

（1）正蹬腿　在相互抱缠阶段或在相互踢打时作为摆脱方法使用较多，效果较好。分为左、右正蹬两种。

以左腿正蹬为例：从预备姿势开始，重心微后移，后腿膝关节微屈，上体微后坐，前腿正面提起，脚尖勾起，两臂自然下落垂护住两肋，同时送胯，带动大小腿向前水平蹬出，脚前掌下压，力达脚全掌（图 11-262、图 11-263）。

要点：屈膝高抬，爆发用力，快速连贯。

（2）侧踹腿　实战中主要用于进攻与阻击，是运用率较高的腿法，分为左、右侧踹两种。

以左侧踹为例：重心稍后移，左腿屈膝提起与髋同高，与上体成 90°，小腿外摆，脚尖勾起向外翻出。身体继续向侧后仰，同时展髋伸膝向前踹出，脚尖横向，力达脚掌的后部。此式支撑腿的脚后跟斜向前方，左手置于左腿的大腿上方，右手置于下颏前方（图 11-264、图 11-265）。

2. 基本要求　腿法要速度快、力量重、力点准、预兆小和方法巧。

图 11-262

图 11-263

图 11-264

图 11-265

3. 练习提示 练习腿法第一步要增强柔韧性练习，包括压腿、搬腿等练习；第二步可扶把杆或原地练习，体会动作要领；第三步可进行提打沙包或打靶练习，体会发力，提高腿部力度；还可以将腿法结合步法、拳法或组合腿法练习，提高腿法的运用能力和技巧。

（五）膝法练习

膝法技术是贴身近战击打对方的主要手段和方法，包括前顶膝和侧膝。动作要领如下。

（1）左前顶膝 在格斗势的基础上，右脚上步，微屈支撑，左腿屈膝上提，含胸收腹，大腿上提，以膝关节为着力点，向前、向上顶击，同时两手扣颈回拉（图 11-266、图 11-267）。

（2）右前顶膝 在格斗势基础上，重心移至左腿，右腿屈膝上提，含胸收腹，大腿上提，以膝盖部位为着力点，向前、向上顶击，同时两手扣颈回拉（图 11-268、图 11-269）。

要点：收腹提膝动作迅速，双手配合运用效果更佳。

（3）左侧膝 在格斗势的基础上，右脚上步，微屈支撑，左腿髋关节略外展，由外向内扣胯斜上顶膝，以膝盖内侧为着力点。双手扣颈向反方向回拉，同时加大膝的顶击力量（图 11-270、图 11-271）。

（4）右侧膝 在格斗势的基础上，重心移至左脚，微屈支撑，右腿髋关节略外展，由外向内扣胯斜上顶膝，以膝盖内侧为着力点。双手扣颈向反方向回拉，同时加大膝的顶击力量（图 11-272、图 11-273）。

要点：收腹提膝动作迅速，双手配合运用效果更佳。

图 11-266

图 11-267

图 11-268

图 11-269

图 11-270

图 11-271

图 11-272

图 11-273

（六）摔法练习

摔法是非常奏效的一种防卫方法，有效地摔法能使自己占有利的主控局面。可分为主动摔法和接腿摔法两种。

1. 动作要领

（1）主动摔　在对抗中主动运用摔法的技术。

1）夹颈过背摔　甲方用前臂架在乙方的两臂内侧时，用右臂由乙方肩上穿过，屈臂夹住乙方颈部，同时左脚跟步至与右脚平行，两腿屈膝，塌腰，右臀部紧贴乙方小腹部。上动不停，甲方夹住乙方颈部，低头用力将乙方从背上摔过（图 11-274、图 11-275）。

要点：夹颈要紧，跟步转身要快，低头、蹬腿要协调、快速。

2）插肩过背摔　甲方用前臂从乙方相对的腋下穿过，上右步至与左脚平行，两膝屈膝，同时后手固定住乙方另一手臂。随之两腿蹬直，向下低头，弓腰，前手臂由侧后向前发力，将乙方摔倒（图 11-276、图 11-277）。

要点：插肩要快速并固定要紧，背步转身要协调快速，低头、弓腰、蹬腿连贯有力。

3）抱腿前顶摔　甲方上步下潜，两手搂抱乙方双膝关节处，用力回拉，同时用左肩前顶对方大腿根或小腹部将乙方摔倒（图 11-278）。

要点：下潜要快，抱腿要紧，两臂后拉与肩顶协调一致。

（2）接腿摔　在实战对抗中接住对方的腿后运用相应的摔法将其摔倒。

图 11-274

图 11-275

图 11-276

图 11-277

接腿别腿：甲方接住乙方的左腿，用一手将乙方的脚踝关节固定住，用另一手搂抱住乙方的膝关节部位。上动不停，甲方左腿伸直对方支撑腿侧后别对方，同时用胸部向外、向下压住对方被搂抱的腿，把对方摔倒（图 11-279、图 11-280）。

要点：接腿快捷、准确，并迅速牵引至自己的右肋部。别腿、压腿协调一致。

图 11-278

图 11-279

图 11-280

2. 基本要求　摔法要做到借势、掀底、别跟和靠身。借势是指在运用各种摔法时，要借助对手重心不稳或将要失去平衡的姿势，抓住时机，稍加力量将其摔倒；掀底是指采用摔法时，要利用掀、拉、格、托等方法破坏对方的支撑点，使对方摔倒为止；别跟是指通过自己身体的某一肢体绞绊对方支撑重点的根部，使动作更加省力和巧妙的摔倒对方；靠身是指配合身体向前挤靠对方，破坏其重心将其摔倒。

3. 练习提示 摔法练习通常通过“空摔”练习、进靶练习、摔靶练习和对抗练习四个阶段。空摔是将摔法动作编成脱离对手的单练动作，反复演练，以便于掌握动作要领和协调动作；进靶练习是两人一对，一人做靶，另一人用摔法反复进行抢靶到位练习，不必发力摔人；摔靶练习，两人一组，一人为摔靶者，另一人为配合者。摔靶者反复运用某个摔法将其摔倒，要求动作与用力协调结合；对抗练习是熟练掌握一定摔法后，两人可先做抢靶练习，在此基础上可进行相互摔靶练习。

（七）擒拿练习

1. 基本技术 擒拿是武术四击（踢、打、摔、拿）中的一法。它是以反拿对方关节取胜的一种独特的运动形式。特点：拿一点，制全身，反关节，伤筋骨。擒拿的主要方法：撅、压、拧、掐、卡、锁、卷、托、扛、提、抱、别、剪、缠、挟、错。

（1）撅 以己之力，促使对方手臂关节向手背方向过度屈曲，使其伤痛。

（2）压 以自己身体某一部位，置于对方被相对固定的反关节处，并由上向下沉降使其伤痛。

（3）拧 以一手或双手抓住对方某部位，促使过分地向内或向外旋转使其伤痛。

（4）掐 两虎口张开，四指并拢稍屈或拇指与示指分开并稍屈呈钳状，两指相向用力，钳于对方要害部位。

（5）卡 两手虎口张开，四指并拢，拇指交错呈钳状，钳于对方要害部位，做相向用力的动作使其伤痛。

（6）锁 以手臂之力勾住对方要害部位，使其被擒。

（7）卷 以一手或双手握住对手或关节，使该关节沿手心方向极度屈曲，使其伤痛。

（8）托 被对方抓住并处于被动地位时，速用一手将对方来手拿住，同时用另一手从下向上举推其反关节处，使其伤痛。

（9）扛 一手或双手背反对方之关节，使其肘尖向下或置于自己肩上，速以肩部升提之力伤其关节，使其疼痛。

（10）提 一手或双手擒住对方某一部位，由下向上拉举，使其失去平衡。

（11）抱 以两手臂从前或从后或从侧搂住对方，使其陷于被动。

（12）别 背反对方关节并固定一端，同时由外向内交错用力，使其关节伤错。

（13）剪 两手或两腿交叉呈剪刀状交错用力，使其伤痛成失去平衡。

（14）缠 以手或足扣锁住对方某关节，并向不同方向绕转，使其伤痛。

（15）挟 以左臂由外展，迅速内收并上提，使其关节伤痛。

（16）错 以手或前臂推动或滚动对方反关节处，使其伤痛。

2. 技术应用

（1）迎击撅指

1）拿法 甲用右掌向乙胸部或面部击来，乙速用右手抓住甲之手指用力向前、稍向下撅之（图 11-281、图 11-282）。

要点：乙应顺甲右臂的来势抓握，下撅时要以身助臂方能生效。

2）解法 甲用左手从下向上挑击，抓控乙之右手腕，同时右手下抽并前击乙之胃口中脘穴处（图 11-283）。

要点：甲左手挑击乙之右手腕和右手下抽要同时完成；前击乙之胃口中脘穴要顺肩伸肘坐腕，速度宜快。

图 11-281

图 11-282

图 11-283

（2）抓肩撅指

拿法：甲用右手抓住乙之左肩，乙速用右手从上扣抓甲右手小指侧，并将小指抠起而扳之，同时用左手格按甲右臂肘关节，前俯腰下压（图 11-284、图 11-285、图 11-286）。

要点：扣抓甲的小指时，身体稍向右转，右小臂外旋，撅指要快，同时左肩内扣以助撅指之力。

图 11-284

图 11-285

图 11-286

（3）抓胸撅指

1）拿法 当甲用右手抓住乙胸襟时，乙速用右手拇指插入并抓住甲之拇指，继而右小臂外旋，上体前倾撅甲之手指（图 11-287、图 11-288）。

要点：抓握甲之拇指要紧，撅指要用力，小臂外旋和上体前倾要协调一致。

2）解法 甲速用右小臂向上猛挑乙之右手腕，同时右手猛向下抽出，随之向前推击乙之裆部。

要点：甲左手向上挑击与右手向下猛抽用力要同时，击裆速度要快，力点在掌根。

（4）抓胸撅腕

1）拿法 甲用右手抓握乙之胸部，乙速用双手接握住甲之右手掌，继而上体前倾下压，两小臂外旋向下撅之（图 11-289、图 11-290）。

要点：乙双手迎接抓握甲右手时速度要快，用两手小指侧扣压住甲之右掌根，撅指时身体前倾，用力下压。

2）解法 甲顺势屈腿进步，顶肘猛击乙之腹部。

要点：屈腿、进步、顶肘要一致，顶肘时要转腰顺肩。

图 11-287

图 11-288

图 11-289

图 11-290

（5）抓臂撅腕

1）拿法　当甲用左手抓住乙右肘时，乙速向上屈右肘并用左手抓住甲左手背，立即下蹲，上体稍前倾下压撅之（图 11-291、图 11-292、图 11-293）。

要点：乙左手的抓握、两腿下蹲和上体前倾下压要快速连贯左手小指侧要紧紧卡住甲之左手背根部。

2）解法　甲速用右手托抓乙右手腕，同时起身向上、向左、向下扳拧乙之右小臂而破之。

要点：下扳拧时向左转腰，右手向前下方按压，右臂伸直。

（6）击面下撅肘

1）拿法　当甲用左拳击打乙面部时，乙速向右闪身并用左手捋抓甲之左手腕拧拉于腹前，随之向甲左腿后面上右步，右手抓握甲之肘关节向下按撅（图 11-294、图 11-295）。

要点：抓撅、拧拉的动作要迅速连贯，右手抓肘与上右步要一致，右手下按甲臂时，左手上搬使两手交错用力。

2）解法　甲左臂用力外旋，并进身屈肘顶击乙之腹部。

要点：甲左臂外旋与进身屈肘要快速连贯，顶肘时要蹬腿沉肩。

图 11-291

图 11-292

图 11-293

图 11-294

图 11-295

（八）步法练习

一是为了配合攻防动作的运用，以达到攻防效果；二是为了保持动态中的身体平衡与敌我双方的有效距离。步法的总体要求是“快、灵、变”。“快”是指步法移动要迅速；“灵”是指步法移动要轻灵，有弹性，不僵滞；“变”是指步法在运用中能随机应变，转换自如。

1. 步法单独练习　步法包括前进步、后退部、侧跨步、跃步、垫步、闪身步等，练习时做连续练习，以达到动作准确、快速。

2. 各种步法综合练习 练习时可两、三种步法重复练习，可以变换步法的线路。

3. 两人步法配合练习 练习时规定一人主动，另一人被动，做各种步法的相反练习。

4. 设置障碍物的步法练习 练习时在练习者周围摆设各种障碍物，要求练习者巧妙地运用各种步法绕过障碍物到一定的位置。

三、安全防卫有效击打的部位及方法

（一）人体的要害部位

人体的要害部位是人体生命系统的重要器官，是最容易遭受打击而又容易受伤的部位。熟悉人体的要害部位，就能运用武术防卫的原则，保护好自己的要害部位，紧急情况的防卫可以采用击打歹徒要害部位使其致昏从而逃生。

1. 头部

1）太阳穴 在上耳郭和眼角的延长线的交点上，骨平均厚度仅为1~2毫米，组织非常脆弱，经不起打击、震动。击打此处，可出现外板完整，而内板骨折。

2）耳根穴 在下颌上缘，下耳郭的后面。因此穴位附着着一些与脑主动脉相连的动脉血管，而其位置又离大脑较近，如果该部位受到打击易使脑部受到震荡，可使人昏迷，甚至死亡。

3）后脑 脑神经最集中的部位，特别是延髓，是心血管和呼吸系统的中枢，此处遭受重击会致人昏迷，甚至死亡。

4）眼、鼻部三角区 神经、血管分布相当丰富，痛觉极敏感。眼为一切行为的指南，受到击打会丧失战斗力。鼻对来自正面、侧面或下面的打击承受能力较弱，如打击有力，会产生酸痛感并流出眼泪，模糊视线。

2. 颈部

1）咽喉 气管和颈动脉的通道。此处受到勒、卡、压。会造成窒息和血液流通受阻，使脑部缺血而昏迷以致死亡。

2）颈椎 上接生命中枢延髓，如受到打击，可造成呼吸和消化系统的功能紊乱，甚至危及生命。

3. 胸部

1）锁骨 胸部上有锁骨，锁骨在人体骨骼中最易骨折，一旦骨折会丧失战斗力。

2）剑突 胸部下有剑突，是软件组织，没有肋骨保护脏器，所以遭到击打，能引起胃肝出血及心脏破裂，导致昏迷甚至死亡。

4. 肋部 从人体结构看，第5~8肋弯曲度较大，最易发生骨折，故受到暴力时，可出现肋骨的内向骨折，伤及心脏、肝脏，导致大出血。

5. 腰部 腰椎到骶椎之间的部位，是人体脊柱的一部分，起着支撑躯干和传导重力的作用。此处受到击打，轻则椎间盘脱出，腰椎损伤，压迫神经，使人疼痛难忍，活动受限，重则使人体下肢瘫痪而丧失活动能力。

6. 裆部 外生殖器和会阴部位。此处很难承受外力击打。因为盆腔内有重要器官膀胱和直肠，重击能引起脏器内出血。外生殖器，由于神经末梢丰富，敏感性强，如被人顶、抓、撞、踢等，疼痛难忍，继而会引起血压下降、休克，甚至死亡。

（二）人体的关节特点

人体的关节大体分为三大类：不动关节、少动关节和能动关节。在防卫中能用的一般是能动关节，如腕关节、肘关节、肩关节等。许多防卫技术就是利用关节的活动范围和活动规律而进行的，认识人体的关节结构是学习防卫技能必不可少的一部分。

1. 颈椎　人体躯干和头颅连接的主要关节。如果其受到外力的打击，左右用力扳拧，轻的可使其功能遭受损害，导致中枢神经及大脑神经失调，重的能使人死亡或残疾。因此，在练习防卫技巧时，要注意这一部位。

2. 肩关节　人体中活动范围最大的关节，能外展、内收、前屈、后伸以及旋转等。如果用暴力左右拧动或用力向前、向后扳至极点，就可以使其脱臼或韧带、肌肉撕裂。

3. 肘关节　由肱骨和尺骨、桡骨连接而成的，活动范围较小，只能伸直和前屈，如果使其伸直，再加压力，就会使其脱臼或韧带、肌肉撕裂。

4. 腕关节　活动范围也较大，能外展、内收、前屈、后伸以及旋转等，但它最易受伤。如超出它本能的活动范围，例如后折、内扭、两侧扳拧等，就可以使其脱臼、骨折或韧带撕裂等。

5. 指关节　由两个短小的指骨连接而成，它仅能弯曲和伸直。它的活动范围很小，而易于前屈，如果使其伸直再用力向后扳或向两侧拧动，很容易造成脱臼或骨折。

6. 膝关节　人体下肢的主要关节，它能后屈和伸直，稍能旋动。当它伸直后由前面或从两侧用力猛蹬，轻则会使人倒地，重则会使其骨折、脱臼以及韧带、肌肉撕裂。

7. 踝关节　由胫骨、腓骨与跟骨、距骨等相连而成。能内收、外展和屈伸等。如果用力左右扳拧脚掌，会使人体翻转或使关节脱臼、韧带撕裂，失去正常功能。

四、女子防身技法实例简介

1. 当坏人扭住女子右臂，妄图实施侵害时　应左肘平屈，迅速左后转体，肘击坏人头部。接着，将左手示、中二指伸直，其余三指弯曲，直捅坏人双眼（图 11-296、图 11-297、图 11-298）。

动作要点：转体顶肘要猛，手指出手迅速准确。

图 11-296

图 11-297

图 11-298

2. 当坏人用右手将女子右手拧至背后，左手捂住嘴巴，妄图实施侵害时　应左肘弯曲由下向斜上方顶击坏人左肋，随即身体前倾，左手撑地右脚向后上方蹬击坏人裆部（图 11-299、图 11-300、图 11-301）。

要点：顶肘要有力，撑地踢裆要准确迅速。

3. 当坏人从后面抱住女子，妄图实施侵害时 两臂被抱在内时，先拧转身体，身体前倾的同时用力用肘击坏人的腹部或肋侧，从而使坏人放开双手（图 11-302、图 11-303）。

两臂在外时，拧转身体，用肘击坏人面部或颈部（图 11-304、图 11-305）。

要点：击肘时要用转腰的力量增加攻击力。

图 11-299

图 11-300

图 11-301

图 11-302

图 11-303

图 11-304

图 11-305

4. 当女性被抓住手腕时 先用手腕对着对方虎口反顶，再用力顺着对方大拇指的方向手拉或扭摆，就能掰开对方虎口，将手腕甩出（图 11-306、图 11-307）。

要点：反顶与扭摆要连贯进行，不能再给对方可乘之机。

5. 当女性被坏人抓住头发时 先见机贴近，不让坏人用上大力，双手抓住对方，然后用头顶猛力撞击其头面部或下巴。若被抓住，则用两手扣住对方的抓头之手，上体前倾，重心下降，快速低头向下撅之（图 11-308、图 11-309）。

要点：两手卡紧对方掌背，紧扣在头上；向下撅指时，屈身低头，两手要用力。

图 11-306

图 11-307

图 11-308

图 11-309

扫码“练一练”

思考题

1. 武术特点是什么？
2. 长拳运动特点是什么？
3. 太极拳运动特点是什么？
4. 简述人体的关节在实战中的运用。

（王学爽）

第十二章

游泳运动

学习目标

知识要求

1. 掌握蛙泳、自由泳、仰泳的技术动作要领。
2. 熟悉游泳的安全卫生要求；必要的游泳救生知识和技能。
3. 了解游泳运动的起源与发展；健身价值与意义；游泳救生员国家职业技能鉴定考核办法。

技能要求

能熟练完成蛙泳技术动作要领；具备一定的水上救护能力和方法；鼓励参加游泳救生员考评，争取获得游泳救生员资格。

第一节　游泳运动概述

扫码“学一学”

知识链接

游泳运动具有良好的健身、实用价值，但是游泳也具有一定的风险性，所以在学习游泳时必须掌握熟悉水性的方法及安全卫生要求。

游泳是人类凭借自身动作使身体在水中游动的一项有意识的技能活动。它是人类在长期的适应和改造大自然的过程中产生和发展起来的，内容丰富，形式多样，它将水浴、空气浴、日光浴三者很好地结合起来，对增强体质、陶冶情操、丰富生活、促进身心全面发展具有很好的作用。

一、游泳运动的起源和发展

据史料考证，远古时代就有了游泳活动。古代人类在布满江河湖海的地球上生活、生存，必然要和水打交道，他们在长期的生产劳动和与大自然的抗争中，在捕捉鱼类和水鸟为食的过程中，模仿青蛙和鱼类在水中浮游的动作，逐步学会了游泳。古希腊人为了使智力和体能得到全面发展，把游泳列入健身项目之一。从希腊出土的公元前 570 年前的一只花瓶上，就能看到绘有类似现在爬泳（自由泳）动作的图案。

古代的欧洲，游泳不但是民间健身、娱乐活动，而且是军事训练内容。公元 6 世纪，拜占庭作家马费利基谈到古斯拉夫的战士时这样说：“他们善于渡河，沉在芦苇丛生的河底，用芦苇管呼吸，躲避敌人达数小时之久。这方面他们胜过了一切。”

现代游泳运动起源于英国。17 世纪 60 年代，英国的游泳活动就有相当的发展。1828 年，在利物浦乔治码头修建了第一个室内游泳池；1837 年，伦敦成立了第一个游泳组织；1868 年 1 月，在伦敦成立了大城市游泳俱乐部（英国优越协会的前身），至此，英国将游泳作为专项运动项目固定下来。

18 世纪中叶以后，游泳运动在澳大利亚、新西兰、德国、荷兰、奥地利等国家和地区相继得到开展。1896 年，在雅典举行的第 1 届现代奥运会上已设有男子 100 米、500 米、1200 米三项自由泳比赛项目，1912 年第 5 届奥运会又开设了女子项目。1908 年，在伦敦第 4 届奥运会上正式成立了国际业余游泳联合会，并正式审定游泳世界纪录。从第 1 届奥运会到第 26 届奥运会，游泳项目从 3 项发展到男女 26 个单项和 6 项团体接力，金牌总数达 32 块，是仅次于田径的体育大项。

我国是世界文明古国，游泳历史源远流长：在距今 5000 多年前的出土陶器上，就刻有人潜入水中猎捕水鸟的爬泳图案；4000 年前，夏禹治水时与洪水搏击也发明了不少泅水方法；2500 年前，《诗经》中就有“就其深矣，方之舟之；就其浅矣，泳之游之”的记载；《淮南子・说林训》中，也有“游者以足蹶、以手拨”的记载，对游泳方法进行了概括描述；魏晋时期也有“拍浮”游泳之说。现今民间流行的“狗爬式”“扎猛子”“鸭儿扑水”“大爬泳”等游水技法，恐怕就是“足蹶”“手拨”“拍浮”的沿革和发展。

现今出土的春秋战国时期的铜壶，上面雕刻的水陆攻战图中就有游泳姿势，说明那时人们已将游泳列为军训内容。隋唐时期，水上运动得到发展，宫廷建有供游泳、跳水、抛水球用的“水殿”。宋代孟元老所著《东京梦华录》中，就有宋徽宗赵佶经常驾车到“水殿”观赏“水秋千”表演和游泳竞技的记述。

我国游泳比赛始于汉魏时代，而现代游泳竞赛活动则是始于 19 世纪末和 20 世纪初。但因多种原因，运动普及不广，成绩也不理想。新中国成立后，在党和国家倡导的普及和提高相结合的方针引导下，我国游泳成绩大幅度提高，到 1954 年已全部刷新了旧中国的游泳纪录。而今我国泳坛不但称雄亚洲，也令世界刮目相看。1953 年，在布加勒斯特第 4 届世界青年学生联欢节的游泳比赛中，我国选手吴传玉以 1 分 06 秒 00 的成绩获得男子 100 米仰泳冠军，为中国在世界游泳比赛中第一次夺得金牌。1957 年，戚烈云用腿部为主要推进力的“高航式”泳姿，以 1 分 11 秒 60 的成绩打破了男子 100 米蛙泳世界纪录。1958 年，穆祥雄用宽蹬和稍屈臂划水的“半高航式”泳姿，分别以 1 分 11 秒 40、1 分 11 秒 30 和 1 分 11 秒 10 的成绩三破该项目的世界纪录。1960 年，莫国雄又用加强臂划水力量的“平航式”泳姿，以 1 分 10 秒 00 的成绩再破该项目的世界纪录。这些年来，我国游泳成绩更是大幅度提高，轰动了整个世界泳坛。1992 年在巴塞罗那举办的第 25 届奥运会上，中国女选手“五朵金花”团结拼搏，夺得 4 金 5 银的好成绩。我国女选手罗静宜和贺慈红，在 1994 年 9 月分别以 54 秒 01 和 1 分 00 秒 16 的出色成绩，分别刷新女子 100 米自由泳和 100 米仰泳的世界纪录。1997 年 2 月，在每年一次的世界杯短池（25 米）游泳系列赛中，尽管中国游泳队还处于调整恢复的训练阶段，但仍获得金牌 12 块、银牌 16 块和铜牌 16 块。比赛中，我国女选手还以 1 分 00 秒 63 的成绩，打破了瑞典运动员 1992 年创造的 1 分 00 秒 03 的 100 米混合泳的世界纪录。2004 年 8 月第 28 届雅典奥运会，我国女选手夺得 2 枚金牌；2008 年北京奥运会中国游泳队获得 1 金 3 银 2 铜；2012 年奥运会中国游泳队创 28 年最佳战绩 5 金 2 银 3 铜紧随美国。

经过我国游泳运动员、教练员、科研人员、管理人员几十年的努力，目前，我国竞技游泳已经取得了长足的进步，成为世界泳坛上一支不可忽视的劲旅。但发展还很不平衡，女子部分项目已经达到世界先进水平，男子项目仍有较大差距。总体来说，也是短距离项目水平较高，中、长距离项目相对较弱。在亚洲泳坛上，激烈的竞争格局将会长期存在下去。

二、游泳运动的价值

（一）健身价值

游泳是在水这种特殊环境中进行的活动。作为健身的一种重要手段，它对增进人体的身心健康具有独特的、其他体育活动无法替代的作用。这些作用主要包括以下几个方面。

1. 提高呼吸系统功能 水的密度是空气密度的 800 多倍。在水下，深度每增加 1 米，每平方厘米面积上承受的压力就增加 0. 1 千克。人站在齐胸深的水中，感觉呼吸急促，就是因为胸腔大约承受着 12~15 千克的水压力。这种压力使游泳的呼吸比陆上的呼吸要费劲得多。经常进行游泳锻炼，可以增强呼吸肌的力量，增大肺的容量。普通人的肺活量只有 3000~4000 毫升，而游泳运动员一般可达 4000~6000 毫升，个别优秀运动员甚至高达 7300 毫升。

2. 提高血液循环系统功能 游泳时水对肌肉的刺激和按摩作用，还可以提高血管壁的弹性，从而有利于减小血液循环的外周阻力。血液循环系统功能的提高，使心脏的功能活动出现节省化现象，表现为人体在安静状态下的心率徐缓。游泳运动员的安静心率一般为 40~60 次/分。经常参加游泳锻炼的儿童的心率也可以降至 62~64 次/分。澳大利亚优秀女子运动员古尔德，在 1972 年第 20 届奥运会上获得 200 米自由泳、400 米自由泳和 200 米个人混合泳三项冠军。她的安静时心率低达 38 次/分。

3. 改善体温调节功能，提高对外界温度变化的适应性 水的导热能力约是空气的 25 倍，人体浸入水中时体温散失的速度大大加快，必然要相应地加强体内的能量代谢过程，以产生更多的热量来维持体温恒定。另一方面，冷水的刺激又会引起皮肤血管的收缩舒张反应。经常进行游泳锻炼可以改善人体的体温调节功能，使大脑皮质对热的产生及散热的调节形成条件反射，提高对外界温度变化的适应性，增强身体的抵抗力，尤其是坚持冬泳的人，对寒冷刺激的适应能力增强，不容易感染呼吸道传染病。

4. 提高身体素质和运动能力 人体在水中运动时受到很大的水阻力，需要有关肌群产生足够大的持续力量来克服水的阻力，以保证身体快速游进。因此，力量是游泳运动的重要素质，特别是肌肉的爆发力，对短距离游泳来说显得更为重要。经常进行游泳锻炼，可以促进肌肉力量的发展，使肌肉发达而富有弹性；进行较长时间较长距离的中等强度游泳活动，可以有效地提高有氧代谢的能力，从而在各种活动中表现出很高的耐力水平。

游泳对柔韧素质有特殊的要求，尤其是对肩关节、膝关节和踝关节的灵活性要求很高。

肩关节灵活，可以轻松自如地完成各泳式的空中移臂和呼吸动作，可以加长划水距离；膝关节和踝关节灵活，不仅使打腿动作轻松省力，而且能提高打腿动作效果，提供较大的推进力。

5. 促进体格匀称发展，形成健美形体　游泳是一种全身运动，游泳时臂、腿并用，四肢有节奏地做划水和打水动作，肌肉周期性地收缩与放松，肩、胸、背、腰、腿部的大小肌群都参与工作。各种游泳姿势中，相当一部分动作是左右交替或左右对称的。经常参加游泳锻炼，不仅能使人体颈、肩、脊柱、髋、膝、踝各关节及全身肌肉都得到锻炼，而且有利于矫正和改善身体姿势，使人体匀称协调地发展，形成健美的形体。

此外，人体在水中活动时的散热比陆上快得多，故游泳时消耗的能量比陆上运动多。这些能量的供应要靠消耗体内的糖和脂肪来补充，尤其是较长时间的游泳，主要是靠消耗脂肪来补充。所以，经常进行游泳锻炼，可以消除体内多余的脂肪，有利于保持人体的健美。经过系统游泳锻炼的人，具有肩宽、胸厚、背阔、腰细、形体匀称、肌肉圆润而富有弹性等特点。

6. 培养良好的心理品质　游泳是在水这一特殊环境中进行的，它与陆上运动相比，在运动条件、运动形式上都有极大的差别。初学者由于身体失去固定支撑呈漂浮状态、呛水或出现溺水等情况，往往会产生怕水心理。但通过熟悉水性，消除怕水心理，进而掌握各种游泳技能，具备对付各种水情、风浪的能力。

经常进行游泳锻炼，不仅可以激发人们为保持健康而积极参加体育运动的良好愿望和要求，还可以锻炼意志，培养自信、果敢、坚毅、临危不惧等优良心理品质。尤其是到江河湖海去游泳，搏击于风浪之中，或是坚持冬泳，向严寒挑战，可以培养吃苦耐劳、不畏艰险的坚强毅力。

（二）实用价值

1. 游泳是一种基本生存技能　地球上 2/3 的地表覆盖着江河湖海。自古以来，人类与水就有不解之缘。但是若没有掌握水中活动的必要技能，就很容易发生溺水事故。据有关组织的统计，在全世界每年的意外死亡事故中，溺水死亡居首位。在一些国家，少年儿童的溺水事故仅次于交通事故。

毫无疑问，预防溺水最有效的办法，并不是远远地躲开水，而是以积极的态度学会游泳，真正获得水中活动的自由。可以说，游泳是人类的一种基本生存技能。学会了游泳，就使我们的生命安全多了一重保障。

2. 游泳是一种必要的生产技能　游泳在生产建设上有很高的实用价值。早在远古时代，游泳就是人类生存的一种重要技能；随着社会生产力的发展，游泳在生产上的用途越来越广。

我国明代的一本记载各种工艺制作技术的著作《天工开物》中，就有采珠人潜海拾蚌的描述："舟中以长绳系没人腰，携篮投水。……极深者至四、五百尺，拾蚌篮中。气逼则撼绳。"

在现代生产建设中，也有许多水中作业需要工作者掌握一定的游泳技术，如水利工程施工、水上运输、水下科学考察、抗洪抢险、打捞救助、渔业生产等。只有学会游泳，才能克服水的障碍，顺利完成特定的生产建设任务。

3. 游泳是一种重要的军事技能　游泳在军事上的价值历来为兵家所重视。古希腊人、斯巴达人和雅典人，都把游泳作为青少年军事训练的内容。在古罗马时代，游泳是武士训练的重要内容。我国古代兵书《六韬·奇兵》中就称“奇技者，所以越深水、渡江河者也。”春秋战国时期，我国南方各诸侯国都相继设立水师。齐桓公就采纳了管仲提出的“遏原流”“立沼池”“深渊垒池练扶身”的意见，“千金悬赏善泅之士”，组建了一支由五万善于游泳之勇士组成的水师，终于打败了越国，跃居五霸之首。在出土的战国时期铜壶表面精美的宴乐渔猎攻战图饰纹中，就可以看到巨大的战船旁边弋游勇士栩栩如生的形象。我国明代的民族英雄郑成功在抗击倭寇侵犯时，就曾专门训练了一支潜水队，战时潜入水下凿沉敌船，大显神威。

第二次世界大战以来，游泳受到世界各国的高度重视，至今仍是各国军事训练的一个重要科目。在我国的抗日战争和解放战争时期，各根据地的军民凭借水上功夫，神出鬼没地打击敌人的事例就很多。在现代战争中，也曾有过利用“蛙人”出奇制胜的战例。练就一套过硬的水上功夫以真正获得水中活动的自由，对于战时顺利战胜天然险阻，更好地保存自己，消灭敌人，无疑具有十分重大的意义。

三、熟悉水性

（一）水中行走

水中行走是熟悉水性的第一步。练习的目的，是使初学者初步体会并适应水的浮力和阻力，初步掌握在水中站立和行走时维持身体平衡的方法，消除怕水心理。

水中行走一般在齐腰深的水中进行。迈步时，身体应略往行进方向倾斜，大腿略为抬起，小腿和脚提起来后往行进方向伸出，下踏站稳后再提另一腿；两臂在体侧轻轻拨水保持平衡。开始行走时步子不宜太大，速度不宜太快。身体重心的移动要与腿的动作协调一致。

（二）呼吸

呼吸训练是熟悉水性阶段的重点内容。许多初学者在游泳时老是抱怨“吸不到气”，这不仅是因为没有掌握好具体泳式中特殊的呼吸技巧，更根本的是没有掌握好水中呼吸的基本方法。只有闯过了呼吸关，才能把握住打开游泳世界大门的金钥匙。

游泳时的呼吸，要用口在水面上吸气；吸气后脸浸入水中稍闭气；然后用口和鼻在水中缓慢呼气，并一直呼出水面。由于脸部大部分时间是浸在水中，抬头吸气的时间比较短，因而要求在口露出水面时不停顿地迅速把气吐尽，并借此动作将附着在口、鼻周围的水吹开，然后立即快速吸气。呼气要尽，吸气要深，呼与吸之间不能停顿。总的来说，水中的呼吸要按照“快吸-稍闭-慢呼-猛吐”这一特殊的节律进行。

（三）浮体

要学会游泳，首先得浮得起来，并能从漂浮状态平稳地站立下来。通过浮体练习，可以进一步熟悉水性，体会水的浮力，适应身体无固定支撑的悬浮姿势，初步掌握在水中控制身体平衡的能力，进一步消除怕水心理，增强学会游泳的信心。

在做浮体练习前，应先学习漂浮后的站立方法，以保证练习的安全。要使身体漂浮起来，首先是要吸足气，并保持屏息；其次是要放松。做浮体动作时，应使人体像一个充满气的皮球浮在水面上。吸气不足则胸腔没有充分扩张，或是在浮体的过程中把气呼出，或是身体紧张肌肉僵硬，都无法使人体的平均密度变小，因而很难漂浮起来。

（四）滑行

滑行训练是熟悉水性阶段的重点内容，它可以帮助初学者掌握在漂浮状态下维持身体平衡的能力，体会游泳的基本身体姿势，为以后学习各泳式技术打下基础。

滑行应力求熟练，做到既滑得远，又滑得稳。滑行中，要注意保持良好的流线型身体姿势，腰、腹部肌肉要适度紧张，臂、腿伸直并拢，头夹在两臂之间，使身体伸展成一直线，以利于减小滑行阻力。注意不要过分抬头或低头，不要屈髋、屈膝或勾脚尖。滑行时，要尽量延长闭气时间，努力增长滑行距离。

（五）水中游戏

1. 水中赛跑　练习者成一排站立浅水中，听口令向前跑，看谁先到达对岸。可进行分组接力。

2. 火车赛跑　分成若干组，每组成一路纵队站立水中，后者双手搭在前者肩上，听口令开始前进，看哪组最先到达对岸。

3. 相向转圈　将练习者分成内、外两圈，各圈手拉手站立于浅水中，开始时内圈顺时针、外圈逆时针转动，听到口令后，内、外圈变换方向。

4. 穿山洞　分成若干组，各成两行，面对面拉手上举成“山洞”。从排头起一对一对地从洞中穿过，到洞尾后再接成洞。最后一对先出洞的队为胜方。

5. 结网捕鱼　指定一人当“渔夫”，其他人散开当“鱼”。被“渔夫”抓、拍到的人即与“渔夫”手拉手结成“网”一起去捕“鱼”，直至将“鱼”捕尽。

6. 吹乒乓球　站立水中，面前放一个乒乓球。深吸气后对准乒乓球用力吹气，把乒乓球向前吹出，看谁最先将球吹至对岸。这个练习可帮助学生体会用力呼气的动作要领。

7. 跷跷板　两人一组，面对面手拉手站立水中。练习时，一人下蹲浸水没顶，另一人起立看同伴。两人轮换进行上述练习，一组 10~20 次。

8. 头顶球前进　一列横队站立水中，每人面前放一只橡皮球。听到口令后，脸浸入水中，以头顶球前进，先到达终点者为胜。

9. 水底寻物　在浅水区，把硬币或石子扔入水中。听到口令后即潜入水中，睁开眼睛拾捡硬币或石子，看谁捞起的硬币和石子多。

10. 猎鲨鱼　分成两组站立浅水中。其中一组在外围，另一组分散在中间当“鲨鱼”。外面的一组用一个球掷中间的“鲨鱼”，“鲨鱼”可以连头钻入水中以躲避来球。凡被球击中的“鲨鱼”即退到外围加入猎人组。直至将“鲨鱼”猎尽。

11. 打水仗　分成两组，水中相对站立，间距约 1 米。听到信号后，用手朝对方撩水，要求不能前进也不能后退，不准用手捂脸或转身背向对方，体会在满脸淌水的情况下进行快速短促的换气。

12. 抓“水怪”　两人一组站立浅水中，相距 2 米以上。一人当“水怪”四处逃窜；另一人拿“藤圈”抓“水怪”，用圈把“水怪”圈住才算抓到，然后交换角色练习。

四、游泳运动的安全与卫生

游泳是在水这种特殊环境中的活动，如果不注意安全和卫生，不仅会发生各种伤病，损害身体健康，甚至可能发生溺水死亡事故。因此，我们应当高度重视游泳的安全与卫生，都有必要了解游泳的安全卫生知识，掌握科学锻炼的方法，防止意外事故的发生。

（一）游泳的安全措施

1. 强化安全教育 安全教育必须贯彻于游泳活动的全过程。安全教育要结合实际，采取多种形式针对性地进行，经常讲，反复讲，以引起每个人的充分重视。其内容主要如下。

（1）安全意识 要强调游泳安全的意义，树立安全意识，克服麻痹思想。要让大家明白，只有保证安全，才能真正发挥游泳对于增进身心健康的作用。对于游泳活动的组织者来说，更要清醒地认识到，不能由于我们的疏忽大意而造成他人的不幸。

（2）组织纪律 要加强组织纪律教育，要求学生严格遵守有关纪律和制度，一切行动听指挥，做到令行禁止。对少年儿童，一般要求在会游泳的教师、家长或其他成人的带领下学习游泳。不会游泳者不应私自跑去“玩水”。

（3）安全知识与救生常识 要进行有关安全知识与一般救生常识的教育，使学生懂得一些基本的应急措施，以防不测。

2. 选择安全的游泳场所 选择好游泳场所是保证游泳者生命安全的极其重要的方面。游泳场所一般分为两类，一类是人工修建的游泳池（馆），另一类是江河湖海等天然水域。不论是带领学生到游泳池、馆，还是到天然水域进行游泳活动，教师都应认真做好实地考察和必要的布置工作。

（1）游泳池（馆） 一般要求池、馆结构合理、深浅区有明显标志、深度适合学生水平、水质符合卫生要求、水温适宜、有休息处、有救生设施。在组织活动前，还要对场所做必要的布置，如用分道线把深浅区隔开，或划定学生的活动区域等。

（2）天然水域 利用天然水域进行游泳教学或开展游泳活动，则必须进行更加细致的考察、选择和布置工作。一般应选择水质较好、浅水区较宽、水温适宜、水底平坦无淤泥、水下无障碍物、水流平缓、河岸开阔、下水起水方便的水域。

一般不宜到下列水域进行游泳活动：被生活或工业废水污染水域；有暗流漩涡的水域；有暗礁乱石的水域；有血吸虫的水域；杂草丛生的河湖港汊；船只来往频繁的码头附近；河流急弯处或桥墩附近；河流靠近主航道处；有木排停放处；有鲨鱼出没的水域等。

3. 加强游泳活动的组织工作 加强游泳活动的组织工作是进行游泳教学和开展群众性游泳活动时确保安全的重要措施。尤其是到江河湖海游泳，由于水域宽，环境复杂，容易出意外事故，组织工作显得更加重要。

（1）建立安全救护小组 一般来说，开展游泳活动时必须建立安全救护小组，设安全监督岗。安全救护小组由安全观念强、认真负责、具有较高游泳技能的师生组成，并准备好必要的安全救护器材。在游泳活动的过程中，担任安全监督岗的人员必须全面仔细地观察学生情况，如发现险情，应立即发出救援信号并组织抢救。

（2）编组 开展游泳活动一般都要编组，每组以5~8人为宜。编组时对水平高低要适当搭配，可选择责任感强、水性好的学生担任组长。每个小组要坚持做到“三个一”，即一起下水，一起活动，一起上岸。小组成员要互相关心、互相帮助，绝对禁止个人单独行动。如出现险情应及时向安全监督岗报告并立即组织抢救。在游泳活动中，教师要全面观察与重点照顾相结合，对水性差或个性强的学生应多加注意。

（3）检查人数 在进行游泳教学或开展群众性游泳活动时，一定要做好人数的检查。下水前要准确清点人数，活动过程中应适时进行检查，起水后要再次认真清点人数。人数不符应迅速查找，不可马虎了事。学生中途离开游泳场所一定要向教师请假并得到准许，不得私自离去；归队时也必须向教师报告。

（4）严格纪律　在进行游泳教学或开展群众性游泳活动时，应提出严格的纪律要求。学生应在教师指定的区域内活动，不要在岸边或水中嬉戏打斗，不要在水中横冲直撞，不搞恶作剧。严禁学生在没有教师指导的情况下乱跳水和潜水，以消除潜在的不安全因素，避免外伤和溺水事故。

（二）游泳的卫生要求

1. 了解健康状况　为了保证健康和安全，防止疾病传染，游泳者每年都必须进行一次全面的健康检查，以便清楚地了解自己的身体状况，确定能否参加游泳锻炼。如果身体患有某些疾病，不仅很难承受游泳时各种生理功能的变化，还会使病情加重，甚至会出意外事故；同时还可能造成某些传染病的流行，危害公众健康。一般来说，游泳池、馆都要求游泳者持有当年健康证，才允许购票入池游泳。

通过体检，凡发现患有严重高血压、心脏病、活动性肺结核、传染性肝炎、细菌性痢疾、妇科病（如滴虫病）、性病、化脓性中耳炎、皮炎、精神病及有开放性创伤的患者，都不宜游泳。凡患有腹泻、伤风感冒、咳嗽、严重沙眼、急性结膜炎等疾病的人也暂时不宜下水游泳。这些疾病都是暂时的，只要经过治疗和休息，待病愈后即可下水游泳。女子进入青春期后，会出现周期性的“月经来潮”。女子在月经期间除了采取特殊的防护措施外，一般不宜下水游泳，以免引起感染而致病。

即使是经常参加游泳锻炼的人，平时也应注意自己的身体状况。如果睡眠、食欲和精神感觉良好，体重稳定，安静状态的脉搏稳定或趋于下降，则表明身体状况良好。反之，如果全身乏力，肌肉关节酸痛不已，经常感冒，安静状态的脉搏增加，则表明身体疲劳，应适当减少游泳时间或降低运动强度。

2. 注意游泳时机　经常参加游泳锻炼可以增强体质，但是如果不注意游泳的时机，也会损害健康，甚至危及生命安全。有几种情况是不宜立即下水游泳的。

（1）饱食后不宜游泳。

（2）饥饿时不宜游泳。

（3）剧烈运动或重体力劳动后不宜游泳。

（4）饮酒后不宜游泳。

3. 做好准备活动　游泳的准备活动，一般可做慢跑、徒手操、拉长肌肉与韧带的练习及游泳模仿动作。要特别注意颈、肩、腰、髋、膝、踝、肘、腕等大关节的活动，对负担较重的部位更要活动充分。准备活动的量可根据气温高低而定，一般应做到身体微微出汗为止。游泳者下水后，还可以做些水中换气练习，以更快地适应水环境。

4. 掌握好游泳时间和运动负荷

（1）游泳锻炼的时间长短要视气温、水温及各人的身体状况而定。一般来说，天气热、水温高时，水中活动的时间可长些；天气冷、水温低时，水中活动的时间不宜太长。一般人游泳的适宜水温为26~32℃。

少年儿童的皮肤较薄，身体表面积与体积之比大于成人，相对散热速度快，在水中活动的时间不宜太长。但少年儿童往往由于贪恋玩水而不愿起水，其兴奋性掩盖了身体的寒冷反应，所以教师和家长应掌握好时间，及时督促孩子起水。

（2）控制游泳时间和运动负荷的原则是量力而行，适时起水。如果在水中已经出现寒战，嘴唇青紫，皮肤起鸡皮疙瘩，应立即上岸，擦干身上的水，穿上衣服，晒晒太阳或活动活动身体，使身体暖和起来。有可能的话还可以喝些热饮料，以驱除寒冷。在水中停留时间过长，散热过多，容易出现肌肉抽筋，起水后易受凉而患感冒。

5. 注意个人和公共卫生　在参加游泳活动前，要备好干净的不透明的游泳衣、裤，必要时亦可准备好游泳帽和游泳眼镜。要修短指甲，以免划伤自己或他人；要清除耳垢，以防耳道积水诱发耳病。

游泳时，要自觉维护公共卫生，入池前应先淋浴，将头发、身体冲洗干净，脚要经过浸脚池消毒，不得跨越。不乱扔东西，不在池边或池中吃东西。不随处吐痰、擤鼻涕，应该吐到游泳池沟、槽内。不得在游泳池中排便。游泳时必须睁开双眼，以免撞到他人或被他人撞到而受伤。

游泳结束前应做些整理活动，如放松慢游、水中抖动肢体等，以使身体逐渐恢复安静状态。上岸后应马上冲洗身体，注意清洗眼、耳和口腔。特别是在海滨游泳后，要用清洁的淡水洗净头发和全身。然后迅速擦干身上的水，穿上衣服，以防受凉感冒。

游泳后最好能用眼药水清洗眼睛，以防感染沙眼或结膜炎。要检查耳道内是否有积水。可用手轻拍头部，若耳内有“嗡嗡”之声，说明耳道进水，应及时将积水清除掉。

第二节　游泳运动的基本技术

扫码“学一学”

知识链接

掌握准确的游泳技术动作，不仅能让练习者在水中灵活自如，提高练习者的兴趣，更能使练习者从中体会到“海阔任鱼跃”成就感。

一、蛙泳

（一）身体姿势

蛙泳滑行姿势的要求：胸部自然伸展，稍收腹，微塌腰；两臂前伸并拢，头部夹在两臂之间，两眼注视前下方；两腿并拢，脚尖伸直；腹部与大、小腿位于同一水平面上，臀部接近水面，身体纵轴与水平面成5°~10°，全身拉伸成一直线（图12-1）。

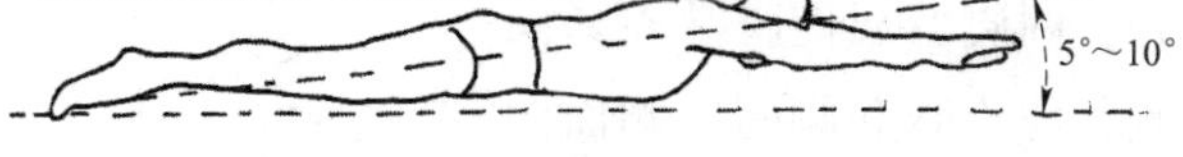

图12-1　蛙泳滑行姿势

在游进过程中，身体位置会按一定的节奏上下起伏。在划水和抬头吸气时，上体会向前上方抬起，肩和背部的一部分上升露出水面，此时躯干与水平面的角度较大。当两臂前伸、两腿向后蹬夹时，随着低头的动作，肩部又浸入水中，身体恢复比较平直的流线型姿势向前滑行。

对于初学蛙泳者，不宜过分追求在划水和吸气时拉高身体的动作（图 12-2）。如果抬头过高或过分挺胸，会造成下肢下沉，迎角增大，使身体在前进方向上的投影截面增大，身体形状变差，从而增大游进时的水阻力。

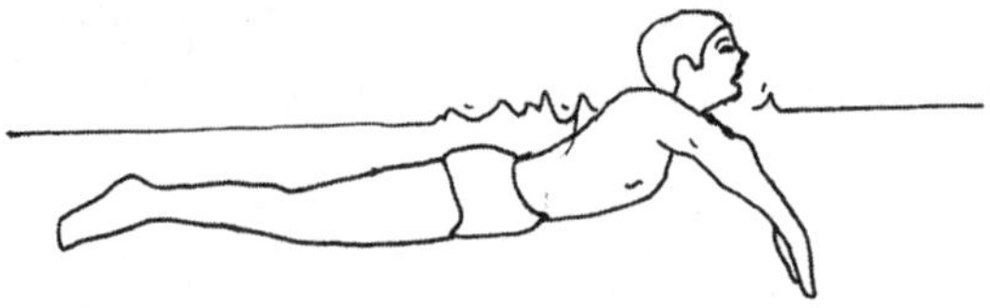

图 12-2　蛙泳划水和吸气时拉高身体的动作

（二）腿部技术

蛙泳的腿部动作是推动身体前进的一个重要因素。尽管现代蛙泳技术强调以臂为主，但腿部动作的作用不容忽视，对于初学者更是如此。蛙泳腿的技术可以分为收腿、翻脚、蹬腿、滑行四个紧密相连的动作阶段。

1. 收腿　翻脚、蹬腿的准备动作，是从蹬腿后身体伸直成流线型向前滑行的姿势开始的。

收腿时，腿部肌肉略为放松，大腿自然下沉，两膝开始弯曲并逐渐分开，小腿和脚跟在大腿后面向前运动。收腿时，踝关节放松，脚底基本朝上，脚跟向上、向前移动，向臀部靠拢，两腿边收边分开。两小腿和两脚在前收的过程中要落在大腿的投影截面内，以避开迎面水流，减小收腿的阻力。收腿动作应柔和，不宜太用力。在收腿的过程中臀部略下降。收腿结束时，两膝内侧的距离约同肩宽；大腿与躯干成 130°～140°，大、小腿折叠紧，小腿接近于与水面垂直，为翻脚和蹬夹做好准备（图 12-3）。

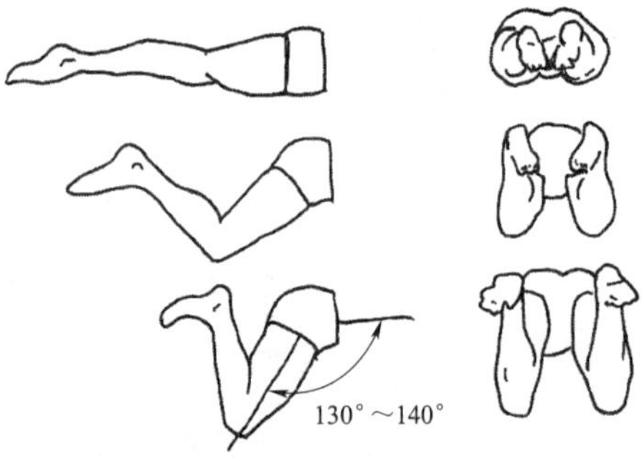

图 12-3　蛙泳收腿动作

当前，许多优秀运动员收腿时大腿的动作幅度变小，收腿结束时大腿与躯干的夹角增大至 150°左右，小腿更加靠近臀部。这种技术收腿的动作较快，有利于加快动作频率，同时有利于减小收腿时的水当阻力。

2. 翻脚　目的在于使腿在蹬夹时有一个良好的对水面。在蛙泳技术中，翻脚动作很重要，翻脚的好坏直接影响到蹬夹的效果。

当收腿使脚跟接近臀部时，大腿内旋，两膝稍内扣，小腿向外张开，两脚背屈使脚掌勾紧向外翻开，脚尖转向两侧，使小腿和脚的内侧面向后，形成良好的对水面，为蹬夹动作做好准备（图 12-4）。

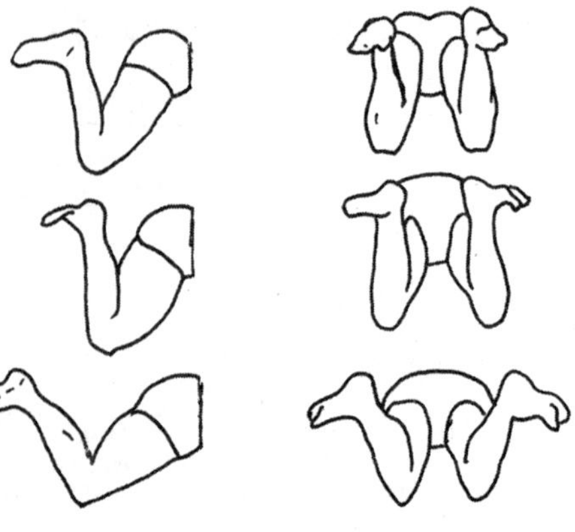

图 12-4　蛙泳翻脚动作

翻脚实际上是收腿的结束动作和蹬腿的开始动作。不是收好腿再翻脚，翻好脚再蹬腿，而是在收腿接近完成时就开始翻脚，翻脚快完成时就开始蹬腿，在蹬腿的开始阶段继续完成翻脚。收、翻和蹬三个动作紧紧相连，一环扣一环，形成一个连贯圆滑的鞭状动作。

3. 蹬腿 推动身体前进的重要动力来源。蹬腿动作的推进效果主要取决于蹬腿时腿的运动方向、对水面的大小及运动速度。

蹬腿动作在翻脚即将完成时就已开始。由于翻脚动作的惯性，脚在后蹬的开始阶段是继续向外运动，完成充分的翻脚。随后，由腰腹和大腿同时发力，依次伸展下肢各关节，两脚转为向后向内运动并稍下压，直至两腿蹬直并拢，完成弧形的鞭状蹬夹。

蹬腿过程中脚相对于游泳者自身的动作路线如图 12-5 所示。可以看出，蹬腿动作是“蹬”与“夹”的结合，两腿是边后蹬边内夹，当两腿蹬直时两膝也已并拢了。既不是完全向后蹬，也不是向外蹬直了再内夹并腿。

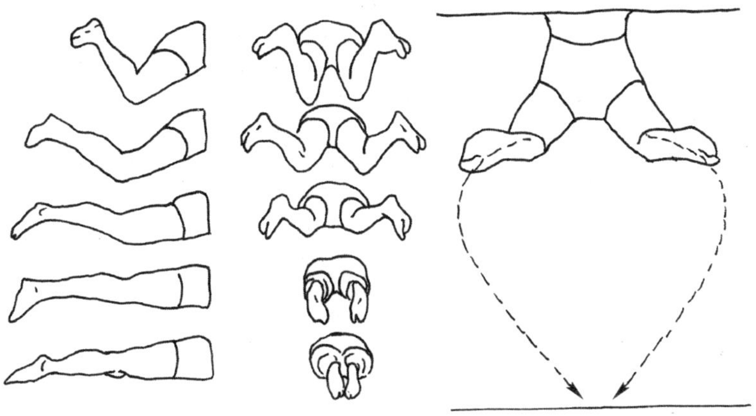

图 12-5 蛙泳蹬腿动作

蹬腿时，下肢各关节的伸展顺序是保持最大对水面的决定因素。正确的顺序是，先伸髋关节，后伸膝关节，最后伸踝关节，直至两腿伸直并拢。蹬夹开始时，主要是大腿向后运动，膝关节不宜过早伸展，以使小腿尽量保持垂直对水的有利姿势，避免出现小腿向下打水的错误。在蹬夹过程中，脚应保持勾脚外翻姿势；在蹬夹将近结束时，脚掌才内旋伸直，完成最后的鞭水动作。如果先伸踝关节，则会破坏翻脚所形成的良好对水面，形成用脚尖蹬水的错误。

4. 滑行 蹬腿结束后，腿处于较低的位置，脚距离水面 30~40 厘米。此时两腿伸直并拢，腰、腹、臀及腿部的肌肉保护适度紧张，使身体成良好的流线型向前滑行，准备开始下一个腿部动作周期。滑行中，要注意保持两腿较高的位置，若腿部下沉，将会使游进阻力增大，降低游进速度（图 12-6）。

图 12-6 蛙泳滑行动作

（三）臂部技术

蛙泳手臂的动作是推动身体前进的重要因素，现代蛙泳尤其重视发挥手臂划水的作用。

游蛙泳时，整个手臂动作都是在水下完成。对于游泳者自身来说，手的划水路线近似于两个相对的“桃心形”（图 12-7）。即两手从“桃心”的尖顶开始，不停顿地划动一周回到尖顶。为便于分析，我们把蛙泳的一个划水动作分为外划、下划、内划、前伸等四个紧紧相连的动作阶段。

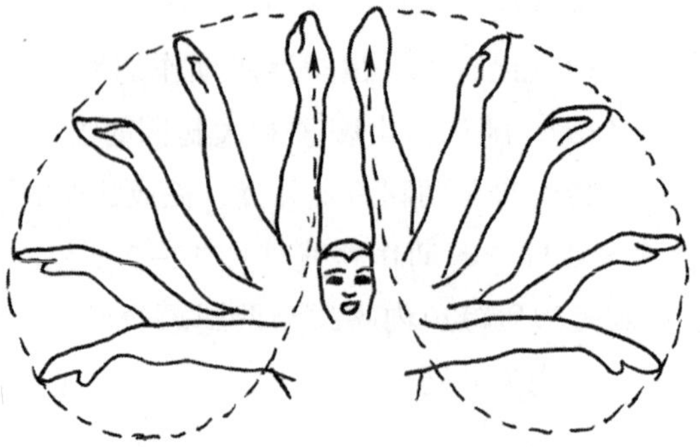

图 12-7　蛙泳手臂划水路线

1. 外划　从两臂前伸并拢、掌心向下的滑行姿势开始的（图 12-8）。外划时两臂内旋，两手掌心转向外斜下方，略屈腕，两臂向外横向划动至两手间距离约为两倍肩宽处。外划的动作速度较慢。

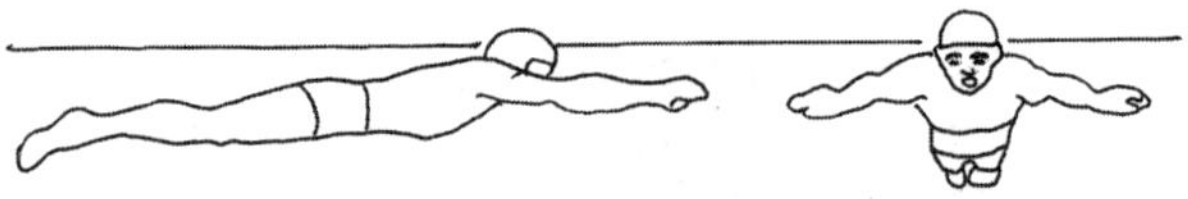

图 12-8　蛙泳外划动作

2. 下划　手臂在继续外划的同时，前臂稍外旋，肘关节开始弯曲，转腕使掌心转为朝后下方，以肘关节为轴，手和前臂加速向下、向后划动（图 12-9）。在下划的过程中，手和前臂的运动速度快，幅度大，而上臂的移动不多，前臂与上臂之间的夹角迅速缩小。下划结束时，肘关节明显高于手和前臂，手和前臂接近垂直于游进方向，肘关节约屈成 130°。

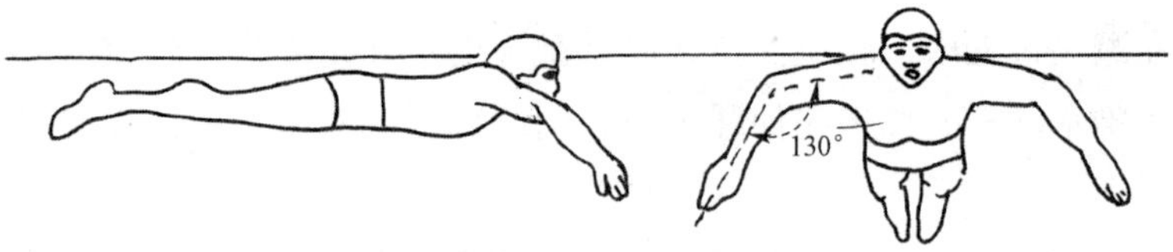

图 12-9　蛙泳下划动作

3. 内划　手臂划水产生推进力的主要阶段。随着下划的结束，掌心迅速转向内后方，手臂加速由外向内并稍向后横向划动，屈肘程度进一步加大，肘关节也同时向下、向后、向内收夹至胸部侧下方。两手划至胸前时几乎靠在一起（图 12-10）。

图 12-10　蛙泳内划动作

4. 前伸 当内划接近完成时，两手在继续向内、向上划动的过程中逐渐转为向上、向前弧形运动至颌下。此时两手靠拢，两掌心逐渐转向下，手指朝前。接着，肘关节不停顿地沿平滑的弧线前移，推动两手贴近水面向前伸出。与此同时迅速低头，将头夹于两臂之间。伸臂动作完成时，两臂伸直并拢，充分伸肩，两手掌心向下，成良好的流线型向前滑行（图 12-11）。

图 12-11 蛙泳前伸动作

（四）完整配合技术

蛙泳是臂、腿交替做动作推动身体前进的，其配合技术比较复杂，是学习蛙泳的一个难点。配合不协调，会直接影响臂、腿的动作效果和游进速度的均匀性。正常蛙泳一般是采用 1∶1∶1 的配合技术，即在一个完整动作周期中，蹬腿 1 次，划臂 1 次，呼吸 1 次。配合游时应在充分发挥臂、腿力量的基础上，努力做到协调、连贯、有节奏，尽量保持匀速前进。

1. 呼吸与臂的配合 蛙泳的呼吸是和手臂的划水动作紧紧结合在一起的，主要有“早吸气”和“晚吸气”两种类型。

（1）早吸气配合技术 两臂开始外划时，颈后肌收缩，开始向上抬头，下颌前伸，使口露出水面将气吐尽；在两臂下划和内划的过程中吸气；两臂前伸时低头闭气；滑行时在水中呼气。

这种呼吸方式利用了划水开始阶段手臂向外、向下划动所产生的向上的反作用力，使头部比较容易抬出水面，整个呼气和吸气的时间较长，动作比较从容。早吸气配合技术比较适合于初学者采用。

（2）晚吸气配合技术 晚吸气配合技术没有明显的抬头和前伸下颌的动作。在两臂外划和下划时，身体仍保持较平直的流线型姿势；在两臂内划的过程中，随着头、肩的上升，口露出水面将气吐尽；内划结束头、肩向前上方升至最高位置时快速吸气；两臂前伸时迅速低头闭气；滑行时向水中呼气。

这种呼吸方式有利于减小水的阻力，同时有利于更好地发挥手臂划水的力量，动作紧凑连贯，前进速度均匀。运动水平较高者一般都采用晚吸气配合技术。但晚吸气配合技术的吸气时间较短，初学者不容易掌握。

2. 臂与腿的配合 蛙泳臂和腿的配合是一种交替进行稍有重叠的技术，大体上可归结为：外划腿不动，内划始收翻，伸臂再蹬腿，并拢漂一会；两臂外划和下划时，两腿保持稍紧张的伸直姿势；两臂内划时，两腿放松，两膝下沉，开始收腿；两臂开始前伸时，迅速完成收腿并做好翻脚动作；两臂接近伸直时，开始向后快速蹬腿；蹬腿结束后，全身伸直成良好的流线型向前滑行。

目前，优秀蛙泳运动员在距离较短的比赛中，一般都不做或只做很短的滑行。蹬腿动作刚结束，两臂就紧接着开始外划，甚至在两腿的蹬夹动作尚未结束时，两臂就已开始外划，当蹬腿结束时两臂正好开始做下划的动作。这种配合技术，动作紧凑连贯，频率高，臂、腿动作产生的推进力紧密衔接，动作周期间的减速不明显，因而游进速度均匀，有利于提高运动成绩。但对初学者来说，蹬腿后的滑行具有十分重要的作用。只有在带滑行的从容游进中，才能掌握配合技术的要领，形成正确的动作节奏。初学者可以经常做长滑行计动作次数的游进练习来检验自己臂、腿动作的效果。

二、自由泳

现代自由泳技术的特点是，身体位置高平，屈臂高肘沿“S”形路线划水，充分发挥手臂划水的作用，动作频率高，游进速度均匀。

（一）身体姿势

游自由泳时，身体几乎水平地俯卧水中，躯干肌适度紧张，身体自然伸展成良好的流线型，身体纵轴与水平面成3°~5°的迎角。头部保持自然稍后屈的姿势，水面齐发际，两眼注视前下方（图12-12）。

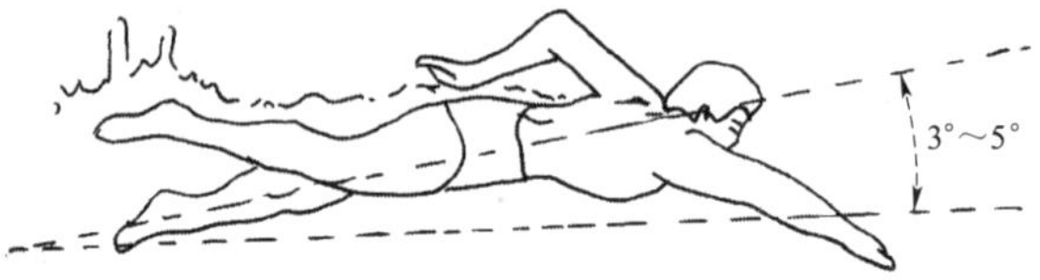

图12-12　自由泳身体姿势

游自由泳时，要注意避免过于挺胸抬头或含胸低头的错误。过于挺胸抬头会出现背弓，造成臀部和下肢下沉，使身体在游进方向上的截面增大，从而使游进阻力增大。而含胸低头则会使头、肩过于沉入水中，不仅容易造成屈髋打腿，增加转头吸气的困难，而且破坏了身体良好的流线型，影响游进速度。

在游进中，由于划臂、打腿和转头吸气的需要，身体会围绕纵轴有节奏地左右转动。转动的角度，即两肩横轴与水平面成35°~45°。向非吸气侧的转动比向吸气侧的转动少10°~15°。

身体绕纵轴的合理转动是必要的，其作用主要有以下几个方面。

1. 有利于完成手臂的出水和空中移臂动作，缩短移臂的转动半径，减小移臂动作使身体侧向摆动的作用。

2. 有利于另一臂在水下更有效地划水，使手臂的划水路线比较靠近沿身体纵轴的纵切面。

3. 有利于完成转头吸气动作。

4. 由于臀部随身体的转动所产生的轻微侧向打腿动作，抵消了移臂时身体侧向摆动的趋势，有利于维持身体的平衡，使身体保持良好的流线型。

（二）腿部技术

自由泳的打腿动作不仅能抬高下肢位置，维持身体平衡，使身体保持良好的流线型以减小游进阻力，还起到配合两臂协调用力的作用。此外，打腿动作还能提供一定的推进力。实践证明，如果打腿技术不好或完全拖在后面不动，就不容易维持身体平衡，容易造成腿部下沉或侧向偏离，产生大的阻力，影响游进速度。所以世界各国的优秀自由泳运动员都要花很多时间去改进打腿技术、增强腿部力量。

自由泳的打腿是两腿交替进行的、以髋、膝、踝三个关节为支点的多关节运动，即以髋关节为轴，大腿发力，通过膝关节带动小腿和脚掌上下鞭状打水。踝关节的灵活性对打腿动作的实效有很大的影响。打腿时，腿要稍内旋，踝关节要自然放松，脚掌伸直并略内转，使脚背形成良好的对水面。

自由泳的打腿基本上是在纵切面上绕横轴进行的，左右两腿的动作一样，由向上打水和向下打水两个阶段构成。

1. 向上打水 向上打水开始时，大腿带动小腿和脚直膝上抬，踝关节自然放松。当脚跟抬到与臀部基本处于同一水平面时，大腿停止上移而转为开始向下运动，但小腿和脚由于惯性作用而继续上移。向上打水结束时，脚跟到达水面处最高点，膝关节弯曲形成约 160°。

2. 向下打水 随着屈髋程度的加大，大腿继续发力下压，带动小腿和脚掌向下打水，膝关节逐渐伸直。此时，水的阻力使踝关节跖屈、脚掌内转，形成一个良好的对水面。当大腿下压至膝关节略低于髋部水平时即停止下移而转为上抬。此时股四头肌用力收缩，使膝关节迅速伸直，小腿和脚继续向下加速运动，完成最后的鞭打动作。向下打水结束时，脚离水面 30~35 厘米。接着大腿又带动小腿和脚直膝上抬，开始下一个打腿动作周期。

打腿的幅度，即两脚尖在上下方向的垂直距离，为 30~40 厘米。打腿时，大腿的上抬和下压应始终领先于小腿和脚的下抬和下打，这是做好鞭状动作的关键。无论是快打腿还是慢打腿，直腿上抬和屈膝下鞭的动作都要有鲜明的节奏。在打腿的一个动作周期中，向上打水阶段水的反作用力 f 朝下，向下打水的后段水的反作用力 f 朝上，此时的腿部动作基本上不起推进作用。但在向下打水的开始阶段，脚的运动方向基本向下，再加上脚掌平面与脚运动方向形成约 40°的迎角，可以产生较大的打腿升力，起到一定的推进作用。由于只在向下打水的开始阶段推进效果较好，故打腿动作不宜太深（图 12–13）。

图 12–13 自由泳向下打水力学分析

（三）臂部技术

自由泳两臂的划水是推动身体前进的主要动力。自由泳臂的一个划水周期可以分为入水、划水（抓水、拉水、推水）、出水和空中移臂等几个动作阶段（图 12–14）。

1. 入水 手臂入水时，手指自然伸直并拢，臂稍内旋，肘关节微屈并高于手，掌心朝外斜下方，使手掌与水平面成 30°~40°，以拇指领先斜插切入水中。手的入水点在头前身体中线与同侧肩的延长线（通过肩关节与身体纵轴平行的直线）之间。臂入水的顺序是手—前臂—上臂。这样入水可以减小水对手臂的阻力，并为后面的抓水创造有利条件。

不正确的入水动作对游进速度有很大的影响。入水时，如果屈腕勾手，则会增大手的入水截面，造成掌背正对迎面水流，使阻力增大。入水点若超过身体中线，则手臂开始划水时所产生的反作用力会造成身体侧向摆动，破坏身体良好的流线型。入水点若过于偏外，则会缩短划水路线，降低划水动作的实效。入水若太近，则手臂在水下前伸的距离势必增长，会增大阻力而降低游进速度。此外，入水动作过猛、直臂拍水等，都会造成身体不必

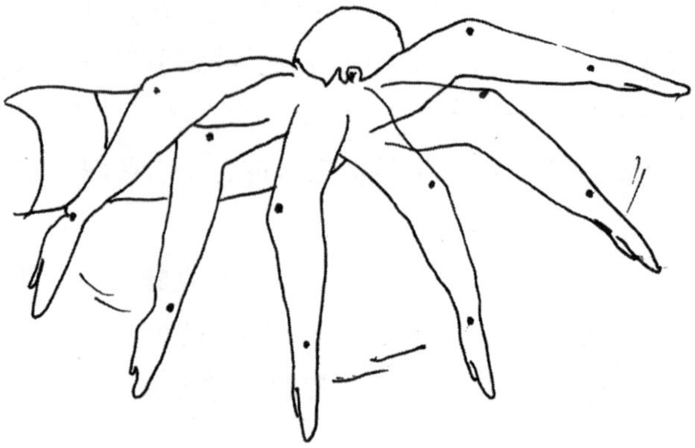

图 12-14　自由泳臂部技术

要的上下起伏，增大波浪阻力。

2. 划水　手臂从入水结束到提肘出水前在水下的整个动作过程。对于游泳者自身来说，自由泳时手在水下的划水路线是一条稍微弯曲的“S”形。我们可以将其大体划分为抓水、拉水、推水三个阶段。

（1）抓水　手入水后，手腕自然伸直，掌心转向下，手臂在水面下积极前伸，充分拉开肩带肌肉以延长划水距离。当手臂接近完全伸直时，手腕向下弯曲，同时开始屈肘，形成肘关节高于前臂和手的姿势，好像是伸臂去抱住一个圆桶，将自己的身体拉引向前。抓水完成时，上臂与水平面约成 20°，肘关节约屈成 160°（图 12-15）。

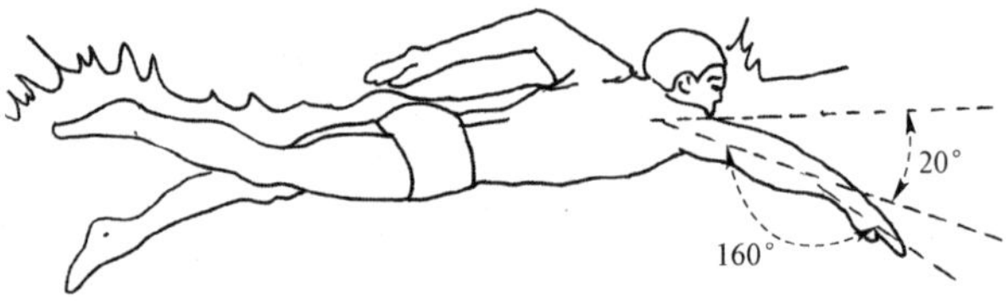

图 12-15　自由泳抓水动作

手臂入水后强有力的抓水动作，不仅能起一定的推进作用，更重要的是为了使手和前臂以较大的截面对水，为后面的拉水和推水创造有利的条件。但在整个划水动作周期中，它又是相对放松和较慢的部分。做抓水动作时，应避免手过快地滑下或向外滑开。

（2）拉水　手臂从抓水结束处划至肩的横切面这一阶段。拉水应紧接着抓水进行，中间不能停顿。根据拉水时手臂的主要运动方向，又可以把拉水分为“下划”和“内划”两个紧紧相连的环节。

“下划”（图 12-16）开始时，手臂继续向下并稍向外划动，手掌稍内旋对着后下方，肘关节继续弯曲，使手和前臂逐渐加速向下划动。在这一阶段，手主要向下运动，不要过分强调外划。实际上，手的外划是同侧肩向下转动而自然形成的。

图 12-16　自由泳“下划”动作

当手向下划至最低点时即转为“内划”，掌心转为朝着内后方，手从肩的垂直面外侧向内、向上、向后加速划至胸部下方接近或略超过身体中线处，肘关节进一步弯曲至 90°~120°（图 12-17）。

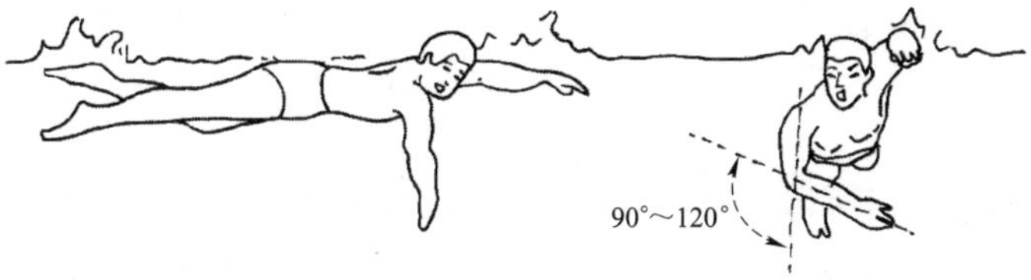

图 12-17 自由泳“内划”动作

（3）推水 当手臂拉水至肩下时，即转入推水阶段。推水应紧接着拉水进行，中间不能停顿。推水的前半部分，掌心转为朝外后方，手掌几乎直接由胸下向腰下推水。这一段的划水，上臂向后移动的速度比前臂和手掌快，肘关节边向后边向体侧靠近，使前臂和手掌基本保持着垂直向后的有利姿势。当手划过髋部时，肘关节迅速伸展，腕关节稍放松，手掌与前臂形成 200°~220°，掌心转为朝外上后方，手掌保持着良好的对水面，加速向外、向上并向后划动，直至划近大腿侧下方（图 12-18）。

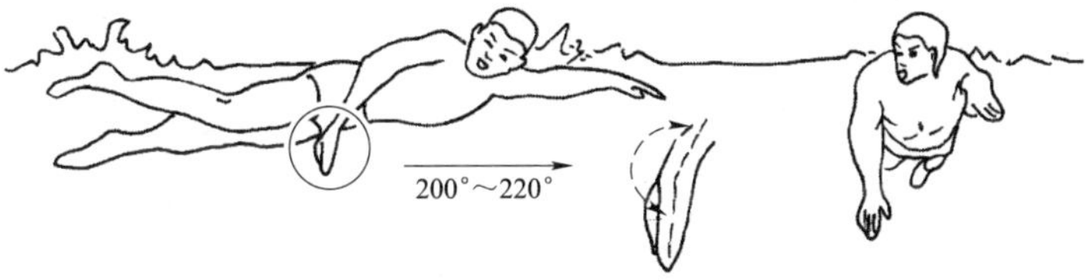

图 12-18 自由泳推水动作

推手是划水全程中发挥力量最大、推进效果最好的阶段。这一阶段，应注意避免直接向后或直接向上划水的错误。手掌若直接向后划水会使划水路线缩短，无法利用到划水升力，将会降低推进作用。手掌若在推水的后半段直接向上朝水面划水，水的反作用力会使臀部下沉，造成身体上下起伏，增大水的阻力，降低游进速度。

在一个完整的划水过程中，手臂在肩前、肩后的动作形式是相反的。拉水时，手臂外旋，肘关节逐渐弯曲，手和前臂的运动领先于上臂；推水时，手臂内旋，肘关节逐渐伸展，上臂的运动领先于手和前臂。从抓水、拉水到推水，要连贯进行，逐渐加速，中间不能停顿，在推水接近结束时手达到最高速度。

在自由泳整个水下划水过程中，手相对于静止的水的运动轨迹实际上是一条复杂的三维曲线，在横切面、纵切面及水平面上均呈现不同的形状。在划水过程中要不断地调整手掌方向，使手掌平面在不同阶段都能与手的运动方向形成合适的迎角，从而产生较大的推进力，推动身体向前快速游进。

（4）出水 手掌划至大腿侧下方时，手臂在运动惯性的作用下很快接近水面，掌心逐渐转向大腿。此时肩部三角肌收缩，手臂放松，微屈肘，由上臂带动肘部向外上方提拉，将前臂和手提出水面。手掌出水时小指侧向上，可以把阻力减到最低程度。整个出水动作应迅速、柔和、放松，手臂不要在体侧停顿（图 12-19）。

在这一阶段应当注意避免掌心朝上直臂向上兜水。这种错误不仅造成手臂出水困难，

图 12-19　自由泳出水动作

还会由于水的反作用力朝下而引起髋部下沉，增大游进阻力。

（5）空中移臂　臂出水后应紧接着经空中前移，中间不能停顿。移臂动作要自然放松，与身体的转动及另一臂的划水协调配合，尽量不破坏身体良好的流线型。

移臂的一般方式是“高肘移臂”。移臂开始时，肘关节微屈，手腕放松，掌心朝后上方，手掌接近水面，三角肌和斜方肌收缩，由上臂带动肘关节向上、向外、向前移动。当手前移过肩的垂直面后，肘关节转为向下、向内、向前移动，前臂和手赶上肘部向前伸出，掌心转朝外斜下方准备入水。在移臂过程中，肘部应始终高于手和肩。

移臂时应注意避免宽平移臂的错误。手臂绕肩关节直臂宽平前摆的转动半径较大，因而具有较大的角动量。根据力学中的角动量守恒定律，宽平移臂动作势必引起腿部向相反方向运动以保持身体角动量恒定，从而造成身体明显的侧向摆动，使压差阻力增大，降低游进速度（图 12-20）。

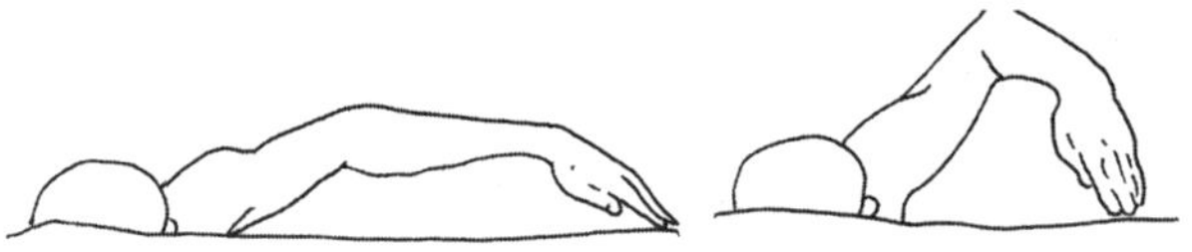

图 12-20　自由泳空中移臂的方式

（6）两臂的配合　自由泳两臂正确合理的配合是保持身体匀速前进的最重要条件。自由泳两臂的划水是交替进行的，可以产生比较均匀的推进力，减少了时快时慢耗费在加速度上的体力支出，这是自由泳比其他泳式游得快的一个重要原因。根据划水时两臂所处的相对位置，可以把自由泳两臂的配合大体上划分为前交叉、中交叉和后交叉三种形式。

1）“前交叉”　一臂入水时，另一臂处于肩前方与水平面成 30°左右、刚进入拉水阶段的配合形式。这种配合形式，当一臂出水经空中前移时，另一臂正进行前伸抓水，比较容易维持身体平衡，有利于转头呼吸和掌握两臂交替的动作，所以较适合于初学者采用。但因一臂空中移臂和入水时，划水臂尚未进入最有效的划水阶段，在这个两臂都不产生推进力的空隙，游进速度将会下降，影响速度的均匀性。

2）“中交叉”　一臂入水时，另一臂划至肩部下方、处于拉水结束推水开始的配合形式。这种配合形式可以使手臂在另一臂推水结束前就完成抓水，因而两臂的有效划水阶段略有重叠，从而能持续不断地产生推进力，保持身体匀速前进。

3）“后交叉”　一臂入水时，另一臂划至腹部下方与水平面成 150°左右，处于推水阶段的配合形式。这种配合形式，一臂提肘出水时，另一臂前伸抓水，两臂的交替比较连贯紧凑，两臂的有效划水阶段基本上能互相衔接，因而速度均匀性比“前交叉”好。但因抓水和拉水开始阶段产生的推进力不大，所以此间仍会出现一个短暂的减速，对游进速度有一定的影响，故推进效果不如“中交叉”。

除了以上三种有明显特征的两臂配合形式外，还有“中前交叉”和“中后交叉”的配合形式。从保持速度均匀性的角度看，中交叉、中前交叉和中后交叉相对比较合理。

（四）完整配合技术

自由泳中臂、腿、呼吸协调一致的配合，是保持游进速度均匀性的基本条件。由于手臂的动作是推进力的主要来源，因而呼吸及腿的动作都是紧紧围绕臂的动作进行的。正常自由泳，一般采用6∶2∶1的配合技术，即在一个完整动作周期中，打腿6次（左、右腿各3次），划水2次（左、右臂各1次），呼吸1次。

1. 呼吸与臂的配合　游自由泳时，是随着两臂交替划水时躯干绕身体纵轴自然转动而侧转头吸气的。一般是朝自己习惯的一侧转头，但最好能掌握向两侧轮流转头吸气的技术，以便在比赛中观察两侧的对手，同时也有利于平衡两臂的划水效果。

转头呼吸的方法是当吸气侧的手臂入水后，脸浸入水中用口、鼻徐徐呼气。当该臂划至肩下开始向后向外向上划水时，随着身体往吸气侧的转动，头也开始往吸气侧转动加速呼气。当该臂提肘出水身体转动达到最大程度时，脸部侧对着水面，口处于由向前游进所产生的头波的波谷之中，此时迅速张口吸气。当吸气侧的手臂经空中前移超过肩的横切面准备入水时，躯干开始朝另一侧转动，此时转头还原使脸部浸入水中做短暂的闭气。然后又开始下一个呼吸周期。

吸气时要注意，头应随着身体的转动而转动，不要向前向上抬头；转头的动作也不宜过大过猛，以免造成身体扭摆，破坏身体良好的流线型。

2. 臂与腿的配合　以“中交叉”技术为例，采用6∶2∶1配合技术的自由泳，其六次打腿与两次划臂有着严格对应的配合时相。两腿的六次上抬下打，分别对应于两臂划水的三个环节。具体地说就是，一臂入水时，异侧腿做第一次下打；当手臂前伸抓水时，同侧腿做第二次下打；当手臂开始拉水时，异侧腿做第三次下打；当手臂开始推水时，同侧腿做第四次下打；当手臂推水结束时，异侧腿做第五次下打；当手臂出水经空中前移时，同侧腿做第六次下打水（图12–21）。

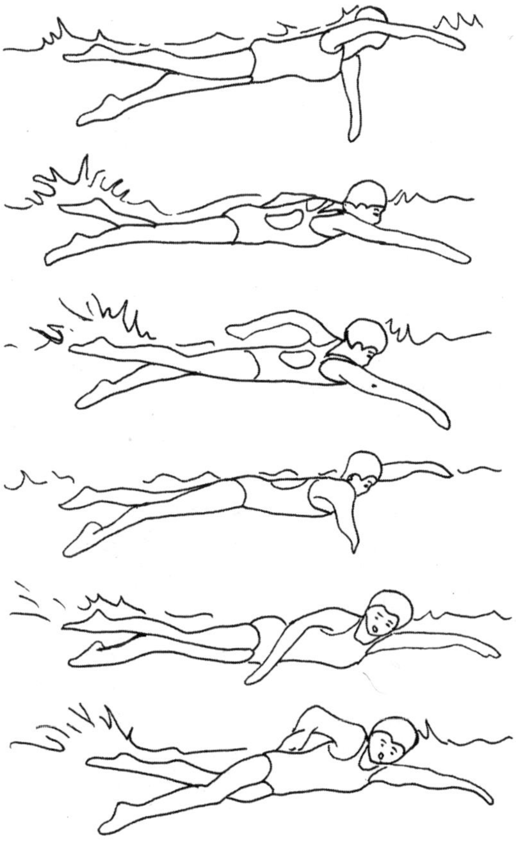
图12–21　臂与腿的配合

除了6∶2∶1的配合技术外，在中、长距离自由泳比赛中，运动员还常采用4∶2∶1、2∶2∶1或交叉打腿的配合技术。这几种配合技术的打腿次数减少，降低了能量的消耗，有利于充分发挥臂划水的力量，加快划水频率。

同一个运动员在比赛的不同阶段变

换配合形式的情况也很常见。例如，途中游采用两次或四次打腿配合，终点冲刺则改用六次打腿配合；途中游采用划臂两次呼吸一次（一侧转头）或划臂三次呼吸一次（两侧转头），终点冲刺则减少呼吸次数甚至完全不呼吸。

三、仰泳

（一）身体姿势

现代仰泳技术的特点是，身体位置高平，头部稳定，躯干绕纵轴转动较明显；采用垂直高移臂，臂入水时充分拉开肩带肌，入水点远；屈臂倒高肘，手沿平 S 型路线划动，划水路线长，划水较深，两臂快速连贯交替；两腿做强而有力的六次鞭状打腿。

游仰泳时，身体自然伸展，躯干部的肌肉保持适度紧张，身体近乎平直地仰卧水中。头和肩部略高于臀部，胸部在游进时正好位于水面，腹部和两腿保持在水面下 5～10 厘米，身体纵轴与水平面成 5°～10°的迎角，使身体形成良好的流线型。这种姿势，既能有效地减小游进时的水阻力，又能充分发挥腿部动作的推进作用。高速游进时，身体受到一个向上的升力作用，卧水位置会适当抬高，使胸腹的一部分及肩部露出水面（图 12-22）。

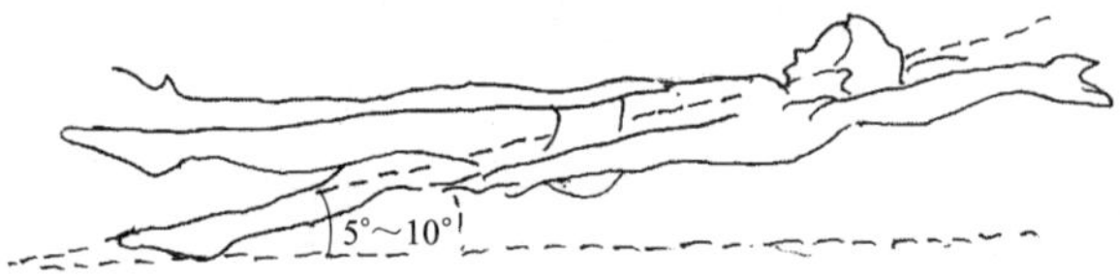

图 12-22　仰游身体姿势

游仰泳时，头部姿势是使身体保持良好流线型的关键。要求颈部自然伸直，下颌略收，后脑浸入水中，水面平耳际，脸露出水面；两眼看后上方，视线与水平面约成 45°，两眼余光可见脚打出的水花。头部在游进中要保持相对稳定，不要上下左右晃动。过于低头会造成含胸屈髋，形成“坐着游”的姿势，不仅无法充分发挥臂、腿大肌群的力量，还会由于臀部下沉增大身体在游进方向上的投影截面，从而产生较大的水阻力。过于仰头则会导致背弓，使肩部没入水中，从而加大水阻力并影响空中移臂和呼吸动作，同时还会抬高下肢位置，造成向上踢水时膝盖露出水面而降低了打腿动作的效果（图 12-23）。

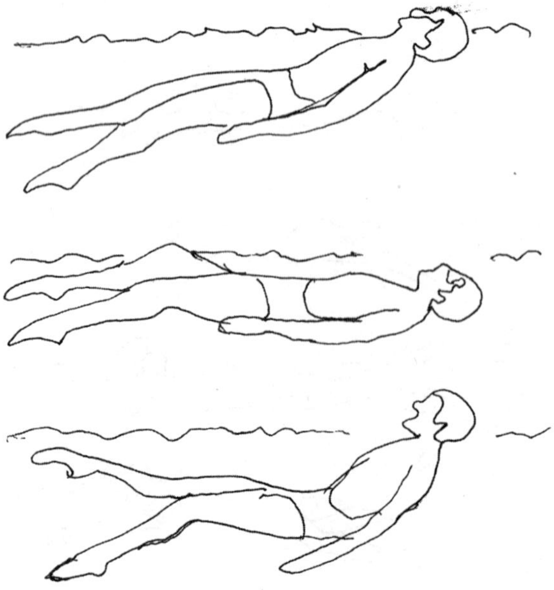

图 12-23　仰泳易犯错误

游仰泳时，躯干会随着两臂轮流划水动作而绕身体纵轴左右转动。当手臂出水经空中前移时，同侧肩转出水面；当手臂入水时，同侧肩转入水中。在手掌下划至最深点开始上划时，身体转至最大幅度，此时两肩连线与水平面成 30°～45°。髋部和腿部应随着肩的转动而适当转动，但幅度不宜过大。

躯干的转动有以下作用。

1. 臂出水经空中前移时，同侧肩部转出水面，可以减少肩部所受到的水阻力，有利于完成手臂的出水和空中前移动作。

2. 躯干转动可以使划水的手臂达到一定的深度以形成良好的屈臂倒高肘姿势，缩短了划水时的力臂，使划水臂与躯干保持较好的角度，从而有利于充分发挥肩带和胸背部大肌群的作用，增大手臂划水的力量。

3. 躯干转动造成两腿适当的侧向打水，有助于抵消手臂在体侧划水时使身体侧向摆动的趋势，从而可以使身体保持良好的姿势直线向前游进。

仰泳时躯干的转动因人而异。一般来说，肩关节灵活性好的转动可小些，肩关节灵活性差的转动应大些。应注意转动幅度不宜太大。躯干转动过大，必然会消耗过多的体力，还会引起髋部明显的转动和腿部的左右摆动，从而降低腿部动作的效果。

（二）腿部技术

仰泳的腿部动作不仅有助于使腿部保持较高的位置，维持身体平衡，减小身体的侧向摆动，形成良好的流线型以减小水阻力，还可以产生较大的推进力，发挥一定的推进作用。

仰泳的腿部动作与爬泳的腿部动作基本相同，只是卧水姿势不同，打腿方向相反。由于游仰泳时腿的位置较低，所以两腿的打水动作较深，打腿的幅度和屈膝的程度都略大于爬泳。确切地说，仰泳的腿部动作是以髋关节为轴，大腿发力，通过膝关节带动小腿和脚有节奏地做上下交替打水。可以用“上踢”和“下压”，即“屈腿上踢、直腿下压”来形容仰泳腿部动作的过程。

1. 向下打水　从腿向上打水至最高点接近水面处开始。下打时以髋关节为轴，通过臀部和大腿后侧肌群的收缩，由大腿带动小腿和脚向下运动。在下打阶段的前2/3，水的阻力将使膝关节完全伸直，踝关节应自然放松。脚掌与水平面约成45°。当直腿下压至脚低于臀部水平时，由于腹肌和髂腰肌的控制，大腿停止下压并转为上抬，小腿和脚则由于惯性作用而继续向下运动，完成后1/3的下压动作。此时膝关节逐渐弯曲。脚下压至最低点时，约在水面下45厘米深处，膝关节屈成135°～145°，小腿与水平面构成35°～45°。这种由大腿、小腿和脚依次向下的链状动作，通常也称作“下鞭”（图12-24）。

2. 向上打水　随着大腿、小腿和脚依次结束向下的动作，腿的上踢动作紧接着就开始了。此时髂腰肌、股四头肌等肌群用力收缩，大腿继续上移，带动小腿和脚向上加速打水。当大腿上打至膝盖接近水面时，就应及时制动并转为下压。此时由于股四头肌强有力的收缩促使膝关节迅速伸直，小腿和脚加速上踢完成最后的鞭打抖踝动作，脚踢出水花。上踢结束时，腿部完全伸直，脚尖稍低于水面。紧接着又开始另一个打腿动作周期。这种由大腿、小腿和脚依次向上的链状动作，通常也称作“上鞭”（图12-25）。

腿的下压是打腿的恢复过程，可以使腿从一个有利的位置开始做强有力的上踢动作。在做下压动作时，脚相对于静水是向下、向前运动，由打水升力和打水阻力所形成的反作用力朝后上方，不起推进作用。但水的反作用力向上的分量有助于使臀部和大腿处于较高的位置，保持身体的稳定和良好的流线型。在做向上打水动作时，主观感觉是向后方踢水，但由于打腿时人体不断向前移动，所以脚相对于静水实际上几乎是垂直向上运动，所产生的打水升力和打水阻力可以形成一个基本向前的反作用力，推动人体向前运动。

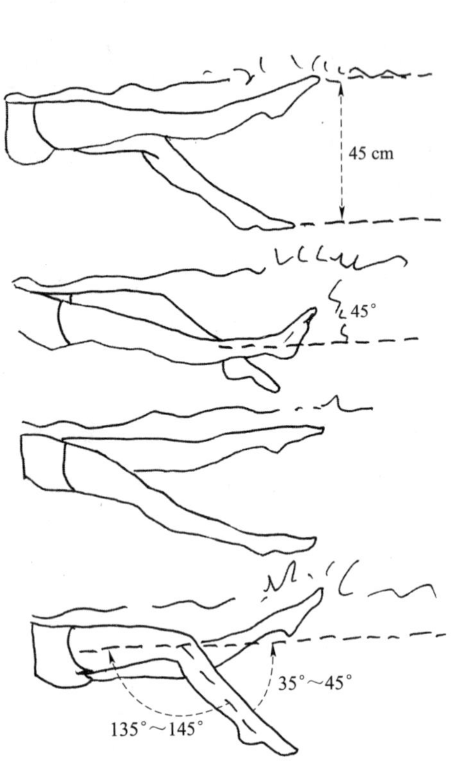

图 12-24　仰泳向下打水动作

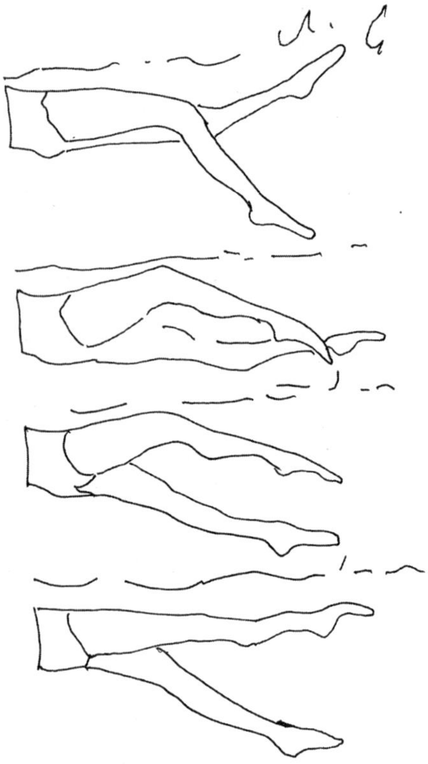

图 12-25　仰泳向上打水动作

踝关节的灵活性对上踢动作的效果有着很大的影响。如果踝关节灵活而放松，在上踢过程中能保持稍内旋并充分跖屈的姿势，则可以使脚掌平面与脚的运动方向形成一个合适的迎角，从而产生一个较大的垂直于脚运动方向的打水升力。如果踝关节柔韧性差，脚掌平面与脚运动方向形成的迎角过大，接近于90°，则上踢动作主要产生向下的打水阻力，推进效果差。增大屈膝的程度虽然也可以减小脚掌对水的迎角，但过分屈膝会使小腿受到更大的水阻力。因此，仰泳腿部动作效果的提高应依赖于踝关节灵活性的提高。

仰泳鞭状打腿的动作要有鲜明的节奏，一腿下压时，另一腿上踢。两腿上踢下压的幅度约为45厘米。下压动作要相对柔和放松，上踢打动作则要用力加速完成。应当注意的是，在上踢时不能使膝和脚露出水面，否则会影响打腿效果。

（三）臂部技术

仰泳时手臂的划水是推动身体前进的主要因素。仰泳臂的一个完整动作可分为入水、划水、出水和空中移臂四个紧密相连的阶段。

1. 入水　仰泳手臂的入水应借助空中移臂的惯性进行。入水时手臂伸直，自然放松，手臂内旋使掌心朝向外侧，手掌在腕关节处内收，使手与前臂形成150°~160°，以小指领先在肩的延长线（通过肩关节与纵轴平行的直线）前端切入水中（图12-26）。

这种入水方式可以将手臂在入水时的挡水面控制在最小范围内，从而达到减小入水阻力的目的；同时，也有利于完成接下来的抓水动作。

入水动作正确与否对游进速度有很大的影响。手臂入水时不应过于偏离肩的延长线。入水点过于偏外会缩短划水路线，降低划水动作的推进作用，同时会增大水的阻力。入水点过于偏内，严重时超过了身体中线摆向异侧肩，会造成手臂划水开始阶段明显的“侧向

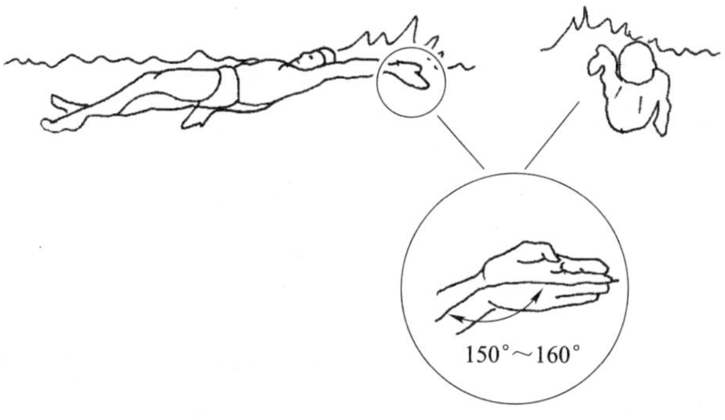

图 12-26 仰泳入水动作

划水”，引起身体左右摇摆，破坏身体良好的流线型，使游进阻力增大。入水的另一个常见错误是用手背拍击水面。这不仅会使手臂本身受到较大的阻滞，不能顺利地做好后继的抓水动作，还会增大手臂的挡水面，掀起较大的波浪，并造成头部的上下起伏，从而增大游进的水阻力。

2. 划水 仰泳时身体呈仰卧姿势，由于肩关节结构的限制，手臂划水只能在侧面进行，这将不利于肌肉力量的发挥，而且由于侧面划水时手臂阻力点离身体纵轴较远，容易引起身体的侧向摆动，所以手臂的划水既要考虑充分发挥肌肉力量以产生大的推进力，又要考虑尽量减小其使身体侧摆的作用。

由于在划水过程中躯干绕纵轴的合理转动及手臂由伸到屈又由屈到伸的动作，使手在划水的不同阶段处于不同的深度。对于静水来说，手的运动轨迹是一条复杂的三维曲线。对于游泳者自身来说，手的划水路线，在纵切面上近似于一个平放着的前浅后深的“S”形（图 12-27），主要表现为前端的下划、中部的上划和后部的下划三个连贯的阶段，我们将其分别称为抓水、拉水和推水。

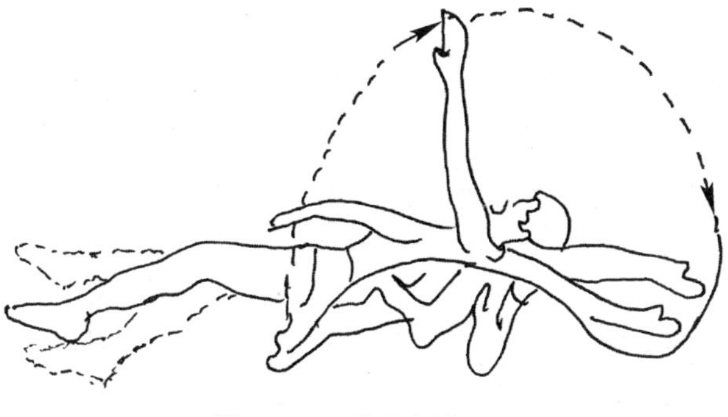

图 12-27 仰泳划水过程

（1）抓水 手臂入水后，应借助动作的惯性继续伸肩前移，同时随着躯干向同侧的转动直臂向下向外划动。随后开始屈腕、屈肘，使掌心逐渐转为朝着外下后方。完成抓水动作时，躯干朝着划水臂方向转至最大幅度，手掌在水面下 30～40 厘米处，肘关节屈至 150°～160°（图 12-28）。

抓水主要是为后面的“拉水”和“推水”做准备。正确做好抓水动作，能使肩带肌、胸大肌、背阔肌等得到适度拉长，有利于增大划水力量。抓水动作不充分，就会因过早划

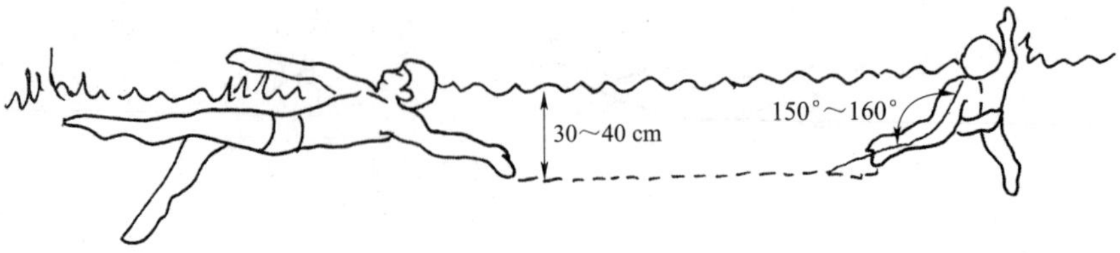

图 12-28　仰泳抓水动作

水造成侧向划水或划空现象。如果手臂入水后没有向下向外划动屈腕抓水，而是立即屈臂沉肘直接向后划水，则会增大手臂在前进方向上的挡水面，增大水的阻力。

（2）拉水　在抓水的基础上，前臂内旋，手掌上翻使掌心朝向后上方，肘部下降并进一步屈肘，手掌和前臂向后向上向内划动。在这个上臂带动前臂和手掌向后上方“拉水”的过程中，手掌和前臂运动的速度比上臂快。当手掌划至肩侧拉水阶段结束时，手掌、前臂和上臂同处于肩的横切面上，屈肘程度达到最大，上臂与前臂成 90°～110°，手掌距水面 10～15 厘米，形成“倒高肘”的划水姿势（图 12-29）。

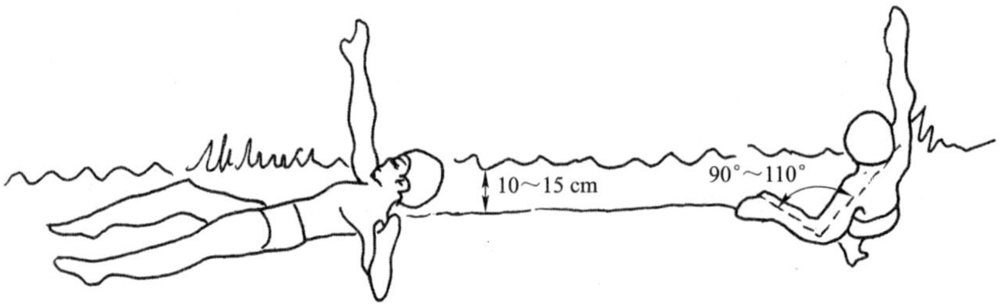

图 12-29　仰泳拉水动作

（3）推水　在拉水的基础上，手掌、前臂和上臂几乎同时用力，使掌心对着后方，手沿着“S”形路线的顶部向后推水。接着，上臂和肘关节逐渐靠近身体，前臂内旋，手掌和前臂用力向后向内向下推压，掌心由向后转为向下，加速完成最后的转腕鞭状下压的动作，直至肘关节完全伸直，手掌划至大腿的侧下方，距水面 40～50 厘米处。在这一阶段，为使手掌和前臂保持较好的对水面，上臂的运动应领先于前臂和手掌的运动（图 12-30）。

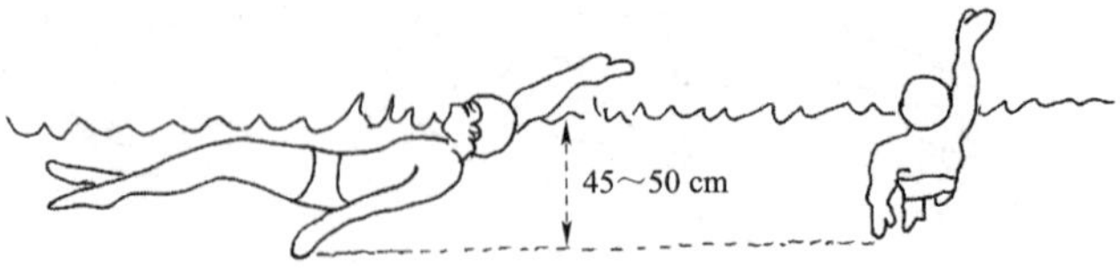

图 12-30　仰泳推水动作

抓水、拉水、推水三个阶段是紧紧连接在一起的，必须逐渐加速，中间不能有任何停顿。

在抓水阶段，手掌平面与手的运动方向应成 35°～40°的迎角。这样，不仅能利用所产生的向上的划水阻力使身体位置适当升高，还能产生一定的向前的划水升力推动身体前进。在拉水阶段，手掌平面与手的运动方向大体成 30°～40°的迎角，产生的反作用力以升力成分为主。当手臂划至肩侧屈肘达最大程度时，手掌平面基本与手的运动方向垂直，产生的反作用力则以阻力成分为主。在推水阶段，手掌平面与手的运动方向约成40°的迎角，所产生的反作用力又以升力成分为主。这一阶段手臂向下压水所产生的划水阻力也有助于使身体保持较高的位置。

为了提高手臂划水的推进效果，还要注意调整手腕的屈伸角度。在开始阶段手腕应微屈，成150°～160°；至中间部位时手腕应伸直；在推水时手腕要伸至200°～220°；推水结束时应屈腕下压。

实验证明，在仰泳划水的中间部分，当上臂与两肩连线所形成的角度小于180°，约成150°时，划水的力量最大（图12-31）。

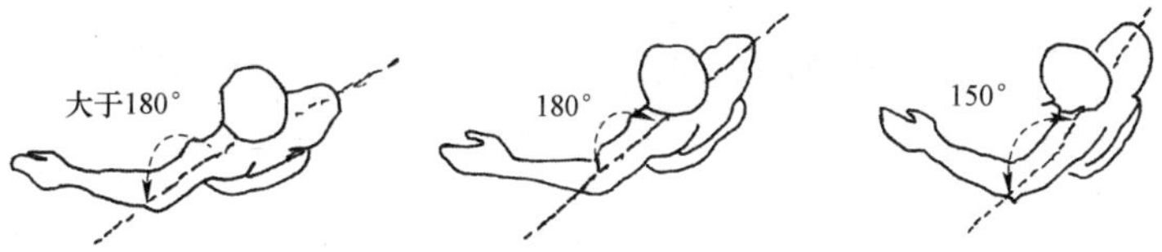

图12-31 仰泳三种划水方式力量大小对比

3. 出水 当手臂在做向下推压水动作时，躯干已开始回转。随着划水臂最后的鞭状推压动作及另一臂的入水，躯干继续回转使划水臂的肩部转出水面。此时三角肌前部收缩，并借助手臂推压水所产生的反作用力向上的分量，将手臂按上臂、前臂和手的顺序依次提出水面（图12-32）。出水时手臂自然伸直，动作应迅速、轻松、自然。

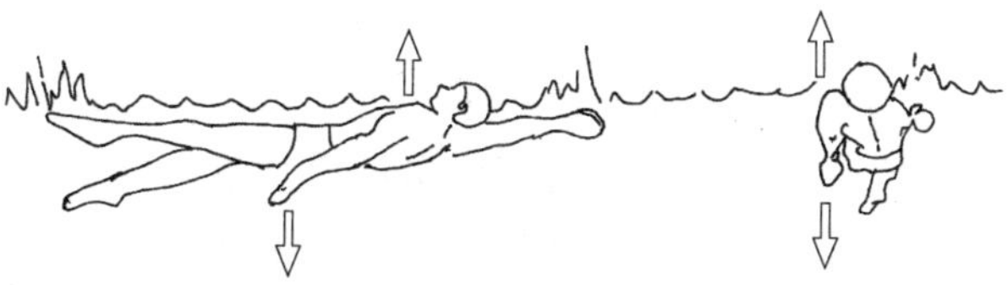

图12-32 仰泳出水动作

臂出水时，手有三种姿势。第一种是在推压水结束后，臂自然伸直，略屈腕，以手背领先出水。这种方式动作放松，容易掌握，多为初学者采用，但出水时的阻力较大。第二种是在推压水结束后，手臂稍外旋，掌心转向内，以拇指领先在大腿侧出水。这种方式出水阻力小，动作也比较自然，为大多数运动员所采用。第三种是在推压水结束后，手臂充分内旋，掌心转向外，以小指向上领先出水。这种方式肩的位置比较高，出水阻力小，入水前不需再做臂内旋的动作，有些运动员也采用这种方式。但这种方式从出水到移臂肌肉都比较紧张，动作不够轻松自然。

4. 空中移臂 手臂提出水面后（图12-33），应以肩为轴，迅速沿着通过同侧肩的纵切面经空中向头前摆动。移臂时，手臂应自然伸直，动作应轻快放松。如果是以手背或拇指领先出水，则当手臂移过垂直部位后即开始内旋，将掌心转向外。入水前，肩关节应充分伸展，为入水动作做好准备。在移臂的过程中，应尽量向上顶肩，使肩部露出水面，以减少肩部受到的水阻力；手臂须始终与水平面保持垂直，任何偏离动作都会产生侧向分力使身体左右摇摆，同时也会直接影响后续的入水动作。

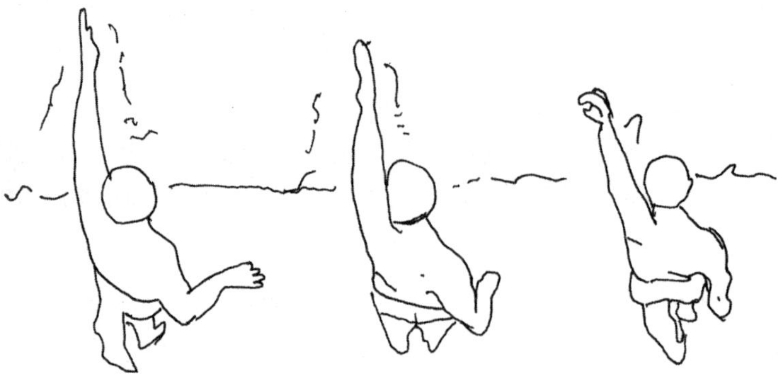

图 12-33　仰泳空中移臂

仰泳两臂的配合是保持游进速度均匀的关键，以采用“连接式”技术为好。具体做法：当一臂处于最后的向下转腕推压阶段时，另一臂正好以小指领先切入水中。一臂提肩出水时，另一臂正处于下划抓水的阶段。一臂经空中前移到垂直部位时，另一臂正处于划水的中间阶段。这样，两臂几乎始终处于相对的位置，像风车的翼一样不停地转动。

“连接式”配合的特点：两臂连贯交替，动作协调，节奏明显。由于一臂结束划水动作开始上提时，另一臂已开始向下向外划动，所以两臂划水产生的推进力能紧密衔接，保证了游进速度的均匀性。

（四）完整配合技术

仰泳中臂、腿、呼吸协调一致的配合，对于保持良好的身体姿势与均匀游速有着极其重要的作用。正常仰泳，一般采用 6：2：1 的配合技术，即在一个完整动作周期中，打腿 6 次（左、右腿各 3 次），划水 2 次（左、右臂各 1 次），呼吸 1 次。

1. 呼吸与臂的配合　游仰泳时，除出发和转身外，面部始终露在水面上，因而呼吸动作相对比较简单，但也要按严格的节奏进行，以保证提供最大的肺通气量使激烈的肌肉工作能持续进行，并使身体获得足够的浮力以保持良好的身体位置。

仰泳呼吸与臂配合的具体方法是，当一臂经空中前移时，用口深吸气；臂入水时吸气结束；在抓水阶段作短暂的闭气后，随划水的进行（此时另一臂正处于空中前移阶段）用口、鼻呼气，如此周而复始地进行。这种配合方式可以有效地控制呼吸节奏，既避免了因呼吸频率过快引起的动作紊乱，又能使呼吸充分以保证运动时氧的供应。

2. 臂与腿的配合　仰泳两腿的六次上踢下压，分别对应于两臂划水的三个环节。具体地说就是，一臂抓水时，同侧腿上踢；当手臂向上划水形成“倒高肘”姿势拉至体侧时，异侧腿上踢；当手臂向下推压转腕鞭水时，同侧腿再次上踢。随着另一臂的划水，腿部继续完成一个动作周期中的另外三次打腿。

这种配合技术，有利于充分发挥臂划水的力量，并有利于提高身体位置，避免身体过分的转动和侧向摆动。例如，臂划水结束后从水下快速提出水面时，产生的向下的反作用力将促使身体下沉，而此时同侧腿下压动作所产生的向上的反作用力，正好抵消了提臂出水动作使身体下沉的作用。

仰泳的完整配合技术如图 12-34 所示。

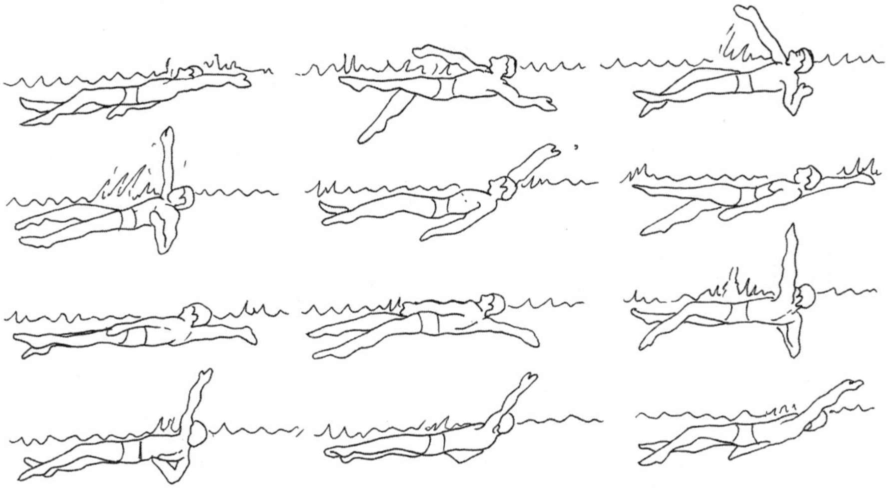

图 12-34　仰泳的完整配合技术

扫码“学一学”

第三节　水上救护

知识链接

“水可载舟，亦可覆舟”，水中意外事故是难以避免的。水中救生有风险，在没有接受过专业的救生知识和技能培训的情况下，不可贸然施救，以免危及自身生命安全。

游泳是一项深受人们欢迎的体育活动。然而，“水可载舟，亦可覆舟”，水中意外事故是难以避免的。而游泳救生则是保证游泳者生命安全的重要工作。因此，游泳救生对顺利进行游泳教学、训练活动，推动群众性游泳活动的开展，具有积极的意义。目前，世界上许多国家都建立了专门的水上救生组织。

作为一名体育工作者，不仅要树立见“溺”勇为的良好职业道德，还应当掌握必要的游泳救生知识和技能，以便在意外事故发生时能及时地、成功地组织营救。

一、溺水原因与表象

造成溺水事故的原因是多种多样的，主要有以下几种情况。

1. 不会游泳者失足掉入水中，或在游泳池中误入深水区，或在江河湖海中因不熟悉水底情况而突然由浅水处滑入深坑，从而发生溺水。

2. 在饥饿、疲劳时下水游泳，或冒险远游，结果因动作失调、体力不支而发生溺水。

3. 准备活动不充分，不适应冷水的刺激而造成肌肉抽筋，又无法自行解脱，从而发生溺水。

4. 潜水时憋气过久，引起大脑缺氧而晕眩窒息，从而发生溺水。

5. 在水中追逐打闹、盲目跳水，头部撞到池底、岩石或木桩上，从而发生溺水。

除了憋气过久和头部外伤而发生的溺水外，一般情况下，溺水者都表现为面部紧张、惊慌失措、动作失调、呼吸急促。出于求生的本能，会拼命抬头吸气，使整个身体在水中直立起来。而身体一旦成垂直状态必将整个没入水中。此时溺水者往往双手乱舞乱抓，身体在水面忽浮忽沉，挣扎一会儿后就开始下沉。因此，救生员必须认真负责，注意观察，对各种异常现象要十分警觉。发现溺水者时，应沉着冷静，迅速施救。

二、水上救生

水上救生是指采取各种有效措施，将溺水者救上岸的过程。水上救生分为间接救生和直接救生。

（一）间接救生

间接救生是指利用各种救生器材对神志比较清醒的离岸或离船不远的溺水者施救的方法（图 12-35）。间接救生省力、安全、迅速。

图 12-35　间接救生

间接救生中最常使用的是救生圈。一般是在救生圈上扎一根长绳，发现溺水者时，救生者一手抓住绳头，另一手用力将救生圈准确地抛向溺水者。待溺水者抓住救生圈后，即开始收绳将其拖上岸或救上船。

如果没有长绳或估计绳不够长，救生者可先将救生圈抛给溺水者，接着迅速跳入水中游向溺水者帮助其抓住救生圈，然后拖拉着游向岸边或船边。如果是在江河等有明显水流的情况下，应将救生圈抛到溺水者的上游处，以免救生圈被水流冲走。

在溺水者距离池岸、堤岸或船边较近时，可直接将长竹竿伸给溺水者，待其抓住后将其拖至岸边或船上。

在没有其他救生器材时，可以直接利用绳索拯溺。在绳的一端系上一个鲜明的漂浮物，将绳子一圈圈盘好。一手握住绳头，另一手将绳子抛向溺水者，以便溺水者抓住绳子将其拉回。

此外，还可以将木板抛给溺水者，或扶木板游向溺水者，再将其拖至岸边或船边。

（二）直接救生

直接救生是指不借助任何救生器材徒手对溺水者施救的方法。在没有救生器材、溺水者离岸或离船较远，或溺水者已神志不清无法积极配合的状态下，救生者一般必须下水拯溺。

1. 入水前的观察　入水前，要对周围环境做简单的观察，如辨别水流方向、流速、水面的宽窄等，并准确判断溺水者的位置。如果溺水者已沉没，由于挣扎所致，水面会有水波或气泡。在静水中，即可断定溺水者在水波或气泡的下面；在流水中，溺水者必在水波或气泡的稍上游处。救生者应遵循入水后尽快游近溺水者的原则，迅速选好入水点并看好返回路线。

在游泳池中发现溺水者时，救生员应在岸边跑到溺水者较近处入水。在江河中发现溺水者时，救生者应在岸边迅速跑到溺水者的斜上游处入水。如乘船在湖泊静水中发现溺水者，应将船驶近溺水者，再下水救助。如乘船在江河中发现溺水者，则应将船驶到上游接近溺水者，然后再下水救助。这样做，一是为了节省时间尽快接近溺水者，二是为了避免在游近溺水者的过程中过早消耗体力。但这一切都要根据实际情况而定，要当机立断，不可左顾右盼、犹豫不决，耽误了宝贵的营救时间。

2. 入水　入水要快，既要看清目标，又要注意安全。应根据不同的环境，采用不同的入水方式。

（1）跨步入水　在不熟悉的水域，宜采用“跨步”入水。做法是，起跳后，两腿前后分开成弓步状。一腿前伸，膝关节稍屈；另一腿屈膝后伸。两臂屈肘侧前举，掌心向下。当身体下落接触到水时，两腿向下夹水，两臂向下压水，使身体迅速浮起，然后立即朝目标游去（图 12–36）。

这种方式能始终盯住目标，又因入水浅，能避免撞到石头或暗桩，比较安全。

（2）鱼跃入水　在熟悉的水域或游泳池，可以在原地或跑动中做类似于出发台出发的“鱼跃”入水。这种入水方式速度快，又便于起游。但起跳后的入水角应小些，入水后应尽快出水，并迅速捕捉住目标（图 12–37）。

图 12–36　跨步入水

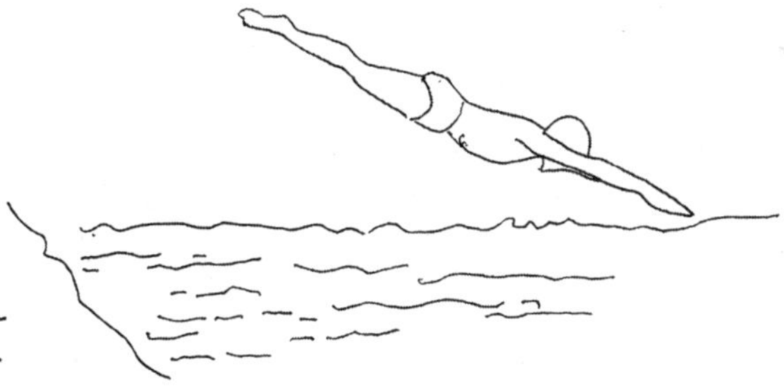

图 12–37　鱼跃入水

（3）团身入水　若从距水面较高处跳入深水，例如，从悬岩上跳入水中，或从桥上跳入水中，或从高观察台上直接跳入游泳池深区，均可以采用低头屈腿抱膝的“团身”入水。由于臀部先入水，可以防止入水时拍伤身体，也不至于下沉过深（图 12–38）。

（4）探滑入水　如对水底情况不明，则可采用坐在岸边用脚探索慢慢滑入水中的“探滑”入水（图 12–39）。

3. 游近和控制溺水者　入水后，一般采用速度较快又便于观察的抬头爬泳游向溺水者，也可以采用抬头蛙泳游近溺水者。

若溺水者尚在水中挣扎，则救生者游至距溺水者约 3 米远处应急停，改为踩水，稳定住情绪，保持体力，同时再细心观察一下溺水者的动态。这样做也可以避免直接冲压溺水者而使其进一步呛水或下沉。如果溺水者神志尚清醒，此时救生者应大声劝慰溺水者，使其镇静下来以配合施救。然后，迅速接近并设法控制住溺水者。

图 12-38 团身入水

图 12-39 探滑入水

通常情况下，救生者可绕游到溺水者的身后去靠近溺水者。然后，以手托其腋下使其脸部露出水面，转入拖带。

若从正面接近，则可深吸一口气，潜入水中游至溺水者身前，双手抓其髋部将溺水者转体 180°成背对自己。救生者随后以手托其腋下使其脸部露出水面，转入拖带（图 12-40）。

图 12-40 正面接近溺水者

救生者从正面接近溺水者时，也可以用一只手准确、果断地抓住溺水者的对侧手腕，迅速外拉，将溺水者转成背对自己。然后以手托其腋下使其脸部露出水面，转入拖带。在江河湖海或混浊水中，溺水者尚在水面挣扎时，采用此法较宜（图 12-41）。

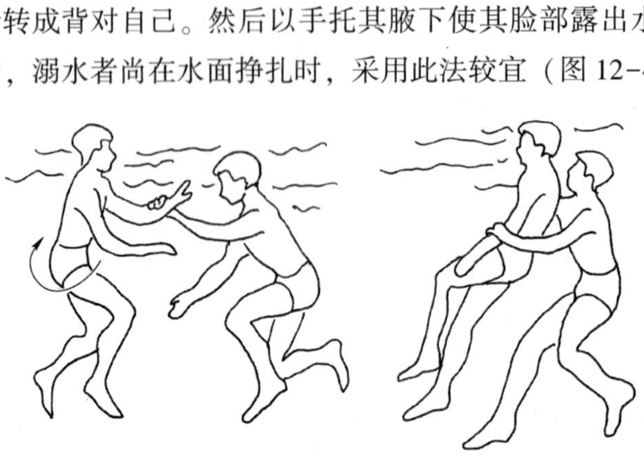

图 12-41 正面接近溺水者后转身使溺水者背对救生者

如果溺水者已沉至水底，则救生者在游近沉溺位置时应改为踩水，做一两次深呼吸后立即下潜搜索。发现目标后，用一手夹住溺水者上体或拽住其衣服，另一手向下划水，两腿向下蹬夹水，将溺水者迅速拉出水面，转入拖带。

4. 拖带 救生者控制住溺水者后，采用各种游法将其运送到岸边或船边的过程。不论采用什么方法，拖带时都要将溺水者托至水面，使其仰卧平浮。特别要注意让溺水者的口、鼻露出水面，以便于呼吸。常用的拖带方法有以下几种。

（1）托腋拖带 救生者仰卧水中，两手抓住溺水者双腋，做反蛙泳的蹬腿动作游进（图 12-42）。

（2）夹胸拖带 救生者侧卧水中，一臂从溺水者肩部绕过胸前抓住另一侧腋下，另一臂在体下划水，两腿做侧泳蹬剪腿动作游进（图 12-43）。

图 12-42 托腋拖带

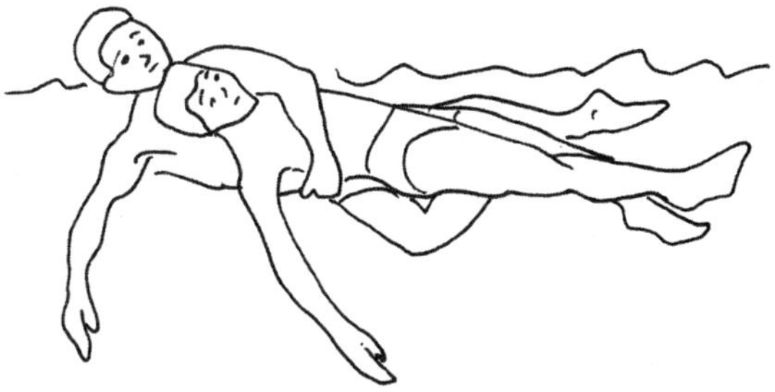

图 12-43 夹胸拖带

（3）扣臂拖带 救生者身体侧卧，以一只手臂穿过溺水者腋下，经其背部握持住溺水者另一上臂；救生者另一臂在体下划水，两腿做侧泳的蹬剪腿动作游进（图 12-44）。

（4）双人拖带 两名救生者侧卧于溺水者的左右两侧，各用一臂抓勾住溺水者的上臂，同时做单臂划水的侧泳动作游进（图 12-45）。

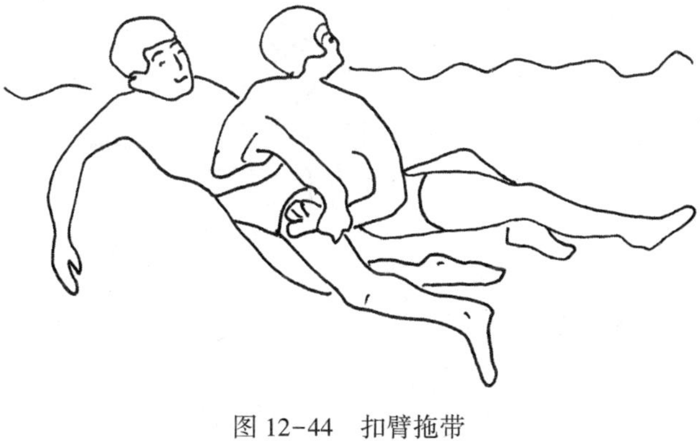

图 12-44 扣臂拖带

图 12-45 双人拖带

5. 上岸 当救生者将溺水者拖带到岸边或船边时，需将其扶拉上岸，以便抢救。如有其他人在场，则可协助将溺水者拉上岸或拉上船。若无他人帮助，在浅滩或较平坦的斜坡处上岸比较容易，而在陡坡、船边或游泳池边上岸就比较困难了。常用的方法有以下两种。

（1）压手提拉法　救生者将溺水者拖带至池边后，一手抓扶池边，另一手握住溺水者的一手，将其按压在岸边；接着，救生者面朝池壁，两腿用力蹬夹水，两臂用力一撑，自己先上岸或上船，然后，救生者转向水边，抄起溺水者的另一臂，双手抓紧溺水者的两手腕，将其身体扭转成背对岸边或船边，接着，先将溺水者猛然往水中一浸，借助水的浮力顺势上提，将溺水者拉出水面，使其坐在岸边。注意上拉时不要使溺水者背部离岸太近，以免擦伤背部（图 12–46）。

图 12–46　压手提拉法

（2）肩背上梯法　救生者将溺水者拖带至池边扶梯处后，先抱住溺水者的双腿，将其身体搭在自己的一侧肩上，然后双手握住扶梯，稳步上爬；当溺水者的臀部够到池边时将其放下；自己随即踏上岸，以手托住溺水者的颈部将其慢慢平放于岸上(图 12–47)。

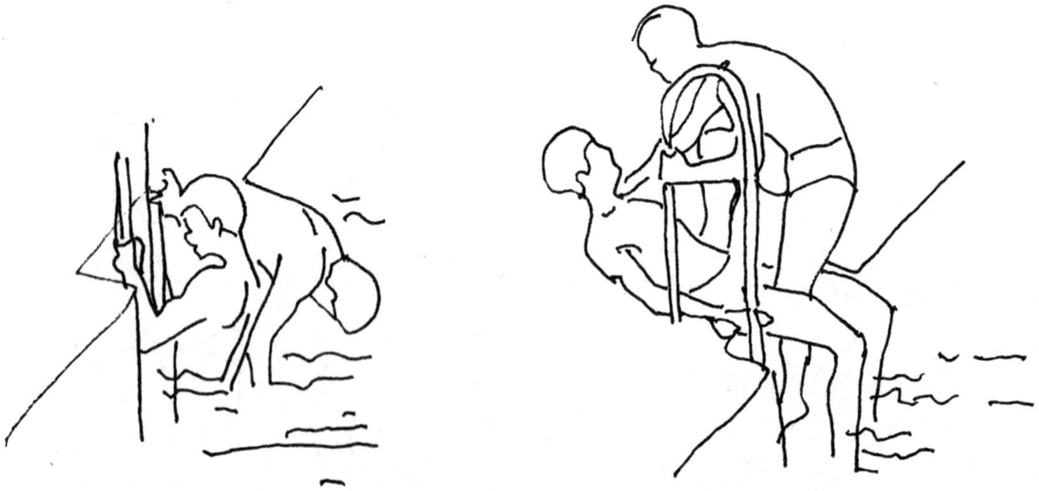

图 12–47　肩背上梯法

6. 运送　救生者将溺水者救上岸后，往往需要将其送到平坦处、现场急救室或邻近的医院进行抢救。运送的方法很多，有单人的，有双人的，有多人的，有用担架的。实践证明，采用单人肩扛法对提高急救成功率有很好的效果。

单人肩扛运送时，救生者一肩顶在溺水者的胸部，一肩顶在溺水者的腹部，溺水者的头部低于其胸腹部。运送时的上下颠簸，客观上起到了清除呼吸道堵塞物、促进心肺复苏的作用（图 12-48）。

（1）单人肩扛上肩的方法

1）救生者半蹲在溺水者体前，右脚插入溺水者两腿间臀下，以左手托其头颈，右手握其左腕，将溺水者扶成坐姿。

2）右手由溺水者左腋下穿至溺水者背后将其抱住，左手也由溺水者右腋下穿至溺水者背后，两手手指交叉锁紧夹住溺水者，左脚后退一步成右弓步，两臂用力将溺水者拉托坐于右大腿上。

3）左手拉住溺水者右手腕，头部由溺水者右腋下钻过，右手随即抄裆，两臂用力将溺水者拉托成横卧于救生者肩背上。

4）右臂夹住溺水者右腿，右手换抓溺水者的右上臂，将溺水者扣紧在肩背上，救生者左手随即扶撑自己的左膝，用力站起。

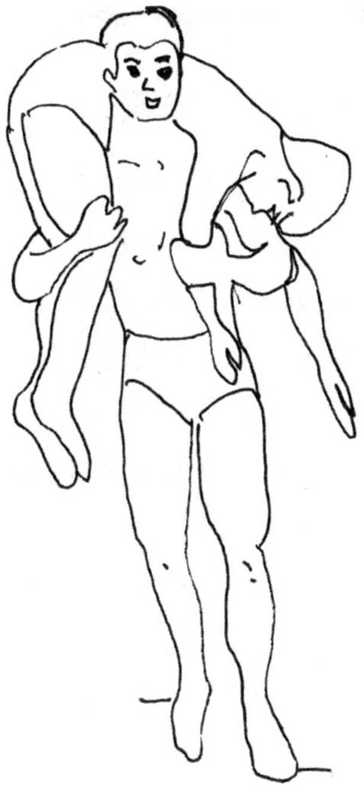

图 12-48 运送

5）救生者左手抓紧溺水者右臂，右臂抱紧溺水者双腿，使溺水者牢牢伏在肩背上送走。

（2）单人肩扛将溺水者放下的方法

1）救生者身体右倾，略下蹲，使溺水者坐于右腿上，右手随即扶抱其背。

2）左手将溺水者右臂抬起，头部由溺水者的右腋下抽出。

3）左手从溺水者右腋下穿至其背后，双手手指交叉夹抱住溺水者，左脚上前一步，将溺水者放下坐于地上。

4）左手托扶溺水者颈部，右手仍在溺水者背后扶抱，将溺水者缓缓放平。

（三）水中抽筋自救

游泳时抽筋多发生于小腿和足趾部位，但手指、大腿甚至腹部也会发生抽筋。游泳抽筋的预防和自救的方法如下。

1. 游泳前要做必要的准备活动，对易发生抽筋的部位可进行适当的按摩。下水前应先用冷水淋浴或用冷水拍打身体及四肢，使身体对低温有所适应。游泳时间不宜过长，疲劳或饥饿时不宜再进行游泳。夏天出汗多，易出现抽筋者应注意补充淡盐水和维生素 B_1。平时加强多种锻炼（如冷水浴），身体适应能力提高后，可有效地避免游泳时抽筋的发生。

2. 发生抽筋时应大声呼救并与前来救援的人主动配合安全出水，决不能紧抱救援者不放而导致双双发生意外。游泳时抽筋也可主动进行自救，在江河湖海中游泳时更应如此。抽筋的自救一般采用拉长痉挛肌肉的方法，当痉挛的肌肉被外力牵拉伸长到一定程度后抽筋一般即可解除。如小腿、足趾或腿后群肌抽筋，游泳者可先吸一口气，使身体仰浮水面，用抽筋肢体对侧的手握住抽筋肢体的脚趾，用力向身体方向拉，同时用同侧的手掌压在抽筋肢体的膝盖上，帮助抽筋腿伸直，一般即可缓解，反之，大腿前部的肌群抽筋则应用手握紧踝关节向臂部方向拉，使膝关节前部肌群拉长而缓解；如手指抽筋，可先用力握拳，再用力张开，迅速反复几次后一般即可解除。游泳发生抽筋，缓解后也不要再继续游泳，否则易再次抽筋出现意外。上岸后及时擦干身体休息，注意保暖，对仍觉疼痛的部位可做适当的按摩使之进一步缓解。

三、岸上急救

溺水者被救上岸后，如已昏迷、心跳停止、呼吸停止等，应立即采取措施进行现场急救，然后再转送医院抢救。岸上急救是游泳救生的重要环节。急救及时，方法正确，有时甚至可以使几乎毫无希望的溺水者转危为安。但若耽误了上岸后的最佳急救时机，则可能会使整个救生工作前功尽弃。岸上急救的目的在于迅速恢复严重溺水者的呼吸和心跳。

（一）清除口、鼻中杂物

上岸后，应迅速将溺水者的衣服和腰带解开，擦干身体，清除口、鼻中的淤泥、杂草、泡沫和呕吐物，使上呼吸道保持畅通。如有活动假牙，应取出，以免坠入气管内。如果发现溺水者喉部有阻塞物，则可将溺水者脸部转向下方，在其后背用力一拍，将阻塞物拍出气管。如遇溺水者牙关紧闭，口难张开，救生者可在其身后，用两手拇指顶住溺水者的下颌关节用力前推，同时用两手示指和中指向下扳其下颌骨，将口掰开。为防止已张开的口再闭上，可将小木棒放在溺水者上下牙床之间。

图 12-49　空水

（二）空水

在进行上述处理后，应着手将进入溺水者呼吸道、肺部和腹中的水排出。这一过程就是“空水”。常用的一种方法是，救生者一腿跪地，另一腿屈膝，将溺水者腹部搁在屈膝的腿上，然后一手扶住溺水者的头部使口朝下，另一手压溺水者的背部，使水排出（图 12-49）。

（三）人工呼吸

人工呼吸是使溺水者恢复呼吸的关键步骤，应不失时机尽快施行，且不要轻易放弃努力，应坚持做到溺水者完全恢复正常呼吸为止。在实践中，有很多人是在做了数小时的人工呼吸后才复苏的。人工呼吸的节律，每分钟 15~20 次。常用的人工呼吸法有以下几种。

1. 口对口吹气法　将溺水者仰卧平放在地上，可在颈下垫些衣物，头部稍后仰使呼吸道拉直。救生者跪蹲在溺水者一侧，一手捏住溺水者的鼻子，另一手托住其下颌（图 12-50）。

深吸一口气后，用嘴贴紧溺水者的口（全部封住，不可漏气）吹气，使其胸腔扩张。吹进约 1500 毫升（成人多些，儿童少些）空气后，嘴和捏鼻的手同时放开，溺水者的胸腔在弹性的作用下回缩，气体排出肺部。必要时，救生者可用手轻压一下溺水者的胸部帮助其呼气。如此周而复始地进行。

人体正常呼吸时，吸入的新鲜空气中氧气约占 21%，二氧化碳约占 0.04%。经过肺泡内的气体交换，呼出气中氧含量降低，但仍占 16% 左右，二氧化碳含量则增高到 4.4% 左右。因此，进行口对口人工呼吸时，救生者吹出的气中仍有较多的氧气，可供溺水者呼吸之需要。另外，因吹出气中的二氧化碳含量较高，会刺激溺水者的呼吸系统，促其恢复自然呼吸。

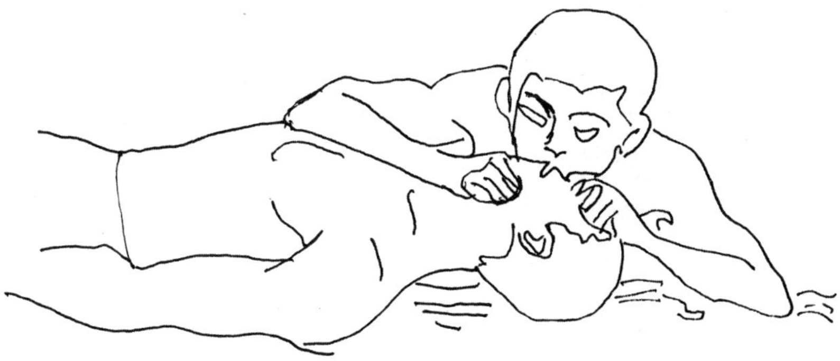

图 12-50 口对口吹气法

实践证明，口对口吹气法通气量大，便于与胸外心脏按压及其他急救措施配合，简便易行、效果最佳，是现场急救首选的人工呼吸方法。

2. 俯卧压背法 将溺水者俯卧平放在地上，一臂前伸，另一臂弯曲，头侧转使一侧脸枕于弯曲之手臂上。救生者两腿分开，骑跪于溺水者的大腿两侧，两臂伸直，两手拇指相对，四指稍分开按在溺水者后背肋腰部位（图 12-51）。

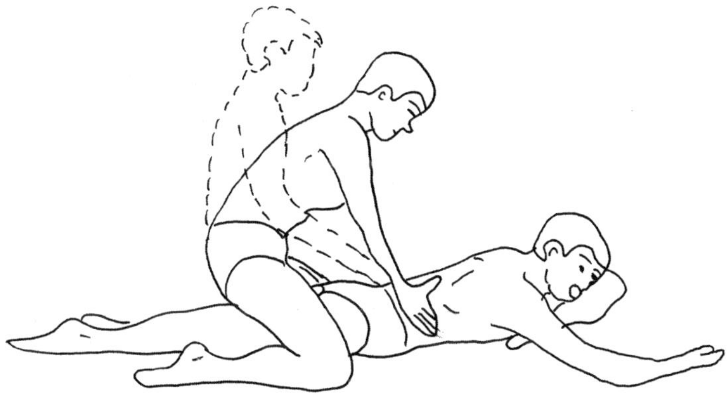

图 12-51 俯卧压背法

救生者俯身向前下推压，溺水者胸腔受到挤压，肺内的空气排出体外，形成呼气。然后，救生者上体还原，两手放松，溺水者胸腔因弹性而扩张，空气进行肺部，形成吸气。如此周而复始地进行。

这种方法有助于在人工呼吸的过程中继续清倒口、鼻中的堵塞物，保持呼吸道畅通。

3. 举臂压胸法 将溺水者仰卧平放于地上，肩背下垫手巾或衣服，头稍后仰。救生者跪在溺水者头后，双手各握溺水者同侧手腕，将其双肘弯曲，前臂贴于双肋处。救生者随即俯前稍用力下压，使溺水者胸腔受挤压形成呼气。然后，救生者上体还原，将溺水者双手提起并向两侧分开，使溺水者胸腔尽量扩展，形成吸气。如此周而复始地进行（图 12-52）。

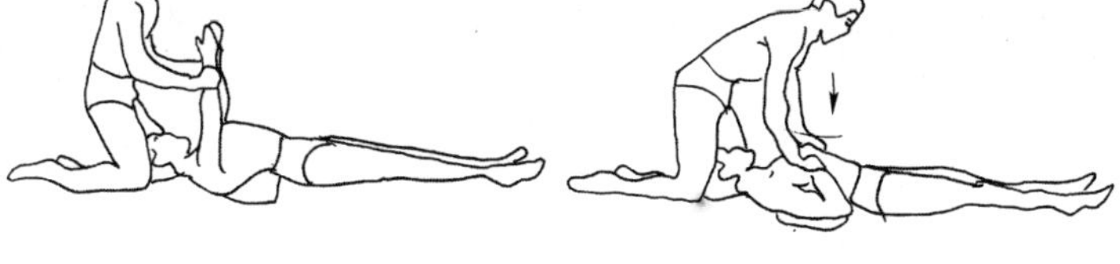

图 12-52 举臂压胸法

举臂压胸既能起到人工呼吸的作用，又能起到胸外心脏按压的作用。这种方法常在溺水者呼吸、心跳都已停止且只有一人进行营救的情况下采用。

4. 胸外心脏按压法 将溺水者救上岸后，如发现溺水者的心跳已停或极其微弱，则应立即施行胸外心脏按压，通过间接挤压心脏使其收缩与舒张，恢复泵血功能。胸外心脏按压与人工呼吸的配合施行，是对尚未出现真死现象的溺水者之生命做最后挽救，使其恢复自主心跳与呼吸的重要手段。

将溺水者仰卧平放地上，救生者骑跪在溺水者大腿两侧或跪在其身旁，两手掌相叠，掌根按在溺水者胸骨下端（对儿童，只需用一个手掌；对婴幼儿，只需三个手指），两臂伸直，身体前倾，借助身体的重量稳健地下压，压力集中在掌根，使溺水者胸骨下陷 3~4 厘米。然后，上体复原，迅速放松双手，但掌根不离位（图 12-53）。

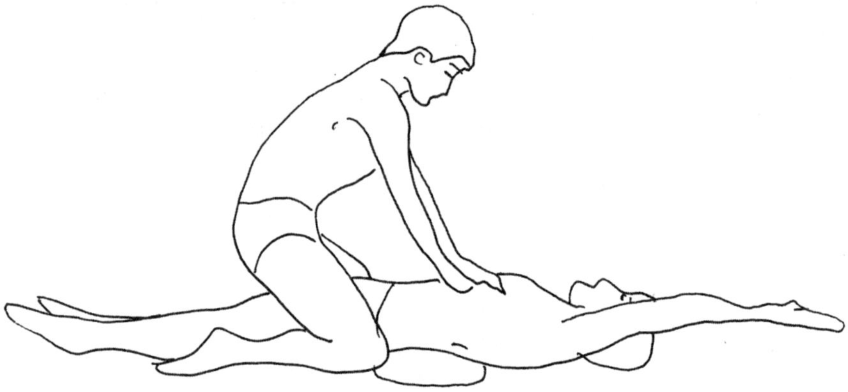

图 12-53 胸外心脏按压法

如此有节奏地进行，每分钟 60~80 次。下压时用力要均匀，不宜用力过猛，松手要快。胸外心脏按压也需要耐心和毅力，有时也要经过数小时的不懈努力才能使溺水者起死回生。胸外心脏按压与口对口人工呼吸结合运用的方法：如有两人配合施救，则一人做胸外心脏按压，另一人做口对口人工呼吸；如只有一人施救，则是吹一口气后，做 5~8 次心脏按压，然后再吹气。

对溺水者的岸上急救是一套综合措施。但在很多情况下是不能按部就班、慢条斯理地一项一项进行的。应根据溺水者的具体情况，先抓住最主要的进行，关键在于尽快使溺水者的心肺复苏。若急救情况不理想，则应边转送医院边继续抢救。

四、水中解脱

水中解脱是救生者在水上直接救生的过程中被溺水者抓抱住时使自己迅速摆脱困境的专门技巧。在水很浑浊而无法准确判断溺水者状态时，或溺水者神志不清、拼命挣扎时，救生者有时难免被抓抱住。此时应保持冷静，运用一定技巧来解脱。解脱动作最好沉入水下进行。溺水者一憋气，就急于浮出水面，往往会自动松手。解脱之后，应设法立即将溺水者控制住。若一时不能控制住，则应迅速游离溺水者几米远，然后再重新接近和控制溺水者。

水中解脱一般都是利用杠杆原理和反关节原理进行的。解脱动作要迅速、果断。被抓抱的部位不同，解脱的方法也不同。常用的解脱方法有以下几种。

（一）拉臂解脱法

当救生者手臂任何部位被溺水者抓住时，可将被抓的手臂用力朝溺水者手的拇指方向旋拧抽拉予以解脱。例如，溺水者双手从上抓住救生者两手腕时，救生者可双手握拳向溺水者的拇指方向外旋上拉，两肘内收，即可解脱（图 12-54）。

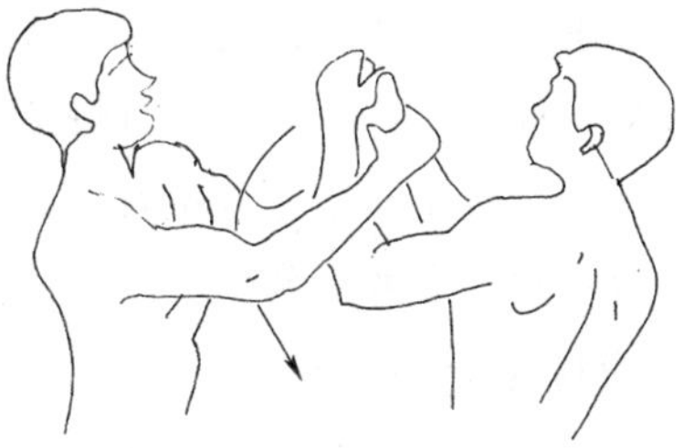

图 12-54 拉臂解脱法

同样，如果溺水者双手从下抓住救生者两手腕，救生者可双手握拳向溺水者的拇指方向内旋下压，并向两侧分开，即可解脱。

如果溺水者双手从下抓住救生者的一只手腕，救生者该手可握拳，另一手从溺水者两臂间穿过握住自己被抓之手，然后突然下拉，即可解脱。与此相似，如果溺水者双手从上抓住救生者的一只手腕，救生者则可采用同样的方法握住自己被抓之手，然后突然上拉，即可解脱。

（二）托肘解脱法

溺水者从正面抱住救生者头颈时，救生者可一手抓住溺水者的手腕往下拉，另一手托住其肘部向上推，身体顺势向下滑脱，并将其转成背向自己控制住。溺水者从背后抱住救生者的头颈时，救生者应内收下颌，防止气管被卡住，同时一手抓住溺水者的手腕往下拉，另一手托住其肘部向上推，身体顺势向下滑脱至其背后，继续握住其手腕将其控制住（图 12-55）。

（三）推头解脱法

溺水者从正面抱住救生者上体时，救生者可一手抱压溺水者后腰，另一手示指和中指紧夹住溺水者的鼻子，掌心蒙住溺水者的嘴，掌根抵住溺水者的下颌，用力向前推，迫使其头部后仰。在一般情况下，溺水者的口、鼻一被蒙住，为求呼吸，就会放开双手，并企图扳开救生者夹鼻蒙嘴的手。救生者应及时利用溺水者松手之机，将其扭转成背向自己控制住（图 12-56）。

图 12-55 托肘解脱法

图 12-56 推头解脱法

溺水者从正面将救生者上体连带两臂肘关节以下抱住时，救生者可双臂外撑，含胸收腹，趁隙抽出一臂，另一臂直接移至溺水者的后腰，用上述推头法解脱。

溺水者从正面抱住救生者双腿时，可采用同样的方法解脱，只是放在溺水者后腰的手应改放在溺水者的后颈部，尽力使溺水者的头部后仰。

（四）扳指解脱法

溺水者从背后抱住救生者腰部时，救生者可用两手分别抓住溺水者两手的手指，用力向两侧掰开，即可解脱（图 12-57）。

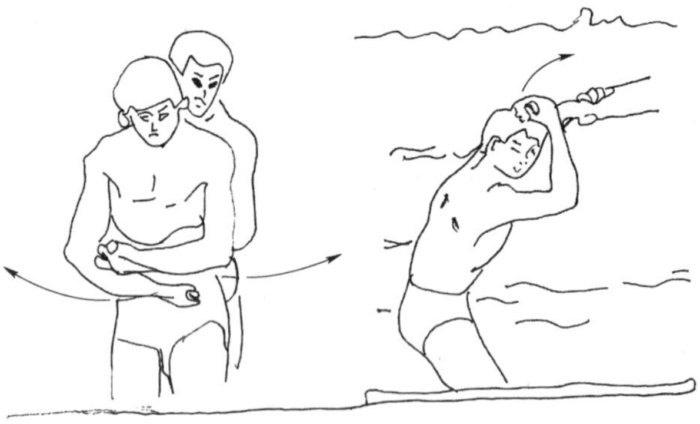

图 12-57　扳指解脱法

溺水者从背后将救生者上体连带两臂肘关节以下抱住时，救生者可弓身，臀部后顶，趁隙抽出一臂下推溺水者的双手，再抽出另一臂，然后用上述扳指法解脱。

若溺水者从正面紧抓住救生者的头发不放时，救生者可一手紧抓溺水者的手腕，另一手抓住溺水者抓头发的手指用力往其手背方向扳，救生者的头部同时向后仰，即可解脱。

（五）外撑解脱法

溺水者从正面或背后将救生者的上体和两上臂同时抱住时，救生者两腿用力向下蹬夹水，使两人身体位置升高。当头出水后深吸一口气，然后两臂用力向左右撑开，身体突然下沉，两手托住溺水者的两肘用力上举，头从溺水者的两臂间钻出来。随后，将溺水者推转成背向自己并控制住（图 12-58）。

图 12-58　外撑解脱法

扫码“学一学”

第四节　游泳救生员国家职业技能鉴定考核实施细则

游泳救生员是在游泳场所对游泳者的安全进行有效的观察和防护，并对溺水者进行赴救并在医务人员到来之前实施现场急救的人员。游泳救生员直接关系到游泳者的生命安全。国家规定，游泳场所开放必须配备一定数量的、取得国家职业资格证书的游泳救生员。

《游泳救生员国家职业技能标准》于 2008 年正式通过国家人力资源和社会保障部审定，自 2009 年起施行。为使培训机构、鉴定机构和广大考生对考核内容结构和具体考核要求有一个全面的了解，国家体育总局职业技能鉴定指导中心、游泳运动管理中心组织编写了《游泳救生员操作技能考核标准（试行）》，通过两年的试行及重新修订，现正式发布《游泳救生员国家职业技能鉴定考核实施细则》（以下简称《细则》），《细则》包括游泳救生员初级、中级和高级技能考核内容、标准、评分细则及评分表内容。是今后游泳救生员培训、考核鉴定的主要依据。

一、初级游泳救生员技能考核内容及标准

（一）初级游泳救生员技能考核内容（表 12-1）

表 12-1　初级游泳救生员技能考核内容

达标项目	实操部分	理论部分
◎25 米速度游 ◎20 米潜泳	◎安全预防 ◎现场赴救 ◎现场急救	详见考核说明

（二）初级游泳救生员实操考核标准（表 12-2）

表 12-2　初级游泳救生员实操考核标准

	安全预防			现场赴救								合计
	安全检查	观察	判断	入水	接近	拖带	上岸	解脱	合计	运动损伤急救	心肺复苏	
选考方式	必考			必考						必考	必考	
鉴定比重（%）	20			5	10	10	5	20	50	5	25	100
考试时间（分钟）	10			15						5	5	35
考核形式	笔试			水中操作				陆上操作	—	笔试	实操	—

（三）初级游泳救生员技能考核说明

1. 总体要求

（1）考核原则　考生必须通过达标项目的测试，否则不能参加理论和技能考试。

（2）考核形式　理论考试为闭卷笔试，总分为 100 分；在实操考核形式中，运动损伤急救为笔试，分值为 5 分；其余为实践操作，总分为 95 分。在考核内容中，理论考试或实践操作考试如有一科未达到 60 分，即视为不合格。

（3）考试时间　理论考试为 60 分钟，实际操作考试为 35 分钟。

（4）考试内容　职业道德（包括道德概念和职业守则）；安全预防；救生游泳基本技术；赴救技术；现场急救技术等。

2. 达标测试

（1）25 米速度游　男子≤20 秒，女子≤22 秒为达标。

（2）20 米潜泳　蹬边出发，在 20 米潜泳距离内，躯体未露出水 面且方向准确为达标。未达标者不能参加其他技能项目的考核。

3. 实操考核

（1）安全预防

1）考核内容　包括安全标识的种类及摆放，观察与判断以笔试形式进行考核。

2）鉴定比重　总分的 20%。

3）考核时间　10 分钟。

4）考核形式　笔试。

（2）现场赴救

1）考核内容一　入水、接近、拖带、上岸等技术。

鉴定比重：总分的 30%；考核时间：10 分钟；考核形式：水中考核。学员假扮溺水者，游至距岸边 15 米处正面、侧面或背面原地等候。考评员给考生发出信号，考生入水、接近溺水者，并将其拖带至岸边，上岸。（注：在现场赴救这一项目考核中，不允许考生带游泳镜进行考核。）

2）考核内容二　头发被抓解脱、手被抓解脱、颈部被抱解脱、腰部被抱解脱等。

鉴定比重：总分的 20%；考核时间：5 分钟；考核形式：陆上考核。

（3）现场急救

1）运动损伤急救　考核内容：对游泳者伤口处理的方法。鉴定比重：总分的 5%。考核时间：5 分钟。考核形式：笔试。

2）心肺复苏　考核内容：开放呼吸道、呼吸支持、心脏按压等。鉴定比重：总分的 25%。考核时间：5 分钟。考核形式：对模拟人进行心肺复苏的操作。

注：心肺复苏是初级游泳救生员实操考核中的否定项目，如果心肺复苏操作程序错误或其该项目总分不足 15 分，即算该项目考核不合格。心肺复苏项目考核不合格者，初级游泳救生员实操考核 即为不合格。

（四）初级游泳救生员考核评分标准

1. 初级游泳救生员达标测试标准（表 12-3）

表 12-3　初级游泳救生员达标测试标准

达标项目	距离	达标要求	说明
速度游	25 米	男≤20 秒、女≤22 秒	达标合格后才能进入下一阶段的考核。各项均可补考一次
潜泳	20 米	①蹬边出发，潜游至 20 米处出水面 ②躯体不能露出水面 ③方向准确	

2. 初级游泳救生员实操考核评分标准

（1）现场赴救考核评分标准

1）入水、接近、拖带、上岸考核评分标准（表 12-4）

表 12-4 入水、接近、拖带、上岸考核评分标准

考核内容及分值		考核要点	扣分标准	得分
入水 5 分	蛙腿式	①入水时，两腿向下做蛙泳蹬夹腿，同时两手臂向下抱压水 ②头部始终保持在水面上 ③眼睛始终不离赴救目标	①双臂或两腿没有分开，扣 2 分；水没过头部，扣 5 分 ②眼睛离开溺水者，扣 2 分	
	跨步式	①入水时，两手向前下方抱压水，同时两脚做剪水动作 ②头部始终保持在水面上 ③眼睛始终不离赴救目标	①双臂或两腿没有分开，扣 2 分；水没过考生头部，扣 5 分 ②眼睛离开溺水者，扣 2 分	
接近 10 分	正面接近	①入水后，游至离溺水者 3 米左右急停 ②下潜至溺水者髋部以下转体 180 度 ④单手或双手腋下控制住溺水者	①3 米左右未急停下潜，扣 3 分 ②没有在髋部以下将溺水者转体 180 度，扣 5 分 ③未能有效控制住溺水者，扣 2 分	
	背面接近	①救生员游至距溺水者 1~2 米处急停 ②单手、双手托腋或夹胸控制住溺水者	①距离太近或太远，扣 4 分 ②没有急停，扣 4 分 ③未能有效控制溺水者，扣 2 分	
	侧面接近	①游至溺水者 3 米左右处，转为侧向游进，抓住溺水者 近侧手腕 ②单手、双手托腋或夹胸控制住溺水者	①3 米左右未侧向游进，扣 3 分 ②未抓住溺水者近侧手腕，扣 5 分 ③未能有效控制溺水者，扣 2 分	
拖带 10 分	夹胸	①反蛙泳腿或侧泳腿技术拖带 ②溺水者口鼻必须露出水面 ③使溺水者保持身体水平位置 ④夹胸手不能压迫溺者的颈动脉	①拖带技术运用不合理，扣 4 分 ②拖带中溺水者口鼻没入水中，第一次扣 5 分，两次为 0 分 ③拖带脱手，扣 10 分；拖带方向错误，扣 2 分 ④溺水者下肢下沉，扣 4 分 ⑤拖带时压迫溺者的颈动脉，扣 5 分	
	双手托腋	①托住溺水者的双腋，采用反蛙泳或仰泳拖带 ②溺水者口鼻必须露出水面 ③使溺水者保持身体水平位置		
上岸 5 分	深水无阶梯单人上岸	①用单手抓住溺水者的一只手，压在池岸边上，将溺水者的另一只手重叠按住 ②按住溺水者重叠的双手背，用蛙泳腿蹬夹上岸 ③交叉手紧握溺水者手腕处，将溺水者转体 180 度呈背对岸边，垂直上提 ④上岸后脱出一手移至溺水者颈背部，另一手将溺水者 双腿原地旋转 90 度	①上岸时脱手，扣 5 分 ②没有用两手交叉的方法，将溺水者原地转体 180 度，扣 5 分 ③原地旋转溺水者双腿时未对头部进行保护，扣 2 分	

注：分值——30 分；考核形式——实操。

2）解脱考核评分标准（表 12-5）

表 12-5　解脱（陆上完成）考核评分标准

内容	考核要点	扣分标准	得分
头发被抓	①两种方法：压腕扳手、扳指推肘 ②解脱后，有效控制住溺水者	①解脱时用力过度或不足，扣 4 分 ②解脱过程动作不连贯，扣 4 分 ③解脱动作的手法错误，扣 8 分 ④解脱后未对溺水者有效控制，扣 4 分	
手被抓	①单手被抓：转腕、推击 ②交叉手（臂）被抓：推击加转腕 ③双手（臂）被抓：转腕、推击 ④单手被双手抓：推击、转腕 ⑤解脱后，有效控制住溺水者		
颈部被抱	①颈部被抱持，正面被溺水者抱持时，上推双肘；背面被抱持，压腕上推单肘 ②解脱后，有效控制溺水者		
腰部被抱	①正面抱持：夹鼻推颌、弓身抽手 ②背面抱持：扳指弓身抽手、屈肘扩张 ③解脱后，有效控制溺水者		

注：分值——20 分；考核形式——实操。

（2）现场急救考核评分标准

1）心肺复苏考核评分标准（表 12-6）

表 12-6　心肺复苏考核评分标准

分类	考核内容	分值	考核要点	扣分标准	得分
检查 10 分	检查意识，高声求救	3 分	轻拍溺水者肩膀并呼喊，看有无反应，同时高声呼救：你怎么了，快拨打“120”	①没有轻拍溺者双肩，扣 1 分 ②没有呼叫，扣 2 分	
	清除口腔异物	1 分	用示指和中指清除溺者口中异物	没有清理溺者口中异物，扣 1 分	
	打开呼吸道	3 分	仰头抬颏法：一手掌根压溺水者前额，另一手示指及中指放在下颌部的颏骨体上，向上抬起下颌	①头部后仰不到位，扣 1 分 ②打开呼吸道手法不正确，扣 2 分	
	判断呼吸	3 分	①耳朵靠近溺水者口鼻 ②看胸部有无起伏 ③听呼吸道有无气流通过的声音 ④感觉呼吸道有无气体排出	每漏做一个动作，扣 1 分	
胸外心脏按压 15 分	口对口人工吹气	4 分	①实施条件：如溺水者没有呼吸，先给予两口气 ②两指捏住鼻子 ③吹气量以明显看到胸部起伏为准	①吹不进气或漏气，扣 2 分 ②没捏鼻子或两次吹起中间没放开鼻子，扣 4 分	

续表

分类	考核内容	分值	考核要点	扣分标准	得分
胸外心脏按压 15 分	检查脉搏	3 分	示指、中指在甲状软骨下摸到气管后，手指向外滑动，在气管与颈部肌肉之间的凹沟内即可以触及颈动脉	检查脉搏位置错误，扣 3 分	
	定位按压	8 分	①部位：一手中指沿溺水者的胸廓下部肋缘向上滑动，摸到肋弓和剑突交点处为胸骨下切迹，示指向中指并拢。另一手以掌根部沿胸骨下滑，一直碰到示指，该手掌中心部位应该是胸骨下二分之一段中点 ②手法：一手掌根部置于胸骨下二分之一段中点，使手指不触及胸壁和肋骨，另一手掌部放在一手掌根部重叠，五指相互交叉	①定位不正确，扣 3 分 ②按压次数错误，扣 3 分 ③明显按压动作错误，扣 2 分	
备注	操作顺序错误计 0 分				

注：分值——25 分，考核形式——实操。

二、中级游泳救生员技能考核内容及标准

（一）中级游泳救生员技能考核内容（表 12-7）

表 12-7 中级游泳救生员技能考核内容

达标项目	实操部分	理论部分
◎25 米速度游 ◎20 米潜泳	◎现场赴救 ◎现场急救 ◎培训与管理	详见考核说明

（二）中级游泳救生员实操考核标准（表 12-8）

表 12-8 中级游泳救生员实操考核标准

<table>
<tr><th rowspan="2"></th><th colspan="7">现场赴救</th><th colspan="2">现场急救</th><th colspan="2">培训与管理</th><th rowspan="2">合计</th></tr>
<tr><th>入水</th><th>接近</th><th>解脱</th><th>拖带</th><th>上岸</th><th>急救板的使用</th><th>合计</th><th>佩戴颈托</th><th>心肺复苏</th><th>培训</th><th>管理</th></tr>
<tr><td>选考方式</td><td colspan="5">必考</td><td>必考</td><td>—</td><td>必考</td><td>必考</td><td colspan="2">必考</td><td>—</td></tr>
<tr><td>鉴定比重（%）</td><td colspan="5">30</td><td>10</td><td>40</td><td>10</td><td>40</td><td colspan="2">10</td><td>100</td></tr>
<tr><td>考试时间（分钟）</td><td colspan="5">5</td><td>5</td><td>10</td><td>5</td><td>5</td><td colspan="2">5</td><td>25</td></tr>
<tr><td>考核形式</td><td colspan="5">水中操作</td><td>陆上操作</td><td>—</td><td>实操</td><td>实操</td><td colspan="2">笔试</td><td>—</td></tr>
</table>

（三）中级游泳救生员技能考核说明

1. 达标测试

（1）25 米速度游　男≤18 秒，女≤20 秒为达标。

（2）水中徒手踩水　要求考生在 20 秒内徒手踩水，并且双手肘关节始终露出水面。注：未达标者不能参加其他技能项目的考核。

2. 实操考试

（1）现场赴救

1）考试内容一　入水、接近、解脱、拖带、上岸等。

鉴定比重：总分的 30%；考核时间：5 分钟；考核形式：学员假扮溺水者，游至距岸边 15 米处正面、侧面或背面原地等候。考评员给考生发出信号，考生完成入水、接近、解脱溺水者，并将其拖带至岸边上岸。

注：在现场赴救这一项目考核中，不允许考生带游泳镜进行考核。

2）考核内容二　急救板的使用（陆上）

鉴定比重：总分的 10%；考核时间：10 分钟；考核形式：学员假扮颈椎受伤者，考生两人一组配合，互相交叉操作，另再配备两人学员，协同完成。考评员根据完成情 况打分。

（2）现场急救

1）佩戴颈托　考试内容：为颈椎受伤者佩戴颈托；鉴定比重：总分的 10%；考核时间：5 分钟；考核形式：学员假扮颈椎受伤者，考生两人一组，互相交叉操作，对受伤者进行颈托的佩戴，考评员根据完成情况打分。

2）心肺复苏　考试内容：开放呼吸道、呼吸支持、心脏按压等；鉴定比重：总分的 40%，满分为 40 分，及格分数为 24 分；考核时间：5 分钟；考核形式：对模拟人进行心肺复苏的操作。

注：心肺复苏是中级游泳救生员实操考核中的否定项目，如果 心肺复苏操作程序错误或其该项目总分不足 24 分，即算该项目考核不合格。心肺复苏项目考核不合格者，中级游泳救生员实操考核 即为不合格。

3）培训与管理　考试内容：观察区域划分原则与方法，游泳救生员岗位设置 于分工要求等；鉴定比重：总分的 10%，满分为 10 分；考核时间：5 分钟；考核形式：笔试。

3. 理论考试

（1）考试时间　60 分钟。

（2）考试内容　游泳公共卫生安全常识、游泳卫生常识、自我救助、安全标识设置、突发事件紧急处理预案、救生器材、急救器材、救生员装备、器材的管理与保养、通信器材和联络信号的设置、救生基本技术、现场赴救、现场急救等。

（3）考试形式　闭卷笔试。

（四）中级游泳救生员技能考核评分标准

1. 中级游泳救生员达标测试标准（表 12–9）

表 12–9 中级游泳救生员达标测试标准

达标项目	距离	达标要求	说明
速度游	25 米	男≤18 秒、女≤20 秒	达标合格后才能进入下一阶段的考核。各项均可补考一次
潜泳	20 米	水中徒手踩水 20 秒，要求双臂肘关节露出 水面	

2. 中级游泳救生员实操考核评分标准

（1）现场赴救考核评分标准

1）入水、接近、解脱、拖带、上岸考核评分标准（表 12–10）

表 12–10 入水、接近、解脱、拖带、上岸考核评分标准

考核内容及分值		考核要点	扣分标准	得分
入水 3 分	蛙腿式	①入水时，两腿向下做蛙泳蹬夹腿，同时两手臂向下抱压水 ②头部始终保持在水面上 ②眼睛始终不离赴救目标	①双臂或两腿没有分开，扣 1 分 ②水没过头部，扣 3 分 ③眼睛离开溺水者，扣 1 分	
	跨步式	①入水时，两手向前下方抱压水，同时两脚做剪水动作 ②头部始终保持在水面上 ③眼睛始终不离赴救目标	①双臂或两腿没有分开，扣 1 分 ②水没过考生头部，扣 3 分 ③眼睛离开溺水者，扣 1 分	
接近 6 分	正面接近	①入水后，游至离溺水者 3 米左右急停 ②下潜至溺水者髋部以下转体 180 度 ④单手或双手腋下控制住溺水者	①3 米左右未急停下潜，扣 2 分 ②没有在髋部以下将溺水者转体 180 度，扣 3 分 ③未能有效控制住溺水者，扣 1 分	
	背面接近	①救生员游至距溺水者 1~2 米处急停 ②单手、双手托腋或夹胸控制住溺水者	①没有急停，扣 2 分 ②距离太近、太远，扣 3 分 ③未能有效控制溺水者，扣 1 分	
	侧面接近	①游至溺水者 3 米左右处，转为侧向游进，抓住溺水者近侧手腕 ②单手、双手托腋或夹胸控制住溺水者	①3 米左右未侧向游进，扣 2 分 ②未抓住溺水者近侧手腕，扣 3 分 ③未能有效控制溺水者，扣 1 分	
解脱 12 分	头发被抓	①两种方法：压腕扳手、扳指推肘 ②解脱后，有效控制住溺水者	①解脱时用力过度或不足，扣 2 分 ②解脱过程动作不连贯，扣 2 分 ③解脱动作的手法错误，扣 4 分 ④解脱后未对溺水者有效控制，扣 4 分	
	手被抓	①单手被抓：转腕、推击 ②交叉手（臂）被抓：推击加转腕 ③双手（臂）被抓：转腕、推击 ④单手被双手抓：推击、转腕 ⑤解脱后，有效控制住溺水者		
	颈部被抱	①颈部被抱持：正面被溺水者抱持时，上推双肘；背面被抱持，压腕上推单肘 ②解脱后，有效控制溺水者		
	腰部被抱	①正面抱持：夹鼻推颌、弓身抽手 ②背面抱持：扳指弓身抽手、屈肘扩张 ③解脱后，有效控制溺水者		

续表

考核内容及分值		考核要点	扣分标准	得分
拖带 6 分	夹胸	①反蛙泳腿或侧泳腿技术拖带 ②溺水者口鼻必须露出水面 ③使溺水者保持身体水平位置 ⑤夹胸手不能压迫溺者的颈动脉	①拖带技术运用不合理，扣 3 分 ②拖带中溺水者口鼻没入水中，第一次扣 3 分，两次为 0 分 拖带脱手，扣 6 分 ③拖带方向错误，扣 1 分 ④溺水者下肢下沉，扣 3 分 ⑤拖带时压迫溺者的颈动脉，扣 3 分	
	双手托腋	①托住溺水者的双腋，采用反蛙泳或仰泳拖带 ②溺水者口鼻必须露出水面 ③使溺水者保持身体水平位置		
上岸 3 分	深水无阶梯单人上岸	①用单手抓住溺水者的一只手，压在池岸边上，将溺水者的另一只手重叠按住 ②按住溺水者重叠的双手背，用蛙泳腿蹬夹上岸 ③交叉手紧握溺水者手腕处，将溺水者转体 180 度呈背对岸边，垂直上提 ④上岸后脱出一手移至溺水者颈背部，另一手将溺水者双腿原地旋转 90 度	①上岸时脱手，扣 3 分 ②没有用两手交叉的方法，将溺水者原地转体 180 度，扣 3 分 ③原地旋转溺水者双腿时未对头部进行保护，扣 1 分	

（2）急救板的使用考核评分标准（表 12-11）

表 12-11　急救板的使用考核评分标准

内容	考核要点	扣分标准	得分
1 号位：头锁-改良肩头锁-侧翻-复原平卧位-斜方肌锁-平移定位-头部两侧放置泡沫垫、头部扣带 2 号位：胸头锁-侧翻-复原平卧 位—胸头锁-胸、腰、脚扣带-胸 头锁	◎技术动作正确、口令准确、协调一致 ◎顺序正确：头锁-胸头锁-改良肩头锁-侧翻-插入急救板-复原平卧位-胸-头锁-斜方肌锁-平移定位-胸、腰、脚扣带-胸头锁-头部两侧放置泡沫垫-扣带	头锁错误，扣 1 分 改良肩头锁错误，扣 1 分 斜方肌锁错误，扣 1 分 没有平移定位，扣 1 分 胸头锁手法错误，扣 2 分（每次 1 分）侧翻不到位或没有控制溺者，扣 1 分 胸、腰、脚扣带顺序及手法错误，扣 1 分（系胸带时，两手臂被扣，脚底没有绕“8”字）头部两侧泡沫垫放置不到位，扣 1 分 口令不清晰、准确，扣 1 分	

注：对 AB 两名学员人同时进行成绩评定，完成后相互交换。

（3）现场急救考核评分标准

1）佩戴颈托考核评分标准（表 12-12）

表 12-6　佩戴颈托考核评分标准

内容	考核要点	扣分标准	得分
检查 B1 分	①询问伤情 ②检查颈部	其中一项未完成，扣 1 分	
复位 A3 分 B2 分	①双手掌放在受伤者头两侧，拇指轻按额，示、中指按面颊，无名指和小指放在耳下 ②左右复位 ③前后复位	①A 手法错误扣 1 分 ②A 鼻尖与肚脐未呈一条直线，扣 1 分；B，扣 1 分 ③A 头部仰至嘴角和耳垂的连线与地面没有垂直，扣 1 分；B，扣 1 分	

续表

内容	考核要点	扣分标准	得分
佩戴 B4 分	①测量：用手指度量受伤者由下颌骨角下方到锁骨的距离 ②佩戴：将颈套一端穿入后颈，将下颌垫小圆点与受伤者的 下颌尖吻合	①适合的尺寸选错扣 2 分 ②下颌垫小圆点与受伤者的下颌尖不吻合，扣 1 分 颈托过紧或过松，扣 1 分	

2）心肺复苏考核评分标准（表 12–13）

表 12–13　心肺复苏考核评分标准

分类	考核内容	分值	考核要点	扣分标准	得分
检查 15 分	检查意识，高声求救	3 分	轻拍溺水者肩膀并呼喊，看有无反应，同时高声呼救：你怎么 了，快拨打“120”	摇动肩部用力过猛，扣 2 分 没有高声呼叫，扣 1 分	
	清除口腔异物	1 分	用示指和中指清除溺者口中异物	没有清理溺者口中异物，扣 1 分	
	打开呼吸道	8 分	仰头抬颏法：一手掌根压溺水者前额，另一手示指及中指放在 下颌部的颏骨体上，向上抬起下颌	拇指和示指压放前额，扣 2 分 压迫颏下软组织，扣 4 分 头部后仰过度伸展，扣 2 分	
	判断呼吸	3 分	①耳朵靠近溺水者口鼻 ②看胸部有无起伏 ③听呼吸道有无气流通过的声音 ⑤感觉呼吸道有无气体排出	①没看胸部有无起伏，扣 1 分 ②没听呼吸道气流通过的声音，扣 1 分；没感觉呼吸道有无气体排出，扣 1 分	
人工呼吸 6 分	口对口 人工吹气	6 分	①如溺水者没有呼吸，先给予两口缓慢、均匀的气 ②拇指和示指要捏住鼻孔 ③吹气量以明显看到溺水者胸部起伏为准	①气吹不进扣 2 分 ②没有吹两口气扣 1 分 ③吹气时口没有包住溺者口唇，漏气，扣 1 分 ④没有捏住（或松开）鼻孔，扣 1 分 ⑤没有看到胸部起伏，扣 1 分	
人工循环 19 分	检查脉搏	1 分	示指、中指在甲状软骨下摸到气管后，手指向外滑动，在气管与颈部肌肉之间的凹沟内即可以触及颈动脉	检查脉搏位置错误，扣 1 分	
	定位按压	16 分	①部位：一手中指沿溺水者的胸廓下部肋缘向上滑动，摸到肋弓和剑突交点处为胸骨下切迹，示指向中指并拢。另一手以掌根部沿胸骨下滑，一直碰到示指，该手掌中心部位应该是胸骨下二分之一段中点 ②手法：一手掌根部置于胸骨下二分之一段中点，使手指不触及胸壁和肋骨，另一手掌部放在一手掌根部重叠，五指相互交叉	①定位不正确，扣 8 分 ②两手掌重叠，扣 1 分 ③手指压在胸壁上，扣 1 分 ④左右摆动，扣 1 分 ⑤肘部弯曲，扣 1 分 ⑥按压速度不自主地加快或减慢，扣 1 分 ⑦按压与吹气比例不正确，扣 1 分 ⑧冲击式按压、猛压，扣 1 分 ⑨放松时定位手掌根部离开胸骨定位点，扣 1 分	

续表

分类	考核内容	分值	考核要点	扣分标准	得分
人工循环 19 分	问答	2 分	①按压频率：100 次/分钟 ②按压深度 4~5 厘米 ③按压与吹气比率：成人 30∶2 ④吹气量 700~1000mL ⑤按压与放松比例 1∶1 ⑥再次评估：5 个周期后或 2 人以上每 2 分钟轮换 ⑦有呼吸者：处于侧卧位；保证畅道呼吸道；监测意识、呼吸、脉搏 ⑧无呼吸者：有脉搏，每 5 秒吹一口气（10~12 次/分） ⑨无呼吸者：无脉搏，继续徒手 CPR	回答错误，扣 2 分	
备注	操作顺序错误 0 分；问答口试任选一题				

三、高级游泳救生员技能考核内容及标准

（一）高级游泳救生员技能考核内容（表 12–14）

表 12–14　高级游泳救生员技能考核内容

实操部分	理论部分
◎水中急救板的使用 ◎心肺复苏的讲解与操作 ◎培训与管理	详见考核说明

（二）高级游泳救生员实操考核标准（表 12–15）

表 12–15　高级游泳救生员实操考核标准

	培训与管理	水中急救板的使用	心肺复苏讲解与操作	合计
选考方式	必考	必考	必考	
鉴定比重（%）	40	20	讲解 20+操作 20	100
考试时间（分钟）	40	10	10	60
考核形式	笔试、口试	实操	实操、口试	

（三）高级游泳救生员技能考核说明

1. 实操考核

（1）培训与管理　考试时间：40 分钟。考试内容：培训与管理。鉴定比重：总分的 40%。考核形式：培训部分的分值为 20 分，考核形式为考生根据抽取的题签，进行现场示范与讲解，考评员根据考生对教学及考核技术要点的把握、示范面的掌握及示范能力、讲解与表达能力等几个方面进行现场评分；管理部分的分值为 20 分，考核形式为笔试，考生根据命题，制订一份有针对性的开发管理计划。考评员将根据考生布岗图、观察区划分、值岗救生员管理以及应急预案等几方面进行评分。

（2）水中急救板的使用　考核时间：10 分钟。鉴定比重：总分的 20%。考核形式：学

员假扮颈椎受伤者，考生两人一组配合，互相交叉操作，另再配备两人学员，协同完成。考评员根据完成情况打分。

注：在考核水中急救板的使用时，不允许考生带游泳镜进行考核。

（3）心肺复苏　考核时间：10 分钟。鉴定比重：总分的 40%。考核形式：首先对心肺复苏开放呼吸道、呼吸支持、心脏按压等步骤和要点进行讲解，后对电脑模拟人进行心肺复苏的操作。在讲解部分，考评员将根据考生对教学及技术要点的把握、示范面的掌握及示范能力、教学语言的使用、亲和力及与学员的交流能力 等几个方面对考生进行评分。

注：心肺复苏是高级游泳救生员实操考核中的否定项目，如果心肺复苏操作程序错误或其该项目考核不合格者，高级游泳救生员 实操考核即为不合格。

2. 理论考试

（1）考试时间　60 分钟。

（2）考试内容　游泳公共卫生与安全常识、游泳卫生常识、自我救助、安全标识设置、突发事件紧急处理预案、救生器材、急救器材、救生员装备、器材的管理与保养、通信器材和联络信号的设置、救生基本技术、现场赴救、现场急救等。

（四）高级游泳救生员考核评分标准

1. 培训与管理考核评分标准　在培训部分的考核中，考评员将从教学及考核技术要点的把握、示范面的掌握及示范能力以及讲解能力与语言表达等几个方面对考生进行评定。在管理部分的考核中，考评员将从布岗图、观察区划分、值岗救生员管理、应急预案的制定等几个方面对考生进行 评定。

2. 水中急救板使用（浅水）考核评分标准（表 12–16）

表 12–16　水中急救板使用（浅水）考核评分标准

分类	内容	考核要点	扣分标准	得分
上臂固定法	①号救生员使用手法将伤者头部固定。脸部向上，口鼻露出水面，招呼同伴协助。并向池岸边靠近	固定手法正确 口鼻露出水面	扣 2 分 扣 2 分	
	②2 号救生员持急救板轻轻下水，在 1 号救生员指挥下，将板插入伤者身下。随即使用手钳固定法固定伤者头部。用手钳固定法固定伤者在急救板上	轻轻入水 板位准确 固定手法正确	扣 1 分 扣 2 分 扣 1 分	
	③1 号救生员将伤者双臂放置身体两 侧，然后到板头，背靠池边，用肩胸 承托板头，两臂固定板边，双手扶持 伤者面颊，固定头部	两臂放在体侧用肩胸承托板头 用两臂固定板边 双手固定头部	扣 1 分 扣 1 分 扣 1 分 扣 1 分	
	④2 号救生员按胸、腰、腿顺序固定伤者	依次扣上胸、腰、腿	扣 2 分	
	⑤2 号救生员用手钳固定法固定伤者头部	固定手法正确	扣 1 分	
	⑥1 号救生员用头部固定器固定伤者头部	放置固定器和固定正确	扣 2 分	
	⑦1、2 号救生员移至急救板两侧，将板头抬上池岸	动作轻缓，配合协调	扣 1 分	
	⑧2 号救生员上岸抓紧板头，1 号救生员移至板尾，合力将伤者搬到池面	1、2 号救生员配合时，口令准确	扣 2 分	

3. 心肺复苏考核评分标准（见中级）

注：讲解 20%，分值 20 分；对电脑模拟人的现场操作 20%，分值 20 分。

附：

初级游泳救生员现场赴救组合技术题签

考核题目 1：蛙腿式入水-正面接近-夹胸拖带-深水无阶梯单人上岸

考核题目 2：蛙腿式入水-正面接近-双手托腋拖带-深水无阶梯单人上岸

考核题目 3：蛙腿式入水-背面接近-夹胸拖带-深水无阶梯单人上岸

考核题目 4：蛙腿式入水-背面接近-双手托腋拖带-深水无阶梯单人上岸

考核题目 5：蛙腿式入水-侧面接近-夹胸拖带-深水无阶梯单人上岸

考核题目 6：蛙腿式入水-侧面接近-双手托腋拖带-深水无阶梯单人上岸

考核题目 7：跨步式入水-正面接近-夹胸拖带-深水无阶梯单人上岸

考核题目 8：跨步式入水-正面接近-双手托腋拖带-深水无阶梯单人上岸

考核题目 9：跨步式入水-背面接近-夹胸拖带-深水无阶梯单人上岸

考核题目 10：跨步式入水-背面接近-双手托腋拖带-深水无阶梯单人上岸

考核题目 11：跨步式入水-侧面接近-夹胸拖带-深水无阶梯单人上岸

考核题目 12：跨步式入水-侧面接近-双手托腋拖带-深水无阶梯单人上岸

初级游泳救生员陆上解脱考核题签

考核题目 1：“单手被双手抓握”解脱方法

考核题目 2：背面“颈部被抱持“压腕上推单肘解脱方法

考核题目 3：正面“腰部被抱持”夹鼻推颌解脱方法

考核题目 4：背面“腰部肘部同时被抱持”扳指解脱法

考核题目 5：“头发被抓”压腕扳手解脱法（扳指推肘解脱法）

中级游泳救生员现场赴救组合技术题签

第一组：

◆蛙腿式入水-正面接近-“单手被双手抓握”解脱-夹胸拖带-深水无阶梯单人上岸

◆蛙腿式入水-正面接近-“单手被双手抓握”解脱-双手托腋拖带-深水无阶梯单人上岸

◆蛙腿式入水-背面接近-单手被双手抓握解脱-夹胸拖带-深水无阶梯单人上岸

◆蛙腿式入水-背面接近-单手被双手抓握解脱-双手托腋拖带-深水无阶梯单人上岸

◆蛙腿式入水-侧面接近-单手被双手抓握解脱-夹胸拖带-深水无阶梯单人上岸

◆蛙腿式入水-侧面接近-单手被双手抓握解脱-双手托腋拖带-深水无阶梯单人上岸

◆跨步式入水-正面接近-单手被双手抓握解脱-夹胸拖带-深水无阶梯单人上岸

◆跨步式入水-正面接近-单手被双手抓握解脱-双手托腋拖带-深水无阶梯单人上岸

◆跨步式入水-背面接近-单手被双手抓握解脱-夹胸拖带-深水无阶梯单人上岸

◆跨步式入水-背面接近-单手被双手抓握解脱-双手托腋拖带-深水无阶梯单人上岸

◆ 跨步式入水-侧面接近-单手被双手抓握解脱-夹胸拖带-深水无阶梯单人上岸

◆ 跨步式入水-侧面接近-单手被双手抓握解脱-双手托腋拖带-深水无阶梯单人上岸

第二组：

◆ 蛙腿式入水-正面接近-背面颈部被抱持压腕上推单肘解脱-夹胸拖带-深水无阶梯单人上岸

◆ 蛙腿式入水-正面接近-背面颈部被抱持压腕上推单肘解脱-双手托腋拖带-深水无阶梯单人上岸

◆ 蛙腿式入水-背面接近-背面颈部被抱持压腕上推单肘解脱-夹胸拖带-深水无阶梯单人上岸

◆ 蛙腿式入水-背面接近-背面颈部被抱持压腕上推单肘解脱-双手托腋拖带-深水无阶梯单人上岸

◆ 蛙腿式入水-侧面接近-背面颈部被抱持压腕上推单肘解脱-夹胸拖带-深水无阶梯单人上岸

◆ 蛙腿式入水-侧面接近-背面颈部被抱持压腕上推单肘解脱-双手托腋拖带-深水无阶梯单人上岸

◆ 跨步式入水-正面接近-背面颈部被抱持压腕上推单肘解脱-夹胸拖带-深水无阶梯单人上岸

◆ 跨步式入水-正面接近-背面颈部被抱持压腕上推单肘解脱-双手托腋拖带-深水无阶梯单人上岸

◆ 跨步式入水-背面接近-背面颈部被抱持压腕上推单肘解脱-夹胸拖带-深水无阶梯单人上岸

◆ 跨步式入水-背面接近-背面颈部被抱持压腕上推单肘解脱-双手托腋拖带-深水无阶梯单人上岸

◆ 跨步式入水-侧面接近-背面颈部被抱持压腕上推单肘解脱-夹胸拖带-深水无阶梯单人上岸

◆ 跨步式入水-侧面接近-背面颈部被抱持压腕上推单肘解脱-双手托腋拖带-深水无阶梯单人上岸

第三组：

◆ 蛙腿式入水-正面接近-正面腰部被抱持夹鼻推颌解脱-夹胸拖带-深水无阶梯单人上岸

◆ 蛙腿式入水-正面接近-正面腰部被抱持夹鼻推颌解脱-双手托腋拖带-深水无阶梯单人上岸

◆ 蛙腿式入水-背面接近-正面腰部被抱持夹鼻推颌解脱-夹胸拖带-深水无阶梯单人上岸

◆ 蛙腿式入水-背面接近-正面腰部被抱持夹鼻推颌解脱-双手托腋拖带-深水无阶梯单人上岸

◆ 蛙腿式入水-侧面接近-正面腰部被抱持夹鼻推颌解脱-夹胸拖带-深水无阶梯单人上岸

◆ 蛙腿式入水-侧面接近-正面腰部被抱持夹鼻推颌解脱-双手托腋拖带-深水无阶梯单人上岸

◆ 跨步式入水-正面接近-正面腰部被抱持夹鼻推颌解脱-夹胸拖带-深水无阶梯单人上岸

◆ 跨步式入水-正面接近-正面腰部被抱持夹鼻推颌解脱-双手托腋拖带-深水无阶梯单人上岸

◆ 跨步式入水-背面接近-正面腰部被抱持夹鼻推颌解脱-夹胸拖带-深水无阶梯单人上岸

◆ 跨步式入水-背面接近-正面腰部被抱持夹鼻推颌解脱-双手托腋拖带-深水无阶梯单人上岸

◆ 跨步式入水-侧面接近-正面腰部被抱持夹鼻推颌解脱-夹胸拖带-深水无阶梯单人上岸

◆ 跨步式入水-侧面接近-正面腰部被抱持夹鼻推颌解脱-双手托腋拖带-深水无阶梯单人上岸

第四组：

◆ 蛙腿式入水-正面接近-背面腰部肘部同时被抱持扳指解脱-夹胸拖带-深水无阶梯单人上岸

◆ 蛙腿式入水-正面接近-背面腰部肘部同时被抱持扳指解脱-双手托腋拖带-深水无阶梯单人上岸

◆ 蛙腿式入水-背面接近-背面腰部肘部同时被抱持扳指解脱-夹胸拖带-深水无阶梯单人上岸

◆ 蛙腿式入水-背面接近-背面腰部肘部同时被抱持扳指解脱-双手托腋拖带-深水无阶梯单人上岸

◆ 蛙腿式入水-侧面接近-背面腰部肘部同时被抱持扳指解脱-夹胸拖带-深水无阶梯单人上岸

◆ 蛙腿式入水-侧面接近-背面腰部肘部同时被抱持扳指解脱-双手托腋拖带-深水无阶梯单人上岸

◆ 跨步式入水-正面接近-背面腰部肘部同时被抱持扳指解脱-夹胸拖带-深水无阶梯单人上岸

◆ 跨步式入水-正面接近-背面腰部肘部同时被抱持扳指解脱-双手托腋拖带-深水无阶梯单人上岸

◆ 跨步式入水-背面接近-背面腰部肘部同时被抱持扳指解脱-夹胸拖带-深水无阶梯单人上岸

◆ 跨步式入水-背面接近-背面腰部肘部同时被抱持扳指解脱-双手托腋拖带-深水无阶梯单人上岸

◆ 跨步式入水-侧面接近-背面腰部肘部同时被抱持扳指解脱-夹胸拖带-深水无阶梯单人上岸

◆ 跨步式入水-侧面接近-背面腰部肘部同时被抱持扳指解脱-双手托腋拖带-深水无阶梯单人上岸

第五组：

◆ 蛙腿式入水-正面接近-头发被抓解脱-夹胸拖带-深水无阶梯单人上岸

- ◆ 蛙腿式入水-正面接近-头发被抓解脱-双手托腋拖带-深水无阶梯单人上岸
- ◆ 蛙腿式入水-背面接近-头发被抓解脱-夹胸拖带-深水无阶梯单人上岸
- ◆ 蛙腿式入水-背面接近-头发被抓解脱-双手托腋拖带-深水无阶梯单人上岸
- ◆ 蛙腿式入水-侧面接近-头发被抓解脱-夹胸拖带-深水无阶梯单人上岸
- ◆ 蛙腿式入水-侧面接近-头发被抓解脱-双手托腋拖带-深水无阶梯单人上岸
- ◆ 跨步式入水-正面接近-头发被抓解脱-夹胸拖带-深水无阶梯单人上岸
- ◆ 跨步式入水-正面接近-头发被抓解脱-双手托腋拖带-深水无阶梯单人上岸
- ◆ 跨步式入水-背面接近-头发被抓解脱-夹胸拖带-深水无阶梯单人上岸
- ◆ 跨步式入水-背面接近-头发被抓解脱-双手托腋拖带-深水无阶梯单人上岸
- ◆ 跨步式入水-侧面接近-头发被抓解脱-夹胸拖带-深水无阶梯单人上岸
- ◆ 跨步式入水-侧面接近-头发被抓解脱-双手托腋拖带-深水无阶梯单人上岸

高级游泳救生员模拟教学题签

- ◆ 讲解踩水技术
- ◆ 讲解抬头爬泳技术
- ◆ 讲解反蛙泳技术
- ◆ 讲解长划臂蛙泳潜远技术
- ◆ 讲解侧泳技术
- ◆ 讲解蛙腿式入水技术
- ◆ 讲解跨步式入水技术
- ◆ 讲解正面接近技术
- ◆ 讲解背面接近技术
- ◆ 讲解侧面接近技术
- ◆ 讲解双手托腋技术
- ◆ 讲解夹胸拖带技术
- ◆ 讲解深入无阶梯上岸技术
- ◆ 讲解“单手被双手抓握”解脱方法
- ◆ 讲解背面“颈部被抱持“压腕上推单肘解脱方法
- ◆ 讲解正面“腰部被抱持”夹鼻推颌解脱方法
- ◆ 讲解背面“腰部肘部同时被抱持”扳指解脱法
- ◆ 讲解“头发被抓”压腕扳手解脱法
- ◆ 讲解“头发被抓”推肘解脱法

扫码“练一练”

思考题

1. 游泳的健身价值主要体现在哪些方面？
2. 参加游泳活动有哪些卫生要求？
3. 蛙泳的技术要领是什么？
4. 自由泳的技术要领是什么？
5. 仰泳的技术要领是什么？
6. 间接救生与直接救生包括哪些步骤？如何进行？
7. 岸上急救主要有哪些措施？各措施的主要目的是什么？
8. 水中解脱的方法有哪几种？各适用于什么情况？
9. 初级游泳救生员国家职业技能鉴定项目有哪些？
10. 中级游泳救生员国家职业技能鉴定项目有哪些？
11. 高级游泳救生员国家职业技能鉴定项目有哪些？

（李华斌）

第十三章

乒乓球运动

学习目标

知识要求

1. 掌握乒乓球运动的基本技术、战术动作概念和要领。
2. 熟悉乒乓球运动的基本竞赛规则。
3. 了解乒乓球运动的起源和发展历程。

技能要求

通过教学过程提高基本身体素质，掌握乒乓球基本技术、重难点，基本战术的运用；能够运用基本竞赛规则进行比赛。

第一节　乒乓球运动概述

扫码“学一学”

一、乒乓球运动的起源和发展

（一）乒乓球运动的起源

1890 年，有位名叫詹姆斯・吉布（James Gibb）的英格兰人到美国旅行时，偶然发现了一种用赛璐珞制成的空心玩具球，弹跳力很强。于是，他就将这种球稍加改进后，逐步在英国和世界各地推广起来。也许因为此球在桌上打来打去发出了“乒乒乓乓”声音的缘故，英国一家体育用品公司，首先用“乒乓”（Ping Pong）一词作了广告上的名称。就这样，乒乓球才开始得此绘声之名。

知识链接

根据文献记载：在 19 世纪 80 年代，有两位英格兰的网球选手赛后在谈论网球的战术，争论如何发球，底线抽球和网前截击等技术时，情不自禁地用酒瓶的软木塞当球，桌面为场地，在两把高背椅子上挂一根细绳当作球网，用雪茄烟盒为球拍，模仿打网球的动作在桌面上对打起来，此举吸引了不少食客和侍者观战。这时餐厅的女主人对这种别开生面的“游戏”不禁惊叹喊出：Table Tennis！即桌子上的网球，这一场面竟成了解乒乓球这一运动最早的命名式。当时英国的一些大学生，很快以室内餐桌作为球台，采用比草地网球小的橡胶实心球裹上丝织物代替软木塞，用羊皮纸做球拍。此种亦称“小网球”的游戏，在贵族中很快行开来。

（二）乒乓球运动的发展

第一次世界大战后，欧洲许多国家都先后成立了乒乓球协会，1926 年 1 月，在德国 G. 勒曼博士的倡议下，在柏林网球俱乐部召开了一次座谈会。当时参加会议的有英国、德国、匈牙利、瑞典等国的代表。会议最后决定成立临时国际乒联，并委托英国乒协举办一届欧洲乒乓球锦标赛。1926 年 12 月 6 日至 12 月 11 日，在英国伦敦举行了第一届欧洲乒乓球锦标赛，运动员比赛时衣着各式各样 男子都穿长裤，有的穿毛衣，有的穿西服打着领带；女运动员则穿着不适合运动的长裙子。这一切说明这届比赛还是处于萌芽时期的新事物。

知识链接

蒙塔古出身英国贵族，17 岁即担任英格兰乒协主席。1926 年 2 月 12 日在他母亲的书房里召开的第一届国际乒联大会上年 22 岁的蒙塔古被推选担任国际乒联主席，直至 1967 年退休。退休时被一致推举为国际乒联终身名誉主席。蒙塔古担任主席的国际乒联特别强调，开展乒乓球运动的目的是增进友谊，提高球艺。因而它的规定不同于世界其他体育组织，如会员只代表乒协，不代表国家，发奖时不升国旗，不奏国歌；运动员无职业和业余之分。这些规定避免了其他国际体育组织所经常遇到的很多麻烦。40 年的时间，乒乓球从一个游戏发展成世界性的体育比赛，几乎遍及世界的各个角落蒙塔古为此做出了巨大的贡献。

1. 第一个阶段（1926~1951 年）：欧洲乒乓球运动的全盛时期　1926~1951 年国际乒联共举行了 18 届世界锦标赛，锦标赛的地点除 1939 年在埃及外，其他均在欧洲国家，可以称为是欧洲的全盛时期。这段时期，欧洲选手的基本打法是防守多于进攻，主要靠稳削下旋球取胜对手。

● 巴纳　匈牙利（1911~1972）

在竞争激烈的男子乒坛，匈牙利选手巴纳绝对是个传奇，在他的职业生涯中赢得过 40 枚世乒赛奖牌，其中包括 22 枚金牌、8 枚银牌和 10 枚铜牌。5 个单打冠军、8 个双打冠军、3 个混双冠军再加上 7 枚团体赛金牌，轻而易举地成为金满贯得主，这些前无古人恐怕也是后无来者的荣誉让其他选手望尘莫及，曾任国际乒联主席的蒙塔古曾说：“他是我见过的最伟大的乒乓球运动员。”

2. 第二个阶段（1952~1959 年）：日本队进入世界乒坛　1952 年在孟买举行的第十九届比赛中日本队首次参加锦标赛，震动了整个世界乒坛。他们以直握球拍的长抽进攻型打法结合快速的步法移动并且使用革新了的海绵球拍，击败了欧洲的下旋削球，夺得女团、男单、男双、女双 4 项冠军。其后，又在第二十一至二十五届的比赛中蝉联男团桂冠，尤其是在 1954 年的第二十一届，日本男、女队同时获得团体冠军。日本队的技术、战术独具一格，从此突破了保持 20 多年优势欧洲防线，而将乒乓球技术的发展推向一个新的高峰，乒乓球运动的优势从欧洲转到亚洲。

● 荻村伊智朗 日本（1932~1994）

荻村从 1948 年开始打乒乓球，1954 年获世界男子单打冠军。此后，他曾在世界锦标赛的各种比赛中获得过 12 块金牌。挂拍后，他曾在瑞典等 20 多个国家担任过乒乓球教练。1987 年，荻村当选为国际乒联主席，在任期间荻村为世界乒乓球运动的发展做出了巨大贡献。

3. 第三发展阶段（1959~1969 年）：中国直拍近台快攻打法崛起 20 世纪 50 年代末，正当日本队处于高峰状态时，我国运动员容国团以其独特的直拍近台快攻打法，在第二十五届世界乒乓球锦标赛中连续打败了许多世界强手，为我国夺得有史以来的第一个世界男子单打冠军。1961~1965 年，中国队又以独特的快速进攻打法和旋转多变并配以有效反攻的积极防守打法，获得 11 项世界冠军。在第二十八届世界锦标赛中，中国队共得 5 项冠军，标志着中国男、女队均已进入世界先进行列。中国队的成功，把这项运动在快速和技术全面发展方面推向了一个新的发展阶段。

● 庄则栋 中国（1941~2013）

庄则栋，世界乒坛上一个传奇式的人物、中国体育史上一座永恒的丰碑，他曾经三次蝉联世界冠军、全国冠军、这个纪录至今无人打破。他的乒乓之道起步于新中国的艰难岁月，他的乒乓精神鼓舞一代人的创业激情，他与美国运动员科恩的邂逅并大胆接触，奠定了“乒乓外交”的基石，使得乒乓球真正成为我们的“国球”，他为“小球转动地球”做出了卓越的贡献，完成了几代人的梦想与追求，他创造了迄今无人能超越的神话。

4. 第四个阶段（1971~1979 年）：欧洲的复兴和欧亚对抗 第三十一届世界锦标赛中，19 岁的瑞典新手本格森（Bengtssn）连胜中国、日本队的强手，一跃成为男子单打世界冠军。欧洲选手在继承、发展欧洲打法的基础上，学习了日本的弧圈球以及中国快攻的长处，把快攻和弧圈结合在一起，创造了适合他们的以弧圈为主结合快攻和以快攻为主结合弧圈球这两种先进打法。欧洲的进步对亚洲各国技术的提高是个促进，20 世纪 70 年代世界乒坛力量对比发生了变化，在 1977 年以前，亚洲虽还占一定上风，但与欧洲的实力已相当接近了。

● 曹燕华 中国（1962~）

曹燕华，一个曾三次获得世界锦标赛团体冠军的中国女队主力队员，两次获得女子单打冠军，一次男女混双冠军一次世界女子双打冠军的称号，也使中国队囊括了世乒赛全部七项冠军，创造了国际乒坛有史以来，包揽全部七项冠军和五个单项亚军的历史纪录。当时，她是唯一赢得世乒赛四个项目大满贯的中国运动员。

5. 第五发展阶段：进入奥运时代，欧亚竞争更加激烈 1988 年，乒乓球被列入奥林匹克运动会的正式比赛项目，这大大推动了乒乓球运动的进一步发展。世界各国尤其是欧亚强国，如：瑞典、苏联、德国、韩国、日本和中国更加重视乒乓球的普及和提高。进入奥运时代，欧亚竞争更加激烈。

● 瓦尔德内尔 瑞典（1965~）

瓦尔德内尔与中国四代选手抗衡了 20 多年，且不落于下风，是世界乒坛的一位标志性人物，是 20 世纪过去的 11 年中排名从来没有低于 7 名之后的乒乓运动员，也是第一个在历史上同时获得奥林匹克运动会金牌、世界乒乓球锦标赛冠军、世界杯冠军的男子选手。同时他也是获得瑞典历史上第一枚奥运金牌的人。少年得志、老而弥坚的乒坛“常青树”，赢得了所有对手的尊重。

6. 第六发展阶段，实施新规则后的世界乒坛 2000年10月1日正式在世界乒乓球比赛中使用40毫米大球。2001年9月1日开始实行11分赛制。2002年9月1日开始正式实行无遮挡发球。国际乒联连续推出三项规则改革，这些规则改革使得比赛更加精彩激烈，比赛结果偶然性增大，悬念增多，关键球增多，使比赛不断出现高潮，使观众兴奋。新规则下，对运动员提出了更高的要求，乒乓球技术朝着“主动、凶猛、敢打、多变”的方向发展，并且要求运动员技术更加全面，特长更加突出。

技术打法向快速方向发展是总趋势中的一个重要的方面，速度和旋转相互渗透，要求更好的结合；弧圈球技术和反弧圈球技术将在相互牵制、相互争斗的矛盾中发展提高；力争主动，先发制人，争取前三板发挥出个人技术特长，是各种类型打法发展的另一个趋势。削攻打法在比赛中增多进攻成分，利用两面不同性能球拍搞旋转变化，伺机强攻等，都要在“变、转、攻”上下功夫争主动；推攻和两面攻打法的运动员，除加快进攻的速度外，还会进一步提高反手攻球的威力，力争更加全面掌握技术。

总的来讲，世界乒乓球技术正朝着更加积极主动、特点突出、技术比较全面、战术变化多样的方向发展。

（三）乒乓球运动在中国的发展

自乒乓球于1988年成为奥运项目以来，共计产生的23枚金牌中有20枚都落入中国队囊中，只有三金旁落——两枚在汉城奥运会上被东道主韩国人拿走，一枚在巴塞罗那奥运会上留给了瑞典“常青树”瓦尔德内尔。而在最近的两届奥运会——亚特兰大和悉尼奥运会，中国乒乓球队都是连续两届包揽四金，中国乒乓球队也真可谓是名副其实的“梦之队”。

中国乒乓球兴起于20世纪50年代末，正当日本队处于巅峰状态时，中国选手容国团在第二十五届世乒赛上，为中国夺得了第一个世界冠军，这个冠军对中国意味着太多的东西：荣誉、尊严、自信。中国人把太多的希望与感情都浓缩在一个小小的乒乓球上。白色的乒乓球带动了当时5亿中国人奋发向上的干劲。自然而然地，乒乓球在中国普及开来，而且这种普及完全是发自群众内心的渴望。1961年，第26届世乒赛在北京举行。这是新中国成立以后，中国举办的第一次世界大赛。中国队在家门口获得4枚金牌。这一次与乒乓球的零距离接触，再次把中国的乒乓球运动开展推向一个新高潮、新阶段。

知识链接

1971年，著名的“乒乓外交”打破了中美之间的政治坚冰，成为世界外交史上的一段佳话。小球震动了地球，也由此确立了它在中国政治领域内不可动摇的地位。乒乓球身披绚丽夺目的光环，脚踏东方不败的神话。没有任何一项体育运动，能像乒乓球这样让国人扬眉吐气，让世界对中国人刮目相看。乒乓球是国球，在中国体育发展史上写下了最浓重的一笔。

二、乒乓球运动的特点和健身价值

随着物质生活水平的提高，集健身性、竞技性、娱乐性于一体的乒乓球运动满足21世纪人们渴望寻找高尚、健康、有益、便捷的休闲娱乐活动的渴望。

1. 特点

（1）器材、设备简单，室内、室外均可进行，运动量可大可小，不同年龄、性别和身体条件的人都可以参加，很容易被大众所接受，易于开展和普及。

（2）乒乓球球小、速度快、旋转强、变化多，对人的反应能力、应变能力和神经系统的灵敏性和协调性有很高的锻炼价值。

（3）乒乓球运动项目多，有单打、双打、团体赛，技术种类多，可划分为五大类型 12 种打法，有很高的趣味性。

2. 健身价值

（1）能明显改善心血管系统和呼吸系统功能。

（2）增强神经系统、运动系统功能，有健脑益智的作用。

（3）提高心理素质。

（4）促进交流、增进友谊。

第二节　乒乓球运动的基本技术

扫码“学一学”

一、基本站位、准备姿势与基本步法

（一）基本站位（以右手持拍为例）

1. 不同打法类型有不同的基本站位

（1）弧圈球　以弧圈球为主的打法，基本站位是离球台 50~70 厘米左右，偏左。

（2）左推右攻　近台偏左 1/3 处距球台 30~40 厘米。

（3）两面弧圈球　中台中间略偏左，距球台 70 厘米处。

（4）快攻型　左推右攻打法基本站位是离台 30~40 厘米，偏左。

（5）两面攻打法　离台 30~40 厘米，中间略偏左。

（6）削球型　横拍攻削结合打法基本站位在台中间附近。以削球为主的打法在中远台附近。

2. 不同的运动员自身情况和打法特点有不同的基本站位　乒乓球的基本站位需要根据运动员的个人技术特点及身体条件决定。例如：同为弧圈型打法，但侧身抢拉多的运动员，其基本站位就比使用反手多的运动员要略偏左一些。而身材高大的运动员，其基本站位就要比矮小运动员站的稍远一些。

3. 练习方法

（1）根据个人打法特点和自身情况做徒手站位模仿练习。

（2）根据站位动作要点，按教师指令做模仿左推右攻打法、两面攻打法、弧圈型打法、攻削型打法和削攻型打法的站位徒手想象练习，体会不同的站位方法。

（3）根据不同技术练习路线，做徒手模仿练习，如左方斜线对推站位、右方斜线对攻站位、中路平挡球站位等。

（二）准备姿势

动作要点：两脚开立约与肩宽，两膝微屈稍内扣以前脚掌内侧着地，身体重心在两脚

中间，上体微前倾下颌微收，两眼注视来球，持拍手臂自然弯曲手腕放松，球拍自然后仰置于腹前，左手自然弯曲抬起高于台面（图 13-1）。

重点难点：两脚前脚掌内侧着地，屈膝提踵放松微动。

练习方法：模仿及时做的各种打法准备姿势，做模仿练习，体会动作要点。

看教师的手势或口令，由准备姿势开始做向前、后、左、右方向移动练习，要求保持好身体平衡。单线路的推、攻、搓技术动作练习，同时保持正确的准备姿势。

图 13-1　准备姿势

（三）基本步法

步法是指乒乓球运动员在击球时为选择合适的击球位置所采用的各种脚步移动方法，可以分为单步、跨步、跳步、并步、交叉步、侧身步六种。

1. 单步　击球时以一脚前脚掌向前后，或左右移动一步，以取得合理的击球位置。一般在来球较近身体时采用这种步法。

2. 跨步　用来球方向的异侧脚的前脚掌内侧用力蹬地，同侧脚向来球方向侧跨一大步，并用前脚掌内侧蹬地自动缓冲，异侧脚再迅速跟上。一般在来球离身体一大步的范围时使用，此步法移动速度快，多用于借力回击，由于一脚移动幅度较大，使身体重心降得较低连续使用不容易。

3. 跳步　击球时以来球反方向的脚先起动用力蹬地，两脚同时离地向左侧或右侧移动，蹬地脚先着地，另一只脚也跟着落地站稳，以取得合理的击球位置。这种步法照顾范围大，重心稳健。

4. 并步　先以来球方向的异侧脚向同侧脚并一步，然后同侧脚再向来球方向迈一步并挥拍击球。由于这种步法由两步组成，要求两脚移动时速度要快。一般在来球离身体一步以上而移动幅度又不太大时使用，移动时脚步不腾空，身体重心比较平稳，有利于发力击球。

5. 交叉步　击球时先以来球反方向的脚向来球方向移动，并超过另一只脚，接着另一只脚再向来球方向跨一步以取得合理的击球位置。一般在来球角度大的情况下采用这种步法。

6. 侧身步　这种步法一般在来球逼近身体或来球在反手位而击球员想用正手进攻时使用，具体方法可根据上述五种步法进行侧身击球。

二、握拍

握拍法即指单手持球拍的方法。世界上流行着直式和横式两种握拍方法，两种握法各有千秋，实践时应因人而异，扬长避短。下面以右手为例讲解。

1. 直式握拍法　正面拇指第一指节和示指第二指节握拍，拍柄压住虎口（两指间距离适中），背面中指、无名指和小指自然弯曲斜形重叠，中指第一指节顶住球拍的后上部使球拍保持平稳（图 13-2）。

2. 横式握拍法　中指、无名指和小指自然地握住拍柄，拇指在球拍正面轻贴在中指的旁边，示指自然伸直斜放于球拍的背面，虎口轻微贴拍，击球时拇指和示指帮助手腕调节拍形和加力挥拍作用。正手攻球时示指向上移动，反手攻球时拇指向球拍中部移动帮助手腕下压加大击球力量（图 13-3）。

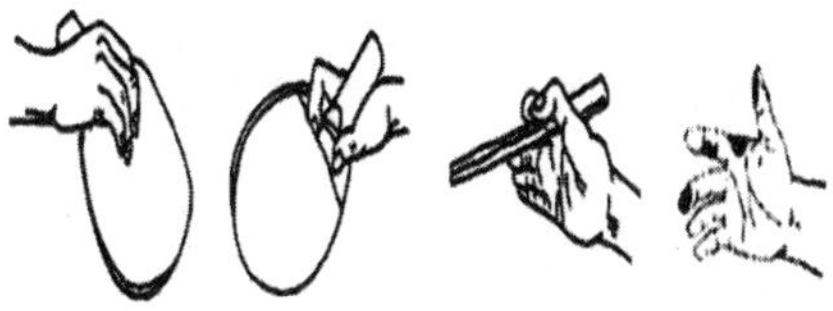

图 13-2 直式握拍法

图 13-3 横式握拍法

三、发球与接发球

（一）发球

1. 基本方法

乒乓球的发球是多种多样的，下面介绍几种基本的发球技术（以右手直握拍为例）。

（1）正手平击发球 站位近台，左脚稍前，击球前左手掌心托球置于身体右前方，右手持拍也置于身体右侧，发球时，持球手将球向上抛起，同时身体右转，右臂内旋，使拍面稍前倾成半横状并向右后方引拍。击球时，当球由高点下降至网高时，持拍手从身体右后方向前挥动，击球中上部，上臂带动小臂发力击出的球的第一落点在球台中间。击球后，身体重心移至左脚，手臂顺势向前挥动并迅速还原。

（2）正手发急球 站位近台，左脚稍前，身体略向右偏。击球前，左手掌心托球置于身体右侧。发球时，左手将球向上抛起，同时右臂内旋，使拍面角度稍前倾，挥拍手腕自然下垂，肘关节高于前臂，向身体右侧后方引拍。击球时，当球下落近网高时，上臂带动前臂，腰部配合发力，持拍手腕从右后方向左前方抖动挥拍，击球的右侧中部并向中上方摩擦击球，触球瞬间，拇指压拍，击出球的第一落点接近本方球台的端线，击球后，手臂随势前挥，身体重心从右脚移至左脚并迅速还原。

（3）反手发急球 右脚稍前，左脚掌心托球置于腹前左侧，右手持拍于身体左侧。抛球后，持球下落时前臂迅速由后向前挥动，拍面朝前倾，击球的中上部。击球后，前臂和手腕向前挥动。

（4）反手发急下旋球 与反手发急球相似，区别在于拍同球接触瞬间拍面略为后仰，击球的中下部。击球点比网稍低，前臂在向前挥动时手腕向下压摩擦球，第一落点应在本方球台的端线附近。

（5）正手发转与不转球 右脚在后，前臂向后上方引拍，拍面略向后仰。当球下落与网同高时，前臂迅速向前下方挥动，手腕用力转动，摩擦球的中下部。发不转球时，主要是拍与球接触的一瞬间，用球拍向前撞击，减少向下的摩擦力。

（6）反手发右侧上（下）旋球 右脚在前，持拍手向上方引拍，拍柄略向下。当球下落与网同高时，前臂和手腕同时发力，触球瞬间手腕向右上方转动，使拍从球的中部向右上方摩擦。发右侧下旋球时，手腕向右下方转动，使拍从球的中部向右下方摩擦。

（7）正手发左侧上（下）旋球 右脚向后，抛球时，持球手向上方引拍，手腕外展。当球下落与网同高时，手臂迅速向下方挥动，触球瞬间手腕快速向左上方转动，使球拍从球的中部向上方摩擦。发左侧下旋球时，手腕快速向左下方摩擦。

2. 教学方法 在学习发球时，应注意由浅入深，循序渐进，先学习最简单的平击发球，待发球的准确性提高后，再学习发急球，加转与不转球和左、右侧上（下）旋球。并在教学过程中注意根据学生的具体情况区别对待。

3. 练习方法 发球动作模仿练习，徒手发球前的准备姿势，模仿抛球及发球的动作，体会动作要领简要提示发球规则要求。

（1）两人一组在台上互相进行单一发球练习（不定点、定线）。

（2）单人多球的发球练习。

（3）两人一组在台上互相进行定点定线发球练习，先斜线后直线，先长球后短球。

（4）先进行单一旋转性能的发球练习，后进行同一手法不同旋转不同落点的发球练习。

（二）接发球

1. 基本方法 接发球的基本方法是由推、攻、搓、拉、削等等技术组成，下面介绍几种主要接发球的方法，多以横拍或直拍进攻型打法为主。

（1）接急球 所谓急球是指对方发出的直线、斜线或中路底线的长球，具有角度大、速度快的特点。回接急球时，站位应偏远一点，以便做好充分的准备，判断和起动都要快。根据来球的速度、旋转和落点，采取点、拉、冲、拨、推等方法来回接。接正手位的奔球、侧旋球或侧上旋球，都以点、攻、冲为主；接侧旋急长球，以拉冲为主；接反手位的奔球、侧旋或侧上旋球时，多以快推、快拨对方大角度或用反手攻和侧身点、冲方法。

（2）接下旋球 可用稳搓、摆短、劈长、挑、拉冲等方法。对于初学者，回接下旋球的最基本方法就是稳搓，要求搓稳、搓低、不能下往。对具备一定水平的乒乓球运动员，接下旋球时，一定要积极主动，要加大回接难度质量。如对方发球旋转很强，就要用摆短、劈长方法回接，还要加大回接的旋转和落点难度。

由于下旋球具有速度不是太快而旋转变化较大的特点，因此，接发球的准备时间较充足，而在判断旋转强度和回接球的手上控制难度要加大。强烈下旋球一般都用手法相似的不转发球相配套。这就要求接发球者判断要准确，看清来球旋转强度和落点后，敢于上手。如果没有胆量，求稳搓接，甚至托球，多半会被对方抢攻。

在运用反手拉球技术回接反手位侧下旋长球时应注意：如对方发球的速度不是太快、角度不大、旋转一般时还比较容易回接。但如果对方发球质量较高，就要求两面拉球或冲球时手感要强，用摩擦旋转来克制对方的旋转。让位要充分，抢冲对方两大角。如能对来球判断准确，用搓挤的方法回接也很有效。如对方的发球是急下旋，用正常的搓球方法回接容易出高球，用推、拨的方法回接又容易下网。这时可用搓挤回接，还可使回球产生一定的急下旋，但要注意掌握好击球时间、拍型及用力方法。

（3）接左、右侧上、下旋球 站在反手位侧身用正手发球，可使球产生左侧上、下旋。站在反手侧身位，用反手发球，使球产生右侧上、下旋。无论是高抛还是低抛、反手还是正手发球，除下旋球和不转球外，基本上都是左、右侧上、下旋球。但左、右侧上、下旋球是一个统称，也只是一个旋转的概念，并不包括速度和落点的因素。左、右侧上、下旋球都有斜线长、短球，中路长短球，直线长、短球之分。在这其中还有以旋转落点为主或以速度落点为主之分。同样是左侧下旋斜线长球，一个是斜线角度大，旋转较强；另一个则可能斜线角度大、速度快。因此说，左、右侧上、下旋球是一个统称。如果详细用旋转、速度及落点划分起来，可分出几十种。对发球者来讲，较大的发球旋转变化，都是在球拍触球的一瞬间，通过调整拍形和触球用力方向而产生的。这就要求接发球者在判断准确的基础上采用相对固定的接发球模式，并在这一接发球模式的制约下，加强有针对性的强化训练，以提高接发球的质量和命中率。接出台长球或半出台球，无论是直、中、斜线侧上、下旋或半出台球，一定要立足于抢拉、抢冲或抢点。至于在什么情况下运用，则要根据对方发球的速度、旋转及落点而定。接旋转较强的侧下旋长球或半出台球，以抢拉高吊弧圈为主。

（4）接短球　短球也是一个统称，从路线上可分为反手位、中路、正手位短球。从旋转上可分为上旋、下旋、侧旋、侧上旋、侧下旋和不转的短球。在接短球的方法上，要根据不同球性而异，当然不排除同一种发球可用几种回接方法。比如：接正手位一般侧下旋的短球，可摆短、也可劈长，可快挑、也可以晃接。在这种情况下，接发球的方法就取决于你本身接发球的能力。如能熟练地运用上述各项技术，就可以速度快、积极主动的挑、撇为主，以提高接发球的质量。

2. 练习方法

（1）用固定的方法回接单一旋转的来球。

（2）在上述基础上，练习用固定方法接对方用相似手法发出的不同旋转的来球，以提高适应。

（3）用不同的技术方法回接对方各种来球以提高适应能力。

（4）待接球命中率提高后，应注意练习接发球的控制落点能力。

（5）利用多球练习提高接发球技术（与发球结合）。

（三）推挡球

1. 基本方法

（1）挡球　（以右手为例）两脚平行或左脚稍前，身体离台面约 50 厘米。击球前，前臂与台面平行伸向来球，触球前，前臂和手腕稍向前移动，借助来球的反弹力将球挡回，在球上升期击球中部，拍型与台面接近垂直。

（2）快推　站位和挡球相同。持拍手上臂和时关节内收，前臂略向外旋，击球时，前臂开始向前推击，同时手腕旋转，示指压拍，拇指放松，使拍面前倾。在上升期，击球中上部，将球快推过去，击球后，手臂继续前送，手腕配合旋转，使球拍下压。

（3）加力推　击球前，前臂后收，球拍稍提高，并及时根据来球弹起的高度，调整好拍形角度，在来球的上升后期或高点期，以前倾拍形推击球的中上部。击球瞬间，上臂、前臂和手腕向前下方发力推压，腰、臀亦协助用力。

（4）推下旋　击球时，手腕不要外转，拇指压拍，拍面保持一定后仰，在上升期后段，击球中下部。推击时，适当增大向前和向下的力量，以压低回球弧线。

2. 练习方法

（1）徒手模仿练习推挡动作练习，体会动作要领。

（2）反手对墙击球练习。

（3）一人发平击球，另一人反手挡球练习。

（4）两人在台对练挡球，不限落点，要求击球过网，动作正确。

（5）两人在台上先练对挡中线，然后对挡斜线和直线，要求逐渐加力。

（6）反手 1/2 台快推斜线练习。

（7）反手一点推两点或一点推多点推挡练习。

（四）搓球

1. 基本方法

（1）慢搓

1）特点与运用　慢搓动作幅度大，在来球的下降期击球，回球速度慢，但有利于增加搓球的旋转强度。慢搓一般适用于回接旋转较强，线路稍长的来球。在对搓中，快慢搓结合起来，可以变化击球节奏，牵制对方。

2）要点　①应根据来球的具体情况，控制好拍面的后仰角度；②击球时，前臂用力为主，转腕动作不宜过大；③搓加转球，在向下用力的同时，应增加前送的幅度。

（2）快搓

1）特点与运用　动作幅度小，回球速度快，借来球的前进力将球搓回，常用于接发球或削过来的近网下旋球，在对搓中，利用快搓变化击球节奏，缩短对方回球的准备时间。

2）要点：①身体重心前移，身体靠近来球；②前臂主动前伸插向球的中下部；③快搓一般借力还击，若来球下旋弱可用力下切。

（3）搓转与不转球

1）特点与运用　用相似的手法搓出转与不转球（相对而言），使对方判断错误而直接得分，或为抢攻创造条件。在对搓中，把旋转变化与落点变化巧妙地结合起来，可以获得更多的进攻机会，在对付削球时，能使自己从被控制的局面中解脱出来。

2）要点　①加转是前提，转与不转间差异越大越有威力；②搓加转时，手腕爆发式用力为主；③搓不转时，要注意回球的弧线。

（4）不同性能球拍的搓球

1）特点与运用　倒拍动作快，用不同性能的拍面击球，完全改变回球的旋转性质，使对方难以适应。常用于对搓中能直接得分或出现机会球时。

2）要点　掌握熟练的倒拍技术，选择好换拍面搓球的时机，使对方防而不备，出现失误，并作好下一板球的应变准备。

2. 练习方法

（1）单一搓球徒手模仿动作练习，体会动作要领。

（2）自己向台上抛球，将球搓向对方台区。

（3）一人发下旋球，一人搓回。

（4）一人发下旋球，以相反路线将球搓回对方台区。

（5）对搓练习（先中线、后斜线、再直线）。

（6）固定路线正手和反手结合搓球练习。

（五）削球

1. 基本方法　削球是一项独特的技术，以球速度慢、球路飘忽不定为特点。削球以防守为主，通过线路的变化，迫使对方回球质量不高，或者失误，抓住机会进行反击。

（1）反手削球　两脚开立，右脚在前，两膝微屈，上体略向左旋转，重心支撑点在左脚上，引拍至左肩侧。击球时，上臂带动下臂挥动，拍面后仰，手腕跟着前臂用力方向转动，在来球下降期摩擦球的中下部，将球削出，重心支撑脚移到右脚。击球后，迅速还原，准备下次击球。

（2）反手近削　两脚开立，右脚稍前，两膝微屈，身体离台稍近并略向左转。手臂自然弯曲，向左上方引拍约与肩平，拍面稍后仰。击球时，手臂迅速向右前下方挥动，以前臂和手腕用力为主，在来球高点期摩擦球的中部或中下部，将球削出。

（3）接短球　离台较远时，上前接短球时要使用交叉步，一般以右脚在前、上体略前倾移近球台，手臂伸进台内将球击回。如来球稍高，要迅速上前反攻。

（4）削弧圈球　削加转弧圈球时，拍面近乎垂直，向下的力量要大于向前的力量。对方来球旋转越强，越要用力把球压低。一般在下降期击球。削前冲弧圈球时，上臂动作较小，前臂发力，手腕固定，拍面稍向后仰，从后上方向前下方削出，动作短促有力。一般在下降期击球。在向下用力削球以抵消来球的冲击力的同时，还应适当增加前送的力量。

（5）削追身球　来球在身体中间偏右时，要迅速向左让位，用正手回接。右脚后撤一步，身体立即右转并收腹，重心支撑点放在右脚，手臂靠近身体，前臂向后上提起。击球时，前臂和手腕向前下方用力，并配合外旋动作使拍面后仰，将球削出。

1）正手近削　两脚几乎与台平行站立，身体离台稍近。击球时，稍向右转，右脚拉后半步，手臂自然弯曲，引拍约与肩平，拍面稍向后仰，前臂用力向左前下方切削，手腕配合下压，一般在来球高点期摩擦球的中部或中下部。

2）正手远削　两脚开立，右脚在后，身体离台 1 米以外，两膝弯曲，上体稍向右转，重心支撑点在右脚上。手臂自然弯曲，引拍至右肩侧。击球时，手臂向左前下方挥动，拍面后仰，手腕在拍与球接触的一瞬间转动，在来球下降期摩擦球的中下部。击球后，迅速还原，准备下次击球。

2. 练习方法

（1）按照削球的动作结构做台下上肢徒手模仿动作练习，先学正手后学反手。

（2）结合步法移动做台上上下肢结合的削球动作徒手模仿练习。

（3）在接发球时，用正手或反手将球削回对方。

（4）用正手或反手连续削回对方拉攻过来的球。

（5）用正手或反手削直线或斜线球。

（6）正手和反手结合向固定落点削球。

（六）弧圈球

1. 基本方法　弧圈球技术有力量大、旋转强的特点，威胁比较大。弧圈球是直拍选手的主要技术之一，横拍选手也有采用弧圈球的技术，提高回球的威胁性。弧圈球在中远台攻防中有积极的意义。

（1）正手加转弧圈球　两脚开立，右脚稍后，身体略向右转，两膝微屈，重心支撑点放在右脚上。准备击球时，持拍手臂自然下垂并向后下方引拍，使球拍靠近臀部挥至身后，右肩略低于左肩，拇指压拍使拍面略为前倾，并使拍面固定。当来球从台面弹起时，手臂向前上方挥动。前臂在上臂带动下很快收缩，拍面与台面约成 80°，在下降期用拍摩擦球的中部或中上部。摩擦球时，要注意配合腰部向上方转动和右脚蹬地的力量。击球后，手臂随势将拍挥至额前，重心支撑移至左脚。

（2）正手侧旋弧圈球　动作与加转弧圈球相似，击球时，除向上摩擦外，还要摩擦球的右侧部，使球产生强烈的侧上旋。

（3）正手前冲弧圈球　两脚开立，右脚稍后，身体略向右转，重心支撑点放在右脚上。自然引拍至右下方约与台面齐高处，拍面保持前倾。当来球从台面弹起时，腰部由右向左转动，前臂在上臂带动下向前发力，手腕略微转动，拍面与台面成50°，在高点击摩擦球的中上部。击球后，重心支撑点移至左脚。

（4）反手弧圈球　两脚平行或右脚稍后站立，两膝微屈。击球前，引拍至腹部下方，含胸收腹，时部略向前出，手腕后屈，拍向前倾。当来球从台面弹起时，以时关节为轴，前臂迅速向上方挥动，结合手腕向上转动的力量，在下降期摩擦球的中部或中上部。在击球过程中两膝逐渐伸直，重心上提。

2. 练习方法

（1）原地徒手模仿拉弧圈球的动作练习。

（2）原地做上肢徒手动作的基础上结合下肢步法，做移动中徒手动作模仿练习。

（3）练习对墙自抛自拉练习，体会拉弧圈球动作要领。

（4）台上单个动作练习，一人发出台的下旋球，另一人练习拉弧圈球。

（5）一人推挡，另一人连续拉弧圈球。

（6）一人攻球，另一人连续拉弧圈球。

（7）一人削球，另一人连续拉弧圈球。

（8）两人对拉弧圈球。

（七）攻球

1. 基本方法

（1）正手近台攻球

1）特点与运用　站位近台，击球时间早，球的速度快，动作幅度小，是近台快攻打法的主要技术之一。常用于还击正手位的发球，推挡球、一般的上旋球等，使对方措手不及，在对攻中以线路、落点变化相结合，调动对方，伺机扣杀。

2）要点　①充分利用全身协调用力（蹬地、转腰、移重心）；②前臂发力为主，手腕辅助用力；③击球点在身体右前侧（大约为前臂的长度），触球瞬间向前打为主，略带向上摩擦。

（2）正手中远台攻球

1）特点与运用　站位稍远，动作幅度大、力量重，进攻性强，但步法移动的范围较大。多用于对攻中，以力量配合落点变化直接得分或为扣杀创造条件，也用于侧身后扑正手打回头，防御时，在相持中寻找机会；削球选手的削中反攻。

2）要点　①加大向右手方引拍幅度，是为了增大击球的动作半径；②上臂带动前臂发力。上臂向前，前臂和手腕向上发力为主；③身体其他部位的协调用力不可缺少。

（3）正手扣杀

1）特点与运用　动作幅度大、力量重、球速快、攻击性强，是得分的重要手段。常用来对付着台后弹起比网高的机会球或前冲力不大的半高球。

2）要点　①击球点离身体稍远；球拍应与球同高；②在高点期击球，不宜打“落地开花球”；③击球瞬间，整个手臂应发挥到最大力量，配合腰部转动及蹬地的力量；④如来球带有下旋，球拍略低于来球，触球瞬间手腕向上抖动发力。

（4）正手拉球

1）特点与运用　站位近、速度快、动作小、线路活和稳健性好。是回击发球、搓球、削球等下旋球的一种必备技术。常用于接发球抢位，对搓中抢位；对付削球时稳拉，以落点、弧线和旋转程度的变化，伺机进行突击。

2）要点 ①身体重心略下降，右肩稍下沉；②在球的下降前期击球，不可过于低于台面；③触球时应尽量增大摩擦球体的面积和时间。

2. 练习方法

（1）原地持拍单一技术动作模仿练习，体会动作要领。

（2）结合步法单一技术动作模仿练习，提高上下肢动作协调性。

（3）两人一台进行单个动作练习，一人发平击球一人练习攻球，打出一球后再重新发球。

（4）一人推挡一人攻球练习，先练习攻中线，后练习攻斜线，再练习攻直线。力量先轻后重。

（5）正手对攻练习，先练习中线对攻，后右方斜线对攻，再侧身对攻。

第三节 乒乓球运动的基本战术

扫码“学一学”

所谓乒乓球战术，是指乒乓球运动员在比赛中根据乒乓球运动的比赛规则，彼我双方的具体情况和临场的发展变化，为争取比赛的胜利采取的有目的、有意识地运用技术的方法。

一、发球抢攻战术

1. 特点 发球抢攻战术是以旋转、线路、落点以及速度不同的发球来增加对方回击的难度，使其出现机会球，或降低回球质量，然后抢先进攻，以争取主动或直接得分，这是乒乓球所有打法特别是进攻型打法的主要战术和得分手段。

2. 方法 发下旋转与“不转”抢攻；发正、反手奔球抢攻；发正、反手侧上、下旋球抢攻。

3. 注意事项

（1）发球要有线路和落点变化，以使对方前、后、左、右走动中接发球。

（2）发球后要有抢攻准备，以不失抢攻的机会。

（3）自己发什么球，对方可能以什么技术回击，要做到发球前心中有数。这样，才能较好地做好抢攻的准备。

（4）抢攻要尽可能凶，又不能过凶，否则，会影响命中率。

二、接发球抢攻战术

1. 特点 由某一单项攻球技术所形成，进攻性强，可变接发球的不利地位为主动地位，也可直接得分，是乒乓球运动各种打法特别是进攻型打法的主要战术。

2. 方法 用快点、快攻或中等力量突击进行接发球抢攻。

3. 注意事项

（1）由于接发球抢攻是在对方主动发球，自己处于被动的接发球地位时所采取的进攻性打法，所以难度较大。接发球抢攻一般不可过凶，要看准来球的旋转方向、旋转强度和高度，采用适当的方法进攻。例如对方发加转下旋球，接发球抢攻时要采用提拉手法，以免下网。同时，攻球的力量不可过大。

（2）接发球抢攻动作结束后，要立即做好对攻或连续攻的准备，以便继续处于主动地位。

（3）接发球抢攻、抢冲的力量越小，应越注意球的路线或落点，一般应多打在对方反手；若对方反手强而正手弱，则可多打在对方正手。

三、推攻战术

1. 特点 主要运用正手攻球和反手推挡的速度和力量，并结合落点变化和节奏变化来压制和调动对方，以争取主动或得分。推攻战术是左推右攻打法对付攻击型打法的主要战术，有反手推挡能力的两面攻运动员、攻削结合运动员等也常使用它。

2. 方法 左推右攻；推挡侧身攻；推挡、侧身攻后扑正手；左推结合反手攻；左推、反手攻、侧身攻后扑正手。

3. 注意事项

（1）推、攻都要有线路变化、落点变化和节奏变化，这是推攻战术争取主动和创造扣杀机会的主要方法。

（2）推挡一般以压对方反手为主，然后突然变正手，以创造进攻机会。如果对方正手较差，才可以推对方正手为主。

（3）在推挡中突然加力推对方中路，使对方难于用力回击，然后用正手或侧身扣杀。

（4）遇到机会球时要果断扣杀，这是推攻战术得分的主要手段。

（5）推攻战术要坚持近台，又不能死守近台，要学会近台和中台的位置转换，掌握对手节奏。

（6）推攻战术对付弧圈类打法应坚持近台为主，用快力推和加、减力推挡控制落点，伺机采用近台反拉或中等力量扣杀弧圈球，然后进入正手连续进攻。

四、两面攻战术

1. 特点 主要利用正、反手攻球技术的速度和力量压制对方，争取主动和创造扣杀机会。两面攻技术是两面攻打法对付攻击型打法的主要战术。

2. 方法 攻左扣右；攻打两角；猛扣中路。

3. 注意事项

（1）正、反手攻球都要有线路变化和落点变化，以便创造扣杀机会。

（2）要以压对方反手为主，然后攻击对方正手或中路，以创造扣杀机会。

（3）遇到机会球时要大胆扣杀。

（4）两面攻战术在主动进攻情况下要坚持近台，被动情况下可适当后退，在中近台或中台进行反攻。

（5）两面攻战术对付弧圈球打法应坚持近台，用快带顶住对方的弧圈球，伺机采用近台反拉或中等力量扣杀弧圈球，然后转入连续进攻。

五、拉攻战术

1. 特点 连续运用正手快拉创造进攻机会，然后采用突击和扣杀来作为得分手段。拉攻战术是快攻打法对付削球类打法的主要战术。

2. 方法　正手拉后扣杀；反手拉后扣杀。

3. 注意事项

（1）拉、扣的力量要有较大的悬殊，以使对方措手不及。

（2）拉球要有线路和落点变化以调动对方，争取主动和创造进攻机会。

（3）遇到机会球时要大胆扣杀或突击。

（4）采用拉攻战术要有耐心，不要急于求成，对没有把握的机会球不要过凶。

六、拉、扣、吊结合战术

1. 特点　由拉攻与放短球相结合而成，是快攻型打法对付削球打法的常用战术。

2. 方法　在拉攻战术的扣杀或突击后放短球；在拉攻战术中放短球后，结合扣杀或突击。

3. 注意事项

（1）拉攻中放短球，要在对方站位较远并且来球比较接近网时进行，这样，放短球的落点容易靠近球网，可增加对方向前移动的距离和难度。

（2）放短球后扣杀时，如果对方靠台极近，可对准对方身体方向扣杀，这样，往往能使对方难于让位还击。

七、搓攻战术

1. 特点　主要运用“转、低、快、变”的搓球控制对方，以寻找战机，然后采用低突、快点或拉攻等技术展开攻势并进入连续进攻；在搓球中遇到机会球时进行扣杀，常常带有突然性，往往可以直接得分。搓攻战术是乒乓球各种打法都不可缺少的辅助战术。

2. 方法　正、反手搓球结合正手快拉、快点、突击或扣杀；正、反手搓球结合反手快拉、快点、突击或扣杀。

3. 注意事项

（1）搓攻战术既要尽可能早起板，以争取主动，又不能有急躁情绪，否则，起板容易失误。

（2）在搓球中遇到机会球时要大胆扣杀，这是搓攻战术的主要得分手段。

（3）在搓球中摆短，可使对方不易抢先进攻，故有利于创造进攻机会，以便伺机用正、反手或侧身进攻。

八、削中反攻战术

1. 特点　由削球和攻球结合而成，常以逼角加转削球为主，伺机反攻；或以转、低、稳、变的削球，迫使对手在走动中拉攻，以从中寻找机会，予以反攻。这种战术有“逼、变、凶、攻”的特点，是攻、削结合打法的主要技术。

2. 方法　正、反手削球逼角，结合正手攻或侧身攻对方右侧空当；正、反手削两大角长球，结合正、反手反攻。

3. 注意事项

（1）正、反手削球都要注意旋转强度的变化。在削加转后用削加转球相似的手法削不转球，是使对方拉出高球，以进行反攻的有效方法。

（2）削球时要尽可能压低弧线，以避免对方扣杀或突击。

（3）削球逼角时要适当配合削另一角，以使对方在走动中击球。

扫码“学一学”

第四节　乒乓球竞赛规则简介

一、球台

球台的上层表面叫作比赛台面，应为与水平面平行的长方形，长 2.74 米，宽 1.525 米，高地向高 76 厘米。比赛台面不包括球台台面的侧面。比赛台面可用任何材料制成，应具有一致的弹性，即当标准球从离台面 30 厘米高处落至台面时，弹起高度应约为 23 厘米。比赛台面应呈均匀的暗色，无光泽，沿每个 2.74 米的比赛合面边缘各有一条 2 厘米宽的白色边线，沿每个 1.525 米的比赛台面边缘各有一条 2 厘米宽的白色端线。

比赛台面由一个与端线平行的垂直的球网划分为两个相等的台区，各台区的整个面积应是一个整体。双打时，各台区应由一条 3 毫米宽的白色中线，划分为两个相等的“半区”。中线与边线平行，并应视为右半区的一部分。

二、球网

球网装置包括球网、悬网绳、网柱及将它们固定在球台上的夹钳部分。

球网应悬挂在一根绳子上，绳子两端系在高 15.5 厘米的直立网柱上，网柱外缘离开边线外缘的距离为 15.25 厘米。整个球网的顶端距离比赛台面 15.25 厘米。整个球网的底边应尽量贴近比赛台面，其两端应尽量贴近网柱。

三、球

应为圆球体，直径为 40 毫米。球重 2.5 克。球应用赛璐珞或类似的材料制成，呈白色，黄色或橙色，且无光泽。

四、球拍

大小、形状和重量不限，但底板应平整、坚硬。底板厚度至少应有 85% 的天然木料，加强底板的黏合层可用诸如碳纤维，玻璃纤维或压缩纸等纤维材料，每层黏合层不超过底板总厚度的 7.5% 或 0.35 毫米。用来击球的拍面应用一层颗粒向外的普通颗粒胶覆盖，连同黏合剂厚度不超过 2 毫米；或用颗粒向内或向外的海绵胶覆盖，连同黏合剂，厚度不超过 4 毫米。“普通颗粒胶”是一层无泡沫的天然橡胶或合成橡胶，其颗粒必须以每平方厘米不少于 10 颗，不多于 50 颗的平均密度分布整个表面。“海绵胶”即在一层泡沫橡胶上覆盖一层普通颗粒胶，普遍颗粒胶的厚度不超过 2 毫米。覆盖物应覆盖整个拍面，但不得超过其边缘。靠近拍柄部分以及手指执握部分可不予以覆盖，也可用任何材料覆盖。底板、底板中的任何夹层、覆盖物以及黏合层均应为厚度均匀的一个整体。球拍两面不论是否有覆盖物，必须无光泽，且一面为鲜红色，另一面为黑色。拍身边缘上的包边应无光泽，不得呈白色。

由于意外的损坏、磨损或褪色，造成拍面的整体性和颜色上的一致性出现轻微的差异。只要未明显改变拍面的性能，可以允许使用。比赛开始时及比赛过程中运动员需要更换球拍时，必须向对方和裁判员展示他将要使用的球拍，并允许他们检查。

五、相关定义

1. 回合 球处于比赛状态的一段时间。

2. 球处比赛状态 从发球时，球被有意向上抛起前，静止在不执拍手掌上的一瞬间。到该回合被判得分或重发球。

3. 重发球 不予判分的回合。

4. 一分 判分的回合。

5. 执拍手 正握着球拍的手。

6. 不执拍手 未握着球拍的手。

7. 击球 用握在手中的球拍或执拍手手腕以下部分触球。

8. 阻挡 对方击球后，处于比赛状态的球尚未触及本方台区也未超过比赛台面或其端线，即触及本方运动员或其穿带的任何物品。

9. 发球员 在一个回合中，首先击球的运动员。

10. 接发球员 在一个回合中，第二个击球的运动员。

11. 裁判员 被指定管理一场比赛的人。

12. 裁判助理 被指定在某些方面协助裁判员工作的人。

13. 运动员“穿或带”的任何物品 包括他在一个回合开始时穿或带的任何物品。

14. 球“超过或绕过”球网装置 从突出台外的球网装置之下或之外经过，或回击的球越过球网后又回弹过网。

15. 球台的“端线” 包括端线两端的无限延长线。

六、合法发球

发球时，球应放在不执拍手的手掌上，手掌张开和伸平。球应是静止的，在发球方的端线之后和比赛台面的水平面之上。发球员须用手把球几乎垂直地向上抛起，不得使球旋转，并使球在离开不执拍手的手掌之后上升不少于 16 厘米。当球从抛起的最高点下降时，发球员方可击球，使球首先触及本方台区，然后越过或绕过球网装置，再触及接发球员的台区。在双打中，球应先后触及发球员和接发球员的右半区。从抛球前球静止的最后一瞬间到击球时，球和球拍应在比赛台面的水平面之上。击球时，球应在发球方的端线之后，但不能超过发球员身体（手臂、头或腿除外）离端线最远的部分。

运动员发球时，有责任让裁判员或副裁判员看清他是否按照合法发球的规定发球。如果裁判员怀疑发球员某个发球动作的正确性，并且他或者副裁判员都不能确信该发球动作不合法，一场比赛中此现象第一次出现时，裁判员可以警告发球员而不予判分。在同一场比赛中，如果运动员发球动作的正确性再次受到怀疑，不管是否出于同样的原因，不再警告而判失一分。无论是否第一次或任何时候，只要发球员明显没有按照合法发球的规定发球，他将被判失一分，无须警告。运动员因身体伤病而不能严格遵守合法发球的某些规定时，可由裁判员做出决定免予执行，但须在赛前向裁判员说明。

七、合法还击

对方发球或还击后，本方运动员必须击球，使球直接越过或绕过球网装置，或触及球网装置后，再触及对方台区。

八、比赛次序

在单打中，首先由发球员合法发球，再由接发球员合法还击，然后两者交替合法还击。在双打中，首先由球员合法发球，再由接发球员合法还击，然后由发球员的同伴合法还击，再由接发球员的同伴合法还击，此后，运动员按此次序轮流合法还击。

九、重发球

回合出现下列情况应判重发球：如果发球员发出的球，在越过或绕过球网装置时，触及球网装置，此后成为合法发球或被接发球员或其同伴阻挡。如果接发球员或同伴未准备好时，球已发出，而且接发球员或其同伴均没有企图击球。由于发生了运动员无法控制的干扰，而使运动员未能合法发球。

裁判员或副裁判员暂停比赛。在双打时，运动员错发，错接。

可以在下列情况下暂停比赛：①由于要纠正发球、接发球次序或方位错误；②由于要实行轮换发球法；③由于警告或处罚运动员；④由于比赛环境受到干扰，以致该回合结果有可能受到影响。

十、一分

除被判重发球的回合，下列情况运动员得一分。

1. 对方运动员未能合法发球；对方运动员未能合法还击。

2. 运动员在发球或还击后，对方运动员在击球前，球触及了除球网装置以外的任何东西。

3. 对方击球后，该球越过本方端线而没有触及本方台区。

4. 对方阻挡。

5. 对方连击。

6. 对方用不符合的拍面击球。

7. 对方运动员或他穿戴的任何东两使球台移动。

8. 对方运动员或他穿戴的任何东西触及球网装置。

9. 对方运动员不执拍手触及比赛台面。

10. 双打时，对方运动员击球次序错误。

11. 执行轮换发球法时，接发球运动员或其双打同伴，包括接发球一击，完成了 13 次合法还击。

十一、一局

在一局比赛中，先得 11 分的一方为胜方，10 平后，先多得 2 分的一方为胜方。

十二、一场

比赛一场比赛应采用七局四胜制或五局三胜制。一场比赛应连续进行。但在局与局之间，任何一名运动员都有权要求不超过两分钟的休息时间。

十三、发球、按发球和方位的选择

1. 选择发球、接发球和场地的权力应通过抽签来决定。中签者可以选择先发球或先接发球，或选择先在某一方。

2. 当一方运动员选择了先发球或先接发球或选择了场地后，另一方运动员应有另一个选择的权力。

3. 在每获得二分之后接发球方即成为发球方，依此类推，直到该局比赛结束，或者直至双方比分都达到 10 分实行轮换发球法，这时发球和接发球次序仍然不变，而且每人只轮发一分球。

4. 一局中在某一方位比赛的一方，在该场的下一局应换到另一方位。单打决胜局中当有一方满 5 分时应交换方位。

十四、发球、接发球次序和方位的错误

裁判员一旦发现发球、接发球次序错误，应立即暂停比赛，并按该场比赛开始时确立的次序，按场上比分由应该发球或接发球的运动员发球或接发球。

在双打中，则按发现错误时那一局中首先有发球权的一方所确立的次序进行纠正，继续比赛。裁判员一旦发现运动员应交换方位而未交换时，应立即暂停比赛，并按该场比赛开始时确立的次序按场上比分运动员应站的正确方位进行纠正，再继续比赛。在任何情况下，发现错误之前的所有得分均有效。

十五、轮换发球法

如果一局比赛进行到 15 分钟仍未结束（双方都已获得至少 9 分时除外），或者在此之前任何时间应双方运动员要求，应实行轮换发球法。当时限到时，球仍处于比赛状态，裁判员应立即暂停比赛。由被暂停回合的发球员发球，继续比赛。当时限到时，球未处于比赛状态，应由前一回合的接发球员发球，继续比赛。此后，每个运动员都轮发一分球，直至该局结束。如果接发球方进行了 13 次合法还击，则判发球方失一分。换发球法一经实行，该场比赛的剩余部分必须继续实行，直至该场比赛结束。

思考题

1. 简述乒乓球运动的健身价值。

2. 搓球的技术要领和练习要点是什么？

3. 结合乒乓球技术简要说明乒乓球战术运用的原则。

4. 简述轮换发球法。

扫码“练一练”

（尹 航）

第十四章

瑜伽运动

学习目标

知识要求

1. 掌握瑜伽运动的基本呼吸法、体位法动作要领。
2. 熟悉各种体位法对身体各部位的医疗和锻炼价值。
3. 了解瑜伽运动的起源与发展历程。

技能要求

通过教学过程提高基本身体素质；掌握瑜伽基本呼吸法、体位法；能够运用瑜伽疗法进行自我锻炼。

扫码“学一学”

第一节　瑜伽运动概述

一、瑜伽运动的起源和发展

瑜伽（Yoga）是一个通过提升意识，帮助人类充分发挥潜能的体系。瑜伽姿势运用古老而易于掌握的技巧，改善人们生理、心理、情感和精神方面的能力，是一种达到身体、心灵与精神和谐统一的运动方式。古印度人更相信人可以与天合一，他们以不同的瑜伽修炼方法融入日常生活而奉行不渝：道德、忘我的动作、稳定的头脑、宗教性的责任、无欲无求、冥想和宇宙的自然和创造。

知识链接

“瑜伽”这个词，是从印度梵语“yug”或“yuj”而来，其含意为“一致”“结合”或“和谐”。瑜伽是一个通过提升意识，帮助人们充分发挥潜能的哲学体系及其指导下的运动体系。瑜伽姿势是一个运用古老而易于掌握的方法，提高人们生理、心理、情感和精神方面的能力，是一种达到身体、心灵与精神和谐统一的运动形式。

（一）瑜伽运动的历史

近年在世界多个不同地方流行瑜伽，不只是一套流行或时髦的健身运动这么简单。瑜伽是一个非常古老的能量知识修炼方法，集哲学、科学和艺术于一身。瑜伽的基础建筑在古印度哲学上，数千年来，心理、生理和精神上的戒律已经成为印度文化中的一个重要组成部分。古代的瑜伽信徒发展了瑜伽体系，因为他们深信通过运动身体和调控呼吸，可以控制心智和情感，以及保持永远健康的身体。

（二）瑜伽运动的起源

瑜伽起源于印度，距今有五千多年的历史文化被人们称为“世界的瑰宝”。瑜伽发源印度北部的喜马拉雅山麓地带，古印度瑜伽修行者在大自然中修炼身心时，无意中发现各种动物与植物天生具有治疗、放松、睡眠或保持清醒的方法，患病时能不经任何治疗而自然痊愈。于是古印度瑜伽修行者根据动物的姿势观察、模仿并亲自体验，创立出一系列有益身心的锻炼系统，也就是体位法（图 14-1）。这些姿势历经了五千多年的锤炼，瑜伽教给人们的治愈法，让世世代代的人从中获益。瑜伽境界再简单一点来说，瑜伽是生理上的动态运动及心灵上的练习，也是应用在每天的生活哲学。瑜伽的练习目标是达到对自身心灵的良好理解以及调控，能熟知并掌握肉身感官。

图 14-1　瑜伽体式

（三）瑜伽运动的发展

现代学者将瑜伽分为三个时期。

1. 前古典时期　由公元前 5000 年开始，直到《梨俱吠陀》的出现为止，有 3000 多年的时期，是瑜伽原始发展，缺少文字记载的时期，瑜伽由一个原始的哲学思想逐渐发展成为修行的法门，其中的静坐、冥想及苦行，是瑜伽修行的中心。

2. 古典时期　由公元前 1500 年《吠陀经》笼统的记载下来，到了《奥义书》明确的记载瑜伽，到《薄伽梵歌》出现，完成了瑜伽行法与吠檀多哲学的合一，使瑜伽这一民间的灵修实践变为正统，由强调行法到行为、信仰、知识三者并行不悖。

大约在公元前 300 年时，印度圣哲帕坦伽利（patanjali）创作了《瑜伽经》，印度瑜伽在其基础上真正成形，瑜伽行法正式订为八支体系。帕坦伽利被尊为瑜伽之祖（图 14-2）。

图 14-2　瑜伽之祖：帕坦伽利塑像

3. 后古典时期　《瑜伽经》以后为后古典瑜伽。主要包括《瑜伽奥义书》、密教和诃陀瑜伽。《瑜伽奥义书》有二十一部，在这些“奥义书”中，纯粹认知，推理甚至冥想都不是达到解脱的唯一方法，它们都有必要通过苦行的修炼技术所导致的生理转化和精神体会，才能达到梵我合一的境地。因此，产生出了节食、禁欲、体位法和七轮等，加上咒语、手英身英尚师之结合，是后古典时期瑜伽的精华。

19 世纪的“克须那摩却那”是现代瑜伽之父。其后的“爱恩加”和“第斯克佳”是圣王瑜伽的领导者。另外印度锡克族的“拙火瑜伽”和“湿婆阿兰达”瑜伽也是两个重要的瑜伽派别。一个练气一个练心。

（四）现代

瑜伽发展到了今天，已经成为世界广泛传播的一项身心锻炼修习法。从印度传至欧美、亚太、非洲等等，因为它对心理的减压以及对生理的保健等明显作用而备受推崇。同时不断演变出了各种各样的瑜伽方法，比如热瑜伽、哈他瑜伽、高温瑜伽、养生瑜伽等等，以及一些瑜伽管理科学。在现代，也产生了一些具有广泛影响力的瑜伽人物，例如艾扬格、张惠兰、李云等。

二、瑜伽运动的分类

瑜伽经过几千年的发展演变，已经衍生出很多派别。不同体系理论的瑜伽，对于修习者来说都是通往精神世界的工具。

（一）哈他瑜伽

哈他瑜伽自然高贵，在哈他（Hatha）这个词中，“哈”（ha）的意思是太阳，“他”（tha）的意思是月亮。他代表男与女，日与夜，阴与阳，冷与热，柔与刚，以及其他任何相辅相成的两个对立面的平衡。哈他瑜伽认为，人体包括两个体系，一为精神体系；一为肌体体系。哈他瑜伽体位法可以打破原有的骚乱，消除肌体不安定的因素，停止恶性循环的运动；通过调息来清除体内神经系统的滞障，通过庞达控制身体的能量并加以利用。

（二）阿斯汤嘎瑜伽

在帕坦伽利的《瑜伽经》里，八分支法瑜伽也被称作阿斯汤嘎瑜伽（Astangha Yoga），是最古老的瑜伽练习体系。阿斯汤嘎瑜伽是一项严格的练习，分为基础级、中级、高级 3 种级别。每种级别的动作编排是固定不变的，都以 5 遍太阳祈祷式 A 和 B 开始，中间有大量的体位姿势练习，最后以倒立和休息术作为结束。这样连续不断动作练习的目的，在于消耗大量热量，以清洁身体，排出毒素。

阿斯汤嘎瑜伽均衡地锻炼了身体的力量、柔韧度和耐力。欧美国家很多健身爱好者都热衷于此。在西方，这种瑜伽也被称作“力量瑜伽”。目前，国内一些瑜伽馆已经开设阿斯汤嘎瑜伽课程，受到年轻人的欢迎，但大多以初级为主。

（三）艾扬格瑜伽

艾扬格大师是艾扬格瑜伽（Iyengar Yoga）的创立者。艾扬格从小体弱多病，最初练习哈他瑜伽是为了强身健体，并且一直练到很高的境界。60 岁左右时，艾扬格经历了一场车祸，严重的伤害使他连最简单的体位姿势都不能做了。经过 9 年时间，凭借超乎常人的毅力和努力，艾扬格终于恢复了健康。艾扬格深刻体会到身有疾病的痛苦，以及瑜伽所带来的神奇恢复功效，由此创建了著名的、具有治疗效果的艾扬格瑜伽体系。艾扬格瑜伽被公认为最讲究体位练习方法，它可以协调身体平衡，对疾病治疗效果很好。

（四）流瑜伽

也有人称其为“流程瑜伽”。传自西方，是哈他瑜伽与阿斯汤嘎瑜伽的混合体。它的教义和难度介于两者之间。流瑜伽（Flow Yoga）每个级别的初始动作也是从太阳祈祷式 A 和 B 开始，练习数次，而后进行单个动作练习，最后以倒立和休息术结束。流瑜伽在欧美国家较为盛行。国内也有不少瑜伽馆教授流瑜伽，考虑到国人的身体素质比较一般，这种瑜伽形式便于接受。

（五）热瑜伽

印度人比克若姆在美国创立了热瑜伽（Hot Yoga）体系，一经推出便轰动了整个瑜伽界。尽虽然这种练习方式被一些古典瑜伽师认为不符合传统观念和规范，但热瑜伽无疑拥有忠诚的追随者。热瑜伽对场地和温度的要求十分严格，练习者要在 38 ℃以上的高温环境下练习 26 个基本姿势，基本上 10 分钟后就会大汗淋漓。

热瑜伽对于减肥、排毒、雕塑身材都有很好的效果，是目前比较流行的创新练习方法。

三、瑜伽运动练习的主要内容

瑜伽练习主要由呼吸法、体位法和冥想三部分组成。

（一）呼吸法

呼吸是生命的特征之一。呼吸节律的变化，表明我们的情绪、行为和健康也在发生着变化。瑜伽的呼吸训练，能让人掌握正确、科学的深呼吸方法，即瑜伽完全呼吸。它能使身体变得稳定、放松，能更好地舒展筋骨，并且能最大限度地将氧气吸纳到肺部，对身体的健康非常有益处。深呼吸还能安抚人的情绪，使心灵获得平衡。所以瑜伽的精髓是由呼吸来控制身体的放松、稳定、平衡，以达到身心合一的境界，从而调动起我们内在生命的智慧和力量。

（二）体位法

瑜伽体位法，梵文意为保持在很舒适的姿势中。远古的时候，瑜伽修行者在大自然中仔细观察动物的习性，模仿动物的典型姿态，创造出了瑜伽体位法。所以许多姿势都被冠以动物名称，像猫式、鱼式、狮子式、眼镜蛇式等，意在要获取动物身上神秘的力量——自然康复能力，以使人的精神和肉体保持健康状态。瑜伽体位法又称瑜伽姿势，是一些健身功法或练习，其专门功能是帮助人保持身体健康，并经常处于有利于内心和平、善于创造、富于成果以及冥想深思的精神状态；瑜伽体位法的每个伸展动作都是配合呼吸来完成的。它柔和地按摩人体的各个器官，活化僵硬的关节部位，通畅经络，矫正不良体态，调整自主神经系统和内分泌系统，减少赘肉脂肪，使体形更为紧凑、健美。

（三）冥想

冥想就是在排除了一切杂念后，沉思、净虑的过程。冥想帮我们放松大脑、释放压力和紧张情绪，使我们身心产生平衡和安宁，使心灵更容易产生反思、直觉、灵感和创造意识，可以更深层的消除我们的紧张、焦虑和愤怒，是我们学习深刻内心快乐的途径。而且冥想还能改善血液循环，调节身体荷尔蒙水平。当我们意识集中、身体充分放松时，体内元气和能量就达到充分的恢复和凝聚。

另外，瑜伽练习还有瑜伽洁净功法、瑜伽松弛功、瑜伽自觉功等。

1. 瑜伽洁净功法　是一种增强集中注意力的功法，也是用以清除人体中的杂质和毒素的功法。

2. 瑜伽松弛功　和休息功法是一种最好的休息放松功法，对我们的身体疲劳和精神疲劳都有很好的放松效果。

3. 瑜伽自觉功　能培养我们对身心的一种超脱态度，帮助我们做到几乎是以一个超脱的旁观者，来体会自己身心的状态。

四、瑜伽运动的价值

在社会经济和文化教育发展迅速的同时，学生也因学习负担重、就业压力大、网络成瘾、生活习惯不良等，而出现身体素质下降、心理障碍、心理疾病、社会适应日益困难的问题。瑜伽内容广泛，有很多练功方法可以用来增进练习者身体、心智和精神上的健康。如呼吸、冥想、洁净、松弛、休息、自觉等瑜伽功法，不仅有身体上的效应，也有积极心智和精神上的效益，可逐渐消除他们精神上的疲惫。

（一）心理方面的价值

1. 可以调节身心，可改变学生浮躁、冲动的心态，提高学生的心理水平，使学生心理向着平和的方向发展。

（1）通过对内分泌功能的影响，改善心理健康状况。

（2）可以影响呼吸功能对人的心理水平的调节。

（3）通过促进人的社会关系调节心理健康水平。

2. 能够促进学生自我控制和自我调节能力的提高。

3. 有助于增强学生的自信心、表现力可改善学生人际关系，提高学生与人交往、合作的能力。

（二）生理方面的价值

1. 使神经系统的调节功能保持正常 通过瑜伽练习，对整个神经系统能产生非常有益的影响，能够保持神经系统的健康，恢复神经系统的不正常功能，维持交感神经和副交感神经系统的平衡，增进身体健康，最大限度的实现身心最佳健康状态。

2. 健身作用 国外医学研究发现经常进行瑜伽锻炼，能有效地保护和增强心肺功能，特别是有意识的呼吸法练习能降低血压、减缓心率，对于控制高血压、防止心血管系统疾病的发生和发展有显著成效。研究还发现瑜伽练习能有效地增强和保持肌肉、骨骼、关节等运动系统的功能，预防骨质疏松症，并能改变体内的化学物质和神经系统，使之平衡。还可增强免疫系统的功能，更有益于抵御疾病。而且可以提高耐力、柔韧、灵敏、力量等身体素质。

3. 减肥作用 瑜伽练习是科学的有氧运动，能有效促进新陈代谢，调节内分泌，从而起到减肥的效果。利用瑜伽练习减肥不会妨碍练习者的正常生活，也没有任何损害健康和生理的副作用，即使停止练习，体重也不会反弹。

（三）提高在社会中的适应能力

大学生活是青年学生走向社会的最后一个课堂，在高校教育中，把传统与现代体育内容相融合，把中国瑜伽思想与学校体育相结合，学生通过坚持练习瑜伽功法，不仅能拥有健康的身体，高雅的气质，得体的行为举止，而且能培养学生控制自己各种欲念和感官行为的能力，使他们心情舒畅平静、神志更清晰，有效培养自信心、表现力和与人交往、合作的能力，提高学生在社会中的适应能力，为将来更好地适应社会打下牢固的基础。

扫码"学一学"

第二节　瑜伽运动的基本动作和练习方法

一、呼吸法

瑜伽呼吸法，是通过各种不同的呼吸方法（根据个体身心状况的不同而确定）有效地按摩内脏，刺激各生理腺体良性的分泌，激活脉、轮（可能也相当于中医所说的经络、穴位）的潜在力量，更好地清理洁净身体，由此，为更高级的精神修养和灵性的开发奠定基础。瑜伽有三种呼吸法。

1. 腹式呼吸　仰卧，手轻轻放在肚脐上；吸气时，把空气直吸向腹部；吸气正确，手随腹部抬起；吸气越深，腹部升起越高，随着腹部扩张，横膈膜就向下降。接着呼气，腹部向内朝脊柱方向收；凭着尽量收缩腹部的动作，把所有废气从肺部全部呼出来，这样做时，横膈膜就自然而然地升起。

2. 胸式呼吸　仰卧或伸直背坐着，深深吸气，但不要让腹部扩张；代替腹部扩张的是把空气直接吸入胸部区域。在胸式呼吸中，胸部区域扩张，腹部应保持平坦。然后，当吸气越深时，腹部向内朝脊柱方向收入；吸气时，肋骨是向外和向上扩张的，接着呼气，肋骨向下并向内收。

3. 完全呼吸　最正确的瑜伽呼吸法。可以选择站立或仰卧或直背坐着，深深吸气，先填满肺的底部，这时腹部会挤涨，然后填满肺的中部，然后上部呼气的时候相反，应先送肺的上部，然后中部、下部，最后腹向里挤。这种绵长的呼吸是一种自然的呼吸方式，略加练习后，这种呼吸方法就会在全部日常的练习和生活中自动地进行，习以为常。

瑜伽的这种完全呼吸有许多益处：由于增加氧气供应，血液得到了净化；肺部组织健壮，增强了抗病能力；胸腹活力和耐力均有增长，心灵也变得更清澈。

练习瑜伽的呼吸法，一定要配合上相应的收束法来进行。不然，呼吸带来的身体内的能量会变得混乱无序而伤害神经系统。而瑜伽呼吸法的选择也一定要针对从学者个体的实际情况（身体状况、性格情绪状况），这就需要瑜伽老师有丰富的瑜伽经验和洞察能力。

知识链接

收束法的目的：①避免能量混乱而耗散；②将能量运送到需要的部位；③刺激特殊的腺体与唤醒相关脉轮。

呼吸的收束法主要有三种。

1. 下巴收束法　在呼吸的过程中始终以下巴抵住胸骨（与其说是下巴向下抵胸部，不如说是提起胸部，使其与下落的下巴接触上）。肋骨要抬起，头、胸骨、肚脐和两大腿之间要处于一正中线上。

2. 会阴收束法　垂直收缩肛门与生殖器之间的中心部位，与此同时将下腹部前和肚脐下部压向后上方的背部。

3. 腹部收束法　一般是配合呼气时进行。通过横膈膜一边将内脏向后上方的背脊牵拉，一边向上移。感觉腹部完全凹扁下去。

二、基本练习姿势

瑜伽姿势练习的专门功用是帮助人保持身体健康，并经常处于有利于内心和平、善于创造、富于成果以及冥想深思的精神状态。瑜伽姿势和大多数体育练习不同，它不涉及快速或用力的运动，也不引起粗重的呼吸。相反，瑜伽姿势是做得很缓慢，步骤很分明。练习者在做每一项瑜伽练习时，都是放松而又警醒的。他把注意力集中在这项练习在其体内所产生的感觉上。

（一）基本姿势的分类

身体的每一个不寻常的只是都必须由支撑开始。瑜伽的支撑是指身体通过与地面接触的部分将承受的重量以能量的形式传至地面，进而引起地面向上的支撑力又传给身体。从解剖学和力学的角度说，只有足够的支撑才能完成某一个特定的动作。下面是以支撑的不同部位对瑜伽基本姿势的分类。

1. 站式 由足底支撑。

2. 坐式 由骨盆底部支撑。

3. 跪式 由膝部、小腿和足背部支撑。

4. 仰卧式 由身体背侧支撑。

5. 俯卧式 由身体腹侧支撑。

（二）常用的瑜伽练习姿势

1. 站式

（1）祈祷式（图 14-3）

1）动作要领 直立，双脚并拢，大脚趾、内踝关节、内脚跟相互接触。身体重心均匀落在双脚上。向上延伸脊柱，提升上半身，肩膀向后，肩胛骨收拢，胸部打开。双手掌心相对合十于胸前。面部肌肉放松，双眼直视前方，保持 30~60 秒。

2）功效 培养身体意识，保持身体直立舒展，扩展胸部，增强平衡感和专注力。建立安静，平和练习瑜伽的情绪，把双手合掌放在胸前的动作，看似简单，但是对平稳情绪却很有效。

3）注意事项 如果觉得难以平衡，可以尝试靠墙练习。这对确保身体直立、防止前后倾斜同样有效；要保持双脚内侧平行、大脚趾及踝骨的接触，脚跟和脚底必须均匀承受身体重量。

（2）幻椅式（图 14-4）

1）动作要领 双脚并拢直立，挺胸，肩部放松下垂。吸气，双臂上举掌心相对，肘部伸直，手掌展开，指尖朝上。踝关节弯曲，下压后脚跟，膝部和髋部保持弯曲，双臂伸直上举，胸部尽量靠后。如果肘部平直，就将双掌合拢。

2）功效 能够提高双肩和脚踝的柔韧性，并锻炼腿部肌肉；还可以调整腹腔内脏器和脊柱，使胸腔充分扩张。这个体式缓解肩部僵硬，纠正腿部任何细微的畸形。

3）注意事项 腕关节和膝关节尽可能弯曲，大腿下压，身体和髋部上提。

上半身有前倾的趋势，但要尽量使之后靠，接近垂直。

初学者可以背靠墙壁进行练习，以保持平衡。

（3）树式（图 14–5）

1）动作要领　并立，调整呼吸。曲右腿，右手抓右脚踝，让右脚贴于左大腿内侧。站稳后，双臂缓缓向上伸直，放松肩部，挺直脊柱，收紧腹部，意守丹田穴，目光平视前方，均匀自然地呼吸，停留 30~60 秒。双手下降至胸前，腿松开，还原。换腿做。

2）功效　强化腿部力量，调整并舒展腿部肌肉，增强平衡感和专注力，紧实胸背的肌肉，矫正脊柱弯曲，消除腰痛。

3）注意事项　为保持平衡，可以将视线集中于不远处的某一物体。

可以靠墙练习，也可以用单手提拉住脚。

保持支撑腿紧压地面，但支撑腿不能弯曲。

图 14–3　祈祷式

图 14–4　幻椅式

图 14–5　树式

（4）三角式（图 14–6）

1）动作要领　身体向上伸展，呼气，身体朝左侧弯曲，左手握住左脚踝，右臂保持不变。双腿伸直，双膝上提。保持 30~40 秒，吸气，起身。

2）功效　增强腿部肌肉群，拉伸身体侧面肌肉群，提高髋部的柔韧性，增强脊柱的功能，缓解背部疼痛。有效刺激肠胃系统的蠕动，从而有助消化过程。它还帮助减少腰围线的脂肪。

3）注意事项　最终目标是手掌能够向下按压地面，如果做不到，可用手握住脚踝，或用瑜伽砖辅助支撑，使脊柱充分伸展，胸部转向上方。

柔韧度不够的初学者可以背靠墙壁来保持平衡。

如果转头时感到颈部疼痛，可以直视前方或俯视脚面。

（5）战士式（图 14–7）

1）动作要领　双脚迈开 1~1.2 米，上体左转，双臂上举并拢，掌心相对合十；左脚向外旋转 90°同时左膝弯曲 90°，右腿伸直脚跟内转保持稳固。双臂尽量向上伸展，向上拉伸身体，打开胸部，直视前方。

2）功效　拉伸腿部肌肉，保持身体稳固和增加平衡感；充分扩张胸腔，改善呼吸，放松颈部、肩部和背部肌肉。

3）注意事项　呼吸不宜过于频繁，但也不要屏住呼吸，保持呼吸均匀，以获得能量。

如果下背部感到不适，可将双手置于髋部完成该姿势。

如果后脚跟内转感到困难，可将脚跟靠墙，或用瑜伽砖支撑脚跟。

（6）开腿前伸式（图 14–8）

1）动作要领　吸气，双脚迈开 1.2~1.5 米，确保双脚平行，脚趾向前。绷紧双膝和大腿肌肉，使双腿伸直，呼气，身体向前伸展，舒展脊柱，双手分开与肩同宽，将双手放在双肩正下方的地面上。双臂和双腿伸直，身体前倾将头抬起，使背部呈凹型，目视前方。双肘朝后弯曲，身体下压，头顶向地面靠近。抬肩，使头部放松并更接近地面。

2）功效　使更多的血液流向上半身和头部，可用以镇定身心，使人产生平静、安宁的感觉。

3）注意事项　双脚外侧按压地面，但踝骨不能向外、向下突出。

尽管身体前伸并下倾，但要始终保持双腿向上伸直。

如果头部不能触地，可用瑜伽砖支撑头部。

图 14-6　三角式

图 14-7　战士式

图 14-8　开腿前伸式

2. 坐式

（1）牛面式（图 14-9）

1）动作要领　金刚坐，调整呼吸。吸气，右臂上伸，屈肘，呼气，左肘扳右肘，尽量让右手放低到两个肩胛骨之间。左臂向背后曲起，两手手指相扣。挺直脊背，目光平视，保持 20 秒，自然地呼吸。

2）功效　加强臂部肌肉，灵活腕、肘、肩关节，矫正肩背的歪斜，扩展胸部。

3）注意事项　如果双手无法接触，可在背后双手拉一根带子辅助。

身体两侧保持相同程度的拉伸，头部摆正，眼睛平视，下背部不要弯曲成拱形。

（2）单腿伸展式（图 14-10）

1）动作要领　坐正，双腿向前伸直，脊背挺直，调整呼吸。曲右腿，右手抓右脚，贴近左大腿根。吸气，双臂上举。呼气，上身缓缓前倾，双手抓脚，放松头颈，尽量让前额贴腿前侧。保持一会儿，自然呼吸。还原后，换腿做。

2）功效　伸展腿部肌肉、韧带，放松髋关节，伸展腰背肌。

3）注意事项　如果手碰不到脚，可将带子绕在脚上，再用双手抓住带子两端。

如果下背部疼痛，可用长枕支撑臀部。

如果感到不适，可以坐在瑜伽砖上，也可以在弯曲的膝盖下面垫一块瑜伽砖。

（3）鸽子式（图 14-11）

1）动作要领　曲左膝，伸直右腿，成侧弓步坐好。抬起右小腿，用右肘揽住。左手和右手在体后相扣。右脚还固定在右肘弯不动，两手臂保持相叩的环状，向头后伸去，吸气。呼气，头向左侧转，挺胸，收紧侧腰肌。保持 20 秒，自然呼吸。还原放松，换边再做。

2）功效　强化侧腰肌、臀肌，减少腰、臀、髓部脂肪，柔软肩关节，伸展臀部肌肉。

3）注意事项　要保持这一姿势不倒塌，骨盆底部的肌肉、腘绳肌与臀肌均应做离心收缩，使重力分布于这一体式的整个支撑面，而非仅仅作用在腘绳肌附着部或膝关节。

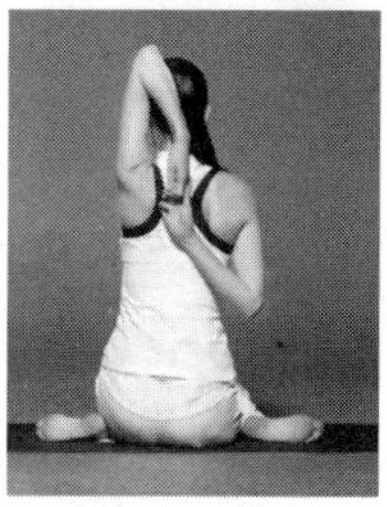

图 14-9　牛面式

图 14-10　单腿伸展式

图 14-11　鸽子式

（4）半鱼王式（图 14-12）

1）动作要领　坐在地面上，双腿向前伸直。弯曲左膝盖，大腿和小腿折叠，把左脚放在臀部下方。弯曲右膝盖，抬起右腿，把右腿放在左大腿外侧，使右脚踝外侧触碰到放在地面上的左大腿外侧。使右腿胫骨与地面垂直。躯干向右转 90°直到左腋窝抵住右大腿外侧。把腋窝越过右膝盖呼气，伸展左手臂绕右膝盖扭转。右手置于臀部后方，手指指向后方，颈部可以向右转，注视右肩前方。

2）功效　刺激肝脏和肾脏，伸展肩膀、臀部和颈部；使脊椎充满活力；缓解月经不调、疲劳、坐骨神经痛和背痛；对哮喘和脱发有辅助治疗作用。

3）注意事项　背部或者脊椎损伤者只能在有经验的瑜伽导师指导下尝试半鱼王式。

在半鱼王姿势中，相反的手臂要绕过大腿的外侧。对初学者而言，这样的体位可能非常困难并且存在潜在的危险。请保证自己的身体在安全的情况下进行这样的扭转。

（5）坐角式（图 14-13）

1）动作要领　双腿分开，双手放于地面，吸气。呼气，上身缓缓前倾，双臂沿地面向脚伸展，胸和下巴尽量触地。保持一会儿，自然呼吸。还原后，放松双腿。

2）功效　伸展大腿内侧肌肉、韧带，也可柔软腰部，增强骨盆弹性，促进骨盆区的血液循环，减轻坐骨神经痛；锻炼支撑膀胱和子宫的肌肉。

3）注意事项　双脚不能外转，保持脚趾朝上。

双脚跟尽量向外拉伸。

双腿按压地面，膝盖朝上。

（6）全箭式（图 14-14）

1）动作要领　坐正，双腿向前伸直后，调整呼吸。吸气，曲起双腿，双手抱脚。呼气，同时慢慢伸直双腿，尽量贴近身体，同时脊背挺直，收紧腹部。保持一会儿，自然呼吸。还原后再做。

2）功效　强壮腹部肌肉，改善内脏下垂，可治因椎间盘疝气所致的腰痛。修正腰椎的扭曲，使激素得以正常作用，治疗经痛，月经不调，消除腹部的脂肪，有束臀的功效，并增加腹肌和腰背部的力量和平衡感。

3）注意事项　依靠腹部和腿部肌肉保持平衡，而不是背部肌肉。

下背部不能弯曲，保持挺直。

双腿充分伸直。

图 14-12　半鱼王式

图 14-13　坐角式

图 14-14　全箭式

3. 跪式

（1）猫式（图 14-15）

1）动作要领　双手、双膝和小腿着地，两大腿、两手臂与地面垂直。吸气，抬头向上看，腰部下沉翘起臀部。呼气，放松颈部，低头，含胸，收缩腹肌，拱起后背。

2）功效　放松肩、颈部，收缩腹肌，减轻痛经，改善月经不调、子宫下垂。

3）注意事项　动作不要太快，亦不要猛力将颈部前后摆动或把腰部拱后，不要过分伸展颈部。

（2）虎式（图 14-16）

1）动作要领　跪撑，双手、双膝着地，调整呼吸。吸气，头和左腿缓慢向上抬起。呼气，低头，拱起后背，紧缩腹部，左腿落下曲起，下巴尽量够左膝，保持数秒。反复几次后换腿做。

2）功效　活化脊柱，补养脊神经，减少臀、腿部赘肉，美化臀形。纠正子宫下垂，使产后妇女的最佳姿势。

3）注意事项　髋部上提同时收紧臀部。

提起脚跟可帮你的背部抬得更高，当脊柱完全拱起后，脚跟可逐渐放低。再次感觉姿势，可再踮起脚趾。

感到有把握增加伸展的幅度了，就让肋骨随着每次吸气，一点点地上升。

胸部高处朝下巴尖靠近，可增加上背部的弯度。

（3）骆驼式（图 14-17）

1）动作要领　两腿分开跪立。吸气，身体慢慢后仰呼气，双手扶脚跟，放松颈部，头向后仰，髋部前送，脊柱向前推，尽量让大腿同地面垂直。保持数秒，自然呼吸。还原，放松。

2）功效　扩展胸部，预防乳房下垂，矫正拘肩驼背，柔软肩关节，伸展身体前侧。

3）注意事项　头部放松，颈项不要过分向后伸展。

盆骨和大腿与地面保持垂直。

图 14-15　猫式

图 14-16　虎式

图 14-17　骆驼式

4. 仰卧式

（1）犁式（图 14–18）

1）动作要领 完成肩肘倒立后，双腿下弯，伸过头部，双脚触地。双手支撑背部，使后背上提，胸部挺起并打开。双腿伸直，朝头部方向拉伸。保持 1 分钟左右。

2）功效 放松大脑，感冒时练习最佳，可改善甲状腺和甲状旁腺的功能。

3）注意事项 如果把脚趾放瑜伽在地面上有困难的话，那么就在身后放一把椅子，把脚趾放在椅子上。

如果呼吸变得急促或者沉重，那么就不要把脚趾放在地面上，而是放在椅子上。然后头部就不会感到压力和充胀。

（2）拱桥式（图 14–19）

1）动作要领 仰卧，双臂置于体侧，调整呼吸。吸气，曲双膝，脚跟尽量接近臀部。呼气，双手保脚踝，缓缓把身体抬高离地，收紧臀部肌肉，保持 30 秒，自然呼吸。呼气，身体慢慢落下还原。

2）功效 收紧臀部肌肉，美化臀部曲线，伸展身体前侧。

3）注意事项 如果身体不够柔韧，过分练习会造成痉挛，应量力而行。

缓慢进行，尤其是腰背、手臂力量不足的人群。

（3）鱼式（图 14–20）

1）动作要领 仰卧，双手置于体侧，调整呼吸。吸气，挺胸拱背，用头顶或者肘关节撑起上半身，头部后仰。缓缓让头顶着地，呼气，保持数秒，自然呼吸。缓慢还原，让后脑勺、肩、背依次慢慢着地。

2）功效 预防乳房下垂，矫正驼背，美化修长颈部和下巴线条。

3）注意事项 严重的腰部和颈部损伤者不宜进行该动作。

图 14–18 犁式

图 14–19 拱桥式

图 14–20 鱼式

5. 俯卧式

（1）顶峰式（图 14–21）

1）动作要领 坐下，臀部放在两脚脚跟上，脊柱挺直。两手放地上，抬高臀部，两手两脚着地。吸气，伸直两腿，将臀部提高。双臂和背部成一条直线，头在两臂之间。正常呼吸，保持约 1 分钟。呼气，还原。

2）功效 消除疲劳，伸展和加强胭旁肌、腓肠肌、比目鱼肌和跟腱。强壮坐骨神经。

3）注意事项 血压异常或患有眩晕病的人，在练这个动作时要小心，一旦觉得不舒服，先跪下将臀部坐在脚跟上，同时，额头顶地休息，在慢慢蜷起身体。

（2）眼镜蛇式（图 14–22）

1）动作要领 俯卧，双手撑于胸两侧。吸气，双臂伸直，撑起上身，头向后仰，眼看上方。呼气，依次慢慢放下上身、头部。

2）功效　舒缓、消除背部、颈部紧张，促进血液循环，增强消化功能，有助于纠正月经失调。

3）注意事项　自始至终保持均匀的深呼吸，用餐3小时后，等消化了空腹再修习。

在修习结束后请务必多喝水。

尽力而为，不可勉强，如身体不适可停练几天。

（3）全弓式（图14-23）

1）动作要领　俯卧，双臂置于体侧，调整呼吸。两小腿向上曲起，双臂向体后伸直，双手抓住双脚。吸气，头、颈、向后仰，双臂用力向上抬起双腿，躯干也向上抬起，双膝尽量高抬，维持一会儿，自然呼吸。呼气，慢慢将上身还原，松开双手，将双腿放回地面。

2）功效　强壮腰、背、臀肌，伸展颈部前侧、胸部和腹部肌肉。

3）注意事项　初学者会感觉很难将大腿抬离地面，可以在大腿下垫上瑜伽砖让大腿离开地远一些。

图14-21　顶峰式

图14-22　眼镜蛇式

图14-23　全弓式

除了以上姿势外，瑜伽还有伸展边角式、旋转三角式、鹰式、热烈式、英雄式、皮匠式、蝗虫式、仰尸式等各种姿势及其不同变式，不再一一赘述。

三、练习时的注意事项

1. 练习瑜伽时，以赤脚为好，穿着宽松、舒适，以便身体能自由活动。首饰、手表最好摘掉。

2. 不宜在过硬的地板或太软的床上练习；宜在安宁、通风良好的室内练习。

3. 要量力而行，动作缓慢，不要过度用力或勉强做动作，不要刻意追求“标准”。要专注地、保持有规律、较深沉的呼吸，这有助于身体放松。

4. 开始瑜伽练习前应排除大小便，减轻负担；练习瑜伽前后一小时内不要用餐。

5. 月经期间可选择些较轻松的姿势来做，不做犁式、肩立式和一些增加腹压的姿势。

6. 大病初愈或手术后不要立即做瑜伽练习。

7. 有心脏病、高血压、糖尿病的患者以及有脊柱关节伤病的人，必须经医生同意后，才可练习。

四、学习原则

1. 任何运动前都应做热身操，以避免运动损伤，瑜伽也不例外。

2. 以愉悦、平和的心情来进行瑜伽练习，可配上轻松的舒缓的音乐，例如班德瑞的《迷雾森林》等专辑。

3. 每一个瑜伽动作都应平缓地完成，并配合有规律的深呼吸来帮助身体放松。

4. 练习时要将意识专注到被伸展和被刺激的部位上，不可存有杂念，不可说笑。

5. 练习时不要过分逞强，要在自己所能承受的极限范围内，使被伸展的部位稍有些拉伸感即可。保证每个动作舒适地完成。

6. 练习中如果肌肉颤抖或抽筋后立即停止，加以按摩，放松后方可再练。

7. 练习时不要跟别人比，只跟自己的过去比，即使每天只进步一点点，也是进步，日积月累也会有效。

8. 每做完一个瑜伽姿势后，应马上做“无空式”来放松身心，并深呼吸5~6次。

9. 当日完成所有的瑜伽练习后，必须做“无空式”10~15分钟，来松弛瑜伽动作造成的紧张感，帮助自己进入冥想状态。

第三节 瑜伽疗法

扫码“学一学”

瑜伽可以改善并治疗那些受伤、破损或被忽视的身体部位。练习体位法，能够增加血流量，从而激活受伤的关节、肌肉和脏器。此外，瑜伽还能提高对疼痛的忍受极限。本节所介绍的瑜伽疗法，旨在治疗一些特殊的小疾病，所有姿势都可以借助工具完成，因而适合不同身体状况和病痛程度的初学者。

当身体因为小病小痛而产生疲惫或困倦时，你无须停止日常的瑜伽练习。即使觉得难以完成正常的套路练习，也应该借助工具，采用初级姿势，保持平衡。使身体充分舒展，在练习中体验放松的感觉。这种平静和安宁的感觉正是治疗疾病的开始。

本节提供了针对一系列常见的小病痛和常见健康问题的练习方案，这里不包括治疗严重病症的套路，因为必须在经验丰富且专业合格的瑜伽教练或康复医师的指导、监督下完成。初学者应该了解，瑜伽的日常练习非常重要，把瑜伽与常规医疗有效结合，或者单独使用，都有助于减轻常见的轻微病痛。

一、头痛、偏头痛

1. 症状 紧张运动后的颈部肌肉及头皮紧张，或者疲劳及睡眠不足，都可能导致头痛。而偏头痛则会使头部感到剧烈的抽搐式疼痛，并伴有恶心和呕吐。

2. 适宜体式 英雄前屈式（用长枕或毛毯支撑头部和上半身）—完全伸展式（用凳子支撑前额和双臂）—开腿前伸式（用铺有毛毯的凳子支撑头部、上半身和双臂）—仰卧皮匠式（用长枕和毛毯支撑头部和上半身及膝部）—仰尸式（用毛毯支撑头部，用绷带紧紧缠绕并蒙住眼睛，这对头痛有很好的安抚和镇静作用）。

3. 注意事项 练习时，注意颈部肌肉的拉伸，并尽量使大脑保持平静。

二、消化不良、便秘

1. 症状 消化问题是由于食物在胃肠内滞留时间过长而引起的，这些姿势可以增加腹腔内脏器的血流量，从而改善消化系统的功能。

2. 适宜体式 下犬式（用长枕支撑头部或以脚跟顶住墙壁，保持平衡）—英雄转体式（坐在支撑物上，扭转身体，将后面的手放在瑜伽砖上）—单腿伸展式（手抓带子两端，将带子绕在脚上，保持后备弯曲成凹型）—肩立桥式（支撑臀部，抬高双脚）—椅肩立式

（用长枕支撑双肩和颈部，倒立可以减轻肠、腹的压力）—靠墙倒卧式（双腿紧靠墙壁，用长枕和瑜伽砖支撑下背部）。

3. 注意事项 练习这些姿势，要保证腹部不受约束或限制。

三、经前综合征

1. 症状 经前综合征会引起背痛、胃痉挛、腹胀等不适症状。前屈可以控制经血流动，按摩生殖器官，保持大脑平静，并增加骨盆处的血液流量。

2. 适宜体式 仰卧英雄式（用两个长枕和多张毛毯支撑头部）—英雄前屈式（用长枕和毛毯支撑头部）—单腿前屈式（用长枕支撑头部、双臂和膝盖）—完全前屈式（坐在支撑物上，用长枕支撑前额）—下犬式（用长枕支撑头部或以脚跟顶住墙壁，保持平衡）—肩立桥式（用4块瑜伽砖支撑臀部，用长枕抬高双脚）。

3. 注意事项 处于生理期，不能对身体施压，婴儿不能练习倒立式和站式。

有些时候，瑜伽不能完全治愈病症。但在大多数情况下，瑜伽可以缓解由病症带来的痛苦和不适，增加信心和勇气，改善精神面貌。专心耐心地练习体位法能够镇定头脑，安抚神经。这种放松的感觉可以减轻由疼痛引起的不安和烦躁，实际上也就减轻了疼痛，并提高了忍受疼痛的极限。使用必要的支撑物完成整个套路练习，能使你的整个身心状态发生显著变化。练习结束时，你将会感到疼痛进一步得到减轻，身体更柔韧、灵活，动作更流畅、自然，心情更平和、宁静。

练习以上这些姿势时，应该具备一定的常识。只要感觉舒适，就尽量长时间地保持姿势。练习针对特定病症的套路时，最好能坚持，直到症状有所缓解。如果感到困难，应该向资深教练咨询。

思考题

扫码“练一练”

1. 练习瑜伽应遵守的原则及注意事项有哪些？
2. 简述1~2种常见的体位练习法。
3. 如何运用瑜伽疗法缓解“经前综合征”？

（尹 航 王雪莲 曹茂军）

第十五章

田径运动

学习目标

知识要求

1. 掌握田径运动的基本技术、战术动作概念和要领。
2. 熟悉田径运动的基本竞赛规则。
3. 了解田径运动的起源与发展历程。

技能要求

通过教学过程提高基本身体素质，培养吃苦耐劳的优良品质；掌握田径各项运动的基本技术、重难点；了解田径运动基本竞赛规则进行比赛。

田径（track and field）或称田径运动，是径赛、田赛和全能比赛的统称。以高度和距离长度计算成绩的跳跃、投掷项目叫“田赛”；以时间计算成绩的竞走和跑的项目叫“径赛”。田径比赛由田赛、径赛、公路跑、竞走和越野跑组成，此外还包括部分田赛和径赛项目组成的“全能运动”。

知识链接

国际业余田径联合会（International Amateur AthleticFederation，IAAF）简称国际田联。1912年7月17日在瑞典首都斯德哥尔摩成立。现有协会会员210个，分属欧、亚、非、中北美、南美及大洋洲等6个地区联合会。国际田联的工作用语为英、法、俄、德、西班牙语等。不同工作用语文本发生冲突时，以英语文本为准。国际田联总部1912~1946年设在斯德哥尔摩，1946~1993年移至伦敦。1994年6月10日新的总部在摩纳哥公国启用。第一节跑，跑是单脚支撑与腾空相交替、蹬与摆相结合、动作协调连贯的周期性运动。它是人体完成位移的主要方式之一，也是人体运动的自然动作。运动员在跑的一个周期过程中经历2次单脚支撑状态和2次腾空状态。在跑的过程中，步长和步频的变化决定跑速的增减。

扫码“学一学”

第一节 跑

一、短跑

短跑是田径径赛项目中的一类，一般包括：50米跑、60米跑、100米跑、200米跑，400米跑，4×100米接力跑，4×400米接力跑等几项；其运动特性：人们同时以最快的速度，在确定的跑道上跑完规定的距离，并以最先跑完者为优胜的项目；在人体功能供能方面，表现为人体以最大限度地发挥人的本能，并以无氧代谢供能为主要供能方式。

短跑的技术动作按项目分可分为100米跑技术和200米、400米跑技术2部分。按技术动作的变化可分为起跑、起跑后加速跑、途中跑和终点跑四部分。

（一）直道跑技术

1. 起跑 任务：使身体迅速摆脱静止状态，为起跑后加速跑创造条件。田径规则规定，在短跑比赛中运动员必须采用蹲踞式起跑，必须使用起跑器，运动员要按发令员的口令完成起跑动作。短跑的起跑过程包括“各就位”“预备”“鸣枪”三个阶段（图15-1）。

（1）听到“各就位”口令时，运动员可利用短暂时间稍做放松，稳定一下自己的情绪，然后走到起跑器前，俯身，两手撑地，两脚依次蹬在前后起跑器的抵足板上，脚尖应触及地面，后膝跪地，两手支撑起跑线后地面，两臂伸直或微屈，两手间距离与肩同宽或比肩稍宽，四指并拢或稍分开与拇指成有弹性的“人”字形支撑，身体重心稍前移，头与躯干保持在一条直线上，颈部自然放松，注意听“预备”口令。

（2）听到“预备”口令后，逐渐抬起臀部，臀部要稍高于肩部，同时使身体重心向前上方移动。此时，身体重心落在两臂和前腿上，前膝角度在90°~100°，后膝角度为110°~130°。两脚贴紧在前后起跑器抵足板上，集中注意力听枪声做动作。

（3）听到枪声后，两手迅速推地，手臂积极有力地做前后摆动，两脚同时用力蹬离起跑器，后腿迅速前摆，前腿蹬直，此时上体保持适当的前倾度。

2. 起跑后的加速跑 任务：尽快加速达到自己的最高速度。一般为30米左右（优秀运动员略长）。这期间身体前倾角度是随着速度的增大而减小，最后逐渐接近途中跑姿势（图15-2）。

图15-1 起跑

图15-2 起跑后的加速跑

3. 途中跑 任务：继续发挥和保持最高跑速。起跑后加速跑结束即进入途中跑。它是全程中距离最长、速度最快的部分。途中跑中，头部正直，上体稍前倾，摆动腿积极下压，支撑腿与摆动腿协调配合，步频快，步伐大，重心平稳（图15-3）。

4. 终点跑 任务：尽力保持途中跑的高速度跑过终点。它是全程跑的最后一段。终点跑的技术，要求运动员在离终点线15~20米处时，尽力加快两臂摆动速度和力量，保持上体前倾角度。当运动员离终点线一步距离时，上体急速前倾，双手后摆，用胸部或肩部撞终点线，跑过终点后逐渐减速（图 15-4）。

图 15-3 途中跑

图 15-4 终点跑

（二）弯道跑技术

200 米和 400 米跑，有一半以上的距离是在弯道上进行的。为了适应弯道，技术上有相应得变化。弯道起跑和起跑后的加速跑弯道起跑时起跑器安装在弯道的跑道的右侧，起跑器对着弯道的切线方向。弯道起跑后前几步应沿着内侧分道线的切线跑进。加速跑的距离适当缩短，上体抬起较早。在进入弯道时，应尽可能地沿着跑道内侧跑，身体及时向内侧倾斜。从直道进入弯道时，应惯性跑几步，身体应有意识地向内倾斜，加大右侧腿和臂的摆动力量和幅度。弯道跑的蹬地与摆动方向都应与身体向圆心方向倾斜趋于一致（图 15-5）。

从弯道跑进入直道时，应在弯道最后几步，身体逐渐减小内倾程度，充分利用出弯道的离心力，以获得较高的出弯道速度，然后全力向前跑。

图 15-5 弯道跑

二、中长跑

中长跑技术中，长跑各个项目的完整技术均分为起跑、起跑后的加速跑、途中跑和终点跑等主要技术环节。起跑和起跑后的加速跑中长跑采用站立式起跑，当听到“各就位”口令后，运动员走到起跑线后，两脚前后站立，紧靠起跑线后沿。两臂可在体前自然下垂，也可以一前一后，整个身体保持稳定姿势，注意听枪声。听到枪声后，两脚用力蹬地，两臂配合两腿的蹬摆做快而有力的前后摆动，使身体快速向前冲出，过渡到起跑后加速跑阶段。

一般中长跑加速跑的距离稍长，无论在直道或是弯道上起跑，都应该按切线方向跑进，在规则允许的范围内，抢占有利的位置，然后进入途中跑。

知识链接

极 点

人体在剧烈运动时，由于运动开始阶段内脏器官的活动能力落后于运动器官的需要，往往产生一种非常难受的感觉，此时感到呼吸困难，肌肉酸痛，动作迟缓，情绪低落，简直不愿意再继续运动下去，这种状态叫作“极点”。极点的产生是由于内脏器官的活动赶不上肌肉活动的需要，造成氧供应不足，大量乳酸之类物质的堆积，这些化学物质引起呼吸、心率急剧增加，血压升高，导致呼吸循环系统失调。这些失调的刺激传入大脑皮质，使运动中枢受到抑制，人体的动作变得慢而无力，协调性下降。

极点出现后，凭着个人意志和毅力再继续坚持运动，随着功能的调节及内脏器官功能的改善、氧供应增加、乳酸的清除加快、植物性神经中枢的惰性得到克服，极点出现的现象及症状就会逐渐消失，生理过程将出现新的平衡。这种现象在运动生理学上称为“第二次呼吸”。此时呼吸变得均匀而加深，动作感到轻快，不舒适感逐渐消失。

三、接力跑

接力跑技术：接力跑形式多样，目前在大型室外田径比赛中，正式设置的场内竞赛项目一般为男、女 4×100 米接力跑和男、女 4×400 米接力。

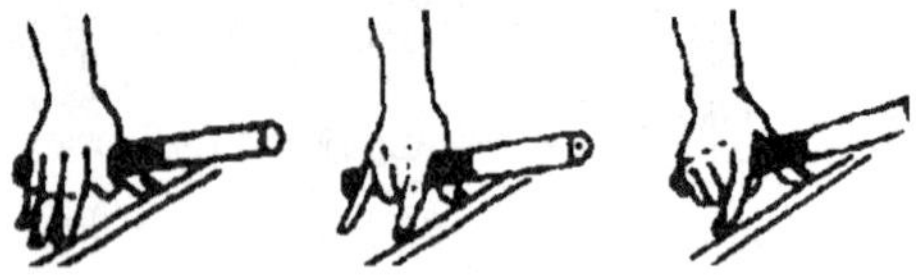

图 15-6 接力棒三种握法

（一）4×100 米接力跑

1. 持棒起跑 第一棒运动员采用蹲踞式起跑，（以右手持棒为例）其基本技术类同短跑起跑，但是接力棒不得触及起跑线及起跑线前面的地面（三种握法见图 15-6）。

2. 接棒人起跑 第二、三、四棒运动员多采用半蹲式或站立式起跑。第二、四棒选手站在跑道外侧，第三棒选手站在跑道内侧。

3. 传、接棒方法

（1）上挑式 接棒人手臂自然向后伸出，掌心向后，虎口张开朝下，传棒人将棒由下向上挑，送入接棒人手中（图 15-7）。

（2）下压式 接棒人的手臂后伸，掌心向上，虎口张开朝后，拇指向内，其余四指并拢向外，传棒人将棒的前端由上向前下压，放入接棒人手中。下压式的优点是接棒后不必再调整持棒手的位置（图 15-8）。

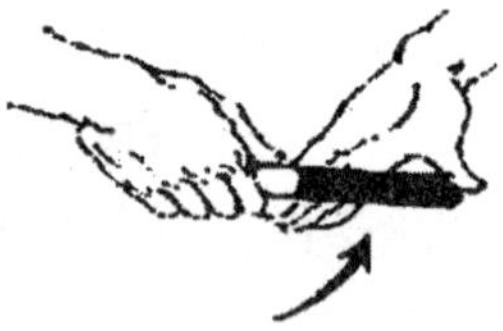

图 15-7 上挑式传棒方法

图 15-8 下压式传棒方法

（3）接力队员的棒次安排原则 接力跑在安排各棒队员时，必须考虑发挥每个人的特长。一般第一棒应安排起跑好，并善于跑弯道的运动员；第二棒应是速度快、专项耐力好，善于传、接棒的运动员；第三棒除应具备第二棒的长处外，还要善于跑弯道；通常把全队成绩最好、冲刺能力最强的运动员放在第四棒。

（二）4×400 米接力跑

由于 400 米后程的跑速明显地降低，传接棒的技术比较简单。第一棒采用蹲踞式起跑持棒方法同 4×100 米接力第一棒。第一棒全程及第二棒的第一弯道是分道跑，第二棒运动员采用站立起跑要跑至抢道线后方可自由抢道。第一棒的传接必须在参赛者指定的线道内进行，其余各棒的传接，裁判员会根据第二及第三棒运动员通过 200 米起点处之先后，按次序让其第三及第四棒的队友在接棒范围内，由内至外排列等候接棒。所有接棒者均不可以在接棒区外起跑。接力棒必须拿在手上，直到比赛结束为止。任何人掉了棒，必须由其本人拾回，而且要在不影响别人的情况下，方可越出自己的跑道以拾回接力棒。所有接力赛事，必须在接棒区内完成交接棒。“接棒区内”的判定是根据接力棒的位置，而不是根据参赛者的身体或四肢的位置。任何参赛者在传接棒完毕后故意越出跑道以妨碍其他参赛队伍，其队伍可以被取消资格。各棒之间的配合以第一棒和第四棒的安排为主。

一般将速度较快的运动员放在第一棒，争取获得领先地位；第四棒安排速度耐力好，意志品质较顽强的运动员，一旦前三棒落后，可奋起直追，一拼到底。

扫码“学一学”

第二节　跳　跃

跳跃是非周期性运动项目，是运动员经过助跑起跳后，使身体腾起，以克服最大的垂直方向或水平方向的空间距离为目的的运动项目。主要有跳高、跳远、三级跳远等项目。通过学习跳跃能有效地增强下肢力量，提高弹跳力，发展灵活、协调等身体素质，培养勇敢、顽强、沉着果断的意志品质。

一、跳高

在跳高技术的发展过程中，曾出现过跨越式、剪式、滚式、俯卧式、背越式等姿势，唯有背越式跳高被世界优秀运动员普遍采用，使世界跳高纪录不断提高。

（一）背越式跳高技术

背越式跳高是人体通过弧线助跑、起跳后，以背对横竿的姿势越过横竿的一种跳高方法。技术是由助跑、起跑、腾空过竿、下落着地等四部分组成，这些动作是紧密相连、相互用的作一个完整的统一体（图 15-9）。

1. 助跑　任务：使人体获得一定的水平速度，为起跳和顺利过竿创造条件。背越式跳高的整个助跑过程中，前 4~6 步是直线助跑。后 4~6 步是弧线助跑。

助跑前段的技术与普通加速跑基本相似，后段弧线助跑时身体向圆心方向倾斜。这样就使身体重心比跑直线时的位置相对地降低，为加快踏上起跳点的动作和快速有力的起跳提供了有利的条件。

弧线助跑通常采用走步丈量法，即先从起跳点沿横竿的平行方向走 5 步，然后向助跑起点方向（与横竿垂直）走 6 步并做一个标记为弧线助跑点，再继续向前走 7 步，最后一步落点就是助跑的起跑点。把标记点与起跑点用弧线连接即为助跑弧线（图 15-10）。

2. 起跳　任务：在助跑获得水平速度的基础上，尽可能地获得最大的垂直速度。改变人体运动方向，使身体充分向上腾起，为腾空过竿做好准备。起跳包括放脚、缓冲和蹬伸三过程。

（1）放脚　在助跑最后一步前，起跳腿以髋带动大腿快速向前迈步。最后用脚跟外侧先着地，迅速滚动至全脚掌支撑。放脚起跳时，身体仍向圆心倾斜，此时，两臂屈臂摆到靠近躯干的两侧。

（2）缓冲　起跳腿用脚跟着地后，由于助跑速度的惯性和身体重力的作用，迫使起跳腿髋、膝、踝三关节迅速弯曲缓冲，此时，摆动腿和两臂已开始从体后或体侧加速向体前摆起。蹬伸在完成了缓冲动作后，就进入了起跳蹬伸阶段。由于完成蹬伸动作的时间直接影响身体重心腾起的初速度，因此，蹬伸阶段要快速有力地伸直起跳腿的髋、膝、踝三关节，摆动腿和两臂与起跳腿蹬伸动作紧密配合进行摆动，提肩、拔腰，使整个身体充分向上伸展，最后是脚尖蹬离地面。过竿和落地腾空过竿阶段的任务是充分利用身体重心腾起的高度，采用合理的过竿姿势和动作，使整个身体顺利地越过横竿。

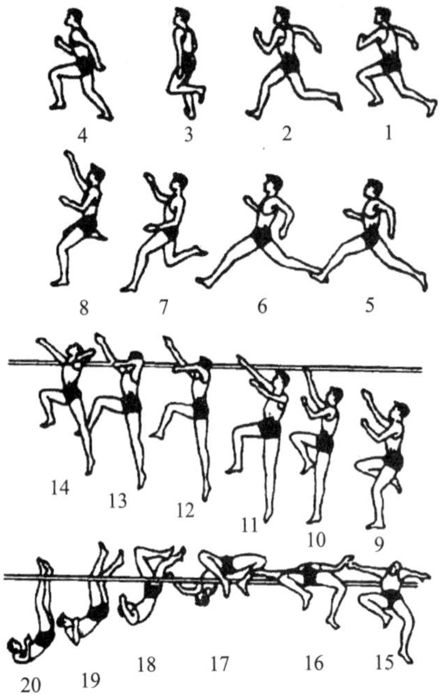

图 15-9　背越式跳高

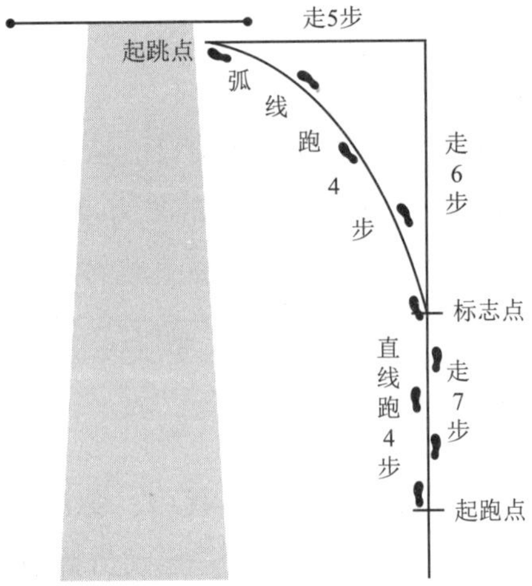

图 15-10　助跑

（3）落地　任务：及时做好缓冲动作，安全落地。当起跳离开后，人体在飞向横竿的过程中。身体沿纵轴旋转，逐渐转为背对横竿。首先是右臂过竿（左腿起跳者），然后是头、肩和左臂过竿。当头、肩过竿后，头向后仰，两臂向体侧张开。此时，摆动腿保持上抬并稍向外转，起跳腿也屈膝外展，髋部随即向上挺起形成背弓形。随后，髋继续保持上挺姿势，待臀部过竿后，要及时做低头、屈髓和小腿上甩伸直动作，使整个身体越过横竿。肩、背先着海绵垫。

（二）跳高技术练习方法

1. 过竿及落地技术练习

（1）手扶肋木送髋　两手于背后扶肋木下蹲，慢慢起立，肩后倒送髋至最大限度，然后起立。

动作要求：头后仰，越向前移，越要挺胸送髋，使身体反弓成“桥”形姿势（图 15-11）。

（2）下蹲抓脚跟送髋起　原地下蹲，两手于体侧抓住脚跟。起立时。先向前移重心。提踵，前脚掌着地，向前跪膝挺胸，由下蹲慢慢向上起立，手仍抓住脚跟，身体后仰，迫使送出髋关节，至最大限度时，慢慢松手，继续送髋，挺胸站立（图 15-12）。

图 15-11　手扶肋木送髋

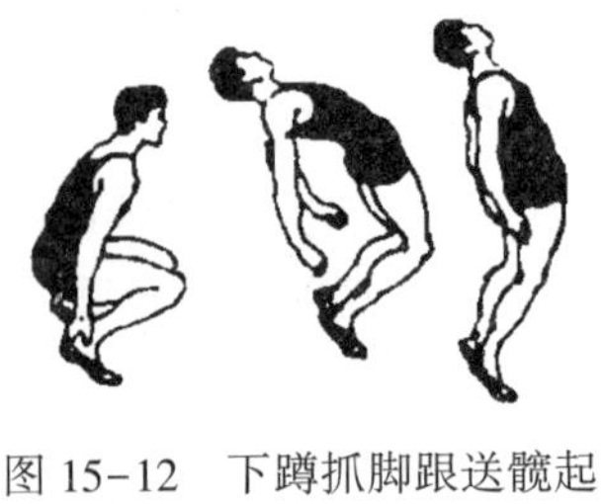

图 15-12　下蹲抓脚跟送髋起

动作要求：起立时要掌握身体平衡，送髋时要提脚跟，加大髋部前送的幅度。

（3）原地倒体送髋　背对垫子站立，两臂屈肘于体前，提脚跟，上体后移，挺胸、送髋，肩后倒至肩背落在垫子上。腰臀继续向上送起不落垫，脚跟仍然提起（图 15-13）。

动作要求：压肩后倒时必须提踵送髋，落垫时必须肩背落垫。还未落垫时，要迅速而及时低头，以免头部着垫而受伤。

（4）立定背越式跳　两脚屈膝半蹲，然后用力向上跳，两臂配合向上摆，肩向后伸展，抬臀挺髋，在空中成反弓形，然后低头收腹举腿，用肩背着垫（图 15-14）。

动作要求：大胆向上跳，大胆向后倒体送髋，落垫时低头收腹举腿，用肩背着垫。

图 15-13　原地倒体送髋

图 15-14　立定背越式跳

（5）原地背越式过竿　用橡皮筋或横竿，其方法和要求同（4）。

（6）走或跑二三步接着做过竿落地动作，反复练习。

2. 助跑起跳技术练习

（1）沿直径约 15 米的圆弧做加速跑。

动作要求：加速跑时脚掌始终落在弧线上，身体向圆心方向倾斜。

（2）沿弧线跑 6~8 步后起跳。

动作要求：逐步加快助跑节奏并自然起跳，体会离心力对身体的作用。

（3）直线助跑后进入弧线跑。直线段跑 6~7 步，弧线跑 4~5 步。

动作要求：直线段助跑逐渐加速，身体重心位置较高。转入弧线段时动作流畅，身体重心内倾。

（4）同上练习，接上步起跳。

（5）学习全程助跑丈量方法。用走步法丈量全程助跑。

动作要求：助跑稳定，在直、弧段交接处做标记，并在练习中进行调整。

3. 全程背越式跳高技术练习　全程助跑起跳练习，检查助跑步点，并强调助跑的节奏。先画好适合自己的助跑弧线，放置高横竿。助跑道上放置 2~3 个助跑标记，练习者在适当的距离上选一个起跑点。先从预跑到直线段加速，较柔和地转入弧线加速，快而准地踏上标志点。摆动腿落地后顺其惯性沿横竿另一端放松跑 3~4 步。

动作要求：通过反复助跑练习，把握全程助跑的节奏。整个助跑起跳过程要做到快而稳。

4. 四步助跑过横竿技术练习　动作要求：步点准确，起跳后身体充分向上腾起，过竿时身体舒展。

（三）易犯错误及纠正方法

1. 助跑节奏乱，使助跑与跳结合不起来　主要是助跑步点不准确，拉大步、捣小步或没有沿助跑弧线落脚。

纠正方法：改进直线进入弧线的助跑技术，按划好每步的标记助跑；反复进行助跑练习。

2. 起跳向前的力量太大而跳不起来 主要是助跑过快失去控制；最后一步放脚太慢，未完成起跳动作就向横竿倒体展肩，急于过竿；倒数第二步偏离弧线；助跑弧度不够，最后几步没有保持身体向内倾斜；起跳时转体过早背对横竿起跳。

纠正方法：多做短、中程助跑结合起跳的练习，注意改进放脚、摆腿和摆臂的技术动作，提高助跑结合起跳的速度；多做弧线助跑结合起跳后练习，强调身体从内倾迅速转成垂直和正确完成起跳后再做过竿动作。

3. 起跳时制动大，减弱了水平速度，做过竿动作时，身体压竿 主要是倒数第二步时，身体重心下降太多，身体向内倾斜不够；起跳前身体后仰过大，起跳脚落地不够积极，前伸太远。

纠正方法：多做弧线助跑结合起跳的模仿练习，如连续做10~15米直径圆圈上助跑几步接起跳的练习；弧线助跑起跳用头触高物，强调起跳要积极，上体要正直。

4. “坐”式过竿，臀部及大腿碰落横竿 主要是起跳时身体重心没跟上，过早曲髋做不出“桥”的动作，腾空高度不够；小腿太紧张，收腹举腿过早。

纠正方法：利用弹跳板或低跳箱，做立定背越式跳高，逐渐增加高度，克服害怕心理；立定背越式跳高，臀部落在垫垛边，保持挺髋和小腿弯曲姿势；在过竿的上空放一标志物，过竿时用髋触及标志物后，再收腹举腿。

5. 起跳后转体不够，使身体斜着交叉过杆 主要是起跳时摆动腿摆动迟缓或摆动方向不正确，使身体沿纵轴转不够；最后两步角度太大，以致起跳时摆动腿转髋困难。

纠正方法：多做摆腿的模仿练习并结合摆臂动作；弧线助跑起跳触高物后转体90°；反复做大弧线的助跑练习。

6. 竿上动作僵直 主要是起跳腾空后，两膝关节不放松，腹肌紧张，做“桥”动作困难，灵敏性、协调性太差。

纠正方法：加强柔韧性、灵敏性和协调性的练习，提高动作的放松能力；做短、中程助跑起跳的过竿练习，在竿的下前方设一标志物，过竿时两小腿后屈，用脚跟或小腿触标志物。

二、跳远

跳远是最古老的竞技项目之一，又称急行跳远。在古希腊奥林匹克的“五项运动”中就有跳远。运动员沿直线助跑，在起跳板前沿线后用单足起跳，经腾空阶段，然后用双足在沙坑落地。比赛时以跳的远度决定名次。

（一）跳远技术

跳远技术是由助跑、起跳、腾空和落地等4个紧密相连的动作环节所组成。

1. 助跑 任务：为了获得可控制的最大水平速度和为起跳做好准备。助跑的距离要根据练习者的素质状况和技术水平高低来定，男子一般为30~40米，跑16~22步；女子一般为25~35米，跑14~20步。助跑距离的测定，可从起跳板（线）用助跑速度向反方向跑，最后一步踏跳点即为起跑点。助跑起动方式对步点准确性有一定影响，站立式起动或走或跑几步后踏标志线开始助跑是常用的两种起动方式。全程助跑应轻松而有节奏，速度应逐渐加快，最后几步达到最高速度。助跑的最后几步，是跳远技术中的重要环节，它能够影响起跳前的速度、踏板的准确性和起跳动作的合理性。在助跑的最后阶段，为了准备起跳，助跑的节奏稍有变化，主要是倒数第 2 步的步长稍有增加，身体重心稍有下降。最后一步由于加快起跳腿的放脚动作，步幅稍短，重心略升高，进入起跳状态。

2. 起跳 任务：在尽量减少水平速度损失的情况下获得必要的垂直速度，改变身体重心向前运动的方向，使人体沿适宜的腾起角向空中腾起。起跳动作包括放脚、缓冲和蹬伸三个过程。助跑最后一步，当摆动腿支撑时，应用力蹬地使身体尽快向起跳板推进。起跳腿快速折叠前摆，并积极下压大腿，用脚跟触及并迅速滚动至全脚掌，身体重心越过支撑点时蹬直髋、膝、踝三个关节。同时摆动腿积极向前上方摆至水平位置，摆动时小腿自然下垂，上体正直，两臂协调配合，起跳腿同侧臂屈肘摆至体前上方，异侧臂屈肘摆至体侧（图 15-15）。

图 15-15 起跳

蹬伸不仅是起跳腿快速有力地蹬地，而且要与摆腿、摆臂、提肩、提腰等动作协调配合，使整个身体向前上方伸展。当摆动腿与两臂摆动到一定位置时，要有意识地做“突停”，以维持身体的平衡，减小起跳腿的压力，增加起跳腾起的速度。

3. 腾空 任务：维持身体在空中的平衡，并为合理、完善的落地动作创造有利的条件。正确的腾空应是上体正直，摆动腿保持起跳时的前摆，起跳腿自然、放松地留在身体后面。这一起跳结束时延续在空中的动作姿势，叫“腾空步”（图 15-16）。“腾空步”以后的空中姿势分为蹲踞式、挺身式和走步式三种。

图 15-16 腾空步

（1）蹲踞式 蹲踞式跳远时，“腾空步”的时间相对较长，摆动腿大腿抬得较高，膝关节的屈度较大，两大腿之间的夹角较大。当身体重心达到抛物线的最高点时，起跳腿屈膝向前提拉并与摆动腿并拢，形成“蹲踞”姿势，上体前倾，两臂同时自前向下、向后摆动，小腿自然前伸准备落地（图 15-17）。

（2）挺身式 挺身式跳远起跳后，保持“腾空步”的时间比蹲踞式稍短。起跳后摆动腿自然下放，小腿向后下方弧形摆动，两腿迅速靠拢，形成挺身姿势。两臂在摆动腿放下时同时下落，然后配合收腹举腿做绕环摆动，接着前伸小腿准备落地（图 15-18）。挺身式跳远的空中动作，能拉长体前肌肉，有利于做收腹举腿和伸腿落地动作，效果比蹲踞式好。但要注意挺身反弓的程度和时机，否则会使动作紧张，不利于身体在空中的平衡。

图 15-17　蹲踞式

图 15-18　挺身式

4. 落地　正确的落地动作能帮助提高成绩，同时可防止伤害事故发生。因此，当人体将要落地时，应保持上体前倾，高抬大腿，前伸小腿，脚触地的一刹那，迅速向前屈膝缓冲，髋部前移，两臂屈肘前摆，使身体尽快移过支撑点，并向前或向侧倒体，避免后坐。

教学重点是助跑与起跳相结合的技术，难点是助跑快而步点准确，板前不减速地跳起来，以及（蹲踞式跳远）腾空后的蹲踞动作和（挺身式跳远）腾空后的挺身动作。

（二）跳远技术练习方法

1. 助跑与起跳结合技术练习

（1）摆臂练习。起跳腿同侧臂屈肘向前上方摆动，异侧臂屈肘摆向体侧，两肘与肩平时急停，同时顶肩拔腰。

（2）摆腿练习。摆动腿屈腿高抬向前上方摆出，并把同侧髋带出。

（3）起跳腿放脚攻板练习。起跳腿低平而快前摆，大腿积极下压，脚掌由上向下后扒踏，同时配合摆腿和摆臂动作。

（4）走步、小步跑、半高抬腿跑等结合起跳成“腾空步”。

（5）3~4 步助跑起跳成“腾空步”。

（6）6~8 步助跑起跳成“腾空步”，以摆动腿落坑向前跑出。

2. 落地技术练习

（1）立定跳远练习。空中团身，落地前及时伸腿，并利用两臂前摆，使身体重心移到落地点，然后前倒或侧倒入沙坑。

（2）高台原地单腿起跳团身落地练习。抬腿、伸腿、移重心等要求同上。

3. 蹲踞式动作练习

（1）悬垂于单杠或支撑于双杠上成“腾空步”姿势，接着起跳腿屈膝提举，与高抬的摆动腿靠拢成蹲踞姿势。

（2）原地单腿起跳成蹲踞式练习。起跳腿提举拉收，与摆动腿靠拢成蹲踞姿势。

（3）4~6 步助跑蹲踞式跳远。

4. 挺身式动作练习

（1）原地模仿练习。成“腾空步”姿势，随即摆动腿下放后摆，手臂配合由上向下向后上方摆动，展髋挺身成“反弓”，然后身体跃起，收腹举腿落地。

（2）3 步助跑起跳成“腾空步”，完成挺身式动作。

（3）4~6 步助跑成“腾空步”，完成挺身式动作。

（4）6~8 步助跑成“腾空步”，完成挺身式动作。

5. 完整技术练习

（1）丈量全程助跑步点前，进行全程助跑练习。

（2）在准确的步点基础上完成起跳成“腾空步”。

（3）进行蹲踞式或挺身式的完整技术练习。

（三）易犯错误及纠正方法

1. 助跑步点不准。主要是开始助跑的姿势不固定；助跑节奏不稳定；场地、气候和生理、心理因素的影响。

纠正方法：固定助跑的开始姿势，正确使用助跑标志；反复跑步点，固定助跑节奏；在不同场地、气候练习助跑，培养适应能力。

2. 助跑最后几步减速。主要是步点不准，最后几步步长过大或过小；怕越板犯规或跑快了跳不起来；急于做强有力的起跑；快跑中起跳能力差。

纠正方法：反复跑步点；大胆加速，不受越板影响；改进起跳技术，采用俯角越跳板，提高起跳速度。

3. 挺身式跳远中以挺腹代替挺身。主要是腾空步后摆动腿下落不积极，摆动腿没有后摆，上体后仰。

纠正方法：短距离助跑起跳，上体保持正直；短距离助跑起跳，摆动腿积极下落并向后摆动；做挺身式各种模仿练习。

三、三级跳远

三级跳远是助跑之后沿直线连续进行 3 次跳跃。第一跳（单脚跳）必须用起跳腿落地，第二跳（跨步跳）须用摆动腿落地，第三跳（跳跃）用双脚落入沙坑（图 15-19）。三级跳远的速度取决于由助跑获得的水平起跳所产生的垂直速度。每一跳的动作质量，身体平衡能力和三跳比例也同远度紧密相关。尽可能地减少三跳过程中水平速度的损失，是三级跳远技术的关键。

图 15-19　三级跳远

(一)三级跳远技术

1. 助跑 三级跳远的助跳与跳远的不同之处是助跑最后几步无明显变化，身体重心较高，起跳点更靠近身体重心投影点，上体保持一定前倾角度。

2. 第一跳(单脚跳) 第一跳起跳同跳远稍有区别，几乎是伸直腿着板，起跳腿膝关节稍放松。攻板时上体略前倾，摆动腿屈膝快速前摆，髋部前送，起跳腿缓冲后，迅速蹬伸。双臂同时配合摆动，身体重心沿长而平缓的轨迹行进。腾空后，摆动腿自上而下向后弧形摆动，起跳腿同时屈膝自后向前上方提摆。此时上体稍前倾，两臂协调配合两腿，由体前下向体侧后方摆动，以维持身体平衡，空中“换腿”后做“扒地”准备。“扒地”式落地是大腿快速下压，小腿自然前伸，起跳腿做向前、下、后的弧形鞭打动作。脚落地点尽量靠近身体重心投影点，同时迅速缓冲，身体重心迅速前移，两臂同时配合摆动，以维持身体平衡和减少水平速度的损失，为第二跳起跳创造条件。

3. 第二跳(跨步跳) 第一跳落地缓冲后，起跳脚向前上方蹬伸，腾空后起跳腿自然弯曲留在体后，摆动腿前摆，两臂同时由前上方向下后方弧形摆动，形成大跨步的姿势。为了在较长的时间内保持这种大跨步姿势，尽可能地延长脚落地的时间，在腾空距离的后1/3处时，摆动腿大腿应带动髋部又一次做向前上方抬摆的动作。接着摆动腿开始下落，准备着地进入第三跳。

4. 第三跳(跳跃) 第二跳落地缓冲后，支撑腿迅速蹬伸，摆动腿积极前摆，两臂配合同时上摆，形成跳远的腾空姿势。空中动作用蹲踞式或挺身式均可。技术类型和三跳比例关系三级跳远应有强烈、鲜明的节奏。正确的节奏较为均匀，为“嗒、嗒、嗒”，节奏正确才能保持身体平衡的协调和有效地用力。

确定三跳长度比例的主要依据是练习者的速度和支撑力量的水平。按其三跳比例和技术特点分为力量型（高跳型）和速度型（平跳型）两种。力量型不仅第一跳跳得高而远，而且每一跳都跳得较高，水平速度损失大，三跳的比例关系大约是38%、29%、33%。采用这一技术类型要求有较强的腿部力量；速度型第一跳平而低，较多地保持了水平速度，三跳远度均匀，比例关系大约为35%、30%、35%。采用这一技术类型要求速度快和快速起跳能力强。一般普通练习者采用前两跳低而平的速度型较为适宜。

(二)跳远练习方法

三级跳远的教学重点是维持身体平衡，按适当比例有节奏地完成三级跳。难点是扒地式落地，保持三跳的水平速度，第二跳有一定远度并能不减速地连续跳起来。

1. 三级跳远落地动作练习

(1) 在草地上或锯末跑道上连续做跨步跳练习。要求支撑腿蹬地充分，两臂配合摆动，摆动腿前摆幅度要大，落地时扒地积极，各跳之间衔接紧密。

(2) 立定三级跳远练习。要求连续跨跳时注意后扒着地，并做好缓冲。

(3) 学习掌握上一步三级跳远。建立起跳、落地的第一跳技术动作概念。

2. 第一、第二跳结合技术练习

(1) 学习第一跳空中换步动作。原地单足跳屈膝提腿空中换步练习；连续单足跳低空换步练习，两臂配合两腿做前后摆动；4~6步助跑起跳空中换步，起跳足落在沙坑里跑过。要求做到起跳时蹬地角小，重心平稳，起跳腿屈膝提腿带髋，两臂前后摆动，着地缓冲后注意支撑和继续蹬伸，摆动腿前迈跑过。

（2）学习第一、第二跳相结合的技术，学习原地五级跳。距沙坑 10 米（男生 11 米）画线，跳法同立定三级跳一样，即用力脚先跳出，摆动腿做跨步跳。动作顺序是左—右—左—右—跳两臂配合跨跳前后摆动，也可双臂摆动。连续跨步跳过实心球，注意球与球之间间隔要适中，否则会破坏跨越节奏。连续单足跳接跨越练习，动作顺序是左—左—右—左—左—右。要求单足跳时有换步动作，跳跃的步幅宽大富有弹性，摆臂要协调配合，否则身体不平衡，会影响跳跃的直线性。避免用脚跟着地，着地时用膝踝缓冲，蹬摆跨跳中髋部前送。单足跳与跨步跳的步长宜均匀而有节奏，如能在草地上做最好。

3. 完整技术练习

（1）4~6 步助跑三级跳远练习。自然走 6 步跑 4 步，走 10 步跑 6 步，助跑要有加速。要求标出三跳长度，踏上标志线起跳，强调放松，协调均匀有节奏。三跳比例，男子（6 步助跑）为 3. 50 ~ 2. 80 ~ 3. 20 米，合计 9. 50 米；女子（6 步助跑）为 2. 80 ~ 2. 30 ~ 3. 00 米，合计 8. 10 米。

（2）确定全程助跑距离。从教学角度出发，考虑到初学者腿部力量不足，可用中程助跑加速，即 8~12 步助跑。一般可用自然走步法丈量，如走 22 步跑 12 步。

（3）全程助跑三级跳远练习。要求技术完整，节奏均匀，三级跳比例适当，用以巩固提高技术，也可重点改进某一跳技术。

（三）易犯错误及纠正方法

1. 第一跳跳得太高，距离较短，换步动作不明显。主要是起跳时用力方向和节奏控制不好。

纠正方法：常采用连续单足换步跳练习；全程助跑起跳。标出第一跳的远度，并在中间放一实心球，提示换步时机。

2. 第一、第二跳衔接不好。主要是第一跳落地过早前伸小腿，影响第二跳的远度；两臂和摆动腿配合不好，破坏了第一跳的空中平衡。

纠正方法：常采用多做空中换步跳练习和摆臂摆腿动作配合练习，掌握正确的扒地式落地技术；提高腿部力量，特别是弱腿力量。

3. 第二跳跨步中高度和远度差。主要是上体前倾，动作紧张，跨跳幅度迈不开。

纠正方法：常采用多做五级跳，增加腿部力量。

4. 第三跳腾不起来。主要是第二跳起跳制动大，破坏了跨步跳节奏。

纠正方法：常采用加强三跳的节奏感，强调第二跳着地时的扒地动作。

5. 三跳的节奏不正常。主要是第一跳太高太远，第二跳太近太低。

纠正方法：建立三级跳的正确节奏概念，多采用 4 步助跑三级跳远练习；全程助跑中调整三跳的远度比例，画出第一、第二跳标志，反复练习助跑做三跳练习，注意腿臂配合。

扫码“学一学”

第三节 投 掷

投掷是人类基本活动技能之一，田径运动中的投掷是人体运用自身的能力，通过一定的运动形式，将手持规定器械进行抛射，并尽可能获得远度的运动项目。传统项目有铅球、标枪、铁饼、链球飞手榴弹等。经常练习可增强四肢和躯干的肌肉力量及身体的协调能力，能培养坚毅、顽强的意志品质。

一、铅球

铅球技术有侧向滑步推球、背向滑步推球和旋转推球三种，这里着重介绍侧向滑步推铅球技术。

（一）侧向滑步推铅球技术

侧向滑步推铅球的完整技术由握球、持球、预备姿势、滑步和最后用力投出后的缓冲等几部分组成。

1. 握球和持球

（1）握球　（以右手为例）手五指自然分开，球托于示指、中指和无名指的指根面上，拇指和小指扶在球的两侧，手腕背屈（图 15-20）。

图 15-20　握球

（2）持球　（以右手为例）握好球后，将球置于锁骨窝处，颈部贴紧铅球，右臂屈肘稍外展，掌心向前，上臂与躯干约成 45°，完成持球动作（图 15-21）。

图 15-21　持球

2. 预备姿势　上体正直，身体左侧对投掷方向，两脚左右开立与肩同宽，右脚靠近投掷圈的后沿，左脚前脚掌内侧着地，重心落在右腿上。然后上体稍向右倾，左臂微屈在体前上方自然举起。

3. 滑步　目的：使器械获得预先速度，并为最后用力推出创造良好的条件。滑步前左腿向投掷方向作一两次预摆，预摆时左腿微屈以大腿带动小腿向投掷方向摆起，上体向右倾倒，接着左腿屈膝回摆靠近右腿。同时右腿屈膝，降低重心，上体稍前倾，收腹含胸，左臂摆至身前准备滑步。滑步时左腿积极用力向投掷方向摆出，右脚用力蹬地，使身体重心向投掷方向移动。在右腿蹬离地面的瞬间，右腿积极收拉右小腿，前脚掌落在圆心附近。同时左腿积极下压，用前脚掌内侧着地（与右脚几乎同时着地），并与投掷方向成 45°，以形成稳固有力的左侧支撑，且左脚尖与右脚跟在一条与投掷方向一致的直线上，人体重心落在弯曲的右腿上，完成滑步动作（图 15-21）。滑步的关键是身体移动快，重心起伏小。滑步结束时，身体处于最后用力前的有利姿势。

4. 最后用力　推铅球技术的关键环节，动作的正确与否直接影响出手速度、角度和出手高度。当左脚即将着地的瞬间，右脚迅速蹬地，右膝内转，右髋积极前送，使上体抬起并转向投掷方向。当身体左侧移至与地面垂直的瞬间，左臂摆至身前制动，以左肩为轴，右肩积极向投掷方向送出，抬头挺胸，右臂快速伸直将球推出，其出手角度为 38°~42°。当球离手的一刹那，两腿充分伸直，手腕内转屈腕，手指拨球，加快铅球出手的初速度。

（二）铅球练习方法

1. 原地侧向推铅球动作练习

（1）练习握球与持球的方法。

（2）徒手做原地推铅球的预备姿势和最后用力推铅球的模仿练习。

（3）正对投掷方向，左脚在前，脚尖稍向内转，右脚在后，膝关节稍屈，用前脚掌着地。右肩向右扭转，右腿用力蹬地，转身挺胸将球推出。

（4）原地侧向推铅球练习（用轻铅球）。注意体会正确的用力顺序和做好左侧支撑。

2. 侧向垫步推铅球动作练习

（1）徒手模仿持球做侧向垫步移动练习。要求落地时重心应控制在右腿上，右肩右转。

（2）持轻铅球做侧向垫步推球练习。

（3）听信号做原地推铅球练习。要求着重体会快速推球动作，并注意在出手后保持身体平衡。

3. 侧向滑步推铅球动作练习

（1）侧向滑步的预备姿势练习。

（2）徒手或持球做侧向滑步的模仿练习。

（3）侧对投掷方向。做左腿不摆动的右腿蹬地滑步练习，可连续做。

（4）侧对投掷方向，做左腿摆、右腿蹬密切配合的滑步练习。

（5）持球做上述练习，进一步体会滑步技术。

4. 滑步与最后用力结合技术练习

（1）侧向滑步推铅球。在画好的白灰线上做侧向滑步推铅球练习，要求练习过程中逐渐加大摆动的幅度和强调最后用力速度。

（2）在投掷圈内做上述练习。要求动作协调连贯，力争把球推远。

（三）易犯错误及纠正方法

1. 推铅球时肘关节下降，球离肩过早，形成抛球。

纠正方法：注意持球时手臂的动作，多做正面推铅球和原地推铅球的模仿练习。

2. 滑步和最后用力衔接不上。

纠正方法：加强滑步技术练习，保持重心平稳；左脚积极落地，形成有力的双脚支持；右腿拉收快速蹬转，加强滑步与最后用力衔接。

3. 推铅球臀后坐。

纠正方法：做推铅球预备姿势；反复做右腿蹬地转髋成“满弓”姿势；徒手做最后用力练习，要求用右手触及体前上方一定高度和远度的标志物。

知识链接

奥运项目知识投掷项目包括短投项目（铅球、铁饼）和长投项目（标枪、链球）。正式比赛男子铅球重量为 7.26 千克，女子铅球重量为 4 千克。比赛时，投掷圈直径为 2.135 米，用单手将球从肩上推出。男子铁饼重 2 千克，女子铁饼重 1 千克。运动员应在直径 2.50 米的圈内将饼掷出，铅球和铁饼必须落在 34.92°的角度线内方为有效。男子标枪重 800 克，长 260~270 厘米；女子标枪重 600 克，长 220~230 厘米。比赛时，运动员必须单手将标枪从肩上方掷出，枪尖必须落在投掷区 29°的扇形区方为有效。标枪运动员不能在投掷后转身完全背对他投出的标枪。男子链球重 7.26 千克，总长 117.5~121.5 厘米，女子链球重 4 千克，总长 116.0~119.5 厘米。比赛时，运动员必须在直径 2.135 米的圈内用双手将球掷出并落在 40°的扇形区线内方为有效。

二、实心球

掷远实心球掷远练习对发展快速力量，培养正确用力的方法有很好的效果。练习时要求能够用全身力量，特别是腿部、腰腹部以及手臂的肌肉力量，通过协同用力将实心球推抛出去。通过掷远练习掌握动作要领，培养正确的姿势，发展肌肉力量，以及身体的协调性和灵活性。

1. 正面推掷实心球（或沙心球）可分单、双手两种方法（图 15-22）。
2. 侧向推实心球动作方法同侧向原地推铅球（图 15-23）。
3. 前抛实心球（图 15-24）。
4. 后抛实心球（图 15-25）。

图 15-22　正面推掷实心球

图 15-23　侧向推实心球

图 15-24　前抛实心球

图 15-25　后抛实心球

5. 跪姿双手头上前抛实心球（图 15-26）。
6. 双手从头后向前抛实心球（图 15-27）。

7. 上步双手从头后向前抛实心球（图 15-28）。

上述内容同样可以进行双人、集体抛接沙袋的练习。可以站成圆圈或二列横队互相抛接。站成圆圈集体抛接还可以有人在圈内抢截，失误者与抢球人交换位置。

图 15-26　跪姿双手头上前抛实心球

图 15-27　双手从头后向前抛实心球

图 15-28　上步双手从头后向前抛实心球

思考题

1. 在 200 米跑的比赛中，运动员如何掌握出弯道跑技术？
2. 三级跳远的技术动作中的着地技术与跳远的着地技术相同吗？

（李孝亮）

扫码“练一练”

第三篇

职业拓展运动篇

第十六章

医疗保健运动

学习目标

知识要求

1. 掌握中国传统养生功法的基本动作、基本技术的特点。
2. 熟悉中国传统养生功法的种类、起源与发展历程。
3. 了解中国传统养生功法健身原理、健身气功竞赛规则。

技能要求

通过学习提高基本身体素质；掌握中国传统养生功法的基本动作、基本技法；能够根据自身身体状况选择适合的养生功法健身；能够运用竞赛规则，欣赏健身气功比赛。

本章主要介绍中国传统养生功法中的三种健身气功，分别是健身气功易筋经，五禽戏和八段锦，它们与六字诀一起被国家体育总局列为流传较广、并立项进行课题研究的健身气功。

健身气功，是我国宝贵的文化遗产，具有独特民族风格的传统项目，它历史悠久，内容丰富，深受广大青年学生喜爱。通过习练健身气功可增进学生心理与生理的健康、身体协调能力，促进学生全面发展，陶冶情操，增强综合素质。全面发展学生的身体素质，培养学生的道德情操，自觉锻炼的意识和能力，促进学生身心的健康发展，为终身体育打下良好的基础。

第一节　易筋经

扫码“学一学”

知识链接

健身气功易筋经继承了传统易筋经十二势的精要，融科学性、普及性于一体，动作注重抻筋拔骨、旋转屈伸、虚实相兼、易学易练、健身效果明显。

一、易筋经概述

易筋经源自我国古代导引术，历史悠久。据考证，易筋经是我国古代流传下来的健身养生方法，在我国传统功法和民族体育发展中有着较大的影响，千百年来深受广大群众的欢迎。

易筋经为何人所创，历来众说纷纭。从现有文献看，大多认为易筋经、洗髓经和少林武术等为达摩所传。目前发现流传至今最早的易筋经十二势版本，载于清代咸丰八年潘蔚辑录的《内功图说》中，总体来看，传统易筋经侧重于从宗教、中医、阴阳五行学说等视角对功理、功法进行阐述，并且形成了不同流派，收录于不同的著作中。

健身气功易筋经继承了传统易筋经十二势的精要，融科学性与普及性于一体，其格调古朴，蕴涵新意。各势动作是连贯的有机整体，动作注重伸筋拔骨，舒展连绵，刚柔相济；呼吸要求自然，动息相融；并以形导气，意随形走；易学易练，健身效果明显。

二、功法特点

（一）动作舒展，抻筋拔骨

每一势动作，不论是上肢、下肢还是躯干，都要求有较充分的屈伸、外展内收、扭转身体等运动，从而使人体的骨骼及大小关节在传统定势动作的基础上，尽可能地呈现多方位和广角度的活动。其目的就是要通过“拔骨”的运动达到“伸筋”，牵拉人体各部位的大小肌群和筋膜，以及大小关节处的肌腱、韧带、关节囊等结缔组织，促进活动部位软组织的血液循环，改善软组织的营养代谢过程，提高肌肉、肌腱、韧带等软组织的柔韧性、灵活性和骨骼、关节、肌肉等组织的活动功能，达到强身健体的目的。

（二）柔和匀称，协调美观

本功法是在传统“易筋经十二定势”动作的基础上进行了改编，增加了动作之间的连接，每势动作变化过程清晰、柔和。整套功法的运动方向，为前后、左右、上下；肢体运动的路线，为简单的直线和弧线；肢体运动的幅度，是以关节为轴的自然活动角度所呈现的身体活动范围；整套功法的动作速度，是匀速缓慢地移动身体或身体局部。动作力量上，要求肌肉相对放松，用力圆柔而轻盈，不使蛮力，不僵硬，刚柔相济。每势之间无繁杂和重复动作，便于中老年人学练。同时，对有的动作难度做不同程度的要求，也适合青壮年习练。

功法动作要求上下肢与躯干之间，肢体与肢体之间的左右上下，以及肢体左右的对称与非对称，都应有机地整体协调运动，彼此相随，密切配合。因此，健身气功易筋经呈现出动作舒展、连贯、柔畅、协调，动静相兼。同时在精神内含的神韵下，给人以美的享受。

（三）注重脊柱的旋转屈伸

脊柱是人体的支柱，又称“脊梁”。由椎骨、韧带、脊髓等组成，具有支持体重、运动、保护脊髓及其神经根的作用。神经系统是由位于颅腔和椎管里的脑和脊髓以及周围神经组成。神经系统控制和协调各个器官系统的活动，使人体成为一个有机整体以适应内外环境的变化。因此，脊柱旋转屈伸的运动有利于对脊髓和神经根的刺激，以增强其控制和调节功能。本功法的主要运动形式是以腰为轴的脊柱旋转屈伸运动，如“九鬼拔马刀势”中的脊柱左右旋转屈伸动作，“打躬势”中椎骨节节拔伸前屈、卷曲如勾和脊柱节节放松的伸直动作，“掉尾势”中脊柱前屈并在反伸的状态下做俱崛、侧伸动作。因此，本功法是通过脊柱的旋转屈伸运动以带动四肢、内脏的运动，在松静自然、形神合一中完成动作，达到健身、防病、延年、益智的目的。

三、功法基础

（一）基本手形

1. 握固　大拇指抵掐无名指根节，其余四指屈拢收于掌心（图 16–1）。

2. 荷叶掌　五指伸直，张开（图 16–2）。

3. 柳叶掌　五指伸直，并拢（图 16–3）。

4. 龙爪　五指伸直、分开，拇指、示指、无名指、小指内收（图 16–4）。

5. 爪　五指分开，虎口撑圆，第一、二指关节弯曲内扣（图 16–5）。

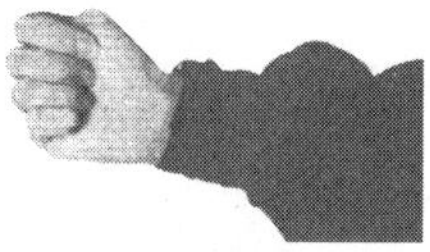

图 16–1　握固

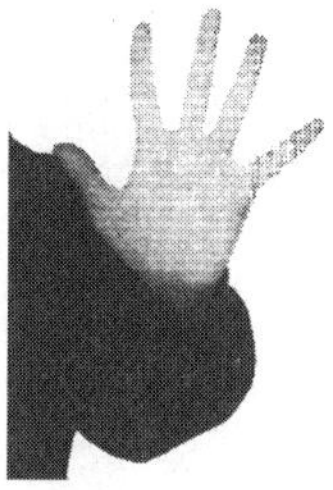

图 16–2　荷叶掌

图 16–3　柳叶掌

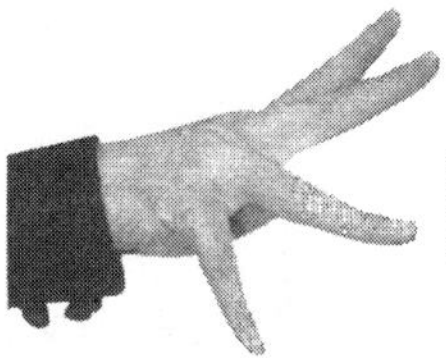

图 16–4　龙爪

图 16–5　爪

（二）基本步形

1. 弓步　两腿前后分开一大步，横向之间保持一定宽度，前腿屈膝前弓，大腿斜向地面，膝与脚尖上下相对，脚尖微内扣；后腿自然伸直，脚跟蹬地，脚尖微内扣，全脚掌着地（图 16–6）。

2. 丁步　两脚左右分开，间距 10～20 厘米。两腿屈膝下蹲，前腿脚跟提起，脚尖着地，虚点地面，置于后脚足弓处；后腿全脚掌着地踏实（图 16–7）。

3. 马步　开步站立，两脚间距约为本人脚长的 2～3 倍，屈膝半蹲，大腿略高于水平（图 16–8）。

图 16–6　弓步

图 16–7　丁步

图 16–8　马步

扫码“看一看”

四、动作图解

【预备势】

1. 动作说明　两脚并拢站立，两手自然垂于体侧；下颏微收，百会虚领，唇齿合拢，舌自然平贴于上腭；目视前方（图 16–9）。

2. 动作要点 全身放松，身体中正，呼吸自然，目光内含。

3. 易犯错误 手脚摆站不自然，杂念较多。

4. 纠正方法 调息数次，逐渐进入练功状态。

5. 功理与作用 宁静心神，调整呼吸，内安五脏，端正身形。

【第一式 韦驮献杵第一势】

1. 动作说明

动作一：左脚向左侧开半步，约与肩同宽，两膝微屈，成开立姿势；两手自然垂于体侧（图 16-10）。

动作二：两臂自体侧向前抬至前平举，掌心相对，指尖向前（图 16-11）。

动作三、四：两臂屈肘，自然回收，指尖向斜前上方约 30°，两掌合于胸前，掌根与膻中穴同高，虚腋；目视前下方（图 16-12）。动作稍停。

图 16-9

图 16-10

正面 侧面

图 16-11

图 16-12

2. 动作要点

（1）松肩虚腋。

（2）两掌合于胸前，应稍停片刻，以达气定神敛之功效。

3. 易犯错误 两掌内收胸前时，或耸肩抬肘或松肩坠肘。

4. 纠正方法 动作自然放松，注意调整幅度，应虚腋如挟鸡蛋。

5. 功理与作用

（1）古人云："神住气自回。"通过神敛和两掌相合的动作，可起到气定神敛、均衡身体左右气机的作用。

（2）可改善神经、体液调节功能，有助于血液循环，消除疲劳。

6. 文献口诀 立身期正直；环拱平当胸；气定神皆敛；心澄貌亦恭。

【第二式 韦驮献杵第二势】

1. 动作说明

动作一：接上式。两肘抬起，两掌伸平，手指相对，掌心向下，掌臂约与肩呈水平（图 16-13）。

动作二：两掌向前伸展，掌心向下，指尖向前（图 16-14）。

动作三：两臂向左右分开至侧平举，掌心向下，指尖向外（图 16-15）。

动作四：五指自然并拢，坐腕立掌；目视前下方（图 16-16）。

正面 侧面

图 16-13

正面 侧面

图 16-14

图 16-15

图 16-16

2. 动作要点

（1）两掌外撑，力在掌根。

（2）坐腕立掌时，脚趾抓地。

（3）自然呼吸，气定神敛。

3. 易犯错误

（1）两臂侧举时不呈水平状。

（2）纠正方法两臂侧平举时自然伸直，与肩同高。

4. 功理与作用

（1）通过伸展上肢和立掌外撑的动作导引，起到疏理上肢等经络的作用，并具有调练心、肺之气，改善呼吸功能及气血运行的作用。

（2）可提高肩、臂的肌肉力量，有助于改善肩关节的活动功能。

5. 文献口诀 足趾拄地；两手平开；心平气静；目瞪口呆。

【第三式 韦驮献杵第三势】

1. 动作说明

动作一：接上式。松腕，同时两臂向前平举内收至胸前平屈，掌心向下，掌与胸相距约一拳；目视前下方（图 16-17）。

动作二：两掌同时内旋，翻掌至耳垂下，掌心向上，虎口相对，两肘外展，约与肩平（图 16-18）。

动作三：身体重心前移至前脚掌支撑，提踵；同时，两掌上托至头顶，掌心向上，展肩伸肘；微收下颏，舌抵上腭，咬紧牙关（图 16-19）。

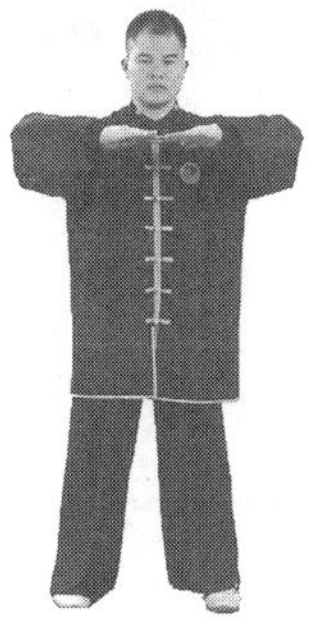
图 16-17

图 16-18

正面 侧面

图 16-19

动作四：静立片刻。

2. 动作要点

（1）两掌上托时，前脚掌支撑，力达四肢，下沉上托，脊柱竖直，同时身体重心稍前移。

（2）年老或体弱者可自行调整两脚提踵的高度。

（3）上托时，意想通过“天门”观注两掌，目视前下方，自然呼吸。

3. 易犯错误

（1）两掌上托时，屈肘。

（2）抬头，目视上方。

4. 纠正方法

（1）两掌上托时，伸肘，两臂夹耳。

（2）上托时强调的是意注两掌，而不是目视两掌。

5. 功理与作用

（1）通过上肢撑举和下肢提踵的动作导引，可调理上、中、下三焦之气，并且将三焦及手足三阴五脏之气全部发动。

（2）可改善肩关节活动功能及提高上下肢的肌肉力量，促进全身血液循环。

6. 文献口诀　掌托天门目上观；足尖著地立身端；力周髋胁浑如植；咬紧牙关不放宽；舌可生津将腭抵；鼻能调息觉心安；两拳缓缓收回处；用力还将挟重看。

【第四式　摘星换斗势】（以左摘星换斗式为例）

1. 动作说明

动作一：接上式。两脚跟缓缓落地；同时，两手握拳，拳心向外，两臂下落至侧上举（图 16-20）。随后两拳缓缓伸开变掌，掌心斜向下，全身放松；目视前下方（图 16-21）。身体左转；屈膝；同时，右臂上举经体前下摆至左髋关节外侧“摘星”，右掌自然张开；左臂经体侧下摆至体后，左手背轻贴命门；目视右掌（图 16-22、图 16-23、图 16-24）。

图 16-20　图 16-21　图 16-22　图 16-23　图 16-24

动作二：直膝，身体转正；同时，右手经体前向额上摆至头顶右上方，松腕，肘微屈，掌心向下，手指向左，中指尖垂直于肩髃穴；左手背轻贴命门，意注命门；右臂上摆时眼随手走，定势后目视掌心（图 16-25）。静立片刻，然后两臂向体侧自然伸展（图 16-26）。

右摘星换斗势右摘星换斗势与左摘星换斗势动作相同，唯方向相反（图 16-27、图 16-28）。

图 16-25

图 16-26

图 16-27

图 16-28

2. 动作要点

（1）转身以腰带肩，以肩带臂。

（2）目视掌心，意注命门，自然呼吸。

（3）颈、肩病患者，动作幅度的大小可灵活掌握。

3. 易犯错误

（1）日上视时挺腹。

（2）左右臂动作不协调，不到位。

4. 纠正方法

（1）目上视时，注意松腰、收腹。

（2）自然放松，以腰带动。

5. 功理与作用

（1）通过本势阳掌转阴掌（掌心向下）的动作导引，目视掌心、意存腰间命门，将发动的真气收敛，下沉入腰间两肾及命门，可达到壮腰健肾、延缓衰老的功效。

（2）可增强颈、肩、腰等部位的活动功能。

6. 文献口诀　只手擎天掌覆头；更从掌内注双眸；鼻端吸气频调息；用力收回左右眸。

【第五式　倒拽九牛尾势】（以右倒拽九牛尾势为例）

1. 动作说明

动作一：接上式。双膝微屈，身体重心右移，左脚向左侧后方约 45°，撤步；右脚跟内转，右腿屈膝成右弓步；同时，左手内旋，向前、向下划弧后伸，小指到拇指逐个相握成拳，拳心向上；右手向前上方划弧，伸至与肩平时，小指到拇指逐个相握成拳，拳心向上，稍高于肩；目视右拳（图 16-29）。

动作二：身体重心后移，左膝微屈；腰稍右转，以腰带肩，以肩带臂；右臂外旋，左臂内旋，屈肘内收；目视右拳（图 16-30）。

动作三：身体重心前移，屈膝成弓步；腰稍左转，以腰带肩，以肩带臂，两臂放松前后伸展；目视右拳（图 16-31）。

重复动作二至三 3 遍。

动作四：身体重心前移至右脚，左脚收回，右脚尖转正，成开立姿势；同时，两臂自然垂于体侧；目视前下方（图 16-32）。

图 16-29

图 16-30

图 16-31

图 16-32

左倒拽九牛尾势与右倒拽九牛尾势动作、次数相同，唯方向相反（图 16－33、图 16-34、图 16-35）。

图 16-33

图 16-34

图 16-35

2. 动作要点

（1）以腰带肩，以肩带臂，力贯双膀。

（2）腹部放松，目视拳心。

（3）前后拉伸，松紧适宜，并与腰的旋转紧密配合。

（4）后退步时，注意掌握重心，身体平稳。

3. 易犯错误

（1）两臂屈拽用力僵硬。

（2）两臂旋拧不够。

4. 纠正方法

（1）两臂放松，动作自然。

（2）旋拧两臂时，注意拳心向外。

5. 功理与作用

（1）通过腰的扭动，带动肩胛活动，可刺激背部夹脊、肺俞、心俞等穴，达到疏通夹脊和调练心肺之作用。

（2）通过四肢上下协调活动，可改善软组织血液循环，提高四肢肌肉力量及活动功能。

6. 文献口诀　两髋后伸前屈；小腹运气空松；用力在于两膀；观拳须注双瞳。

【第六式　出爪亮翅势】

1. 动作说明

动作一：接上式。身体重心移至左脚，右脚收回，成开立姿势；同时，右臂外旋，左臂内旋，摆至侧平举，两掌心向前，环抱至体前，随之两臂内收，两手变柳叶掌立于云门穴前，掌心相对，指尖向上；目视前下方（图 16-36、图 16-37、图 16-38）。

动作二：展肩扩胸，然后松肩，两臂缓缓前伸，并逐渐转掌心向前，成荷叶掌，指尖向上；瞪目（图 16-39）。

动作三：松腕，屈肘，收臂，立柳叶掌于云门穴；目视前下方（图 16-40、图 16-41）。

图 16-36

图 16-37

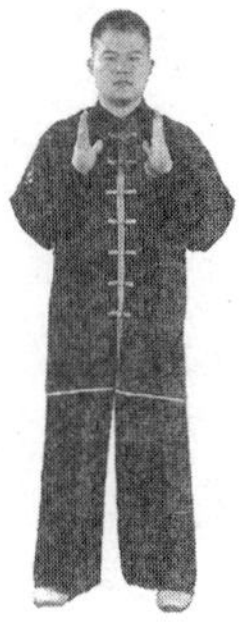
图 16-38

图 16-39

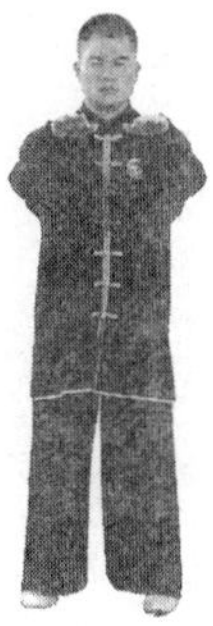
图 16-40

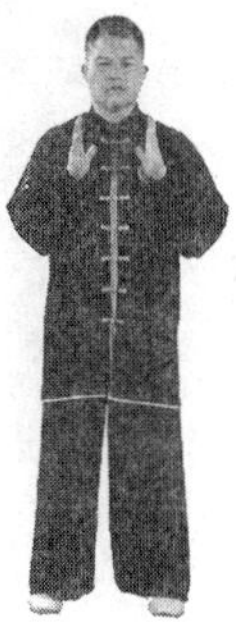
图 16-41

重复动作二至三 3~7 遍。

2. 动作要点

（1）出掌时身体正直，瞪眼怒目，同时两掌运用内劲前伸，先轻如推窗，后重如排山；收掌时如海水还潮。

（2）注意出掌时为荷叶掌，收掌于云门穴时为柳叶掌。

（3）收掌时自然吸气，推掌时自然呼气。

3. 易犯错误

（1）扩胸展肩不充分。

（2）两掌前推时，不用内劲，而是用力。

（3）呼吸不自然，强呼强吸。

4. 纠正方法

（1）出掌前，肩胛内收。

（2）两掌向前如推窗、排山。

（3）按照“推呼收吸”的规律练习。

5. 功理与作用

（1）中医认为肺主气，司呼吸。通过伸臂推掌、屈臂收掌、展肩扩胸的动作导引，可反复启闭云门、中府等穴，促进自然之清气与人体之真气在胸中交汇融合，达到改善呼吸功能及全身气血运行的作用。

（2）可提高胸背部及上肢肌肉力量。

6. 文献口诀 挺身兼怒目；推手向当前；用力收回处；功须七次全。

【第七式 九鬼拔马刀势】（以右九鬼拔马刀势为例）

1. 动作说明

动作一：接上式。躯干右转。同时，右手外旋，掌心向上；左手内旋，掌心向下（图 16-42）。随后右手由胸前内收经右腋下后伸，掌心向外；同时，左手由胸前伸至前上方，掌心向外（图16-43）。躯干稍左转；同时，右手经体侧向前上摆至头前上方后屈肘，由后向左绕头半周，掌心掩耳；左手经体左侧下摆至左后，屈肘，手背贴于脊柱，掌心向后，指尖向上；头右转，右手中指按压耳廓，手掌扶按玉枕；目随右手动，定势后视左后方（图16-44、图16-45）。

图16-42

图16-43

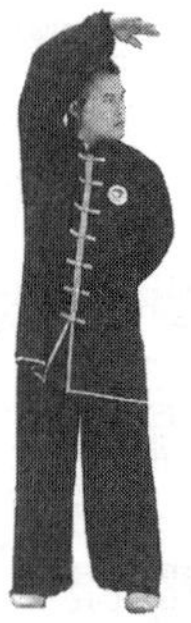
图16-44

图16-45

动作二：身体右转，展臂扩胸；目视右上方，动作稍停（图16-46）。

动作三：屈膝；同时，上体左转，右臂内收，含胸；左手沿脊柱尽量上推；目视右脚跟，动作稍停（图16-47）。

重复动作二至三3遍。

动作四：直膝，身体转正；右手向上经头顶上方向下至侧平举，同时，左手经体侧向上至侧平举，两掌心向下；目视前下方（图16-48）。

图16-46

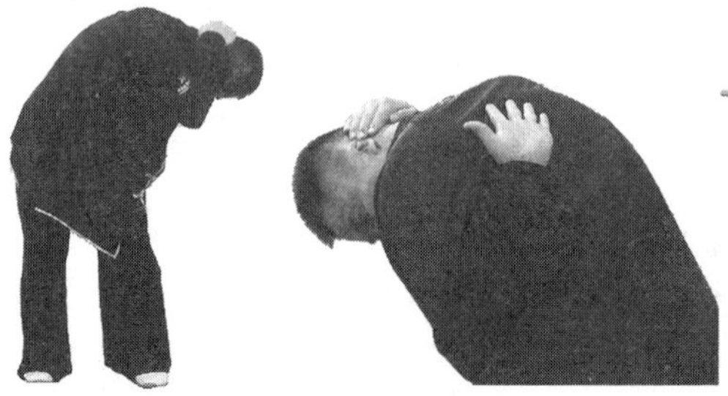
正面　　背面

图16-47

图16-48

左九鬼拔马刀势与右九鬼拔马刀势动作、次数相同；唯方向相反（图16-49、图16-50、图16-51）。

图16-49

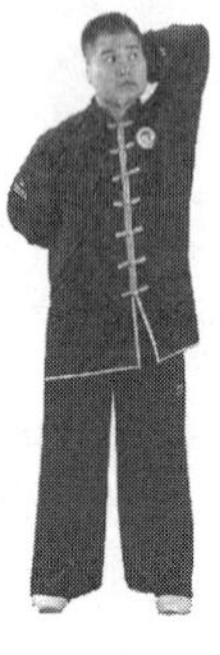
图16-50

图16-51

2. 动作要点

（1）动作对拔拉伸，尽量用力；身体自然弯曲转动，协调一致。

（2）扩胸展臂时自然吸气，松肩合臂时自然呼气。

（3）两臂内合、上抬时自然呼气，起身展臂时自然吸气。

（4）高血压、颈椎病患者和年老体弱者，头部转动的角度应小，且轻缓。

3. 易犯错误

（1）屈膝合臂时，身后之臂放松。

（2）屈膝下蹲时，重心移至一侧。

（3）头部左右转动幅度过大。

4. 纠正方法

（1）合臂时，身后之臂主动上推。

（2）重心稳定，上下起伏。

（3）动作放松，切忌着急转动头部。

5. 功理与作用

（1）通过身体的扭曲、伸展等运动，使全身真气开、合、启、闭，脾胃得到摩动，肾得以强健；并具有疏通玉枕关、夹脊关等要穴的作用。

（2）可提高颈肩部、腰背部肌肉力量，有助于改善人体各关节的活动功能。

6. 文献口诀　侧首弯肱；抱顶及颈；自头收回；弗嫌力猛；左右相轮；身直气静。

【第八式　三盘落地势】

1. 动作说明　左脚向左侧开步，两脚距离约宽于肩，脚尖向前；目视前方（图 16-52）。

动作一：屈膝下蹲；同时，沉肩、坠肘，两掌逐渐用力下按至约与环跳穴，同高，两肘微屈，掌心向下，指尖向外；目视前下方（图 16-53）。同时，口吐“嗨”音，音吐尽时，舌尖向前轻抵上下牙之间，终止吐音。

图 16-52

图 16-53

动作二：翻转掌心向上，肘微屈，上托至侧平举；同时，缓缓起身直立；目视前方（图 16-54、图 16-55）。

2. 动作要点

（1）下蹲时，松腰、裹臀，两掌如负重物；起身时，两掌如托千斤重物。

图 16-54

图 16-55

（2）下蹲依次加大幅度。年老和体弱者下蹲深度可灵活掌握，年轻体健者可半蹲或全蹲。

（3）下蹲与起身时，上体始终保持正直，不应前俯或后仰。

（4）吐“嗨”音时，门微张，上唇着力压龈交穴，下唇松，不着力于承浆穴，音从喉部发出。

（5）瞪眼闭口时，舌抵—亡腭，身体中正安舒。

3. 易犯错误

（1）下蹲时，直臂下按。

（2）忽略口吐“嗨”音。

4. 纠正方法

（1）下蹲按掌，要求屈肘，两掌水平下按。

（2）下蹲时注意口吐“嗨”音。

5. 功理与作用

（1）通过下肢的屈伸活动，配合口吐“嗨”音，使体内真气在胸腹间相应地降、升，达到心肾相交、水火既济。

（2）町增强腰腹及下肢力量，起到壮丹田之气、强腰固肾的作用。

6. 文献口诀 上腭坚撑舌；张眸意注牙；足开蹲似踞；手按猛如拿；两掌翻齐起；千斤重有加；瞪睛兼闭口；起立足无斜。

【第九式　青龙探爪势】（以左青龙探爪势为例）

1. 动作说明

动作一：接上式。左脚收回半步，约与肩同宽（图 16-56）；两手握固，两臂屈肘内收至腰间，拳轮贴于章门穴，拳心向上：；目视前下方（图 16-57）。然后右拳变掌，右臂伸直，经下向右侧外展，略低于肩，掌心向上；目随手动（图 16-58、图 16-59）。

动作二：右臂屈肘、屈腕，右掌变“龙爪”，指尖向左，经下颏向身体左侧水平伸出，目随手动；躯干随之向左转约 90°；目视右掌指所指方向（图 16-60、图 16-61）。

动作三：“右爪”变掌，随之身体左前屈，掌心向下按至左脚外侧；目视下方（图 16-62、图 16-63）。躯干由左前屈转至右前屈，并带动右手经左膝或左脚前划弧至右膝或右脚外侧，手臂外旋，掌心向前，握固；目随手动视下方（图 16-64、图 16-65）。

图16-56

图16-57

图16-58

图16-59

图16-60

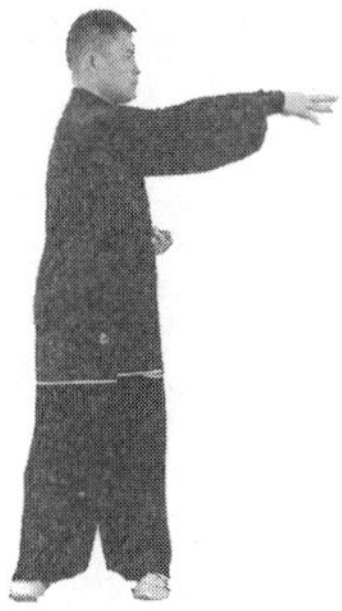
图16-61

图16-62

图16-63

动作四：上体抬起，直立；右拳随上体抬起收于章门穴，拳心向上；目视前下方（图16-66）。

右青龙探爪势右青龙探爪势与左青龙探爪势动作相同，唯方向相反（图16-67至图16-71）。

图16-64

图16-65

图16-66

图16-67

图16-68

图16-69

图16-70

图16-71

2. 动作要点

（1）伸臂探“爪”，下按划弧，力注肩背，动作自然、协调，一气呵成。

（2）目随“爪”走，意存“爪”心。

（3）年老和体弱者前俯下按或划弧时，可根据自身状况调整幅度。

3. 易犯错误

（1）身体前俯时，动作过大，重心不稳，双膝弯曲。

（2）做“龙爪”时，五指弯曲。

4. 纠正方法

（1）前俯动作幅度适宜，直膝。

（2）五指伸直分开，拇指、示指、无名指、小指内收，力在“爪”心。

5. 功理与作用

（1）中医认为“两胁属肝”“肝藏血，肾藏精”，二者同源。通过转身、左右探爪及身体前屈，可使两胁交替松紧开合，达到疏肝理气、调畅情志的功效。

（2）可改善腰部及下肢肌肉的活动功能。

6. 文献口诀 青龙探爪；左从右出；修士效之；掌平气实；力周肩背；围收过膝；两目注平；息调心谧。

【第十式 卧虎扑食势】（以左卧虎扑食势为例）

1. 动作说明

动作一：接上式。右脚尖内扣约45°，左脚收至右脚内侧成丁步；同时，身体左转约90°；两手握固于腰间章门穴不变；目随转体视左前方（图16-72）。

动作二：左脚向前迈一大步，成左弓步；同时，两拳提至肩部云门穴，并内旋变“虎爪”，向前扑按，如虎扑食，肘稍屈；目视前方（图16-73）。

动作三：躯干由腰到胸逐节屈伸，重心随之前后适度移动；同时，两手随躯干屈伸向下、向后、向上、向前绕环一周（图16-74、图16-75）。随后上体下俯，两“爪”下按，十指着地；后腿屈膝，脚趾着地；前脚跟稍抬起；随后塌腰、挺胸、抬头、瞪目；动作稍停，目视前上方（图16-76）。年老体弱者可俯身，两“爪”向前下按至左膝前两侧，顺势逐步塌腰、挺胸、抬头、瞪目。动作稍停。

正面 侧面

图16-72

图16-73

图16-74

图16-75

动作四：起身，双手握固收于腰间章门穴；身体重心后移，左脚尖内扣约135°；身体重心左移；同时，身体右转180°，右脚收至左脚内侧成丁步（图16-77）。

右卧虎扑食势与左卧虎扑食势动作相同，唯方向相反（图 16-78、图 16-79）。

图 16-76

图 16-77

图 16-78

图 16-79

2. 动作要点

（1）用躯干的蛹动带动双手前扑绕环。

（2）抬头、瞪目时，力达指尖，腰背部成反弓形。

（3）年老和体弱者可根据自身状况调整动作幅度。

3. 易犯错误

（1）俯身时耸肩，含胸，头晃动。

（2）做“虎爪”时，五指未屈或过屈。

4. 纠正方法

（1）躯干直立，目视前上方。

（2）五指末端弯曲，力在指尖。

5. 功理与作用

（1）中医认为“任脉为阴脉之海”，统领全身阴经之气。通过虎扑之势，身体的后仰，胸腹的伸展，可使任脉得以疏伸及调养，同时可以调和手足三阴之气。

（2）改善腰腿肌肉活动功能，起到强健腰腿的作用。

6. 文献口诀 两足分蹲身似倾；屈伸左右髋相更；昂头胸做探前势；偃背腰还似砥平；鼻息调元均出入；指尖著地赖支撑；降龙伏虎神仙事；学得真形也卫生。

【第十一式 打躬势】

1. 动作说明

动作一：接上式。起身，身体重心后移，随之身体转正；右脚尖内扣，脚尖向前，左脚收回，成开立姿势；同时，两手随身体左转放松，外旋，掌心向前，外展至侧平举后，两臂屈肘，两掌掩耳，十指扶按枕部，指尖相对，以两手示指弹拨中指击打枕部 7 次（即鸣天鼓）；目视前下方（图 16-80、图 16-81）。

动作二：身体前俯由头经颈椎、胸椎、腰椎、骶椎，由上向下逐节缓缓牵引前屈，两腿伸直；目视脚尖，停留片刻（图 16-82）。

动作三：由骶椎至腰椎、胸椎、颈椎、头，由下向上依次缓缓逐节伸直后成直立；同时两掌掩耳，十指扶按枕部，指尖相对；目视前下方（图 16-83）。

重复动作二至三 3 遍，逐渐加大身体前屈幅度，并稍停。第一遍前屈小于 90°，第二遍前屈约 90°，第三遍前屈大于 90°（图 16-84、图 16-85、图 16-86）。年老体弱者可分别前屈约 30°、45°、90°。

图 16-80

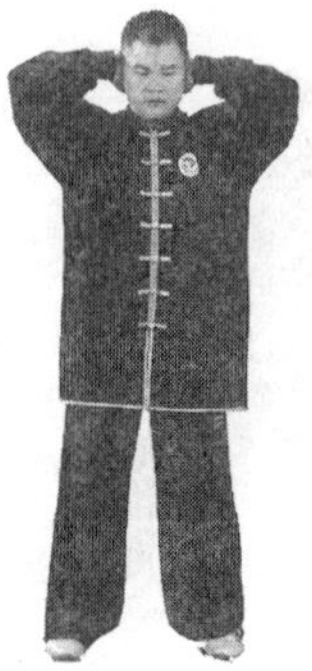

图 16-81

图 16-82

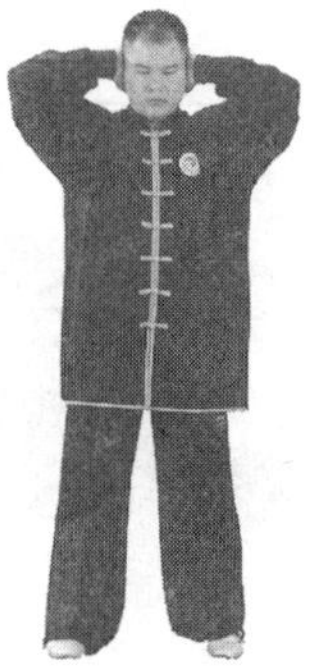

图 16-83

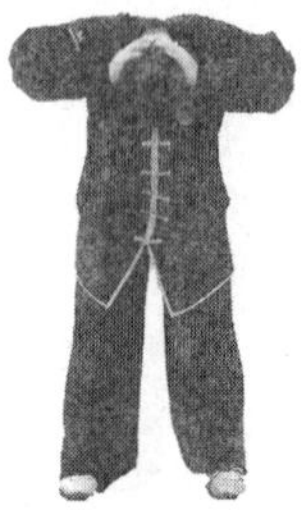

图 16-84

图 16-85

图 16-86

2. 动作要点

（1）体前屈时，直膝，两肘外展。

（2）体前屈时，脊柱自颈向前拔伸卷曲如勾；后展时，从尾椎向上逐节伸展。

（3）年老和体弱者可根据自身状况调整前屈的幅度。

3. 易犯错误 体前屈和起身时，两腿弯曲，动作过快。

4. 纠正方法 体松心静，身体缓缓前屈和起身，两腿伸直。

5. 功理与作用

（1）中医认为“督脉为阳脉之海”，总督一身阳经之气。通过头、颈、胸、腰、髋椎逐节牵引屈、伸，背部的督脉得到充分锻炼，可使全身经气发动，阳气充足，身体强健。

（2）可改善腰背及下肢的活动功能，强健腰腿。

（3）“鸣天鼓”有醒脑、聪耳、消除大脑疲劳功效。

6. 文献口诀 两手齐持脑；垂腰至膝间；头惟探胯下；口更啮牙关；舌尖还抵腭；力在肘双弯；掩耳聪教塞；调元气自闲。

【第十二式 掉尾势】

1. 动作说明 接上式。起身直立后，两手猛然拔离开双耳（拔耳）（图 16-87）。手臂自然前伸，十指交叉相握，掌心向内（图 16-88、图 16-89）。屈肘，翻掌前伸，掌心向外（图 16-90）。然后屈肘，转掌心向下内收于胸前；身体前屈塌腰、抬头，两手交叉缓缓下按；目视前方（图 16-91、图 16-92）。年老和体弱者身体前屈，抬头，两掌缓缓下按可至膝前。

图 16-87

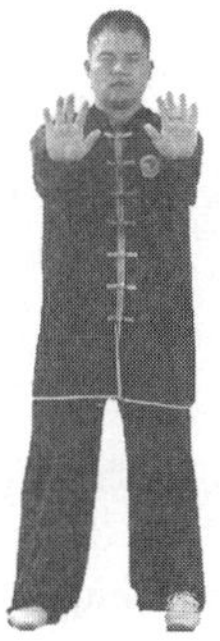
图 16-88

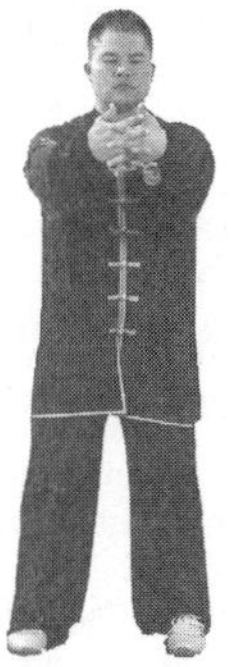
图 16-89

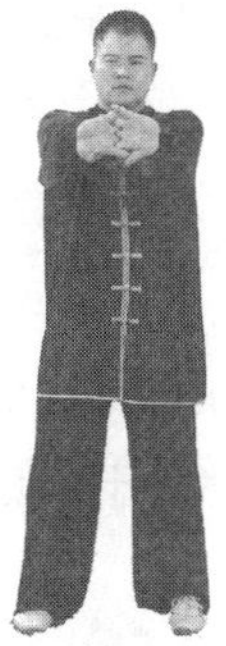
图 16-90

图 16-91

动作一：头向左转后，同时，臀向左前扭动；目视尾闾（图 16-93）。

动作二：两手交叉不动，放松还原至体前屈（图 16-94）。

动作三：头向右后转，同时，臀向右前扭动；目视尾闾（图 16-95）。

动作四：两手交叉不动，放松还原至体前屈（图 16-96）。

重复动作一至四 3 遍。

图 16-92

图 16-93

图 16-94

图 16-95

图 16-96

2. 动作要点

（1）转头扭臀时，头与臀部做相向运动。

（2）高血压、颈椎病患者和年老体弱者，头部动作应小而轻缓。另外，应根据自身情况调整身体前屈和臀部扭动的幅度和次数。

（3）配合动作，自然呼吸，意识专一。

3. 易犯错误 摇头摆臀，交叉手及重心左右移动。

4. 纠正方法 交叉手下按固定不动，同时注意体会同侧肩与髋相合。

5. 功理与作用

（1）通过体前屈及抬头、掉尾的左右屈伸运动，可使任、督二脉及全身气脉在此前各势动作锻炼的基础上得以调和，练功后全身舒适、轻松。

（2）可强化腰背肌肉力量的锻炼，有助于改善脊柱各关节和肌肉的活动功能。

6. 文献口诀 膝直膀伸；推手至地；瞪目昂头；凝神一志。

【收势】

1. 动作说明

动作一：接上式。两手松开，两臂外旋；上体缓缓直立；同时，两臂伸直外展成侧平举，掌心向上，随后两臂上举，肘微屈，掌心向下；目视前下方（图 16-97、图 16-98、图 16-99）。

动作二：松肩，屈肘，两臂内收，两掌经头、面、胸前下引至腹部，掌心向下；目视前下方（图 16-100）。

重复动作一至二 3 遍。

两臂放松还原，自然垂于体侧；左脚收回，并拢站立；舌抵上腭；目视前方（图 16-101）。

图 16-97

图 16-98

图 16-99

图 16-100

图 16-101

2. 动作要点

（1）第一、二次双手下引至腹部以后，意念继续下引，经涌泉穴入地。最后一次则意念随双手下引至腹部稍停。

（2）下引时，两臂匀速缓缓下行。

3. 易犯错误　两臂上举时仰头上视。

4. 纠正方法　头正，目视前下方。

5. 功理与作用

（1）通过上肢的上抱下引动作，可引气回归于丹田。

（2）起到调节放松全身肌肉、关节的作用。

扫码“学一学”

第二节　五禽戏

知识链接

健身气功五禽戏，动作效仿虎之威猛、鹿之安舒、熊之沉稳、猿之灵巧、鸟之轻捷，力求蕴涵“五禽”的神韵，做到形神合一、动诸关节、引挽腰体、动静结合，具有练养相兼的作用。

一、五禽戏概述

五禽戏的起源可以追溯到我国远古时代。对华佗编创五禽戏的记载最早见于西晋时陈寿的《三国志·华佗传》：“吾有一术，名五禽之戏，一曰虎，二曰鹿，三曰熊，四曰猨（猿），五曰鸟。亦以除疾，并利蹏（蹄）足，以当导引。”南北朝时范晔在《后汉书·华佗传》中的记载与此基本相同，只是对个别文字略作修饰，全段并没有太大出入。这些史书证明了华佗编创五禽戏确有其事。

五禽戏发展至今，已形成不少流派，每个流派都有着各不相同的风格和特点，有些甚至冠以华佗之名。总的来看，他们都是根据“五禽”动作，结合自身练功体验所编的“仿生式”导引法，以活动筋骨、疏通气血、防病治病、健身延年为目的。其中，有偏重肢体运动，模仿“五禽”动作，意在健身强体的，为外功型，即通常所说的五禽戏；有仿效“五禽”神态，以内气运行为主，重视意念锻炼的，为内功型，如五禽气功图；有以刚为主，通过拍打、按摩来治疗疾病，甚至被用于散手技击、自卫御敌的，如五禽拳、五禽散手等；还有以柔劲为主，讲究动作姿势优美矫健，以舞蹈形式出现的，如五禽舞、五禽舞功法图说等。

健身气功五禽戏的动作编排按照《三国志·华佗传》的记载，顺序为虎、鹿、熊、猿、鸟；动作简便易学，数量沿用了陶弘景《养性延命录》的描述，为 10 个动作，每戏 2 动，并在功法的开始和结束增加了起势调息和引气归元，体现了形、意、气的合一，符合习练者特别是中老年人运动的规律；动作素材来源于传统，在古代文献的基础上，汲取精华，加以提炼、改进；动作设计考虑与形体美学、现代人体运动学有机结合，体现时代特征和科学健身理念；功法符合中医基础理论、五禽的秉性特点，配合中医脏腑、经络学说，既有整体的健身作用，又有每一戏的特定功效；动作仿效虎之威猛、鹿之安舒、熊之沉稳、猿之灵巧、鸟之轻捷，力求蕴含“五禽”的神韵，形神兼备，意气相随，内外合一。

二、功法特点

（一）安全易学，左右对称

“健身气功·五禽戏”是在对传统五禽戏进行挖掘整理的基础上编创的，便于广大群众习练。因此，动作力求简捷，左右对称，平衡发展，既可全套连贯习练，也可侧重多练某戏，还可只练某戏，运动量较为适中，属有氧训练，习练者可根据自己的身体条件和健康状况，调节每势动作的运动幅度和强度，循序渐进，逐步提高。

（二）引申肢体，动诸关节

本功法动作体现了身体躯干的全方位运动，包括前俯、后仰、侧屈、拧转、折叠、提落、开合、缩放等各种不同的姿势，对颈椎、胸椎、腰椎等部位进行了有效的锻炼；同时功法特别注意手指、脚趾等关节的运动，以达到加强远端血液微循环的目的。

（三）外导内引，形松意充

本功法是以模仿动物姿势、以动为主的功法，根据动作的升降开合，以形引气。外形动作既要仿效虎之威猛、鹿之安舒、熊之沉稳、猿之灵巧、鸟之轻捷，还要力求蕴含“五禽”的神韵，意气相随，内外合一。习练过程在保持功法要求的正确姿势前提下，各部分肌肉应尽量保持放松，做到舒适自然，不僵硬，不拿劲，不软塌。只有肢体松沉自然，才能做到以意引气，气贯全身；以气养神，气血通畅，从而增强体质。

（四）动静结合，练养相兼

本功法模仿“五禽”的动作和姿势，舒展肢体，活络筋骨，同时在功法的起势、收势以及每一戏结束后，配以短暂的静功站桩，诱导习练者进入相对平稳的状态和“五禽”的意境，以此来调整气息、宁心安神，起到“外静内动”的功效。动与静的有机结合，两个阶段相互交替出现，起到练养相兼的互补作用，可进一步提高练功效果。

三、功法基础

（一）基本手形

1. 虎爪 五指张开，虎口撑圆，第一、二指关节弯曲内扣（图 16-102）。

2. 鹿角 拇指伸直外张，示指、小指伸直，中指、无名指弯曲内扣（图 16-103）。

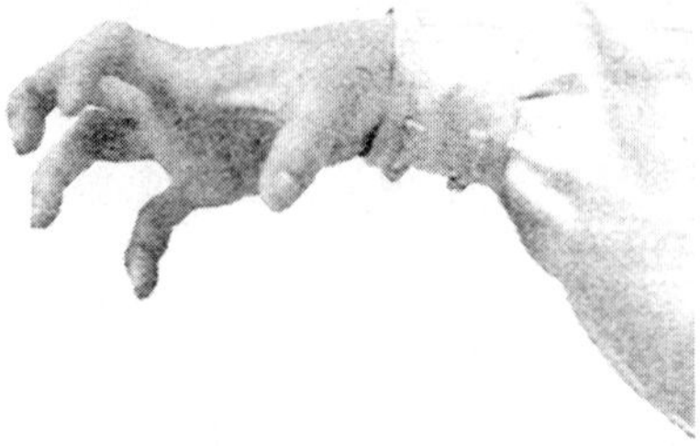

图 16-102 虎爪

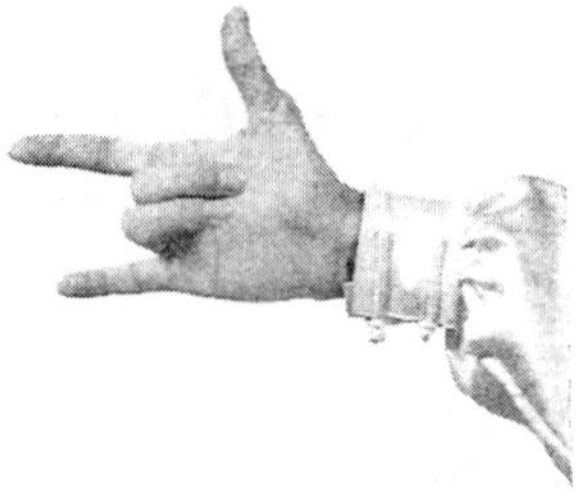

图 16-103 鹿角

3. 熊掌 拇指压在示指指端上，其余四指并拢弯曲，虎口撑圆（图 16-104）。

4. 猿钩 五指指腹捏拢，屈腕（图 16-105）。

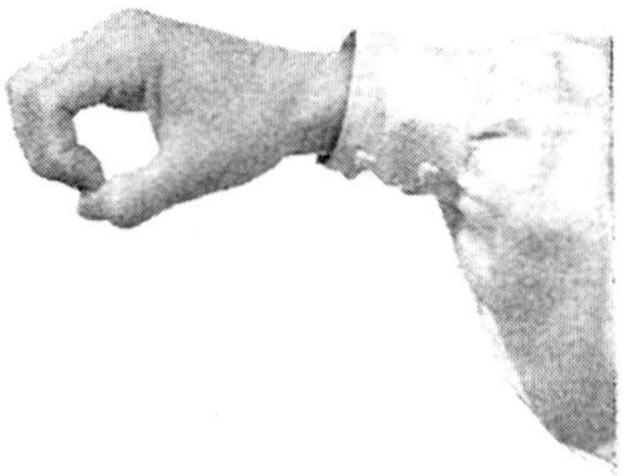

图 16-104 熊掌

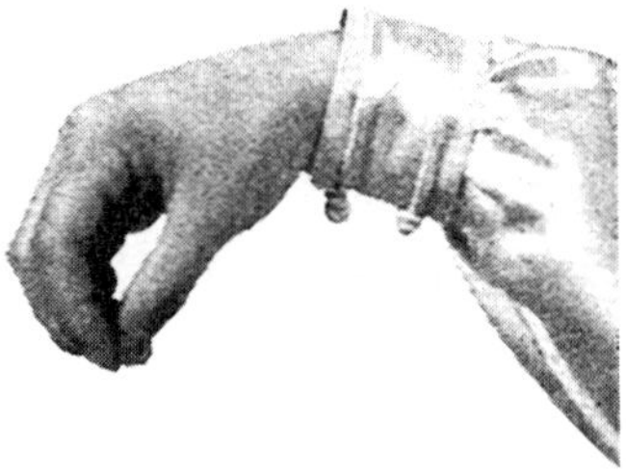

图 16-105 猿钩

5. 鸟翅 五指伸直，拇指、示指、小指向上翘起，无名指、中指并拢向下（图 16-106）。

6. 握固 拇指抵掐无名指根节内侧，其余四指屈拢收于掌心（图 16-107）。

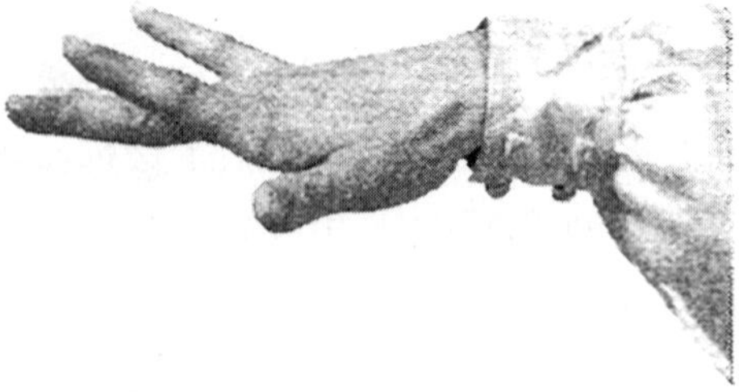

图 16-106 鸟翅

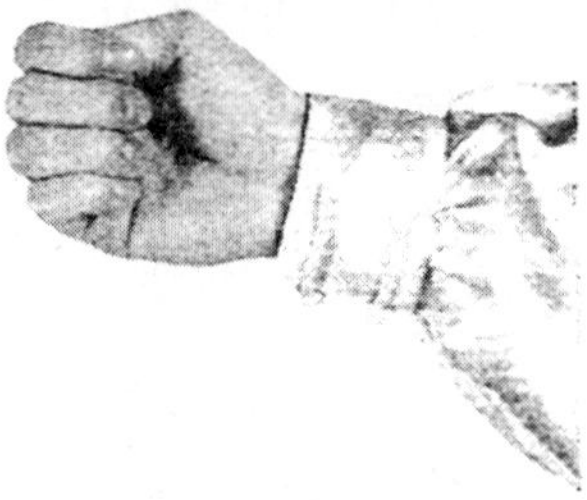

图 16-107 握固

（二）基本步形

1. 弓步 两腿前后分开一大步，横向之间保持一定宽度，右（左）腿屈膝前弓，大腿斜向地面，膝与脚尖上下相对，脚尖微内扣；左（右）腿自然伸直，脚跟蹬地，脚尖稍内扣，全脚掌着地（图 16-108）。

2. 虚步 右（左）脚向前迈，脚跟着地；脚尖上翘，膝微屈；左（右）腿屈膝下蹲，全脚掌着地，脚尖斜向前方，臀部与脚跟上下相对。身体重心落于左（右）腿（图 16-109）。

3. 丁步　两脚左右分开，间距 10~20 厘米；两腿屈膝下蹲，左（右）脚脚跟提起，脚尖着地，虚点地面，置于右（左）脚脚弓处，右（左）腿全脚掌着地踏实（图 16-110）。

图 16-108　弓步

图 16-109　虚步

图 16-110　丁步

（三）平衡

1. 提膝平衡　左（右）腿直立站稳，上体正直；右（左）腿在体前屈膝上提，小腿自然下垂，脚尖向下（图 16-111）。

2. 后举腿平衡　右（左）腿蹬直站稳，左（右）腿伸直，向体后举起，脚面绷平，脚尖向下（图 16-112）。

图 16-111

图 16-112

四、动作图解

【预备势　起势调息】

1. 动作说明

动作一：两脚并拢，自然伸直；两手自然垂于体侧；胸腹放松，头项正直，下颏微收，舌抵上腭；目视前方（图 16-113）。

动作二：左脚向左平开一步，稍宽于肩，两膝微屈，松静站立；调息数次，意守丹田（图 16-114）。

动作三：肘微屈，两臂在体前向上、向前平托，与胸同高（图 16-115）。

动作四：两肘下垂外展，两掌向内翻转，并缓慢下按于腹前；目视前方（图 16-116）。

重复动作三至四 2 遍后，两手自然垂于体侧（图 16-117）。

2. 动作要点

（1）两臂上提下按，意在两掌劳宫穴，动作柔和、均匀、连贯。

（2）动作也可配合呼吸，两臂上提时吸气，下按时呼气。

3. 易犯错误

（1）向左开步时，两膝过分挺直，身体左右摇晃。

扫码“看一看”

图 16-113

图 16-114

图 16-115

图 16-116

图 16-117

（2）两掌上提下按时，运行路线直来直去，两肘尖外扬，肩膀上耸。

4. 纠正方法

（1）开步前，两膝先微屈；开步时，身体重心先落于右脚，左脚提起后，再缓缓向左移动，左脚掌先着地，使重心保持平稳。

（2）意念沉肩，再两臂起动，肘尖有下垂感觉，两掌上提、内合、下按，运行路线成弧线，圆活自然。

5. 功理与作用

（1）排除杂念，诱导入静，调和气息，宁心安神。

（2）吐故纳新，升清降浊，调理气机。

【第一戏　虎戏】

“虎戏”要体现虎的威猛。神发于目，虎视眈眈；威生于爪，伸缩有力；神威并重，气势凌人。动作变化要做到刚中有柔、柔中生刚、外刚内柔、刚柔相济，具有动如雷霆无阻挡、静如泰山不可摇的气势。

［第一式　虎举］

1. 动作说明

动作一：接上式。两手掌心向下，十指撑开，再弯曲成虎爪状；目视两掌（图 16-118）。

动作二：随后，两手外旋，由小指先弯曲，其余四指依次弯曲握拳，两拳沿体前缓慢上提（图 16-119）。至肩前时，十指撑开，举至头上方再弯曲成虎爪状；目视两掌（图 16-120）。

动作三：两掌外旋握拳，拳心相对；目视两拳。

动作四：两拳下拉至肩前时，变掌下按（图 16-121）。沿体前下落至腹前，十指撑开，掌心向下；目视两掌（图 16-122）。

重复动作一至四 3 遍后，两手自然垂于体侧；目视前方（图 16-123）。

图 16-118

图 16-119

图 16-120

图 16-121

图 16-122

图 16-123

2. 动作要点

（1）十指撑开、弯曲成“虎爪”和外旋握拳，三个环节均要贯注劲力。

（2）两掌向上如托举重物，提胸收腹，充分拔长躯体；两掌下落如拉双环，含胸松腹，气沉丹田。

（3）眼随手动。

（4）动作可配合呼吸，两掌上举时吸气，下落时呼气。

3. 易犯错误

（1）手直接由掌变拳，虎爪状不明显。

（2）两掌上举时，身体后仰，成反弓状。

4. 纠正方法

（1）手指撑开后，先依次屈扣第一、二节指关节，再紧握成拳。

（2）两掌向头部正上方托举，身体与地面保持垂直。

5. 功理与作用

（1）两掌举起，吸入清气；两掌下按，呼出浊气。一升一降，疏通三焦气机，调理三焦功能。

（2）手成“虎爪”变拳，可增强握力，改善上肢远端关节的血液循环。

[第二式　虎扑]

1. 动作说明

动作一：接上式。两手握空拳，沿身体两侧上提至肩前上方（图 16–124）。

动作二：两手向上、向前划弧，十指弯曲成“虎爪”，掌心向下；同时上体前俯，挺胸塌腰；目视前方（图 16–125）。

动作三：两腿屈膝下蹲，收腹含胸；同时，两手向下划弧至两膝侧，掌心向下；目视前下方（图 16–126）。随后，两腿伸膝，送髋，挺腹，后仰；同时，两掌握空拳，沿体侧向上提至胸侧；目视前上方（图 16–127）。

动作四：左腿屈膝提起，两手上举（图 16–128）。左脚向前迈出一步，脚跟着地，右腿屈膝下蹲，成左虚步；同时上体前倾，两拳变“虎爪”向前、向下扑至膝前两侧，掌心向下；目视前下方（图 16–129）。随后上体抬起，左脚收回，开步站立；两手自然下落于体侧；目视前方（图 16–130）。

图 16–124　图 16–125　图 16–126　图 16–127　图 16–128　图 16–129

动作五至动作八：同动作一至动作四，唯左右相反（图 16–131 至图 16–137）。

重复动作一至八 1 遍后，两掌向身体侧前方举起，与胸同高，掌心向上；目视前方

（图 16–138）。两臂屈肘，两掌内合下按，自然垂于体侧；目视前方（图 16–139）。

图 16–130

图 16–131

图 16–132

图 16–133

图 16–134

图 16–135

图 16–136

图 16–137

图 16–138

图 16–139

2. 动作要点

（1）上体前俯，两手尽力向前伸，而臀部向后引，充分伸展脊柱。

（2）屈膝下蹲、收腹含胸要与伸膝、送髋、挺腹、后仰动作过程连贯，使脊柱形成由折叠到展开的蠕动，两掌下按上提要与之配合协调。

（3）虚步下扑时，速度可加快，先柔后刚，配合快速深呼气，气由丹田发出，以气催力，力达指尖，表现出虎的威猛。

（4）中老年习练者和体弱者，可根据情况适当减小动作幅度。

3. 易犯错误

（1）“虎爪”和握拳两种手形的变化过程掌握不当。

（2）身体由折弯到展开不够充分，两手配合不够协调。

（3）向前迈步成虚步时，重心不稳，左右摇晃。

4. 纠正方法

（1）两手前伸抓扑时，拳变“虎爪”，力达指尖，由柔转刚；两掌向里划弧回收时，“虎爪”屈拢，轻握空拳，由刚转柔。

（2）身体前挺展开时，两手要注意后伸，运行路线要成弧形，协助身体完成屈伸蠕动。

（3）迈步时，两脚横向间距要保持一定宽度，适当增大稳定角度。

5. 功理与作用

（1）虎扑动作形成了脊柱的前后伸展折叠运动，尤其是引腰前伸，增加了脊柱各关节的柔韧性和伸展度，可使脊柱保持正常的生理弧度。

（2）脊柱运动能增强腰部肌肉力量，对常见的腰部疾病，如腰肌劳损、习惯性腰扭伤等症有防治作用。

（3）脊柱的前后伸展折叠，牵动任、督两脉，起到调理阴阳、疏通经络、活跃气血的作用。

【第二戏 鹿戏】

鹿喜挺身眺望，好角抵，运转尾闾，善奔走，通任、督两脉。习练“鹿戏”时，动作要轻盈舒展，神态要安闲雅静，意想自己置身于群鹿中，在山坡、草原上自由快乐地活动。

［第三式 鹿抵］

1. 动作说明

动作一：接上式。两腿微屈，身体重心移至右腿，左脚经右脚内侧向左前方迈步，脚跟着地；同时，身体稍右转；两掌握空拳，向右侧摆起，拳心向下，高与肩平；目随手动，视右拳（图 16-140）。

动作二：身体重心前移；左腿屈膝，脚尖外展踏实；右腿伸直蹬实；同时，身体左转，两掌成“鹿角”，向上、向左、向后划弧，掌心向外，指尖朝后，左臂弯曲外展平伸，肘抵靠左腰侧；右臂举至头前，向左后方伸抵，掌心向外，指尖朝后；目视右脚跟（图 16-141）。随后，身体右转；左脚收回，开步站立；同时两手向上、向右、向下划弧，两掌握空拳下落于体前；目视前下方（图 16-142）。

图 16-140

正面　　侧面

图 16-141

图 16-142

动作三、四：同动作一、二，唯左右相反（图 16-143、图 16-144、图 16-145）。

图 16-143

图 16-144

图 16-145

动作五至动作八：同动作一至动作四。

重复动作一至八 1 遍。

2. 动作要点

（1）腰部侧屈拧转，侧屈的一侧腰部要压紧，另一侧腰部则借助上举手臂后伸，得到充分牵拉。

（2）后脚脚跟要蹬实，固定下肢位置，加大腰、腹部的拧转幅度，运转尾闾。

（3）动作可配合呼吸，两掌向上划弧摆动时吸气，向后伸抵时呼气。

3. 易犯错误

（1）腰部侧屈拧转时，身体过于前倾。

（2）身体侧屈幅度不够，眼看不到后脚跟。

4. 纠正方法

（1）后腿沉髋，有助于上体正直，可加大腰部拧转幅度。

（2）重心前移，增加前腿膝关节弯曲度，同时加大上举手臂向后下方伸展的幅度。

5. 功理与作用

（1）腰部的侧屈拧转，使整个脊椎充分旋转，可增强腰部的肌肉力量，也可防治腰部的脂肪沉积。

（2）目视后脚脚跟，加大腰部在拧转时的侧屈程度，可防治腰椎小关节紊乱等症。

（3）中医认为，“腰为肾之府”。尾闾运转，可起到强腰补肾、强筋健骨的功效。

［**第四式　鹿奔**］

1. 动作说明

动作一：接上式。左脚向前跨一步，屈膝，右腿伸直成左弓步；同时，两手握空拳，向上、向前划弧至体前，屈腕，高与肩平，与肩同宽，拳心向下；目视前方（图 16–146）。

动作二：身体重心后移；左膝伸直，全脚掌着地；右腿屈膝；低头，弓背，收腹；同时，两臂内旋，两掌前伸，掌背相对，拳变“鹿角”（图 16–147）。

动作三：身体重心前移，上体抬起；右腿伸直，左腿屈膝，成左弓步；松肩沉肘，两臂外旋，“鹿角”变空拳，高与肩平，拳心向下；目视前方（图 16–148）。

动作四：左脚收回，开步直立；两拳变掌，回落于体侧；目视前方（图 16–149）。

动作五至动作八：同动作一至动作四，唯左右相反（图 16–150 至图 16–153）。

重复动作一至八 1 遍后，两掌向身体侧前方举起，与胸同高，掌心向上；目视前方（图 16–154）。屈肘，两掌内合下按，自然垂于体侧；目视前方（图 16–155）。

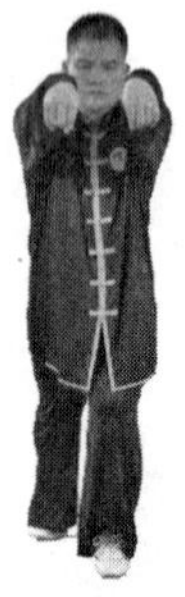

图 16–146

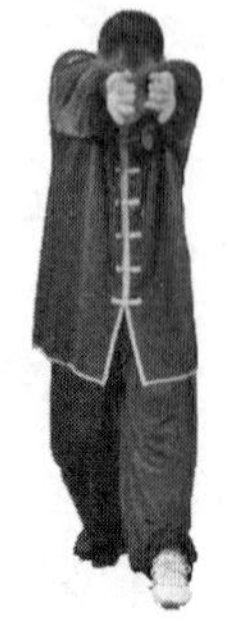

图 16–147

图 16–148

图 16–149

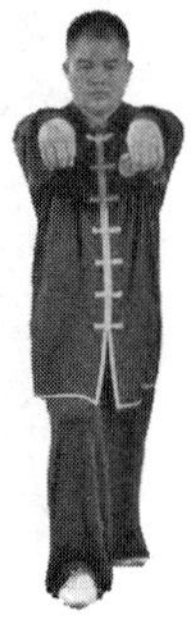

图 16–150

2. 动作要点

（1）提腿前跨要有弧度，落步轻灵，体现鹿的安舒神态。

图 16-151

图 16-152

图 16-153

图 16-154

图 16-155

（2）身体后坐时，两臂前伸，胸部内含，背部形成“横弓”状；头前伸，背后拱，腹收缩，臀内敛，形成“竖弓”状，使腰、背部得到充分伸展和拔长。

（3）动作可配合呼吸。身体后坐时，配合吸气。重心前移时，配合呼气。

3. 易犯错误

（1）落步后两脚成一直线，重心不稳，上体紧张歪扭。

（2）背部“横弓”与躯干“竖弓”不够明显。

纠正方法

（1）脚提起后，向同侧肩部正前方跨步，保持两脚横向宽度。

（2）加大两肩内旋幅度，可增大收胸程度；头、髋前伸，收腹后顶，可增大躯干的后弯幅度。

5. 功理与作用

（1）两臂内旋前伸，肩、背部肌肉得到牵拉，对颈肩综合症、肩关节周围炎等症有防治作用；躯干弓背收腹，能矫正脊柱畸形，增强腰、背部肌肉力量。

（2）向前落步时，气充丹田。身体重心后坐时，气运命门，加强了人的先天与后天之气的交流。尤其是重心后坐，整条脊柱后弯，内夹尾闾，后凸命门，打开大椎，意在疏通督脉经气，具有振奋全身阳气的作用。

【第三戏 熊戏】

“熊戏”要表现出熊憨厚沉稳、松静自然的神态。运势外阴内阳，外动内静，外刚内柔，以意领气，气沉丹田；行步外观笨重拖沓，其实笨中生灵，蕴含内劲，沉稳之中显灵敏。

［第五式 熊运］

1. 动作说明

动作一：接上式。两掌握空拳成“熊掌”，拳眼相对，垂于下腹部；目视两拳（图 16-156）。

动作二：以腰、腹为轴，上体做顺时针摇晃；同时，两拳随之沿右肋部、上腹部、左肋部、下腹部划圆；目随上体摇晃环视（图 16-157 至图 16-160）。

动作三、四：同动作一、动作二。

动作五至动作八：同动作一至动作四，唯左右相反，上体做逆时针摇晃，两拳随之划圆（图 16-161 至图 16-164）。

做完最后一动，两拳变掌下落，自然垂于体侧；目视前方（图 16-165）。

图 16-156

图 16-157

图 16-158

图 16-159

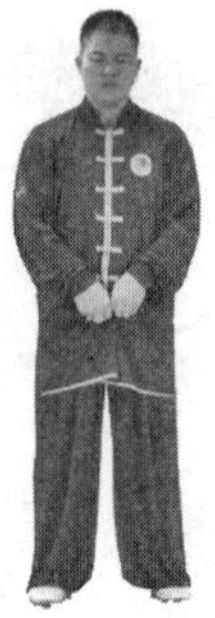

图 16-160

图 16-161

图 16-162

图 16-163

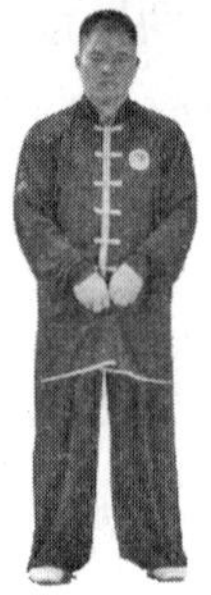

图 16-164

图 16-165

2. 动作要点

（1）两掌划圆应随腰、腹部的摇晃而被动牵动，要协调自然。

（2）两掌划圆是外导，腰、腹摇晃为内引，意念内气在腹部丹田运行。

（3）动作可配合呼吸，身体上提时吸气，身体前俯时呼气。

3. 易犯错误

（1）两掌贴腹太紧或主动划圆形成摩腹动作，没有随腰、腹部的转动协调地进行划圆摆动。

（2）以腰、胯为轴进行转动，或身体摇晃幅度过大。

4. 纠正方法

（1）肩肘放松，两掌轻附于腰、腹，体会用腰腹的摇晃来带动两手运行。

（2）相对固定腰、胯位置，身体摇晃时，在意念上是做立圆摇转。因此，当向上摇晃时，做提胸收腹，充分伸展腰、腹；向下摇晃时，做含胸松腹，挤压脾、胃、肝等中焦区域的内脏器官。

5. 功理与作用

（1）活动腰部关节和肌肉，可防治腰肌劳损及软组织损伤。

（2）腰腹转动，两掌划圆，引导内气运行，可加强脾、胃的运化功能。

（3）运用腰、腹摇晃，对消化器官进行体内按摩，可防治消化不良、腹胀纳呆、便秘腹泻等症。

［第六式　熊晃］

1. 动作说明

动作一：接上式。身体重心右移；左髋上提，牵动左脚离地，再微屈左膝；两掌握空拳成“熊掌”；目视左前方（图 16-166）。

动作二：身体重心前移；左脚向左前方落地，全脚掌踏实，脚尖朝前，右腿伸直；身体右转，左臂内旋前靠，左拳摆至左膝前上方，拳心朝左；右拳摆至体后，拳心朝后；目视左前方（图 16-167）。

动作三：身体左转，重心后坐；右腿屈膝，左腿伸直；拧腰晃肩，带动两臂前后弧形摆动；右拳摆至左膝前上方，拳心朝右；左拳摆至体后，拳心朝后；目视左前方（图 16-168）。

动作四：身体右转，重心前移；左腿屈膝，右腿伸直；同时，左臂内旋前靠，左拳摆至左膝前上方，拳心朝左；右拳摆至体后，拳心朝后；目视左前方（图 16-169）。

动作五至动作八：同动作一至动作四，唯左右相反（图 16-170 至图 16-173）。

图 16-166

图 16-167

图 16-168

图 16-169

图 16-170

重复动作一至八 1 遍后，左脚上步，开步站立；同时，两手自然垂于体侧（图 16-174）。两掌向身体侧前方举起，与胸同高，掌心向上；目视前方（图 16-175）。屈肘，两掌内合下按，自然垂于体侧；目视前方（图 16-176）。

图 16-171

图 16-172

图 16-173

图 16-174

图 16-175

图 16-176

2. 动作要点

（1）用腰侧肌群收缩来牵动大腿上提，按提髋、起腿、屈膝的先后顺序提腿。

（2）两脚前移，横向间距稍宽于肩，随身体重心前移，全脚掌踏实，使震动感传至髋关节处，体现熊步的沉稳厚实。

3. 易犯错误

（1）没有提髋动作，直接屈膝提腿，向前迈步。

（2）落步时，脚用力前踏，髋关节处没有震动感。

4. 纠正方法

（1）可先练习左右提髋。方法：两肩保持水平，重心移向右脚，上提左髋，牵动左腿提起，再原处落下；然后重心左移，上提右髋。以此体会腰侧肌群收缩状态。

（2）提髋，屈膝，身体重心前移，脚自然落地，体重落于全脚掌。同时踝、膝关节放松，使震动感传至髋部。

5. 功理与作用

（1）身体左右晃动，意在两胁，调理肝脾。

（2）提髋行走，加上落步的微震，可增强髋关节周围肌肉的力量，提高平衡能力，有助于防治老年人下肢无力、髋关节损伤、膝痛等症。

【第四戏　猿戏】

猿生性好动，机智灵敏，善于纵跳，折枝攀树，躲躲闪闪，永不疲倦。习练“猿戏”时，外练肢体的轻灵敏捷，欲动则如疾风闪电，迅敏机警；内练精神的宁静，欲静则似静月凌空，万籁无声，从而达到“外动内静”“动静结合”的境界。

【第七式　猿提】

1. 动作说明

动作一：接上式。两掌在体前，手指伸直分开（图 16–177），再屈腕撮拢捏紧成“猿钩”（图 16–178）。

动作二：两掌上提至胸，两肩上耸，收腹提肛；同时，脚跟提起，头向左转；目随头动，视身体左侧（图 16–179）。

动作三：头转正，两肩下沉，松腹落肛，脚跟着地；“猿钩”变掌，掌心向下；目视前方（图 16–180）。

动作四：两掌沿体前下按落于体侧；目视前方（图 16–181）。

图 16–177

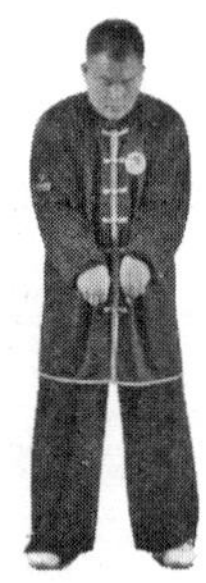
图 16–178

图 16–179

图 16–180

图 16–181

动作五至动作八：同动作一至动作四，唯头向右转（图 16–182 至图 16–186）。重复动作一至八 1 遍。

图 16–182

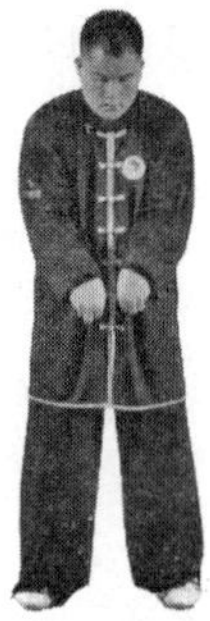
图 16–183

图 16–184

图 16–185

图 16–186

2. 动作要点

（1）掌指撮拢变钩，速度稍快。

（2）按耸肩、收腹、提肛、脚跟离地、转头的顺序，上提重心。耸肩、缩胸、屈肘、提腕要充分。

（3）动作可配合提肛呼吸。两掌上提吸气时，用意提起会阴部；下按呼气时，放下会阴部。

3. 易犯错误

（1）脚跟离地后，重心不稳，前后晃动。

（2）耸肩不够充分，胸、背部和上肢不能充分团紧。

4. 纠正方法

（1）头部百会穴上领，牵动整个身体垂直向上，起到稳定重心的作用。

（2）以胸部膻中穴为中心，缩项、夹肘、团胸、收腹，可加强胸、背部和上肢的团紧程度。

5. 功理与作用

（1）“猿钩”的快速变化，意在增强神经——肌肉反应的灵敏性。

（2）两掌上提时，缩项，耸肩，团胸吸气，挤压胸腔和颈部血管；两掌下按时，伸颈，沉肩，松腹，扩大胸腔体积，可增强呼吸，按摩心脏，改善脑部供血。

（3）提踵直立，可增强腿部力量，提高平衡能力。

［第八式　猿摘］

1. 动作说明

动作一：接上式。左脚向左后方退步，脚尖点地，右腿屈膝，重心落于右腿；同时，左臂屈肘，左掌成“猿钩”收至左腰侧；右掌向右前方自然摆起，掌心向下（图 16-187）。

动作二：身体重心后移；左脚踏实，屈膝下蹲，右脚收至左脚内侧，脚尖点地，成右丁步；同时，右掌向下经腹前向左上方划弧至头左侧，掌心对太阳穴；目先随右掌动，再转头注视右前上方（图 16-188）。

动作三：右掌内旋，掌心向下，沿体侧下按至左髋侧；目视右掌（图 16-189）。右脚向右前方迈出一大步，左腿蹬伸，身体重心前移；右腿伸直，左脚脚尖点地；同时，右掌经体前向右上方划弧，举至右上侧变“猿钩”，稍高于肩；左掌向前、向上伸举，屈腕撮钩，成采摘势；目视左掌（图 16-190）。

动作四：身体重心后移；左掌由“猿钩”变为“握固”；右手变掌，自然回落于体前，虎口朝前（图 16-191）。随后，左腿屈膝下蹲，右脚收至左脚内侧，脚尖点地，成右丁步；同时，左臂屈肘收至左耳旁，掌指分开，掌心向上、成托桃状；右掌经体前向左划弧至左肘下捧托；目视左掌（图 16-192）。

图 16-187

图 16-188

图 16-189

图 16-190

图 16-191

动作五至动作八：同动作一至动作四，唯左右相反（图 16-193 至图 16-198）。

图 16-192

图 16-193

图 16-194

图 16-195

图 16-196

重复动作一至八遍后，左脚向左横开一步，两腿直立；同时，两手自然垂于体侧（图 16-199）。两掌向身体侧前方举起，与胸同高，掌心向上；目视前方（图 16-200）。屈肘，两掌内合下按，自然垂于体侧；目视前方（图 16-201）。

图 16-197

图 16-198

图 16-199

图 16-200

图 16-201

2. 动作要点

（1）眼要随上肢动作变化左顾右盼，表现出猿猴眼神的灵敏。

（2）屈膝下蹲时，全身呈收缩状。蹬腿迈步，向上采摘，肢体要充分展开。采摘时变“猿钩”，手指撮拢快而敏捷；变握固后，成托桃状时，掌指要及时分开。

（3）动作以神似为主，重在体会其意境，不可太夸张。

3. 易犯错误

（1）上、下肢动作配合不够协调。

（2）摘桃时，手臂向上直线推出，“猿钩”变化的时机掌握不准。

4. 纠正方法

（1）下蹲时，手臂屈肘，上臂靠近身体；蹬伸时，手臂充分展开。

（2）向上采摘，手的运行路线呈向上弧形，动作到位时，手掌才变猿钩状。

5. 功理与作用

（1）眼神的左顾右盼，有利于颈部运动，促进脑部的血液循环。

（2）动作的多样性体现了神经系统和肢体运动的协调性，模拟猿猴在采摘桃果时愉悦的心情，可减轻大脑神经系统的紧张度，对神经紧张、精神忧郁等症有防治作用。

【第五戏　鸟戏】

鸟戏取形于鹤。鹤是轻盈安详的鸟类，人们对它进行描述时往往寓意它的健康长寿。

习练时，要表现出鹤的昂然挺拔、悠然自得的神韵。仿效鹤翅飞翔，抑扬开合。两臂上提，伸颈运腰，真气上引；两臂下合，含胸松腹，气沉丹田。活跃周身经络，灵活四肢关节。

［第九式 鸟伸］

1. 动作说明

动作一：接上式。两腿微屈下蹲，两掌在腹前相叠（图 16-202）。

动作二：两掌向上举至头前上方，掌心向下，指尖向前；身体微前倾，提肩，缩项，挺胸，塌腰；目视前下方（图 16-203）。

动作三：两腿微屈下蹲；同时，两掌相叠下按至腹前；目视两掌（图 16-204）。

动作四：身体重心右移；右腿蹬直，左腿伸直向后抬起；同时，两掌左右分开，掌成“鸟翅”，向体侧后方摆起，掌心阶上；抬头，伸颈，挺胸，塌腰；目视前方（图 16-205）。

图 16-202

正面　侧面

图 16-203

图 16-204

正面　侧面

图 16-205

动作五至动作八：同动作一至动作四，唯左右相反（图 16-206 至图 16-209）。

重复动作一至八 1 遍后，左脚下落，两脚开步站立，两手自然垂于体侧；目视前方（图 16-210）。

2. 动作要点

（1）两掌在体前相叠，上下位置可任选，以舒适自然为宜。

图 16-206

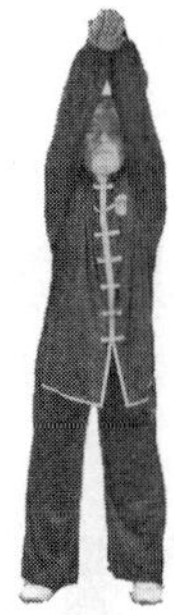

图 16-207

图 16-208

图 16-209

图 16-210

（2）注意动作的松紧变化。掌上举时，颈、肩、臀部紧缩；下落时，两腿微屈，颈、肩、臀部松沉。

（3）两臂后摆时，身体向上拔伸，并形成向后反弓状。

3. 易犯错误

（1）松紧变化掌握不好。

（2）单腿支撑时，身体重心不稳。

4. 纠正方法

（1）先练习两掌相叠，在体前做上举下落动作，上举时收紧，下落时放松，逐步过渡到完整动作。

（2）身体重心移到支撑腿后，另一腿再向后抬起，支撑腿的膝关节挺直，有助于提高动作的稳定性。

5. 功理与作用

（1）两掌上举吸气，扩大胸腔；两手下按，气沉丹田，呼出浊气，可加强肺的吐故纳新功能，增加肺活量，改善慢性支气管炎、肺气肿等病的症状。

（2）两掌上举，作用于大椎和尾闾，督脉得到牵动；两掌后摆，身体成反弓状，任脉得到拉伸。这种松紧交替的练习方法，可增强疏通任、督两脉经气的作用。

［第十式　鸟飞］

1. 动作说明　接上式。两腿微屈；两掌成“鸟翅”合于腹前，掌心相对；目视前下方（图 16–211）。

动作一：右腿伸直独立，左腿屈膝提起，小腿自然下垂，脚尖朝下；同时，两掌成展翅状，在体侧平举向上，稍高于肩，掌心向下；目视前方（图 16–212）。

动作二：左脚下落在右脚旁，脚尖着地，两腿微屈；同时，两掌合于腹前，掌心相对；目视前下方（图 16–213）。

动作三：右腿伸直独立，左腿屈膝提起，小腿自然下垂，脚尖朝下；同时，两掌经体侧，向上举至头顶上方，掌背相对，指尖向上；目视前方（图 16–214）。

动作四：左脚下落在右脚旁，全脚掌着地，两腿微屈；同时，两掌合于腹前，掌心相对；目视前下方（图 16–215）。

动作五至动作八：同动作一至动作四，唯左右相反（图 16–216 至图 16–219）。

重复动作一至八 1 遍后，两掌向身体侧前方举起，与胸同高，掌心向上；目视前方（图 16–220）。屈肘，两掌内合下按，自然垂于体侧；目视前方（图 16–221）。

图 16–211

图 16–212

图 16–213

图 16–214

图 16–215

2. 动作要点

（1）两臂侧举，动作舒展，幅度要大，尽量展开胸部两侧；两臂下落内合，尽量挤压胸部两侧。

（2）手脚变化配合协调，同起同落。

图 16-216

图 16-217

图 16-218

图 16-219

图 16-220

图 16-221

（3）动作可配合呼吸，两掌上提时吸气，下落时呼气。

3. 易犯错误

（1）两臂伸直摆动，动作僵硬。

（2）身体紧张，直立不稳，呼吸不畅。

4. 纠正方法

（1）两臂上举时，力从肩发，先沉肩，再松肘，最后提腕，形成手臂举起的蠕动过程；下落时，先松肩，再沉肘，最后按掌合于腹前。

（2）两臂上举吸气，头部百会穴上领，提胸收腹；下落呼气，松腰松腹，气沉丹田。

5. 功理与作用

（1）两臂的上下运动可改变胸腔容积，若配合呼吸运动可起到按摩心肺作用，增强血氧交换能力。

（2）拇指、示指的上翘紧绷，意在刺激手太阴肺经，加强肺经经气的流通，提高心肺功能。

（3）提膝独立，可提高人体平衡能力。

【收势　引气归元】

1. 动作说明

动作一：两掌经体侧上举至头顶上方，掌心向下（图 16-222）。

动作二：两掌指尖相对，沿体前缓慢下按至腹前；目视前方（图 16-223）。

重复动作一、二 2 遍。

动作三：两手缓慢在体前划平弧，掌心相对，高与脐平；目视前方（图 16-224）。

动作四：两手在腹前合拢，虎口交叉，叠掌；眼微闭静养，调匀呼吸，意守丹田（图 16-225）。

图 16-222

图 16-223

图 16-224

图 16-225

动作五：数肿后，两眼慢慢睁开，两手合掌，在胸前搓擦至热（图 16-226）。

动作六：掌贴面部，上、下擦摩，浴面 3~5 遍（图 16-227）。

动作七：两掌向后沿头顶、耳后、胸前下落，自然垂于体侧；目视前方（图 16-228）。

动作八：左脚提起向右脚并拢，前脚掌先着地，随之全脚踏实，恢复成预备势；目视前方（图 16-229）。

图 16-226

图 16-227

图 16-228

图 16-229

2. 动作要点

（1）两掌由上向下按时，身体各部位要随之放松，直达脚底涌泉穴—。

（2）两掌腹前划平弧动作，衔接要自然、圆活，有向前收拢物体之势，意将气息合抱引入丹田。

3. 易犯错误

（1）两掌上举带动两肩上抬，胸廓上提。

（2）两掌运行路线不清。

4. 纠正方法

（1）身体重心相对固定，两掌上举时，注意肩部下沉放松。

（2）两掌在体侧向上做立圆和在腹前向前划平弧时，意念要放在掌心。

5. 功理与作用

（1）引气归元就是使气息逐渐平和，意将练功时所得体内、外之气，导引归人丹田，起到和气血、通经脉、理脏腑的功效。

（2）通过搓手、浴面，恢复常态，收功。

第三节　八段锦

扫码“学一学”

知识链接

健身气功八段锦的运动强度和动作编排次序符合运动学和生理学规律，属有氧运动，安全可靠。整套功法演示需做到立身中正，神注庄重，柔和缓慢、圆活连贯，松紧结合、动静相兼，神与形合、气寓其中。

一、八段锦概述

八段锦是我国古代的导引术，因其健身效果显著，且易行而安全，故千余年来在民间广为流传，是中华传统养生文化中的瑰宝。八段锦的形成经历了一个漫长的发展演变过程，在先唐文献中已发现八段锦部分术式的印记；唐宋之交，八段锦作为一个成形功法开始流传于世；进入两宋时期，八段锦功法发展为坐式、立式两种锻炼形式；元明以降，八段锦进入快速发展期，在诸多文献中多有记载和介绍；进入 21 世纪，在传统立式八段锦基础上，由国家体育总局组织专家编创推出的健身气功·八段锦，同样引起了众多专家学者的持续关注，并从文化内涵、健身效果、功法教学等方面展开了多角度研究，让这一功法无论是理论还是技术均更加臻于成熟，可谓翻开了八段锦传承历史、发展创新的崭新一页，在海内外得到了广泛传播。

二、功法特点

健身气功八段锦以肢体动作为导引，由外而内，疏通经络，调和气血，充盈脏腑，强壮筋骨，使其功能协同强化，以臻诚理中形外，形正且整，气足神完，以达强身祛病之功效。

（一）形与神合，气蕴其中

本功法始于站桩（由无极而太极而两仪），通过收视返听、精神内守，而率先“将养其神”，强化“神”对生命的主宰功能和作用；进而以意念引动形体，全神贯注于形体运动之中，做到意动形随、形动气随，动作虚实相生、松紧结合、动静相兼，体现出内实精神、外示安逸，内外合一、形神共养的传统养生思想。

（二）质朴端庄，行易效宏

本功法是由八个定式动作按照一定次序编排而构成，它们大多来源于日常生活，以淳朴实用为原则，而这些动作又经规范化、程式化、艺术化的改造提炼而高于生活，使举手投足间更显现出儒雅端庄、浑厚大气、肃穆宁静、神韵饱满、气宇融合的身心境界，给人一种质朴而显古意、端庄而不失灵活的中和之美。

本功法的八式动作各有侧重，气血在经脉中的运动以及在身体各部的流注也因之而异，故单练之可调节改善身体局部的功能，合练之则能运动周身，平调全身气血，使人的整体生命功能状态得到优化提升。

（三）松紧结合，动静相兼

松，是指中枢神经系统、肌肉、关节以及内脏器官的放松；紧，是指适当用力，抻拉筋骨，且缓慢进行。松，必须贯穿于健身气功八段锦练习的始终；紧，主要体现在每一式主体动作定势时的一瞬间，松紧结合是传统中医学、阴阳学说在功法中的体现。功法练习中，松紧配合适度可以激发和启动内气的运行，有利于平衡身体的阴阳、疏通经络、分解黏滞、滑利关节、活血化瘀、强壮筋骨、调理脏腑、增强体质。

动与静，动是绝对的，静是相对的。动为阳、静为阴，动静相生转化是宇宙间一切事物不断运动变化发展的规律。本功法中的动静相兼主要是指肢体动作的外在表现。动，是指在意念的引导下动作轻灵活泼、节节贯穿、舒适自然；静，是指在动作的节分处须沉稳，特别是在动作的缓慢用力之处，即每式主体动作的定势，适度地用力和延长作用时间能使相应的部位受到一定强度的刺激，加大对关节、肌肉、神经、体液的刺激强度，打通主隔断，有助于提高锻炼效果。

（四）舒展柔和，圆活连贯

舒展，意谓心舒身展。按中国传统养生文化，心境平和有利于体内的气机升降。柔和，是指要求身体任何部位都不僵直、不绷劲、不用猛力，动作轻灵而不浮泛，浑厚而不重浊迟滞。注意柔和不是绵软无力，而是动作绵软但富有韧性和弹性，是练功敛气人内而不发于外的表现，即所谓“柔若无骨”“柔似婴儿”的状态。圆活，是指动作路线带有弧形，不起棱角，不直来直去。圆活不仅要求每个动作的运行路线要圆，而且肢体转动的角度也要圆。连贯，是指要求动作的虚实变化和姿势的转换衔接无停顿断续之处。

舒展柔和、圆活连贯是习练健身气功八段锦的基调，其中蕴含着虚实、刚柔、动静，乃至升降开阖等气机变化之理。长久练功则必神清气爽、体态轻盈，从而达到畅通经络、调和气血、强化脏腑、健康身心之效果。

三、功法基础

功法基础是指学练健身气功八段锦必须掌握的基本功、基本动作与基本技术。本节主要介绍手形、步形、身形、呼吸四部分内容。

（一）手形

手形是指功法练习中特定的拳、掌、指形态。起到引领动作、强化气血运行的作用。本功法主要包含以下几种手形。

1. 自然掌　五指自然伸直，稍分开，掌心微含（图 16-230）。

2. 八字掌　拇指与示指竖直分开成“八”字形，其余三指的第一、二指节屈收，指间见缝，大小鱼际稍向内收，掌心微含（图 16-231）。

3. 龙爪　五指并拢，拇指第一指节和其余四指的第一、二指节屈收扣紧，掌心张开（图 16-232）。

4. 握固　拇指抵掐无名指根节内侧，其余四指屈拢收握（图 16-233）。

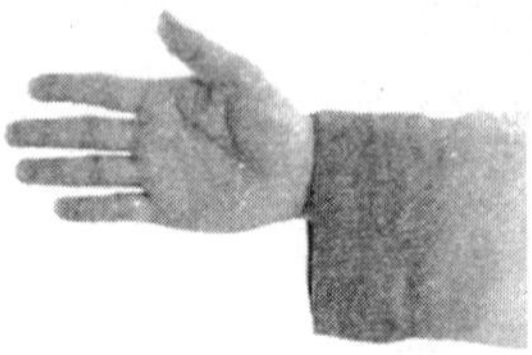
图 16-230　自然掌

图 16-231　八字掌

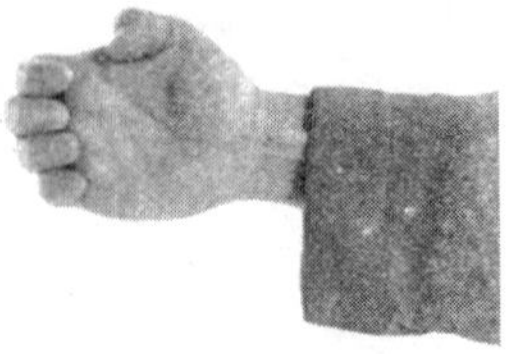
图 16-232　龙爪

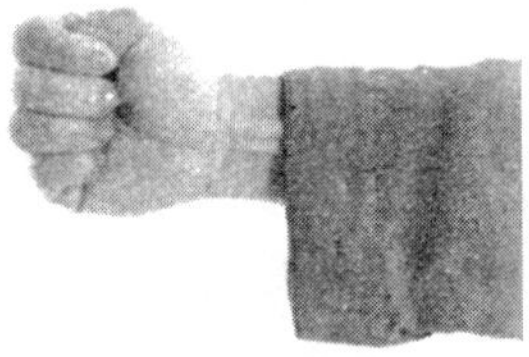
图 16-233　握固

（二）步形

步形是指功法中两腿根据不同的式势，通过髋、膝、踝等关节的屈伸，使下肢呈现出一种静止的形态，调节身体肌肉骨骼之间力的平衡，可稳固重心，使气血顺达。

1. 并步　两脚并拢，身体直立；两臂垂于体侧，头正颈直；目视前方（图 16-234）。

2. 开步　横向开步站立，两脚内侧与肩同宽，两脚尖朝前；头正颈直；目视前方（图 16-235）。

3. 马步　开步站立，两脚间距约为本人脚长的 3 倍，脚尖朝前，两腿屈膝半蹲，大腿略高于水平，膝盖不超过脚尖；上体保持中正，目视前方（图 16-236）。

（三）身形

身形是指功法对头、躯干与四肢部位基本姿态的规范。其基本身形以抱球势为例（图 16-237），具体要求为后顶虚领、立项竖脊、沉肩坠肘、虚胸实腹、松腰敛臀、屈膝下坐、两足平踏、立身中正。

图 16-234　并步

图 16-235　开步

图 16-236　开步

图 16-237　马步

1. 后顶虚领　头的后顶穴向上领起。此部位是身形控制的总机关，就是练功中常阴的“时刻不丢顶”。即使在倾身、俯身、摇转动作时也要保持斜中寓正，才能提起精神，克服动作松懈、低头、猫腰等毛病。

2. 立项竖脊　立项，需下颌内收，后项上提，做到直而不僵；竖脊，指整个脊柱犹如一串连珠，节节贯穿，上下对拔拉长。掌握了立项竖脊，就能精神饱满，方显质朴端庄。若弯腰、驼背，就会使人精神萎靡、身形松散。

3. 沉肩坠肘　肩是上肢的根节，肩关节不松沉会使上肢的动作僵硬，不协调，劲力不顺达，肩、肘、手运转不灵活，“肩紧一身僵”。坠肘，是指在一般情况下，上肢的起落、开合肘关节不宜伸直，要保持松垂，顺应正常的生理弯曲角度，使气、力不截于肘，做到手起肘相随，手落肘下坠，肩沉劲到肘，肘坠劲到手。

4. 虚胸实腹　对胸腹内意、气的调控。虚胸，指胸部宽舒、两肩胛骨张开、背部后倚；实腹，指腹部放松、气沉丹田。虚其胸、实其腹，有助于心肾相交、调和气血、育真补元。

5. 松腰敛臀　腰部肌肉放松，髋关节内收，尾闾内扣，命门微后凸。腰为一身之主宰，是上下沟通的枢纽。松腰有利于上下相随、节节贯穿、形于趾指。敛臀有助于中正、开启命门、畅通督脉。

6. 屈膝下坐　屈膝，指两腿弯曲、腘窝放松、膝盖不超过脚背；下坐，指髋关节垂直下沉，上体保持中正，避免出现躯干前俯后仰、撅臀跪膝的毛病。

7. 两脚平踏　指两脚平行站立，全脚掌着地，身体重心落于两腿之间，有助于身体重心稳定，使气不浮于上。

8. 立身中正　头顶要悬，肩平正、髋平正、两足平正（平行、平踏）、脊柱中正；百会对会阴，肩井对涌泉，身架均衡，重心平稳。立身中正是对身型的总体要求，型正才能气顺、意宁、神安。

上述各部位基本姿势的要求是相互关联、互为依托的，短时间内不可能全面掌握，需经过反复细心地体悟，方能达到身型的标准，符合练功的要求。

（四）呼吸

呼吸是指机体与外界环境之间气体交换的过程。根据健身气功八段锦习练的需要，可以选用不同的呼吸方法。常用的方法有以下几种。

1. 自然呼吸 不改变自己正常的呼吸方式，不加意念支配，顺其自然地呼吸。

2. 腹式呼吸 主要通过横膈肌运动来完成的呼吸方法，又分为顺腹式呼吸和逆腹式呼吸。顺腹式呼吸是指吸气时腹部隆起，呼气时腹部内收；逆腹式呼吸是指吸气时腹部内收，呼气时腹肌隆起。

3. 提肛呼吸 在吸气时有意识地收提肛门及会阴部肌肉，呼气时放松肛门及会阴部肌肉。

4. 停闭呼吸 在吸、呼气之间或之后停止片刻然后再呼或吸的方法。一次停闭呼吸一般不宜超过 2 秒钟。其作用主要是加大动作对脏腑、关节、肌肉等的刺激强度。

本功法对呼吸运用的总体把握是，初学者宜采用自然呼吸，逐步过渡到顺腹式呼吸；当动作熟练后，应结合动作的升降开合采用逆腹式呼吸进行练习。停闭呼吸主要在每式主体动作松与紧、动与静的转换处采用。因功法的动作幅度有大小之别，每个练功者的肺活量、呼吸频率有差异，且练功水平和程度不同，要选择适宜的呼吸方法，切忌生搬硬套。功法技术章节中对各式动作与呼吸的配合只做一般提示，如呼吸不顺畅，应及时采用顺其自然的呼吸方法进行调节。

四、动作图解

扫码“看一看”

【预备势】

1. 动作说明

动作一：两脚并步站立；后顶上领，颈部竖直，齿唇轻闭，舌尖轻贴上腭，眉宇间和嘴角放松；两臂自然垂于体侧，沉肩垂肘，松腕舒指，中指腹轻贴裤线；腋下虚掩，胸部自然舒展，腹部放松；目视前方（图 16-238）。

动作二：随着松腰沉髋，身体重心移至右腿，左脚向左侧开步，约与肩同宽，脚尖朝前，继而重心平移至两腿之间；目视前方（图 16-239）。

动作三：两臂内旋，两掌分别向两侧摆起，手臂与身体的角度约 45°，掌心朝后；目视前方（图 16-240）。

动作四：上动不停，身体重心垂直下降，两腿膝关节弯曲；同时，两臂外旋，两掌向前合抱至斜前方 45°后，再屈肘、屈腕成抱球状，掌心朝内，与脐同高，两掌指尖相对，间距 10~20 厘米；目视前方（图 16-241）。

图 16-238

图 16-239

图 16-240

图 16-241

2. 易犯错误与纠正方法

（1）成抱球势时拇指上翘，其余四指朝向地面。注意沉肩坠肘，指尖相对，拇指放平。

（2）塌腰、跪膝、八字脚。注意松腰敛臀，膝关节不能前顶，膝盖不超越脚背，脚尖朝前，平行站立。

3. 功理与作用 端正身型，调匀呼吸，宁神静气，启动气机，培育元气，使习练者进入练功状态。

【第一式 两手托天理三焦】

1. 动作说明

动作一：接上式。两臂外旋下落于小腹前，掌心朝上，掌指尖相距约 10 厘米，小指侧离小腹部约 10 厘米；目视前方（图 16–242）。

动作二：上动不停，两掌五指分开在小腹前交叉；目视前方（图 16–243）。

动作三：上动不停，身体重心徐缓升起；同时，两臂屈肘，两掌垂直向上抬至胸前，掌心朝上；目视前方（图 16–244）。

图 16–242

图 16–243

图 16–244

动作四：上动不停，两腿徐缓伸直；同时，两臂内旋，两掌向上托起，肘关节微屈，掌心朝上；抬头，目视两掌（图 16–245）。

动作五：上动不停，两掌继续上托，肘关节伸直；同时，下颌内收；动作略停，两臂保持抻拉；目视前方（图 16–246）。

动作六：身体重心缓慢下降，两腿膝关节弯曲；同时，十指慢慢分开，两臂分别向身体两侧下落至斜下方 45°时再屈肘，两掌捧于腹前，掌心朝上，掌指相距约 10 厘米；目视前方（图 16–247）。

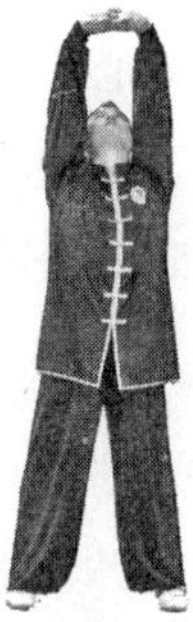
图 16–245

图 16–246

图 16–247

本式托举、下落为 1 遍，共做 6 遍。

2. 易犯错误与纠正方法

（1）两掌上托至胸前时耸肩，前臂不平。注意沉肩、两掌带动前臂上抬。

（2）动作四抬头不充分；动作四与动作五的衔接有停顿、断劲。注意两掌翻转上托时要眼随手动，下颏先向上助力，给大椎穴适当的刺激，再收下颏配合两掌继续上托，至肘关节伸直，力在掌根，意气达于掌指。

3. 功理与作用

（1）本式通过四肢、躯干的伸展抻拉，并配合调息，有利于元气、水液在全身的布散与气机的升降。可调理三焦，畅通任、督二脉和手足三阴三阳经及脊柱相应节段；同时，可扩张胸廓，使腹腔、盆腔脏器受到牵拉、按摩，促进气血运行，提高脏腑机能。

（2）对防治肩部疾患，预防颈椎病具有良好作用。

【第二式　左右开弓似射雕】

1. 动作说明

动作一：接上式。身体重心右移，松腰沉胯，左脚向左开步站立，两腿膝关节自然伸直；同时，肩部放松，两掌向上随两臂屈肘交叉搭腕于胸前，掌根约与膻中穴同高，左掌在外，两掌心朝内；目视前方（图 16-248）。

动作二：两臂沉肘稍回收，同时，右掌屈指成龙爪，左臂外旋坐腕成八字掌，掌心斜朝前，指尖朝上；目视前方（图 16-249）。

动作三：上动不停，两腿徐缓屈膝成马步；同时，左掌向左侧推出，腕与肩平，指尖朝上，右龙爪向右平拉至肩前，犹如拉弓射箭之势，保持抻拉；目视推掌方向（图 16-250）。

图 16-248

图 16-249

图 16-250

动作四：身体重心右移，左腿膝关节略伸直；同时，右手指伸开成自然掌，向上、向右划弧，腕与肩同高，掌心斜朝前，指尖朝上，左手指伸开成自然掌，掌心斜朝前；目视右掌（图 16-251）。

动作五：上动不停，重心继续右移，左脚收回成并步站立；同时，两掌分别由两侧下落，屈肘，捧于小腹前，掌心朝上，指尖相对，间距约 10 厘米；目视前方（图 16-252）。

右式动作同左式动作，唯左右相反（图 16-253 至图 16-257）。

本式一左一右为 1 遍，共做 3 遍。

第 3 遍最后一动时，重心继续左移，右脚收回成开步站立，与肩同宽，膝关节弯曲；同时，两掌分别由两侧下落，屈肘，捧于小腹前，掌心朝上，指尖相对，间距约 10 厘米；目视前方（图 16-258）。

图 16-251

图 16-252

图 16-253

图 16-254

图 16-255

图 16-256

图 16-257

图 16-258

2. 易犯错误与纠正方法

（1）颈项不直，转头不充分。注意下颌内收，头转至鼻尖正对八字掌示指。

（2）拉弓定势时耸肩，推掌时直肘、直腕。注意沉肩坠肘、坐腕翘指。

（3）马步跪膝，重心偏移。注意膝盖不超过脚尖，垂直下坐，重心落于两腿中间。

3. 功理与作用

（1）左右开弓时，利于扩大胸腔，增大肺通气量、回心血量和打开上焦；通过八字掌坐腕翘指、龙爪置于肩前云门处，可有效刺激手太阴肺经、手阳明大肠经，对于改善微循环、增大肺活量、提高心肺功能及指关节灵活性具有促进作用。

（2）下蹲成马步时，可加强股四头肌、小腿后侧肌群等肌肉收缩，能有效发展下肢力量，促进血液回流。

（3）扩胸展肩、转头，可加强颈椎、胸椎的运动，纠正局部小关节的异常位置，调节颈、肩、胸、背部肌肉平衡，有利于矫正驼背等不良体态，防治颈椎病、肩周炎等疾患。

【第三式　调理脾胃须单举】

1. 动作说明

动作一：接上式。身体重心稍升起；同时，左臂内旋上抬，左掌与胸同高，掌心朝内，指尖斜朝上；右臂内旋，右掌心对腹部，指尖斜朝下；目视前方（图 16-259）。

动作二：上动不停，左臂继续内旋上举，左掌翻转上托至头左上方，肘关节微屈，力达掌根，掌心斜朝上，指尖朝右，中指尖与肩井穴在同一垂直线上；同时，右臂继续内旋，右掌下按至右胯旁约 10 厘米处，肘关节微屈，力达掌根，掌心朝下，掌指朝前；动作略停，保持抻拉；目视前方（图 16-260）。

动作三：松腰沉胯，身体重心缓缓下降；两腿膝关节稍屈；同时，左肩下沉，左臂屈肘外旋下落，左掌与胸同高，掌心朝内，掌指斜朝上；右臂外旋，右掌收至腹前，掌心朝内，指尖斜朝下；目视前方（图 16-261）。

动作四：上动不停，身体重心继续下降，两腿膝关节弯曲；同时，两臂外旋下落，两掌捧于小腹前，掌心朝上，掌指尖相对，间距约 10 厘米；目视前方（图 16-262）。

右式动作同左式，唯左右相反（图 16-263 至图 16-266）。本式一左一右为 1 遍，共做 3 遍。

图 16-259

图 16-260

图 16-261

图 16-262

图 16-263

第 3 遍最后一动时，右臂外旋，右掌指尖转向后；身体重心下降，两腿膝关节弯曲；同时，右掌向前下落，按于胯旁约 10 厘米处，掌心朝下，掌指朝前，左掌微前移，两肘微屈；目视前方（图 16-267、图 16-268）。

图 16-264

图 16-265

图 16-266

图 16-267

图 16-268

2. 易犯错误与纠正方法

（1）动作一，两臂抬肘，掌指横置于胸腹前。注意沉肘，使前臂和掌约成 45°，如怀抱婴儿状。

（2）两掌上举下按时，配合不协调。上举手路线较长，注意下按手动作需稍缓慢，使两掌同时到位。

（3）上臂下落时路线错误。注意下落时要沉肩、坠肘、旋臂，带动右掌按上举路线返回。

3. 功理与作用

（1）上举下按成定势时，脚大拇趾有意下压，可刺激足太阴脾经的隐白等穴位；抻拉、挤压两胁与中脘，可刺激足太阴脾经的大包穴和章门穴以及背部的脾俞、胃俞等，促进胃、肠蠕动，还可以调节脊柱两侧肌肉、韧带的张力和刺激内脏神经，对提升五脏六腑尤其是脾胃的功能有促进作用。

（2）两手上托下按的过程中，利于脾的升清功能和胃的降浊功能，改善人体消化、吸收能力。

（3）两掌上下对拉，使脊柱两侧肌肉相反方向用力，椎体两侧形成上下相对运动，增强了脊柱的灵活性与稳定性，利于防治颈、肩疾病等。

【第四式　五劳七伤往后瞧】

1. 动作说明

动作一：接上式。两腿徐缓挺膝伸直；两肩下沉，两臂伸直，掌心朝后，指尖朝斜下伸出；目视前方（图 16-269）。

动作二：上动不停，两臂外旋，上摆至体侧约 45°，掌心朝斜后上方；同时，头向左后方转动，展肩扩胸；动作略停，保持抻拉；目视左斜后方（图 16-270）。

动作二：松腰沉髋，身体重心缓缓下降，两腿膝关节弯曲；同时，头转正，两臂内旋，屈肘，两掌按于胯旁，掌心朝下，指尖朝前；目视前方（图 16-271）。

图 16-269

图 16-270

图 16-271

右式动作同左式，唯左右相反（图 16-272、图 16-273、图 16-274）。

本式一左一右为 1 遍，共做 3 遍。

第 3 遍最后一动时，两腿膝关节弯曲；同时，头向前转正，两臂内旋，屈肘，两掌捧于小腹前，掌心朝上，指尖相对，间距约 10 厘米；目视前方（图 16-275）。

图 16-272

图 16-273

图 16-274

图 16-275

2. 易犯错误与纠正方法

（1）转头时上体后仰，旋臂不充分或转头速度过快。注意后顶虚领，下颌内收，尽量旋臂，缓慢转头，做到旋臂与转头协调一致。

（2）转头时上体转动，两臂旋至体后。注意要立身中正、胸部保持正对前方，两臂外旋侧伸不超过体侧。

3. 功理与作用

（1）两臂外旋、展肩扩胸动作，有利于打开手三阴经和任脉，挤压手三阳经和督脉；

两臂内旋时，肩胛微开、命门后凸动作，则有利于打开手三阳经和督脉，挤压手三阴经和任脉，并刺激背部腧穴、夹脊等穴位。这种阴阳经交替开合，能发动全身经络气机、协调一身阴阳、调节五脏六腑功能。

（2）转头后瞧时，可刺激颈部大椎穴，牵拉两侧颈动脉，改善脑部供血，增强颈、项、背部肌肉力量，缓解视觉疲劳和防治老年痴呆、颈椎疾病等。

【第五式　摇头摆尾去心火】

1. 动作说明

动作一：接上式。身体重心左移；右脚向右开步站立，两脚间距约三脚宽，两腿膝关节自然伸直；同时，两掌上托至胸高时，两臂内旋，两掌翻转向上分托至头斜上方，肘关节微屈，掌心斜朝上，指尖相对；目视前方（图 16-276）。

动作二：上动不停，身体重心下降，两腿徐缓屈膝下蹲成马步；同时，两臂从两侧下落，肘关节弯曲，两掌指扶于膝关节上方，手腕松沉，掌指斜朝前；目视前方（图 16-277）。

动作三：上动不停，身体重心稍起；目视前方（图 16-278）。

动作四：上动不停，身体重心右移，右腿膝关节弯曲，左腿膝关节稍屈；同时，上体右倾约 45°；目视前方（图 16-279）。

图 16-279

图 16-277

图 16-278

图 16-279

动作五：上动不停，身体重心稍下降成右偏马步状；同时，上体右转俯身；目视右脚尖（图 16-280）。

动作六：上动不停，身体重心左移成左偏马步状；同时，上体保持俯身左旋至左斜前方；目视右脚跟（图 16-281）。

动作七：上动不停，身体重心稍右移，右髋向右侧送出，尾闾随之向右、向前、向左、向后旋转至正后方；同时，身体重心随尾闾转动移至两腿间，膝关节弯曲；胸微含，头向左、向后转至正后方；目视上方（图 16-282）。

动作八：上动不停，下颏与尾闾同时内收；身体重心下降成马步；目视前方（图 16-283）。右式动作同左式，唯左右相反（图 16-284 至图 16-289）。

本式一左一右为 1 遍，共做 3 遍。

做完 3 遍后，身体重心左移，右脚收回成开步站立，与肩同宽；同时，两掌从两侧向上至肩高时外旋翻转，掌心朝上，随之两臂上举，掌心相对；目视前方（图 16-290）。身体重心缓慢下降，两腿膝关节弯曲；同时，两臂屈肘，两掌经面前下按至小腹前，掌心朝下，指尖相对，相距约 10 厘米，拇指侧距腹部约 10 厘米；目视前方（图 16-291）。

图 16-280

图 16-281

图 16-282

图 16-283

图 16-284

图 16-285

图 16-286

图 16-287

图 16-288

图 16-289

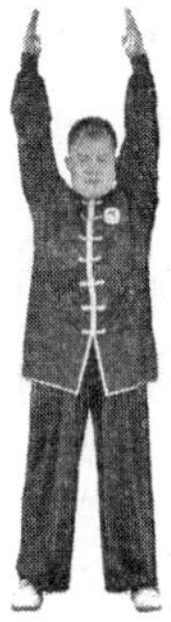

图 16-290

图 16-291

2. 易犯错误与纠正方法

（1）摇头与摆尾配合不协调。注意向侧送胯时，头要同时侧摆，颈部放松，转脸目视上方，并随尾闾转动将头与尾闾同时旋转至正后方。

（2）做动作七、八摇头摆尾时挺胸展腹。注意沉胯、收腹、胸部微含。

（3）动作二下蹲成马步时，两掌撑按大腿或虎口掐按大腿。注意沉肩坐腕、掌根悬空、五指轻抚膝关节上方。

3. 功理与作用

（1）摇头摆尾可提升阳气、通经泄热、平衡阴阳、畅通任督二脉、调理脏腑、滋阴补肾，使肾水上济，促进心肾相交。同时，牵动脊髓和马尾神经，改善内脏神经功能，有助于提升卵巢、子宫、前列腺、膀胱等脏器的功能。

（2）脊柱的回环旋转，加之头、尾的牵拉转动和提肛收腹与膈肌的下降，对脊柱有很好的保健作用。同时，腹腔脏器得到挤压、按摩，促进了中焦、下焦的消化、排泄及运化功能。

（3）下蹲马步、左右移动重心，能活动髋关节，改善局部血液循环，可防治股骨头坏死等疾病，并能发展下肢力量，提高身体的稳定性。

【第六式　两手攀足固肾腰】

1. 动作说明

动作一：接上式。两腿挺膝伸直站立；同时，两掌指尖转向前，两臂向前、向上举起，肘关节伸直，掌心朝前；目视前方（图 16-292）。

动作二：上动不停，两臂外旋，掌心相对，两掌随屈肘经脸前下按于胸前，掌心朝下，指尖相对；目视前方（图 16-293）。

动作三：上动不停，两臂外旋，两掌心朝上，掌指内旋，经腋下向后反插；目视前方（图 16-294）。

动作四：上动不停，两掌心贴背，沿脊柱两侧向下摩运至臀部；目视前方（图 16-295）。

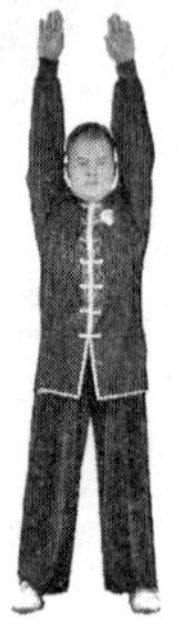
图 16-292

图 16-293

图 16-294

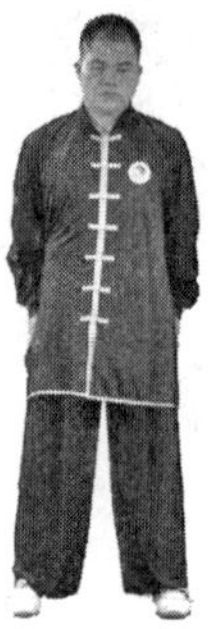
图 16-295

动作五：上动不停，上体前俯，两掌继续沿腿后向下摩运至脚踝，再贴两脚外侧移至小脚趾处，随之旋腕扶于脚面，掌指朝前；目视下方（图 16-296）。

动作六：上动不停，两掌不动，塌腰、翘臀、微抬头；两掌沿地面向前、向上远伸，以臂带动上体抬至水平；目视前下方（图 16-297）。

动作七：上动不停，两臂继续向前、向上举至头上方，上体立起，两掌间距约与肩宽，掌心朝前，指尖朝上；目视前方（图 16-298）。

本式一下一上为 1 遍，共做 6 遍。

做完 6 遍后，身体重心缓慢下降，两腿膝关节弯曲；同时，两臂向前下落，肘稍屈，两掌下按至小腹前，掌心朝下，掌指朝前；目视前方（图 16-299）。

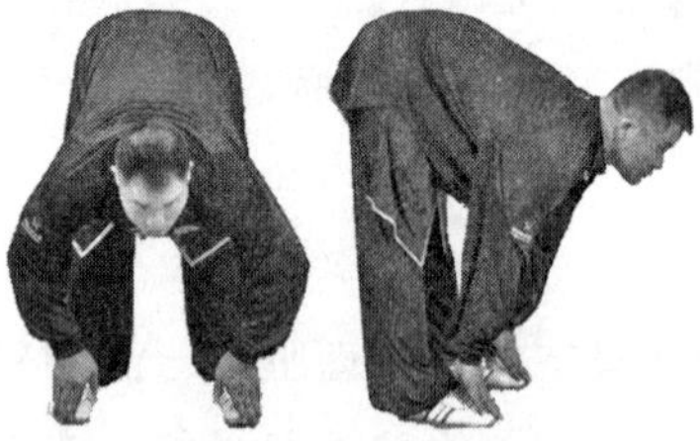
正面　侧面

图 16-296

正面　侧面

图 16-297

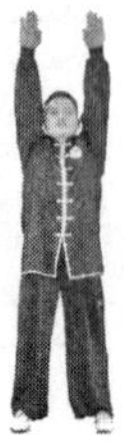
图 16-298

图 16-299

2. 易犯错误与纠正方法

（1）两掌经腋下反插向下摩运时提前俯身。注意上体直立，两掌摩运至臀部后再向下俯身。

（2）两掌向下摩运过程中屈膝。注意整个动作过程中始终保持挺膝。

（3）动作六，形成背伸时，身体各部位用力顺序错误。注意先塌腰，后翘臀、引腰、微抬头。

（4）上体抬起时，以身带臂。注意要以臂带身，两臂向前、向上带动上体抬起。

3. 功理与作用

（1）脊柱的前屈与背伸运动，能增强脊柱相关肌肉力量，提升脊柱的稳定性、柔韧性和延展性，可有效防治颈椎、腰椎部疾病。

（2）两掌摩运与俯身攀足，可循经按摩、牵拉膀胱经，刺激督脉和命门、肾上腺、肾俞等穴，加之起身时能有效牵拉足少阴肾经，可取得充盈经气、固肾壮腰的效果。

【第七式　攒拳怒目增气力】

1. 动作说明

动作一：接上式。身体重心右移；左脚向左开步，两腿徐缓屈膝下蹲成马步；同时，两手握同，收至腰间，拳眼朝上；目视前方（图 16-300）。

动作二：上动不停。左拳缓慢向前冲出，与肩同高，肘关节微屈，拳眼朝上，当肘关节离开肋部时，拳越握越紧，眼睛注视左拳并逐渐睁大；同时，脚趾抓地；目视左拳（图 16-301）。

动作三：上动不停。向右转腰顺肩；同时，左臂内旋，左拳变掌前伸，掌心朝外，掌指朝前；目视左掌（图 16-302）。

动作四：上动不停。左掌指向下、向右、向上、向左再向下依次旋腕一周，随之握固，拳心朝上；同时，脚趾抓地；眼睛睁圆，目注掌动（图 16-303）。

图 16-300

图 16-301

图 16-302

动作五：上动不停，左拳随屈肘收至腰间，拳眼朝上；同时，脚趾放松；眼睛放松，目视前方（图 16-304）。右式动作同左式，唯左右相反（图 16-305 至图 16-308）。

本式一左一右为 1 遍，共做 3 遍。

做完 3 遍后，身体重心右移，左脚收回成并步站立；同时，两拳变掌，自然垂于体侧；目视前方（图 16-309）。

图 16-303

图 16-304

图 16-305

图 16-306

图 16-307

图 16-308

图 16-309

2. 易犯错误与纠正方法

（1）冲拳时上体前俯、耸肩、掀肘。注意后顶虚领，沉肩坠肘，前臂擦肋，收髋敛臀，上体保持中正。

（2）旋腕动作掌指未绕立圆。注意旋腕时先屈腕使掌指朝下，再向里、向上、向下，以腕为轴立圆绕一周。

3. 功理与作用

（1）通过怒目圆睁、摩运两胁、强力抓握、脚趾抓地、马步下蹲等动作，使全身肌肉、筋脉受到静力牵拉，刺激了手三阴、三阳经的原穴和足三阴、三阳经的井穴，加强了肝的藏血、疏泄功能，具有强筋壮骨、增强气力的作用。

（2）冲拳时，通过保持髋关节和头部不动，加强了脊柱的左右拧转，利于提升脊柱的旋转幅度和灵活性，对调节脊柱小关节位置、维护脊柱健康有促进作用。

【第八式　背后七颠百病消】

1. 动作说明

动作一：接上式。立项竖脊，后顶领起，沉肩垂肘，提肛收腹，掌指下伸；同时，脚跟提起，脚趾抓地；动作略停；目视前方（图 16-310）。

动作二：脚跟徐缓下落，轻震地面；同时，咬牙，沉肩，舒臂，周身放松；目视前方（图 16-311）。

本式一起一落为 1 遍，共做 7 遍。

2. 易犯错误与纠正方法

（1）平衡不稳。注意脚跟提起后脚趾用力抓地，后顶保持领劲，控制重心稳定。

图 16-310

图 16-311

（2）震脚用力过大。注意缓慢下落，脚跟轻震地面。

3. 功理与作用

（1）通过拉伸脊柱、回落震动，可挤压椎间盘、震动脊髓、调整脊柱小关节位置，加之收腹提肛和膈肌升降，强化了对内脏器官的挤压震动，具有促使内脏、关节复位以及解除全身关节和肌肉紧张的作用。

（2）脚趾抓地和提踵，能刺激足三阴三阳经脉，发展小腿后群肌肉力量，提升人体平衡能力。

【收势】

1. 动作说明

动作一：接上式。两臂内旋，两掌向两侧摆起约 45°，掌心朝后，掌指斜朝下；目视前方（图 16-312）。

动作二：上动不停，两臂外旋，两掌向前划弧至斜前方 45°时，屈肘合抱至小腹，两掌相叠（男性左手在内，女性右手在内）；目视前下方，静养片刻（图 16-313）。

动作三：两臂自然下落，两掌指轻贴于腿外侧；目视前方（图 16-314）。

图 16-312

图 16-313

图 16-314

2. 易犯错误与纠正方法 收功草率。要从思想上高度认识收功的重要性，按照收功程序和要求将气息归元。

3. 功理与作用 引气归元，进一步巩固练功效果，并逐步恢复到练功前的状态。

扫码“学一学”

第四节 健身气功竞赛规则简介

了解健身气功的竞赛规则，不仅有利于健身气功功法技术的规范、提高，还有利于功法竞赛中减少扣分，取得理想成绩，增加运动乐趣。

第一章　竞赛通则

第一条　竞赛类别

一、个人赛

二、集体赛

三、团体赛

第二条　竞赛项目

中国健身气功协会推广的健身气功功法及各参赛队自编的健身气功气舞。

第三条　背景音乐

每个竞赛项目的背景音乐按每次竞赛规程规定执行。

第四条　参赛服装

裁判人员应着中国健身气功协会定制的裁判服，参赛队员应着大会指定款式的服装。

第五条　比赛顺序

在竞赛委员会和总裁判组的组织下，由编排记录组实施抽签，决定参赛队（队员）的比赛顺颂序。

第六条　赛前检录

参赛队员在赛前 30 分钟到达指定地点报到，参加第一次检录。赛前 10 分钟进行第二次检录。

第七条　比赛弃权

参赛队员未能按时参加检录或上场比赛，则按弃权处理。

第八条　参赛礼仪

参赛队员在比赛开始前和完成比赛项目及领分后，应向裁判长行健身气功礼。

第九条　示分办法

个人赛和集体赛的比赛成绩实行公开示分。

第十条　名次确定

一、个人单项或集体单项赛名次

（一）按比赛成绩由高到低排列名次。

（二）比赛成绩最后得分相同时，以动作规格（气舞功法展示）应得分高者列前；如仍相同，以演示水平（气舞艺术表现）有效分高分高者列前；如仍相同，以动作规格（气舞功法展示）有效分高分高者列前；如仍相同，名次并列。

二、团体赛名次

根据竞赛规程确定团体赛名次。

第十一条　申诉规定

一、申诉的主体为各参赛代表队，不受理参赛队员个人的申诉。

二、申诉的内容为参赛队本队对裁判长扣分的异议。

三、申诉时限为裁判长宣告参赛队（队员）当场次参赛项目比赛成绩后 30 分钟内，由领队或教练员向仲裁委员会提出书面申诉，同时交付申诉费 2000 元，否则不予受理。不论申诉结果如何，申诉费不予退回。

第二章 评分方法与标准

第十二条 功法评分方法

一、每个比赛项目满分为10分，其中动作规格分值为5分，演示水平分值为5分。

二、A组裁判员根据运动员现场功法动作的完成情况，用动作规格分值减去各种动作规格错误和动作失误的扣分，即运动员的动作规格得分。

三、B组裁判员根据运动员现场整体演示水平，按照整体质量、风格特征的评分标准进行综合评判，确定等级分数，即为运动员的演示水平得分。

四、裁判长对运动员出现重做、功法演示时间滞后、改变动作性质等错误，给予相应的扣分。

第十三条 功法评分标准

一、动作规格评分标准

动作规格扣分累计不超过4分（含4分）。

（一）规格错误扣分

（1）凡功法动作错误及手形、步形、身形、口形、手法、步法、腿法、平衡、发声、器械持握方法等不符合功法规格要求的，每出现一次扣0.1分。

（2）同一错误在同一动作中出现多次、同一动作出现多种错误或多人次在同一动作中出观错误，累计扣分最高为0.4分。

（3）竞赛功法中，凡要求静止2秒的动作，时间不足扣0.1分。

（二）动作失误扣分

（1）每出现一次身体晃动、脚移动、跳动扣0.1分；每出现一次器械脱手、触地，器械开裂，坐垫移动，服饰影响动作扣0.1分。

（2）每出现一次附加支撑扣0.2分。

（3）每出现一次倒地、器械掉地扣0.3分。

（4）每出现一次遗忘现象，根据不同程度，扣0.1~0.3分。

二、演示水平评分标准

（一）整体质量

1. 动作质量 动作姿势、动作幅度、动作路线、动作起止点和器械方法符合功法动作要求。动作与队形整齐，动作与背景音乐和谐一致。

2. 演练质量 劲力顺达、虚实分明、动作协调。呼吸顺畅、意念集中，眼神运用符合功法动作要求。

（二）风格特征

整套动作演示充分体现演练功法的主要风格特征。

1. 健身气功·易筋经：抻筋拔骨，刚柔相济，旋转屈伸，虚实相兼。

2. 健身气功·五禽戏：仿生导引，形神合一，动诸关节，引挽腰体。

3. 健身气功·六字诀：吐气发声，以声助气，形随声动，以气运形。

4. 健身气功·八段锦：立身中正，神注庄中，松紧结合，动静相兼。

（三）评分档次

演示水平分值为3个档次，每个档次分为3个级别，共分9个分数段。裁判员给分可到小数点后两位，尾数为0~9。

演示水平分值档次的划分，级别与分数段的设定，如下表16-1。

表16-1　健身气功演示水平评分标准

档次	级别	分数段
优秀	1级	5.00~4.81
	2级	4.80~4.61
	3级	4.60~4.41
良好	1级	4.40~4.11
	2级	4.10~3.81
	3级	3.80~3.51
一般	1级	3.50~3.11
	2级	3.10~2.71
	3级	2.70~2.30

三、裁判长扣分

（一）重做

1. 参赛队（队员）因不可抗力造成比赛功法中断者，经裁判长同意，可重做一次，不予扣分。

2. 参赛队（队员）因动作失误造成比赛功法中断者，可申请重做一次，扣1分。

3. 参赛队（队员）临场受伤不能继续比赛者，裁判长有权令其终止。经过治疗可继续比赛的，则安排在该项目比赛最后一组上场，按重做处理，扣1分。因伤不能在上述规定时间内继续比赛者，按弃权处理。

（二）着装不符合规程规定，扣0.1分。

（三）普及与竞赛功法比赛中，音乐结束后未完成动作，扣0.1分；气舞比赛中，未在规程规定的音乐时间内完成动作，扣0.1分。

（四）自编气舞套路内容不符合规则与规程要求的，每出现一次扣0.1分。

（五）竞赛功法每出现一次改变动作性质，扣0.2分。

（六）集体赛每多或缺1名参赛队员，扣0.5分。

第三章　竞赛设施标准

第十四条　场地

一、比赛场地

场地标准：长22m、宽18m，或长25m、宽22m；铺地毯，地毯颜色为红色或蓝色，中间标有中国健身气功协会会标。

二、裁判席

裁判席标准：上下两层，长度均为10m，第一层与地面高差为30cm，宽1.8m；第二层与地面高差为60cm，宽3m。

第十五条　器材

一、杖

木质，长 105~120cm，直径 2.3~2.8cm。

二、坐垫长 120cm，宽 60cm。

三、仪器设备

（一）摄像机 2 台，电视机 1 台，电子 LED 屏 1~2 块。

（二）电子示分系统及配套设备。

附 健身气功竞赛附则普及功法动作规格常见错误

表 16-2 健身气功·易筋经常见错误

各式名称	常见错误
预备势	站立时，身体未中正
第一式 韦驮献杵第一势	1. 双臂上抬时未成前平举 2. 两臂屈肘回收合掌时，指尖未向斜前上方约 30°；掌根未与膻中穴同高
第二式 韦驮献杵第二势	1. 两肘抬起时，掌臂与肩未成前平屈 2. 两掌屈肘后外撑，力未在掌根；两臂未成水平
第三式 韦驮献杵第三势	1. 翻掌未至耳垂下；虎口未相对 2. 两掌上托未至头顶；掌心未向上
第四式 摘星换斗势	1. 摘星时，改变步形 2. 起身换斗时，未以腰带臂；中指指尖未在同侧肩髃穴垂直上方
第五式 倒拽九牛尾势	1. 握拳时，未从小指到拇指逐个相握成拳 2. 前拽后拉时，未以腰带臂
第六式 出爪亮翅势	1. 展肩扩胸时，未保持掌心相对 2. 两掌前推到位时，未分指瞪目
第七式 九鬼拔马刀势	1. 下蹲时，改变步形；后臂未上推 2. 左右换势时，两手未经侧平举
第八式 三盘落地势	1. 下蹲时，直臂下按．两掌根未至环跳穴同高 2. 口型错误未发嗨音；外八字脚
第九式 青龙探爪势	1. 左右探爪时，转体未达 90° 2. 探地转掌时调臀、屈膝
第十式 卧虎扑食势	1. 成弓步向前扑按时，两拳未变虎掌 2. 定式动作前腿未提踵，后腿未屈膝，未成反弓
第十一式 打躬势	1. 接上式起身时，两手未外旋 2. 捂耳俯身时，肘关节未外展 3. 打躬时，脊柱未逐节蜷曲；起身时，脊柱未逐节伸展
第十二式 掉尾势	1. 俯身时，两膝未伸直：未塌腰、抬头 2. 摇头摆臀时，未始终保持抬头；同侧肩与髋未相合
收势	1. 起身时两手未松开外旋上举 2. 两臂上举时，未目视前下方

表 16-3　健身气功·五禽戏常见错误

各式名称		常见错误
起势调息		两手运行路线未走弧形
虎戏	虎举	1. 两掌上托时，身体后仰 2. 两手运行路线未成直线
	虎扑	1. 前伸时，屈膝、低头、弓背 2. 下扑时，两爪未按至膝前两侧
鹿戏	鹿抵	1. 后蹬腿屈膝拔跟 2. 上方手臂未向左（右）后方伸抵，指尖未朝后
	鹿奔	1. 两臂内旋前伸时，手腕相碰， 2. 后坐时，未低头、未弓背、未收腹
熊戏	熊运	1. 腰腹运行未走立圆 2. 两掌划圆未与腰腹同步
	熊晃	1. 未提髋 2. 落步震脚时，脚掌未踏实
猿戏	猿提	1. 头未水平转动 2. 身体各部位收紧和放松，顺序错误
	猿摘	1. 后点步两膝未伸直 2. 摘桃时，手臂未向前上方伸举屈腕
鸟戏	鸟伸	1. 后摆腿未伸向正后方，支撑腿未伸直 2. 身体未成反弓状
	鸟飞	1. 两臂上举时，手背相碰 2. 支撑腿未伸直，上提腿大腿低于水平
引气归元		两掌向前划弧未与脐同高

表 16-4　健身气功·六字诀常见错误

各式名称	常见错误
预备势	两脚平行站立，未竖脊含胸；未目视前下方
起势	1. 两掌上托时，两肘向后、挺胸 2. 两掌向前拨出时，挺胸凸腹 3. 两掌轻覆肚脐静养时，两肘后夹紧抱肚脐
嘘字诀	1. 穿掌时，转体未达 90° 2. 转体时，身体重心前倾或后坐
呵字诀	两掌捧起屈肘时，挺胸抬头
呼字诀	1. 两掌外开时，挺腰凸腹 2. 吐气发声时，两掌外开高于肚脐或未斜对肚脐
呬字诀	1. 立掌、展肩扩胸、藏头缩项未按顺序完成 2. 藏头缩项时，头后仰
吹字诀	两掌侧平举时，掌心未斜向后
嘻字诀	1. 两掌外开上举时，大臂未成水平 2. 吐音时，两膝未微屈下蹲

表 16-5 健身气功·八段锦常见错误

各式名称	常见错误
预备势	1. 抱球时，拇指上翘，其余四指斜向地面 2. 塌腰、跪膝、脚尖外展
两手托天理三焦	1. 两掌在胸前翻转后未垂直上托 2. 两掌下落呈捧掌时，掌心未向上
左右开弓似射雕	1. 开弓时，八字掌侧推与龙爪侧拉未走直线 2. 马步撅臀、跪膝、脚尖外展
调理脾胃须单举	1. 呈单举时，上举手未至头左（右）上方；下按掌指尖未向前 2. 上举手下落时，未按上举路线返回；呈捧掌时，两掌心未向上
五劳七伤往后瞧	1. 后瞧时，身体出现转动 2. 屈膝下蹲，两膝超越脚尖；两掌下按，指尖未向前
摇头摆尾去心火	1. 马步撅臀、跪膝、脚尖外展 2. 摇头摆尾时，挺胸、展腹、尾闾转动不到位
两手攀足固肾腰	1. 两掌向下摩运未达臀部时已俯身 2. 起身时未塌腰，未以臂带身
攒拳怒目增气力	1. 马步撅臀、跪膝、脚尖外展 2. 攒拳时未怒目，攒拳与握固回收时肘未贴肋 3. 抓握前的旋腕动作未以腕为轴
背后七颠百病消	提踵时耸肩；未停顿

思考题

1. 简述易筋经的起源。
2. 易筋经的功法特点有哪些？
3. 五禽戏的功法特点有哪些？
4. 五禽戏模仿的五禽神韵有哪些？
5. 八段锦的功法特点？
6. 简述八段锦的由来。
7. 健身气功功法比赛动作规格的评分方法是什么？
8. 健身气功功法比赛演练水平的评分方法是什么？

（李华斌 王学爽）

扫码“练一练”

第十七章

休闲运动

学习目标

知识要求

1. 掌握各项休闲运动的基本技术要领、重点难点。
2. 熟悉各项休闲运动锻炼方法。
3. 了解各项休闲运动的基本概况、健身价值。

技能要求

通过教学过程提高基本身体素质；通过教学过程掌握各项休闲运动的基本技术动作、练习要领；能够运用掌握的基本技术进行自我锻炼。

第一节　跆拳道运动

扫码“学一学”

一、跆拳道运动概述

众所周知，跆拳道是韩国的国技，它与拳击、国际式摔跤、柔道一样，是两个人相互对抗的技击运动，属于重竞技运动。

跆拳道三个字是汉字的合成词。“跆”意味着向台风一样猛烈的、强劲的脚上的技术，“拳”是指运用手进行击打的技巧，“道”的含义比较的广泛，它是指人生的正确道路，跆拳道技术的方法原理，是礼仪，是道德修养。“跆拳”是技能、形态，“道”是本质。

（一）传统跆拳道与竞技跆拳道

所谓竞技跆拳道是指在统一的礼仪和规则要求下，具体分析评判从跆拳道总体技术中选出的一些极其重要的典型技术的优劣，是对技术动作本身和练习者掌握运用技术能力两方面进行的综合比较。

传统跆拳道（古称花郎道）则指包括了所有有关跆拳道礼仪、技术、精神、哲学思想及文化价值在内的全部内容，其中更多的技术方法是竞技跆拳道中所不准使用的（因为考虑到运动员的安全）而精神及文化价值不容易在竞赛中体现。

竞赛虽然可以说是跆拳道的基本中心，但竞赛却不能代表整个跆拳道运动。竞技跆拳道只是传统跆拳道中的一部分，是跆拳道竞技化的特征和表现形式。

（二）现代跆拳道的组织

1961 年 9 月，韩国成立了唐手道协会，后更名为跆拳道协会，现代跆拳道被韩国人视为国技。

1966 年成立了国际跆拳道联盟（I・T・F），崔弘熙任第一届主席。

1973 年 5 月，世界跆拳道联盟（W・T・F）在韩国成立，金云龙任主席，总部为国技院。

1980 年，国际奥委会正式承认了世界跆拳道联盟。

目前，在世界上基本上形成了以世界跆拳道联盟为主体倡导的竞技跆拳道，其鲜明特点是以竞技为主，品势为辅。

知识链接

跆拳道的晋级制度

跆拳道运动根据练习者的水平分为十级和九段，初学者从十级渐升至一级，然后再入段。

一至三段为黑带新手的段位（运动员或初级教练员），四至六段为高手的段位（高级教练员），七段到九段是授予那些有很高学识造诣的杰出人物，或对跆拳道运动做出杰出贡献的人的段位。

中国的体育政策为发展竞技体育，暂时没有实行段位制度，现有的段位多为道馆组织到韩国申请。由于参加国际比赛需相应段位，国家队只组织过一次到世跆联考段，国家队主教练陈立人目前为五段，蝉联两届奥运会冠军的陈中目前也只有两段。

二、竞技跆拳道的基本技术

基本技术是竞技跆拳道的基础，是基本功。需要通过勤加练习，达到综合运用的能力。

（一）手法

1. 拳法 在竞赛跆拳道中主要有正拳（也称平冲拳或直拳），在品势中则有正拳、勾拳、锤拳等。

（1）正拳（也称平冲拳或直拳） 将手的四指并拢握紧，拳面要平，然后拇指压贴于示指和中指的第二节上。使用正拳时，用拳的正面的示指和中指部分击打。

（2）勾拳 握法同正拳。使用时用示指和中指关节根部的突出部分击打。

（3）锤拳 握法同正拳。使用时用小指和手腕间的肌肉部分击打。

（4）平拳 向前平伸拳，然后把手指的第二节弯曲，指尖贴紧手掌，拇指弯曲紧贴示指尖，用第二指尖击打。

（5）中突拳 中指弯曲或示指从正拳握法中突出，主要是击打太阳穴和两柱肋部。

2. 掌法

（1）手刀 四指伸直，拇指弯曲靠近示指，用小指侧的掌外沿攻击对方。只局限于在品势中使用。

（2）背刀 此掌法与手刀基本相同，用示指侧攻击对方。只限于在品势中使用。

（3）贯手 手形与手刀基本相同，要求微屈中指，主要用四指指尖截击对方的要害部位，如攻击对方的眼睛、喉部等。只限与在品势中使用。

3. 臂部

（1）腕部　腕关节的四周部位。主要用于防守格挡。

（2）肘部　用肘的鹰突关节攻击，只限于在品势中使用。

（3）前臂和上臂　主要用外侧进行格挡防守，其中前臂的格挡在竞赛跆拳道比赛中经常被运动员所使用。

4. 脚部和膝部　跆拳道比赛中，运动员主要以腿攻为主，采用的脚的部位是脚面、足刀、脚尖和脚跟。

（1）脚面　用脚的正面部分攻击对方，主要用来踢击对方髋关节以上、锁骨以下被护具包围的部位和头部的侧面剖面。

（2）足刀　用脚外沿侧蹬对方，多用于侧、推踢。

（3）脚尖　主要用脚趾前端的部位进攻对方。

（4）脚跟　主要用脚跟后踢和推踢对方。

（5）前脚掌　主要用前脚掌攻击对方，多用于劈腿。

（6）膝部　用膝盖顶击对方，只局限于在品势中使用。

（二）腿法

1. 前踢　学习旋踢的基础，在品势中常被使用（图 17-1）。

（1）动作过程　右架站立，重心移至左腿。提起右大腿同时髋部略向左转，膝盖朝前，脚面稍绷直，双手握拳自然垂放在身体两侧。继续将髋关节前送，右大腿向前抬提，当大腿抬至水平或稍高时，向前弹出小腿，用脚面击打目标。直接向右转髋使右小腿折叠快收回原位，然后后撤右腿，还原为右架准备姿势。

图 17-1　前踢

（2）要领　提起右腿时，两大腿内侧之间的距离应尽量小，既右腿尽量直线出腿。为保持重心，躯干可稍向后倾，尽量将髋部向前送出，若是高前踢，髋部则要尽量向上向前送。击打时脚面绷直。小腿弹出后，在弹直的一刹那，要有一个制动的过程，使脚产生鞭打的效果。脚尖的方向向前上方。用前腿主要攻击的面部、下颚。

（3）易犯错误　髋部没向前送；击打时脚面没有绷直；提膝时没有直线出腿；支撑腿没有积极配合髋部的转动；小腿弹出后，在弹直的一刹那，要有一个制动的过程，即没有快打快收的折叠小腿的过程。

2. 横踢　跆拳道比赛中使用率、得分率很高的踢法（图 17-2）。类似散打中的鞭腿。但跆拳道的横踢幅度小、隐蔽性好、速度快。

（1）动作过程　右脚蹬地，身体重心移至左腿；同时，右腿小腿夹紧向正前方提起；以左脚前脚掌为轴，脚跟内旋，身体向左侧旋转，转体时，右脚小腿与地面接近水平，大腿与上体成一条斜线，上体微侧倾。

（2）要领　提膝时，膝关节夹紧直线向前提膝；横踢动作时，支撑腿要以前脚掌为轴，随横踢动作脚跟逐渐内旋（约 180°），横踢发力时，髋关节应展开；髋关节前送，击打的感觉似鞭打动作；横踢时，摆动腿应踢过身体中线约 30 厘米；小腿弹踢的瞬间，要有一个制动的过程，使击打腿产生鞭打的效果。

（3）易犯错误　大小腿折叠不充分，膝关节没有夹紧。没有正上提膝，走斜线，弧度过大。支撑脚转动不足，踢出后直腿下落。

图 17-2　横踢

3. 下劈　也称为下压和劈腿，是跆拳道比赛中常用的动作之一，也是进攻和反击对方进攻的主要技术（图 17-3）。

（1）动作过程　右架站立，重心先移至左腿；提起右腿，同时略转髋向左并向上送髋，使右腿膝盖与胸部尽量贴近，身体重心尽量向上；右腿高举过头，右腿伸直贴紧上体，上体保持正直或稍前俯，重心向上；右脚脚面稍绷直，右腿快速下劈（如刀劈木块一样），用脚掌或脚后跟下砸对方的头部，身体重心前移至右腿上，身体要稍后仰来控制重心；击打后，右脚自然落下成左架，然后后撤右脚，还原成右架准备姿势。

图 17-3　下劈

（2）要领　右腿上摆时，大腿应放松，踝关节应举过头顶，身体重心应向高起；动作要迅速有力，支撑脚脚跟要离地，同时髋关节上送；向下劈落时，踝关节应放松；向下劈落时要有控制。

（3）易犯错误　起腿高度不够；支撑腿没有积极配合身体向上和向前移动，“拖“在了后面；下劈时，为控制好身体重心而使重心向前压过多；上体过于后仰，使得下劈力量不足。

4. 推踢　属于直线型腿法技术（图 17-4）。它具有动作突然、起动较快的特点。实战中，主要用于阻截对方的进攻或与其他动作配合进攻，一般情况下推踢很少能够直接得分。

（1）动作过程　保持基本姿势，右脚蹬地屈膝提起，左脚以脚掌为轴，外旋约 90°，重心往前压，右脚向前方直线踢出，力点在脚掌，重心往前落下，恢复成实战姿势。

（2）要领　提膝时，大小腿应夹紧。推踢时，腿法运行的路线应是水平向前的；推踢时，髋关节应向前送，应利用身体重心的前移来加大腿法的力量。

（3）易犯错误　收腿不紧，直腿起，容易被反击。重心往下落，腿不能水平往下落。

上体过分后仰，不利于衔接下一个技术，且易被反击。

图 17-4　推踢

5. 后踢　跆拳道比赛中最为常用的动作之一，也是运动员反击对方进攻的主要技术（图 17-5）。

（1）动作过程　右架站立，重心移至左腿；以左脚尖为轴，左脚跟外旋，身体向后方转动，同时提起右大腿，使大小腿几乎折叠，脚尖勾起，头部稍向右后方转动；右腿向后平伸后蹬，在蹬直前膝盖稍外翻（向右侧）；用脚跟部位击打对方腹部和胸部；击打后，右脚自然落下成左架，然后后撤右脚，还原成右架准备姿势。

（2）要领　后踢时，上体与踢出腿应在同一平面内，要控制住肩部不要随之转动；提腿时，大小腿应充分同收，蓄力待发；转身、提腿、后踢三个动作要连贯有力。

（3）易犯错误　身体转到被朝对方时没有制动，身体继续转动，腿不是直线向后踢出；在提起右腿时，右腿没有“擦”着左腿起腿；身体转动时，头部配合同向转动，但肩和上体不应跟着转动，否则容易被对方反击；转身与后蹬没有同时进行，动作不连贯；左脚没有积极配合髋部的转动。

图 17-5　后踢

6. 后旋踢　同后踢一样，均属于转身腿法，动作相对较为复杂（图 17-6）。后旋踢也是比赛中常用的技术，应用时，可以直接用于进攻也可以与其他技术配合用于进攻，还可以用于反击，运用得当往往会重创对方。

图 17-6　后旋踢

（1）动作过程　左架站立，以右脚尖为轴，右脚跟外旋，重心移至右腿；身体向后方转动，同时提起左大腿向斜后方 40°左右蹬伸，头部向左后方转动；身体继续旋转，左腿借旋转的力，向后划一个半圆形的水平弧线，快速屈膝用脚掌击打对方头部；击打后，身体重心依然在右腿上，左脚自然落下，还原成左架准备姿势。

（2）要领 摆动腿在正前方时，击打的路线应是水平弧线；以腰带动腿发力，原地旋转 360°；起腿要快，蹬地、转腰、转上体、摆腿发力要连贯、协调、快速，不要停顿。

（3）易犯错误 左腿抡圆了去划弧，在开始时没有一个向斜后方向蹬伸的动作；身体向左后方向转动时，提起右腿的速度过慢；身体转动时，头部没有配合同向转动；小腿在开始时没有放松而完全绷紧；右腿没有积极配合髋部的转动，右脚太“死”；左脚鞭打对方头部后，身体没有继续旋转，左腿直接斜下方向落地，不能用脚掌呈水平弧线鞭打，造成过早翻转身体而使重心过于偏后。

7. 侧踢 在跆拳道比赛中，主要用于攻击对方的躯干和头部，也可以用于阻截对手的进攻（图 17-7）。它有力量大、速度快、进攻动作直接的特点。

（1）动作过程 右架准备姿势站立，将重心移至左腿，同时以左脚前掌为轴脚跟内旋；直线提起右大腿，弯曲小腿同时向左转髋，身体右侧侧对对方；膝盖方向朝内，勾脚面，展髋，走直线平蹬出右腿，用脚掌外侧攻击对方；右腿自然落下，平撤回原位。

（2）要领 侧踢同中国散手中的侧踹；也可用前腿（左腿）直接侧踢对方；左脚一定要配合积极向前移动；用侧踢主要攻击对方两肋部、胸腹部。

（3）易犯错误 击打对方时，髋部没有展开，致使击打力度不够；大小腿折叠不够，或是蹬出的速度不快。

图 17-7 侧踢

8. 勾踢 也称为侧摆踢，是跆拳道中侧向进攻技术，主要用于攻击对方头部的侧面（图 17-8），实战中，运用得当也会给对手带来重创。

图 17-8 勾踢

（1）动作过程 右架站立，重心移至左腿，以左脚掌为轴脚跟内旋；身体向左方转动，同时提起右大腿向前，头部向左方转动；右腿膝盖朝内扣，右小腿由外向内有一定弧度的摆动并伸小腿，身体随之侧倾；突然屈膝，用脚掌向右横着鞭打对方面部；击打后，右脚自然落下，还原成右架准备姿势。

（2）要领　为增加击打力度，右腿应先由外向内有一定弧度的摆动，再突然向右方鞭打；击打时，小腿和足尽量横着鞭打；身体转动时，头部配合同向转动；在开始时小腿要自然放松，在接触对方头部前再瞬间绷紧脚面，用脚掌击打；左脚应积极配合髋部的转动，调整好身体重心。

（3）易犯错误　右腿直着伸出，没有一定的摆动；在开始时小腿过于紧张而没有自然放松，小腿和脚掌没有横着鞭打；身体转动时，头部没有配合同向转动。

9. 双飞踢（双旋踢）　在跆拳道实战中，将两次或多次的横踢动作在腾空状态下的快速组合。双飞踢有动作突然、得分率高的特点，按动作完成的先后顺序可以分为前腿双飞踢和后腿双飞踢两种，下面分别介绍。

（1）动作过程

1）前腿双飞踢　实战姿势站立，右脚向前垫步，同时，左腿向前做前腿横踢动作；在左腿动作即将完成之际右腿向前起跳做横踢动作；动作完成后，两腿放松成实战姿势站立（图 17–9）。

图 17–9　前腿双飞踢

2）后腿双飞踢　实战姿势站立，身体重心移至左脚；同时，右腿向前做横踢动作；在右腿动作即将完成之际左腿向前起跳做横踢动作；动作完成后，两腿放松成实战姿势站立（图 17–10）。

图 17–10　后腿双飞踢

（2）要领　双飞踢动作要连贯，一般情况，第一次击打要比第二次击打力量小，这样有利于双腿的连贯发力；击打时，髋关节应充分前送，膝关节和小腿要放松，上体要随之转动，小腿犹如鞭子一样向前摆击；双飞踢动作方向应是向前而不是向上；完整练习时，身体要放松，动作起动要快。

（3）易犯错误　第一旋踢完全没有做出来，只是前踢了一下；两腿交换之间髋部扭转过慢；身体过于后仰。

三、竞技跆拳道竞赛规则简介

（一）跆拳道的比赛场地

长8米、宽8米的水平的、无障碍物的正方形场地。场地的地面应为有弹性的垫子。场地中央长8米、宽8米的区域为比赛区，其余部分为警戒区。警戒区和比赛区表面用两种不同颜色划分，同色时用5厘米宽的白线划分（图17-11）。

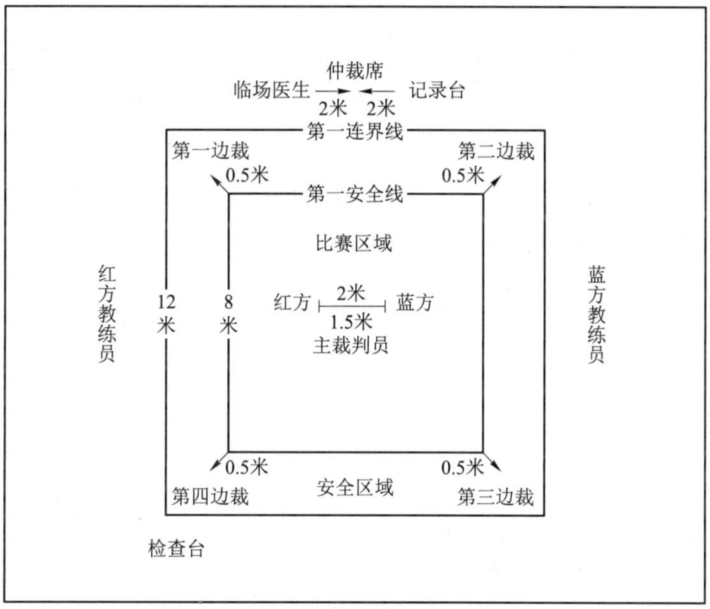

图17-11　跆拳道比赛场地平面图

（二）竞赛规则

跆拳道比赛包括两方——“Chung”（蓝）和“Hong”（红），双方以脚踢打对手的头和身体或用拳击打对方的身体而得分。比赛分三个回合，每回合三分钟，两回合之间休息1分钟。选手可通过下述方法获胜：将对方击出场外，得分最高，使对手被罚分达到3分，或对手被剥夺比赛资格。

1. 得分　每个合理的攻击将得分，下述为合理的攻击。

（1）击打对手的得分部位，除了头外，得分部位包括腹部及身体两侧，这三个部位标于对手的护具上。禁止击打对方小腹以下部位。

（2）用规则允许的身体部位击打对手。必须用正确紧握的拳头的示指和中指的前部或脚踝关节以下的部位击打对方。

（3）若三位裁判中的至少两位对击打进行了认定并记录，则得分有效。

2. 犯规 跆拳道比赛中的一个重要因素，不仅仅因为被罚 3 分（在高水平比赛中极为罕见，意味着自动失败），仅仅 1 个罚分就可左右比赛的胜负。跆拳道犯规分两种：kyong-go 和 gam-jeom。最常见的一种犯规 kyong-go 或警告意味着罚 0.5 分，但是若仅有一次这种犯规则不计入罚分，除非再次犯规而累计罚 1 分。若选手抓、抱、推对方、逃避性地背对对方、假装受伤等时，则判 kyong-go。

另一种更为严重的犯规称为 gam-jeom，将被罚 1 分。典型的犯规行为包括扔对手，在格斗中在对手双脚离地时故意将其放倒，故意攻击对手后背，用手猛击对手的脸部。

3. 击倒 选手被击倒后裁判如拳击比赛一样开始 10 秒的读秒。在跆拳道比赛中一方由于对手发力而使其脚底以外的其他任何部位触地则判为被击倒。裁判也可在选手无意或无法继续比赛时开始读秒。一旦出现击倒，则裁判喊“kal-yeo”意为“暂停”，指示另一方退后，裁判开始用韩语读秒从 1~10。即使被击倒的选手站起来欲继续比赛，他或她必须等待裁判继续读秒至 8 或“yeo-dul”，然后裁判判定该选手是否能继续比赛。若其无法继续比赛，则另一方以击倒获胜。

4. 胜方 在除了决赛以外的其他比赛若以平局结束，则分数高的一方获胜。若双方仍旧平分秋色，则由裁判根据比赛中双方表现的主动性来决定在三回合各三分钟的比赛中哪一方占优。若为争夺金牌的决赛，则双方进行第四回合即突然死亡回合的较量，率先得分者获胜，若无人得分，则裁判判定通过判断谁在该回合中占优而决定最后的胜方。

5. 跆拳道比赛的获胜方式

（1）击倒胜（K·O 胜）。

（2）主裁判终止比赛胜（RSC 胜）。

（3）比分或优势胜（判定胜）。

（4）对方弃权胜（弃权胜）。

（5）对方失去资格胜（失格胜）。

（6）主裁判判罚犯规胜（犯规胜）。

6. 重量级别划分 在世界跆拳道锦标赛中男女各分为传统的 8 个级别，而其首次作为正式比赛项目出现在 2000 年悉尼奥运会上时，男女各分为四个级别：男子 58 公斤以下级、女子 49 公斤以下级；男子 58~68 公斤级、女子 49~57 公斤级；男子 68~80 公斤级、女子 57~67 公斤级；男子 80 公斤以上级、女子 67 公斤以上级。

7. 防护服 跆拳道是一项身体全面接触的运动，要求参赛选手穿防护服，头部、身上、前臂、胫骨、腹股沟佩戴护具。比赛前所有参赛选手将接受检查以确保其穿上所要求的护具。

8. 其他规则

（1）若同时出现的犯规在一种以上，则裁判以处罚较重的犯规为准。

（2）若双方均被击倒且读秒至 10 后无法恢复，则击倒前得分高者获胜。

（3）若选手得分后立即犯规，则其所获分数可判为无效，如故意摔倒（一种避免受击打的战术）。

（4）头部被击中倒地的选手在 30 秒内不得参加比赛。

扫码“学一学”

第二节　轮滑运动

一、轮滑运动概述

轮滑，是一种利用特别的溜冰鞋为比赛工具的竞赛项目，也是一种日常休闲的运动。今日多数的轮滑者主要都使用直排轮，又称刷刷（直排旱冰爱好者对这项运动的别称，来源于溜冰中轮子和地面摩擦时所发出的声音，同时也称溜冰鞋为“刷子”，称在马路上溜冰为“刷街”）。因此直排轮也几乎成为轮滑运动的代名词。

知识链接

1980 年，明尼苏达州两位热爱冰球的兄弟，为了在球季之余能够继续练习，便将轮子装在刀底座之内，产生了第一双单排轮滑鞋。这种轮子排列成一条直线的溜冰鞋正式的学名为 In-Line Skate，这就成为今天单排轮滑正式名称，1994 更是把 ABT 简易煞车系统带入市场，就是我们今天看到的单排轮滑。单排轮滑运动，不单只限于曲棍球运动员，而是成为一种时尚休闲运动风行世界各地。1995 年，ESPN 第一届极限运动更是将特技单排轮滑运动推向了全世界。

二、轮滑运动的分类

（一）极限轮滑

极限轮滑也叫特技直排轮，玩极限轮滑的人被称为 rollerblading。极限轮滑是现在年轻人的追捧。主要分为街式和专业场地，专业场地分道具赛和半管（U 型池）。轮滑是一项休闲运动，但同时也是竞技项目，随着它的不断完善，目前已形成多项轮滑竞技项目，目前的全运会已出现轮滑的身影了。

（二）速度轮滑

以单排、双排轮滑鞋为比赛工具的竞赛项目，分场地跑道比赛和公路比赛两种。世界锦标赛场地跑道正式比赛距离为：300 米计时赛、500 米淘汰赛、1000 米、5000 米、10 000 米积分赛、20 000 米积分赛；公路比赛包括女子 21 千米半程马拉松赛、男子 42 千米马拉松赛。场地跑道像自行车场一样呈盆形。

（三）花样轮滑

花样轮滑的开创，其实最早是为了能让花样滑冰选手在无冰的情况下也能够训练，而后才发展成了一项独立的运动。分为规定图形滑、自由滑、双人滑和双人舞 4 个项目。比赛在不小于 50 米长、25 米宽的场地上进行。参赛各队每项比赛可以参加 3 人，男女总计 12 人。根据动作的难易程度、舞姿的优美程度打分确定胜方。

（四）自由式轮滑

其中最有代表性的就是 Slalom，即平地花式（简称平花）。其他还包括速降、FSK、休闲、花式刹停、跳高、轮舞。平地花式包括花式绕桩和速度过桩。世界轮滑皇帝圣巴斯蒂安（Sebastien Laffargue）简称 SEBA，可以说是 Slalom 的鼻祖。以障碍滑雪为灵感基础，再加上轮滑特有的元素，才慢慢发展成了现今的Slalom。

三、轮滑运动的装备

轮滑运动装备指的是运动员或练习者穿戴在自己身上的专门器材和设备，一般可大致分为轮滑鞋和护具两大类。

（一）轮滑鞋

1. 材质的刚性较强 一双轮滑鞋好或不好，首先要看它的材质的刚性强不强。应尽量为自己选择一双刚性较强的轮滑鞋。鞋的刚性大致可着重从鞋的两个部位加以判断：①轮滑鞋的脚踝部位。这一部位是滑行中支撑绝大部分体重的重要部位。它必须要有一定的硬度才能保证练习者完成正确的技术动作，并且练习中跌倒时不会弯曲变形，能够有效地使脚踝和小腿固定，防止伤害事故的发生。②看轮滑鞋的底座，就是轮滑鞋底装置轮子的轮架和轮子。因为这个部位受力非常大，所以对它的材质需有很高的要求。

2. "关节点"灵活 要选择"关节点"灵活的轮滑鞋。在轮滑练习时，脚踝应该可以自由屈伸和内外旋转，这样才能随心所欲地运用脚部和脚踝的力量，为掌握和完成轮滑技术动作提供保证。

3. 穿着舒适 轮滑鞋内部还应柔软，穿着舒适，并且对脚和脚踝有很妥帖的包覆性。否则，不但穿着不舒服，重者还会导致脚伤，进而影响到技术动作的发挥和练习的兴趣。

（二）护具

1. 护臀 对臀部进行缓冲和避免臀部与地面摩擦而受伤。当掌握了一定的滑行技术和失去重心时的自我保护方法后，一般就不穿戴护臀进行练习了。

2. 头盔 初学者学习滑行过程中必须佩戴头盔，速度轮滑、极限轮滑和轮滑球的规则也要求佩戴，以预防摔倒时头部受伤。

3. 护膝 初学者学习滑行过程中必须佩戴护膝。极限轮滑和轮滑球的规则也要求佩戴，以防止摔倒时膝部受伤。穿戴时，应以下肢和膝关节活动自如为标准，并将扣带扣得松紧适宜。

4. 护肘 初学者学习滑行过程中必须佩戴护肘。极限轮滑和轮滑球的规则也要求佩戴，以防止摔倒时肘部受伤。穿戴时，应以上肢和肘关节活动自如为标准，并将扣带扣得松紧适宜。

5. 护腕掌手套 初学者学习滑行过程中必须佩戴护腕掌手套。

四、轮滑运动的基本技术

（一）基础练习

基础练习是学习轮滑的第一步，初学者应按照循序渐进、由易到难的原则，先扶物或扶人进行练习，待初步掌握身体平衡后再进行徒手练习。

1. 原地站立

（1）"丁"字站立 脚穿轮滑鞋，扶物成"丁"字步站立，前脚跟卡住后脚的脚弓，上体稍前倾，双膝自然弯曲。身体重心落在后脚上。然后两脚交换位置，再呈"丁"字步站立，到站稳为止。

（2）"八"字站立 站立时两脚跟靠近，脚尖自然分开，上体稍前倾，双膝自然弯曲，身体重心落在两脚之间。重心平衡后双脚换成平行站立，上体仍前倾，使重心落在两脚之间。

（3）平行站立　两脚平行分开，与肩同宽，脚尖稍内扣，膝部微屈，重心落在两脚之间。

2. 移动身体重心练习

（1）原地移动重心练习

1）原地左右移动练习　两脚平行站立，上体稍向一侧倾移，逐渐将重心完全转移至一条腿上支撑，待稳定后再向另一侧移动。

2）原地抬腿练习　两脚平行站立，上体稍前倾，重心移至左腿，右腿稍抬起、放下。然后以同样方法练习左腿。练习时要注意放腿时应保持脚下的轮子同时着地。

3）原地蹲起练习　两脚平行站立，做下蹲并站起的动作。可先做半蹲，逐渐加大下蹲的幅度，直至快速深蹲并做短时间的静蹲后再站起。练习时要注意在屈伸踝、膝、髋三个关节时的协调配合。

（2）外“八”字脚移动重心练习　两脚成外“八”字脚站立，重心移至左脚，右脚向前迈一小步，重心随之移至右脚上，然后左脚向前迈进一步，重心随之移至左腿上。反复进行练习，逐渐加快迈步频率和加大迈步距离。注意收脚时应尽量保持脚下的轮子同时着地。

（3）侧向移动重心练习　两脚平行站立，重心向右侧移动，随之左脚向左侧横跨一步，右脚迅速靠拢，待稳定后再进行向右侧的下一步。如此反复进行 5~6 步后再向左侧做相同练习。

（4）横向交叉步练习　两脚平行站立，先将重心移至左腿上并继续向左移动稍超出左腿支撑点，收右腿，右腿向左腿前外侧迈步成双腿交叉姿势，重心随之移至右腿上，成右腿支撑重心，接着收左腿向侧跨一步，成开始姿势。如此反复进行 5~6 步后再向右侧做相同练习。

（二）滑行技巧

经过基础练习，在初步掌握轮滑基本技术后，再学习直道滑行、弯道滑行和转弯滑行技巧，以及掌握向后滑行和急停方法。

1. 直道滑行

（1）滑行姿势　采用蹲屈的滑行姿势，上体前倾与地面夹角为 25°左右，背部稍凸起，膝关节弯曲 120°左右。速度轮滑与冰上速滑有很大的差别，身体姿势不能过低，否则蹬地角度太小，会使轮滑鞋的轮子向外侧打滑，影响轮子的蹬地效果。因此，速度轮滑是以高姿势、快频率为基本特征。

（2）蹬地动作　蹬地技术是决定滑行速度的关键，主要取决于轮子蹬地力的大小和蹬地时间的长短。轮滑过程中不要过分地减少自由滑行时间，身体重心一般是在前后两轮之间，否则将会影响滑行的惯性，过多地消耗体力。

（3）全身配合　全身配合是完成滑行技术和快速滑行的重要因素。首先是两腿之间的配合，当左腿惯性滑行时收右腿，左腿蹬地时右轮开始着地；其次是上体和臀部与腿的配合，即上体和臀部随着两腿交替移动而不断地转移重心；最后是两臂与两腿的配合，滑行时两臂的摆动速度要稍快于两腿的动作速度，以增强轮子的蹬地力量，提高滑行频率。

2. 弯道滑行

（1）滑行姿势　采用身体向左侧倾斜，至弯道滑行时，利用交叉步使身体重心落在左脚外侧和右脚内侧，滑行姿势比直道滑行稍低，重心保持平衡，蹬地腿应尽量与身体倾斜面相一致。

（2）蹬地动作　蹬地采用交叉步。沿着圆弧的切线滑行，步幅不能过长，惯性滑行时间比直道短。当左脚拉收到右支撑腿时，右脚开始蹬地；右腿“压收”超过左脚时，左腿则开始蹬地。

（3）全身配合　弯道滑行技术的关键是摆臂动作与蹬地动作的配合。弯道摆臂动作可以维持平衡，增加轮子的蹬地力量，提高滑行频率。弯道摆臂的幅度要比直道小，左臂摆动的幅度要比右臂小，手臂摆动的方向是偏向左侧。

3. 转弯滑行（左转弯为例）

（1）滑行姿势　向前直滑达到一定速度后，左脚要在右脚的左前方。如滑行速度快，转弯角度小，左脚要超出右脚半步，两脚间距离要宽；如滑行速度较慢，转弯弧度较大，左脚要超出右脚，两脚间距离可略窄。转弯时头部向左转，上体向左侧倾斜，臀部下降向左侧移，重心要移到左脚外刃，右脚用力压内侧轮。

（2）全身配合　取决于两脚间距与身体重心向内侧倾斜的程度。前后脚之间（包括左右方向）距离长，身体重心向内侧移动速度快，移动幅度大，转弯就快，弧度就小，但身体平衡不易掌握。

4. 向后滑行

（1）向后葫芦滑行　两脚平行站立，脚尖稍向内，两腿弯曲、双膝内扣，重心后移，上体前倾。滑行时用两脚内刃向前蹬地，两脚跟外展，当两脚向外滑至最大弧度时，两脚用力内收，双膝逐渐撑直，恢复成开始姿势。

（2）向后直线滑行　准备姿势同上，注意重心在后，上体前倾。滑行时左脚内刃蹬地，身体重心向右侧移动，右脚向后滑行，左脚蹬地后放在右脚内侧，然后用右脚内刃蹬地，重心移到左侧，左脚向后滑行。

（三）制动方法

1. 脚跟制动法　在慢速滑行时将有制动腿的脚前伸，脚尖抬起使后跟上的制动脚着地，前腿用适当力量压地，使制动脚与地面摩擦，逐渐减速而停止。

2. “T”形制动法　当左脚支撑滑行时，上体抬起直立，右脚外翻并横放在左脚后面，左脚成“T”字形，使右脚的轮子横向与地面摩擦。两腿弯曲，重心下降并逐渐移向右脚加大摩擦，使之减速而停止。

3. 双脚平行制动法　在快速滑行时，双脚略靠近，身体迅速转体 90°，同时带动两脚转体 90°，重心快速降低，腿弯曲，用双脚的轮子与地面摩擦使之减速停止。

五、练习时的注意事项

在轮滑运动的教学与训练中，为防止和避免一些意外事故发生，在练习中应注意以下几个方面。

1. 初学者上场练习时，应着运动服或长裤、长袖衣服，戴上护具，避免摔倒时受伤。
2. 初学者上场练习时必须采取正确的练习姿势，要注意上体的前倾和小腿的前伸，切不可在滑行中身体伸展、后仰。

3. 每次练习前应注意检查场地，如有沙石、木屑、烟头等杂物要及时清除干净，如有裂痕要及时修补。

4. 每次上场练习前要严格检查轮滑鞋是否符合练习要求，必须戴护盔和防护手套。

5. 在练习场上应严禁随意追逐、打闹等，严禁在跑道上顺时针方向滑跑。

6. 场地附近应备有常用外伤药品，一旦有外伤情况应及时处理。如有骨折、脑震荡等严重伤害出现时，应及时送医院治疗。

第三节　散打运动

扫码“学一学”

一、散打运动概述

散打也叫散手，古时称之为相搏、手搏、技击等。简单而言就是两人徒手面对面地打斗。散打是中国武术一个主要的表现形式，和中华民族悠久历史同步。它从先辈的生产劳动，生存斗争源起，但又服务于此，演化至今成为华夏民族灿烂文化遗产中的瑰宝。散打已经发展成为区别于拳击、泰拳、跆拳道等国外对抗运动的中国特色的竞技对抗体育运动，是具有中华民族特色的民族体育。散打也是现代体育运动项目之一，双方按照规则，利用踢、打、摔等攻防战术进行徒手搏击、对抗。

1979 年我国国家体委决定开展散打训练、比赛等方面的研究，1989 年定为正式体育竞赛项目。1993 年被列为全运会项目和第二届世界武术锦标赛项目，1998 年成为第十三届亚运会项目。

二、散打运动的基本技术

以下所有技术动作均以右势为例

（一）预备姿势

为完成进攻上防守动作所采用的最有利的姿势，因人而异，但应具有身体重心稳固，暴露给对方的面积较小，利于防守和启动的灵便，便于发力，利于进攻等优点（图 17-12）。

要点：两脚前后分开，前脚跟与后脚尖之间为一脚半距离，前脚与后脚间横向距离稍宽于肩，前脚尖略向内侧转，后脚尖朝斜前脚跟稍离地面，两臂自然弯曲，左、右臂之间夹角约为 90°。

左拳置于体前略低于眼睛，拳面斜朝前，拳眼斜朝上右臂之间夹角应小于 90°，右拳置于右肋前略高于下额部，肘部与身体相距约一拳距离，以左肩左腹部侧向着对方，胸部略含，腹部微收，上体稍前倾，头略低，下额微收，咬紧牙齿，闭合嘴唇，目视前方。

图 17-12　散打预备姿势

（二）基本步法

散打步法是为保持与对手间的距离，实施进攻与防守动作或破坏对手与进攻与防守意图，而进行专门的脚步移动方法，步法好多，比如滑步、垫步等。

1. 滑步

（1）前滑步　实战势，后脚蹬地，前脚向前移动，落地时以前脚掌先落地，随之后脚前移，落地后与原基本姿势相同。后滑步反之。

（2）左滑步　实战势，后脚蹬地，前脚向左平移，后脚随之向左移动，完成后与原实战势相同。右滑步反之。

2. 垫步

（1）前垫步　实战势，前脚蹬地，后脚前移，在前脚里侧处落地的同时前脚前移，落步后仍成原基本姿势。

（2）后垫步　实战势，后脚蹬地，前脚后移，在后脚里侧落地的同时后脚后移，落步后仍成基本姿势，变换要快，两腿不可交，叉垫步时身体重心要求两脚贴近地面滑行。

（三）基本拳法

拳法主要技法有：直拳、勾拳、摆拳，其中还演变出刺拳，鞭拳等技法。

1. 左、右直拳（图 17-13）

（1）左直拳　由实战姿势开始，即由左脚、左手在前的正架姿势开始，右脚微蹬地面，重心微向前脚移动，上体微右转。同时左肩由屈到伸并内旋 90°，发力于腰，力达拳面。

（2）右直拳　由实战姿势开始，右脚微蹬地，并以前脚掌向内转，转腰送肩，上体左转。同时右臂由屈到伸并内旋 90°，直线向前冲出，力达拳面。

2. 左、右掼拳（图 17-14）

（1）左掼拳　由实战姿势开始，上体微向右转，同时左拳向外（约 45°）、向前、向内成平面弧形横击，臂微屈，拳心朝下。同时转腰发力，力达拳面或偏于拳眼侧。

（2）右掼拳　由实战姿势开始，右脚微微蹬地并以前脚掌向内转，合胯并向左转腰，右拳向外（约 45°），向前、向内成平面弧形横击。同时上体左转，腰胯发力，力达拳面或偏于拳眼侧。

3. 左、右抄拳（图 17-15）

（1）左抄拳　上体微左转，重心略下沉，腰迅速向右转，发力于腰，左拳由下向前上方勾击，上臂和前臂夹角在 90°~110°之间，拳心朝里，力达拳面。

（2）右抄拳　由实战姿势开始，右脚蹬地，扣膝合胯，腰微右转。同时右拳向下、向前、向上勾击，上臂与前臂夹角在 90°~110°之间，拳心朝里，力达拳面。

图 17-13　左、右直拳

图 17-14　左、右掼拳

图 17-15　左、右抄拳

（四）基本腿法

腿法是散打技术中最重要的技法之一，在比赛中使用率最高，腿较手长，可发挥一寸长，一寸强的作用，腿较粗壮有力，攻之威力大，防之有效，腿的攻击面大容易得手，腿攻击对方下盘比较隐蔽，因此拳家常说：手是两扇门，全凭腿打人，三分拳七分腿等可见腿在散打中的地位。

1. 正蹬　（以左蹬腿为例）基本实战势站立，身体重心移至后腿，后腿略屈，左腿屈膝上抬，含胸，收腹，下腿贴近胸部脚尖勾起，脚底朝前下，随即左腿由屈而伸向前上方蹬出，力达脚跟，当脚触击目标时伸胯并使脚尖猛向前下方压踩，使力达全脚掌两拳，自然下落置体前目视前脚部，蹬腿后脚落下，还原成基本姿势（图 17-16）。

要点：支撑腿可微屈保持平衡，上体不可过分后仰，屈膝上抬与左伸蹬要连贯。

2. 侧踹　（以左踹为例）基本实战势站立，重心移至后腿，膝略屈，脚尖外展，左腿屈膝上，抬膝高于腰，脚尖勾起，脚底朝外侧下，随即小腿外翻脚，底朝向攻击点挺膝踹出，力达脚底，同时后腿挺直，上体向后腿侧倾，目视脚面，然后踹出，腿下落，还原成基本姿势（图 17-17）。

要点：提膝时上体略向支撑腿侧转，脚内侧与地面近于平行，踹出时身体向支撑腿侧倾的斜度随攻击点的高度变化，越高倾斜度越大，支撑腿应用脚前掌为轴碾地，使脚跟内收。

图 17-16　正蹬

图 17-17　侧踹

3. 鞭腿　（以左鞭腿为例）基本实战势，重心移至右腿，膝略屈左腿，屈膝上抬，高过腰，上体后左腿侧转略倾，同时膝略内收，小腿略外翻，踝部放松，随即挺膝，使小腿从外向上，向前向内弧形弹击，并使脚面绷平使力达脚面或胫骨处，目视脚部，然后侧弹腿，下落还原成基本姿势（图 17-18）。

要点：弹腿的膝部猛挺发力，但要借助拧腰切胯之力加大力度，弹腿时支撑腿膝伸直并以脚掌为轴，碾地，脚跟内收，上体不可过于倾斜。

4. 扫腿　（以左扫腿为例）基本实战势，上体拧腰下潜，前腿屈膝全蹲，以前脚掌为轴，同时两手在两腿之间扶地，后腿大致伸直。上动不停，后腿伸直向侧后方弧形擦地后扫，扫腿超过正前方，在几乎回到原来启动位置后两手推地起立（图 17-19）。

要点：扫腿要伸直，脚要贴地扫，扫转速度要快。

图 17-18　鞭腿

图 17-19　扫腿

（五）基本摔法

“拳加跤，艺更高”，散打摔法可分为主动贴身摔和防守反击摔（接招摔）两类。贴身抱摔包括夹颈、抱腰、抱腿的各种贴身摔法，接招摔包括接住对方的进攻的各种拳法和腿法之后运用夹臂和抱腿的摔法。散打中的摔法很多，不同的方法有不同的技术要领。以下介绍比较常见的技术。

1. 主动摔 在散打对抗中主动运用摔法的技术。主动摔根据“把位”大致分为夹颈、抱腰和抱腿，这三个部分又可分为若干个具体的摔法。

（1）夹颈过背 甲方用前臂架在乙方的两臂内侧时，用右（左）臂由乙方右（左）肩上穿过，屈臂夹住乙方颈部，同时左（右）脚背步至与右（左）脚平行，两腿屈膝，腰塌，右（左）臀部紧贴乙方小腹部。上动不停，甲方夹住乙方颈部，低头用力将乙方从背上摔过，同时两膝猛向后蹬伸（图 17-20）。

（2）插肩过背 甲方用前手臂从乙方相对的腋下穿过，背右（左）步至与左（右）脚平行，两腿屈膝，同时后手固定住乙方另一手臂。随之两腿蹬直，向下低头、弓腰，前手臂由侧后向前发力，将乙方摔倒（图 17-21）。

（3）抱腿前顶 甲方上步下潜，两手搂抱住乙方双膝关节处，用力回拉，同时用左（右）肩前顶对方大腿根或小腹部将乙方摔倒（图 17-22）。

2. 被动摔

（1）摔侧腿 甲方接住乙方的左（右）腿。用双手将其固定住，不让其挣脱。上动不停，甲方左（右）腿往侧后方撤一步，并固定住乙方的腿往怀里带。上动不停，甲方双手固定住乙方的腿向下、向左（右）、向上做弧形的牵引，将对方摔倒（图 17-23）。

图 17-20 夹颈过背

图 17-21 插肩过背

图 17-22 抱腿前顶

图 17-23 摔侧腿

（2）接腿别腿摔 在散打对抗中接住对方的腿后，运用相应的摔法将其摔倒。甲方接住乙方的左（右）腿，用一手将乙方的脚踝关节固定住，用另一手搂抱住乙方的膝关节部位。上动不停，甲方左（右）腿伸至对方支撑腿侧后别对方，同时用胸部向外、向下压对方被搂抱的腿，把对方摔倒（图 17-24）。

图 17-24 接腿别腿摔

（六）防守技术

防守技术分为接触式防守和不接触式防守两大类。

1. 接触式防守

（1）格架防守　可分为向斜上、向斜下和向下的防守动作。用于防守来自正侧面的各种拳法和腿法。这里只介绍两个格架动作：①上格架。从预备姿势开始，前手臂稍抬时向抖上举起，前臂微内旋，同时低头收下颌。②下格架。从预备姿势开始，前手臂收回横于胸前，随之向腹部下方移动，上体微向下沉。

（2）抱抄防守　当对方用拳攻击时，迅速靠近用手搂抱对方。当对方用腿法攻击时，用手抱住对方的攻击腿法。这样，一方面能化解或破坏对方的攻击动作，另一方面为自己反击做好准备。

（3）抓抄防守　当对方用腿法进攻时，在完成动作止点的瞬间，迅速用单手或双手抓住对方的深关节部位，顺对方动作来势的方向，加力抄倒对方。

（4）阻挡防守　大致可分肩臂阻挡和提膝阻挡两种。肩臂阻挡主要用于对各种拳法和腿法的防守，提膝阻挡主要用于对各种腿法的防守。①肩臂阻挡。从预备姿势开始，前手臂收回与后手臂紧贴左右两肋，两拳护在头部两侧，含胸收腹，低头收下额。②提膝阻挡。从预备姿势开始，突然迅速屈膝提腿，膝关节高度大约与跨齐。同时前手臂收回与后手臂紧贴两肋，上体微沉。

2. 不接触性防守

（1）下潜防守　从预备姿势开始，双膝弯曲，重心下降前移，上体略前俯，前手臂自然收回贴于肋部，两拳护于下额两侧。

（2）摇避防守　从预备姿势开始，上体以腰为轴做不规则的前后左右摇摆，重心时有升降，两臂一般情况下轻贴两肋部，下颌微收。

（3）闪躲防守　闪躲防守主要分为步法闪躲和身法闪躲两部分，步法闪躲在“步法”一节中已经涉及，这里主要讲身法闪躲，主要包括侧闪和后闪等，主要用于防拳。

（4）侧闪　从预备姿势开始，上体以腰为轴，向左（右）微转并向左（右）微俯身，两膝微屈，此时前手臂微收与后手臂同置于下颌两侧。

（5）后闪　从预备姿势开始，以腰为轴，前脚蹬地，重心后移，上体略后仰。

三、散打运动的基本战术

散打的战术形式，是指为了完成战术意图而由各种动作组成的具体方法。散打以它丰富的技术内容和相生相克、相互转换的技术规律，为多种多样的战术形式提供了先决条件。这里重点介绍以下几种。

（一）制长战术

采用相应的方法，抑制对方擅长技术的发挥制服对方的战术。每一个运动员都有自己的技术专长，这种技术专长是本人得分取胜所依靠的主要手段。如果能针对对方的擅长动作制定战术，使其擅长动作不能正常发挥，从而被迫采用其他的动作，这无疑能起到制彼所长的作用。

（二）直攻战术

在没有虚晃及假动作的掩护下，使用直接进攻对方的方法。运用直攻战术必须具备以下条件。

1. 当对方的反应速度、动作速度、位移速度弱于自己时。

2. 当对方的进攻动作不够熟练时。

3. 当对方的体力不足时。

4. 当对方的防守姿势出现空隙时。

5. 当与对方的距离能有效地使用进攻动作时。

（三）佯攻战术

有目的地造成对方的错觉，把对方引入歧途，再进行真实进攻的战术。在散打比赛中，佯攻是最为常见的战术形式之一。

随着技术水平的普遍提高，特别是要对付动作反应快、防范能力强的对方时，直接进攻容易被对方防守、截击，而采用指上打下、指下打上、指左打右、指右打左等假动作可以转移、分散对方的注意力，促使其对虚假动作产生某种反应，再乘机攻击其防守的空当部位，定能提高进攻效果。

（四）突袭战术

针对对方自然产生的习惯动作，采用相生相克的方法进攻对方的战术。散打比赛时，只要留心观察，就会发现对方无意识地做出一些习惯动作。例如，有的运动员习惯提膝抬腿，有的习惯身体重心在前腿上。又如，在一个回合的进攻中，裁判员并没有发出“停”的口令，而双方运动员都停止了进攻，自然分开，然后准备下一回合的较量，这是一种典型的动态习惯。如果利用这个习惯，当对方停止动作时，突然发起进攻，出其不意、攻其无备，可达到出奇制胜的效果。

（五）反击战术

待对方发出进攻动作后，在防守的过程中反击对方的战术。攻守对抗历来讲究“以静待动”“后发先至”。主动进攻需改变预备姿势，身体的某一部位必定会产生防守空隙和出现薄弱环节，如能在防守的同时进行反击，就能避免上述弱点，取得战机的主动。防守者“以静待动”，有思想准备，也比较容易进行反击。

（六）重创战术

用力量叩击对方，使其失去战斗力的战术。实施重创战术需要具有一定的身体、技术条件。当自己的攻击力量和技术比对方好但耐力较差，或者攻击力量好而技术不如对方，或者在比分落后的情况下，或者由于其他因素不能打持久战时，在规则允许的范围内，寻找、制造机会，用重拳或重腿打击对方，使其身体、心理受到震动、威慑，失去继续比赛的信心和能力。

散打战术的训练方法如下。

1. 注意培养战术意识和战术打法 要有独立的判断能力、战术思维及应变能力，才能根据对手情况制定相应的战术，提高战术意识水平。

2. 基本战术要与多种战术相结合进行训练 要熟练掌握基本战术，在掌握基本战术的基础上根据自己的特点，选择几种适合自己的其他战术反复练习，做到各种战术之间运用灵活，以应付各种战局的需要。

3. 注重战术训练质量 要严格按实战中的要求去练习战术动作时机、力量、判断、反应、距离、方向和角度等。

4. 战术训练要与其他训练相结合 要与技术训练、心理训练、身体训练协调进行。

第四节 跳绳运动

扫码“学一学”

一、跳绳运动概述

跳绳是我国民间广为流传的一项体育活动（图 17-25）。据记载，早在一千多年前的唐朝就有跳绳活动，那时称跳绳为“透索”或“跳白索”。可见，跳绳作为我国的一项民间传统体育活动，已有悠久的历史。

知识链接

我国陕西是跳绳的故乡，多次掀起跳绳热。1957 年西安高中创编了“跳绳舞”；1959 年，陕西师大举办了中国第一个“跳绳培训班”；1981 年 4 月 3 日，中国体育报发表了胡安民老师“论跳绳”的部分内容《跳绳的分类和方法》，随之全国各地响应国家体委号召，开展了“三跳”比赛；1993 年 12 月 27 日，在西安师范成立了全国第一家“跳绳协会”；1999 年 8 月 1 日，在西安师范成立了世界上第一所“跳绳艺术学校”；1999 年 9 月，陕西花样跳绳队赴京参加国庆 50 周年庆典活动，并荣获第六届全国民运会表演项目技巧类一等奖，跳绳首次获得国际级大奖；2002 年 7 月花样跳绳被列入“陕西省第三届民运会”正式比赛项目，结束了跳绳只是民间活动的历史。

跳绳运动在各项民俗体育运动中是最普遍的大众健身项目，一人一绳、多人一绳、多人多绳均可开展，其动作可简可难，变化多样，趣味无穷。更不受年龄、性别、场地的限制，人人可行，校校可做，家家可玩。这项运动在学校体育中的普及性、可行性、健身性都很强。随着跳绳活动的广泛开展，跳绳技术也得到了提高。目前世界上有许多国家开展跳绳活动，日本也把跳绳列入体育课教材。

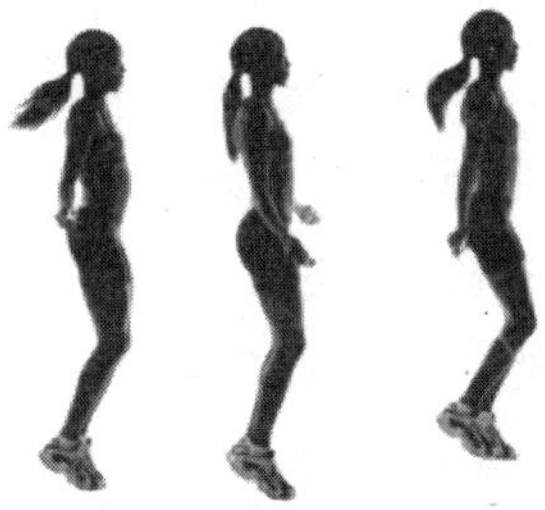

图 17-25 跳绳

二、跳绳运动的健身价值

跳绳是以四肢肌肉活动为主的全身运动项目，具有很好的锻炼价值。

1. 促进心脏功能 它可以让血液获得更多的氧气，使心血管系统保持强壮和健康。

2. 燃烧体内多余的脂肪 从运动量来说，持续跳绳 10 分钟，与慢跑 30 分钟的强度基本相同，跳绳一个小时可以让机体消耗 1300 卡的热量。每天坚持肯定会让你的身体更加轻盈、敏捷。

3. 提高呼吸能力 不间断的跳绳可以增加呼吸频率和每次的呼吸量，从而促进人体的呼吸功能，减少了患上呼吸道疾病的可能。

4. 增强神经系统功能 跳绳过程中，精神状态是十分集中的，为了保持跳绳的持续性，需要神经系统的集中起全部的注意力高度控制节奏，从开始跳几次到几十个、几百个的过程便是神经系统全面加强的表现。

5. 提高身体综合素质 锻炼人的弹跳、速度、平衡、耐力和爆发力，同时可培养准确性、灵活性、协调性。

6. 预防疾病 诸如糖尿病、关节炎、肥胖症、骨质疏松、高血压、肌肉萎缩、高血脂、失眠症、抑郁症、更年期综合征等多种症病。

7. 提高智力 提高大脑的思维灵敏度和判断力，有助于人的左脑和右脑平衡、协调的发展。

8. 增强意志品质 跳绳到一定的时间完全是靠我们的意志品质的支持才可以坚持，稍有松懈便需要从头再来。对于意志薄弱者不妨用跳绳的方式来挑战自己的意志。

9. 增高作用 对于青少年来说，跳绳可以促进骨骼的生长，使骨骼的血液循环得以改善，刺激生长激素分泌，促进身高。

10. 促进身心健康 跳绳花样繁多，可简可繁，随时可做，全家人可以在一起进行双人或者是三人的跳绳运动，不仅趣味性强，还促进了家庭融和的气氛。

三、跳绳运动的基本技术

（一）跳短绳

1. 握绳方法 握有把（柄）的绳，手自然握住；握无把的绳，要把跳绳两端绕在手心和手背上，用拇指与示指第一、第二关节握住跳绳。

2. 量绳方法 跳绳的长短可用双脚开立（不应大于肩）或一脚踏在跳绳中间部位，两手握绳的两端，两臂屈肘与体侧成直角，然后拉直跳绳即可。

3. 摇绳方法 （以正摇绳为例）两手握绳，两臂自然弯曲，将绳置于体后，两手腕、手臂协调一致用力，将绳向上、向前摇起，当绳摇至头以上位置时，两手臂不停顿继续向下、向后摇绳，使绳绕身体周而复始地摇动。开始时，以两肩为轴，双臂双手腕同时用力，手臂摇绳动作比较大。技术熟练后，手臂摇绳动作可逐渐减小幅度，以两肘为轴，用两前臂和手腕配合摇绳。十分熟练后，可仅以两手腕的动作来摇绳。

4. 停绳方法 当跳绳由后、向前摇转时，一脚向前伸，脚跟着地，脚尖抬起，使跳绳中段停在脚掌下。

（1）正摇跳短绳

1）连续并脚跳　两手握绳的两端，两臂自然屈曲，将绳置于体后，两手腕、手臂协调一致用力，将绳向上、向前摇起，当绳摇至头以上位置时，两手臂不停顿继续向下、向后摇绳，当绳即将落地前的一瞬间双脚随即跳起，绳从两脚下摇转过去，两手臂不停顿继续向后、向上、向前摇绳，绳接近地面的瞬间双脚继续跳起，连续做数次。

加垫跳（1 次）：两手握绳的两端，两臂自然屈曲，将绳置于体后，两手腕、手臂协调一致用力，将绳向上、向前摇起，当绳摇至头以上位置时，两脚原地跳跃一次，两手臂不停顿继续向下、向后摇绳，当绳即将落地前的一瞬间双脚随即再跳一次，绳从两脚下摇转过去，连续做数次。

2）连续单脚交换跨绳跳　两手握绳的两端，向前摇 1 次绳，两脚分前后依次跨绳；连续单脚交换跳短绳。当绳摆至前下方时，一脚前摆越绳，绳击地时摆动腿落地、踏跳，另一腿后举。当绳摆至前方时，后退再前摆、踏跳，如此交替进行。

（2）反摇跳短绳 跳跃动作同正摇跳短绳，摇绳方向相反。

（3）编花跳

1）向前摇绳编花跳 向前摇绳编花跳有两种跳法。第一种把跳绳摇到前上方时，两臂迅速体前交叉，同时经下向后快速抖腕，两脚立刻起跳，这种固定两臂在体前交叉摇绳跳的动作方法，也称“死”编花跳；另一种跳法是两臂在体前稍分开，摇跳一次，再摇时两臂在体前交叉摇绳跳，叫“活”编花跳。

2）向后摇绳编花跳 向后摇绳编花跳也有两种跳法。动作与向前摇绳编花跳基本相同，只是两臂交叉的时机（两脚跳过绳后，两臂由下向上在体前交叉）和摇绳方向不同。

（4）正摇双摇跳 两手持绳端，绳从背后向前摇动，当两脚并脚高跳起时，双手快速抖动摇绳，使绳子在脚下通过两次落地。

（二）双人跳短绳

1. 一人带一人跳 被带人与摇绳人面对或同向站立。摇绳人两手各握绳的一端，将绳防于体后。摇绳人发出：“预备—跳”后，向前摇绳，两人同时并脚跳起，绳从两人脚下依次摇过，连续条数次。

2. 双人同摇一绳向前跳 两人并肩站立，各用外侧手握绳的一端，将绳防于体后，其中一人喊：“预备跳—跳”后，两人立即同时向前摇绳，同时并脚跳起，连续跳数次。

3. 双人同摇一绳向后跳 两人并肩站立，各用外侧手握绳的一端，将绳防于体前，其中一人喊：“预备跳—跳”后，两人立即同时向后摇绳，同时两脚跳起，连续并脚或两脚交换跳数次。

4. 二人摇绳一人并脚跳 跳绳人左（右）手握绳，将绳放于体后，摇绳人面向跳绳人左（右）站立，手握绳。其中一人喊：“预备—跳”后，两人同时摇绳，当绳摇至跳绳人脚下时立即跳起，继续进行，连续跳数次。

5. 一正一反跳 两人并肩、方向相反站立，各用外侧手握绳端，将绳放在一侧，其中一人喊：“预备—跳”后，两人立即同时摇绳，同时一人向前而另一人自然向后并脚或两脚交换跳，连续跳数次。

（三）跳长绳

握绳方法：2 人可单手或双手握绳各握跳绳一端，如绳长可在拇指与其他四指间适当绕几圈。

摇绳方法：两位摇绳人面对面而立，两人的身高接近为易。两人向同一方向摇绳，动作要协调一致。

1. 原地并脚和单脚交换跳长绳 站在跳绳的中间，由静止的侧立姿势开始。当绳摇过头顶接触地面的一瞬间，原地并脚向上起跳，绳从脚下穿过后轻巧落地，连续数次。单脚交换跳要求靠近绳一侧腿向侧跨跳，另一腿上提依次越过，轻巧落地。

2. 正面、斜面（侧面）跑入跳长绳 面对或侧对绳圈来的方向，把跳绳打地声音当作“跑”的启动信号，一打地就跑入。当摇转的绳子着地瞬间及时跳起。连续跳 1~3 次（可并脚跳、单脚交换跳或并脚加垫跳），从反面跑出。

（1）侧面进入，“8”字形跑过 学生站成一路纵队，站在一摇绳人的一侧。两摇绳人向同侧方向正摇绳，当摇转的绳子着地瞬间排头先跑入，跳起一次后从反面跑出，绕过一侧的摇绳人，站在绳的同侧另一端。全队依次轮流跳完，再从另一端开始（图 17-26）。

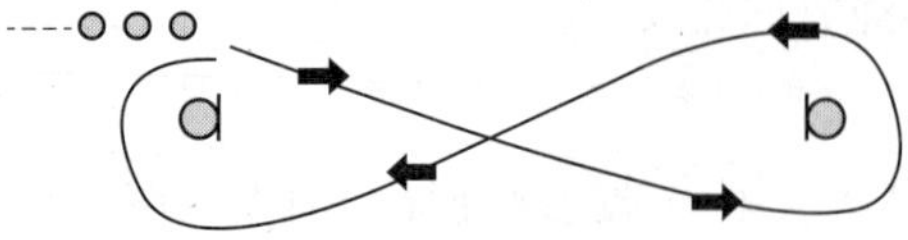

图 17-26 “8”字跳长绳

（2）两侧跑入交叉“8”字跳绳 将学生分成甲、乙两组，各站成一路纵队，分别站在绳子同侧两端。两摇绳人向同侧方向正摇绳。甲队第一人跳绳人在摇转的绳子着地瞬间立即跑入，跳起一次后从反面跑出，绕过异侧摇绳人，站在乙队排尾；乙队第一人在甲队第一人跑出后，立即跑入，跳起一次后从反面跑出，绕过异侧摇绳人，站在甲队排尾。依次轮流跑完。

练习要领：上绳之前往前站，绳子打地往里钻，跑到中间往上蹿，路线跑直别拐弯。

（四）跳双绳

1. 短绳套长绳，单摇跳 长短绳交叉，短绳套长绳，2 人摇长绳，跳绳人在长绳下摇短绳，短绳随长绳同时摇转，一摇一跳长短绳。

2. 短绳不套长绳，单摇跳 长短绳不交叉，2 人摇长绳，跳绳人在长绳下摇短绳，一摇一跳长短绳。可以跳“死绳”，或跳“活绳”（短跳绳人持绳跑入后再摇绳跳）。

3. 一人跳两条长绳 2 人面对面站立，手持两条平行的长绳，分别握绳两端，跳绳同学站在先摇起绳的一侧。当先起的绳子摇过跳绳同学的头顶时，另一条绳子摇起，先起的绳子在打地的一瞬间用单脚交换跳或并脚跳的方式跳跃。跳过之后，立刻跳跃后起的绳子。连续数次。

这种跳法属于跳“死”绳。跳“活”绳：跳绳同学侧对或正对来绳。当绳摇至一绳在上，一绳在下时，跳绳人从正面或斜面跑至绳的着地点附近，用单脚交换跳或并脚跳的方式跳跃。

四、练习时的注意事项

1. 跳绳者应穿质地软、重量轻的高帮鞋，避免脚踝受伤。

2. 绳子软硬、粗细适中。初学者通常宜用硬绳，熟练后可改为软绳。

3. 选择软硬适中的草坪、木质地板和泥土地的场地较好，切莫在硬性水泥地上跳绳，以免损伤关节，并易引起头昏。

4. 跳绳时必须放松肌肉和关节，脚尖和脚跟须用力协调，防止扭伤。

5. 体型较胖者宜采用双脚同时起落。同时，上跃也不要太高，以免关节因过于负重而受伤。

6. 跳绳前先让足部、腿部、腕部、踝部作些准备活动，跳绳后则可作些放松活动。

知识链接

大学男、女生跳短绳评价标准

男生（次/分钟）	分数	女生（次/分钟）
198	100	190
193	98	184

续表

男生（次/分钟）	分数	女生（次/分钟）
186	96	175
178	94	166
168	92	154
158	90	142
152	87	137
144	84	130
136	81	122
124	78	112
113	75	102
108	72	98
101	69	92
94	66	86
85	63	78
75	60	70
71	50	66
64	40	59
58	30	53
49	20	44
40	10	35

思考题

1. 跆拳道的基本手法、腿法有哪些？
2. 如何做好轮滑运动的安全措施？
3. 简述散打的基本战术。
4. 跳绳运动有哪些健身价值？

（尹　航）

扫码“练一练”

第十八章

休闲舞蹈运动

学习目标

知识要求

1. 掌握各项舞蹈运动的基本技术动作、健身价值。
2. 熟悉各项舞蹈运动的起源与发展历程。
3. 了解各项舞蹈运动的锻炼方法。

技能要求

通过学习掌握舞蹈的基本技术动作，提高基本身体素质；能够掌握1~2项舞蹈的基本技术进行自我锻炼。

扫码“学一学”

第一节　医护形体

一、医学生形体训练的重要性

形体训练是以人体科学理论为基础，以塑造人的优美形态为目的，通过徒手或利用各种器械，运用专门的动作方式和方法以改变人形体的原始状态，提高灵活性，增强可塑性为目的的形体素质基本练习。

当今社会对医学生的要求，逐渐从单一技术型人才向全面应用型人才转变。要求医护人员不仅具备医学人文的理念、熟练过硬的技术、高度的责任感和同情心等内在素质，还要有饱满的精神、高雅的举止、得体的言谈和优雅的礼仪等外在形象，以使病人获得真诚、温暖和信赖。因此，为了适应社会发展的需求，顺应社会健康观念，在保证大学生学好基本知识的基础上，医学生需进一步提升个人形象和个人气质。形体训练的作用如下。

（一）改善神经系统和大脑功能

形体训练，是外环境对机体的一种刺激。这种刺激具有连续、协调、速度、力量的特点，使肌体处于一种运动状态。这种状态下中枢神经将随时动员各器官及系统使之协调、配合机体的工作。经常参加形体训练，就能使神经活动得到相应的提高。除此之外，形体训练还要求动作要迅速、准确，而迅速、准确的动作又要在大脑的指挥下来完成。脑是中枢神经的高级部位。形体训练时，脑和脊髓及周围神经要建立迅速而准确的应答式反应，而脑又要随时纠正错误动作，储存精细动作的信息。经过经常、反复不断的刺激，提高人的理解能力、思维能力和记忆能力，从而使大脑更加聪明。所以说，经常参加形体训练，可以加强肌体神经系统的功能和大脑的工作能力，使之更加健康和聪明。

（二）提高心血管系统的功能

心血管系统即心脏与各类血管所组成的，并以心脏为动力的闭锁管道系统，也就是人们常说的血液循环系统。形体训练主要由运动系统即骨骼与肌肉运动参与完成。运动系统在进行工作时要消耗大量的氧气、养料（又要排泄大量的废物），在消耗的同时又要不断地补充供给大量的新鲜氧气及养料，与此同时还要排泄大量的废物。这一繁重的任务，只有依靠体内的闭锁的管道系统——心血管（循环）系统来完成。

（三）改善身体形态提升气质

基本站立姿势，手位脚位练习，脚步动作舞蹈组合练习以及把杆垫上一系列基本功练习，主要练习人的基本姿势，即训练正确的立、坐、卧姿态，经过一段时间的练习，就会锻炼出一个健美的形体姿态。另外，人的头面部姿态是表达人类丰富情感的重要方式，通过形体训练，使它能有正确的姿势与表现，以便充实头面部姿势和神态的美。人的形象美需要其外在表现和内在修养和谐统一，形体训练不仅利用了芭蕾、舞蹈、体操舒展的动作训练了人体的优雅姿态，而且也传播了它们高雅的艺术精髓，培养了人的内涵修养，使人的精神和形体之美达到统一，有助于提高练习者现代气质和高雅风度。

二、基本形态控制训练

基本形态的控制练习是形体训练的基础，通过训练，提高形态的控制能力。

（一）舞台方位

为了便于教学和练习，能够准确说明练习者在场地（舞台）上练习时的方向，把开始面对的方向（舞台的正前方）确定为 1 点，按顺时针方向，每 45° 为一个基本方位点，将现场划分为 8 个方位点。场地的四个角右前方、右后方、左后方、左前方，分别是 2、4、6、8 点，场地的前方、右侧、后方、左侧分别是 1、3、5、7 点（图 18-1）。

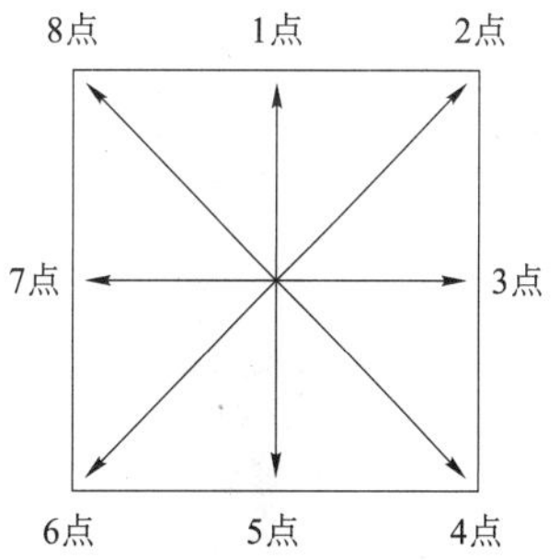

图 18-1　场地 8 个方位

（二）手臂姿态训练

1. 手形

（1）兰花掌　四指挺直微向上翘，中指微下压，虎口收紧，拇指向中间靠拢(图 18-2)。

（2）虎口掌　虎口张开，拇指指跟向手心用劲，其余四指微张，掌的外侧用力（图 18-3）。

2. 指形

（1）单指　拇指尖与中指尖在掌心前相搭，示指挺直微向上翘，小指微抬或平指(图 18-4)。

图 18-2　兰花掌

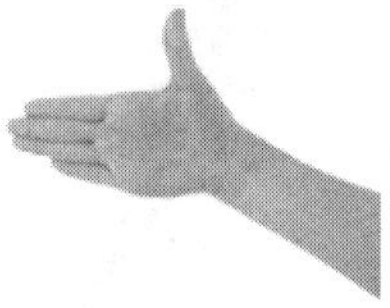
图 18-3　虎口掌

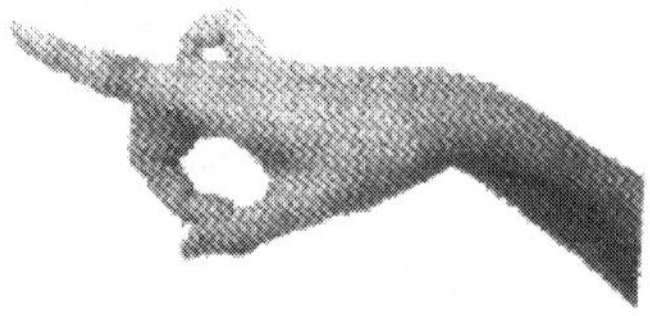
图 18-4　单指

（2）剑指　示指与中指并紧挺直，拇指与无名指指尖在掌心相搭，指跟用力(图 18-5)。

3. 拳形

（1）半握拳　示指至小指并拢向掌心弯曲成空心拳，拇指内屈紧贴示指、中指（图 18-6）。

（2）实心拳　示指至小指并拢，向掌心卷曲成实心拳，拇指紧贴中指（图 18-7）。

图 18-5　剑指

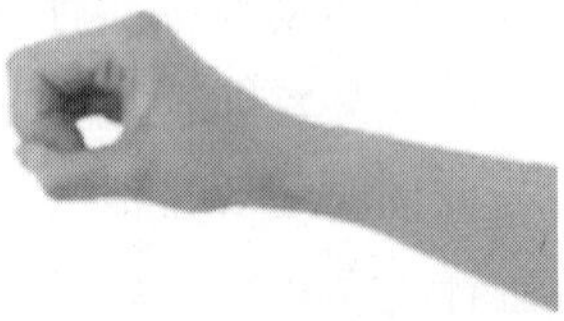

图 18-6　半握拳

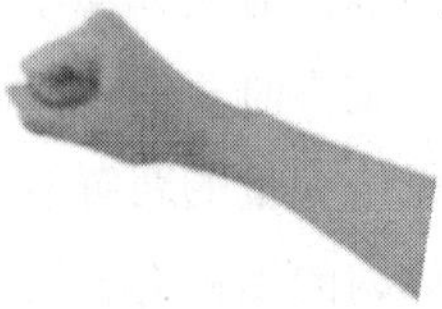

图 18-7　实心拳

（三）芭蕾的基本手位

1. 手形　五指并拢，自然伸长，拇指与中指稍向里合。

2. 手的基本位置　芭蕾舞中手臂的基本位置有 7 个（图 18-8），其做法如下。

（1）一位　两臂呈弧形置于体前，指尖相对掌心向内。

（2）二位　两臂保持弧形前平举，稍低于肩。

（3）三位　两臂保持弧形上举，稍偏前。

（4）四位　一手臂保留在三位，另一手臂回落到二位。

（5）五位　一手臂保留在三位，另一手臂向侧打开。

（6）六位　在三位的手下落到二位，另一手臂仍侧举。

（7）七位　在二位的手由前向侧打开，另一手臂仍侧举。

图 18-8　芭蕾基本手位

3. 手位练习重点　练习手臂位置时，强调肩要放松，肘和腕自然微屈，两臂始终要保持弧形，手指尽量伸长。动作过程中要注意运用手来传情达意。

（四）芭蕾的基本脚位

1. 脚的基本位置

（1）一位　两脚跟靠拢，脚尖向两侧，两脚呈一字形。

（2）二位　在一位的基础上，两脚跟分开，相距约为一脚长。

（3）三位　一脚跟相叠在另一脚跟处平行站立。

（4）四位　两脚前后平行，脚尖向两侧，两脚之间的间距约为一脚长。

（5）五位　两脚前后平行相靠，脚尖向外侧。

2. 脚位练习重点　站立时髋部要保持正直，腿部、臀部的肌肉要向上收紧。脚位的练习要求较好的开度，即从髋到脚整条腿都要外开（图 18-9）。

一位　二位　三位　四位　五位

图 18-9　芭蕾基本脚位

三、把杆训练

把杆基本动作练习是为了让学生克服自然体态，掌握身体重心，使力量集中在受训练的部位上，获得正确的姿势，为以后学习打下良好的基础。把杆动作训练是最基础的训练。

把杆训练内容一般包括擦地、蹲、小踢腿、小弹腿、伸屈、画圆、腰、大踢腿、压腿、压脚跟、控制等，内容逐渐由浅入深。通过训练使学生身体得到全面活动，改变不良体态。注意身体的直立、重心的稳定，以及软度、力度、开度的要求。

扶把的方法有两种：①双手扶把，身体面对把杆，距把杆约一竖脚远，双手轻放在把上，两手间距离与肩同宽，肘不可抬起，肩放松下垂；②侧身对把杆，单手轻抚把杆，扶把的手放在身体前面一点，要求肘不可抬起，肩放松下垂，扶把的手不能用力揪把杆，以免影响身体直立和重心的稳固。

（一）擦地训练

1. 做法　擦地是指脚尖和脚掌与地面摩擦的动作，主要锻炼脚背脚腕的力量，要求后背正直，从脚尖到大腿肌肉收紧，把全身稳固住。擦地训练是由浅入深，活动全身的有效的小动作，它可以向前、向旁、向后三个方向来练习。

（1）前擦地　重心在主力腿上，动力腿保持正直向前绷脚擦出，直到最大限度。擦的过程中脚跟往前顶，脚尖与主力腿脚跟成一直线，然后脚尖主动沿原路线擦地回原位（图 18-10）。

（2）旁擦地　重心在主力腿上，动力腿脚尖用力带动全脚向正旁擦出。脚跟逐渐抬起，脚背完全绷起，脚尖不离地，擦至最大限度。擦出时要收胯，脚跟往前顶，脚尖与主力腿脚跟成一直线。然后由脚尖用力沿原路线擦地收回（图 18-11）。

（3）后擦地　动力脚向后擦出，脚尖先走，与主力腿脚跟成一直线。然后用脚跟带动，由脚尖、脚掌至全脚擦地收回原位，不能只用脚的内侧着地擦回（图 18-12）。

（4）环绕　连接前、旁、后擦地间的弧线。即以支撑脚为轴心，另一腿像圆规似地画半圆。从前向后由脚尖带动，以后向前用脚跟带动。所有的环绕都要经过一位，整个过程要连贯。

图 18-10　前擦地

图 18-11　旁擦地

图 18-12　后擦地

2. 要求　擦地训练时脚部动作应做到完满，力度要有所控制，腿、胯要始终保持外开延伸。动作过程中要注意韵律和呼吸保持一致，保证姿态的优美。

（二）蹲的训练

蹲是双腿的屈伸的训练，主要训练腿的各部分肌肉，使之获得全面平均的发展。在训练中要集中训练跟腱、膝关节及大腿肌肉群的弹性与控制力，为舞蹈中的弹跳打下良好的基础。这里介绍“一”字步蹲、大“八”字步蹲和踏步蹲。

1. 做法

（1）“一”字步蹲　双手扶把，在“一”字步（芭蕾一位脚）位置上膝盖对着脚尖方向，上身保持正直往下蹲，全脚着地蹲到最大限度，即半蹲；微抬起脚跟继续往下蹲，到臀部接近足跟时，即全蹲。全蹲起时先将脚跟着地，再逐渐直膝，做时要求臀部与脚跟在同一平面上（图 18-13）。

（2）大“八”字步蹲　在大“八”字脚位上的蹲，重心在两脚之间。做法要求基本同于“一”字步蹲，只是全蹲时不许起脚跟（图 18-14）。

（3）踏步蹲　在踏步脚位上的蹲，重心在两脚之间。上身保持正直，后腿膝盖经前腿膝盖后窝向前腿外侧伸出，双腿交叉，大腿夹紧蹲下，蹲下后前脚始终全脚掌着地，后脚用脚掌踏地，起来时，重心逐渐移至前脚，恢复踏步姿态（图 18-15）。

图 18-13　“一”字步蹲

图 18-14　大“八”字步蹲

图 18-15　踏步蹲

2. 要求　不管哪种蹲的动作，都要求在膝关节的屈伸过程中，在一种内在的对抗性力量中进行。下蹲时要有强压被迫下蹲感，直立时要有往上顶的感觉。蹲起时的力量必须是平均的、连贯的，具有柔韧性。缓慢地蹲要起伏平均，快速蹲要快中有控制。

蹲的训练先从半蹲再到全蹲，训练节奏与速度先从慢板再到中速（注意动作的柔韧性）。弓箭步蹲可选用。

（三）小踢腿训练

小踢腿动作特点是急速地踢起，在离地 25°时有力地顿住。这个训练对于锻炼腿部肌肉，后背的力量很有作用，有利于提高动作的速度与控制能力，为大踢腿等动作做好准备，同时对训练绷勾脚有效果。小踢腿有绷脚、勾脚两种，可做向前、向旁、向后小踢腿练习。

1. 做法

（1）向前、旁、后小踢腿　经擦地快速有力地推地踢起，停在离地 25°位置上，收回时拇趾脚尖经点地，擦地收回（图 18-16、图 18-17、图 18-18）。

图 18-16　向前小踢腿

图 18-17　向侧小踢腿

图 18-18　向后小踢腿

（2）小踢腿点地　向前、旁、后小踢腿后，脚尖从 25°的位置上落地，有力点一下地，点地即起，立即抬起到 25°位置上。可以点一次也可以连点两次。

（3）立半脚尖小踢腿　向前、旁、后小踢腿同时，主力腿立半脚尖（脚拇趾根部落地）。

2. 要求　小踢腿时要急速有力，准确地停顿在离地面 25°角的位置上，身体不能随踢腿而晃动。注意动作的干脆轻巧而有力。

（四）屈伸训练

1. 做法　屈伸是一种腿部柔韧性练习。伸时，支撑腿不动，动力腿可向前、旁、后抬起 45°。屈时，支撑腿半蹲，动力腿大腿控制不动，小腿按原路线成前、旁、后吸腿，开胯，两膝向外（图 18-19）。

图 18-19　屈伸训练

2. 要求

（1）屈伸时，大腿不动，以膝为轴小腿做屈伸运动。

（2）两腿的屈伸同时进行，动作连贯、柔和；向侧向后做时，要尽力开胯。

（3）初学者先向前屈伸，再向侧向后屈伸。

（4）熟练后，支撑腿起踵。

（五）腰部训练

1. 做法

（1）下前腰　下前腰时，双膝直，脚靠拢。小腹尽量贴大腿，上肢保持正直向前弯，下贴到腿上，直到手撑地面。直起慢慢还原，不要弯膝驼背（图 18–20）。

（2）下旁腰　右踏步，双脚重心向旁。下旁腰时，肩与腿在一个平面上。弯腰收腹，挑旁肋，尽力向高，双臂姿势可自行安排（图 18–21）。

（3）下后腰　下后腰时脚以大“八”字步，重心在两脚上。双托位，眼看双手。从手、颈、胸、腰一节一节向后弯下。头去找臀，直到双手或单手撑地，头不能放松，这时眼看地面。起时手推地，双腿用力往前，从下肢开始一节节起，收腹起立（图 18–22）。

（4）下胸腰　下胸腰时，双脚正步（也可一位）立半脚尖，一手扶把，另一手三位。从头、颈开始一节一节向后弯，挑胸、立腰、头后仰。注意两肩要放平，收臀，膝要直，不要挺肚子（图 18–23）。

图 18–20　下前腰

图 18–21　下旁腰

图 18–22　下后腰

图 18–23　下胸腰

2. 要求　腰的练习与腿的训练同样重要，许多优美的舞姿和微小的律动，情绪的表达都离不开腰的能力。训练时要注意动作舒展的特点。腰的训练要自如，这样才能大大增强舞蹈的表现力。把杆上腰的训练主要为增强腰的软度、控制能力及灵活性。

（六）大踢腿训练

基本动作：踢腿和压腿是训练大腿肌肉的力量、柔韧软度，以及爆发力和胯关节的开度。大踢腿动作激烈，力量很强。大踢腿共有八种：正腿、旁腿、后腿、探海、侧踢腿、紫金冠、“十”字腿、腿盖腿。现根据我们训练目的仅选择正腿、旁腿、后腿三种练习。踢腿时有勾绷脚两种。大踢腿基本的方法和力量与踢小腿一样，但应强调动作的软度和爆发力，如踢起的腿与主力腿的角度要超过 90°。

1. 做法

（1）踢前腿　大腿伸直外开，绷脚，用脚背力量带动腿向前上方有爆发力的踢出。胯不要随着摆动，主力腿直膝，上肢正直，立腰，落地时要轻而有控制（图 18–24）。

（2）踢旁腿　踢旁腿时主力腿及腰部收紧，动力腿踢到肩膀后侧（图 18–25）。

（3）踢后腿　擦地向后踢出，膝要直，绷脚背外开，用小腿去找后脑勺（图 18–26）。

图 18-24　踢前腿

图 18-25　踢旁腿

图 18-26　踢后腿

2. 要求　大踢腿动作特点是踢上去急速有力，收回时轻而具有控制。踢腿的动力在脚上（绷脚踢时用脚尖和脚背带动全腿，勾脚踢时用脚跟的劲）。做动作时后背与胯要正，腰有意识地向上提，主动腿用力抓地，保持身体的正直和姿态的正确。

（七）压腿训练

选正、旁、后三种压法。压腿主要是训练腿的软度、韧性和胯的开度，丰富舞姿技巧，促进身体健康与体形的完美。

1. 做法

（1）压前腿　身体半侧向里对把杆、正步、单手扶把，把外腿经吸腿后向上伸直，用脚跟放在把杆上，绷脚外开。手三位，上身保持正直对准动力腿下压，用小腹贴大腿，里胯往前提垂直大腿，手去够脚背。注意不要弓腰，主力腿不要屈膝（图 18-27）。

（2）压旁腿　在压前腿的基础上，身体经把里向旁转，手扶把，脚在身体旁边。向旁压时注意用身体的后背侧边缘去贴大腿，眼视天花板，手去找脚背（图 18-28）。

图 18-27　压前腿

图 18-28　压旁腿

（3）压后腿　在压旁腿的基础上，换手扶把，把里手轻扶把杆向后高抬起，身体经把里转半圈（向后转），把腿放在把上，主力腿伸直，身体正直向后去找臀，手三位随着向后扶脚（图 18-29）。

图 18-29　压后腿

2. 要求　压腿之前一定要热身，最好是运动完再压腿，如慢跑、跳绳、走路等。初练压腿搁腿的高度要由低到高，循序渐进，不可操之过急。每次压腿时间不宜过长，要左右交替。

扫码“学一学”

第二节　体育舞蹈运动

一、体育舞蹈运动的起源和发展

体育舞蹈分为民间舞（即原始舞或土风舞）、宫廷舞、交谊舞、国际标准交谊舞、体育舞蹈五个阶段。文艺复兴前夕，欧美各国就有了民间舞即原始舞或土风舞，这些舞蹈也可以说就是如今体育舞蹈的前身，当时新的民间交谊舞方兴未艾。11 ~12 世纪的欧洲，将民间交谊舞加以精炼和规范形成了宫廷舞，文艺复兴时期具有交谊舞特点的宫廷舞在欧洲宫廷盛行。直到宫廷舞经历几个世纪瓦解后才使这种舞蹈进入贫民社会，14~15 世纪交谊舞在不断流传发展的同时在意大利便产生了国际标准交谊舞，16 世纪流传到法国，1768 年法国巴黎出现了有史以来世界上第一家舞厅，从此国际标准交谊舞再次流行于欧洲各国。1924 年英国皇家舞蹈教师协会对当时的舞种进行了整理，将各种舞步、舞姿、跳法加以系统化和规范化，相继出现了布鲁斯、华尔兹、狐步、维也纳、快步、探戈、伦巴等舞种，名副其实的国际标准交谊舞终于形成了，至今已有将近百年的历史，其总部就设在英国伦敦，并于 1950 年英国 ICBD 世界舞蹈组织在英国黑池开始定期举办世界杯交谊舞锦标赛，但当时只有标准舞。随着舞蹈赛事的不断推广，它自身也得到了发展，1960 年拉丁舞也成为世界交谊舞锦标赛的比赛项目。1985 年 ICAD 在德国为了运用运动竞赛的方式推广国际标准交谊舞，特地将 ICAD（国际标准舞理事会）改名为 IDSF（国际体育舞蹈联合会）。1995 年国际奥委会接纳了 IDSF 加入其组织，国际标准舞改名为“体育舞蹈”。

1984 年体育舞蹈传入中国，1986 年成立“中国国际标准舞总会”，1987 年举办了“第一届全国国际标准舞锦标赛”，1989 年 8 月，国家体委成立了体育舞蹈俱乐部，1993 年 12 月举办了“中国上海、北京世界杯体育舞蹈锦标赛”（中国首次被认可的世界性公开赛），1994 年“中国国际标准舞协会”和“国际标准舞学院”相继成立。1996 年 5 月协会首次派考察团参加世界著名的英国“黑池”71 届舞蹈节。2010 年广州亚运会体育舞蹈首次成为亚运会正式比赛项目。

二、体育舞蹈运动的分类

体育舞蹈，由社交舞转化而来，是体育与艺术高度结合的一项体育项目，是一种男女为伴的步行式双人舞的竞赛项目。国标舞可分为两大类，10 个舞种。第一大类，为标准舞，包括”华尔兹”“探戈”“狐步舞”“快步舞”“维也纳华尔兹”；第二大类，为拉丁舞，包括“伦巴”“恰恰恰”“桑巴”“斗牛舞”“牛仔舞”。1964 年以后，又增加了新的表演比赛内容，那就是“集体舞”。集体舞是由 8 对选手，不限舞步的按照一个主体表演，使和谐的配合，出神入化的队形变化，欢快的音乐和高超的技艺达到完美的统一。

（一）标准舞

又称摩登舞，特点是由贴身握抱的姿势开始，沿着舞程线逆时针方向绕场行进。步法规范严谨，上体和胯部保持相对稳定挺拔，完成各种前进、后退、横向、旋转、造型等舞步动作。具有端庄典雅的绅士风度。曲调大多抒情优美，旋律感强。服饰雍容华贵，一般男着燕尾服，女着过膝蓬松长裙。

标准舞包括：华尔兹、探戈、狐步、快步、维也纳华尔兹。

1. 华尔兹　根据速度分化为快慢两种之后，人们把快华尔兹称为维也纳华尔兹，而不冠以“维也纳”三字的即慢华尔兹，它是由维也纳华尔兹演变而来的。华尔兹因速度慢，除多用旋转外，还演变出复杂多姿的舞步，再加四大技巧在华尔兹中得到全面和充分的体现，所以它被列为学习国标舞的第一舞种。

2. 探戈　一种双人舞蹈，起源于非洲，伴奏音乐为2/4拍，每分钟30~34小节。每小节二拍，第一拍为重拍。舞步有快步和慢步，快步（quick）占半拍，用Q表示；慢步（slow）占一拍，用S表示。基本节奏是慢、慢、快、快、慢（S、S、Q、Q、S）。目前探戈是国际标准舞大赛的正式项目之一。

3. 狐步舞　起源于美国黑人舞蹈，狐步舞的风格特点是流动感强，动作轻盈，舒展流畅，平稳大方，悠闲从容。舞伴两人没有断裂的身体维持巧妙的接触，舞步衔接圆滑，同时狐步舞技术中大量运用了跟转的动作，更加突出舞蹈的特性。

4. 快步舞　起源于英国，最早原是黑人的土风舞，以后逐渐演变。将芭蕾舞中的一些小跳动作融合在内，使动作更显轻快灵巧，更具技巧性和艺术魅力。音乐4/4拍，每分钟50小节，基本节奏是慢慢快快（SSQQ），慢快快慢（SQQS）。升降形态通常为：第一步结尾时开始上升，第二、第三步继续上升，第四步保持上升，结尾下降。

5. 维也纳华尔兹　舞曲旋律流畅华丽，节奏轻松明快，为3/4拍节奏，每分钟56~60小节，每小节为三拍，第一拍为重拍，第四拍为次重拍。基本步伐是六拍走六步，二小节为一循环，第一小节为一次起伏。基本动作是左右快速旋转步，完成反身、倾斜、摆荡、升降等技巧。

（二）拉丁舞

拉丁舞的特点是舞伴之间可贴身、可分离。各自在固定范围内辐射式地变换方向角度，展现舞姿。步法灵活多变，各舞种通过对胯部及身体摆动不同的技术要求，完成各种舞步，表现各种风格。舞姿妩媚潇洒，婀娜多姿。风格生动活泼，热情奔放。曲调缠绵浪漫，活泼热烈，节奏感强。

拉丁舞包括：恰恰、桑巴、伦巴、斗牛、牛仔。

1. 恰恰　拉丁舞中的新秀这种舞是在20世纪50年代初期美国的舞厅里首次出现的，是从一种名叫曼波舞的舞蹈发展而来的。紧随着曼波舞的出现，另一种节奏就繁荣起来，最终风靡全球，它就是恰恰恰。

2. 桑巴　源于巴西，是巴西的一种民间舞蹈。桑巴舞被称为巴西的“国舞”。为了将桑巴舞的特点表现出来，舞者必须欢快、煽情、激昂地表演。桑巴有着特有的节奏，其中以富有巴西特点的乐器著称。桑巴舞是一种集体性的交谊舞蹈，参加者少则几十人，多则上万人。这种舞蹈以鼓、锣等打击乐伴奏。

3. 伦巴　起源于古巴，是一种典型的强节奏舞蹈。它已经成为所有拉丁舞中的经典，现在很多基本动作大都是那些用女性魅力展现出来的古老的故事。伦巴的节奏为4/4拍，每分钟27~29小节。每小节四拍。乐曲旋律的特点是强拍落在每小节的第四拍。舞步从第4拍起跳，由一个慢步和两个快步组成。

4. 斗牛舞　起源于西班牙，模仿西班牙斗牛士动作的一种舞蹈。斗牛舞是从斗牛运动演变的，西班牙人对自由的渴望，勇敢者的崇拜及爱情和幸福生活的追求。斗牛舞是一种两步舞，男士象征斗牛士，气宇轩昂、刚劲威猛。女士象征斗牛士用以激怒公牛的红色。男伴（斗牛士）的角色比其他任何舞中都重要，因此“斗牛舞”也被称为“男人的舞蹈”。

5. 牛仔舞 又称为捷舞，它原是美国西部牛仔跳的一种踢踏舞。牛仔舞动作粗放，音乐节奏欢快跳跃，舞步丰富多变。因此，牛仔舞在拉丁舞中具有独特的魅力。牛仔舞跳起来的感觉是激动人心的，动作敏捷而自如，有时有强烈的扭摆和迅急的连续的旋转使人眼花缭乱，亢奋热烈。

三、常见舞种介绍

（一）华尔兹

1. 站姿 男士右脚重心，双膝微曲，收腹挺胸，后背支持上体，髋关节平行于地面；双臂沿肩膀两侧向外展开，两大臂平行于地面；左小臂向上，虎口向上，右小臂向内折回。肩部下沉，颈部向上直立，头部感觉向上，目视前方。女士左脚重心，自然站立，双膝微屈，身体前倾，身体感觉向上拉高，双臂沿肩两侧向外展开，右臂向上，左臂向内折回，头部向左后方延伸，要形成两条弧线，一条是由胸腰到头部的弧线，一条是由胸腰到头部向左倾斜的弧线。

2. 握持 男士左手架握住女士右手掌心处，两大臂与地面平行，小臂左高右低，右手五指并拢请托女士肩胛骨下侧。女士左手虎口张开，放在男士右肩大臂三角肌处，右大臂轻放在男士右小臂上；右手虎口握住男士大拇指根处，身体沿腰椎以上往左后方延伸。

3. 华尔兹基本步

（1）左脚并换步（图 18-30、图 18-31）。

（2）右转步。

（3）右脚并换步。

（4）左转步。

（5）叉形步（图 18-32、图 18-33）。

（6）侧行追步。

（7）后退锁步（图 18-34、图 18-35、图 18-36）。

（8）后叉形步。

（9）纺织步。

（10）右旋转步（图 18-37、图 18-38）。

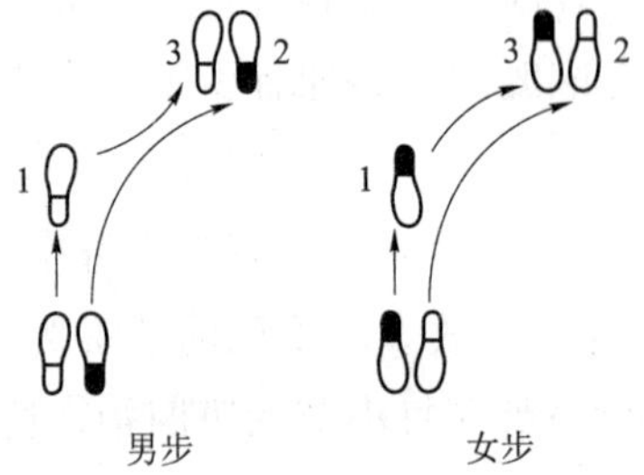

图 18-30

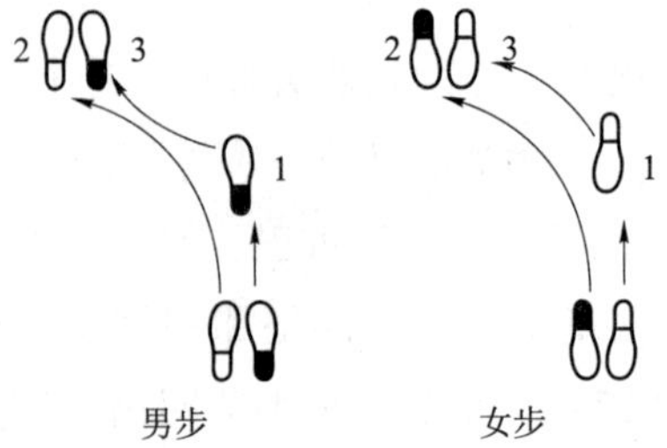

图 18-31

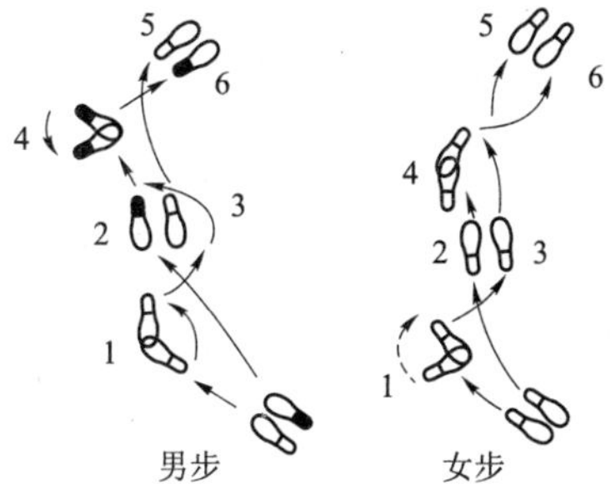

图 18-32

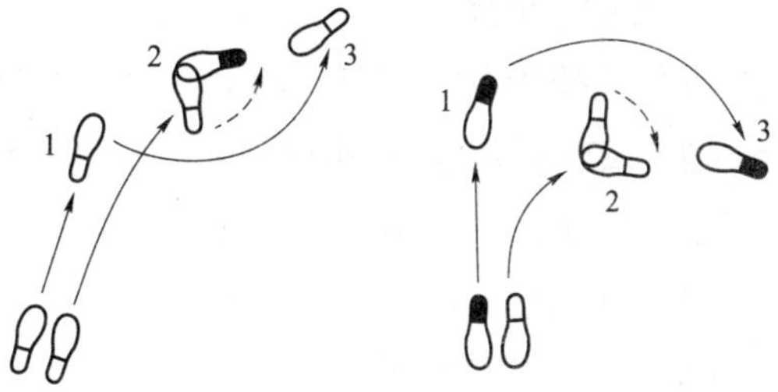

图 18-33

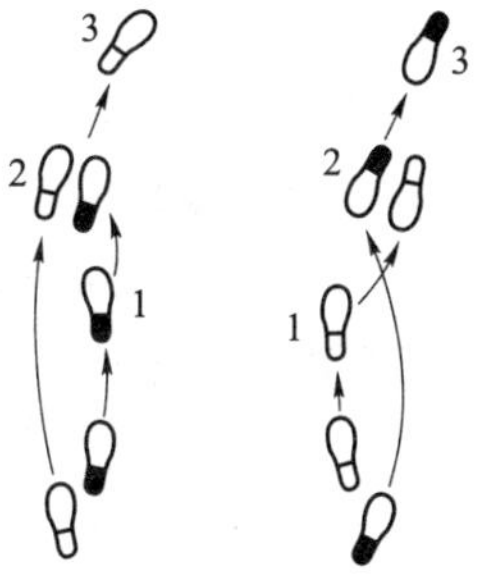

图 18-34

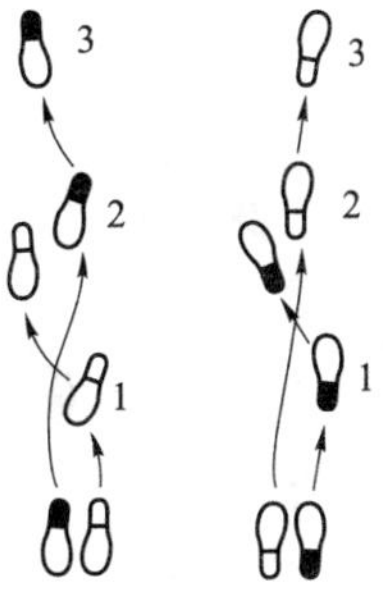

图 18-35

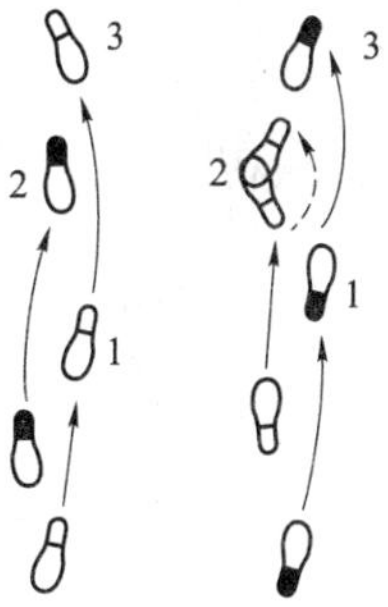

图 18-36

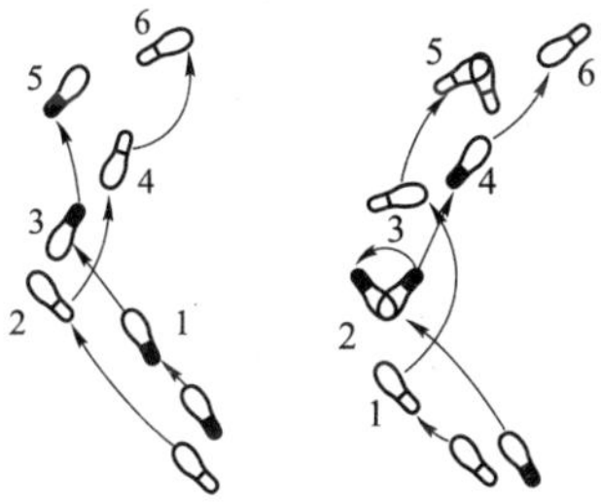

图 18-37

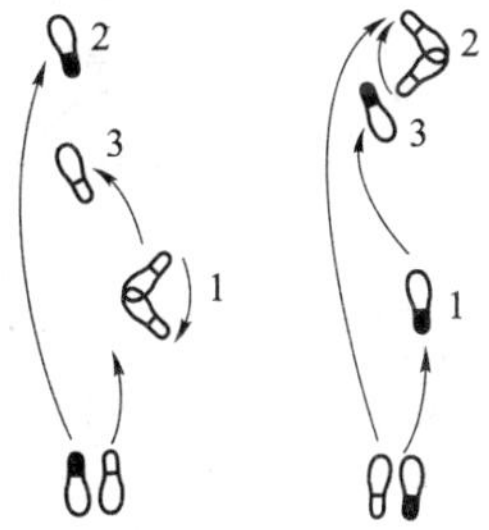

图 18-38

（二）恰恰恰（恰恰舞）

1. 恰恰恰步（Q、Q、S）

（1）左退恰恰恰步。

（2）右进恰恰恰步（图 18-39、图 18-40）。

（3）左横步恰恰恰步（图 18-41）。

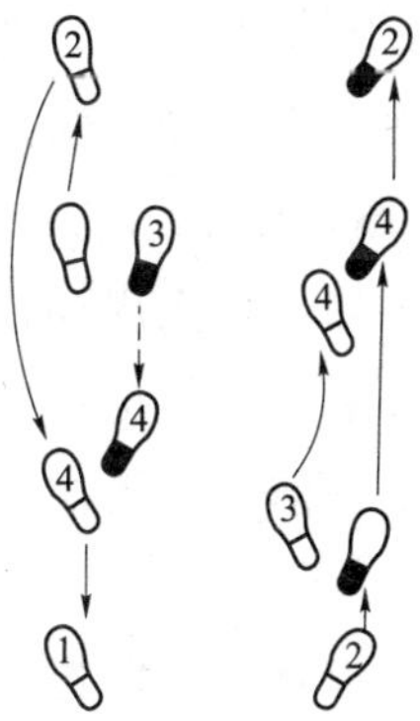

图 18-39

图 18-40

图 18-41

2. “十”字步

（1）后托步及拧胯步（图 18-42、图 18-43）。

（2）交叉拧胯步（图 18-44、图 18-45）。

（3）三步式前进步。

（4）开式扭胯步。

（5）曲棍步和扇形步。

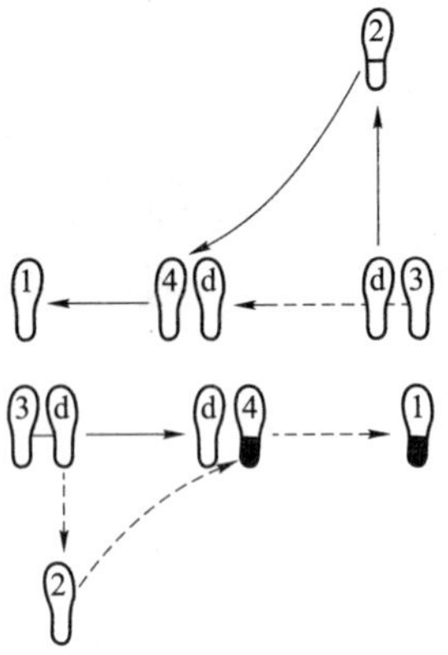

图 18-42

图 18-43

图 18-44

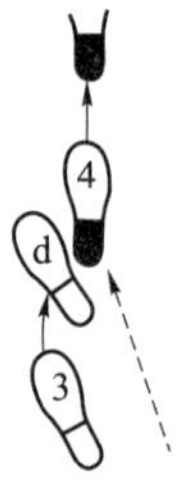

图 18-45

四、体育舞蹈运动的基本礼仪

体育舞蹈已被越来越多的人关注，并且越来越多的人开始跳国标。那么在跳国标舞时有什么需要遵从的礼节呢？国标礼节包括请舞、领舞、共舞和谢舞四个环节。

1. 请舞 又叫邀舞。舞曲响起后，男士听清楚音乐的节奏和所跳的舞蹈是几步舞后，应主动走到女士面前邀请对方跳舞。一般来说，跳舞是男士主动邀请女士，但并不排除女士邀请男士的形式。男士邀请女士跳舞时，女士可以拒绝，但要很有礼貌地婉言谢绝；相反，当女士主动邀请男士跳舞时，男士即使不会跳舞，也不可以拒绝女士。男士或女士邀请有舞伴的女士或男士跳舞时，首先要得对方舞伴的同意，然后才能邀请对方。

2. 领舞 邀请到舞伴后带对方到舞池中去跳舞。做法有两种：①如果在正规场合中跳舞，男士要用右手或左手，牵带女士的左手或右手，掌心向上；②如果是在非正式场合中或者是同事、朋友及比较熟悉的人在一起跳舞，邀请舞伴后，以男士在前，女士在后跟随的方式去做。

3. 共舞 男士和舞伴随着音乐共同跳舞的过程。在共舞时，应当保持优美的舞姿，遵循跳舞场合的礼节。在共舞过程中，男士对女士应多关照，始终以礼相待。带手势要清楚，不要用力，直至一支舞曲结束。

4. 谢舞　男士领带女士共舞结束时以有礼节的形体动作向舞伴表示谢谢和再见。根据音乐结束时的旋律，男士左手举高引带女士向左旋转一圈或两圈，以示感谢。此动作要求男士掌握动作要领，讲究规范，高标准、高质量地完成。

第三节　啦啦操运动

扫码“学一学”

一、啦啦操运动概述

啦啦操原名“cheer leading”。其中“cheer”的部分，有振奋精神，提振士气的意思。啦啦操来源于早期部落社会的仪式。为激励外出打仗或打猎的战士们，他们通常会举行一种仪式，仪式中有族人欢呼、手舞足蹈的表演来鼓励战士，希望能凯旋。啦啦操是体育运动中的一个新兴项目，起源于美国，遍布美国的 NBA、橄榄球、棒球、游泳、田径、摔跤等比赛现场，至今已经有 100 多年的历史。最初为美式足球呐喊助威的活动，发展到现在成为世界范围内的一项体育运动。受到全世界人民的喜爱。它是在音乐的衬托下，通过队员身体动作的完美完成及高超的技能展示，集中体现青春活力，健康向上的团队精神，并追求团队荣誉为本队加油呐喊。集舞蹈健美操的运动特点于一体，以其动感活力激情的表演特点，在世界迅速流行开展，具有较高的健身价值，影响力也越来越广泛。

啦啦操是健美操的一个分支，也称表演型健美操，其本身代表热情、活力、张扬、时尚。在欧美相当盛行，我国近几年也开始风靡并成为大型正规比赛的项目之一。啦啦操的表现形式较为自由，一般使用啦啦球等道具。节拍鲜明，动作简单，实施起来比较简单，最主要的是啦啦操能培养学生团结协作、奋发向上、自信热情、张扬热烈、朝气蓬勃的精神力量，对学生有种特殊的魅力。啦啦操是一项深受广大学生喜爱，普及性极强，集体操、舞蹈、音乐、健身、娱乐于一体的多人的集体运动项目。

二、啦啦操运动的分类

啦啦操可分为：技巧啦啦操、动感啦啦操、舞蹈啦啦操

1. 技巧啦啦操　以团队的形式出现，结合舞蹈、口号、托举、技巧、轿子抛、叠罗汉、跳跃等动作技术，配合音乐、服装、队形变化及标示物品（如彩球、口号板、喇叭与旗帜）等要素，体现团队精神。

2. 动感啦啦操　融健美操、舞蹈、音乐、各种技巧动作于一体，通过队形变换以及队员综合素质的体现，为主场队员加油助威，是渲染赛场气氛的一种体育运动形式，是力与美的完美结合，是团队精神的高度体现。

3. 舞蹈啦啦操　爵士舞等其他舞蹈元素，运用手臂动作的延伸和表现，使啦啦操动作更加丰富多彩，生动活泼，更具有感染力。

三、常用的 32 个基本手位

常用的啦啦操基本手位共 32 个，见图 18-46。

1. 上 M

2. 下 M

3. W

4. 高 V

5. 倒 V

6. T

7. 斜线

8. 短 T

9. 前 X

10. 高 X

11. 低 X

12. 屈臂 X

13. X

14. 上 A

15. 下 A

16. 加油

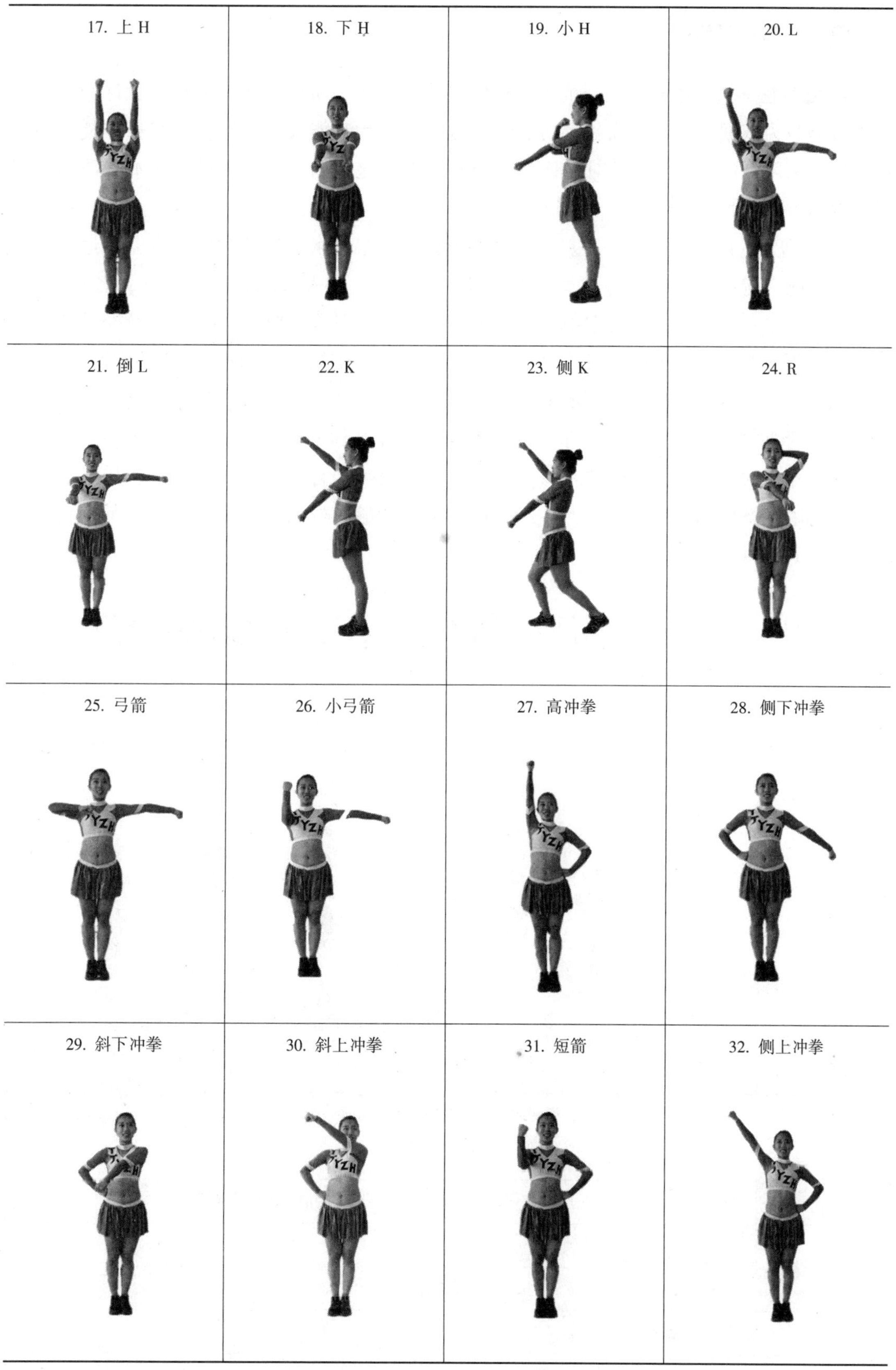

图 18-46　啦啦操 32 个基本手位

四、编排原则

1. 健身性 进行啦啦操练习的根本目的是强身健体，所以啦啦操的动作设计和编排中必须以健身为依据，应考虑练习者的实际身体情况及运动能力，任何有危害身体健康的动作均不应采用。成套动作练习对身体各部分的影响应该均衡，对各种身体基本素质都应能得到锻炼。

2. 创造性 啦啦操作为一种新型的健身形式，它根据啦啦操的动作特点完美地融合了各种跑、跳、走；基本体操与健美操的律动；现代舞、体育舞蹈的腰胯动作；各种翻腾、空中人体抛接；站立及托举的空中造型；体育舞蹈的柔美等。要使自己的啦啦操具有创造性，就必须要有新颖的音乐，多样化的动作，流畅完美的连接，合理、多变的空间运用等，这样综合起来才能创编出一套高水平的啦啦操。

3. 音乐与动作的结合性 音乐是动作的灵魂，什么样的音乐，什么样的节奏，编排什么样的动作，配合什么样的表情与口号，这些都是完美结合所要求的。一套音乐与动作结合完美的啦啦操可以让练习者们产生心理的共振，能够较好的激发练习者锻炼的动机，更好地发挥其健身效果。

附　全国啦啦操规定套路（一级花球舞蹈啦啦操）

预备造型

<table>
<tr><td colspan="3">动作</td><td colspan="2">
预备　哒　1–4　哒　5–7　8</td></tr>
<tr><td colspan="3">预备</td><td colspan="2">左手扶臀，右臂侧平举，两腿屈膝外开右脚点地，面向一点</td></tr>
<tr><td rowspan="6">动作说明</td><td rowspan="2">手臂动作</td><td>1-4</td><td colspan="2">1-4 拍双臂成下“V”形</td></tr>
<tr><td>5-8</td><td colspan="2">5-7 拍向上成上“V”形；8 拍双手握持花球于胸前，两腿并拢站立</td></tr>
<tr><td rowspan="2">步法</td><td>1-4</td><td colspan="2">1-4 拍脚上前锁步</td></tr>
<tr><td>5-8</td><td colspan="2">5-7 拍双腿开立；8 拍双腿跳成并步</td></tr>
<tr><td colspan="2">手形</td><td colspan="2">握花球</td></tr>
<tr><td colspan="2">面向</td><td colspan="2">1 点</td></tr>
</table>

第一个八拍

<table>
<tr><td colspan="3">动作</td><td>
1–3 1–3侧面示范 4 5–6 7–8</td></tr>
<tr><td rowspan="6">动作说明</td><td rowspan="2">手臂动作</td><td>1–4</td><td>1–3 拍手臂垂于大腿前方；4 拍成上“H”形</td></tr>
<tr><td>5–8</td><td>双手抱于胸前，成上“V”形，两拍一动</td></tr>
<tr><td rowspan="2">步法</td><td>1–4</td><td>1–3 拍右、左、右脚依次前上步；4 拍并步提踵</td></tr>
<tr><td>5–8</td><td>上左脚成弓步，右膝微曲，脚跟提起</td></tr>
<tr><td colspan="2">手形</td><td>握花球</td></tr>
<tr><td colspan="2">面向</td><td>1 点</td></tr>
</table>

第二个八拍

<table>
<tr><td colspan="3">动作</td><td>
1–3 1–3侧面示范 4 5–6 7–8</td></tr>
<tr><td rowspan="6">动作说明</td><td rowspan="2">手臂动作</td><td>1–4</td><td>1–3 拍手臂垂于大腿前方；4 拍成上“H”形</td></tr>
<tr><td>5–8</td><td>双手抱于胸前，成上“V”形，两拍一动</td></tr>
<tr><td rowspan="2">步法</td><td>1–4</td><td>1–3 拍左、右、左脚依次前上步；4 拍并步提踵</td></tr>
<tr><td>5–8</td><td>左脚后退成弓步，右膝微曲，脚跟提起</td></tr>
<tr><td colspan="2">手形</td><td>握花球</td></tr>
<tr><td colspan="2">面向</td><td>1 点</td></tr>
</table>

第三个八拍

动作			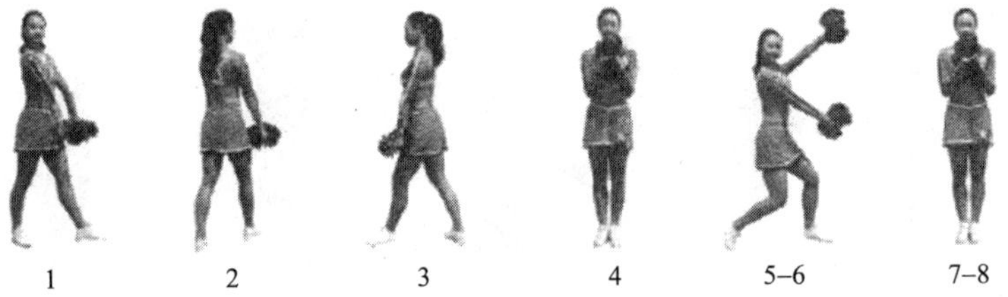
动作说明	手臂动作	1-4	1-3 拍双臂垂于大腿前方；4 拍双臂屈肘于胸前
		5-8	5-6 拍手臂成“K”形；7-8 拍双臂屈肘于胸前
	步法	1-4	1-3 拍左、右、左脚依次踏步，同时向左转体 360°，4 拍成并步
		5-8	5-6 拍迈左脚成屈腿弓步，7-8 拍收左脚，并腿站立
	手形		握花球
	面向		1-3 拍向 7 点转 360°；4 拍 1 点；5-6 拍 7 点；7-8 拍 1 点
	头位		5-6 拍身体面向 7 点，头部面向 1 点

第四个八拍

动作			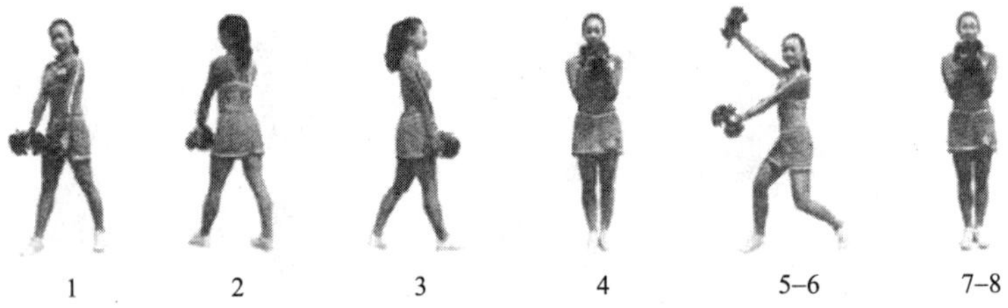
动作说明	手臂动作	1-4	1-3 拍双臂垂于大腿前方；4 拍双臂屈肘于胸前
		5-8	5-6 拍手臂成“K”形；7-8 拍双臂屈肘于胸前
	步法	1-4	1-3 拍右、左、右脚依次踏步，同时向右转体 360°，4 拍成并步
		5-8	5-6 拍迈右脚成屈腿弓步，7-8 拍收右脚，并腿站立
	手形		握花球
	面向		1-3 拍向 3 点转 360°；4 拍 1 点；5-6 拍 3 点；7-8 拍 1 点
	头位		5-6 拍身体面向 3 点，头部面向 1 点

第五个八拍

动作			 1　2　3　4  5　6　7　8
动作说明	手臂动作	1-4	1 拍右上“L”；2 拍屈肘于胸前；3-4 拍动作相同，方向相反
		5-8	5 拍右臂前“L”；6 拍双臂成上“H”；7 拍左臂前“L”；8 拍双臂垂直于大腿前方
	步法	1-4	1 拍左脚向左侧迈步同时半蹲；2 拍收左脚成并步；3-4 拍动作相同，方向相反
		5-8	5 拍左脚上步成前弓步；6 拍并步双脚提踵；7 拍左脚向左侧迈步同时半蹲；8 拍双脚跳成并步
	手形		握花球
	面向		1 点

第六个八拍

动作			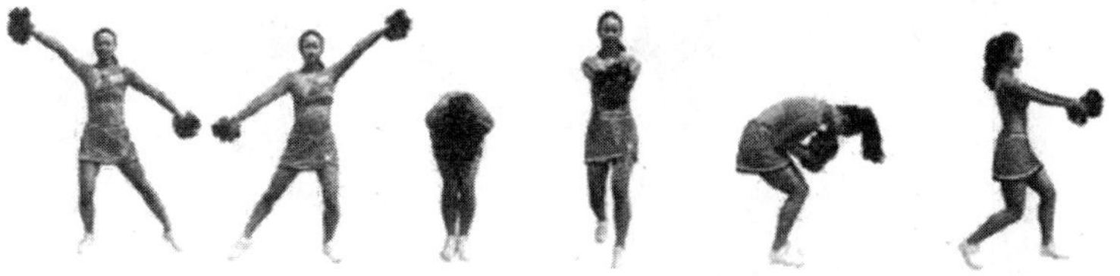 1　2　3　4　5-6侧面示范　7-8侧面示范
动作说明	手臂动作	1-4	1-2 拍成右上斜线；3-4 拍成左上斜线
		5-8	5-6 拍含胸双手收于胸前；7-8 拍两手并拢，前伸双臂前举
	步法	1-4	1-2 拍迈右脚成右弓步；3-4 拍重心左移成左弓步
		5-8	5-6 拍跳成屈膝并步；7-8 拍前迈左脚，成屈腿弓步，右脚跟提起
	手形		握花球
	面向		1 点
	头位		5-6 拍低头

第七个八拍

<table>
<tr><td colspan="3">动作</td><td colspan="2">
1-2　3　4　5　6　7　8</td></tr>
<tr><td rowspan="6">动作说明</td><td rowspan="2">手臂动作</td><td>1-4</td><td>1-2 拍成右臂高冲拳；3-4 拍点抬头一次</td></tr>
<tr><td>5-8</td><td>5 拍成右斜下冲拳；6 拍由右下方摆置左上方成左侧上冲拳；7-8 拍动作相同方向相反</td></tr>
<tr><td rowspan="2">步法</td><td>1-4</td><td>1-4 拍左脚向后左侧迈出成分腿站立</td></tr>
<tr><td>5-8</td><td>5-8 拍保持不动</td></tr>
<tr><td colspan="2">手形</td><td>握花球</td></tr>
<tr><td colspan="2">面向</td><td>1 点</td></tr>
</table>

第八个八拍

<table>
<tr><td colspan="3">动作</td><td>
1、3、5　2、4、6　7-8</td></tr>
<tr><td rowspan="6">动作说明</td><td rowspan="2">手臂动作</td><td>1-6</td><td>1-6 拍双臂垂直于大腿前方</td></tr>
<tr><td>7-8</td><td>7-8 拍双手抱于胸前（成加油手位）</td></tr>
<tr><td rowspan="2">步法</td><td>1-6</td><td>左右脚依次踏步</td></tr>
<tr><td>7-8</td><td>7-8 拍成并步</td></tr>
<tr><td colspan="2">手形</td><td>握花球</td></tr>
<tr><td colspan="2">面向</td><td>1 点</td></tr>
</table>

第九个八拍

动作			 1–2　3–4　5　6　7　8
动作说明	手臂动作	1–4	1–拍双手上举成上“A”手位；3–4 拍双手向下成 H 手位
		5–8	5 拍双臂平行向右上方斜冲拳；6 拍双手下压扶右膝；7 拍垂直于大腿前方；8 拍屈臂收于腰间
	步法	1–4	1–2 拍双脚大分腿站立；3–4 拍屈膝附身
		5–8	5 拍身体右转后靠，两腿分立半蹲，重心移至左脚同时左脚跟提起；6 拍保持体位重心移至两腿之间；7 拍跳成并步直立；8 拍右脚在前成锁步
	手形		握花球
	面向		5–6 拍 2 点；7 拍 7 点
	头位		1–5 拍眼随手走；6 拍低头；7 拍 7 点；8 拍 1 点

第十个八拍

动作			 1　2　3–7　8
动作说明	手臂动作	1–7	1 拍双手上举成上“H”；2 拍双臂经体侧由上向下压；3–7 拍扶右膝
		8	8 拍双臂垂于大腿前方
	步法	1–7	1 拍右脚支撑左腿向侧摆腿；2 拍成左腿前锁步；3–7 拍身体右转前俯身，两腿分立半蹲，重心于两脚之间同时左脚跟提起
		8	8 拍双腿并立
	手形		握花球
	面向		1 拍 1 点；2 拍 2 点；3–7 拍 3 点；8 拍 1 点
	头位		1、2、8 拍 1 点；3–7 拍低头

第十一个八拍

动作	 1 2 3 4–7 8  1–4 5 6 7 8		
动作说明	手臂动作	1-4	1-3 拍双臂成“H”上举分别于右前、正前、左前三个方位各敲击一次；4 拍左前上方垂直下压扶膝
		5-8	5-7 拍保持双手扶膝；8 拍垂直于大腿前方
	步法	1-4	1-3 拍分腿站立；4 拍身体左转前俯身，两腿分立半蹲，重心与两脚之间，同时右脚跟提起
		5-8	5-7 拍同 4 拍；8 拍双腿并步直立
	手形		握花球
	面向		1 拍 2 点；2 拍 1 点；3 拍 8 点；8 拍 1 点
	头位		1-3 拍眼跟随手走；4-7 拍低头；8 拍 1 点

第十二个八拍

动作	 1、3 2、4 5 6 7–8		
动作说明	手臂动作	1-4	1-4 拍两臂屈肘于胸前（成“加油”手位）
		5-8	5-6 拍两臂屈肘成短“T”形手位；7-8 拍垂直于大腿前方
	步法	1-6	左、右脚依次踏步
		7-8	7-8 拍双腿并立
	手形		握花球
	面向		1 点

第十三个八拍

动作			 1　哒　2　3　4
			 5　6　7　哒　8
动作说明	手臂动作	1-4	1 拍双臂由体侧摆至腹前；哒拍两臂屈肘收于腰侧；2 拍两臂向前冲；3 拍屈肘成短“T”形手位于胸前；4 拍成右手斜上冲拳，左手贴于腰际身体稍向左倾斜
		5-8	5 拍成左手斜上冲拳，右手贴于腰际身体稍向右倾斜；6 拍双臂侧下举，同时身体右转前俯；7-8 拍向前振胸两次同时抬起上体
	步法	1-5	1 拍右腿经地面向前踹；哒拍屈膝收腿；2 拍成马步；3-5 拍保持马步小跳三次
		6-8	6-8 拍两腿分立半蹲，重心于两腿之间同时左脚跟提起
	手形		握花球
	面向		1-5 拍 1 点；6-8 拍 2 点
	头位		除 6 拍低头其余均面向 1 点

第十四个八拍

动作	 1　2　3　4
	 5-6　7　哒　哒　8

续表

动作说明	手臂动作	1-4	1 拍右手扶臂，左臂侧平举；2 拍左手扶臂；3 拍双臂斜下举；4 拍两臂交叉胸前
		5-8	5-6 拍两臂分开于身体两侧；7-8 拍双臂前举平移于胸前
	步法	1-4	1 拍分腿半蹲，左脚尖点地；2 拍动作相同方向相反；3 拍同 1 拍动作；4 拍两腿分立，右脚屈膝起踵
		5-8	5-6 拍身体左转前俯身，两腿分立半蹲，重心于两脚之间同时右脚跟提起；7-8 拍分腿开立
	手形		握花球
	面向		1-4 拍 1 点；5-6 拍 8 点；7-8 拍经过 8 点 1 点最后到达 2 点
	头位		3 拍右侧屈；4 拍左侧屈

第十五个八拍

动作			

动作说明	手臂动作	1-4	1 拍右臂下伸，左臂屈肘于胸前；哒拍左臂下伸，右臂屈肘于胸前；2 拍双臂成“加油”手位；哒拍成“H”手位；3 拍动作同 1 拍方向相反；4 拍动作同 2 拍
		5-8	5-6 拍小臂上举内绕环，经右侧平移至左侧；7 拍含胸低头双臂于胸前；8 拍双臂成上 A 形手位
	步法	1-4	1 拍分腿分立重心移至右脚；2 拍重心于两脚之间分腿站立；3 拍分腿分立重心移至左脚；4 拍重心于两脚之间分腿站立
		5-8	5-6 拍分腿站立；7 拍屈膝前俯身；8 拍跳成并步
	手形		握花球
	面向		1 拍 2 点；2 拍 1 点；3 拍 8 点；4 拍 1 点；5 拍 2 点；6 拍 8 点；7-8 拍 1 点
	头位		1-4 拍 1 点；5-6 拍眼跟手走；7 拍低头；8 拍眼跟手走

第十六个八拍

动作			 1　2　3　哒  4　5　6　7　8
动作说明	手臂动作	1-4	1、3、4 拍右手屈肘扶于右胯，左手屈肘外摆于体侧；2 拍、哒拍动作相同，方向相反
		5-8	5-7 拍成下掐腰手位；8 拍屈肘于胸前
	步法	1-4	1-4 拍左、右脚依次前走锁步
		5-8	5-7 拍右、左脚依次上步；8 拍并步
	手形		握花球
	面向		1-8 拍面向 1 点

第十七个八拍

动作			 1-2　3-4　5-6　7-8
动作说明	手臂动作	1-4	1-2 拍侧下举；3-4 拍屈肘于胸前（成加油手位）
		5-8	同上
	步法	1-4	1-4 拍直立
		5-8	同上
	手形		握花球
	面向		1 点

第十八个八拍

动作			 1 2 3 4  5 6 7 8
动作说明	手臂动作	1-7	1 拍左臂上举，右臂下垂；2-7 拍左臂带动右臂做风火轮
		8	8 拍成胸前屈臂重叠
	步法	1-7	1-7 拍屈膝弹动，一拍一动
		8	8 拍站立
	手形		握花球
	面向		1 点

第十九个八拍

动作			 1 2 3 4 5 6 7-8
动作说明	手臂动作	1-6	1-6 拍双臂垂直于大腿前方
		7-8	7-8 拍成侧平举
	步法	1-6	1-6 拍左、右脚依次踏步向左转体 360°
		7-8	7-8 拍双脚并立
	手形		握花球
	面向		逆时针转 360°，7-8 拍 1 点

第二十个八拍

动作			正面示范：  1 2 3 4 5 6 7 8
			侧面示范：  1 2 3 4 5 6 7 8
动作说明	手臂动作	1-8	1-8 拍侧平举
	步法	1-4	1 拍左踢腿跳，2 拍并腿跳，3 拍左踢腿跳；4 拍并腿跳
		5-8	5 拍右踢腿跳，6 拍并腿跳，7 拍左踢腿跳；8 拍双脚并立
	手形		握花球
	面向		1 点

第二十一个八拍

动作			 1-2 3-4 5-6 7-8
动作说明	手臂动作	1-4	1-2 拍双手扶髋；3-4 拍向前抛花球（3-4 拍两臂前平举）
		5-8	5-6 接花球（5-6 拍向后递花球）；7-8 拍上举花球，（7-8 拍俯身捡花球）
	步法	1-4	1-4 拍分腿站立
		5-8	同上
	手形		拿花球，递花球
	面向		7 点
	头位		1-2 拍 1 点；3-4 拍低头（7 点）；5-6 拍 7 点；7-8 拍 7 点（低头）

第二十二个八拍

动作	 1、3　2、4　5　6　7　8		
动作说明	手臂动作	1-4	1-4 拍右臂高冲拳
		5-8	5-8 拍左手叉腰，右手随胯左、右依次摆动（一拍一动）
	步法	1-4	1、3 拍左脚上步；2、4 拍右脚上步
		5-8	5 拍左脚向左移动成开立，双腿屈膝，右脚点地；6-8 拍脚跟随髋部左、右摆动
	手形		握花球
	面向		1 点

第二十三个八拍

动作	 1　2　3　4　5  哒　6　7　8		
动作说明	手臂动作	1-4	1-4 拍双臂依次向左斜下、右斜下、左斜上、右斜上推动
		5-8	5 拍侧平举；哒拍屈肘外绕环；6 拍侧平举；7 拍双臂垂于体侧；8 拍成“X”形手位
	步法	1-4	1-4 拍左脚迈出“十”字步
		5-8	5-6 拍左侧身并步走；7 拍迈右脚右后体转 180°；8 拍左脚在前成弓步
	手形		握花球
	面向		1-2 拍 1 点；3 拍 8 点；4 拍 2 点；5-6 拍 1 点；7 拍 6 点；8 拍 7 点
	头位		1-2 拍 1 点；3-4 拍跟随手走；5-6 拍 1 点；7 拍 6 点；8 拍 7 点

第二十四个八拍

<table>
<tr><td colspan="2">动作</td><td colspan="2">
1　哒　2　3

4　5　6　7　8</td></tr>
<tr><td rowspan="7">动作说明</td><td rowspan="2">手臂动作</td><td>1-2</td><td>1 拍双臂上举成高“V”；哒拍屈臂于胸前；2 拍双臂下举成倒“V”</td></tr>
<tr><td>3-8</td><td>3-6 拍双臂垂直于大腿前方；7 拍双手握持花球于胸前；8 拍双臂上举</td></tr>
<tr><td rowspan="2">步法</td><td>1-2</td><td>1-2 拍右腿侧并步走</td></tr>
<tr><td>3-8</td><td>3-6 拍向左后方迈步体转 180°；7 拍并步团身半蹲；8 拍并步提踵</td></tr>
<tr><td colspan="2">手形</td><td>握花球</td></tr>
<tr><td colspan="2">面向</td><td>1-2 拍 1 点；3-8 拍 5 点</td></tr>
<tr><td colspan="2">头位</td><td>1-3 拍 1 点；4-8 拍 5 点</td></tr>
</table>

结束动作

<table>
<tr><td colspan="2">动作</td><td colspan="2">
结束动作</td></tr>
<tr><td rowspan="5">动作说明</td><td>手臂动作</td><td colspan="2">右臂于斜前方，左臂屈肘于头部后方</td></tr>
<tr><td>步法</td><td colspan="2">分腿站立并屈膝</td></tr>
<tr><td colspan="2">手形</td><td>握花球</td></tr>
<tr><td colspan="2">面向</td><td>1 点</td></tr>
<tr><td colspan="2">头位</td><td>1 点</td></tr>
</table>

扫码“学一学”

第四节　街舞运动

一、街舞运动概述

街舞起源于美国，基于不同的街头文化或音乐风格而产生的多个不同种类的舞蹈的统称，最早的街舞舞种为“Locking”，起源于20世纪60年代。动作是由各种走、跑、跳组合而成，并通过头、颈、肩、上肢、躯干等关节的屈伸、转动、绕环、摆振、波浪形扭动等连贯组合而成的，各个动作都有其特定的健身效果，既注意了上肢与下肢、腹部与背部、头部与躯干动作的协调，又注意了组成各环节各部分独立运动。20世纪80年代传入中国，并逐渐作为健身活动传播开来。街舞是美国黑人由一种发泄情绪的运动演绎成的街边文化，特色是爆发力强，在舞动时，肢体所做的动作较其他舞蹈夸张。最吸引人之处，是以全身的活力带来热情澎湃的感觉。

街舞不仅具有一般有氧运动改善心肺功能、减少脂肪、增强肌肉弹性、增强韧带柔韧性的功效，还具有协调人体各部位肌肉群，塑造优美体态，提高人体协调能力，陶冶美感的功能。

跳街舞使人注意力集中，兴趣浓厚，动作优美、随意。同时，街舞还有健身功效，因为街舞是一种中低强度的有氧运动，在一个小时的运动中，消耗全身脂肪的作用是相当强的。此外，街舞是一种小肌肉运动，经常练习能增强全身的协调性，让练习者身材比例更趋标准。

二、街舞运动的基本功

街舞基础训练包括力量训练、平衡练习、协调（包括控制力、平衡力）、耐力训练和热身训练。

（一）力量练习

1. 手臂力量训练　俯卧撑、仰面撑、倒立俯卧撑：一天4~8组 每组20~70个，时间间隔不要超过3分钟。

2. 腰部和腹部力量练习　仰卧起坐：一天2~5组，每组20~40之间，这种必须是要手和脚一齐起来的，也就是说起来之后身子是“V”字形状。

3. 腿部力量训练　蹲跳（蛙跳）：最好是负重，这样更有效果，每次20~40个，一天两组。

跑步：一天一次，一次2000~5000米，分为慢速跑、中速跑、快速跑，这也是锻炼耐力的一个方法。

（二）平衡、协调练习

1. 直腿硬拉

（1）初始姿势　双脚开立，与肩同宽或稍窄，直腿体前屈，两手握住地面上的杠铃杆，握距稍宽于肩。

（2）动作过程　双手紧握杠铃，腰背用力将其直臂拉起，至上体完全挺直，然后再沿原路慢慢返回，重复进行。

（3）动作作用　此动作能使全身的大部分肌肉、肌腱、骨骼及关节等都受到较大的刺激，特别是突出锻炼腰背部肌肉及大腿股二头肌、臀大肌等。

（4）动作要点　直腿硬拉要求不弯腿，腰部要挺直，不要弓腰。由于通常硬拉重量较大，所以初忌猛向上拉起，以防伤腰。

2. 山羊挺身

（1）初始姿势　俯卧在山羊挺身架或跳箱上，上体自然下垂，双脚固定在架上或由他人压住，双手抱头。

（2）动作过程　收缩腰背肌肉，使上体内上弓起，至顶点略停片刻，再缓慢沿原路返回，重复。

（3）动作作用　主要锻炼背长肌和背短肌，对臀大肌及大腿后群肌肉亦有较好的刺激作用。

（4）动作要点　动作速度要均匀不可猛起猛落，向上弓身时要尽量收紧腰背部肌肉，有力量时双手抱头，无力量时可双手背后放在腰上。

三、街舞运动的分类

街舞的分类有若干种不同的看法，比如按动作节奏可以分为以下几类。

1. 莎莎舞（Breaking）　也叫地板舞，常有以单手撑地、头顶地等高难度的近乎体操般的动作。

2. 嘻哈舞（Hip-hop）　其他类型街舞的统称，不如霹雳舞难度高。在有些时候，嘻哈舞中较为有影响的一些舞种也会被单独分离出来，如机械舞也称机器舞，其特点是表演者故意做出肢体僵硬的形态，模仿机器人的样子做动作。

3. 锁舞（Locking）　手臂和上身动作较大而臀部和腿部动作小。

4. 雷鬼舞（Raggae）　有许多胯部扭动的动作，并且还有身体上的 wave 和 poping 小而精的 wave 不一样，雷鬼的很大而且狂野。

5. 爵士舞（Jazz）　动作的本质是一种自由而纯朴的表现，直接把内心的感受用身体的颠、抖、扭表达出来。就像我们听到喜欢的音乐，能从内心自然地流露出感情，身体就不由自主地随着音乐节奏而活动，如弹响手指，摆首顿足，时而兴奋激烈，时而缓慢优柔地融入音乐之中。

6. 卢舞（Lomo）　其本身就是一种艺术，相比以上多种舞步，卢舞属于超高难度的一种，这舞步创立于 1994 年，由卢德昌所创下，首先亮相获高度评价。

四、动作技巧介绍

（一）风车

首先左手撑在肚脐的左侧，双脚张开成“大”字形，然后左脚抬高，往斜下方用力扫。在这同时左手放开，让左手沿着手臂至背部的顺序让身体着地（身体的着地点在背的上方 1/2 处），如果着地点太低，风车是不能转得起来的，当身体下去完全没问题时，用双手把身体撑起成原来的起步方式（可是脚尽量以不碰地为原则），然后再按照同样的步骤进行操作就可以练成风车了。

1. 风车练习常见的问题

（1）起步时常摔倒是因为练习者起步时腰没抬高，着地点太低而导致成的。

（2）再接圈时脚会碰到地板是因为练习者腰没抬高，然后再接圈时身体必须比脚先转到半圈才能接。

2. 风车练习的注意事项

（1）腰要抬高。

（2）起步时脚要用力扫。

（3）起步手放开的时机要对。

（4）转风车时切记脚一定要张得很开不能闭合。

（二）托马斯

双脚张开成“大”字形，然后左手伸直撑地。左脚用力往右脚脚跟的方向扫，右脚朝头的方向用力踢高，在这同时左脚也必须往头的方向用力踢高，使两只手撑着地面，双脚腾空，腰往前挺直，然后左脚继续保持在空中，右脚往斜后方拉回原来右脚起步的方向，左手远离地面仅剩右手撑住整个身体。

托马斯练习常见的问题如下。

1. 臂力、脚扫动的力量和腰力要够大。

2. 脚也要有画圆的感觉。

3. 要抓住换手的时间。

（三）无限头转

1. 固定练习者的腰部后要准备好把身体以垂直的角度转动，一定要保持好身体的重心。

2. 以不失重心为目标，使腰部利用 SNAP 转动。

3. 转完一圈后用双手从新找回重心，不断地增加回转圈数的同时注意速度。

4. 随着回转速度的加快，注意重心的同时放开双手，以腰部和腿把握重心。

5. 把腰弓起来，把力用在脖子上，试试把腿慢慢往下拉，用手把住腿，把握重心。

（四）双手转

1. 为了回转身体，在准备时就转动身体。

2. 为了把身体倒立，所以使练习者的右手靠近左脚，而后让左脚向上。

3. 左手随着适当的时候调整位置，把右腿向后上方提起后做出树一样的动作。

4. 把分叉的腿回收，用左肩支撑身体后，使身体和腿部转动。

第五节　排舞运动

扫码“学一学”

一、排舞运动概述

排舞又叫排排舞，是一个集体舞蹈，最吸引人的地方是其创新性和时尚性。作为一种国际性的健身舞蹈，一种生活时尚，正越来越受现代都市男女老少的青睐。它兼具拉丁舞的热情奔放和国标舞的优雅舞姿，集舞蹈、体育、艺术于一体，具有广泛的健身性、娱乐性和大众性。近年来排舞风靡世界，受到不同国籍、性别及年龄的人们的参与和喜爱，已成为一种“国际健身语言”。排舞，从字面上理解就知道，这是一种排成一排排跳的舞蹈，它源于20世纪70年代的美国西部乡村舞曲，也叫牛仔舞。起先用吉他和拍手的方式起舞，随着时代的发展，后来融入了欧洲宫廷和拉丁式的舞步，舞步多元，风格创新，简单易学，是一种即可个人独享，又可与团体共乐的舞蹈。近年逐渐在亚洲引起注意。在港台、日本、新加坡等地都掀起了一股热潮，受到各个年龄层的欢迎，可以说是老少皆宜的舞蹈。排舞的特点很多，它现在已经发展到了3000多支舞曲，每一支舞曲都有自己的独一无二的舞码。新舞曲的编制，必须经过国际排舞协会的认证才能够在全球发行推广。所以，同一支舞曲，全世界的跳法都是统一的。在这个一致的舞蹈标准下，排舞的舞者可以在世界各地享受以舞会友的乐趣。每当有新的舞曲时，经过排舞协会认证的专业排舞教练可以根据新的舞曲来传授给学员。由于不断地有新的舞步和舞曲出现，跳排舞始终有新鲜感。排舞协会还会在全世界举行比赛，参加的人数经常打破吉尼斯世界纪录。这也是排舞在全世界广泛传播的原因之一。排舞的每一首舞曲，可由32拍、48拍或64拍等不同的循环节奏所组成。所以每首曲子的舞步也随着特定的循环节奏而重复。另外，每首排舞的基本跳法规律还分为2个朝向和4个朝向交替旋转。排舞更融合了很多社交舞的舞步，如恰恰、伦巴、曼波、牛仔和摇滚等舞步。在如此多重的舞蹈元素组合与变化之下，排舞有简单的，也有复杂高难度的，让舞者能跳出自己的个人风格，完全属于自己的诠释，更增添排舞吸引人的魅力。

（一）排舞舞蹈特色

1. 两大统一　全世界统一的舞步和舞曲。

2. 四大特点

（1）具有流行性质　全世界最好听、最流行的歌曲几乎都被编成排舞。

（2）舞步有难有易　排舞的难度分为初学、中级、高级等。

（3）舞曲风格各异　全世界各国的排舞专家都在编舞，使得排舞丰富多彩全球化。

（4）表现形式多样　自娱自乐、健身、表演、比赛均可。

（二）排舞的作用

1. 舒缓身心压力。
2. 增强心肺功能。
3. 塑造优美形体。
4. 增强身体协调。
5. 结交更多朋友。
6. 彰显团队精神。

二、排舞运动的价值

（一）健体价值

排舞具有体育锻炼的价值，经常进行排舞练习，心血管和呼吸系统都能得到良好的锻炼，改善心肺功能，加速新陈代谢过程，促进消化，消除大脑疲劳和精神紧张，从而达到增强体质，增进健康，延缓衰退，提高人体的活动能力等良好的健身作用。

（二）健心价值

从心理学的角度来分析，人的注意力是心理活动对一定对象的指向和集中，也就是说注意是受指向制约的，在翩翩起舞的过程中，其注意力必然都集中在欣赏优雅的舞曲音乐，并沿着节奏将内心情感抒发在舞姿上，由于注意的转移，就能使身体其他部分的功能得到调整和充分休息，所以参加排舞这项运动能消除紧张的情绪和缓解压力，练习者在优美动听的音乐、美妙的舞姿中，消除疲劳、陶冶心灵，感受到愉快的情绪，从而达到最佳的心理状态。

（三）健脑价值

在排舞的练习过程中不仅要运用形象记忆、概念记忆，而且还要运用情绪记忆和运动记忆，而随着年龄的不断增长，记忆力会以很慢的速度减退，这是自然规律，也是正常现象。通过排舞练习以及对大脑神经的不断刺激，来减缓记忆力减退的生理现象，达到良好的健脑效果。

（四）健美价值

排舞的练习是在优美动听的音乐旋律中，用心灵共舞，把细腻的情感注入舞姿中，并以高超的舞蹈技艺形神一致地表现出各种动与静的姿态，塑造出各种美妙的意境组合，体现出美的姿态、美的造型，创设出体育与艺术、健与力高度结合的意境，给人们艺术熏陶和美的享受。因此，排舞练习对形态、姿态、健康等方面都有较高的要求，经常参加排舞练习是一项很好的形体训练，提高人体的协调能力，强健身体的各个部位的肌肉群，以及增加骨骼的骨密度，具有十分积极的健美作用。

（五）终身锻炼价值

排舞运动，适合各个年龄层次，学练的门槛较低，“凡是会走路的人都会跳排舞”这句话说明了即使没有舞蹈基础，也能进行排舞练习，在3000个舞曲中，包含了多种舞蹈和音乐风格，每一个舞曲都有精心设计的动作规范。针对不同性别、年龄层次的人群都有较为适合的运动量和强度。青年人比较喜欢热情奔放、激情洋溢的舞曲和舞蹈类型，就可以选择拉丁舞、爵士舞、街舞、舞厅舞等舞蹈风格；中老年人则可以选择舒缓、柔情的华尔兹、恰恰等舞蹈风格。

总之，排舞是将健身性、娱乐性、观赏性、趣味性和群众性等融为一体的运动形式，并与现代生活方式密切相关，目前这项运动在世界上已被列在几大最具健身性项目的首位。

思考题

1. 医护形体训练的作用有哪些？
2. 简述体育舞蹈的分类。
3. 街舞的基本功有哪些？
4. 简述排舞的价值。

扫码“练一练”

（杜金蕊）

第十九章

户外运动

学习目标

知识要求

1. 掌握户外运动的基本技术、战术动作概念和要领。
2. 熟练运用户外器材的使用方法。
3. 了解户外运动的起源与发展历程。

技能要求

通过教学过程提高基本身体素质，掌握户外运动的基本技术、重难点，户外运动器材的使用；能够运用户外运动的基本技能进行活动。

第一节　拓展训练

一、拓展训练的起源和发展

（一）拓展训练的起源

拓展训练起源于第二次世界大战。当时，盟军在大西洋的船队屡遭德国纳粹潜艇的袭击。在船只被击沉后，大部分水手葬身海底，只有极少数人得以生还。英国的救生专家对生还者进行了统计和分析研究，他们惊奇地发现，这些生还者并不是他们想象中的那些年轻力壮的水手，而是意志坚定懂得互相支持的中年人。经过一段时间的调查研究，了解情况，专家们终于找到了这个问题的答案：这些人之所以能活下来，关键在于这些人有良好的心理素质。于是，提出“成功并非依靠充沛的体能，而是强大的意志力”这一理念。当时德国人库尔特·汉恩提议，利用一些自然条件和人工设施，让那些年轻的海员做一些具有心理挑战的活动和项目，以训练和提高他们的心理素质。后其好友劳伦斯在 1942 年成立了一所阿德伯威海上训练学校，以年轻海员为训练对象，这是拓展训练最早的一个雏形。第二次世界大战以后，在英国出现了一种叫作 Outward Bound 的管理培训，这种训练利用户外活动的形式，模拟真实管理情境，对管理者和企业家进行心理和管理两方面的培训。由于拓展训练这种非常新颖的培训形式和良好的培训效果，很快就风靡了整个欧洲的教育培训领域并在其后的半个世纪中发展到全世界。训练对象也由最初的海员扩大到军人、学生、工商业人员等各类群体。训练目标也由单纯的体能、生存训练扩展到心理训练、人格训练、管理训练等。

1946年，Outward Bound信托基金会（Outward Bound Trust）在英国成立，目的是推广Outward Bound（简称OB）理念，并筹集资金创办新的OB学校，OB信托基金会拥有OB的商标，掌握着该商标使用许可证的发放。1962年曾在戈登思陶恩任教的美国人乔什·曼纳（Josh L Miner）在美国成立科罗拉多OB学校，并于1963年正式从OB信托基金会获得许可证书，成为真正将拓展训练推广开来的人。将拓展训练在学校教育推广开来的是美国一所高中的校长皮赫（J. Pieh）。经过不懈地努力，皮赫将拓展训练的方法应用于学校教育中，与现存的学校制度结合起来，为教育开辟了新的思路和领域。1974年，拓展训练实践活动的大纲出台后，得到了世人的瞩目和好评，该大纲被“全美教育普及网络（NDN）”评选为优秀教育大纲之一。随后，在美国高中课程大纲中，一直沿用该计划的学校达到90%。1964年1月9日，组成OB法人组织（Outward Bound Inc）的文件在美国起草，经过不断地发展，OB学校已经遍及全球五大洲，共有40多所分校。在亚洲地区、新加坡最早建立了OB学校，此后中国香港地区，日本、韩国先后引进这种体验式教育的课程模式。

（二）拓展训练在中国的发展

1970年，中国香港成立了香港拓展训练学校。这是中国第一个加入Outward Bound国际组织的专业培训机构，1999年，该组织在广东肇庆建立了拓展训练基地，是国内第一个该组织下属的培训基地。

1994年，刘力先生把“拓展训练”这4个字抢先注册，创办了国内第一所专业的体验式培训机构——北京拓展训练学校，并将其体验式培训产品命名为拓展训练。1995年3月15日成立了“人众人教育”（GROUP），1996年正式创立了培训知名品牌——拓展训练。

拓展训练以独特的培训模式和新颖的培训项目，给国内的培训领域带来了前所未有的震撼。经过短短几年的发展，培训机构犹如雨后春笋般地增长。据北京奥特世纪拓展师培训中心整理的数据显示，在国内比较正规且形成规模的拓展培训机构已有328家，而参与组织拓展训练或“类拓展训练”的机构，包括户外运动俱乐部、管理咨询公司等已超过千余家。

1999年，我国拓展训练在经历了四年的发展和提高后，和学校教育在培训活动中有了第一次亲密接触。北京大学、清华大学的EMBA学员也把拓展纳入课程体系之中，让学生到拓展培训公司参加拓展活动。几乎在同一时期，中欧国际工商学院、中山大学岭南学院、浙江大学、中国工商管理学院、暨南大学等学校的MBA/EMBA教育中，也纷纷把拓展作为指定课程内容。

随着拓展的发展与普及，它也在不断地完善与细化中。拓展课程的设置与安排都是针对学员的要求而精心策划的，最终的目的是让他们把训练中得到的应用到工作中去。这也是拓展这一新生物存在的真正意义。在这种完善细化的过程中，出现了一些新的趋势，也正是这些新趋势所共有的特点，成了拓展的本质特征。

管理培训为主导的拓展，主要是挖掘员工的潜能与激情，提高领导与主管们的管理技术水平，从而使团队更加团结、更加有凝聚力，继而创建企业文化，培养团队精神和团队行为意识，最终为企业创造高绩效的工作打造氛围。

休闲旅游为主导的拓展，主要是为了提高都市人的生活质量，在余暇时间走出城市，走进大自然去愉悦身心、享受生活，边玩边练边学，有时也被认为是“体验旅游”。

课程教育为主导的拓展，则是以心理、管理学和体育学科为载体，进行有针对性的教学。绝大多数学校以体育课为主，在当前的素质教育、健康教育、人本教育和“三自主”关于“放开”和“开放”的思想指导下，社会上时尚的、新兴的、有用的新运动形式走进体育课堂，拓展以此为契机进入课堂，以弥补传统学校体育的某些不足，从而培养出更加全面的身体健康、心理健康、有较强社会适应能力，有较强创新思维的人才。

二、高职医学院校拓展训练的特点

当前医学院校高等教育的改革和学科重组建设正在以前所未有的速度发展，医学院校在传统学科不断拓展更新的基础上，也增设了很多新的专业，如药品管理与营销、卫生信息管理、医学电子仪器与维护、康复医疗技术等。医学院校正在从一般意义的专科院校向综合类大学过渡发展。长期以来，我国高等医学教育对医学院校学生综合素质培养中很少考虑人格因素，而在美国及其他一些西方国家，将人格心理学研究成果，诸如动机、兴趣等广泛应用于医学院校的教育中，推动教育改革，培养出优秀的医药护人才，已成为美国医学教育研究者的一项重要课题。

拓展训练在医学院校的发展，是在突出团队精神的前提下，要求参加者勇敢地迎接对智力、毅力、耐力、体力等综合素质的挑战，充分展示个人魅力的一项新兴体育运动，除了使学生达到“磨炼意志、陶冶情操、完善人格、熔炼团体”的目的，主要有以下一些特点。

1. 突出生命教育理念 拓展训练是以“挑战自我”为目的，它独特的“历奇性”可以使医学生通过参加陌生的、新奇的、有挑战性活动，获得不同寻常的生命体验。经过体验，可以使他们对生命、本能、求生、拼搏产生全方位的思考，不仅对个人的生命有全新的认可和定位，也能更加尊重他人的生命和维护一切生命的尊严。

2. 强化个人心理训练 拓展训练是一项旨在协助医学生核心价值观形成的训练过程，通过训练课程能够有效地拓展他们的职业潜能，提升和强化个人心理素质，帮助他们建立高尚而尊严的人格；同时让他们能更深刻地体验日后医务工作者个人与团队之间，医生与病患之间唇齿相依的关系，从而激发出团队更高昂的学习、工作热诚和拼搏创新的动力及独立思考能力，使日后的医务团队在日后医疗事务的分工和协作中都更富凝聚力。

3. 增强团队合作意识 拓展训练是一套塑造团队活力、推动组织成长的不断增值的训练课程。通过拓展训练，医学生在以下方面将有显著的提高：①认识自身潜能，增强责任心与自信心，改善自身形象；②克服心理惰性，心理恐惧，磨炼战胜困难的毅力；③启发想象力与创造力，提高解决问题和困难的能力；④认识群体的作用，增进对集体的参与意识与责任心；⑤改善人际关系，更为融洽地与群体合作；⑥学习欣赏、关注和爱护自然，尊重生命。

三、拓展项目的介绍

（一）盲人方阵

盲人方阵也叫黑夜协作，这是一个以团队挑战为主的项目，活动中每一名学生都可以获得一次非同寻常的经历，它将让我们得到一次全新的反思和认知（图 19-1）。

1. 场地器械 边长不小于25米的平整开阔的场地一块。长3米、5米、15米，粗1~1.5厘米的绳子各一根，预先打结并揉乱，眼罩14只或与学生人数相等。

图19-1 盲人方阵

2. 学习目的

（1）培养团队成员的沟通意识，提高沟通技巧和决策能力。

（2）培养学生做事时方法和知识结合与运用的能力。

（3）使得学生理解角色定位及尽职尽责地完成本职工作的重要性。

（4）理解“失与得”的辩证关系。

（二）信任背摔

信任背摔是最为经典的拓展训练项目之一，倒向“人床”的瞬间是本能的突破，也是人性的释怀（图19-2）。彼此的信任来源与彼此的责任和关爱，以及团队的支持是个人敢于挑战的基础。

1. 场地器械 1.4~1.6米的标准背摔台，背摔绳一根，海绵垫一块。

图19-2 信任背摔

2. 学习目的

（1）培养团队内部的相互信任。

（2）增强学生挑战自我的勇气和良好的心理素质。

（3）发扬团队精神、互相帮助以及团队责任感。

（4）通过挑战懂得突破本能的重要意义。

（5）感悟制度的制定与保障对完成任务的价值。

（6）培养学生换位思考的意识。

（三）高空断桥

高空断桥是一个以个人挑战为主的项目，它属于高心理冲击的高空通过类项目，整个过程需要独立完成。“断桥一小步，人生一大步”浓缩了这个活动的精华（图19-3）。

图19-3 高空断桥

1. 场地器械 8~12米高的连接好“路绳”的专项训练架，足够数量的铁锁、滑轮、安全带、扁带与头盔，2段分别略长和略短于上方钢缆到桥面距离的动力绳，上升器1把，止坠器1把，护腿板2副。

2. 学习目的

（1）培养克服恐惧、勇于面对困难的态度。

（2）学习认识自我、挑战自我、战胜自我的方法。

（3）学习自我说服与自我激励，认识鼓励他人与获取鼓励的重要性。

（4）培养团队面对困难时的互助精神和团队意识，观察并分析团队角色与整体统筹。

（5）学习分析风险和化解风险的能力。

（四）垂直天梯

垂直天梯也叫巨人梯，这是一个以 2~3 人共同挑战并和团队配合相结合的项目。项目具有一定的难度和心理冲击力，相对需要消耗较大体力。想要获得新高，就需要互相帮助，既要甘为人梯，也要勇于探索。最重要的是不能忘记同路人，相互支持与相互感恩可以让大家一起前进和提高（图 19-4）。

1. 场地器械　8~12 米高的组合训练架或专项训练架，不小于 25 米长的动力绳 2~3 条，足够数量的铁锁，可以供两组学生使用的安全带和头盔；用于保护的扁带、铁锁和“8”字环 2~3 套，手套 6 副。

图 19-4　垂直天梯

2. 学习目的

（1）全力以赴、合理分工、互相鼓励、充满信心、克服心理障碍是实现目标的保障。

（2）培养学生的相互协作、不离不弃的共同意识。

（3）体会团队内部人员合理搭配对实现整体目标的价值。

（4）学会共同探索、总结经验与彼此分享和传授经验对提高整体工作效率的重要性。

（5）珍惜别人的帮助，懂得感恩是能够继续前进的无形助力。

（五）求生墙

求生墙也叫海难逃生，因为经常将它安排为最后一项活动，因此，也叫毕业墙或胜利墙。这个活动可以让我们懂得个人目标与团队目标的关系，为了能够不失去任何一名亲密的伙伴，只有团队获得胜利才是真正的胜利（图 19-5）。

1. 场地器械　高度 4 米以上，宽 3 米左右的求生墙一面，墙后平台低于墙头 1 米左右，平台必须带有围栏固定；300 厘米×200 厘米×30 厘米的厚海绵垫两块。

图 19-5　求生墙

2. 学习目的

（1）提高危急时刻的生存技能。

（2）培养团队内部以及团队之间的协作能力。

（3）民主与有效的讨论、合理与快速的决策、科学与创新的方案、正确与快速的执行是完成团队活动的保障。

（4）认同差异，合理分工，学习最优配置资源。

（5）感受团队成员的魅力与快乐。

（六）击鼓颠球

击鼓颠球也叫鼓上飞球，一个拴有十多根绳子的大鼓，在众人的牵拉下将一个排球不断颠起，努力挑战更多数量。这是一个以团队挑战为主的项目，挑战团结协作的能力（图 19-6）。

1. 场地器械　平整空旷场地 1 块，栓有 10~20 根 3 米长绳和大鼓一面，排球或者同类用球 1 个。

图 19-6　击鼓颠球

2. 学习目的

（1）全体学生取长补短、团结协作完成共同目标的能力。

（2）培养学生不怕挫折、不断进取、争创佳绩的意识。

（3）感受互相鼓励对完成任务的积极作用。

（4）感受团队成长与团队绩效的提高过程。

四、风险与安全防护原则

（一）拓展项目风险的认知

拓展项目中风险是指在拓展活动中存在或潜在造成伤害的可能性或概率。在拓展活动中的风险=伤害的程度×发生的可能性。拓展中的风险既包括可能的损失，也包括通过风险学习的可能收获，因此，化解风险的学习过程本身就是一次有意义的学习。

对于活动中的风险，按照传统理解可分为“未然风险”和“已然风险”，也就是需要防范和现场处置两部分。对于风险最好的选择是“防患于未然”，但是谁又能确保万无一失呢？因此，安全教育与安全预案是减少事故和事故损失的基础，制定相关应急预案，教师多次演练是非常重要的，在“未然”中学习是防范风险的最高境界。一旦出现意外，按照提前制定的预案结合实际情况，可以将事故造成的危害最小化，同时解决好“已然”事故，并将其向同行通报并组织研讨，为避免再次出现同样的事故累积经验。

（二）拓展项目的安全认知

拓展安全吗？这是拓展活动被问得最多的问题。“拓展活动中没有绝对的安全”，这是一个必须推行的理念。尽管绝大多数时候能确保百分之百的安全，但这只是相对于风险系数较低的项目。

拓展中所指的安全不单单指身体的安全，而是全方位的安全，它包括以下内容。

1. 身体安全　保护学生身体不受伤害。
2. 心理安全　学生可接受、伤害阈值前的心理压力。
3. 行为安全　不强迫做违反道德、法律的活动。
4. 器械安全　器械与活动道具的保护。
5. 环境安全　环保习惯与意识的培养。

（三）拓展项目的安全防护原则

1. 双重保护原则　课程设计时所需要安全保护的训练项目，都必须进行双重保护演练，其中任意一种保护方法都足以保证实施过程中学生的安全。例如，我们在做信任背摔时，如何做到更安全，在每一个环节上都要有双重保护。当学生爬上背摔台，拓展教师一定要将他引带到保护架内，直到他背靠保护架站稳，绑上背摔绳后，拓展教师应将学生慢慢引到台边站稳，后倒时教师确认方向正确后再松开背摔绳，倒下后首先是队友双臂接住，即使体重过大，也会落在队友的弓步上，绝对不会落在地上，因此，接人队员必须弓步站立。

2. 器械备份原则　任何需要器械保护之处，都必须安置备份器械。例如，跳跃冲击性项目，必须有两套独立的绳索与主锁保护。空中单杠在进行保护时，需要在单杠的前后方各打一个保护点，两条独立的保护绳各自连接一个主锁，主锁锁门方向相反挂在连接点上，确保其中的任何一个都能起到保护作用。

3. 多次复查原则　所有的安全保护器械合理使用，完成后必须再复查一遍，操作中部分保护要多次检查，消除操作失误的可能性。例如，我们做高空断桥时，在学生上去前先自我检查，然后队长与队友再检查一遍，当上断桥后，拓展教师再次检查安全带是否穿戴正确，安全头盔是否扣好等。

4. 全程监护原则　拓展教师对项目进行中可能遇到的安全问题进行全程监护，将任何隐患消除在萌芽中。例如，我们做求生墙时，拓展教师和安全监护人员要一刻不停地监护整个过程，不合理的动作一出现就要及时叫停，随时提醒，不仅要关注上爬的人员，也要关注墙上的人员，整个过程要尽收眼底，心中有数。

5. 自愿参与原则　按照“挑战基于选择”原则，不得强迫学生参加某些高风险活动，由学生自己判断和选择是否参与，避免因此造成意外发生。例如，在做高空或体能要求较高的活动时，身体不适的见习生可以不参加，此外极度逃避某项活动或者不愿说出不想参加的理由的学生，可以由其自己决定，教师不要逼迫或者让其他人逼迫其参加活动。

除此之外，还有一些原则性要求是必须做到的，比如，高空换锁必须遵循“先挂后摘原则”，项目进行中“互相保护原则”，教师“合理移位原则”与“预判协助原则”。

第二节　定向运动

一、定向运动的起源

Orienteering（定向运动）源自瑞典语“Orientering”一词，其原意是：借助地图和指北针穿越未知地带，定向运动即是参赛者要依靠标有若干检查点和方向线的地图并借助指北针，自己选择行进路线，依次寻找各个检查点，用最短时间完成比赛者为优胜。最初的定向越野比赛于 1895 年在瑞典斯德哥尔摩和挪威奥斯陆的军营区举行，距今已有百年历史。定向越野器材简单，是各种定向运动比赛中组织方法比较简便，开展最为广泛的一种。适于各种年龄、性别的人参加，老少皆宜。

19 世纪末 20 世纪初，欧洲北部斯堪的纳维亚半岛广阔而崎岖不平的土地上覆盖着一望无际的森林，散布着无数的湖泊。城镇、村庄稀疏散落，人们的交通主要是依靠那些隐现在林中湖畔的弯弯曲曲的小路。在这样的地理环境中生活，理所当然地要比别的地方更需要地图和指北针，否则，要想穿越莽莽林海是十分困难的。正因为如此，那些最经常地在斯堪的纳维亚半岛山林中行动的人们——军队，便成了开展定向运动的先驱。他们深知，如果不具备在山林地辨别方向、选择道路和越野行进的能力，就不能完成保卫国家的重任。1918 年，瑞典一位名叫吉兰特的童子军领袖组织了一次叫作“寻宝游戏”的活动，引起参加者的极大兴趣，这便是定向运动的雏形。由于这个活动的组织方法简便，不仅对提高野外判定方向的能力及学习使用地图有好处，还能够培养和锻炼人的勇敢顽强精神，提高人的智力、体力水平。开展定向运动不需要像其他体育项目那样在场地与器材上支付大量经费，娱乐性与实用性兼备，因此日益受到军队的重视，并且很快地在民间流传开来。

二、定向地图与指北针

1. 号码布　一般不超过 24 厘米×20 厘米，号码数字的高不小于 12 厘米，字迹要清晰，字体要端止。正规的比赛还要求将号码布佩戴于前胸及后背两处（图 19-7）。

2. 指北针　多由组织者提供，如要求自备，则可能会对其性能、类型做出原则上的规定。当今世界上已出现的指北针类型主要有：简单式、液池式、透明式、照准式、电子式。

目前国际上的定向越野比赛常使用由透明有机玻璃材料制作的指北针（图 19-8）。

图 19-7　号码布

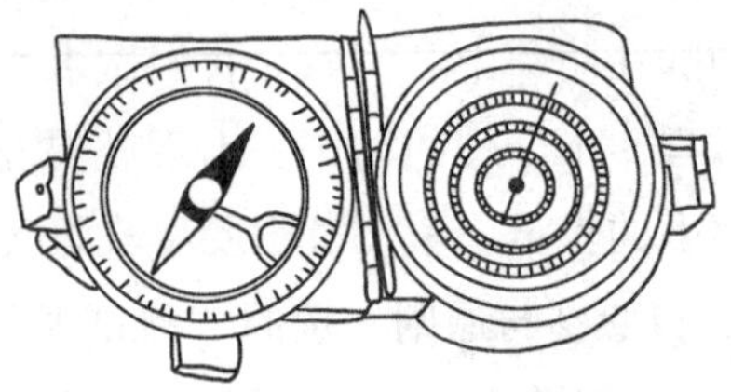

图 19-8　指北针

3. 检查卡片　主要用于判定运动员的成绩。用厚纸片制成，分为主卡和副卡两部分。主卡由运动员在比赛中携带，并按顺序将每个检查点的点签图案印在空格中，到达终点时交裁判人员验证。副卡在出发前交工作人员留底和公布成绩时使用。检查卡片的尺寸一般为 21 厘米×10 厘米。若规定比赛完毕必须交回地图，可以将检查卡片的内容直接印在地图空白处，样式可自行确定。

4. 地图　定向越野最重要的器材，它的质量的好坏直接影响到运动员比赛的成绩和关系到比赛是否公正，因此，国际定联专门为定向越野比赛制定了《国际定向运动图制图规范》。

对国际定向越野图的最基本的要求是：幅面的大小根据比赛区域的大小确定，赛区以外的情况不必表示；比例尺通常为 1∶1.5 万或 1∶2 万，当需要时也可采用1∶1万或 1∶2.5 万；等高距通常为 5 米，当需要时也可采用 2~10 米，但在一幅图上不得使用两种等高距；精度至少要使以正常速度奔跑的运动员没有任何不准确的感觉；内容表示的重点要详细标识；与定向和越野跑直接相关的地物、地貌要利用颜色、符号等要详细区分通行的难易程度。

5. 检查点标志　用于检验运动员是否按规定跑完全程，为此，应设置专门的标志。检查点应在地图上准确地表示出来。检查点标志是由三面标志旗连接组成。每面正方形小旗，沿对角线分开，左上为白色、右下为红色，旗的尺寸为 30 厘米×30 厘米，可以用硬纸壳、胶合板、金属板、布等材料制作。标志旗通常要编上代号（国际上过去曾使用数字做代号，现已规定使用英文字母），以便于选手在比赛时根据旗上的代号来判断他是否找到了正确的检查点。悬挂标志旗的方法有两种：有桩式（图 19-9 的 K 和 M）和无桩式（图 19-9 的 B）。悬挂高度一般从标志旗上端计算，距地面 80~120 厘米（图 19-9）。

6. 点签　与检查点配合而起作用，它提供给运动员一个到达位置的凭据。点签的样式很多，但最常见的还是印章式和钳式（图 19-10）。检查点印章上雕刻不同的图案或代码，最好选用能自动上印油的印章，否则在比赛时，应另备印泥。检查钳是用弹性材料制成，顶端装有钢针，钢针的不同排列，使检查钳可以印出不同的图案印痕。除了上述七种器材之外，国际定联还制定了一套《检查点说明符号》，帮助运动员在某些等级较高或规模较大的比赛中正确地寻找检查点。这些检查点说明符号是在比赛前以表格的形式提供给运动员使用的。定向越野比赛对运动员的服装都没有特殊的要求。根据经验，运动员对服装的选择应该是：衣裤——紧身而又不至影响呼吸与运动，为防止树枝刮伤和害虫侵袭，最好穿用面料结实的长袖衣和长裤甚至使用护腿。鞋——轻便、柔软而又结实，为便于上下陡坡、踩光滑的树叶或走泥泞地，鞋底的花纹最好是高凸深凹的。

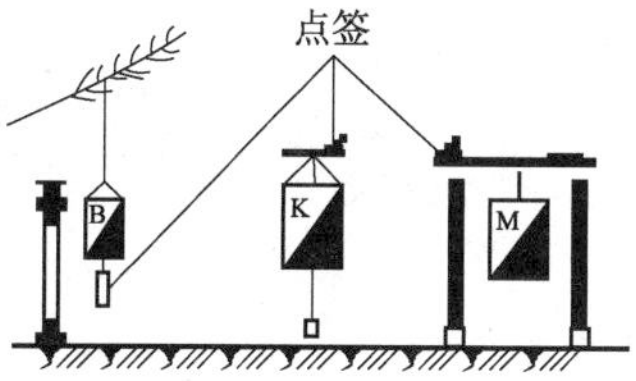

图 19-9　标志旗悬挂方法

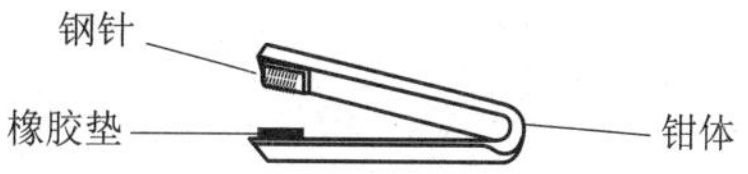

图 19-10　点签

7. 定向地图与指北针　熟练地掌握使用国际定向地图与指北针的各种方法，在定向越野中具有特殊的重要意义。认识定向地图是为了正确地使用定向地图，因此，在学习定向越野技能的阶段，必须选择最合适的场地、用较多的时间去进行使用定向地图与指北针的训练。下述内容中，有的是属于最基本的和必须通过反复练习熟练掌握的，有的则可以根据具体情况，先选择一两种最适用的方法进行训练，以便收到触类旁通、由浅入深、循序渐进的学习效果。

（1）标定地图　目的是使定向地图的方位与现地的方向相一致。这是使用定向地图的最重要的前提。

（2）对照地形　目的是通过仔细地观察，使图上和实地的各种地物、地貌一一“对号入座”，即相互对应。对照地形在定向越野比赛中的作用主要有两个：①在站立点尚未确定时——只有正确地对照地形，才能在图上找出正确的站立点位置；②在站立点已经确定，需要变换行进方向时——只有通过对照地形，才能在现地找到已选定的最佳行进路线。对照地形一般应先标定地图，然后根据不同的需要采用不同的对照方法。

（3）确定站立点　熟练地掌握在图上确定站立点的各种方法是学习使用地图的关键。对于这些方法，除了要记住它们各自的步骤、要领，尤其重要的是要学会根据不同情况，对他们进行选择使用和结合使用。

（4）按图行进　利用地图行进是定向越野的基本运动方式，它有赖于运动员对前面所述各种专项技能的综合运用。换句话说就是，学习辨别方向，识别定向地图以及标定地图，对照地形确定站立点，都是为了能够熟练地利用地图行进。因此，在实践中要根据地形情况，个人特点，选择下述对自己最适合的一两种方法，反复练习，融会贯通以便在比赛时不降低或少降低运动速度的情况下，始终正确地行进在自己选定的路线上，顺利到达目的地。

三、定向运动的训练方法

1. 地图正置及拇指辅行法　先将地图正置，把拇指放在地图上自己的位置。这样你要前进的方向便在地图前面，使你清楚观察四周的环境及地理特征。当前进时，拇指随着移动，当改变前进方向时，地图也要随着转移，即保持地图北向正北方。那样你可以在任何时候都能立即指出自己在图中的位置，省掉不少时间和精神（图 19-11）。

2. 利用指南针　利用指北针，准确地找出目标的方向，每次前往目标前，可先观察目标周围的地势，加深印象，务求快速及准确地到达目的地。

3. 扶手法　利用明显地理或人作特征、作引导，使前进时更具信心。如小径、围栅、

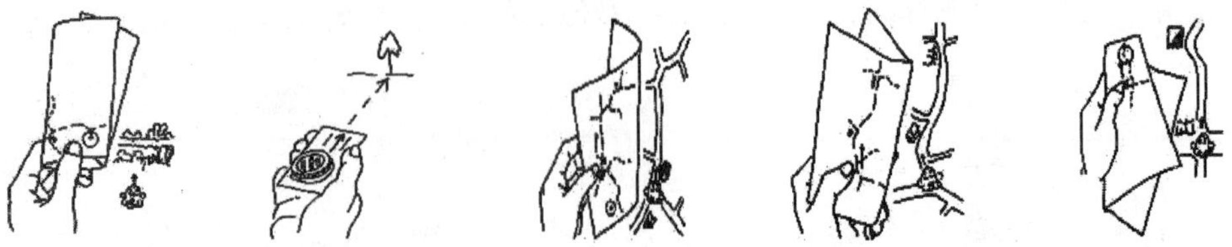

图 19-11　地图正置拇指辅行法

小溪涧、山嘴等，皆是有用的扶手（图 19-12）。

4. 搜集途中所遇特征　辨别前往控制点途中所遇到的地理特征，确保前进方向及路线正确。切勿将相似的特征误认（图 19-13）。

5. 攻击点　先找出控制点附近特别明显的特征，然后利用指北针，从攻击点准确及迅速地前往控制点。攻击点必须是容易辨认，如电塔架、小路交点等（图 19-14）。

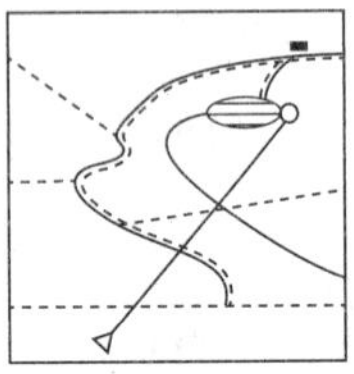

图 19-12　扶手法

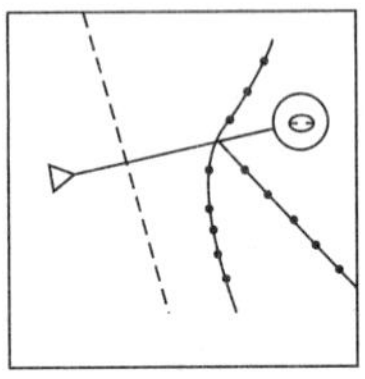

图 19-13　搜集途中特征

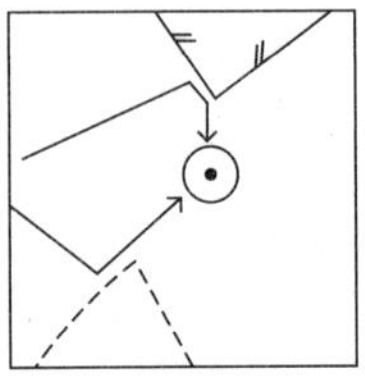

图 19-14　攻击点

6. 数步测距　先在地图上量出两点间的距离，然后利用我们步幅准确的测量要走的路程。方法：先量出 100 米我们所需步行的步数，（设 120 步），当我们在地图上发觉由 A 点到 B 点的距离是 150 米便可伸算出应走 180 步。为了减少数步的数目，我们利用“双步数”，只数右脚落地的一步，便可把步数减半。上面的例子双步数为 90 步。

7. 目标偏测　利用指北针前进，把目标偏移，当到达目标的上面或下面，才沿“扶手”进入目标。除比赛时经常运用上述基本技术外，赛后检讨，找出常犯的错误和原因，加以改善你的定向技术。初学者应多从基本技术下功夫，切勿操之过急（图 19-15）。

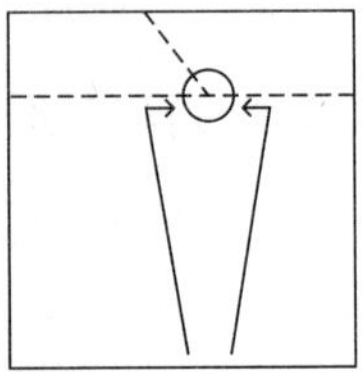

图 19-15　目标偏测

四、定向越野比赛和路线基本规则

1. 定向路线图　三角表示起点，其精确的位置是三角的中心（图 19-16）。打卡器或者是图 19-17 所示的机械打孔，或者是电子打卡计时系统。参与定向运动比赛有适合各个类型的定向者的等级，等级按性别、年龄和定向技巧来划分。通常一次比赛中有很多等级。

2. 永久路线　许多公园设置了永久性的路线。它们通常包括各处有“特征”的柱子，或者是装在树上的 10~20 平方厘米大小的标志物，或易或难。你可以从公园门口，或 PWT 网页得到地图包。在包里，你将找到所有 PWT 地图及抽奖信息。除了地图以外，你还能得到一些意见和各种不同难度各式各样的路线。这些路线构成了完美的训练场所，也提供了一种很好的方法来向初学者介绍定向运动。

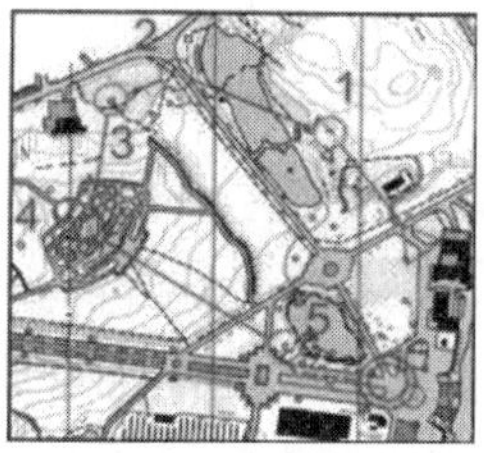

图 19-16　地图

图 19-17　打卡器点签

3. 制定路线　在比赛中，你需要一张已标明比赛路线的地图（图 19-18）。这条路线是由比赛组织者在比赛前制定的。一般来说，最好尽早地制定出比赛路线，以便提前检查那些点标的位置是否合适。

路线中的各种标记：起点、点标、终点和起/终点（有时起点和终点可以重合）（图 19-19）。

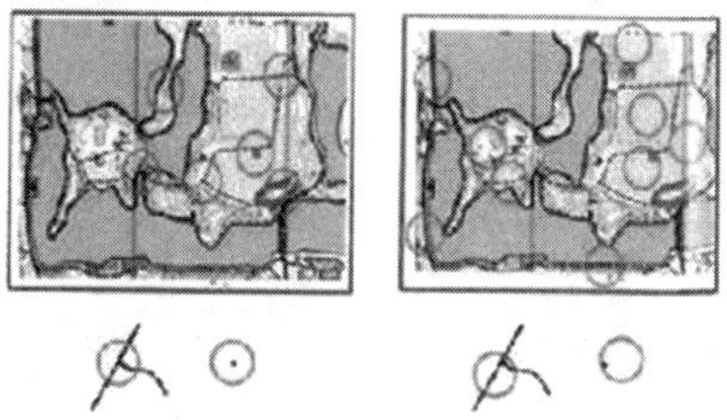

图 19-18　比赛线路图

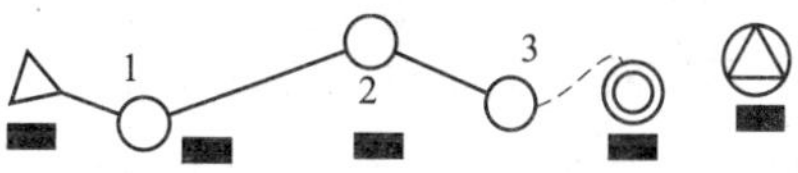

图 19-19　路线标记

在图中用紫色标出比赛路线（如用笔画线，用红色笔），这是为了与图上的其他颜色区分开来。起点在图中用三角形表示，并指向第一个点标。点标用圆圈标出，且点标的具体位置是圆圈的中心。这个圆圈的直径大约 7 毫米（不太大也不太小）。永远不要把点标设在空旷地带中心，而是放在有明显地物特征的地方。

点标的序号的阿拉伯数字要南北竖直标写，这样不用看地图的顶端也可以知道南北方向（图 19-20）。

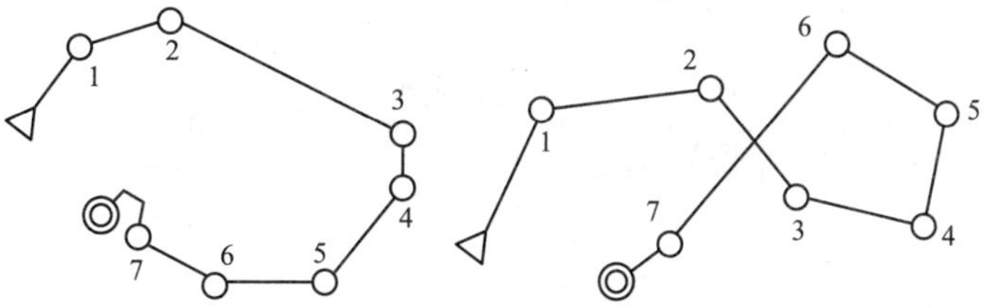

图 19-20　点标序号

制定路线的一般原则如下。

（1）点标的数量并不固定，一般至少 4~5 个，但要注意：点标之间的距离不要太远，如果超过 5~6 千米就过长了（这主要是由地域的大小和道路中的障碍物所决定）。

（2）对初学者，路线一般不要交叉，因为这样可能使他们混乱，以错误顺序找点。除非使用 Sportident 电子打卡系统，否则最好不要设交叉路线。因为机械打卡器不能识别你是否按顺序打卡，除非点标旁有组织监察员监督。

（3）这里需要强调：路线是可以交叉的，只是由于某种实际的原因而尽可能不使之交

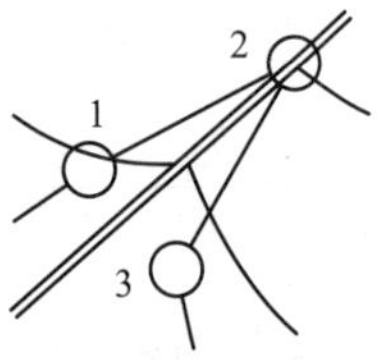

图 19-21　路线

叉（图 19-21）。

（4）点标之间的角度不要小于 90°，以避免那些正在寻点标的人看见刚从此点标方向跑出的人而得利。

（5）路线的长度以直线距离为测量标准，所以必须知道图的比例，通过比例来测量路线的长度。如要求比赛路线是一个确定的长度，那么必须在图中根据比例尺相应调整路线长度。如果比例尺是1：4000，那么图中一条 35 厘米长的路线实际上是多少？（1400 米）

（6）出发点和终点由组织者决定，应根据比赛的类型选择尽可能方便的地点。大型比赛，起终点要求相对较大的空间（可容观众观看），且交通不太拥挤（人和车），并适合做出一条好路线的地方。在公园和校园中经常会有许多障碍物，比如墙、水塘、建筑物等，需与以上原则做出妥协，但尽可能地遵循这些原则。当然，最好的学习是实践。

4. 一条好路线的特征

（1）初学者　点标明显易找；路线选择少；路线不太长（1~2 千米）点标与点标之间距离较短；路线不交叉；（非绝对）点标与点标之间角度大于 90°。

（2）较高水平者　点标不很明显，较难找；路线的选择性强；路线距离长（2~10 千米）点标之间的距离长短不一；前进的方向和角度时常变化。

5. 不同级别的路线　在比赛中一般既有男选手又有女选手，可能需要为不同的性别制定出两条不同难度的路线（图 19-22）。

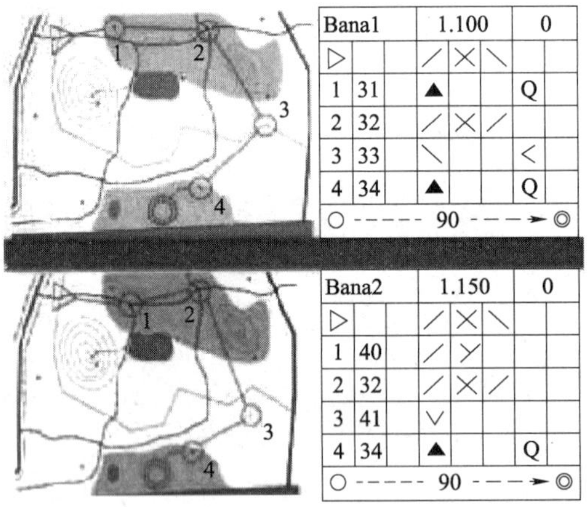

图 19-22　不同级别的路线

（1）制定一条路线共两个级别共用，但这样再一个一个出发时花费时间太多。

（2）制定两条不同路线，可在同一时间发出两个队员。同时可让两个组别共用某些相同的点标，但不要太多，否则会出现跟跑现象。有时，在一些非常大型的比赛中，如瑞典五日赛，在五天的比赛中每天有超过 15 000 名的参与者，这样就会根据年龄、性别和技能设有各种不同的级别。但不必为这些不同的级别分别组织比赛，只需为他们制定不同的路线，即以在同一时间，在同一场地比赛。因而可选出许多冠军，但通常只有一组水平最高，称为精英组。

6. 点标（检查点）说明　如果在比赛场地上设有许多的点标旗，那么选手如何分清找到的是不是他的路线上应该找到的正确点标呢？每一位选手在出发前都会得到一张点标说明（有时，也会印在地图的下面或侧边）。这张说明给出了点标的详细信息：包括点标的确切位置和具体编号（当有多条路线时）。在一些大型的比赛中，如省级或国家级的比赛，应使用IOF的标准。

知识链接

为使定向运动在全世界得到普及和发展，1961年5月，十几个国家的定向运动积极分子在丹麦首都哥本哈根成立了国际定向运动联合会（International Orienteering Federation，IOF），确定了正式的比赛项目并制定了一系列的比赛规则与技术规范，国际定联成立时有成员国10个，截至2002年底，其会员协会已发展到包括中国在内的62个国家与地区，其中43个正式会员，19个准会员。1992年，中国以中国定向运动委员会的名义加入国际定联。

第三节　野外生存

一、野外生存的起源和发展

（一）野外生存的起源

“野外生存”起源于国外特种部队的一种特殊训练科目，目的在于使部队在各种困难、复杂的条件下，保存战斗力，把非战斗减员降低到最低限度。

“野外生存”是指在远离居民点的山区、丛林、荒漠、高原、孤岛等复杂地形的区域，在没有外部提供生命所赖以维持的物质条件下，个人或小集体靠自己的努力，在不太长的一段时间内，保存和维持生命的基本手段和方法。“体验”是指在近似的环境条件（如人为创造的环境条件）下的模拟和经历。

（二）野外生存的发展

纵观野外生存的发展历程，我们将其分为三个阶段。

1. 为了生存而不得不进行的阶段　主要指在人类发展的早期阶段，如狩猎、寻找合适的居住地等。在此阶段，人们是在迫不得已的情况下自发地进行着野外生存活动，其主要目的是生存。

2. 在特殊的时期、特殊的地点，为了特殊的目的而有意识地进行训练的阶段　如战争时期、自然灾害区域、军队、科考队、探险队等。此阶段，某些是人们迫不得已的，如灾害。某些是人们主动的、自愿进行的，如具有特殊使命的集体，像军队、探险队等，其目的是多样化的。

3. 为了提高生活的品质和人的素质而进行的阶段　此阶段，进行“野外生存”的人们完全是自愿的，且其目的主要是精神方面的，这就使此活动有了教育的功能。因此，我们可以把此活动作为一门素质课程。

二、野外生存的基本技能

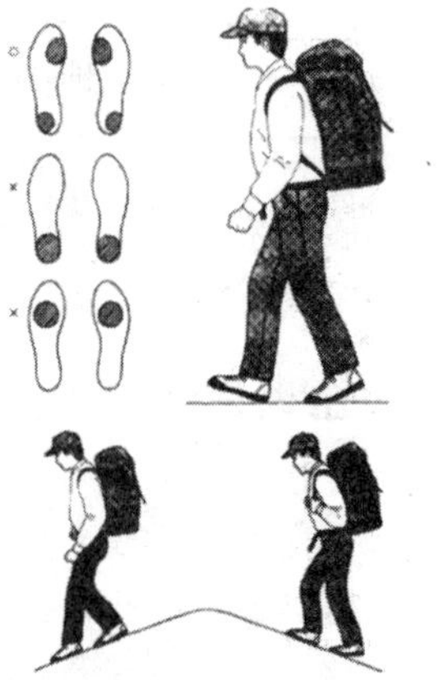
图 19-23　步行

(一) 行进方法

野外活动需长时间走路（图 19-23），掌握一定的步行技巧，能使你减轻疲劳，不同路面和不同的交通工具行进方法亦不同。

1. 平路　在平坦路上行走，把步幅放大，这样不仅可以节省体力而且便于休息。

2. 山路　行进的四种错误方式如下。

（1）步幅太大，无节奏。

（2）弯腰，面朝下，只看脚面。

（3）一手插在裤兜里，一手提东西走路。

（4）重心全部放在脚跟或前脚掌。

（5）保持愉快的心情是至为重要的。一门心思地想着尽快到达目的地，容易积累疲倦，也还失去了欣赏沿途美丽风景的大好机会，实在是弊处多多。

（6）选择一根基本与自己等高手杖，即可以作登山杖，又可以用来开路、粗略测量、防身。

（7）上坡　步行上坡时，步幅要放小，手臂摆开，身体微向前倾，不要东张西望，若坡度大可借助外物。

（8）下坡　下坡时，要全脚掌着地，身体稍向后倾，目视前方，两腿呈弓步，切勿并脚停下，这样易跌倒。

3. 雪地　冰面和积雪山坡交界的地方，雪往往很深。行进时必须用绳子把队员串成一组，要两脚站稳后再移动，向前跨步，要用前脚掌踏雪，踩成台阶再移动后脚，不慎跌倒要立即俯卧，防止下滑。体力较强的队员在前，后面的队员沿着前面踩出的脚印行进。

4. 渡河　由于光的折射，在岸上看上去河水不深（感觉不及膝盖），实际上可能没及胸部或头部，凭感觉下水是很危险的，因此遇到河流，不要草率入水。待仔细观察后，再确定渡河的地点和方法。

（1）渡浅水河（水深及腰）　①若水流湍急，涉渡时用一根杆子，支撑在水的上游方向，或手持 15~20 千克的石头，垂手将石头从水下搬运过去；②集体渡河时，应当三人或四人一排，彼此环抱肩部，身体强壮的应在上游方向；③若河底多石块，应穿鞋渡河，以免尖石划破脚，同时也更有利于保持平衡（图 19-24）。

（2）渡深水河　用圆木或防潮垫制成“竹筏”（图 19-25）。

图 19-24　渡浅水河

图 19-25　渡深水河

木筏的载重量的计算方法：载重量＝圆木长（米）×0.75×圆木小头直径（厘米）

（二）营地的选择

1. 理想的宿营地 必须考虑到安全和舒适，理想的地点应该是平坦无太多石块，距离水源40~50米，可以防风防雨，而且不受落石、雪崩以及突如其来的涨水的危险。最好还有充足的可利用的柴薪（图19-26）。

图19-26 理想的宿营地

夏季，露营地应选择在地势较高、干燥、通风且蚊虫较少的地方；冬季，应注意避风和取暖。

2. 不适宜搭帐篷的地方（图19-27）

（1）山顶 多有大风。

（2）谷底及深不可测的山洞 潮湿且危险。

（3）有流水痕迹的地方及河滩地 易受突如其来的山洪危害（以当时实际情况为准）。

（4）通向水源的山嘴 常为兽类饮水必经之路。

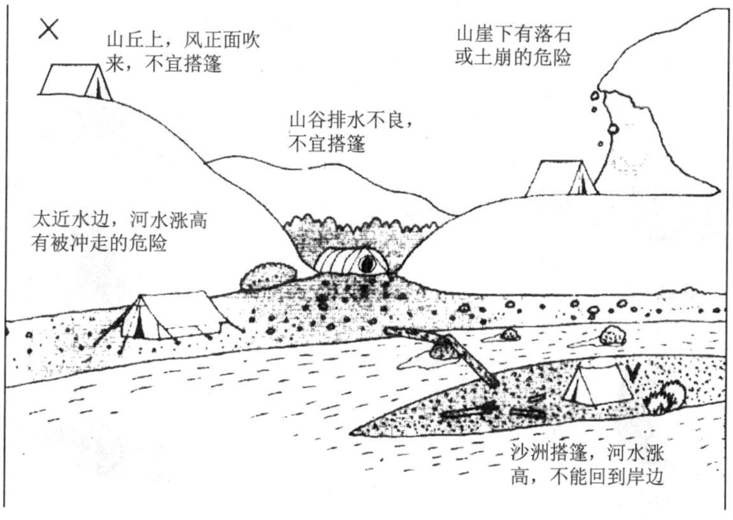

图19-27 不适宜搭帐篷的地方

3. 搭建帐篷（活动前检查帐篷） 帐篷有很多种类型，有屋型、圆顶型、蒙古包型等，下面具体介绍圆顶帐篷（图 19-28）的搭建方法。

（1）场地　搭帐篷之前应先平整和打扫地面，捡除石块，拔去影响搭帐篷的杂草。

（2）搭建步骤

1）取出帐篷，铺开，四人分立于四角，两人联结并推送帐篷杆，两人在对角线方向负责疏导。

图 19-28　圆顶帐篷

切记：疏导者不能拉帐篷杆，否则可能损坏其中弹力拉绳，使杆穿过帐篷顶圆环，当帐篷杆两边外露长度相等时（约一节半）四人同时用力，撑起帐篷，将帐篷杆插入内孔中，而后四人逐各打地钉（图 19-28）。

2）搭防雨布：将防雨布的门与帐篷门对正，四人同时拉住拉环，拉紧防雨布，同时打地钉，然后用拉将防雨布向外拉紧，保证防雨布与帐篷之间留有空气层，起到防雨、保暖的作用。

3）将帐篷门窗拉上，防止蚊虫和沙尘进入。

（三）篝火

1. 生火　野外生存，火是必不可少的，外出时必备火种，同时也应该准备蜡烛，点火时，先用打火机或火柴点着蜡烛，这样可以节省火种，尤其是在火种不多时。一旦发生意外情况无法生火，可用一些临场取火方法：最常见的就是聚集太阳光点火，聚光可用放大镜、老花镜、望远镜中的镜片，甚至将冰块磨制成放大镜，如无太阳光，只有试试钻木取火的原始方法了。另一种方法是利用手电筒中聚光碗，将易燃的火柴、纸屑、木屑、松脂等置放在聚光处，接通电源，片刻即会点燃易燃物；或把电珠用细砂石磨破，注意不要伤及钨丝，然后将火药（如火柴头）填入，接通开关，片刻即可生火（图 19-29）。

2. 搭建篝火　野外生存，燃点篝火是一项重要的技能。篝火应选择背风的地方，离帐篷 2 米以外，如果在湿地或雪地上生火，要先用石块垫地。为了便于燃烧，可与风向成直角放置两块枕木。点燃篝火最好的材料是桦树皮，桦树皮的含油量极高，在雨中仍可燃烧。

根据需要的不同，可选择如图 19-30 所示的几种方法搭建篝火。

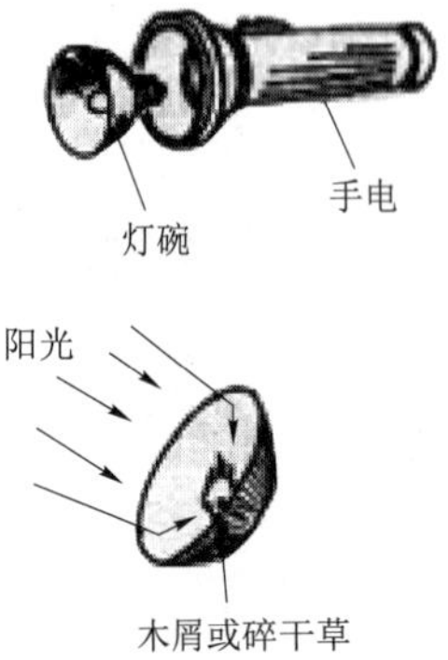

图 19-29　生火

图 19-30　搭建篝火

（1）密林篝火　横放一根较粗的圆木，上面斜搭几根较细的干木头，一边烧一边挪动，适用于野外无遮棚的露营。

（2）星形篝火　把 5～10 根圆木的一头拼拢成星形，从中间点燃，然后一边烧一边把圆木往里推送，这种篝火热量很大，几个人可围绕着它在雪地上睡觉。

（3）长条形篝火　用两段约一人高的圆木顺风叠放，边上打入湿木楔，防止圆木滑落，两木之间加撑子。留出空隙以利于燃烧。这种篝火燃烧时间较长几乎无须调整即可燃烧整晚。

撤离时，应将篝火彻底熄灭，特别是春秋季节在林区和草原应更注意，以免引起火灾。

（四）水源

1. 寻找水源　水是人类赖以生存的基本条件，尤其在野外活动中，更是生死攸关的必备。那么，如何在野外寻找到可饮用的水源呢？

（1）听　凭借灵敏的听觉器官，多注意听听山脚、山涧、断崖、盆地、谷底等是否有山溪或瀑布的水声，有无蛙鸣和水鸟的叫声等，特别是在凌晨或有雾的早晨，由于空气中所含的水分子和负离子较多，所以声音能传播得很远。但要特别注意的是，不要把风吹树叶的“哗哗”声当作流水的声音，那样会使自己误入歧途，身陷困境，说不定还会因此而迷路。

（2）观察　①可站在山峰的高处观察四周的环境，看近处是否有大河、河道、瀑布、水库等，此类地方，也可找到饮用水源；②夏季蚊虫聚集，且飞成圆柱形状的地方一定有水；③在丛林茂密的山谷中，都会有溪水流出。

（3）根据气候及地面干湿的情况寻找水源　①在总有浓雾的山谷里定有水源；②收露水也可缓解些燃眉之急；③通常雨水可以直接饮用，不过应让其充分沉淀、澄清；④在春天树木要发芽之时，还可从桦树、山榆树等乔木的树干及枝条中获取饮用水；⑤ 如果能找到野葛藤、葡萄藤、五味子等藤本植物，也可从中获取饮用水。

注意：千万不要饮用那些带有乳浊液的藤、灌木、乔木的汁液，以免中毒（从植物中获取的饮用“水”，容易变质，最好即取即饮，不要长时间存放）。

2. 水质鉴别　水对于野外生存是至关重要的，在野外我们可以根据水的颜色、味道及水迹来鉴别水质好坏。

（1）颜色　清净的水，在水层浅时无色透明，深时呈浅蓝色，可以用玻璃杯或白瓷杯盛水观察，通常水越清水质越好，水浑则说明水里含杂质多。

（2）味道　清洁的水是无味的，而被污染的水则常有一些异味。为了准确辨别水的气味，可以用一只干净的小瓶子装半瓶水，放入 60 ℃的热水中，片刻后震荡数下，打开瓶塞后立即闻一下，如闻到水里有怪味，则不可饮用。

（3）杂质　用一张白纸，将水滴在上面晾干后观察水迹，清洁的水无斑迹，若有斑迹，则说明水中杂质多、水质差，若其中没有鱼类或其他生物栖息，就更要慎重。

3. 净化水　外出时应该携带饮水消毒片、漂白粉精粉以及明矾等药品，除去水里的杂质和细菌。

野外活动中，当自备的水用尽，在山泉、溪流中取水时，一定要在确定干净清洁的情况下再饮用。

最好不要饮用从杂草中流出的水，而以从断崖裂缝或岩石中流出的清水为佳。当你在极度疲惫干渴之际，找到了水源，最好不要立即狂饮，应该就当时的环境条件对水源进行必要的净化和消毒处理，以避免因饮水而中毒或染上疾病，饮水时要“少量多次”。

（五）野炊

野外活动中，野炊是最令人开心的。野外用餐不但可以享受快乐的阳光，还能尽展厨艺。可口的饭菜可以补充运动所消耗的体力，养精蓄锐，开始新的行程。

（六）野外迷路的处理方法

如果你在野外迷失方向，恰好手中又没有地形图和指北针，不要发愁，大自然会为你指路。

1. 太阳是最可靠的“指北针”

（1）“立竿见影”：用一根标杆，使其与地面垂直，把一块石子放在影子的顶点 A 处；约 10 分钟，标杆影子的顶点移动到 B 处时再放一块石子，将 A、B 两点连成一条直线，这条直线的指向是东西方向，与 AB 连线垂直的方向则是南北方向，向太阳的一侧是南方，相反方向是北方（图 19-31）。

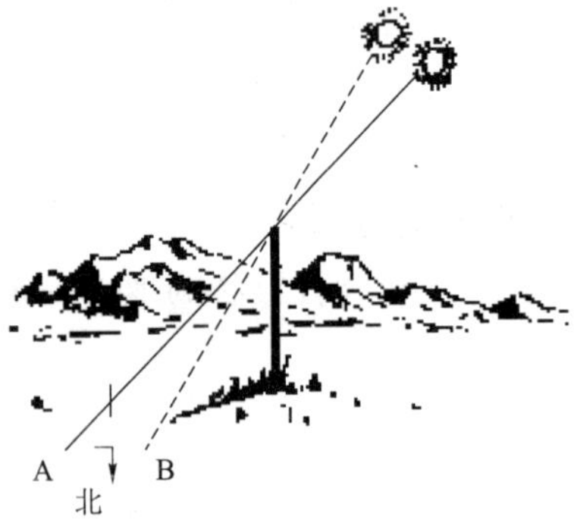

图 19-31 “立竿见影”

依此测定方向：插杆越高、越细、越垂直于地面、影子移动的距离越长，测出的方向就越准。如：11 时半和 12 时半这两个时间的影子长度几乎相等，顶点的连线刚好指向东西方向，连线的垂直线也能较准确地指出南北。

（2）用带指针的表辨别方向（以 24 小时制计算），将手表放平，以当时时间除以 2 把所得的商数对正太阳的方向，将手表放平，手表上“12”处正对的方向即为正北。即“时数折半对太阳，12 指向正北方”。

2. 没有太阳时，动植物也可作导向 靠近树墩、树干几大石头块南面的草生长得高而茂盛，秋天南面的草也枯萎干黄得较快。树皮一般南面比较光洁，北面则较为粗糙（树皮上有许多裂纹和高低不平的疙瘩）。

长在石头上的青苔性喜潮湿，不耐阳光，因而青苔通常生长在石头的北面。秋天果树南面枝叶茂盛结果多，果成熟时，朝南的一面先染色。冬天积雪先融化的一面朝北方。坑穴和凹地则北面向阳融雪较早。北方冻土地带的河流，多为北岸平缓南岸陡立。

3. 用北极星判定方向 夜晚星空中，沿着北斗星的“勺柄”，找到明亮的北极星，则 AB 正指示南北方向（图 19-32）。

庙宇、宝塔以及一般住房大都坐北朝南。伊斯兰教的清真寺的门则朝向东方（礼拜者面向西方）。

4. 迷失方向后如何处置

（1）野外活动中若掉队，切勿盲目行走，要留在原地，等待救援。

（2）当发现自己迷失方向，切勿惊慌，冷静地回忆一下自己所走过的路，尽一切可能重新定向，然后再寻找道路，最好能“迷途知返”。

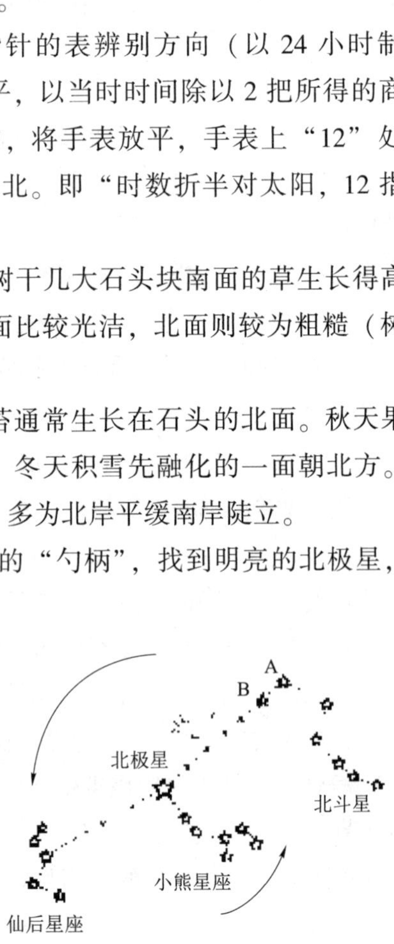

图 19-32 北极星判定方向

（3）迷失方向时，应先登高望远，判断自己的行走方向。通常应朝地势低的方向走，容易碰动水源。俗话说：“水能送人到家。”探路途中，要在沿途留下标记（如放石头、插树枝，或在树干上用刀斧刻制标记）。

5. 求救信号 见图 19-33。

三、野外生存的基本装备

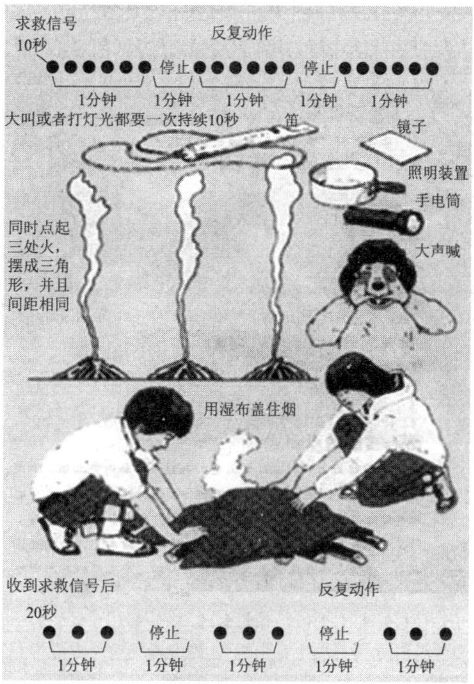

图 19-33 求救信号

1. 背囊 容量的大小与野外生存的天数有直接关系，一般不应小于 50 升（图 19-34）。

2. 登山鞋 说到野外生存用鞋，好多朋友会想到运动鞋，有些地方干脆把运动鞋叫作“旅游鞋”。其实，运动鞋分篮球鞋、网球鞋、跑鞋、多功能鞋和户外鞋等许多种，除户外品越战丛林战靴，橡胶底加防刺钢板，真皮鞋面全棉鞋腰，防滑透气，能很好地保护脚部和踝骨（图 19-35）。

3. 绳索 纵横野外，最大的目的就是要走前人没有走过的道路，而有些地方根本就没有路，此时绳索就显得极为重要。专用攀岩和锁扣最好，但价格偏高，一般登山绳索长 20 米左右即可。登山不同于攀岩超过 10 米的悬崖峭壁对于普通人来说是“禁区”。

4. 电筒及荧光棒 电筒的功用不说大家也知道，野外生存用的电筒（图 19-36）要求照射距离不小于 50 米，电池使用时间不小于 5 小时，电筒自身至少达到 30 米深能防水，电筒配有备用灯泡。图示的 PETZL 电筒不仅满足不了上述要求，还可以通过附件把电筒戴在头上，使夜行者的双手解放出来做其他的事情，十分方便。发光 2 小时以上的荧光棒（图 19-37）可以作为辅助光源在野外使用。

图 19-34 背囊

图 19-35 登山鞋

图 19-36 电筒

5. 指北针 目前，几乎到处都有不同制式的指北针出售，小到可戴在手表上的充液式简易指北针，大到地质勘探用的水平式指北针。去野外探险，建议还是使用专用指北针为好。

6. 求生哨 不过是一个普通的军用哨子（图 19-38），但在荒郊野外，遇险者如果采取喊“救命”的方式来引起救援人员注意的话，不到 15 分钟就会喊得声嘶力竭，而一个小小的塑料哨子，只要还有一口气，就能吹响它，而且，在探查出路，寻找水源时，事先约定好的哨间长短和不同组合，都是野外近距离联络时最方便和最简捷的通信方法。

7. 求生刀具 首推类似“丛林之王”的专用刀具，如果有条件，还推荐团队中的队员携带一把猎斧。美国莱则曼 WAVE 组合工具钳也是野外作业的上上之选。“瑞士冠军”万用工具刀，具有 42 项功能，被称为野外工作者的“百宝箱”，建议配合原厂的皮革刀套一起使用，因其尺寸不大，完全可以挂在腰间，以免野外急需使用组合工具时在背囊中翻来翻去（图 19-39、图 19-40）。

8. 手表 相对于一般的手表，野外生存用表除精确还应至少做到防水和具有夜光功能（图 19-41）。

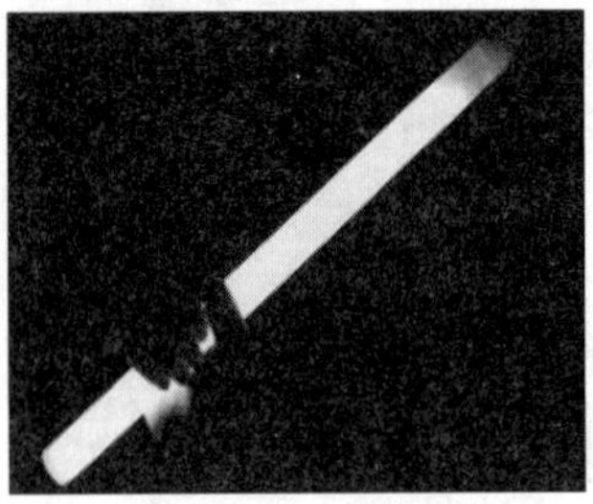

图 19-37 荧光棒

图 19-38 求生哨

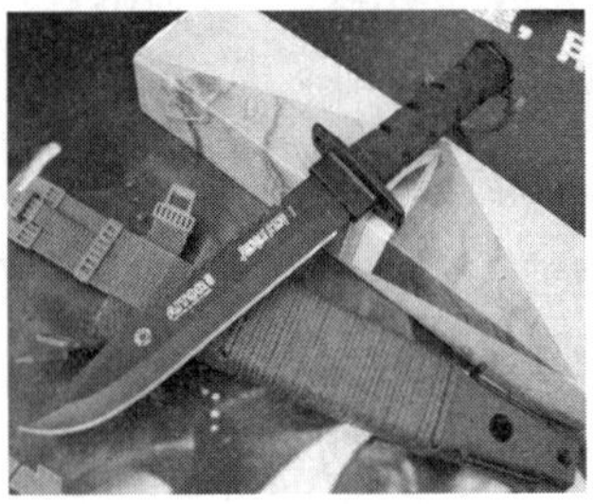

图 19-39 专用刀具

图 19-40 万用工具刀

图 19-41 手表

知识链接

天气预测

1. 动物 燕子晴空高飞捕食，暴风雨来临时低飞；兔子会例外地白天出去捕食；蚂蚁会忙忙碌碌地搬家。

2. 篝火 如果烟稳稳地上升，天气变化不大；闪烁不定或升起又降下，会有暴雨。

3. 人体 头发不易梳理，关节炎者疼痛，有暴风雨。

第四节 攀岩运动

一、攀岩运动的起源和发展

（一）攀岩运动的起源

攀岩是一项锻炼综合素质的运动，是利用人类原始的攀爬本能，借以各种装备作安全保护，攀登一些岩石所构成的峭壁、裂缝、大圆石以及人工岩壁的运动。不仅可以使人获得惊人的勇气、过人的力量、极好的柔韧性，更可以提高耐力和判断力，使人在激烈竞争、纷繁紊乱的都市生活中应付自如。

攀岩是从登山活动中派生出来的一项运动，起源于20世纪初的欧洲。20世纪50年代起源于苏联，是军队中作为一项军事训练项目而存在的。1974年被列入世界比赛项目。进入80年代，以难度攀登的现代竞技攀登比赛开始兴起并引起广泛的兴趣，1985年在意大利举行了第一次难度攀登比赛。1988年6月国际竞技攀登比赛在美国举行。1989年首届世界杯分阶段在法国、英国、西班牙、意大利、保加利亚和苏联举行。运动员参加各地比赛，最后累计总成绩，进行排名。世界杯攀登比赛每年举行一次。随着攀岩运动的蓬勃发展，国际攀联在各大洲成立委员会，组织洲内地区性大赛。“亚洲攀委会”1991年1月2日在香港成立，第一届亚锦赛1991年12月在香港举行。1993年12月在我国长春举行了第一届亚锦赛。1987年中国登协主办了第一届全国攀岩比赛列入全国比赛项目。

攀岩运动以其独有的登临高处的征服感吸引了无数爱好者。攀岩运动集健身、娱乐、竞技于一体，既要求运动员具有勇敢顽强、坚忍不拔拼搏进取精神，又需要具有良好的柔韧性、节奏感及攀岩技巧，这样才能娴熟地在不同高度、不同角度的陡峭岩壁上轻松、准确地完成身体的腾挪、转体、跳跃、引体等惊险动作，给人以优美、流畅、刺激、力量的感受。由于登高山对普通人来讲机会很少，而攀爬悬崖峭壁机会相对较多，且更富有刺激和挑战，所以攀岩作为一项独立的、被广大青少年所喜爱的运动迅速在全世界普及开来。这项运动是利用人类原始的攀爬本能，借以各种装备作安全保护，攀登一些岩石所构成的峭壁、裂缝、海蚀崖、大圆石以及人工制造的岩壁。由于攀登者在岩壁上稳如壁虎又矫似雄鹰，是一项极具美感和观赏性的运动，被誉为“岩壁芭蕾”。惊险刺激是攀岩运动最根本的特点，并能充分满足人们要求回归自然、寻求刺激、从中挑战自然、挑战自我的欲望，这是它深受人们喜爱的根源。

知识链接

攀登运动的形式：高山探险、攀岩、攀冰、冰岩混合。其中，攀岩从不同的角度又可分如下几种。①按使用器械的方式：竞技攀登、自由攀登、器械攀登、无保护攀登。②按保护方式的方式：先锋攀登、顶绳攀登。③按运动开展的场所：人工场地攀登、自然场地攀登。竞技攀登的形式有：难度赛、速度赛和攀石（抱石）赛。

（二）攀岩运动发展

攀岩运动在国外已非常普及，有些攀岩圣地一到节假日，岩壁上挂满了攀岩者。在美国，据权威杂志《Rock & Ice》统计，从20世纪90年代开始，美国的登山攀岩爱好者以每年53%的速度剧增，在如此庞大的攀岩爱好者队伍中，每年仍有约10万名新成员加入。在法国，攀岩已成为与足球、山地自行车、滑雪等热门项目齐名的大众运动，政府为普及推广此项运动，还特别规定，中小学生必须进行为期一周的攀岩专业培训。

我国的攀岩运动经过近20年的发展，已得到很好的普及推广。目前，攀岩已成为都市白领追求时尚、放纵心情的理想选择；对广大青少年进行素质教育的有效途径；众多户外运动俱乐部引以为傲的拳头产品；拓展培训中不可缺少的挑战项目。近几年来，我国每年都举行多次全国性、国际性赛事，且数量越来越多、规模越来越大、层次越来越高、形式越来越丰富。这些赛事的成功举行，逐步建立了我国攀岩比赛的商业运作模式；为国内外攀岩选手提供了众多相互交流的平台；大大提升了中国攀岩的国际地位；吸引了无数中国百姓的眼球。自 2001 年开始组建国家攀岩集训队以来，我国整体的竞技水平得到了快速提高。通过组建国家集训队，我们培养了一支相对稳定的优秀攀岩运动员队伍。经过几年不懈的努力，我国整体的竞技水平得到了快速提升，达到了亚洲准一流水平。目前竞技攀岩项目有男女难度、速度和攀石共六个单项，我国选手在各个单项中的表现有较大的差异。如男子速度已达到国际一流水平，男、女难度和女子速度已挤身亚洲第一集团，而攀石运动才刚刚起步。我国拥有极其丰富的山峰和岩壁资源，登山攀岩运动发展前景广阔。随着我国攀岩运动的快速发展，竞技水平不断提高，各项重大国际性攀岩赛事纷纷落户中国，我们已日益成为国际上推动此项运动发展的一支重要力量，同时也将成为继欧洲、北美之后的第三个广泛开展攀岩运动的国家。

二、攀岩运动的基本技术

（一）身体姿势

攀登岩石峭壁时身体要自然放松，以 3 个支点稳定身体重心，而重心要随攀登动作的转换移动，这是攀岩能否稳定、平衡、省力的关键。要想身体放松就要根据岩壁陡缓程度，使身体和岩壁保持一定距离，靠得太近，会影响观察攀岩路线和选择支点。但在攀登人工岩壁时要贴得很近。在自然岩壁攀登时，上、下肢要协调舒展，攀岩要有节奏，上拉、下登要同时用力，身体重心一定要落在脚上，保持面向岩壁、三点固定支撑、直立于岩壁上的攀登姿势。

（二）手臂的动作

手在攀登中是抓住支点、维持身体平衡的关键，手臂力量的大小直接影响攀登的质量和效果。因此，一个优秀的攀岩运动员必须有足够的指力、腕力和臂力。对初学者来说，在不善于充分利用下肢力量的情况下，手臂的动作就显得更为重要发。手臂如何用力，在人工岩壁攀登和自然岩壁攀登时情况不同，前者要求第一指关节用力抠紧支点的同时，手腕要紧张，手掌要贴在岩壁上，小臂也要随手掌紧贴岩壁而下垂，在引体时，手指（握点）有下压抬臂动作，其动作规律是，重心活动轨迹变化不大，节奏更为明显。但攀登自然岩壁时其动作就变化很大，要根据支点不同采用各种用力方法。

1. 抓　用手抓住岩石的凸起部分。

2. 抠　用手抠住岩石的棱角、缝隙和边缘。

3. 拉　在抓住前上方牢固支点的前提下，小臂贴于岩壁，抠住石缝隙或其他地形，以手臂和小臂使身体向上或向左右移动。

4. 推　利用侧面、下面的岩体或物体，以手臂的力量使身体移动。

5. 张　将手伸进缝隙里，以此抓住岩石的缝隙作为支点，移动身体。

6. 蹬　用前脚掌内侧或脚趾的蹬力把身体支撑起来，减轻上肢的负担。

7. 跨　利用自身的柔韧性，避开难点，以寻求有利的支撑点。

8. 挂　用脚尖或脚跟挂住岩石，维持身体平衡使身体移动。

9. 踏 利用脚前部下踏较大的支点，减轻上肢的负担，移动身体。

（三）脚的动作

一个优秀攀岩运动员的攀登技术发挥得好坏，关键是两腿的力量是否能充分利用。只靠手臂力量攀登不可能持久。脚的动作要领是两腿外旋，大脚趾内侧贴近岩面，两腿微屈，以脚踩支点维持身体重心，在自然岩壁支点大小不一和方向不同的情况下，要灵活运用。但要切记，膝部不要接触岩石面，否则会影响到脚的支撑和身体平衡，甚至会造成滑脱而使膝部受伤。另外，在用脚踩支点时，切忌用力过猛，并要掌握用力的方向。

（四）手脚配合

凡优秀攀岩运动员，上、下肢力量是协调运用的。对初学者或技术还不熟练的运动员来说，上肢力量显得更为重要，攀登时往往是上肢引体，下肢蹬压抬腿而移动身体。如果上肢力量差，攀登时就容易疲劳，表现为手臂无力，酸疼麻木，逐渐失去抓握能力。失去抓握能力后，即使有好的下肢力量，也难以继续维持身体平衡。所以学习攀岩，首先要练好上肢力量，上肢又要以手指和手腕、手臂力量为主，再配合以脚腕、脚趾以及腿部的力量，使身体重心随着用力方向的不同而协调地移动，手脚动作的配合也就自如了。

三、攀岩运动的器械

攀岩的装备器材是攀岩运动的一部分，是攀岩者的安全保证，尤其在自然岩壁的攀登中。因此，平时要爱护装备并妥善保管。

1. 主绳 贯穿攀登者、保护点和保护器的结合线。主绳是攀岩保护中不可或缺的生命线。主绳内部是缠绕在一起的多股尼龙绳，外部则包有绳皮（SHEATH）起到固定和防磨的作用。主绳可分为动力绳和静力绳，它们的弹性不同。动力绳的弹性系数为6%～8%，100米的动力绳在受力80千克时可延伸6~8米，这样攀登者在脱落时会得到一个缓冲，减少冲力。动力绳是各种攀岩活动的主要用具。静力绳的延展性很小，弹性约为2%，一般用于下降和探洞。只有通过UIAA或CE检测并带有其认证标志的主绳才可使用，不使用历史不明的主绳。

主绳使用中的注意事项：绝对避免在锐利的岩角上横向切割；不可踩踏或在地上拖拽，以防岩屑、细沙进入纤维造成内部磨损；避免接触油类、酒精、汽油、油漆和酸碱性化学药品；每次使用前后进行检查，定期淘汰；不用时存放于阴凉、干燥处。

2. 安全带 穿在攀登者身上，承载因攀登者脱落或下降而产生的重量和冲力。安全带的腰带为受力部分，其余腿带等则为了舒适、便利而设计。穿安全带时一定要将腰带从腰带扣反穿回去，否则受力时有拉开的危险；反穿后的带头长度需在10厘米以上，短于10厘米则需换更大型号的（图19-42）。

攀登之前攀登者和保护者要互相检查安全带是否穿戴正确。只有腰带和保护环是承重的，其他部分不可承载人体重量；装备环的承重在5千克以下。腰带、腿带上带有宽厚海绵垫的安全带，舒适但笨重，适用于室内攀登、定线过程中；竞技攀登时需要轻巧型安全带；传统攀登或器械攀登时，要考虑装备环的数量和位置是否合适。

3. 铁锁 可自由开合的金属环状物，将各类保护器械、装备连接在一起（图19-43）。丝扣铁锁在扣紧螺丝时能使铁锁门锁定在闭合状态，避免了不慎碰开的危险；普通铁锁不带丝扣装置，重量轻、操作便利，可用于临时保护点，若使用普通锁做固定保护，必须遵循双重铁锁且对开门的原则。

图 19-42　安全带

图 19-43　铁锁

铁锁的纵向抗拉力大于横向抗拉力；铁锁门打开时，纵向抗拉力会降低；铁锁门是最薄弱的环节，不可直接受力。正确的使用方式是保持铁锁门闭合且纵向受力。避免高空跌落或硬物撞击；这样会带来内部的裂痕导致铁锁作废。先锋攀登等可能出现冲坠的情况下，攀登者应直接将主绳和安全带连接，不能使用铁锁作为中间环节。使用 UIAA 或 ICC 认证的铁锁，铁锁历史不明不可使用。

4. 保护器　当主绳以正确方式通过保护器时，其特殊构造能增加摩擦力，使得主绳的制动端只需较小的握力即可控制受力端的较大重量（图 19-44）。

“8”字形保护器以前最常用，但会使主绳反复拧转缠绕，ATC 较好地解决了这一问题。

5. 扁带　软性带状物，通过机械缝合或手工打结成为长度不一的闭合圈，提供保护器械之间的软性连接。机械缝合的强度大于手工打结，但手工方式可自由调整扁带长度使其适合需要。移动中的主绳不可直接从扁带中穿过，否则，移动带来的摩擦热会损毁扁带（图 19-45）。

图 19-44　保护器

图 19-45　扁带

架设固定保护点时可能用扁带连接两个或更多的临时保护点，此时须注意扁带的连接方式以区分主受力点和备用受力点；还要保证一个临时保护点失效时，不冲击其他保护点，不影响整体保护效果。

6. 快挂　扁带的两端分别连接一个铁锁成为快挂，使用时一端扣入保护点，一端连接人体安全带或主绳，操作便利（图 19-46）。

快挂两端的铁锁都不带丝扣，存在不慎打开或收力压开的危险，所以只有一个快挂时，不能作为固定保护点使用。先锋攀登或传统攀登的路线中使用快挂作为临时保护点，此时主绳的扣入方式和快挂开口方向非常重要。要求主绳从快挂与岩壁之间穿入，从外侧穿出，也就是说攀登者这一端的绳头在外侧；若路线存在横向走向，快挂扣入端的铁锁门要朝向路线走向的反方向，比如路线是从左至右，铁锁开口必须朝左。这样可防止脱落时绳子压开铁锁门。

7. 岩石塞　规格、形状不一的金属制品，可放入岩缝、石洞、石桥等地形中并固定住，成为保护点。以放置岩塞作为保护点需要丰富的器械经验，操作者必须非常谨慎，确保岩塞在可能出现的受力方向上不会移动或脱出。不带机械部件的岩石塞主要利用自身的各向不对称性和岩缝内部的形状变化，固定在岩缝狭窄处（图 19-47）。

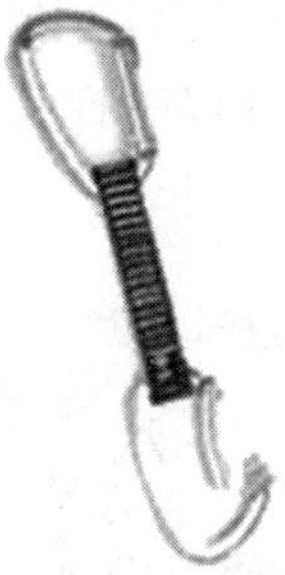

图 19-46　快挂

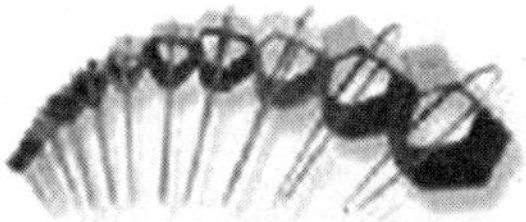

图 19-47　岩石塞

机械塞的形状大小可以调控，以收缩状态进入岩缝，弹开后即可卡住，操作便利，适用范围广，是攀登传统路线的上佳选择。熟悉各类岩塞的直径和适用范围将大大提高操作速度，必要时可在岩塞杆上进行标记。

8. 岩钉　提供另一种建立保护点的方式。一头是楔形，通过敲击楔进岩缝提供保护力，另一头是环状，可连接铁锁或扁带。要提醒的是，敲入同一条岩缝的两个岩钉存在撬开岩石的可能（图 19-48）。

9. 膨胀钉　利用冲击钻和锤子，膨胀钉可打入整块岩石中，加上挂片就成为非常稳固的保护点（图 19-49）。

图 19-48　岩钉

图 19-49　膨胀钉

10. 挂片　一侧通过膨胀钉或螺丝钉固定在岩壁上，另一侧则可扣入铁锁或快挂，或接上扁带，是保护点的重要组成部分（图 19-50）。

11. 镁粉袋　辅助装备，镁粉可吸收手上的汗液和岩壁表面的水分，增大摩擦力（图 19-51）。

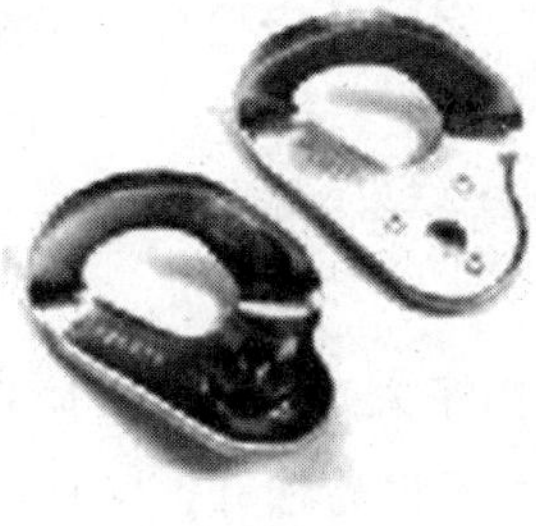

图 19-50　挂片

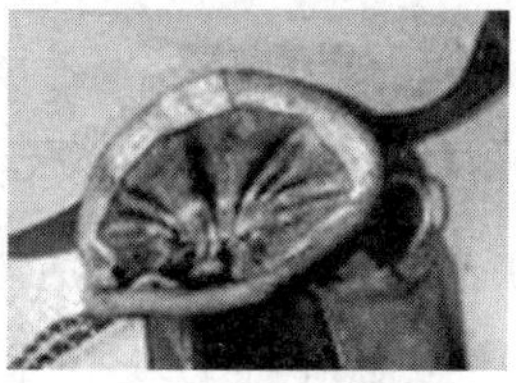

图 19-51　镁粉袋

12. 抱石垫 抱石运动中的保护手段，提供缓冲和减震作用（图 19-52）。抱石垫内部是两层或更多不同质地的海绵。最上面是硬体封闭式海绵，最下面是较厚的软体开放式海绵。软体海绵使脱落者下陷而不是分散压力，易挫伤手腕脚踝，所以抱石垫要硬体海绵层向上放置。可能脱落的地方都需要抱石垫；若数量不够，保护者可随着攀登者的动作拖动垫子。

13. 头盔 有效防止落石以及非正常脱落姿态带来的头部伤害（图 19-53）。头盔要端正佩戴才能护住前额后脑及侧面。出现落石千万不要仰头观望或以手抱头，无处可躲时让头盔发生作用。

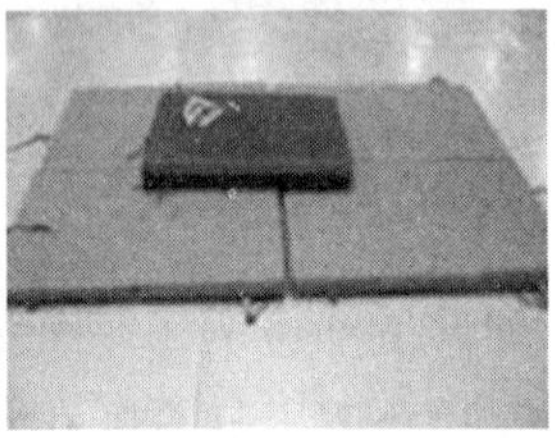

图 19-52 抱石垫

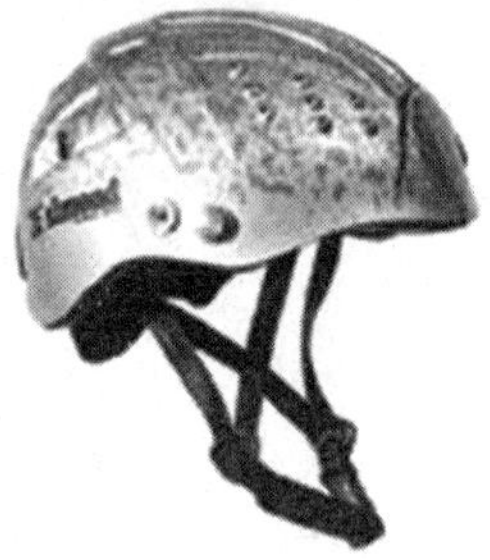

图 19-53 头盔

14. 攀岩鞋 鞋底采用特殊的橡胶，摩擦力大大增加。从普通鞋到攀岩鞋是提高攀登水平的重要变革。

使用时应选择号码偏小的，穿进去将脚裹得很紧，这样能使脚成为一个整体，有利于增强脚感，便于精确踩点和发力。攀岩鞋种类繁多，适应于不同的石质、岩壁角度以及不同的攀登方式。

四、攀岩运动的绳结

1. 基本“8”字结 主要作用是可以作反穿“8”字结的基本结，然后在攀岩保护和沿绳下降时结在绳子末端，防止绳子从保护器或下降器中溜走产生意外（图 19-54）。

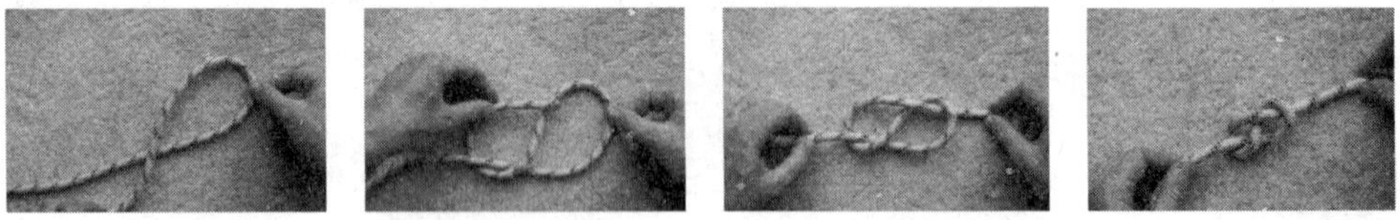

a b c d

图 19-54 基本“8”字结

2. 反穿“8”字结（连接安全带） 在完成反穿“8”字结后定要加个半结，绳子末端留有 50~60 厘米（图 19-55）。

3. 对穿“8”字结（连接绳子用） 不要忘记两端加半结，连接绳也可用双渔人结，或半结（只在下降时用）（图 19-56）。

4. 单向“8”字结 这个结只可在双绳下降时把两根绳子末端结起来，防止绳子从下降器中溜走产生意外。千万不可以用来连接两根绳，受力下很易松开，又称欧洲死亡结（图 19-57）。